上海交通大学凯原法学院高峰计划
"法与风险社会"研究丛书 卷4

总编／季卫东

公司经营风险的
商法回应

主编／韩长印 许多奇

上海三联书店

总　序

　　置身于现代化的场景、全球化的时代,就会感到各种类型的风险无所不在。因此,当今的中国不得不习惯与风险共生的处境,并加强管控风险的能力。

　　管控风险,目的是通过预防性举措来守护有价值的事物,防止损害和灾难。正如春秋末年左丘明所言:"居安思危、有备无患"。但人们即便明白这层道理,也往往倾向于回避对风险的思考和讨论。为什么? 因为容易出现报喜不报忧的心理偏好,也因为时常担心"乌鸦嘴"之讥或者对所谓"负能量"言行的指责和压制。更何况风险被危害证实,总是盖然性的,并不确定。如果一旦发出风险的预警,但危害却并没有发生,甚至还引起了额外的成本负担,那就很可能招致"惩羹吹齑""杞人忧天"之类的抱怨,造成对提醒者、决策者以及执行者的信任度下降。因此,能否揭示风险、什么时候揭示风险、采取何种预防手段,总是颇费斟酌的,有时还的确让人倍感困惑。

　　然而无论是企业经营,还是国家治理,都充满了风险。借助仓央嘉措的情诗风格来表述:"你说,或者不说它,风险就在那里,不增不减"。回避风险议论的问题是容易助长疏忽,无法未雨绸缪,最终使风险酿成损失、危机、灾难甚至"极少见、特有害"的人间惨祸。在这个意义上,提高风险意识,促进风险沟通,注重风险的评价、预防以及分散是非常必要的。对各种矛盾激化的转型期中国而言,尤其需要加强防患于未然的态势,不断从经验、特别是失败中汲取教训并健全纠错机制,采取多重防护措施来应对风险、危机、不测变化以及因灾害或公共事件引起的紧急事态。

乌尔里希·贝克的名著《风险社会》是1986年出版的,迄今已经影响世界凡三十年。相关文献也已经汗牛充栋。根据我的观察和认识,在社会科学领域,对风险问题的论述主要分布在如下四个基本象限。

(1)从风险的角度对现代性进行重新认识和反思,提出多元的、复杂的现代社会图景,并致力于对科技、产业、城市、经济模式以及国家治理方式中的一些弊端进行矫正。这种立场是贝克风险社会论的出发点,也反映在安东尼·吉登斯的学说中。

(2)从风险的角度建构一种新的社会系统理论,最有代表性的是尼克拉斯·卢曼风险社会学提出的分析框架。卢曼把对决定者的问责以及相应的风险沟通作为把握社会系统与风险之间互动关系的关键,实际上也为研究风险社会的治理与法制条件奠定了坚实的理论基础。

(3)站在决策者、行政部门或者司法当局的立场上,探讨对风险的评估、预防、管控以及具体的应对举措和规制方法。这类研究数量庞大,具有代表性的例如斯蒂芬·布雷耶从司法技术的角度进行个案分析的著作,还有阿明·纳瑟希的风险管控类型论。

(4)立足于草根阶层、利益群体以及普通公民的互动关系,从组织行为、社会运动以及沟通过程的角度来理解和把握风险现象以及各种应对策略。很有典型意义的是珍妮·卡斯帕森等人的系列研究成果。尤其值得留意的是,尼克·皮金、保罗·斯洛维奇们提出"风险的社会放大"的概念,让我们注意到风险感知与风险沟通之间的相乘效果和传导机制以及在特定条件下的"群体极化"事态。

上述这四种象限是相生、相成、相辅的,也有重叠之处。其中(2)和(3)体现制度之维,分别对应于结构和功能,而(1)和(4)则体现过程之维,分别对应于涵义以及媒介。如果进一步分析和推演,可以发现从各种各样的话语中浮现出来的根本问题只是"风险社会的治理"和"围绕风险(负资产)如何分配的沟通"。这恰恰构成了具有深刻法学意义的认识对象。

不言而喻,关于风险的社会科学研究也对法学界,特别是对侵权行为的归责机制产生了深远影响。近些年,在环境法、行政法、刑事法、经济法、保险法等领域,风险概念往往成为理论创新和政策调整的重要契机,关于风险的评价、预测、分散以及转换的讨论也开始渗透到执法和司法的各个环节。然而不得不承认,法学界对风险的理解和分析还不够全面、中肯、深入,尤其是风险社会对法治模式和规范思维方式的深远影响还缺乏必要的考察,对风险管控的制度安排及其效应也没有进行充分的实证研究,故而关于具体举措的探索往往停留在比较皮相的层次。在中国,关于法与风险社会的研究更是处于起步阶段。在风险预防和风险沟通之际,有关部门以及专家学者时常暴露出囿于先入之见、流于盲目乐观、陷于思维僵化、苦于想象匮乏等视觉上的盲点。

正是根据上述认识,上海交通大学凯原法学院决定把风险社会的依法治理与制度创新作为现阶段学术活动的重点,策划了跨学科合作项目并组织了相关专题研究和讨论。我们的基本立场是,要有效预防和管控风险就决不能回避可能出现的问题,更不能掩盖或扭曲事实真相,而必须形成某种能够自由探讨制度、政策、举措的成败得失以及纠错机制的氛围。与此同时,也要防止风险意识的保守化畸变,坚持"不冒险就是最大风险"、"有危机就有转机"的挑战精神,形成宽容试行错误的氛围。也就是说,要在鼓励风险决策与防控决策风险之间达成适当的平衡。

作为本院集体攻关的高峰计划,这个关于法与风险社会的跨学科研究项目在严格区别"风险""损害""危机""完全不确定性"以及"可预料之外"等概念的基础上,把决定者与受决定影响者之间的矛盾及其解决作为国家治理体系和法律秩序重构的切入点;把围绕问责的风险沟通、抗议运动以及相关的法律话语作为理论创新的重点;在讨论具体的制度、规范、程序、举措、技术时尽量聚焦作为负资产的风险如何切割布置的分配正义问题,并以此为机轴开展案例研究、实证分析以及跨学科合作,建立关于法的政策科学体系(还不妨包括各部门、各行业的"风险命价"计算指标的厘定和不同规模的测量)。另外,还有必要从风险社会的角度重新理解和诠释法律学的基本范畴乃至各种相关命题,探讨适合国情的日常法治模式和紧急事态法治模式。

就法治模式创新而言,这个跨学科研究项目试图建构一个把"原则"嵌入合理行为之中的国家治理体系。可以说既有的法治理论基本上是把"信念"与"欲望"作为合理行为的动机,各种制度设计基本上都是这两种因素的不同组合而已。这是很典型的实践理性的工具性分析框架。但是,其实只有在"原则"确立之后,通过规范的控制和协调才能使行为具有合理性。因此,本项目研究的理论重点在风险社会中,通过不同传统、不同制度设计以及不同政策举措体现出来的"原则"或者正当性根据。在实证研究中,我们将对基于"原则"而形成的规范控制的结构和功能进行测试、分析以及检验,从而进一步说明行为合理性与规范控制之间的关系。

在我看来,把"原则"嵌入合理行为之中的法治模式更能适宜 21 世纪中国的风险社会以及网络混沌的现实,即事实与规范之间的复杂而多变的关系。不言而喻,在一种非常相对化、流动化的状况下,基于"原则"的规范控制显得更加重要。为此,需要摒弃乌尔里希·贝克所批评的那种"单纯的现代"观,更强调自我反思的理性和机制设计,进而拓展菲利普·塞尔兹尼克关于"回应型法"以及衮塔·托依布纳关于"杂交法"的思路,需要对政府的预防和管控在行为层面的影响以及问责机制做具体而深入的考察,并把认知科学、博弈理论、信息处理技术以及其他学科的知识和方法导入立法、司法、执法领域,区别基于交涉制约的习惯与基于义务制约的规范,分析服从规范的行为方式和使用规范的行为方式。

具体而言,当今中国所面临的风险,既包括结构性腐败的蔓延所孕育的执政合法性危机,也包括经济高速增长过程中出现的股市、债市、楼市泡沫破灭所带来的冲击,还包括生态环境的破坏、生命健康的侵蚀、城市治安的恶化、科技利用的副作用,诸如此类,不胜枚举。从法学的角度来看,风险的预防和管控手段既有物权性质的(用以中止或者终止潜在威胁和实际损害),也有债权性质的(用以赔偿受害者的各种损失),还有行政预防、刑事惩罚、保险理赔、紧急事态处理,等等。我们对风险预防和管控的目标以及制度的应对手段进行梳理后,提炼出了跨学科研究项目的以下基本课题:风险社会的公共事务决定与问责以及法律沟通;超大城市和网络社会中多层多样化的风险治理机制;无疆界时代国际秩序的不确定性与各种流动性风险的应对;企业、金融以及经济发展的法律风险防范机制;结构性腐败案件的刑事责任追究以及风险刑法论;以风险管控为宗旨的行政预防制度和司法审查制度以及各种不同政策之间的协调,等等。

这套丛书作为凯原法学院关于法与风险社会的高峰计划的基础作业之一环,旨在对上述基本课题研究的问题意识和聚焦点进行梳理,对相关领域的前期成果和中国学者的代表性业绩进行总结,对风险法学的未来进行展望,描绘出适合于本项目定位和进展的知识地图。在此基础上,我们还将从不同维度对超大系统和复杂系统的风险管控机制进行更深入的共同探究,特别侧重生态环境保护运动与权利救济方式、产业经济安全问题与行政规制方式、城市突发事件与危机处理方式、警察活动的比例原则和民事不介入原则与基层治理方式等若干板块的法律、政策以及举措的实证分析或者规范分析。这套丛书究竟是否充分反映了相关领域的前沿动态,只能留待读者诸贤去自由评判;但愿我们这群志同道合者的尝试和努力能够对大家进一步认识风险社会所特有的治理问题以及法律秩序演变的趋势有所助益,也能够成为中国法学理论和制度创新的又一个契机。

这套丛书的出版得到上海三联书店黄韬总编辑的鼎力支持,责任编辑杜鹃女士更对每一本论文集的技术处理倾注了大量的精力和专业智慧,在此我代表各卷主编和所有撰稿人对出版社表示诚挚的感谢之意。另外,"法与风险社会"主题的企划、研究以及丛书的出版发行还获得了上海高校服务国家重大战略出版工程项目以及清华大学公共管理学院CIDEG重大项目"风险社会及其应对"的资助,特此鸣谢。

季卫东

2016 年秋

目 录 CONTENTS

第二编　金融与信托法编

前　言

　　国家标准化管理委员会 2011 年发布、2012 年 2 月 1 日实施的国家标准《企业法律风险管理指南(GB/T 27914－2011)》指出,企业法律风险管理是企业全面风险管理的有机组成部分,贯穿于企业决策和经营管理的各个环节。企业法律风险管理过程由"明确法律风险环境信息""法律风险评估""法律风险应对""监督和检查"等环节所组成。其中,法律风险评估包括法律风险识别、法律风险分析和法律风险评价三个步骤。

　　商法是规范商事关系的法律规范,主要包括公司法、证券法、信托法、票据法、保险法、破产法等部门法。它既是商业文明演进的产物,又在促进着商业文明的发展。它在服务于商人逐利本性的同时,也以无可比拟的创造力不断刺激着技术的进步、制度的进化、信用的拓展、人力资源的优化配置;不断增进着人与人的互通、物与物的互联;不断冲破地理、文化、种族乃至于国家主权之间的阻隔,引领着经济、文化乃至政治交往,并在越来越多的商事领域中结成了休戚与共的社会经济利益共同体,比如,借助于共保和全球再保规则的运用,保险行业实际上已经使全球的保险人、再保险人和被保险人结为一个保险请求权共同体,即为明证。因此,能否说,整个 20 世纪美国的自由主义思想史就是不断服务其资本主义经济扩张的历史;能否断言,各国商事活动及商法规范的发达,必将成为极大地促进人类摒弃一切狭隘、隔阂、保守、陈旧的"地域观念"的经久不衰的先锋力量? 难以想象,一个没有商业文明的地方,能够为其经济、政治文明等提供赖以生存的规则土壤。

　　但我们又不得不承认,商人又是那么的脆弱。历史上太多王朝弥补国库亏空的方式之一便是抄去商人的家产。更无需说,商人们在求得商业利润的过程中,需要付出多大的代价去遵从那些糟糕的商事规则或者向那些僵化的文官制度妥协。当代商事法律规范的形成,实际上浸透着商人们太多的"试错"成本,连破产法也似乎早已成为他们面死而生时一剂无法止痛甚至无需止痛的止痛药。

即便是在商法高度发达的今天,公司经营还会时不时遭遇避之犹恐不及的"事故多发路段",重复性试错的法律合规漏洞以及遭致自身巨额损失的败诉案例仍然是司空见惯的现象。从公司全面风险管理的角度挖掘出这些"事故多发路段"的风险因素,并从民商法的视角提供可能的学术性探讨以及必要的实务性回应,便是本书的基本宗旨和功能定位。

限于篇幅,本书共分设"公司与证券法编""金融与信托法编""破产与保险法编"三编24章。

在第一编"公司与证券法"编中,我们组编了7章9组专题成果。

第一章是黄辉教授的"公司资本制度改革与债权人利益保护机制"一文。对于公司这个在企业大家族中占据主导地位的组织形式,每家公司毫无疑问都是市场上的潜在债权人,在公司资本制度于2013年完成改革之后,整个市场的交易安全是否会因此而受到威胁,不无忧虑。也即:资本制度立法目的在向鼓励投资、方便投资、降低设立公司门槛倾斜后,公司自身责任财产的充裕性要求被放宽,再加上公司法固有的股东有限责任这一风险防火墙,使得公司经营风险在股东和债权人之间的分配中更大可能地外化给债权人承担。该文专门评价了这种外化的效果,并运用法经济学的研究方法对投资者与债权人间利益平衡的指针是否发生偏离、立法者应否设立相应的措施来矫正这种偏离等进行了细致的透视。

第二章(上)是李建伟教授的"认缴资本制下股东出资义务加速到期的正当性分析"一文,第二章(下)是梁上上教授的"未出资股东对公司债权人的补充赔偿责任"一文。公司资本制度"实缴改认缴"之后,认缴出资尚未到期而公司遭遇财务危机不能清偿到期债务时,股东应否以及在什么条件下对公司的债务承担责任,这是所有的股权投资者都需要明白的问题。李建伟教授论证了公司股东(尤其是法人股东)在公司非破产场合下其未到期的出资责任应当加速到期的法理正当性,主张应当对《公司法》关于"股东有限责任"的内涵作出科学解释,指出在现行公司法律体系下建构债权人追究未届期股东出资责任的四种法律规范路径。梁上上教授针对公司法司法解释关于"公司债权人请求未履行或者未全面履行出资义务的股东在未出资本息范围内对公司债务不能清偿的部分承担补充赔偿责任的,人民法院应予支持"的规定,从责任的"补充性"、"不能清偿"的判断标准、"未履行出资"的含义等构成要件上进行了精到的解释。

第三章编选了刘燕教授的"对赌协议与公司法资本管制:美国实践及其启示"一文。对赌协议是美国律师的一项"发明",其在促成投资收购并防范投资风险方面具有极为独特的制度功能。2013年我国最高法院关于海富公司与世恒公司对赌一案的再审判决似乎给实践中普遍存在的对赌投资划定了一个合法的行为边界和行为模式,即"可以与股东对赌,不得与公司对赌"。但此后屡屡出现的与公司对赌的案例,使得人们对前述最高法院判例的妥当性产生了怀疑。在此背景下,重新认识对赌协议固有的基本属性和操作模式就具有重要的借鉴意义。刘燕教授对美国对赌协议制度进行了追根溯源的考察,指出对赌协议的裁判核心不在于交易类型的合法性判断,即使PE与公司进行现金对赌,也可因未损及公司资本与清偿能力而具有正当性。

第四章是蒋学跃博士的"公司双重股权结构问题研究"一文。2016年资本市场引人注目的大戏可谓"险资举牌"了,面对险资在资本市场举牌造成的"门口的野蛮人"猜想,不少公司纷纷试图修改章程以加入大量反敌意收购条款(一些公司章程甚至多达10余项),或者寻求白衣骑士来参与增发以防范他们并不欢迎的敌意收购。其中双重股权结构的设计引发了人们较多的关注。在我国现行法律框架内,是否能找到双重股权结构的存在空间,是否所有的公司都可以适用双重股权结构以保留创业团队或者管理团队对公司的控制权? 蒋学跃博士对此进行了深入的研究并提出了具体的实施建议,值得关注。

第五章是葛伟军教授的"有限责任公司的股权代持问题"一文。有限公司隐名股东和显名股东之间的股权代持问题在我国比较普遍,司法实践中甚至有案例认定隐名股东的共益权与自益权可以两相分离而分别归属于隐名股东和显名股东,这与代持股协议中常见的隐名股东要求显名股东按照自己的意愿和指示行使股东权产生了背离。加之股权代持可能分为指明与未指明以及司法解释对显名程序作出了较为严格的规定,实务中隐名股东的投资风险一直难以消除。如何正确认识股权代持的性质,减少股权代持的风险,葛伟军教授从股权代持中的信托与代理这两种可能的性质差异入手,在对《公司法司法解释(三)》第24条作出评析的同时,对隐名投资中的股权及投资权益的归属问题提出了相应的对策。

第六章是陆华强博士的"创新型企业的股权激励路径"一文。随着人力资源在创新创意产业中作为资本要素价值的日渐凸显,干股、管理股及技术股、合伙人制度、信托/资管计划等形形色色的雇员激励方案层出不穷,不仅呈现出一定程度的混乱和无序,而且往往难以持久地服务于股权激励的本源功能。陆华强博士从无表决权股票、限制性股票等公司法上的类别股视角,针对大量非上市公司将人力资本嵌入企业组织的现象,提出了实现商业实践与现有立法对接和"锁定"的通道。文章针对性强,实践中值得尝试。

第七章(上)是徐聪博士的"上市公司收购中违反慢走规则的法律后果"一文,而第七章(下)则是陈洁教授的"上市公司收购中违反慢走规则的行为定性及惩处机制"一文。时下,上市公司收购已经成为公司快速扩张的常见路径,而二级市场上常见的购买某家上市公司的股票达到5%之后,继续买进或者卖出是否构成内幕交易、违反信息披露义务和"慢走规则"的一致行动人是否负有卖出股票的义务、是否享有股东权,如何认识证券法上交易结果恒定的效力、应否承认已接受行政处罚的一致行动人的股东提案权和股东会临时会议的提议召集权,如何规范上市公司违反信息披露义务的收购行为等,均属跨越公司法、证券法、合同法、行政法等多部门多学科领域的疑难问题,相关利益冲突异常激烈。徐聪博士和陈洁教授就这些问题从证券交易的特殊属性及比较法的视角进行了解读和论证,并对这种特殊违法行为的矫正和防范提出了比较法上的治理方案,值得细细品读。

第二编"金融与信托法"编,共组编了6章6组专题成果。

第八章是许多奇教授的"次贷危机的法律根源与美国金融监管制度的质疑与启示"一文。稳定健康的金融环境是公司赖以稳定而又长远经营的必备条件。如何评价和借鉴次贷危机后业已改革了的美国金融监管制度,又应如何立足我国实际去积极、稳妥地推进我国的金融发展和创新等问题,许多奇教授从价值取向、制度构建、法律层面的自律与他律,从法律文化层面,以立体的视角对我国金融法制建设可能出现的"唯美（美国）主义"倾向提出了警示。

第九章是黄韬副教授的"我国商业银行内控法律机制的路径选择"一文。商业银行作为一类特殊的商事主体，其法律风险的内控机制不仅影响到商业银行自身的稳健经营，而且与国家的整体金融安全息息相关。我国既往商业银行内控法律机制总体上是沿着不断强化和扩张监管机构执法权力的路径持续推进的，其缺陷也日渐凸显。作者通过对比论证，提出了通过实施有效的信息披露法律制度、强化外部市场约束机制来激励商业银行内部管理人主动改进内控机制的思路。

第十章是国际知名金融法专家埃米利奥·阿福古利亚斯和许多奇教授合著的"中国金融稳定性制度改革的风险、成因及监管变革"一文。我国金融领域中的不良资产风险和影子银行风险尽管早已引起了市场和学界的注意，甚至不良资产的交易价格在近年已攀升到了一定的高位，但很少有人将其打通开来进行全局观察。该文重点讨论了在中国金融体系中的五点严重问题，并就可能产生系统性风险的重要原因即金融杠杆问题提出了针对性的分析思路。

第十一章是韩长印教授和张玉海博士的"借贷合同加速到期条款的破产法审视"一文。借贷合同中的加速到期条款和交叉违约条款等作为借贷合同全行业里广泛采用的借贷风险管理方式，在借款人进入破产程序之后，其效力应否得到破产法的承认、应否依照破产撤销权规则把其当作未到期债权或者已到期债权的清偿而加以撤销，是一个理论上研究不足且实践中认识迥异的问题。由于我国现行破产立法欠缺对商业银行和金融机构破产以及一般企业破产中金融合约的特殊处置规则，实践中就需要理论界提供法理和比较法上的处理方案。文章在这方面作了探讨。

第十二章是高凌云教授的"收益权信托之合法性分析"一文。众所周知，信托融资是我国房地产行业的主要融资方式。我国目前房地产市场上出现的诸多以"收益权信托"命名的信托，其信托财产若被界定为收益权则会因之而无效，因为收益权信托的合法性取决于作为信托财产的收益权是否确定。对于以"安信信托诉昆山纯高案"中所涉收益权信托为代表的信托类别，文章主张信托财产不仅包括基础资产的收益权，还包括基础资产本身。主张这类收益权信托的合法性除了取决于信托财产的确定性之外，还取决于信托财产所有权之归属。高凌云教授认为，在结构性融资交易中,不转移财产所有权的交易实质上为担保贷款,且可能因违反我国法律法规而无效,只有转移财产所有权的交易才构成商事信托。此时,对投资人的保护,主要借助于移转信托财产于信托公司,以及超额担保的增信。交易本身因而不再需要抵押担保,在完成基本的信托登记后投资人的利益便会得到保障。

第十三章是任一民律师的"破产语境下的房地产信托投资问题研究"一文。此文系任一民律师专为本书提供的稿子。在房地产业向银行直接融资受到限制之后,信托基于其行业的特殊性以及会计、税务等方面的便利性,成为房地产企业融资的主要途径。但当房地产公司受自身资质所限向信托公司的直接融资受到监管阻断之后,一种所谓"明股实债"的股权信托计划在房地产公司破产之后能否认定其为债权属性,引起了理论与实务界的高度关注和极大争议。任一民律师作为新华信托所涉港城置业破产案件的管理人,对此案以及与此类似的信托投资案件的重要争点问题进行了深入的剖析,值得信托业与破产实务界进一步关注和思考。

第三编"破产与保险法编",组编了10章13个专题。

第十四章是许德风教授的"破产程序中担保债权的充分保护问题"一文。针对破产程序对担保债权可能产生的消极影响尤其是破产重整中对担保权行使的限制,从防范担保物权在破产程序中的风险以及检讨现行破产制度相关缺失的角度,运用自己掌握英文和德文两方面论据资料的优势,提出了强化担保债权利益保护的思路,富有建设性。

第十五章是邹海林教授的"法院强制批准重整计划的不确定性"专题,文章针对司法实践中为实现宽泛意义上的社会利益而一味追求重整成功,进而动辄强制批准重整计划的倾向,结合现行立法在强制批准重整计划方面的局限性,以及法院审查重整方案的可行性这种商业判断事项方面可能出现的知识欠缺,对影响强制批准的理念和制度因素进行了分析,对不同重整原因情况下"公平对待"不同权利人的内涵的界定、表决组分组的灵活性等问题进行了研究,对纠正实务中一些做法的偏差无疑具有重要的指导意义。

第十六章是王欣新教授的"破产重整中的商业银行债转股问题"一文。在困境公司的挽救中,债转股是一种传统的市场化、常态化的法律手段。2016年国务院相关文件强调要遵循法治化原则、按照市场化方式有序开展债转股。王欣新教授主张重整中的债转股具有债权出资与债务清偿的双重法律性质；债转股是不受重整集体清偿程序限制的权利，是否转股应当由每一个银行债权人个别同意决定，不受债权人会议少数服从多数表决机制的约束，未经其同意的情况下也不受重整计划以及法院批准包括强制批准重整计划裁定的限制。王欣新教授特别强调要防范地方政府在公司重整中滥用行政权力，以保障破产法及债转股的正确实施。

第十七章是蒋大兴教授和王首杰博士的"破产程序中的'股转债'问题"一文。针对商事交往中风险防范法律技能的精细化背景下一些投资者在公司日常经营中植入一些"破产事实条款"，以求通过"破产事实条款"在公司陷入破产后获得优越于其他债权人或者投资者的受偿地位，文章分析了破产程序中"股转债"问题在合同法、公司法和破产法法律规范框架内可能获得的合法性依据，在从合同法和公司法视角对此类条款的效力进行检视的基础上，重点对破产法上可行性进行了分析，有助于投资者对此类条款所隐含的法律风险的认知。

第十八章是徐阳光副教授的"关联企业破产的实质合并与债权人利益保护"一文。关联企业破产的实质合并作为与公司人格否认、衡平居次规则并列的调整关联关系的法律规则，与衡平居次规则两者并未在我国现行法中得到明确确立。关联破产实质合并不仅涉及到不同企业债权人利益的公平保护，而且涉及到何人申请合并、合并标准的确立、资产与负债分离的难度、管辖权的确立、异议债权人的救济等问题。该文对此进行了全面深入的探讨。

第十九章（上）是周波律师专门为本书撰写的"内贸信用保险的风险防范问题"一文，第十九章（下）是硕士生宋杉杉同学的"内贸信用保险中的免责条款问题"一文。内贸信用险是和外贸信用险并列的一类险种，又称应收账款保险，旨在化解国内贸易中债务人的违约行为而给债权人造成的交易损失。近来年，借助于我国的政策扶持，内贸信用险的保费收入已达千亿以上，但"名为买卖、实为借贷"等形式的贸易真实性问题十分突出，既给保险公司的风险识别带来了困难，又因为保险条款中加入较为严格的诸如"非现实交付"免责、关联关系交易免责、"担保先行"等免责条款，使得被保险人的保险保障遭遇了理赔难题。两篇稿子分别就内贸信用险的风险识别与防范以及免责条款的完善措施提供了思路。

第二十章是韩长印教授的"中间型定额保险的契约危险问题"一文。保险公司经营过程中除了需要花费相当气力去降低保险标的纯粹危险的发生几率之外,还需花较大气力防范因为保险合同的缔结而产生的"契约危险"问题,因为如果没有保险投保行为,这一类危险通常就不会发生,比如曾经极为常见的台湾游客"金手指"和"金手腕"问题。文章主张,保险业的健康运营,除了法律制度的合理设计之外,还需要借助于技术化、制度化的必要的保险信息共享平台的建立和运行,比如对于定额给付型人身保险的累计保险金额问题,就可不借助于保险法上的询问告知规则而由保险信息共享平台来担当。中国保信公司尽管已经建立多年,但似乎在对某些险种询问告知的功能替代上并未完全到位,实务中不少保险公司因为"他保险"的告知问题而产生的纠纷并不少见,而这无疑会影响到保险业自身的有效经营。

第二十一章是孙宏涛教授的"董事责任保险合同除外条款范围的合理界定"一文。在公司与保险人签订董事责任保险合同之后,并非董事和高级管理人员所实施的任何行为所引发的赔偿责任均应当由保险人承担,对于其中的某些赔偿责任,保险人可以依照除外条款的约定拒绝承担保险责任。为了实现保险合同双方当事人的利益平衡,减少保险公司与被保险人可能产生的纠纷,应当合理地确定董事责任险的除外条款。

第二十二章是台湾叶日青律师和吕馥伊律师的"公司并购交易中之保证与赔偿保险"一文,此文系叶日青律师和吕馥伊律师专为本书提供的稿子。在公司并购交易中,收购方常常会在并购协议中要求卖方订入声明及保证条款,以保证目标公司在股份发行、财会、营运、资产、劳资、税赋、环保、知识产权及合规等方面的真实性、准确性和完整性,如一违反,则需承担损害赔偿责任。而双方在谈判中就保证事项的范围、期间等方面偏偏会有正好相反的诉求。其间各自预期的落差,即可交由并购保证与赔偿保险填补和化解,以保证并购的成功率。两位律师在该章中就该类保单在责任期限、责任范围、责任限额等方面可能存在的、影响并购谈判继续进行的不确定性风险,结合国外相关做法,探讨了交由保险承担以提高并购成功概率的可能性。

第二十三章是周学峰副教授的"应对恐怖主义的保险机制"一文。恐怖袭击不仅会危及公司的正常经营,引发营业中断方面的费用和利润损失,而且由于恐怖袭击保险具有保费负担重、普及率低、风险评估难度大的特点,往往为商业保险市场所无力承担,亟需由政府介入来建立应对大规模恐怖袭击的损失补偿保险机制,以增进商事经营乃至整个社会的安全感。该文主张政府可通过公共财政对商业保险公司承保恐怖袭击风险进行支持,建立起商业保险公司、恐怖风险再保险公司和公共财政多层次共同分担赔付责任的保险体制。

第二十四章(上)是祝杰副教授的"我国保险资金运用法律规则的审视与优化"一文;第二十四章(下)是杨飞翔律师专门为本书撰写的"偿二代背景下的保险资金投资运用监管问题"一文。保险资金的运用不仅涉及保险监管问题,而且涉及对所投资公司的治理结构的影响等。前海人寿 2015 年和 2016 年在权益类资产投资比例超过总资产 30% 之后,还投资了多只非蓝筹股,受到了证监会的处罚。如何保障保险公司的合规运营,保障保险资金的安全投资,祝杰副教授在其博士论文的基础上整理的"保险资金运用的法律规则"以及中伦律师事务所合伙人杨飞翔博士的偿二代背景下的"保险资金投资运用监管问题"对此作了深入的分析,富有参考价值。

本书定名为《公司经营风险的商法回应》,系季卫东教授总编的"法与风险社会"丛书的一本,由韩长印和许多奇教授组编,张玉海博士提供了编辑方面的协助。

显而易见,所有的商事法律风险都存在于特定的时空之内,本书的风险识别范围大致确定在 2016 年和 2017 年新旧交替之际的商事经营环境之内以及商法法律规范和商法理论视野之中。受编者学术视野所限,论题与内容等方面肯定有不少疏漏,恳望读者提出宝贵意见。

韩长印

2017 年 6 月 30 日

第一编

公司与证券法编

第一章　公司资本制度改革与债权人利益保护机制[*]

一、导言

(一) 问题的缘起

2013 年 12 月 28 日，我国对《公司法》进行了重要修改，并于 2014 年 3 月 1 日施行，修改内容主要涉及公司注册资本与登记制度，故本次《公司法》修改又称为 2013 公司注册资本制度改革(以下称"2013 改革")。此次立法修改的大背景是，国务院在上海自由贸易试验区推行相关改革措施，便利企业设立，改善营商环境，而当时《公司法》中的注册资本制度与这些改革措施存有抵牾，故需要修改《公司法》，以符合法治原则，并将自贸区相关经验推广至全国。

总体而言，2013 改革的内容大致有四个方面：第一，在资本数额方面，取消了 2005 年《公司法》规定的最低注册资本额要求，包括适用于有限责任公司的 3 万元标准和适用于股份有限公司的 500 万元标准，[1]这意味着，改革后的公司注册资本数额没有下限，即使是一元人民币也能成立公司。第二，在资本缴付方面，废除了 2005 年《公司法》规定的多项限制，比如资本缴付的期限和非货币出资占总体出资的比例等，这意味着改革后公司可以通过章程等方式自由决定资本缴付的期限和

---

[*] 本章内容曾以《公司资本制度改革的正当性：基于债权人保护功能的法经济学分析》为题发表于《中国法学》2015 年第 6 期，收录本书时删题名和正文作了适当改动。作者：黄辉，香港中文大学法学院教授，博士生导师。作者感谢英国牛津大学法学院 JohnArmour 教授就公司资本问题与作者进行的有益的讨论，感谢张春阳和王超等研究助理的优异工作。作者原文中曾言明：作者曾受编辑之约对蒋大兴教授同期发表的大作进行了一些回应，但本章内容并非专门的回应文章，而是独立选题之作，巧遇观点相左之争鸣，实为乐事，限于字数和时间限制，回应只择其要点。

[1] 诸如金融等某些特殊行业的公司仍需遵守法律和行政法规等特别规定的最低注册资本要求。

不同出资形式的比例。由于公司设立时股东不用实缴出资，而只是认缴，因此，有人将 2013 改革描述为"从实缴制改为认缴制"。其实，这个描述并不完全准确，因为 2005 改革已经废除了严格的实缴制，允许分期缴纳，但对于缴纳的期限和数额比例有一些限制，故宜称之为"部分的认缴制"，而 2013 改革可称为"完全的认缴制"。第三，取消了验资要求。在 2013 改革之前，公司需要向注册机关（即工商行政管理机关）出具相关的验资报告，而 2013 改革将此要求废除。第四，2013 改革之后，相关的工商登记资料，特别是营业执照，只记载认缴出资额，不记载实缴出资额。

上述举措是我国公司资本制度的重大变革，涉及到深层次的理念性和结构性问题，已经不是局部的调整优化，而是全面的转型升级。从国际层面看，公司注册资本制度可以大致分为四种类型，即法定资本制、授权资本制、折衷授权资本制（或称为认可资本制）和声明资本制。根据对于注册资本的监管从严格到宽松的程度不同，这四个资本制度类型可以排列成一个连续频谱，即法定资本制最严格，折衷授权资本制次之，授权资本制再次之，而声明资本制最宽松。我国 1993 年《公司法》属于严格的法定资本制，2005 年《公司法》放松了资本限制，但总体上仍属于法定资本制。然而，对于 2013 改革后《公司法》的资本制度类型，目前学界争议颇大。虽然有些学者仍然将其视为法定资本制，[1]但鉴于 2013 改革的力度之大和范围之广，不少学者并不赞同此观点，而认为其应当是授权资本制，[2]或是声明资本制，[3]甚至是一种全新的类型。[4]

由于现实需要的紧迫性等原因，2013 改革并没有像以往的《公司法》改革一样广泛征求法学界意见和进行长久讨论，因此，《公司法》修改的消息甫一公布，立刻成为重磅新闻，引起国内外的高度关注，各方随即对于修改内容进行研判。实际上，这并不是我国第一次对于公司资本制度进行改革，2005 年《公司法》修改就深度涉及了资本制度问题。但是，与 2005 年修改赢得国内法学界一片赞誉声不同，2013

---

〔1〕参见甘培忠、吴韬：《论长期坚守我国法定资本制的核心价值》，《法律适用》2014 年第 6 期。
〔2〕参见王建文：《论公司资本制度演变的内在逻辑与制度回应》，《中国商法 2014 年刊》，第 80 页（认为是"授权资本制的一种特殊形态"）。
〔3〕参见郭富青：《我国封闭型公司的新选择：折衷声明资本制》，《中国商法 2014 年刊》，第 122 页（认为是"折衷声明资本制"）。
〔4〕参见王建文：《论公司资本制度演变的内在逻辑与制度回应》，《中国商法 2014 年刊》，第 80 页（认为是"授权资本制的一种特殊形态"）。

年修改引起了学界的激烈争论,不少人表达了困惑和担忧:此次改革是否正当? 是否会影响债权人保护? 时至今日,这场争议仍未停息。

出现这个局面的原因,一是以上提到的此次改革在时间上的突然性和缺乏沟通,使得很多学者思想准备不足;但更重要的是,目前争论各方主要还是基于以规范解释为主的传统法学研究方法进行自我解读,并且视野囿于公司资本制度本身,缺乏全面的分析视角和客观的数据支持,从而难以达成共识。鉴于此,本章将采用法经济学的研究进路,征引相关的实证数据,对于2013公司资本制度改革进行成本收益分析,根据新制度经济学的制度变迁和法律改革理论评判此次改革的正当性,并提出相关建议。

(二) 研究范围及方法

在开展分析之前,有必要对于本章的主题研究范围进行界定,以便讨论能够集中和深入,并避免分析逻辑和论证理据上的混乱。首先,总体而言,公司资本制度具有保护公司债权人和保护公司股东的双重功能。鉴于我国目前争论的焦点主要是2013改革对于公司债权人保护的影响,故本文主要针对该问题,仅在必要之处附带涉及股东保护问题。其次,公司资本制度可以大致分为两部分,即公司设立阶段的出资制度(包括最低注册资本额、出资方式、缴付方式和面值制度等问题)和公司运营阶段的资本维持制度(包括股利派发、股份回购、公司减资和自我持股等问题)。2013年改革主要涉及公司设立阶段的出资制度,故本文研究也主要限于此范围。当然,由于公司资本制度的上述两个部分存在一些内在的联系,即前者是后者的基础,而后者是前者的保障,因此,本文在必要之处也会对于后者有所涉及。

与很多其他同主题的论文一样,蒋大兴教授的论文(以下称"蒋文")[1]没有进行这种研究对象上的区分和控制,从而可能导致一些问题。在该文中,"法定资本""法定资本制"和"最低资本要求"等几个概念经常相互替换使用而忽视其差异。"法定资本"的英文表述为 legal capital(亦称为"注册资本"或"股本"),是一个术语概念,是一个在法律上确认的公司股东出资数额(可以部分缴付),是一个记载在诸

---

〔1〕参见蒋大兴:《质疑法定资本制之改革》,《中国法学》2015年第6期。

如公司章程和账本等文件中的财务事项,对于公司资本运作行为(比如利润分配和减资等)的企业管理和法律规管都是一个重要指标,也是公司投票权分配等公司治理问题的基本参照,其必要性不言而喻,各国皆然,"法定资本制"的英文表述为legal capital rules,是对于公司资本进行监管的法律制度,广义上包括所有的制度类型(最好称为"公司资本制度"),但狭义上专指大陆法系采用的"法定资本制";这个大陆法系专用的"法定资本制"又可作进一步的广义和狭义之分。广义的"法定资本制"既包括公司设立阶段的出资环节,也包括公司运营阶段的资本维持制度;而在狭义上只是出资环节,而"最低资本要求"就主要属于出资环节,也正是 2013 改革的对象。[1] 但是,蒋文似乎在"法定资本制"的上述几个不同意义上来回穿梭和转换概念。

蒋文将"最低资本"与"法定资本制"并列,似乎是在狭义的出资环节讨论废除最低资本要求的正当性,但在后文中又悄然转换为广义的"法定资本制",将资本维持原则涵盖进来,并用后者的重要性为狭义的"法定资本制"和"最低资本"辩护,最终认为 2013 改革是场"闹剧"。比如,在蒋文第二部分讨论"法定资本制是什么"时,开始将"法定资本"视为一个概念,并提出废除该概念就会使得附着于其上的相关规则无法运行;然后又论述美国的"偿付能力测试"——这显然属于资本维持原则范畴——并认为拆除欧洲制度之后不能同时增补美国制度将出现灾难;最后,又将法定资本制与"英美法中使用的特别偿债能力标准"进行比较,并认为"盲目去除传统法定资本制的主张,是欠缺通盘考虑的",实际上再次将资本维持原则的存废争论暗中嫁接到最低资本要求的存废争论中。蒋文的上述评论本身没有问题,但问题是,2013 改革既没有废除"法定资本"(注册资本)的概念,也没有废除资本维持原则。[2]

在国外,legal capital rules 一词经常在广义上使用(但具体论述时会专指某一法域,特别是大陆法系的"法定资本制"),在蒋文引用的很多外文文献里,就是既讨

---

[1] 前文提到的四个资本制度类型主要就是针对公司设立阶段的出资环节而言,而不是公司运营阶段的资本维持原则,因此,国内学者通常是在狭义上使用"法定资本制"一词,比如,与其相对的"授权资本制"主要是指资本发行方面的制度差异。应当讲,在狭义上使用"法定资本制"一词更为可取,有助于逻辑分析,避免资本维持原则问题的干扰。
[2] 对于 2013 改革后的注册资本概念及其对于出资义务的影响问题,本书第五部分有详细探讨。

论公司设立阶段的出资规则（包括最低资本要求），又讨论公司运营阶段的分配问题，即资本维持原则，但显然争论焦点都在后者。比如，蒋文在结论部分引用的 Wolfgang Schön 文章总共 19 页，但讨论最低资本要求的篇幅只有 2 页半，而且结论很明确，即"最低资本管制是没有必要的"[1]。确实，与最低资本要求相比，资本维持原则保护债权人的作用明显强大，故国际上对其存废的争论一直没有停息。绝大部分的欧洲大陆学者认为不应当像美国那样彻底抛弃资本维持原则而采用偿债能力标准，因此结论都是欧盟公司法第二号指令中的公司资本制度不需要修改。[2]但是，正如蒋文在结论部分引用 Wolfgang Schön 的观点，欧洲学者也坦承最低资本要求"也不会对债权人有太多帮助"，但"对认真的企业家不会构成特别负担"，[3]换言之，最低资本要求似乎可以比喻为一个用处不大的阑尾，但麻烦也不大（后文将要述及，笔者认为麻烦不小），而且，既然已经长了阑尾，再专门动手术去割的成本太大不合算，最好暂时留着，等将来想要废除资本维持原则时顺便切掉。因此，本文的讨论不仅仅限于 2013 改革前后的债权人保护机制的效率对比——即"阑尾式"的最低资本要求切除之后能否换来一个更好的、新型的债权人保护机制——而且从新制度经济学的制度变迁和法律改革理论的角度，考量这一"阑尾切除手术"的过程是否成本过大，从而影响改革的正当性。

---

[1] Wolfgang Schön, The Future of Legal Capital，5(3) European Business Organization Law Review 429, 438(2004).

[2] 美国的偿债能力标准(solvency test)主要体现在《修订示范商业公司法》中，完全废除了资本维持原则，不再通过公司资本的概念来规制公司运营阶段的资本运作交易，比如股利分配和减资等，而是通过公司的偿债能力，即现金流标准以及公司资产与负债的关系，体现了从资本信用到资产信用的理念转变。实际上，不但欧洲不愿彻底抛弃资本维持原则而采用偿债能力标准，而且很多英联邦法域，诸如澳大利亚、新加坡和香港等，也在不同程度上继续保留着资本维持原则（英国当然也保留，但它是作为欧盟成员国有义务保留）。另外，即使在美国，虽然大部分州都采用了《修订示范商业公司法》，但也有一些州，比如特拉华州和加州等，并未采用该法而保留了一些资本维持原则的色彩。就此而言，在资本维持原则的存废争论中，是不宜将"英美法系"作为一个整体对待的，甚至将美国作为一个比较法上的个体也有问题，这充分反映了该问题的复杂性，也再次表明不宜将资本维持原则问题作为大陆法系"法定资本制"（最低资本）的辩护理由。与此相比，在最低资本要求上，英美法系几乎是步调一致（除了英国，因为它是欧盟成员国，必须为公开公司规定最低资本要求）。本文的讨论对象是 2013 改革，只涉及诸如最低资本要求等出资环节问题，因此，将资本维持原则问题剥离出去，以后再发文专门讨论。

[3] Wolfgang Schön, The Future of Legal Capital 5(3) European Business Organization Law Review 429, 436 - 438(2004).

二、改革前公司资本制度保护债权人的成本收益分析

如上所述,2013改革废除了最低注册资本额等规则,引起很多人对于债权人保护问题的担忧。笔者认为,这种担忧的根源在于我国长期以来对于公司资本制度在债权人保护功能上的迷信,因此,本章试图破除该迷信并构建债权人保护的商法新思维,具体分为两步:首先,采用法经济学的成本收益分析方法衡量和批判公司资本制度对于债权人保护的实际效用。然后,将研究视野从公司资本制度本身扩展到债权人保护的其他相关机制,并对于2013改革后形成的债权人保护新范式下的各种机制进行分类和评估,认为这些新型机制的债权人保护功能可能更为有效。

(一) 收益:降低金融代理成本

从法经济学的角度看,公司资本制度的主要功能在于降低公司股东与外部债权人之间的"金融代理成本"(financial agency costs),缓解二者之间的信息不对称,避免逆向选择和道德风险问题。[1] 具体而言,这种信息不对称问题可以大致分为交易前和交易后两个阶段,分别由出资制度和资本维持制度进行调整。如前所述,2013改革主要涉及出资制度,其功能在于解决交易前的信息不对称问题,即公司与外部债权人如何对于交易前的相关情况进行评估,比如借款人是否有偿债能力等,从而决定是否交易。在此过程中,公司出资制度主要有两个相互关联的功能:一是作为担保工具,即股东向公司的出资成为公司财产,而公司财产是公司偿债能力的担保;二是作为信号工具,即公司资本信息通过信息披露,向外界传达关于偿债能力的信号。通过这两个功能,公司出资制度能够减低由于信息不对称带来的金融代理成本,从而促使交易达成,提高经济效率。比如,一家公司可以向债权人展示自己的资本额,表明自己具有偿债能力,以说服债权人。在法经济学上,这可视为公司资本制度的经济收益。

但真正问题是,公司资本制度的上述收益到底有多大呢?公司的初始出资只是一个历史数值,只反映在出资那一时刻的公司财产,而在公司后来的经营过程

[1] BAYLESSMANNING & JAMESJ. HANKSJR, LEGALCAPITAL (Foundation Press, 1997, 3rded);John Armour,Share Capital and Creditor Protection:Efficient Rules for a Modern Company Law 63 The Modern Law Review 355(2000).

中,公司财产不可避免地会变化,既可能增值也可能减值。因此,外部债权人根据公司的注册资本数额评估偿债能力无异于刻舟求剑,这使得公司资本制度的担保功能和信号功能都大为减损。在理论上,各国学者都已经敏锐地洞察到商法思维"从资本信用到资产信用"的变迁过程,[1]而且,这一理论观点已经获得相关实证数据的支持。国外研究发现,外部债权人在交易时很少甚至完全不关注公司成立时的注册资本,而关注交易时的资本缴付情况和资产状况。[2]同样,我国学者发现,银行在发放贷款时主要关注企业的实际资产规模(而不是注册资本额)、提供抵押的能力以及企业的声誉;企业财务报表虽然必不可少,但是并不能最终决定其能否获得贷款,银行更看重与企业交往的历史以及企业主的信誉度。[3]另外,企业的资产负债率和贷款负债比等财务指标对银行贷款决策的影响也较大。以上证据表明,无论是在国外还是国内,注册资本对于交易的传统担保和信号功能都已趋式微。

另外,公司资本制度的上述功能并不适用于所有的债权人。公司债权人可以大致分为两类:一类是自愿债权人(或称为可调整债权人),另一类是非自愿债权人(或称为不可调整债权人)。[4]自愿债权人主要是自愿与公司进行契约交易的债权人,比如银行和供应商等。这些债权人能够利用公司资本制度的担保和信号功能,但是如上所述,这种收益已经很少,而且这些债权人通常能够通过契约等市场机制根据商业风险调整相应的交易条款,有效地进行自我保护,而无需依赖公司资本制度。非自愿债权人主要是公司侵权之债的债权人,比如产品责任问题和环境损害问题中的受害者等,对于这些债权人而言,公司资本制度缓解信息不对称的功能难以适用,因为公司资本数额和侵权损害之间并没有直接的关联,即公司资本数额不是侵权损害是否发生以及范围大小的影响因素,这些债权人无法根据公司资本额的大小调整自己的行为而获得保护。

---

[1] 参见赵旭东:《从资本信用到资产信用》,《法学研究》2003 年第 5 期。

[2] See A. J. Berryetal, Financial Information, the Banker and the Small Business 25 British Accounting Review 131(1993).

[3] 参见卢亚娟、褚保金:《农村中小企业贷款可获性的实证分析——基于江苏省宜兴市的调研》,《经济学动态》2010 年第 3 期。

[4] See FRANK EASTERBROOK and DANIEL FISCHEL, THE ECONOMIC STRUCTURE OF CORPORATE LAW, at 50 Harvard University Press, 1991.

（二）监管成本与公司经营成本

公司资本制度的经济成本主要包括两个方面，一方面是监管成本，另一方面是公司经营成本。在监管方面，最低注册资本制度需要投入人力和物力进行执行，包括对相关违规行为的调查和处罚等。虽然我们很难获取监管成本的确切数据，但从中国作为世界第二大经济体的总体经济规模和公司数目等指标估测，该成本应当不低。

另一方面，公司经营成本问题也非常严重。比如，最低资本额过于僵硬，设定一个整齐划一的标准，难以满足商业的现实情况：不同的公司有不同的资本需求，取决于行业、规模和地区等因素；即使是同一家公司在不同发展阶段和不同经营环境下的资本需求也会有所不同。人为地设定一个固定的最低资本额都会不可避免地造成资本浪费，并使得一些本可设立的公司无法设立，从而阻碍经济发展，减少社会财富。[1] 同时，为了符合相关要求，公司设立人想方设法蒙蔽验资机构，甚至付费让验资机构串通进行虚假验资，这些情况在我国屡见不鲜，徒增公司设立成本。[2]

另外，限制出资形式和比例的相关规则也是类似情况。在 2013 改革之前，《公司法》对于以知识产权等无形资产进行出资的方式和比例有不少强制性规定，很难适应当今千变万化和千差万别的商业世界。特别是对于高科技、文化创意、现代服务业等创新型企业而言，投资者更可能面临货币资金不足难以创业的问题。最后，对于公司资本缴付期限的强制性规定实际上剥夺了公司根据自身和市场情况等决定资本需求的灵活空间，可能导致资本闲置，降低资金使用效率。

（三）低效的债权人保护机制

以上分析表明，2013 年改革前的公司出资制度在债权人保护方面的收益甚微，同时其成本很高，因此，从法经济学的角度看，改革前的公司出资制度实际上是一

---

〔1〕当然，最低资本额的标准越低，其阻碍公司设立而带来的社会成本也就越低，但另一方面，其具有的债权人保护功能也相应降低。在国外，取消最低资本额制度的一个重要理由就是其标准太低而不能有效保护债权人。PAULL. DAVIES, "GOWERANDDAVIES"PRINCIPLEOFMODERNCOMPANYLAW, at 263 - 264(Sweet & Maxwell, 2008)。
〔2〕参见刘燕：《会计法》，北京大学出版社 2009 年版，第 331 页。

个非常低效的债权人保护机制。当然，以上对于成本和收益的分析主要还是定性的，如果有实证数据的支持，说服力将大为增强。在这方面，本文和蒋文是立场一致的，笔者一直都倡导实证研究方法和实证数据的运用，不能只靠主观臆想，要尽量通过数据说话。但是，实证数据的选择和解读非常关键，对于论证结果有重要影响。

比如，蒋文在第四部分讨论了法定资本制的经济逻辑基础，试图论证"曾经的最低资本是否超出了民众的投资能力"，举出了几组数据，值得肯定，但实际论证力量可能需要谨慎对待。第一组数据是资本形成率，但这是整个国家的数据，资本形成率有多种表现形式，并不限于投资设立公司这一项，而且也没有区分具体企业类型。众所周知，中国重复投资问题严重，国企从来不缺钱，但 2013 改革的目标是为了鼓励大众创业，万众创新，而这些创新性企业通常是缺钱的。这个问题同样出现在第四组数据，即国民收入水平，创新型企业和项目很多都是在校学生和刚毕业的学生发起的，对于这些人而言，国民收入水平数据的意义似乎不大。另外的数据，即现实中公司的实收资本金数额和注册资本金数额都远高于最低资本额，蒋文据此认为最低注册资本没有影响公司设立，但笔者认为，这个结论似乎过于单一，因为还有其他的解读可能。首先，这些数据可能恰恰说明中国社会存在对于公司资本的迷信，存在求大心理。理论上讲，不同的公司需要不同的资本，因此公司资本数额应当是一个连续的频谱，而不会出现一个断层。现实中的情形是，为了通过公司资本撑面子，盲目追求公司资本数额，要么是真的缴付那么多资本导致资本浪费，要么是虚假出资或者出资后抽逃出资，最终都造成社会成本。

2013 改革反映了一个从资本信用到资产信用的理念转变，有利于破除这种对于注册资本的迷信和盲目求大心理，使得公司能够更加理性地决定注册资本数额。其次，退一步讲，那些数据最多只能说明已经成立了的公司的相关情况，而无法反映出到底有多少想成立、但受阻于法定资本制而没有成立的公司。

确实，从数据类型上看，蒋文的数据都是改革前的相关数据，只能在一定程度上间接推测改革的必要性，而不是直接地表明改革效果。这种数据在尚未进行改革时非常重要，能够为是否改革和如何改革等问题提供决策参考，避免进行不当的改革尝试，但改革进行后，那些反映改革带来何种变化的相关数据价值就更大，能够直接证明改革的实效。因此,本文采用的数据是 2013 改革后的我国公司设立数量的变化情况。比如,根据国家工商总局的官网报道,在改革实施后的百日内,新疆自治区的新登记公司为 10246 户,比去年同期增长 76.5%;[1]在 2014 年的 1—7 月份,山东省新登记私营企业 14.56 万户,同比增长 105.34%;[2]在以培育创新企业著称的深圳,公司资本制度改革带来明显的市场"红利":2014 年新登记企业 237513 家,同比增长 42%,而且其中大多为轻资产的战略性新兴产业和文化产业。[3]上述数据表明,2013 改革后我国新设立的公司数量出现显著增加,表明原有制度确实阻止了很多本可设立的公司,造成很大的交易成本。

对于上述论断,需要指出以下几点。首先,根据法经济学的成本效益理论,效益是一个很广泛的概念,并不局限于经济效益,还包括社会效益和政治效益等其他效益。因此,一项法律制度的效益可能有多种不同的表现形式,除了上文提到的新增企业和就业机会,还包括社会秩序、精神文明、环境保护和政治稳定等。在法律效益的实证评估方面,经济效益较易量化,一般可以采用定量分析方法,而社会效益、政治效益不易量化,主要采用定性分析方法。有人认为,公司资本制度在社会观念层面上可能成为增加社会信心的工具,因此也应包括在收益之内。从分析框架上讲,这个收益是存在的,但很难量化;更重要的是,这个收益可能产生很大的成本,即导致社会对于公司资本制度保护债权人的功能产生迷信,正如上文所言,公司的注册资本实际上并不能有效反映公司的实际偿债能力,如果过分强调公司资本增加社会信心的收益,反而可能让不法之徒利用这种社会心理进行寻租,损害债权人利益。2013 改革的重大收益就是构建新型的债权人保护范式,从而破除传统上对于公司资本制度保护债权人功能的迷信。

最后,必须承认,由于缺乏全面数据和难以对于某些成本进行定量分析,我们还不能准确判定改革前公司资本制度的效率究竟低到何种程度,但是,这并不是致

---

[1] 国家工商总局官网:《新增加企业超万户公示系统运转良好新疆实施改革百天成效显著》,http://qyj. saic. gov. cn/gzdt/gdgzdt/201406/t20140612_145932. html,最后访问时间:2015 年 6 月 18 日。

[2] 李瑞平:《山东改革注册资本登记制度半年新增私营企业数量翻番》,http://www. iqilu. com/html/ygzw/news/2014/0903/2128468. shtml,最后访问时间:2015 年 6 月 18 日。

[3] 参见何泳、王孝有:《商事登记制度改革带来发展"红利"——逾 20 万企业去年落户深圳》,《深圳特区报》2015 年 1 月 25 日第 A01 版。

命的问题。从制度变迁的角度看,我们更关心的是制度变迁前后的效率得失,即衡量效率的相对性问题,从而判断法律报酬是否递增。[1] 本章认为,现实中已经出现了其他的效率更高的债权人保护机制,这些机制能够在很大程度上替代传统的公司资本制度,从而为公司资本制度改革提供了正当性基础和保障。

三、改革后新型的效率更高的债权人保护机制

2013 年改革废除了最低资本要求,在一定程度上削弱了公司资本制度的债权人保护功能,但是这并不意味着债权人保护的整体水平下降。的确,在讨论公司资本制度的债权人保护问题时,不少学者将其视野局限在该制度的狭窄范围,从而对2013 改革在债权人保护方面的影响忧心忡忡。实际上,债权人保护是一个跨学科的系统性课题,公司资本制度并不是唯一的债权人保护机制。实际上,除了公司资本制度之外,还存在其他的债权人保护机制。与公司资本制度一起,这些机制将发挥重要的债权人保护作用,构建起债权人保护的新范式。

需要指出,如何对于这些债权人机制进行分类,可能根据不同标准而相应有所不同。根据我国公司法的理论框架,可将这些债权人机制分为两大类,一类是基础性的保护机制,包括公司资本制度和合同法或契约机制;另一类是特殊性的保护机制,包括担保和保险机制、看门人机制和信息披露机制,以及公司法人格否认制度、董事义务制度和破产法中的衡平居次制度等。2013 改革的目标正是将债权人保护的范式从传统的公司资本制度转换到多元化的债权人保护机制,降低公司资本制度保护债权人的传统功能,增强市场机制在保护债权人问题中的作用,故下文将对此范式下新型的债权人保护机制进行分析,并揭示其效率可能更高。

(一) 债权人的基础保护机制

基础性的债权人保护机制主要包括公司资本制度和合同法或契约机制。公司资本制度的债权人保护问题已经在前文详述,此处不赘。契约机制通常是指自愿

---

〔1〕See DOUGLASS C. , INSTITUTIONS, INSTITUTIONAL CHANGE AND ECONOMIC PERFO-RMANCE, Cambridge University Press, 1990.

债权人与相关公司之间进行自由交易,订立债务契约,比如银行与借贷者之间的借贷交易。对于诸如侵权受害人等非自愿债权人而言,他们无法直接利用这种机制获得保护,但是商业保险机制在一定程度上提供了这种保护功能。商业保险机制是指保险机构与相关公司之间订立保险契约的交易过程,虽然交易方不是非自愿债权人与相关公司,但其本质也是契约的订立机制,体现在保险费用的条款,因此也可视为广义上的契约机制。

作为一种债权人保护机制,契约机制主要是指公司与债权人在交易过程中进行谈判并达成信贷协议(loan covenant)。虽然契约机制主要适用于自愿债权人,但非自愿债权人可以在一定程度上搭便车,即自愿债权人通过契约机制对于公司的行为进行制约和监督,降低公司破产的风险,这将保护所有债权人的利益,既包括自愿债权人,也包括非自愿债权人。

具体而言,契约机制可以大致分为以下几个方面。第一,价格机制。在商业交易中,风险与收益总是并存的,关键是对风险进行评估和定价。比如在公司从银行等机构获取贷款时,银行必然会对公司的信用状况和偿付能力进行评估,并据此确定一个相应的利率水平。理论上讲,不管公司风险高低,通过这个市场化的利率机制,商业风险都可反映在借款利率中,从而银行获得一个均衡的风险调整收益(risk-adjusted return)。

但是,现实中银行很难对于风险进行准确定价,一是由于固有的信息不对称问题,二是订立契约后公司股东可能会从事损害债权人的投机行为问题。因此,除了价格机制之外,债权人还会利用公司行为限制条款进行自我保护。公司股东与外部债权人之间不可避免地存在利益冲突,股东有动机在借款之后从事各种投机行为,以债权人利益为代价而自肥。[1] 比如在借款之后,股东通过股利分配、股份回购和薪水支付等方式将公司财产转移到自己手中,从而降低公司的偿债能力。另外,股东可能会继续向他人借款,这些新债权的清偿次序等同甚至高于原有债权,使得原有债权人在公司破产时能够获得的财产减少;最后,公司股东可能会选择比债权人在利率定价时估测的风险更高的经营项目,以增加自己的期待收益

---

[1] See LucaEnriques & Jonathan Macey, Creditors Versus Capital Formation: The Case Against the European Legal Capital Rules, 86 Cornell L. Rev. 1165,1168 – 1170(2001).

（expected value），但减损了债权人的相应收益。针对股东的上述机会主义行为，债权人的对策是在借款协议中签订相关条款，比如利用资产负债率、债务股本比以及流动性等财务指标限制股东的资产分配行为等。

由于借款协议不可能事先考虑到公司股东的所有投机行为并对其作出妥当应对，比如判断这些行为的发生概率多大，应当采取何种限制方式等，借款协议具有天然的不完备性，而且存在较高的交易成本，包括订约成本和监督成本等。因此，银行通常会使用担保机制控制风险，以决定是否放贷。当然，有些企业可能不提供担保也能够获得贷款，但是如果他们提供担保的话，就能获得更为优惠的利率。

担保机制可大致分为两种：一种是物的担保，比如抵押物等。但是，中小企业在发展初期，规模较小，资产不足，通常很难提供满足银行要求的抵押物，因此，另一种担保，即人的担保，就显得非常重要。具体而言，这又可分为第三方专业担保机构的担保服务和公司股东的个人担保等。公司股东的个人担保实质上是让股东为公司债务承担无限责任，能够在一定程度上避免股东滥用公司有限责任保护的问题。另外，我国非常盛行的民间借贷属于所谓的"关系型借贷"，个人担保通常是隐形的，即依赖于借贷双方之间的熟人关系作为交易达成和执行的基础，而不是正式的法律救济。[1]

需要指出，担保机制通常适用于契约交易中的自愿债权人，而对于侵权受害者等非自愿债权人，一个有效的保护措施是保险机制，即让公司购买商业保险，由保险机构进行清偿。与公司资本制度相比，保险机制的保护更有效率。如前所述，前者非常僵硬，资本数额与侵权损害之间并无直接关联；后者通过保费与公司经营风险相匹配，解决公司经营风险的"外部化"问题（externality），而且，这是一个持续、动态的监督过程，与固定的最低资本相比，能够更加精确地将公司经营风险"内部化"。[2]

---

〔1〕参见陈志武：《金融的逻辑》，国际文化出版公司 2009 年版，第 120 页；徐洪水：《金融缺口和交易成本最小化：中小企业融资难题的成因研究与政策路径》，《金融研究》2001 年第 11 期。

〔2〕See John Armour, Legal Capital: An Outdated Concept? 7 European Business Organization Law Review 5,19(2006).

（二）债权人的特别保护机制

1. 契约机制的辅助机制

理论上讲，契约机制遵循契约自由原则，是市场机制的体现，其有效性取决于交易双方的地位平等，特别是交易谈判过程中的力量平等。因此，契约机制面临的一个批评是，有些债权人（比如非金融债权人）可能比较弱势，缺乏谈判力量，从而不能通过契约机制获得有效保护。当然，公司资本制度也不能有效保护这些债权人，而且由于公司资本制度增加公司的经营成本，这些成本将转嫁到弱势的债权人，导致其境况更差。实际上，这是一个交易双方市场地位和力量相差太大的问题，可以通过《反垄断法》解决。[1]

另外，借助于契约机制的借贷交易本质上是信用交易，其交易成本主要来自于信息不对称造成的道德风险和逆向选择。为了保障契约机制的有效性，必须减少信息不对称，降低交易成本。[2] 在这方面，信息披露机制和看门人机制具有重要作用，前者能够降低信息获取成本，后者过滤和核实相关信息，提升信息效用。

信息披露制度的经济学功能是降低信息获取成本，让债权人能够甄别潜在债务人的不同品质，并将此反映在上述的利率设定等契约机制中，从而避免由于债权人很难获取相关信息而将所有债务人一视同仁的逆向选择问题。[3] 需要注意，信息披露制度本身也是有成本的，只有当该制度的成本小于信息获取的收益时，该制度才是有净收益的。因此，我们不能仅仅要求信息披露，更要关注信息披露的具体制度设计及其效率问题。

2013 改革后，工商登记事项不再包括实缴资本，只有认缴资本，而且营业执照上也不再反映实缴资本信息。很多学者对此猛烈抨击，将其视为 2013 改革的一大败笔，认为实缴资本不列入登记事项是因为立法者错误地判断其不重要，因而非常

---

[1] See John Armour, Share Capital and Creditor Protection: Efficient Rules for a Modern Company Law, 63 The Modern Law Review, 355,358(2000)；王晓晔：《反垄断法》，法律出版社 2011 年第 1 版，第 43 页（"反垄断法反对垄断……此外还禁止占市场支配地位的企业滥用其市场势力……反垄断法就规范了市场竞争秩序，规范了企业的市场竞争行为，并且通过禁止性的规定为企业的合同行为划定了一个可以发展的范围"）。

[2] 参见屈文洲、谢雅璐、叶玉妹：《信息不对称、融资约束与投资—现金流敏感性》，《经济研究》2011 年第 6 期。

[3] See BRIAN CHEFFINS, COMPANY LAW: THEORY, STRUCTURE AND OPERATION, at 512‑521 (Oxford University Press, 1997).

详细地论述实缴资本的重要性。从法经济学角度看,实缴资本当然是债权人判断公司资产状况和偿债能力的重要信息,其解决信息不对称的经济功能几乎毫无疑问。但作者认为,2013 改革将此信息从工商登记中剔除不是因为其不重要,而是存在效率更高的其他机制。

事实上,国务院在 2014 年 2 月 7 日发布了《注册资本登记制度改革方案》,并于 2014 年 3 月 1 日施行(与 2013《公司法》改革的施行日完全一致)。该方案的第 2 条第 2 款明确指出,"将企业年度检验制度改为企业年度报告公示制度。企业应当按年度在规定的期限内,通过市场主体信用信息公示系统向工商行政管理机关报送年度报告,并向社会公示,任何单位和个人均可查询。企业年度报告的主要内容应包括公司股东(发起人)缴纳出资情况、资产状况等,企业对年度报告的真实性、合法性负责,工商行政管理机关可以对企业年度报告公示内容进行抽查。"此后不久,国务院又于 2014 年 8 月 7 日发布《企业信息公示暂行条例》,并于 2014 年 10 月 1 日实行。根据该条例第 10 条,"企业应当自下列信息形成之日起 20 个工作日内通过企业信用信息公示系统向社会公示:(一)有限责任公司股东或者股份有限公司发起人认缴和实缴的出资额、出资时间、出资方式等信息……"

由上可见,之所以实缴资本不进行工商登记,是因为此信息通过企业信息公示系统进行披露。在完全认缴制度下,公司可以根据情况自由决定实缴数额以及缴纳时间,这些都是动态信息,而且变动频率很高,需要及时披露,从而提升市场的效率。企业信息公示系统是实时的网络披露机制,显然更为便捷,成本也更低。因此,与工商登记相比,通过公示系统披露实缴资本等信息更为有效,这与证券市场的持续性信息披露制度有异曲同工之妙。

上文讨论的信息披露机制只是提供信息,但信息可能存在质量问题,而且阅读和处理信息存在成本,故看门人机制应运而生。看门人机制泛指那些在金融市场中以自己声誉资本(reputational capital)为担保提供某种认证服务以降低交易成本的中介机构,主要包括审计师、律师、证券分析师和信用评级机构等。[1] 这些机构在不同金融市场上提供的认证服务有所不同。比如,在证券市场,他们的服务主要

---

[1] 参见约翰·C.科菲:《看门人机制:市场中介与公司治理》,黄辉、王长河等译,北京大学出版社 2011 年版,第 43 页。

是为投资者提供发行证券品质方面的认证信息；而在银行借贷市场，他们则主要是为银行提供贷款申请人信用方面的认证信息。看门人机制的核心功能就是解决交易过程中的信息不对称问题。那些市场中介之所以能够有此功能，是因为他们都是市场行为的重复参与者，在市场中经营多年，为大量交易提供信息核实服务，从而建立起了自己的声誉资本。一旦拥有这种声誉资本，这些机构在核实相关信息时，就等于将自己的声誉资本借给或抵押给想要融资的公司，因此，资本提供方通常可以信赖其信息并据此判断公司的品质。

值得指出，2013 改革不但引入新的看门人机制，而且对于原有的看门人机制进行了改造。比如，为了防止虚假出资问题，2013 改革之前存在一个验资程序，具有看门人机制的作用，但 2013 年改革却废除了这一程序，引发了不少争议。从法经济学的角度看，这一改革实际上提升了验资程序作为看门人机制的效率。2013 改革前的验资程序机制一刀切地要求所有出资都必须验资，产生很大的交易成本，因为有些情况下验资程序可能并没有太大实益。比如，欧盟在 2006 年修改公司法第二号指令时，就明确豁免诸如上市公司股票等某些出资形式的估值程序要求。[1] 另外，由公司登记机构来决定验资的做法导致效率低下。登记机构属于政府机关，不是市场参与者，而且不愿承担决策风险，因此，在很难决定何种情况需要验资时，为保险起见，就会要求所有出资都进行验资，从而产生逆向选择问题。

相比之下，作为当事人的债权人具有更好的信息和动力去决定验资问题，包括是否需要验资、由谁进行验资和应当如何验资等。在 2013 改革之前，验资机构是在登记机关的要求下由债务人公司聘请并支付费用，这就构成经典的委托人—代理人之间利益冲突问题，可能导致验资机构被债务人公司俘获。[2] 在我国当前国情下，验资机构良莠不齐，职业道德水准不高，上述利益冲突导致的验资机构不恪尽职守、甚至与公司串通进行虚假验资的问题非常严重。[3] 解开此难题的最直接方

---

[1] See Paolo Santella and Riccardo Turini, Capital Maintenance in the EU: Is the Second Company Law Directive Really That Restrictive? 9 European Business Organization Law Review, 427, 438-439(2008).

[2] 参见约翰·C. 科菲：《看门人机制：市场中介与公司治理》，黄辉、王长河等译，北京大学出版社 2011 年版，第 384—385 页。

[3] 参见刘燕：《会计法》，北京大学出版社 2009 年版，第 331 页。

式就是重建债权人和看门人之间的委托人—代理人关系,这意味着由债权人(而不是公司)来聘用和支付验资机构,从而解决看门人机制中的代理成本问题。因此,2013改革实际上是废除了僵硬的、由债务人公司主导的验资程序,转而让债权人根据具体情况决定验资问题,从而提升了作为看门人机制的验资程序的效率。

2. 专门性的债权人保护法律机制

在债权人的基础保护机制之外,还有一些专门性的法律机制能够保护债权人,这既包括公司法中的相关制度,还包括其他部门法。债权人保护是公司法的一个重要目标,因此很多公司法规则都体现了债权人保护的精神。限于篇幅,此处选择两个比较重要的规则进行讨论。

首先是刺破公司面纱制度(piercing the corporate veil)或称为公司法人格否认制度。该制度肇始于英美法系,具有重要的债权人保护功能。与公司资本制度相比,该制度的适用与公司的具体经营情况相关联,能够更精确地将公司经营风险内部化,故其能够更加灵活有效地保护债权人。的确,在美国,公司资本制度已经高度简化,而刺破公司面纱制度成为其在债权人保护方面的功能性替代品。我国已经在2005年引入了该制度,根据《公司法》第20(3)条,当公司股东滥用公司法人独立地位和股东有限责任,逃避债务,严重损害公司债权人利益的,公司债权人可以请求法院刺破公司面纱,要求股东对公司债务承担连带责任。其次,公司董事通常是对公司财务和经营信息掌握最充分的人,因此,通过董事义务制度保护债权人是一个有效的进路。[1] 现代公司法日益强调公司社会责任,要求董事在公司经营中不仅要考虑股东利益,也需要顾及诸如债权人等其他利益相关人。[2] 除了原则性的规定之外,有些国家还制定了专门规则。比如,澳大利亚2001年《公司法》第5.7B部分明确规定了董事的防止破产交易义务(duty to prevent insolvent trading),要求董事在公司处于或濒于破产状态时不得进行交易,否则承担个人责任;根据英国2006年《公司法》172条,在减资交易中,董事必须做出公司在未来一年不会破产的法定声明。

---

[1] 参见邓峰:《资本约束制度的进化和机制设计——以中美公司法的比较为核心》,《中国法学》2009年第1期。
[2] See e. g. , Companies Act 2006 (UK), s 172.

除了公司法之外,其他法律部门对于债权人保护也有重要意义。比如,在破产法中,股东债权衡平居次规则(equitable subordination)、破产前的无效或可撤销交易规则等都能够保护债权人利益。国外有学者还提出,在公司破产财产分配中侵权债权人应当获得优先权,[1]甚至要求股东对于公司侵权责任按比例承担无限责任等。[2]现实中,在与我国情况类似的属于新兴加转轨市场的俄罗斯,就已经采取了上述做法。[3]

四、改革成本问题

上文分别讨论了 2013 改革前后相关机制在债权人保护方面的效率问题,可以看出改革是存在相对净收益的。但是,法律改革是一个动态的过程,不能仅仅对于改革前后的法律秩序进行静态的成本收益分析。根据新制度经济学的制度变迁与法制改革理论,法制改革的过程也存在成本,即所谓的"变法成本"。如果一项法制改革的变法成本太大,以至于超过改革可能带来的净收益,则该改革仍然是无效率、不成功的。总体而言,变法成本可以分为直接成本和间接成本,下文将对此进行具体论述。

(一) 直接成本:改革的现实基础

法制改革的直接成本主要是指废除旧法和设计新法的技术成本。前文述及,公司注册资本制度的债权人保护功能已经式微,而现实中也出现了很多更为有效的债权人保护机制。正是在此背景下,各国(地区)都纷纷简化公司资本制度,将该制度的价值目标从债权人保护转为提升公司效率。[4]比如,英美法系很早就摒弃了最低资本额制度的债权人保护角色,而大陆法系的国家和地区近年来也逐渐废

---

〔1〕 See David Leebron, Limited Liability, Tort Victims, and Creditors, 91 Columbia Law Review, 1565 (1991).

〔2〕 See Henry Hansmann andReinier Kraakman, Towards Unlimited Shareholder Liability for Corporate Torts, 100 Yale Law Journal, 1879(1991).

〔3〕 See E. Zhuravskaya and R. Sonin, Bankruptcy in Russia: Away from Creditor Protection and Restructuring Russian Economic Trends 9 (2002).

〔4〕 参见朱慈蕴:《公司资本理念与债权人利益保护》,《政法论坛》2005 年第 3 期;参见冯果:《论公司资本三原则理论的时代局限》,《中国法学》2001 年第 3 期。

除了该制度,比如法国(2003 年)、荷兰(2006 年)、日本(2005 年)、韩国(2009 年)和我国台湾地区(2009 年)等。[1] 的确,我国 2013 改革不过是借鉴国外经验、顺应了国际发展潮流而已,并不是一场从未有人尝试过的冒险之旅。事实证明,外国并没有因为简化了公司资本制度而导致债权人保护问题,而在公司资本制度之外的其他机制能够有效保护债权人,这些机制已经在很大程度上替代了公司资本制度保护债权人的传统角色,这正是国外公司资本制度进行简化改革的基础。因此,在评判我国 2013 改革时,需要进一步面对的问题是,我国目前情况如何呢? 是否已经存在这些机制呢? 作者将借助相关的实证研究成果对于 2013 改革的现实基础条件进行评估。

在利率方面,有学者以广东省为样本,对于外资银行和国有商业银行向在中国境内的外资企业提供的外币贷款和人民币贷款进行实证研究,[2]他们发现,企业与银行建立起来的金融业务关系越长久,那么其所获得的外币贷款利率就越低,从而验证了金融中介理论。根据该理论,金融中介存在的原因在于它们享有规模效应并在获得借款者信息方面具有优势,银行贷款给企业的某个项目,可以在贷款的过程中获得关于这个企业的内部信息,从而使贷款利率得以降低。另外,对抵押的要求与合作关系的长短也是相关联的:如果一个企业与银行已经建立起了长期合作关系,那么银行要求其提供贷款抵押的要求会较少。[3] 这表明,我国已经存在比较有效的利率契约机制,在保护债权人利益方面发挥了重要作用。

在担保机制方面,一项实证研究基于苏州和无锡地区中小企业的调查问卷分析,总结了我国中小企业融资的行为特征,分析了影响中小企业融资和负债政策的

---

[1] 虽然英国是英美法系的母国,但其是欧盟成员国,需要遵守欧盟第二号公司法指令,因此英国对于公众公司规定了最低资本额要求,但对于私人公司没有此要求。虽然德国还保留最低资本要求,但很多学者主张予以废除。

[2] 参见曹敏、何佳、潘启良:《金融中介及关系银行——基于广东外资企业银行融资数据的研究》,《经济研究》2003 年第 3 期。

[3] See Petersen M. & R. Rajan, The Benefits of Lending Relationships: Evidence from Small Business Data 49 Journal of Finance 3 - 37(1994); Boot, A., & A. Thakor, Moral Hazard and Secured Lending in an Infinitely Repeated Credit Market Game 35 International Economic Review 899 - 920 (1994).

内外部因素。[1] 该研究表明,由于对中小企业融资最重要也是最及时的是担保机构的发展,担保支持对中小企业获得外部融资有重要的影响力。近年来,特别是2010年3月颁布了《融资性担保公司管理暂行办法》之后,我国融资性担保服务市场发展很快,担保机构数量大幅上升,为企业融资提供了重要支撑。除了第三方担保之外,股东个人担保在我国也非常普遍。在中小企业获得银行信贷时,担保当中的个人担保有相当一部分是企业所有者提供的;[2]在我国,由于各种原因,中小企业很难从银行获得信贷,而经常通过非正式的私人借款获得融资,这种借贷方式大多是所谓的"关系型借贷",依赖于借贷双方之间的个人信任关系,实际上是企业所有者为借贷提供了隐形的个人担保。最后,在配套机制方面,比如看门人机制,我国近年来的发展也非常迅猛。国务院在2013年1月21日发布《征信业管理条例》,中国人民银行在2013年11月15日发布《征信机构管理办法》,为征信业发展和监管提供了法律保障。

现实中,公司资本制度之外的其他法律机制对于我国的债权人保护问题也具有重要意义。以刺破公司面纱制度为例,虽然我国引入该制度的时间不长,但实证研究发现,该制度已经在现实中得到积极运用,为债权人利益保护提供了一个有效机制。值得指出的是,与美国相比,我国法院以资本显著不足为由刺破公司面纱的案件比例还很低,[3]但是有理由相信,在2013改革之后,由于最低资本额的取消,以资本显著不足而否定公司人格的做法将会更多,发挥更大的债权人保护功能。

综上,我国已经存在公司资本制度之外的其他债权人保护机制,并且总体运行良好。这表明,我国目前已经具备废除相关公司资本制度的国情基础,新法设计和建设不需要从零开始,因此,法律改革的技术成本大为降低。当然,与国外的相关机制相比,我国的机制可能还需要进一步完善,比如我国《公司法》虽然已经规定了董事义务制度,但仍比较笼统,特别是与债权人利益保护关系密切的董事勤勉义务。《公司法》147条只是提及董事勤勉义务,但未做任何的进一步规定,最高法院

---

[1] 参见万芊、刘力:《地区金融环境与中小企业融资行为——基于苏州、无锡中小企业调查问卷的研究》,《金融论坛》2010年第10期。

[2] 参见田晓霞:《小企业融资理论及实证研究综述》,《经济研究》2004年第5期。

[3] 参见黄辉:《中国公司法人格否认制度实证研究》,《法学研究》2012年第1期。在多达118个法院提到的刺破公司面纱理由中,资本显著不足只被运用了一次,而且此案件原告败诉。

也未通过司法解释等方式提供指导,导致现实中案件数量非常少。而且,对于董事在进行交易时导致公司破产或在公司已经处于破产状态时仍然进行交易等行为,如何适用董事义务规则是一个理论难题,正因如此,国外才将此种情形下的董事义务和责任问题进行特别的规定,比如前文提到的澳大利亚公司法中的破产交易义务等,这些经验非常值得我国借鉴。

(二) 改革过程中的间接成本

除了直接成本之外,法律改革还有间接成本。法律改革是一个动态过程,从均衡发展为非均衡,需要花费时间才能从旧的法律秩序过渡到新的法律秩序,导致制度变迁过程中的时滞现象,因此,这个过程本身就会产生成本。在这个过程中,旧体制被解构而新体制尚未建立,其结果是丧失了旧法律下本可得到的收益而新法律尚不能立即提供新收益进行补偿。如前所述,虽然理论上讲2013年改革引入的新型的债权人保护机制比改革前的机制更有效率,而且已经具有一定的国情基础,但毋庸讳言,相关机制仍然需要进一步发展和完善,在这个过渡期间,新型的债权人保护机制的效率可能难以完全实现。

另外,法律改革对于既有秩序的破坏还可能造成人们行为模式的混乱,从而造成新的违法成本。[1] 由于2013改革比较仓促和缺乏足够沟通,产生了一些混乱和不确定性问题,从而增加了间接的变法成本。比如,在公司出资义务、期限以及出资责任问题上,2013改革都引发了很大的争议和混乱。如前所述,最低资本额的取消是2013改革的一个重点内容,其引发的主要问题是,既然已经没有最低出资额要求,股东是否还有出资义务? 出资义务有无数额的上限和下限? 比如,注册数额是否应当符合民法通则中第37条关于法人设立条件的要求,特别是"有必要的财产或者经费"? 从规范法学的角度讲,争议双方都可以举出若干理由支持自己的法律适用解释,比如,支持方认为民法是基础性法律,故应适用于商法问题;而反对方认为2013改革目标显然就是要废除注册资本数额方面的限制,从而便利公司设立。这种争论带有很强的主观性,很难达成共识,但法经济学的视角能够提供一个较为客

---

[1] 参见冯玉军主编:《法经济学》,中国人民大学出版社2013年版,第158、161页。

观的评判标准,即最低资本额制度的成本收益到底如何?该制度是否有效率?前文已述,最低资本额制度收益很小但成本很大,而 2013 改革旨在运用其他效率更高的债权人保护机制,故不应通过民法通则变相地引入最低资本要求,并且这种做法可能比 2013 改革前的情形弊端更大,毕竟改革前的最低额要求还很清楚,易于操作,而上述民法通则的规定太模糊,反而增强了政府审批角色,与改革精神背道而驰。

有人认为,如果在保留原有公司资本制度不变的基础上采用信息公开、改变看门人机制等措施,就可能既提升债权人保护的效率,又不会由于制度变迁问题导致改革的间接成本,而且,这也可说明公司资本制度问题的核心不在于注册资本本身,而在于周边制度的配合。从债权人保护的角度看,债权人保护机制越多,债权人保护的力度当然越强,但是上述观点忽视了原有公司资本制度的高昂成本问题。实际上,之所以进行 2013 年改革,其直接原因就是为了降低公司设立成本,改善营商环境,而债权人保护只是此轮改革需要兼顾的一个问题。因此,2013 年改革的目标就是废除相关公司资本制度,但同时也需要重构债权人保护范式,而学界争论的主要问题正是这个重构的债权人保护范式是否比原有的公司资本制度更为有效。总而言之,2013 改革本质上是制度的整体更替和升级,而不是制度的局部补缀和修饰,在此制度变迁过程中,间接成本无可避免,但通过妥善处理可以将其减到最小。

五、反思与建议

(一)法律改革的成本收益评估机制

前文讨论表明,2013 改革后新型的债权人保护机制的净收益高于改革前旧法律的净收益,故改革的总体方向和实体内容是正确的,而且改革的直接成本也不高,契合了目前的国情条件。但是,由于改革没有事前充分征询意见,特别是没有对于改革的合理性进行清晰的说明,使得在新旧机制的变革过程中出现了一些争议和混乱,增加了间接的改革成本。在这方面,美国的经验值得借鉴。1981 年,美国前总统里根发布 12291 号总统令,要求在制定所有新的政府规章时必须进行成本收益分析,以支持其正当性,从而获取民众的理解和遵守,避免不必要的争议和抵触;1993 年,克林顿总统签署 12866 号命令,进一步完善了上述的成本收益分析框架,列举了成本收益的种类,明确了评估方法即可定量亦可定性,指出改革目标应是那些能使净收益最大化的管制方案,同时,在改革时应当寻求不同利益主体的意见,改革措施应当简洁和容易理解,从而减少潜在的混乱和不确定性。[1]

当然,在进行成本收益的经济学分析时,要尽量利用客观的实证数据,而不是个人的直觉和臆想,从而得出更为清晰的、让人信服的结论。的确,与传统规范分析的多元评价体系相比,法经济学秉持一个共同的目标和相对客观的标准,即效益最大化,从而能够提供一个更为确定的、科学的评价法律规则的方法。[2] 诚然,效益最大化的价值目标不一定适合于所有的法律领域,但是,其近乎完美地契合了以财富最大化为行动标准的商法领域,特别是公司法领域。[3] 因此,建议我国以后在公司法改革时进行成本收益分析,并作为立法理由予以公布,以保证改革方向和内容的合理性,同时降低由于思想混乱而带来的间接变法成本。

(二) 2013 改革中相关争议的处理路径

首先,针对 2013 改革后股东出资义务的问题,虽然从学理上可以推断,废除最低资本额制度并没有废除股东的出资义务,而只是改变了股东出资义务的范围或数额,但由于《公司法》付诸阙如,现实中仍然可能产生混乱,建议参考国外经验提供具体的指引。比如,澳大利亚《公司法》117 条明确规定,股东认购股份的数量,认购股份既可以全额支付,也可以部分支付。公司不得免除股东对于未实缴部分的支付义务,除非通过法定的减资程序。根据第 256B(1)条,减资程序要求该种义务免除不得损害债权人利益。因此,取消最低注册资本额,只是让股东可以自由设定注册资本,而股东在自我设定的注册资本范围内承担出资义务。

接下来的问题是,股东自我设定的注册资本范围应当有限制吗? 比如,在下限方面,能否将注册资本设定为零呢? 在这方面,有人认为,最低注册资本还是有好

---

〔1〕参见柯华庆:《法律经济学的思维方式》,黄少安主编:《制度经济学研究》第 9 辑,经济科学出版社 2005 年版,第 39 页。

〔2〕参见理查德·A.波斯纳:《法理学问题》,苏力译,中国政法大学出版社 2002 年版,第 485 页("在一个目的共同的场合,将一个法律的问题转化为一个社会科学的问题,可以使法律问题变得确定起来,并因此可以推进有效的边沁式工程,即把法律建立在一种更为科学的基础上")。

〔3〕参见罗培新等:《公司法的法律经济学研究》,北京大学出版社 2008 年版,第 40 页。

处的,比如将注册资本大幅降低到一个确定的数额(如2元),至少可以使得两个股东的实际出资比例能够确定下来,从而明确股东之间的权利义务关系。笔者认为,这个观点虽有一定道理,但似乎混淆了最低注册资本和注册资本的概念,即取消最低注册资本并不意味着取消注册资本;只要有注册资本,股东的出资比例自然就可以确定下来。所谓的"零资本公司"只是一个想象类问题,并无真正的理论和现实意义。首先,从理念上讲,公司作为商事组织主体的一个本质特征就是公司资本,取消最低资本要求只是不再为公司资本规定一个人为的最低额,但不是完全没有注册资本。其次,从公司运作上看,如果完全没有资本,将如何确认股东呢?《公司法》规定的诸如投票、管理和分红等一系列制度又将如何执行呢? 最后,国外虽然存在零资本公司,但属于特殊情况。[1] 我国目前的公司类型都是营利性的商事公司,设立零资本公司没有商业意义。至于注册资本上限,股东应当可以自由设定。注册资本的具体数额应当属于公司自治的范畴,由公司股东根据经营需要自由设定,股东将在这个自己设定的资本范围内承担出资义务,即注册资本设定越高,股东潜在的出资义务也就越高。秉承公司自治原则,现实中出现的"天价出资"情况应当允许;不过,鉴于其出现原因主要是目前民众对于2013改革还不熟悉,注册机关有必要在注册时提醒股东的出资义务,让其能够做出理性的决定。

与"天价出资"问题相关联的是出资期限问题。2013改革采取完全认缴制,股东可以自由设定出资期限,而现实中已有将出资期限设为长达一百年的情况。同样,"百年期限"情况也应允许,从债权人保护的角度看,这并不是一个大问题。我国《企业破产法》35条明确规定,"人民法院受理破产申请后,债务人的出资人尚未完全履行出资义务的,管理人应当要求该出资人缴纳所认缴的出资,而不受出资期限的限制"。这表明,在公司破产时,出资期限条款将失去作用,即出资义务提前到期。实际上,尚未缴付的资本可能比已经缴付的资本对于债权人保护更有意义。[2]前文谈到,已经缴付的资本可能在公司经营过程中损失殆尽,当公司现有资产无法

---

〔1〕在国外,有些特殊类型的公司可以是零资本,比如非营利性的以保证限制责任的公司(company limited by guarantee)。

〔2〕当然,出资期限问题也会涉及公司和股东利益保护问题,比如迟延出资会对公司经营造成负面影响,违反股东平等原则等。本文主要关注债权人保护问题,故对此略过。

偿付债权人时,股东尚未交付的资本便成了最后的偿付保障。在澳大利亚,对于股东的未付资本,董事会有权随时催缴,但公司股东可以通过特别决议,将董事会的支付要求权限制在公司破产或接管之时。[1] 这种只有在破产或接管时才缴付的资本形象地被称为"储备资本"(reserve capital),充分显示其具有的重要性。

当然,破产程序是一个成本较高的机制,动辄通过破产程序要求未出资股东履行出资义务,可能浪费社会资源和司法资源,故可考虑引入一些成本更低的机制。一个可能的途径是,未缴付资本可以视为股东对于公司的负债,而当公司无法偿付其债权人时,债权人可以行使合同法上的代位权,直接要求未出资股东履行债务。但是,合同法上代位权的行使需要满足几个要件,包括证明"债务人怠于行使其到期债权",导致现实中行权成本太高。[2] 这个问题在《公司法》的场合可能更为严重,因为公司处于股东控制之下,作为外部人的公司债务人很难获得相关信息去证明上述要件。另一个可能的做法是,在司法实务中,法官可以在进入破产程序之前留出一个告诫程序,向公司股东释明不履行出资义务将导致公司清算的法律后果,给有继续经营意愿的股东提供一个自动提前履行出资义务的机会。[3] 这个做法可以适用于理性和善意的股东,但现实中,如果案件已经诉诸法院,通常意味着当事人已经充分考虑过公司清算的后果,或者被告股东可能存在恶意逃避出资义务的问题。因此,借鉴国外经验,可以考虑在《公司法》中明确规定,当公司不能清偿到期债务而未出资股东的出资义务尚未到期,股东的未到期出资义务将提前到期,债权人有权提起诉讼要求未出资股东履行义务,从而有效地解决未出资股东的债权人责任问题。

六、结语

2013 改革旨在降低公司设立成本,改善营商环境,但引发了关于债权人保护问题的争议。有必要跳出规范解释的传统法学研究范式,采用法经济学的进路,对于

---

[1] See Corporations Act 2001(Australia),s254N(1).

[2] 参见崔建远:《债权人代位权的新解说》,《法学》2011 年第 7 期;参见王利明:《论代位权的行使要件》,《政法论坛》2001 年第 1 期。

[3] 参见林晓镍、韩天岚、何伟:《公司资本制度改革下股东出资义务的司法认定》,《法律适用》2014 年第 12 期。

2013 改革前后的债权人保护机制分别进行成本收益分析。由于种种原因,有些成本和收益无法进行直接的定量研究,但可通过间接数据和定性方法进行分析,至少比纯粹的主观臆断更有理据。当然,亦不可将其绝对化,需要注意其局限性,不同研究方法各擅胜场,应互为补充,相得益彰。总体而言,2013 改革有利于破除国人长期以来对于公司资本制度在债权人保护功能上的迷信,引入现代市场经济中新型的效率更高的债权人保护机制,从而构建多元化债权人保护机制的商法新思维。

　　根据新制度经济学的制度变迁和法律改革理论,2013 改革属于政府自觉性变迁,是一个政府管制逐步放松的过程,符合《中共中央关于全面深化改革若干重大问题的决定》中让市场在资源配置中起决定性作用的总体精神。不过,由于此次改革比较仓促和缺乏足够沟通,产生了一些混乱和不确定性问题,从而增加了变法成本,故需要对于相关争议问题及时进行处理,建议我国以后在公司法改革时进行成本收益分析,作为立法理由予以公布,以保证改革内容和过程的总体正当性。

第二章（上）　认缴资本制下股东出资义务加速到期的正当性分析 *

一、问题的提出：资本认缴制带来的债权人保护难题

本章探讨一个司法实践中并不鲜见的公司法实务问题：如果公司没有能力支付到期债务，债权人可否请求约定的出资期限尚未到期的股东提前履行出资义务，或者说，未到期的股东出资义务能否加速到期？依据现行法律及司法解释，与本问题相关且可待适用的法律规范有二。一是破产企业法第三十五条的规定，"人民法院受理破产申请后，债务人的出资人尚未完全履行出资义务的，管理人应当要求该出资人缴纳所认缴的出资，而不受出资期限的限制"。此规定明确了只有在公司破产场合下，股东出资责任的履行不受约定的出资期限限制。二是最高人民法院发布的"关于适用〈中华人民共和国公司法〉若干问题的规定（三）"（下称"公司法规定三"）第 13 条 2 款规定，"公司债权人请求未履行或者未全面履行出资义务的股东在未出资本息范围内对公司债务不能清偿的部分承担补充赔偿责任的，人民法院应予支持"。此规定适用的前提，乃是被诉股东"未履行或者未全面履行出资义务"，依据合同法的基本原理，"未履行或者未全面履行出资义务"也即构成了实际违约，实际违约的构成以合同义务期限已经到来为前提。可见，出资义务违反之认定，与出资期限之既定密不可分。如果某股东没有构成"未履行或者未全面履行出资义

---

* 本章内容曾发表于《人民司法》2015 年第 5 期，转载于人大书报资料中心《民商法学》2015 第 7 期。作者：李建伟，中国政法大学民商经济法学院教授、博士生导师。

务",因为章程所规定的出资期限还有一段时间,这就意味着债权人还要相应地等待一个可能并不算短的期限。这里的问题是,债权人在等待期限里所面临的不确定性,不仅是一种心里煎熬,更蕴含着一种巨大的现实风险。

至此,本章所欲探讨的问题可以更明确地限定一下:在公司破产以外的场合下,未到期的股东出资义务能否被加速到期?这一问题,如果说在 2005 年公司法时代已经存在,那么在 2013 年修正公司法引入资本认缴制之后无疑是更加地突兀了。这是因为,在 2005 年公司法上,出资期限之既定的标准有二,一是股东在公司章程约定的出资期限,是为约定期限;二是公司法第二十六条、第八十一条规定的 2 年、5 年的法定期限,其中约定期限不能超出法定期限。现在法院裁决面对的问题是,由于法定期限不复存在,只剩下股东通过公司章程约定的出资期限,且这一期限由于完全的意思自治而可能存在过长的问题,实践中已出现了 100 年出资期限的案例。如果说 2 年、5 年的期限尚可忍受的话,那么长达数十年的等待期,可能完全逾越了正义的法律底线。

那么,公司法应该为此等情形下的债权人提供怎样的救济?

二、现行公司法没有提供合适的救济路径

(一) 公司资本制度的两个维度

公司资本制度之设计与形成,在微观上涉及公司、股东、债权人等多方利益主体之利益关系调整,在宏观上涉及一个国家、地区的投资政策、创业就业与经济发展等多重公共利益目标,故而具有双重维度。维度之一,就是一个关于投资制度的法政策选择问题。在很多场合与价值框架下,资本形成制度的宽严主要是一项法政策的选择,宽与严之间似乎并不存在法理上的优劣之分。无论从改革背景还是立法者的初衷来看,公司法 2013 年修正案放弃最低资本制、采用认缴制等多项重大立法改革举措的出台,更多的是政府借此释放一种政策信号,以表彰简政放权、最大限度激发民间投资热情的施政理念,有学者总结为"弱化行政管理机制、强化契约责任机制"。此种政策选择在很多时候是政治性的、价值性的、宣示性的,比如建立更宽松、更鼓励创业与扩大就业的营商环境,提升投资自由度的国际评价等等。实际上,有限公司的最低资本额从 2005 年公司法的 3 万元降低到 2013 年公司法的 1 元,对于债权人保护的功能而言几乎可以说无甚差异,政府(以及立法者)借此更

多的是为了宣示一种倡导投资自由、维护营业自由、鼓励创业、激励创业的财经政策。[1]维度之二,则是一个包含多重民事法律关系、肩负保护债权人利益保护功能的严谨商事法律规范体系,尤其是完整的责任规范体系。但在另一方面,回到公司立法规范结构上来特别是公司法律规范的司法适用上来,公司资本制度又是建立在民事请求权体系基础上的一个行为逻辑严整、权利义务体系化、法律责任完备化的法律规范结构,包含着公司、股东、债权人等多利益主体之间的权、义、责关系体系,尤其是,其保护公司债权人的功能不应遭到轻忽。就其保护公司债权人的功能而言,该功能之起作用,核心制度设计是瑕疵出资股东对于公司债权人的责任体系及其实现机制,这是一个严密细致的私法规范设计。

关于公司法与债权人保护的真实关系,或者说公司法担负着怎样的保护债权人的功能,长期以来众说纷纭,一直未有定论。我们大致可以用四句话来描述这一命题:其一,债权人保护是公司法的重要立法目的与价值目标之一。这正如我国公司法第一条所规定的,"为了规范公司的组织和行为,保护公司、股东和债权人的合法权益,维护社会经济秩序,促进社会主义市场经济的发展,制定本法。"其二,债权人保护并非公司法的首要立法目的与价值目标。在大陆法系,债权人保护主要是合同法、侵权法等债法的立法目标与任务。同时,债权人保护的规范结构是多元的,也是多层次的,该规范结构的基础性支撑主要是以合同法为核心的债法,而不是公司法。其三,公司债权人保护具有多层次性,其中公司资产上附着了多类债权请求权,其基本排序是:(1)劳动债权,包括普通职工的薪酬请求权以及董事监事高管的报酬请求权等;(2)公法上的债权,主要指税款;(3)有担保的债权;(4)无担保的债权;(5)股东的分红、剩余财产分配请求权;此外,一旦公司进入清算程序,清算费用成为所有债权请求权中的最优位债权。其四,就公司法所担负的保护债权人功能而言,主要是由公司法上的资本制度部分来完成的。

(二) 2013 年修正案的规范设计之失

公司资本制度的设计如何体现保护债权人利益的功能,需要有一个清晰的价

---

[1] 赵旭东:《资本制度变革下的资本法律责任——公司法修改的理性解读》,《法学研究》2014 年第 5 期。

值判断。长期以来,由于不恰当地夸大了资本制度在保护债权人方面的功能,僵硬、片面与静态的理解公司资本信用,由此导致我国公司资本制度的过于严苛,在付出了严重损害股东利益、伤害经济发展公平与活力等重大代价的同时,在保护债权人利益方面也收效甚微。[1] 这一经验教训是深刻的。2013 年底公司法修正的目的是资本制度的宽松化。从中外各国、地区的历史经验看,任何严苛的资本规制措施,都会被实践所规避,这并不困难,反而造成普遍违法的局面,而资本制度的放松,更好体现了股东利益,极大地降低了投资创业的门槛,有利于激发市场投资热情,也有利于现代经济下知识产权的创业和现代新型金融工具的运用。这也是世界上数十个发达经济体以及新兴经济体的国家、地区在过去一百多年来的实践经验所证明了的。此次修法改革的主要举措是针对 27 个特殊行业之外的普通公司的,一是废止了最低资本制,二是引入了资本认缴制。认缴制意味着注册资本可以"零首付",且股东出资数额、出资期限均由股东在公司章程中自行约定。这一变革的积极意义不言而喻。

然而,矫枉不能过正。公司资本法制确实还担负着一项预设的制度功能,也即弥补股东有限责任对公司债权人保护不周的缺陷,以有效的维护债权人利益。2013 年修正案引入的股东资本认缴制,不能不引起人们对债权人利益保护问题的普遍担忧,尤其是股东出资期限由法定转为约定,股东出资义务处于长期的不确定状态下,如发生公司不能清偿到期债务的,债权人的债权利益究竟该如何保护,更值得探究。如前文已经提及的,上述案例放在认缴制背景下,债权人需要等待的时间可能需要以数十年来计,这一假定尽管尚为理论假设,但并不褊狭,更断非空想,实践中已出现承诺出资期限畸长的公司。[2] 这种过长的出资缴纳期限必将引发上案所涉的股东责任承担问题,本质上,上设案例所要回答的问题只有一个——在股东出资期限尚未届满、公司不能清偿对外债务但也未进入破产程序的场合下,股东

---

[1] 参见傅穹:《公司三大资本制模式之比较及我国公司资本制的定位》,《法商研究》2004 年第 1 期;赵旭东:《从资本信用到资产信用》,《法学研究》2003 年第 5 期。

[2] 有的有限公司股东约定出资期限 50 年乃至 100 年的情形。参见岳阳市工商行政管理局:《注册资本登记制度改革成效初显——元月份全市新增公司近五成》,载 http://www.yygs.com/news.asp?id=833,2014 年 6 月 8 日访问;张晓松:《专家热议"一元公司":是否挑战交易安全?》,载 http://news.xinhuanet.com/2014-05/15/c_1110708858.htm,2014 年 6 月 8 日访问。

要否丧失出资期限利益,从而法院得以裁决加速到期其出资义务? 对此,2013 年修正案没有给予明确回答。

三、股东出资责任可否加速到期的理论争议

(一) 三个学说的论争

在非破产的场合下,股东出资期限之被加速到来,意味着股东出资期限利益的丧失。

2013 年修正案通过后,理论界和实务界围绕认缴资本制下股东出资期限能否被加速到期而承担补充赔偿责任的问题,尤其能否适用公司法规定三第 13 条第 2 款的问题提出了不同的主张。

1. 否定说——出资不到期的股东不承担补充赔偿责任

该观点认为,公司资本法定变革为章程约定后,关于公司注册资本为公司债权人一般财产担保的基础被动摇,公司债权人对股东关于出资的诉请,如果与公司章程规定的股东实际缴纳约定(包括出资期限的规定)相吻合的话,其主张有可能实现,否则会落空。[1] 换言之,章程约定的股东出资期限未到的,债权人不能依据公司法规定三第 13 条第 2 款的规定要求股东承担补充赔偿责任。

主张否定说的人们,所提到的具体理由不外有四。(1)缺乏法律依据。根据目前法律规定,认缴出资的期限提前到期仅限于公司破产的场合,除此之外不应该被提前到来,债权人应当尊重股东关于出资期限的约定。(2)严格解释法律。根据公司法规定三第 13 条第 2 款,股东承担补充赔偿责任的前提之一是股东未履行或者未全面履行出资义务,而判断股东是否履行出资义务是依据其认缴承诺而言的,若股东未违背认缴承诺,就不存在"未履行或者未全面履行出资义务",债权人自然无权要求股东承担补充赔偿责任。(3)风险自担。债权虽为相对权,但经过公示即具有一定的涉他效力。股东的出资期限同样如此。公司登记管理条例规定,记载股

---

[1] 王东敏:《公司法资本制度修改对几类民商事案件的影响》,载《商事法律文件解读》总第 111 辑,人民法院出版社 2014 年版,第 120 页。

东出资期限乃属于公司章程的公示信息之一(公司登记管理条例第 20 条);国务院出台的《注册资本登记制度改革方案》也明确要求,公司应将出资期限等情况通过市场主体信用信息公示系统向社会公示(第 2 条第 1 款、第 2 款)。通过信息化、网络化形式,公众更易获得股东出资信息。若债权人明知股东缴纳出资期限未到并与公司交易的,包括债权人在内的第三人均负有尊重股东期限利益的消极义务。(4)存在其他的救济途径。一是行使撤销权。若公司与股东的出资期限约定发生在债权成立之后,债权人可基于过长的出资期限约定乃属于"恶意延长到期债权的履行期"而提起撤销之诉,要求股东按原出资期限承担补充赔偿责任。延伸而言,循否定说的逻辑,这里可以补充一个可资为债权人行使撤销权的一个法律依据,也就是最高人民法院 2009 年颁布的"关于适用〈中华人民共和国合同法〉若干问题的解释(二)"第 18 条规定,"债务人放弃其未到期的债权或者放弃债权担保,或者恶意延长到期债权的履行期,对债权人造成损害,债权人依照合同法第七十四条的规定提起撤销权诉讼的,人民法院应当支持"。依照本条规定,"恶意延长到期债权的履行期"的,债权人得提起撤销之诉来撤销该协议。在此,可将这一规定作适当的扩张解释,从而将股东约定的过长的出资期限情形纳入债权人撤销之诉之事由。二是适用公司法人人格否认。当作为义务人的公司资本构成中存在较大比例的较长缴纳期限的出资,而公司又明显欠缺交易偿债能力,就表明股东利用公司人格开展营业乃是欠缺诚意,目的在于利用公司人格和有限责任把投资风险降低到极限之下,并通过公司形式将投资风险外化给公司的债权人。[1] 作为风险承受者的公司债权人可以主张否认公司人格,以矫正股东出于不正当目的滥用资本认缴制的弊端。

　　2. 肯定说——股东出资责任加速到期具有正当基础

　　该观点认为,尽管公司章程对股东出资期限做了特别规定,但公司一旦陷入不能清偿对外债务的境地,股东的期限利益应该随即丧失,债权人有权依据公司法规定三第 13 条第 2 款之规定,请求相关股东承担补充赔偿责任。

　　肯定说的具体理由,又有四种说法。(1)内部约定不能对抗外部第三人。出资义务是股东的法定义务,章程关于出资期限的约定仅是对其法定义务做出的具体

---

〔1〕朱慈蕴:《公司法人格否认法理研究》,法律出版社 1998 年版,第 44 页。

安排,其本身即不能对抗法定义务。再则,章程关于出资时间宽限的规定系内部约定,过长的出资期限乃是股东、公司之间的出资优惠安排,而非债权人给予股东的宽限,所以不能对抗公司外部第三人,因为依据公司法第十一条规定,公司章程原本对于外部第三人没有拘束力,所以债权人有权请求股东出资责任加速到期。(2)具有救济成本低、效益高之优势。[1] 未届期的股东出资在公司破产时必须加速到期,但是公司破产乃出资提前到期非充分必要条件。若规定出资责任加速到期仅限于破产,则几等于逼迫债权人提起破产申请,未使债权人、股东、公司任何一方受益。若某个、某几个股东可以出资的财产足以偿付公司债务,又何必置公司于破产境地?从结果上看,要求债权人提起破产申请和仅仅要求股东出资责任加速到期,对股东的责任影响并无二致,差别在于前者导致公司终结,后者不影响公司存续。因此,允许股东出资责任加速到期具有救济成本低、效益高之优势。(3)资本担保责任论。认缴资本制下的股东出资义务,相当于股东对公司承担的一种出资范围内的担保责任,即当公司无力清偿到期债务时,股东即应在认缴范围内替代清偿。这会构成对债权人更为有效和严密的保护。[2] (4)约定无效说。有人认为,当事人约定出资履行期限畸长的合同,属于订约权之滥用,应予否定。因为,过长履行期限等于欠缺履行可能的合同,违反了公平原则。此外,合同法对长期契约的存续一般设有时间限制,如对于租赁合同最长期限为 20 年的限制,即为明证。这应当类推解释为法律对长期契约的最高容忍期。所以,除特殊情形外,超过 20 年的合同履行期限均属不当约定,法院应予否定。可以由此比照,超过 20 年的出资期限约定视为无效,或者视为股东未设定出资期限。比照没有约定还款期限的债务,债权人得随时要求履行,只要给足合理的准备期限的规定(比如,合同法第六十二条第四项规定:"履行期限不明确的,债务人可以随时履行,债权人也可以随时要求履行,但应当给对方必要的准备时间。"),在公司不能清偿对外债务时,债权人有权要求适用公司法规定三第 13 条第 2 款之规定,请求股东承担补充赔偿责任。

---

〔1〕赵旭东:《资本制度变革下的资本法律责任——公司法修改的理性解读》,《法学研究》2014 年第 5 期。
〔2〕王涌:《论公司债权人对未实缴出资的股东的请求权》,《公司法评论》第 25 辑,人民法院出版社 2015 年版。

3. 折衷说——出资责任是否加速到期视情况而定

折衷说的基本主张是,一般情形下不能要求未届期的股东按公司法规定三第13条第2款的规定承担补充赔偿责任,但特殊情形除外。就何为"特殊情形",具体主张又有两种之分。1. 经营困难说。[1] 该观点认为,原则上公司债权人不能向未届出资履行期的股东主张补充赔偿责任,但在公司不能清偿到期债务,经营已经面临严重困难,任由其发展难以为续甚至面临破产时,应允许债权人请求股东在未出资本息范围内承担补足责任,而不必等到公司解散、破产或出资期限届满之时。2. 债权人区分说。[2] 该观点提出,公司债权人分为非自愿债权人和自愿债权人,前者是指与公司发生债权债务关系系因己方意思表示之外的其他因素而致,典型者如公司产品责任的侵权受害人,后者则相反,典型者如契约之债的债权人。非自愿债权人对成为公司债权人无法预期和拒绝,不应要求其了解公司信用信息并承受知悉该信息后风险自担的义务,所以,其有权直接要求股东承担补充赔偿责任。自愿债权人则不同,在债权成立之时有自主决定权,其应为照顾自己利益而去了解交易相对人公司资产状况包括其股东出资状况在内,在知晓股东出资期限约定的情况下,负有尊重义务,适用风险自担、责任自负的原则。

(三) 理论修正:认缴制下股东补充赔偿责任的理性分析

依据上述不同的学说,法院的裁判结论则可能完全不同,因而有必要对此类裁判中的法律适用问题展开说理,以正本清源。我们认为,否定说和折衷说均存在重大缺陷,不足为采;肯定说的个别主张及其理由亦有微瑕存在,但整体上应该受到认同并赞成。

1. 对否定说、折衷说的批评

(1) 缺乏法律依据不应成为解决问题的最终答案。本章所探讨的问题,恰是因为欠缺法律明确规定而引发的争议,如反过来仅以没有法律依据来回应股东出资责任能否加速到期,既是回避问题,也无法令人信服。尤其是,2013 年修正案引入

---

〔1〕王士鹏:《未全部出资股东在公司期限未到前的债务承担》,载 http://www.chinacourt.org/article/detail/2012/07/id/531894.shtml,2014 年 6 月 8 日访问。
〔2〕岳卫峰:《公司非自愿债权人的法律保护》,《法律适用》2012 年第 6 期。

认缴制本身即是出于推行鼓励投资创业的法政策之工具,在规则建构与责任体系建设上存在疏忽与缺憾。[1] 这正是其后的法律修订、法律解释亦或司法解释欲完善的对象所在。至于公司法规定三,本来是对于 2005 年公司法的立法原意之释疑与司法适用规则之补充,无法被寄希望来解决 2013 年修正案的新问题,虽然最高人民法院在 2014 年初根据 2013 年修正案做出了必要修正并重新颁布,但从其修订内容来看主要是做减法——删去与 2013 年修正案直接冲突的个别条款。

(2)对第 13 条第 2 款严格解释的本身存疑。公司法规定三 13 条第 2 款建立的规则是"股东出资期限未届期,就不承担补充赔偿责任"。这一规则在 2005 年公司法第二十六条、第八十一条对股东出资有 2 年、5 年时限要求的背景下,债权人保护存在严重不足的问题未被引发,但 2013 年修正案取消了这一时限要求,改由股东自行约定。在这一前提条件发生质的变化情况下,能否依旧全然严格遵循"不到期即无履行"的逻辑适用第 13 条第 2 款,需要做进一步研究。

(3)第 13 条第 2 款的扩张解释已经解决的问题。再退一步,实际上即使在 2005 年公司法上,虽然依据当时第二十六条、第八十一条规定,股东出资期限最长不得超过 2 年、5 年,但仍然会可能出现在此期间内的股东出资期限未到期、公司不能清偿到期债务的情形,如上案的案情所示。面对此情形,如果进行稍微宽泛、但仍符合文义解释原则的立场来补充解释公司法规定三第 13 条第 2 款关于"股东未履行或者未全面履行出资义务"的规定,可以理解为:一旦出现在 2 年、5 年的法定期间内的股东约定出资期限未到期、公司不能清偿到期债务情形的,允许公司债权人追究股东的补充赔偿责任。相比 2005 年公司法,2013 年修正案的认缴制使得股东出资期限未到期、公司不能清偿到期债务的问题更加凸显、普遍且严重。总之,无论有无出资的法定最长期限,股东约定出资期限未到期、公司不能清偿到期债务情形都会出现。对此,循公司法规定三第 13 条第 2 款的规定,如果对其谨慎扩张解释,都不难得出允许股东出资期限的加速到期的结论。

(4)风险自担的理论根基不牢。如前所述,否定说的第三个理由支撑点是风

---

[1] 甘培忠:《2013 年公司法资本制度改革的迷乱与错愕——一只折断翅膀的法律小鸟》,氏著《企业与公司法学》第七版"前言",北京大学出版社 2014 年版。

险自担,承认债权经公示即具有涉他效力是风险自担说的前提。但是,债权经公示即具有一定的涉他效力的说法本身是受到质疑的,民法学主流观点仍坚持认为,债权是请求权,仅具有相对性,无排他效力。[1] 债权具有涉他效力的理论本身尚未立足,以此类推到股东出资期限问题上,要求债权人尊重作为公司自治载体、股东契约文件的公司章程这一法律文件所规定的出资期限,显然更难令人信服。

(5)其他替代性救济难以解决根本问题。很显然,即便撤销权可以解决出资期限约定发生在公司债权人债权成立之后的问题,那么发生在债权成立之前的又当如何处理?债权人撤销权之诉是无解的。此外,公司人格否认规则应被严格适用,否则将对公司法人制度构成极大冲击。从裁判思维逻辑来看,通过股东承担有限责任即可以解决的问题,转而求助于作为例外规则来追究股东无限责任,显然也不符合现代公司法的基本理念。

(6)经营困难说忽视了实践中的两个问题。无论是债权人,还是法院在审判中如何判定公司经营困难,难度都极大,更不要说实践中存在的可以正常经营、拒绝对外承担到期债务的"无赖公司"。此时,如何平衡股东的出资期限利益和债权人的合法权益?本质上,否定说仍未回答本文提出的问题。

(7)债权人区分说有违债权平等原则之嫌。根据传统理论和主流观点,数个债权不论其发生先后,均以同等地位并存(债权平等性),[2]除非法律有特别规定。比如,破产法中对职工的"劳动债权"与国家的"税收债权"优先受偿的安排,非自愿债权人虽然值得受到同情,但其在民商法上的地位和受保护程度显然无法与"劳动债权""税收债权"相抗衡。更何况,在加害给付的场合下,经常由于产品严重瑕疵的原因而出现契约责任与侵权责任的竞合,如受害人任意选择不同的请求权而得到如此截然不同的保护,恐不仅突破传统民法关于契约责任与侵权责任竞合的处理规则原意,而且也直接逾越了债权区分说的本意。并且,按照债权人区分说,现行担保制度的适用也将成为难题。如,负有产品责任中的人身损害赔偿的债权和设定了抵押的契约债权指向同一公司债务人的,究竟哪一个债权优先受偿?显然,债

---

[1] 王泽鉴:《债法原理》,北京大学出版社2013年第2版,第60页。
[2] 王泽鉴:《债法原理》,北京大学出版社2013年第2版,第60页。

权人区分说难以回答这一问题,使得其局限性暴露无遗。

2. 对肯定说的修正与补充

对于肯定说的大部分论证理由,我们大致赞同,但不接受约定无效论,因为以权利滥用否定出资期限约定的逻辑不能成立。首先,公司法没有禁止当事人约定所谓畸长的出资期限,法不禁止即自由,也不得推定此类股东就具有了某种"不怀好意"的意愿。其次,2013年修正案的一个重大政策用意就是将出资期限由法定改为约定,既然赋予股东自由约定权,又反过来否定约定效力,本身不符合立法精神,倒显得法律的"小肚鸡肠"。再次,期限畸长的约定无效,那么究竟多长的约定算是有效? 有无令人信服的标准? 需要指出,从合同法关于租赁合同的最长期限规定来推定出的20年的期限容忍限度,缺乏逻辑上的严谨,因为该20年期限并不适用于所有的合同,而是基于租赁合同自身的某种特性而被规定的。[1] 而且,股东约定出资期限果真20年的话,难道债权人就必须予以尊重么? 这属于自问自答。最后,各个股东之间约定的期限再长,也不违背契约订立之公平原则,因为契约系各方真实意思表示,也没有排除契约各方对公司的出资义务。综上,所谓"畸长的出资期限约定无效"论难以成立。

除了上述肯定说的数个论证理由外,我们还可以从以下三个角度进一步论证破产之外的场合下股东出资责任加速到期的正当性。

(1) 权利义务对等性的内在要求。权利与义务通常相互对应。[2] 人对权利的拥有是以履行相应的义务为条件,而义务的履行同样赋予他享有相应的权利,这是权利和义务对等性关系所表达的最基本意义。[3] 在股东出资期限问题上,同样应遵循权利义务的对等性原则。最低资本制的废除,法定出资期限的取消等举措赋予了股东边投资、边补资的自由,便利了设立公司、开展创业的行为,节省了创业、营业的成本。在股东享受自由的出资期限利益的同时,显然也要承担相应的义务,这一义务的底限是,股东至少要保证公司不沦为其转嫁经营风险的工具,危及与公司从事正常交易的债权人的合法权益。当股东出资期限未至、公司不能清偿对外

---

〔1〕杜万华主编:《合同法精解与案例评析》,法律出版社1999年版,第452—453页。

〔2〕梁慧星:《民法总论》,法律出版社2011年第3版,第81页。

〔3〕王文东:《论权利和义务关系的对等性与非对等性》,《首都师范大学学报》(社科版)2007年第5期。

债务时,即发生了股东期限利益危及债权人利益的情形,此时债权人有权请求股东"提前"在未出资范围内对公司债务承担补充赔偿责任。

(2) 公司资本制度的功能内涵。公司资本制度的功能主要是保护公司、股东、债权人的合法利益及交易安全和社会经济秩序的稳定。[1] 2013 年修正公司法虽对资本制度作出较大变革,但资本维持原则并未更改,法律坚定禁止资本的不当流出,尤其是公司向股东的不当输送利益,如破坏资本维持原则的违法分红等。在法定资本制下,资本维持原则要求公司尽力保持与注册资本额相当的财产,以保证债权人至少能够在注册资本额度范围内受偿,但在认缴资本制下,缺少了注册资本额的参考值,股东出资由此处于不确定状态,资本维持原则应体现为,在股东认缴资本额全部实缴之前,公司在正常开展营业的同时应避免出现无法清偿对外债务的境况,一旦公司丧失这种偿付能力,法律应向股东宣告:请向公司补充缴付你所未缴的财产以保持公司的债务清结。否则,公司资本制度的设计则纵容了股东、伤害了债权人,最终损害了整体性的社会交易安全。

(3) 境外公司法的他山之石。与本文研究问题类似且可以参照借鉴的境外立法例,当属美国法上的法定债务理论(The Statutory Obligation Theory)。美国各州公司法没有明确规定债权人对未实缴出资股东的直接请求权,但是法官、律师与法学家们却依靠对法令(statute)的解释,将股东的出资责任视为"法定债务",理直气壮地宣示在法令中已经包含了债权人直接追索未实缴出资的股东的权利。如加利福尼亚州的商事公司法明确规定,股东必须至少按照股票的面值出资。凭此规定,法典起草人将其解释为公司债权人直接请求权的基础,州最高法院适用该条时,也解释该条是为那些相信公司股东已经实缴出资的公司债权人的利益而设的,赋予公司债权人请求权。我国公司法第三条第二款也明确规定,有限责任公司的股东以其认缴的出资额为限对公司承担责任。这一条款若按加利福尼亚州式的解释方式,也可以当然解释为公司债权人对未实缴出资股东的请求权基础,进而赋予公司债权人对未届出资期股东直接主张请求权。

---

〔1〕赵旭东:《公司资本制度改革——"民商法前沿"系列讲座现场实录第 139 期》,载 http://www.civillaw.com.cn/Article/default.asp? id＝13690,2014 年 6 月 8 日访问。

四、法律规范的司法适用路径选择

认缴资本制下非破产场合的股东出资责任可以加速到期,学理上的正当性被肯认后,我们还要找寻到可适用的法律规范依据。我们认为,可以讨论的路径有四。

1. 在公司法里明确规定股东出资责任的加速到期。前文已经指出,极大便利股东投资自由与创业低门槛的认缴制引入之后,公司法没有随之完善有关公司债权人利益保护的法律规范,是为漏洞。如果下次修订公司法明确规定非破产场合下公司不能偿付到期债务、出资未届期的股东有义务在未出资范围内承担补充赔偿责任,不仅问题迎刃而解,法律规范体系也趋于更加完善。

2. 解释适用公司法第三条第二款。近来关于大陆公司资本制度的研讨会上,多位来自台湾地区的公司法学者都谈到,对于类似问题,台湾地区适用"公司法"第139条解决,其规定为"认股人有照所填认股书缴纳股款之义务"。据此,就可以追究公司债务到期不能清偿、未届期的股东出资责任加速到期的补充赔偿责任。据此原理,他们建议大陆地区法院也可以援用公司法第三条第二款作为裁决的规范依据。我国《公司法》第三条第二款规定:"有限责任公司的股东以其认缴的出资额为限对公司承担责任;股份有限公司的股东以其认购的股份为限对公司承担责任"。此处的"股东以其认缴的出资额"、"股东以其认购的股份",按文义解释,并不区分届期与否,股东一概以此为限对公司债务承担责任。据此解释,加速到期的法理依据,完全不成问题。

3. 扩张解释公司法规定三第13条第2款的规定,明确出资未届股东的补充赔偿责任承担。公司法规定三第13条第2款明确规定,"公司债权人请求未履行或者未全面履行出资义务的股东在未出资本息范围内对公司债务不能清偿的部分承担补充赔偿责任的,人民法院予以支持"。结合前文所述,在公司不能清偿到期债务的前提下,这里"未履行或者未全面履行出资义务的股东",可以扩张解释为包括出资期限未届期、但并未实缴全部认缴出资义务的股东。

4. 关于合同法路径的选择问题。如上文所述,我们不赞同基于股东订约权之滥用的恶意推定、对于过长的出资期限约定一概地宣无效告,但并不反对关于股东之间的畸长出资期限约定效力的个案判断可以从契约法原理去解释。如要作个案的判断,看其有无违背公序良俗等因素,从经营业务、项目开展来分析分期投资之合适度。资本不仅包括实缴资本，而且应当包括认缴后还未届期的待缴资本（此为取得股份的对价之承诺，是为一个法定责任）。如果实缴资本与公司业务及其损失的风险相比是虚幻的（illusory）或微不足道的（trifling），则属于违背公序良俗之情形，可以据此引用合同法第五十二条第四项规定，宣告此类约定无效，出资义务未届期的股东仍被公司债权人追究补充赔偿责任。

以上四个路径，都是现行法框架下的可行路径，其中前三种可谓公司法路径，后一种是合同法路径。至于理想路径的选择，当然是公司法路径，因为这本属于公司组织法的问题，还是要由公司法提供法律规范最为适宜。但无论选择哪个路径，债权人追究出资义务未届期的股东补充赔偿责任，都需要奉行一个前提，也即"公司不能清偿到期债务"。何为"公司不能清偿到期债务"，需要予以明确，这还涉及到诉讼当事人的安排问题，即债权人可否一并起诉公司和股东，向股东直接主张责任的承担？还是只能先诉公司，待确定公司不能清偿债务时才向股东起诉？抑或列公司为被告、股东为第三人？对此，现行法未予明确，司法实践的操作也不一。这一诉讼程序上的困惑，实则源于"公司不能清偿到期债务"认定标准的缺失。对此，我们认为可借鉴担保法第十七条关于一般保证人的保证责任承担的规定。依该规定，在被保证人的财产不足以承担责任时，保证人承担保证责任。"财产不足以承担责任"是指，主合同纠纷经审判或仲裁并就债务人财产强制执行后仍不能履行债务的。股东对公司债务的补足责任，本质上与一般保证人对保证人的责任具有一致性。因此，"公司不能清偿到期债务"应指债务非经强制执行仍不能清偿的情形。否则，法院无法判定公司是否具有清偿能力。据此，有关诉讼当事人的安排也就迎刃而解。通常情形下，债权人只能先以基础性债权债务关系起诉公司，待强制执行程序结束后公司仍无法清偿的才能起诉股东。但为了更便捷有效地解决纠纷，在公司对债务本身不存异议、且表示不具有清偿能力的情形下，法官询问债权人提供的未缴足资本的股东是否愿意承担补足责任；后者同意的，追加其为第三人，直接裁判承担相应的补足责任；不同意的，则告知债权人强制执行公司无果后另行起诉。

所以，回归《公司法》第三条第二款，科学厘清股东有限责任的真正意涵，认真落实其实现机制，非常重要，在认缴制资本制度设计框架下尤为必要。具言之，"对于股东以其认缴的出资额为限对公司承担责任"、"股东以其认购的股份为限对公司承担责任"中的"认缴的出资额"、"认购的股份",按照立法目的解释原则进行解释,自然可以得出对于"债务到期而不能得到偿还"的公司债权人的债权实现有利的结论。申言之,也即助其在无需申请公司破产、特殊清算之前提下,通过起诉未出资的股东履行出资义务,也可寄望于债权之全部或部分的实现。

第二章（下） 未出资股东对公司债权人的补充赔偿责任[*]

    2013 年 12 月,我国公司法对公司资本制度做了重要修订。与此相关,公司注册资本登记制度也做了相应修改,大大放松了对市场主体准入的管制,降低准入门槛,有利于促进市场主体加快发展。[1] 特别是,修订后的公司法实行注册资本认缴登记制度;不再限制公司设立时全体股东(发起人)的首次出资比例;不再规定公司股东(发起人)缴足出资的期限;公司实收资本不再作为工商登记事项。公司登记时,无需提交验资报告。这次修改后,出现了大量 1 元公司等侏儒公司,也出现了注册资本巨大、缴纳期限为 100 年的所谓无赖公司。[2] 这不但引来了广泛而激烈的讨论,也引起了人们对损害债权人利益的担心。[3] 那么,本次公司法修改是否弱化了公司债权人的保护,损害了债权人的利益呢? 我们应该如何保护债权人利益呢? 这里涉及的重要问题之一是未出资股东对公司债权人的补充赔偿责任。

---

    [*] 本章内容曾发表于《中外法学》2015 年第 3 期,收录本书时题名和正文作了适当改动。作者:梁上上,清华大学法学院教授、博士生导师。

[1]《国务院关于印发注册资本登记制度改革方案的通知》(国发【2014】7 号),2014 年 2 月 7 日发布。

[2] 参见甘培忠:《论公司资本制度颠覆性改革的环境与逻辑缺陷及制度补救》,《科技与法律》,2014 年第 3 期。该文所指的无赖公司是,公司章程所定注册资本为巨大数额,但实际缴付资本则为极小数额,余额在章程中约定自公司成立后第 50 年或第 100 年时缴付到位。

[3] 本次修改后,我国已经召开了多次会议就公司注册资本登记制度改革与债权人关系为主题的研讨会。例如,2014 年 4 月在中国社会科学院法学研究所召开的公司资本制度现代化研讨会、2014 年 5 月在中国政法大学召开的第三届公司法司法适用高端论坛、2014 年 7 月在哈尔滨商业大学召开的第四届海峡两岸商法论坛等。

一、债权人保护在公司法修订后面临的新问题

例如，A、B、C、D、E 于 2014 年 3 月 5 日成立了甲有限责任公司。该公司的章程约定：注册资本为 1000 万元，各股东在 2034 年 3 月 5 日缴足。2014 年 7 月 1 日，甲公司向乙购货，欠货款 100 万元，甲公司无力清偿。乙请求五位股东承担补充赔偿责任。股东提出抗辩，公司章程约定的出资期限未到，不承担赔偿责任。法院应该如何处理呢？

这里涉及的是未出资股东对公司债权人的补充赔偿责任。关于股东的补充赔偿责任，我国公司法司法解释（三）第 13 条第 2 款有明确规定。这是保护债权人利益的重要制度。结合本案，法院需要解决的主要问题是：(1)什么是未出资股东的补充赔偿责任？(2)股东履行出资的期限未到，债权人乙是否只能在 20 年后才有权请求股东承担责任？(3)补充责任的所谓补充性体现在哪里？什么是公司债务不能清偿？应该如何认定？(4)如何理解"股东未届到期出资"？股东是否可以主张扣除相关利息？这些问题，特别是股东缴纳出资期限的约定对债权人权利救济的影响，都与本次修订有重大关联，引发了重大争议，需要认真研究。

二、作为补充责任的未出资股东赔偿责任

我国公司法司法解释（三）第 13 条第 2 款规定，"公司债权人请求未履行或者未全面履行出资义务的股东在未出资本息范围内对公司债务不能清偿的部分承担补充赔偿责任的，人民法院应予支持；未履行或者未全面履行出资义务的股东已经承担上述责任，其他债权人提出相同请求的，人民法院不予支持。"这是我国未出资股东[1]对债权人的补充赔偿责任的法律规范。该责任在性质上属于补充责任，其表现形态具有特殊性。

(一) 补充责任是独立的责任形态

什么是补充责任？是否为一种独立的责任形态？补充责任是指在责任人的财

---

[1] 本文所指的未出资股东包括：已到出资合同约定履行期未履行或者未全面履行出资义务的股东，以及未到出资合同约定履行期而未履行出资义务的股东。

产不足以承担其应负的民事责任时,由相关的人对不足部分予以补充的责任。[1] 在民法理论上,有人认为补充责任是一种与连带责任、按份责任相对应的新型责任。[2] 我支持这一观点,它是由责任顺位的本质属性所决定的。具体理由为:

1. 在我国民法传统理论中,通常将多数人之债分为按份之债与连带之债,[3] 没有补充责任。按份责任是数个债务人各自就自己承担的债务份额负清偿的义务;连带责任是指债务人有数人时,各债务人均负有全部给付的债务,且全部债务因一次全部给付而归于消灭的责任。在按份责任与连带责任之外,增加一种全新的责任形态,有利于满足多样化的社会需求,有利于适应复杂社会的法律需求。

2. 补充责任的顺位补充性,使其不同于连带责任与按份责任。补充责任与按份责任的区别是明显的。同样,补充责任的顺位补充性也根本不同于连带责任。这可以从一般保证与连带保证的对比中看出来。在保证方式中,存在一般保证与连带保证之区分。根据担保法第17条第2款的规定,一般保证的保证人在主合同纠纷未经审判或者仲裁,并就债务人财产依法强制执行仍不能履行债务前,对债权人可以拒绝承担保证责任。而该法第18条第2款规定,连带责任保证的债务人在主合同规定的债务履行期届满没有履行债务的,债权人可以要求债务人履行债务,也可以要求保证人在其保证范围内承担保证责任。由此可见,两种保证方式的根本区别在于责任承担的顺位性。如果认为补充责任不是独立于连带责任的一种责任形态,而是不真正连带责任的一种特殊情形,[4] 即从属于连带责任的子概念,其必然的逻辑推理是,因为一般保证属于补充责任,所以其从属于连带责任。其导致的结果是,一般保证与连带保证的区别将不复存在。显然,这是违背立法原意的。

---

[1] 参见魏振瀛主编:《民法学》,高等教育出版社2000年版,第48页。

[2] 参见张新宝:《我国侵权责任法中的补充责任》,《法学杂志》,2010年第6期;张景良、黄砚丽:《关于侵权补充责任形态的若干思考》,《人民司法·应用》,2012年第15期,第103页。

[3] 参见王家福主编:《民法债权》,法律出版社1991年版,第40—53页。

[4] 有人认为,补充责任是不真正连带责任的一种特殊情形。参见杨立新:《侵权行为法》,复旦大学出版社,2005年10月,第230页;陈现杰主编:《中华人民共和国侵权责任法条文精解与案例解析》,中国法制出版社2010年版,第130页。这种观点并不可取。典型的不真正连带责任是财产保险中的保险人、造成保险事故的第三人对被保险人承担的责任。但是,因为不真正连带责任这一概念存在难以界定的困难,本身面临巨大的存在危机(参见:史尚宽:《债法总论》,中国政法大学出版社2000年版,第672页),借用不当概念去解释一个全新概念是不妥的。其实,不真正连带责任的实质是就单一法益而发生的对数个不同的债务人之请求权。所以,应该认可补充责任是一种独立的责任形态,使其与连带责任、按份责任相并列。

3. 承认其独立地位符合我国立法的历史发展。我国关于补充责任的立法起源于 1995 年担保法第 17 条关于一般保证的法律规定。该法第 17 条规定，当事人在保证合同中约定，债务人不能履行债务时，由保证人承担保证责任的，为一般保证。一般保证的保证人在主合同纠纷未经审判或者仲裁，并就债务人财产依法强制执行仍不能履行债务前，对债权人可以拒绝承担保证责任。此后，最高法院陆续颁布了许多涉及补充责任的司法解释。1997 年《最高人民法院关于审理存单纠纷案件的若干规定》第 8 条第 2 款对金融机构的补充赔偿责任做了规定。2003 年 12 月《最高人民法院关于审理人身损害赔偿案件适用法律若干问题的解释》第 6 条[1]规定了安全保障义务人的补充赔偿责任，第 7 条[2]规定了学校、幼儿园等教育机构的补充赔偿责任。2007 年 6 月《最高人民法院关于审理涉及会计师事务所在审计业务中民事侵权赔偿案件的若干规定》第 10 条规定了会计师事务所的补充赔偿责任。2009 年 12 月的《侵权责任法》第 37 条与第 40 条延续了这些规定，并在第 34 条规定了劳务派遣单位的补充责任。这样，我国已经形成了较为广泛的补充责任规范。从立法资料可以看出，这些补充责任的法律规范是立法者有意为之，并非无心插柳。例如，《侵权责任法》的立法者清晰地认为，补充责任是我国特有的法律制度，国外无论是成文法还是判例中都没有这一制度。[3]可见，我国立法者引入补充责任对某些特殊行为加以规范是一贯的、明确的。

4. 承认补充责任的独立地位与主流学说史相一致。补充责任在我国的产生与发展过程中，早在上世纪 90 年代就有人认为，我国民法通则第 65 条第 3 款的代理

---

[1]《最高人民法院关于审理人身损害赔偿案件适用法律若干问题的解释》第 6 条：从事住宿、餐饮、娱乐等经营活动或者其他社会活动的自然人、法人、其他组织，未尽合理限度范围内的安全保障义务致使他人遭受人身损害，赔偿权利人请求其承担相应赔偿责任的，人民法院应予支持。因第三人侵权导致损害结果发生的，由实施侵权行为的第三人承担赔偿责任。安全保障义务人有过错的，应当在其能够防止或者制止损害的范围内承担相应的补充赔偿责任。安全保障义务人承担责任后，可以向第三人追偿。赔偿权利人起诉安全保障义务人的，应当将第三人作为共同被告，但第三人不能确定的除外。

[2]《最高人民法院关于审理人身损害赔偿案件适用法律若干问题的解释》第 7 条：对未成年人依法负有教育、管理、保护义务的学校、幼儿园或者其他教育机构，未尽职责范围内的相关义务致使未成年人遭受人身损害，或者未成年人致他人人身损害的，应当承担与其过错相应的赔偿责任。第三人侵权致未成年人遭受人身损害的，应当承担赔偿责任。学校、幼儿园等教育机构有过错的，应当承担相应的补充赔偿责任。

[3] 全国人大常委会法制工作委员会民法室编：《侵权责任法：立法背景与观点全集》，法律出版社 2010 年版，第 669 页。

人责任与第 133 条第 2 款的监护人责任是关于补充责任的规定。〔1〕 但是,关于代理人的连带责任是一种补充责任的说法,混淆了连带责任与补充责任的区别,已经不被接受。另外,监护人责任属于补充责任的观点也越来越受到质疑。〔2〕 可见,这两者并不是真正意义上的补充责任。〔3〕 其实,我国补充赔偿责任的真正起源是1995 年担保法第 17 条关于一般保证的法律规定。虽然这是一个历史的误会。但是,学者已经认识到,在多数人之债中,传统分类中仅有的按份之债与连带之债难以因应实践的需求,还需要其他的责任形态。此后,许多学者对补充责任进行了大量的研究,并在不同版本的专家建议稿中加以规定。例如,梁慧星主编《中国民法典草案建议稿》、王利明主编的《中国民法典草案建议稿》、杨立新主编的《侵权责任法草案专家建议稿》不约而同地对不同种类的补充责任做了规定。〔4〕 虽然这些学者对补充责任的性质、特征等具体问题还存在分歧,也未必都认可补充责任是独立责

〔1〕 参见邹瑜、顾明总主编:《法学大辞典》,中国政法大学出版社 1991 年版,第 824 页;佟柔主编:《中华法学大辞典·民法学卷》,中国检察出版社 1995 年版,第 33 页。民法通则第 65 条第 3 款规定,委托书授权不明的,被代理人应当向第三人承担民事责任,代理人负连带责任。民法通则第 133 条第 2 款规定,有财产的无民事行为能力人、限制民事行为能力人造成他人损害的,从本人财产中支付赔偿费用。不足部分,由监护人适当赔偿,但单位担任监护人的除外。本条规定在侵权责任法第 32 条第 2 款得到延续。

〔2〕 通说认为,民法通则第 133 条第 2 款与侵权责任法第 32 条第 2 款,依据被监护人有无自己的财产,将责任分为两种情形。这两个条文第 2 款所提及的"不足部分,由监护人赔偿"表明,监护人责任属于补充赔偿责任。参见王利明、周友军、高圣平:《中国侵权责任法教程》,人民法院出版社 2010 年版,第 466 页;张新宝:《侵权责任法》,中国人民大学出版社 2006 年版,第 211 页;杨立新:《侵权行为法专论》,高等教育出版社 2005 年版,第 204、205 页;《〈中华人民共和国侵权责任法〉条文理解与适用》,人民法院出版社 2010 年版,第 237 页。但是,也有人认为这不是补充责任。参见薛军:《走出监护人"补充责任"的误区》,《华东政法大学学报》2010 年第 3 期,第 122 页。

〔3〕 监护人责任不属于补充责任是妥当的。这是因为,监护人责任本质上属于替代责任,并不是监护人的固有责任。该责任本应由无民事行为能力人或者限制民事行为能力人来承担责任,由于其不具有民事责任能力,为保护债权人利益,由监护人代为承担。当无民事行为能力人、限制民事行为能力人有财产时,由他们自己来承担支付赔偿费用是顺理成章的。实际上,该条第 2 款规定的仅仅是"赔偿费用的支付方式",是在监护人与被监护人的关系层面上进行的利益平衡。而且,从法律条文的内在关系看,侵权法第 33 条第 2 款与第 1 款并不是并列关系,而是对第 1 款的补充,是对有财产的无民事行为能力人、限制民事行为能力人造成他人损害时的特别处理。换言之,第 1 款为一般规范,而第 2 款为特别规范(参见陈现杰主编:《中华人民共和国侵权责任法条文精解与案例解析》,中国法制出版社 2010 年版,第 108 页)。所以,以我国民法通则第 133 条第 2 款作为补充责任的起源并不妥当。

〔4〕 参见梁慧星主编:《中国民法典草案建议稿》,法律出版社 2003 年版;王利明主编:《中国民法典建议稿及说明》,中国法制出版社,2004 年 11 月;杨立新主编:《侵权责任法草案专家建议稿》,http://wenku. baidu. com/link? url = DYWXvKDQzZ2AqlKfxWWXs-P-x62OXqwjgiLSq90hgcdYw_Vg7J9yiN4eIfVWDc_4p4iCrodaR6XmAjB_aFpXMQxSl-T7IXMqYznXOWe5FDi,2007 年 8 月 1 日访问。

任的主张,但是对该责任的制度价值与功能无疑是认可的。这为学说承认补充责任是一种新型责任形态奠定了理论基础。

5. 承认补充责任的独立地位在法律适用中具有实益。在法治国家,我们应该对法律充满尊重与信仰。在法律适用过程中,我们应该尽力维护现行法的权威。在现行法已经作出明确规定的情况下,在法律条文已经足够明白透彻的情况下,应该本着最大善意,将现行法上的每一个法律条文按照原意加以适用。这不但有利于减少法律适用者对法律的解释成本,有利于减少案件所涉及主体的沟通成本,还有利于减少案件参与者对案件结果的接受成本。这对我国的法治建设是有利的。

(二) 作为补充责任的未出资股东赔偿责任

未出资股东对债权人的补充赔偿责任的特性,是由两方面来塑造的。一方面,作为补充责任的一种,它具有补充责任的一般特性;另一方面,与其他补充责任(如安全保障义务人的补充赔偿责任)相比,它具有不同的特性。具体而言,未出资股东对公司债权人承担的赔偿责任的特性是:(1)责任的法定性。就责任产生的原因而言,债权债务关系原本发生于公司与债权人之间,本来不涉及股东的责任。只有公司不能清偿债务时,为保护债权人利益,才使未出资股东负有责任。这种责任承担方式已经突破了公司自己责任的原则,是基于某种特殊的利益衡量使其负有特别责任。这需要基于法律的特别规定。(2)责任的补充性。就责任承担的顺序而言,公司是真正的债务人,处于第一顺位,而未出资股东处于补充的位置。这意味着债权人只有在公司不能清偿其债务时,才能就不能清偿的部分向未出资股东承担赔偿责任。(3)责任的有限性。根据公司法第3条第2款规定,股东以其认缴的出资额为限对公司承担缴纳出资的责任。所以,未出资股东向全体债权人承担赔偿责任的范围只能是以股东未履行出资义务的本金及利息范围为限。当未出资股东已经承担足额缴纳责任后,其他债权人再对其提出相同请求的,法院将不予支持。[1] (4)责任的内部连带性。虽然未出资股东与公司之间对债务不存在连带责任,但是未出资股东内部对债务要承担连带责任。根据公司法司法解释(三)第13

---

[1] 公司法司法解释(三)第13条第2款第2句。

条第 3 款的规定,债权人对未出资股东提起诉讼时,如果存在数位未出资股东的,依然可能把所有其他股东作为共同被告请求承担连带责任。当然,该股东承担责任后,可以就超额部分向其他未出资股东追偿。[1]

三、"未履行或者未全面履行出资义务"的区分解释

对于所举案例存在的困境,面临的问题是公司法司法解释(三)第 13 条第 2 款是否存在适用的空间? 换言之,问题的核心是应该如何解释该条款的"未履行或者未全面履行出资义务"? 对此,有两种不同的观点。第一种意见是"狭义说"。"未履行或者未全面履行出资义务"是指一种违约行为,其并不涵盖股东尚未到期的未违约出资的情形。[2] 第二种意见是"广义说"。"未履行或者未全面履行出资义务"应该包括未到期出资,即使股东之间约定的缴纳出资期限未到,股东也应该承担责任。[3]

哪一种观点更为妥当呢? 这需要对公司法司法解释(三)第 13 条第 2 款作重新解释。具体分析如下:

(一)"狭义说"的主要理据

"狭义说"认为,"未履行或者未全面履行出资义务"不应当包括未到期出资。对此,可以提出的理由主要为:

1. 公司法司法解释(三)第 13 条第 1 款采取的是"狭义说"。该款规定,股东未履行或者未全面履行出资义务,公司或者其他股东请求其向公司依法全面履行出资义务的,人民法院应予支持。什么是"未履行或者未全面履行出资义务"? 通常

---

〔1〕公司法司法解释(三)第 13 条第 3 款股东在公司设立时未履行或者未全面履行出资义务,依照本条第 1 款或者第 2 款提起诉讼的原告,请求公司的发起人与被告股东承担连带责任的,人民法院应予支持;公司的发起人承担责任后,可以向被告股东追偿。需要注意的是,根据这一规定,原告可以分为其他股东、公司与债权人。当其他股东作为原告时,可以请求"公司发起人"与被告股东承担连带责任,公司发起人承担责任后,可以向被告股东追偿。其实,这一条款关于其他股东作为原告时的规定是存在问题的,因为"公司发起人"会进入承担连带责任的"无休止的循环怪圈"之中。这属于法律漏洞。

〔2〕黄睿、梁慧:《"一元公司"时代下债权人利益的司法保护》,载《第三届公司法司法适用高端论坛论文集》(2014 年 5 月 11 日中国政法大学主办会议),第 92 页。

〔3〕王士鹏:《未全部出资股东在公司期限未到前的债务承担》,http://www. chinacourt. org/article/detail/2012/07/id/531894. shtml,2014 年 6 月 1 日访问。

的观点是,未履行出资义务是指股东根本未出资,具体包括拒绝出资、不能出资、虚假出资、抽逃出资等。未全面履行出资义务包括未完全履行和不适当履行。其中,未完全履行是指股东只履行了部分出资义务,未按约定数额足额出资;不适当履行是指出资的时间、形式或手续不符合规定,包括迟延出资、瑕疵出资等。[1] 可见,"未履行或者未全面履行出资义务"是一种违约行为,其并不涵盖股东尚未到期的未违约出资的情形。

2. 同一法律中的同一文字不能做不同解释。根据一般的法律解释规则,在同一部法律文本之中出现的相同文字或者概念应该做相同的解释,不允许出现前后不一致的解释。公司法司法解释(三)第 13 条第 1 款规定的"未履行或者未全面履行出资义务"是指股东的违约行为。如果把该条第 2 款的"未履行或者未全面履行出资义务"解释为,包括尚未到期的非违约行为。显然,第 1 款与第 2 款之间出现了相互矛盾的情况。这种同一文字在同一法律条文中采取不同含义的解释方法,是违反法律解释的基本规则的。

3. 一些地方的高级法院颁布的指导意见也是采取狭义说的。例如,2006 年的《山东省高级人民法院关于审理公司纠纷案件若干问题的意见(试行)》第 20 条规定,"公司章程规定股东分期缴纳出资的,出资期限届满前,公司或公司债权人向该股东主张权利的,人民法院不予支持。"

4. 本次公司法修改的主要目标是放松对市场主体准入的管制,降低准入门槛,优化营商环境,促进市场主体加快发展。[2] 所以,公司法取消了股东出资期限的限制,并授权公司股东自主约定。如果未到期出资股东还要对公司债权人承担责任,没有达到减轻股东负担的目的。这与本次修法目的相违背。

(二)"未履行或者未全面履行出资义务"应该采取"广义说"

我认为,"未履行或者未全面履行出资义务"不但应当包括第 1 款所指的股东出

---

〔1〕《最高人民法院关于公司法司法解释(三)、清算纪要理解与适用》,人民法院出版社,2011 年 3 月,第 204、208 页。需要指出的是,"未履行出资义务"包括"抽逃出资"的解释是存在问题的。因为违反"抽逃出资"的法律责任是规定在该司法解释第 14 条。第 13 条第 3 款的责任主体与第 14 条的责任主体是不同的。

〔2〕《国务院关于印发注册资本登记制度改革方案的通知》(国发【2014】7 号),2014 年 2 月 7 日发布。

资的违约行为,还应当包括因股东之间约定的履行期未届满而尚未履行出资义务的非违约行为。虽然对处于同一法律条文中的第 1 款与第 2 款的相同文字采取了不同的解释,但是这种不同解释是妥当的。具体理由如下:

1. 从利益衡量的角度看,需要明确谁的利益更值得保护。[1] 股东与债权人之间相比较,债权人利益更值得保护。其实,在公司资本制度这一法律框架中,债权人利益应获得优先保护,是公司法的一贯倾向与选择。不论是公司法所确立的资本确定原则,也不论是资本维持原则,还是资本不变原则,都贯彻着公司债权人利益的优先保护精神。例如,公司法规定,股份公司成立后,发起人未按照公司章程的规定缴足出资的,应当补缴;其他发起人承担连带责任。又如,公司需要提取公积金以弥补将来的亏损,在弥补亏损之后才能对股东进行公司盈余分配。再如,在公司合并时,需要通知或者公告债权人,债权人可以要求提前清偿债务或者提供相应的担保。从公司法司法解释(三)第 13 条第 2 款的规定看,其与公司法的一般规则相同,其立法原则仍然是债权人利益优先于股东利益获得保护。所以,当存在两种不同的解释时,给予债权人优先保护的解释是符合公司法精神的。

实际上,给予债权人优先保护还符合股东趋利避害的选择。未出资股东承担补充赔偿责任是在公司不能清偿债务时才承担的责任,是公司承担责任之后的第二位责任,其已经获得了公司独立人格的"隔离墙"保护。更为关键的是,根据《破产法》第 7 条第 2 款规定,债务人不能清偿到期债务,债权人可以向法院提出对公司进行重整或者破产清算的申请。相对于重整或者破产清算,让未出资股东承担补充赔偿责任,显然是更好的选择。它可以避免公司遭受破产清算,从而使企业维持原则得到贯彻,不仅仅有利于公司利益,也有利于股东整体利益,甚至有利于社会整体利益。

2. 虽然第 1 款与第 2 款处于同一法律条文之中,却是规范两种完全不同的法律关系,可以采取两种内容不同的解释。就第 13 条第 1 款而言,其涉及的是股东与股东之间、股东与公司之间的关系,双方之间是合同关系。第 2 款所涉及的是股东与第三人的关系,是基于法律的特别规定而产生的。股东与股东之间、股东与公司

---

[1] 参见梁上上:《利益的层次结构与利益衡量的展开》,《法学研究》2002 年第 1 期。

之间属于公司内部关系,而股东与债权人之间的关系属于外部关系。与所有权等物权具有绝对性不同,合同关系只具有相对性,当事人之间的内部约定通常不能产生约束第三人的效力。所以,在股东与股东的关系中,只有股东未履行或者未全面履行出资义务时,公司或者其他股东才可以请求其向公司依法全面履行出资义务。而在股东与债权人之间的外部关系中,股东对债权人的责任承担并不以其违反合同义务为基础,只要存在未履行或者未全面履行出资义务的情形,公司债权人就可以请求其在未出资本息范围内对公司债务不能清偿的部分承担补充赔偿责任。

3. 对"未履行或者未全面履行出资义务"的扩张性解释是有先例可循的。这就是最高法院公司法司法解释(二)第 22 条对"股东尚未缴纳的出资"的解释。该条第 1 款规定,公司解散时,股东尚未缴纳的出资均应作为清算财产。股东尚未缴纳的出资,包括到期应缴未缴的出资,以及依照公司法第 26 条和第 80 条的规定分期缴纳尚未届满缴纳期限的出资。该条第 2 款更明确规定,公司财产不足以清偿债务时,债权人主张未缴出资股东,以及公司设立时的其他股东或者发起人在未缴出资范围内对公司债务承担连带清偿责任的,人民法院应依法予以支持。又如,我国破产法第 35 条规定,人民法院受理破产申请后,债务人的出资人尚未完全履行出资义务的,管理人应当要求该出资人缴纳所认缴的出资,而不受出资期限的限制。可见,"股东尚未缴纳的出资"明确包括"分期缴纳尚未届满缴纳期限的出资"的情形。这与"未履行或者未全面履行出资义务"包括"尚未到期的出资义务"是完全一致的。可见,这种扩张性解释并非孤例。

4. 扩张性解释不违背本次修订法律的目的。本次公司法修改的目的是:一方面,加快政府职能转变,创新政府监管方式,保障创业创新;另一方面,进一步放松对市场主体准入的管制,降低准入门槛,优化营商环境,促进市场主体加快发展。[1]可见,本次公司法修改为设立公司提供了便利条件。但是,对股东的重大利好,并不意味着降低债权人利益的优先保护地位。换言之,债权人的地位并没有因为本次公司法的修改而减弱。这是因为,本次修改主要围绕在设立公司时政府与股东之间关系的调整,并不涉及债权人与股东之间利益关系的重新安排。在股东与债

---

[1]《国务院关于印发注册资本登记制度改革方案的通知》(国发【2014】7 号),2014 年 2 月 7 日发布。

权人之间的关系中,债权人依然处于优先保护的地位。随着股东投资便利化的提高,设立公司日益轻松,反过来,比以前更需要对股东设置更多更重的义务,以保护其他利害关系人的利益。这从根本上说是"权责一致"原则的基本要求。所以,对"未履行或者未全面履行出资义务"一词采取扩张性解释是符合本次公司法修订的精神的。

5. 如果认为债权人不能向尚未到履行期的股东请求补充赔偿责任,可能会导致债权人利益难以保护。例如,某公司 2014 年 3 月 10 日成立,股东之间约定,股东的缴纳出资义务为公司成立之日起 5 年后履行,也就是 2019 年 3 月 9 日履行。但是,债权人 2014 年 5 月 20 日产生的债权请求权的诉讼时效为 2 年。所以,当股东出资的履行期间届满时,债权已经过了诉讼时效,债权人已经无法根据股东的实际出资情况向其请求补充赔偿责任。显然,这不利于债权人利益的保护。

6. 2013 年 12 月公司法修订后,2014 年 2 月最高法院对司法解释(三)做了修改,但并未对该解释第 13 条第 2 款进行任何修改。这似乎可以说明,最高法院认为该条款无需进行修改,依然可以适应修改后的公司法。

总之,采取扩张性解释的方法,把"未履行或者未全面履行出资义务"一词解释为"包括尚未到履行期限的出资",是妥当的。

(三) 解释方法的再解析:情境区分与适应性解释

公司法司法解释(三)第 13 条第 2 款"未履行或者未全面履行出资义务"的内涵,存在"狭义说"与"广义说"两种不同的解释。虽然第 2 款所采取的"广义说"与同一法律条文第 1 款采取的"狭义说"矛盾,但是符合该条款的法律精神的,是妥当的。从根本上讲,我们在进行法律解释时,要根据法律所规范的具体情境作出具有针对性的妥当解释,也就是"适应性解释"。

通常,对于同一法律语言或者文字应该作出相同的解释。不但在同一法律制度中处于不同条款的文字有这一要求,即使在不同的法律制度中的同一文字,人们也希望做相同的解释。例如,2013 年公司法在许多的法律条文中都出现"实际控制人"一词。对此,该法第 216 条指出,"实际控制人"是指虽不是公司的股东,但通过投资关系、协议或者其他安排,能够实际支配公司行为的人。这使得在公司法内部统一了这一概念的含义。这恐怕是我们经常提及的所谓体系解释的要求,也能大大减低我们对法律的学习成本、理解成本以及适用成本。在大多数情况下,我们的解释能够满足这一要求,也应该遵循这一要求。

但是,如果有特别理由,同一法律使用的同一概念是可以做不同解释的。[1] 即使以定义的方式确定法律的语言用法,仍然不能保证,该用语在该法律的每个地方的都做相同的理解。[2] 这是因为,现实情况是复杂的。我们处于如此复杂的社会,复杂社会要求我们的法律、适用法律的法官,以及对法律所做的解释应该具有适应性。也就是说,要使我们的法律尽量适应我们的社会。这样,处于不同轨道上的法律虽然使用同一法律语言,但是其内涵却可能有所不同。换言之,相同的语言在整个法律中假设为具有相同的含义。但是,如果赋予不同含义可以使整个法律更协调,则是可以忽视这一假设的。[3] 例如,关于"过错"的含义,刑法上的含义是不同于民法上的含义的。又如,德国民法典第 90 条将"物"定义为"有体物",但大家一致认为第 119 条第 2 款所称的"物"是指"交易的标的"。[4] 再如,公司法上董事的注意义务虽然来源于侵权法上的注意义务。但是,随着社会与法律的发展,董事注意义务的理念已经慢慢偏离侵权法上的含义,抛弃侵权法上的一些内容,并增长出公司法所特有的内涵。[5] 这是在不同的轨道上发展的必然结果。这种"貌合神离"的现象,要求我们在适用法律时去仔细推敲、深入辨析,深刻体察不同轨道的法律精神与内涵,找出其中的同与异。制定法概念不能作为封闭的预先给定的尺码看待,它们不是仅由其自身得出解释,而是在与不断更新的冲突经验的持续接触中受到重新塑造。[6] 以情境区分为基础而引申出不同的规则,正是法律的智慧,也是

---

〔1〕参见梁慧星:《民法解释学》,中国政法大学出版社 1995 年版,第 215 页;杨仁寿:《法学方法论》,中国政法大学出版社 2013 年版,第 139 页。

〔2〕[德]卡尔拉·伦茨:《法学方法论》,陈爱娥译,商务印书馆 2003 年版,第 202 页。

〔3〕Karl N. Llewellyn, Remarks on the Theory of Appellate Decision and the Rules of Cannon about How Statutes are to be Construed, 3 Vand. L Rev. 395,(1949).

〔4〕[德]卡尔拉·伦茨:《法学方法论》,陈爱娥译,商务印书馆 2003 年版,第 201 页。

〔5〕Charles R. T. O'Kelley, Roboert B. Thompson, Corporations and Other Business Associations, Selected Statutes, Rules, and Forms, Aspen Publishers, 2008,p. 86.

〔6〕[德]迪特尔·施瓦布:《民法导论》,郑冲译,法律出版社 2006 年版,第 79 页。

制度利益衡量中应当体现的精神。[1] 本文所揭示的对同一条文中的同一文字应该做不同的解释,更凸显了适应性解释在法律适用中的重要意义,时刻提醒我们在法律适用时应该抛弃机械主义的思维方式,发挥我们的主观能动性,进行妥当的利益衡量,并作出妥当的法律解释。

四、"公司债务不能清偿"的确定

未出资股东对公司债权人的补充赔偿责任是发生在公司不能清偿债务之后,在清偿顺序上具有"补充性"。

(一)"不能清偿"的确定:股东先诉抗辩权

什么是"公司债务不能清偿"?确定公司"不能清偿"的标准是什么?我国法律对此没有明确规定,立法者也没有给出解释,有两种不同的观点。第一种观点认为,债权人应该向公司提出请求,公司拒绝赔偿其债务的,债权人就可向股东提出赔偿请求;第二种观点认为,债权人必须经过对公司债务强制执行后仍然不能获得清偿的,才能获得股东的赔偿。[2] 换言之,未出资股东享有先诉抗辩权。我支持第二种观点,理由如下:

1. 这是补充责任的性质决定的。虽然我国许多法律中有关于补充责任的规定,但是还没有形成补充责任的统一概念。[3] 抛开这些争议,可以明确的是该责任具有补充性,是补充直接责任人所承担责任之不足。只有在债权人对公司债务强制执行后仍不足赔偿损失的,未出资股东才承担相应责任。这符合补充责任的本质特征。

2. 股东对债权人享有先诉抗辩权是股东、公司与债权人之间的利益衡量的必然结果。在债权人、被告股东与公司三方当事人所构成的补充赔偿责任的法律框

---

〔1〕梁上上:《制度利益衡量的逻辑》,《中国法学》2012 年第 4 期;梁上上:《利益衡量论》,法律出版社 2013 年版,第 139 页。
〔2〕有人认为,可以将补充责任分为"有先诉抗辩权的补充责任"与"无先诉抗辩权的补充责任"。李中原:《论民法上的补充责任》,《法学》,2010 年第 3 期,第 83 页。
〔3〕全国人大常委会法制工作委员会民法室编:《侵权责任法:立法背景与观点全集》,法律出版社 2010 年版,第 661—664 页。

架中,债权人与公司之间形成债权债务关系,股东与公司之间则属于投资关系,这两者是不同的法律关系。一方面,需要对债权人利益给予充分的保护,而另一方面,公司与股东毕竟是两个不同的主体,公司具有独立的法人资格,债权人是与公司发生债权关系的,与股东并没有直接的法律关系。所以,债权人应该首先向公司提出赔偿请求。相反,股东处于"候补性"的地位,是"从属性"的地位。也就是说,在清偿债务的问题上,股东与公司之间是存在先后顺序的。如果不经强制执行,就允许债权人对股东提起补充赔偿责任的请求,不利于保护股东利益。

3. 符合长期以来的立法实践。担保法是较早规定补充责任的法律,该法第17条第2款确立了一般保证中的保证人先诉抗辩权。一般保证的保证人在主合同纠纷未经审判或者仲裁,并就债务人财产依法强制执行仍不能履行债务前,对债权人可以拒绝承担保证责任。颇具参考价值的是,我国《最高人民法院关于审理涉及会计师事务所在审计业务活动中民事侵权赔偿案件的若干规定》第10条规定,法院确定会计师事务所承担与其过失程度相应的赔偿责任时,应先由被审计单位赔偿利害关系人的损失。被审计单位的出资人虚假出资、不实出资或者抽逃出资,事后未补足,且依法强制执行被审计单位财产后仍不足以赔偿损失的,出资人应在虚假出资、不实出资或者抽逃出资数额范围内向利害关系人承担补充赔偿责任。可见,该规定所确立的未出资股东的补充责任是在公司被强制执行之后才承担的。公司法司法解释(三)第13条第2款关于未出资股东的补充赔偿责任与本条规定的情形是完全一致的。所以,未出资股东是享有先诉抗辩权的。

4. 在公司法司法解释(三)出台之前的一些地方性规范意见也是这样规定的。例如2006年的《山东省高级人民法院关于审理公司纠纷案件若干问题的意见(试行)》第15条第2款规定,"不能清偿"是指对公司的存款、现金、有价证券、成品、半成品、原材料、交通工具、房屋、土地使用权等可以方便执行的财产执行完毕后,债务仍未得到清偿的状态。

需要注意的是,未出资股东虽然享有先诉抗辩权,但是在某些情形下是可以被排除的。例如,债务人住所变更,致使债权人要求其履行债务发生重大困难的;又如,人民法院受理债务人破产案件,中止执行程序的。

总之,补充赔偿责任是对主要债务人"不能清偿"的补充,而这种清偿不能的确定需要借助于先诉抗辩权的手段。也就是说,债权人必须就主要债务人的财产申请强制执行,在其财产确实不足清偿时,才可以向补充债务人股东主张权利。否则,股东可以对债权人拒绝承担责任。

(二) 未出资股东的共同被告地位不会改变赔偿顺序

虽然未出资股东对债权人只承担补充赔偿责任,享有先诉抗辩权,但是债权人提起公司债务清偿诉讼时,可以直接把未出资股东与公司一起作为共同被告。把未出资股东与公司作为共同被告,不但有利于保护债权人利益,也有利于节约诉讼成本、追求诉讼经济,还有利于避免矛盾裁决的发生。

公司债权人以未出资股东与公司为共同被告提起诉讼是有充分的法理依据的。这是因为,其一,债权人直接以股东为被告不违反确定当事人的规则。根据我国民事诉讼法第 119 条的规定,原告是与本案有直接利害关系的人。而对于被告资格的确定,我国采取了与原告不同的认定标准,被告只需明确即可。民事诉讼法第 121 条规定,起诉状应该写明当事人的姓名、性别、工作单位、住所等信息。可见,对被告的确认,采取的是表示说,摈弃了适格当事人的判断标准。[1] 其二,股东与公司的行为之间存在一定的联系,其中一人在诉讼中的作为或者不作为,会对其他被告产生作用,具有"牵连性"。这种牵连性主要表现在:(1)主张共通原则。共同被告中的一人所提出的主张,如果对其他共同被告有利,而其他共同被告对此又不表示反对的,其效力及于其他人。(2)证据共通原则。共同被告中的一人所提出的证据,可以作为对其他共同被告所主张的事实进行认定的证据。也就是说,该证据可以作为共同被告的共同证据。(3)抗辩共通原则。[2] 如果被告公司所作的抗辩足以否定原告主张的权利的,法院可以考虑将该公司的抗辩视为全体被告对原告的抗辩。其三,在司法实践中,根据侵权责任法上第 37 条、第 40 条提起的补充赔偿责任诉讼,都可以把第三人与补充赔偿责任承担人作为共同被告。[3] 在公司法上,许

---

〔1〕参见江伟主编:《民事诉讼法》,高等教育出版社 2013 年版,第 97 页。
〔2〕参见谭兵主编:《民事诉讼法学》,法律出版社 2004 年版,第 184 页。
〔3〕参见奚晓明主编:《〈中华人民共和国侵权责任法〉条文理解与适用》,人民法院出版社 2010 年版,第 274 页、第 299 页。

多法院也是把未出资股东与公司作为共同被告进行审理的。例如，著名的上海铭亭贸易有限公司诉芭芭拉公司及季伟明等买卖合同纠纷案就是这样处理的。[1]

有人担心，这样处理是否会造成股东承担连带责任，从而改变股东承担补充赔偿责任的顺序呢？应该说，这不会改变股东赔偿的补充性地位。这是因为，这类诉讼属于普通共同诉讼。普通共同诉讼人之间的诉讼标的是同一种类而不是同一的，他们之间不存在共同的权利义务关系，对其中一个诉讼标的作出的判决，其效力不及于其他的诉讼标的。[2] 这类诉讼的本质是可分之诉，由两个或两个以上的诉讼请求合成，既可以单独起诉或者应诉，也可以共同起诉或者应诉。普通共同诉讼人具有独立性，即使合并审理形成了共同诉讼，他们在诉讼中的地位仍然是各自独立的，他们在诉讼中独立地享有自己的诉讼权利、履行自己的诉讼义务，每个人的诉讼行为只对自己发生法律效力，法院可以形成内容不同的判决。例如，担保法司法解释第125条规定，"一般保证的债权人向债务人和保证人一并提起诉讼的，人民法院可以将债务人和保证人列为共同被告参加诉讼。但是，应当在判决书中明确在对债务人财产依法强制执行后仍不能履行债务时，由保证人承担保证责任。"可见，虽然将债务人与保证人作为共同被告，但是法院将在判决书中明确在对债务人依法强制执行后仍不能履行债务时，才由保证人承担保证责任。又如，受害人根据侵权责任法第40条提起补充责任诉讼时，可以将第三人与幼儿园、学校或者其他教育机构作为共同被告，但是法院应当在判决中明确认定学校等教育机构承担责任的范围。[3] 类似地，未出资股东与公司虽然是共同被告，但法院也可以在判决书中明确只有在公司经强制执行后仍然不能清偿时才承担赔偿责任。所以，未出资股东的共同被告地位不会改变其对公司债务承担补充责任的性质。

---

[1] 案号：一审，(2010)松民二(商)初字第1869号；二审，(2011)沪一中民四(商)终字第961号。关于该案的详细分析，参见：何建：《部分款项交于公司而未经验资的股东出资义务履行的认定》，载《人民法院报》，2011年11月03日第6版；顾克强、何建：《股东应在其未出资本息范围内对公司债务承担补充赔偿责任》，载《人民司法·案例》2012年第6期。
[2] 参见江伟主编：《民事诉讼法》，高等教育出版社2013年版，第123页。
[3] 参见《〈中华人民共和国侵权责任法〉条文理解与适用》，人民法院出版社2010年版，第299页。

五、出资人的"未届到期出资"与期限利益

(一)"未届到期出资"的解释路径选择

当因尚未届满履行期限而未履行出资或者未全面履行出资的股东对债权人承担补充赔偿责任时,如何解释"未届到期出资"?两种路径可供选择。第一种解释是,将"未届到期出资"解释为"视为提前到期出资";第二种解释是,将其解释为债权人"不受出资期限的限制"。

虽然这两种解释的法律效果是一样的,但是第二种解释比第一种解释更为妥当。这是因为:(1)"视为提前到期出资"的前提是双方当事人之间存在约定期限或者法律法规有特别规定的期限。当某种情形出现时,允许将尚未到期的债权视为到期债权。与此不同,在公司出资的场合,缴纳出资期限或者由股东之间约定或者由公司章程规定。不论股东之间关于"股东缴纳出资期限"的约定,还是公司章程关于"股东缴纳出资期限"的规定,对债权人都不发生法律效力。根据公司法第11条的规定,公司章程仅仅对公司、股东、董事、高级管理人员具有约束力。而且,与债权人发生合同等关系的是公司本身。可见,股东与债权人之间既不存在合同关系,也不存在出资期限的约定,更不属于公司章程所能及的效力范围之内。所以,股东与债权人之间不存在所谓的"视为提前到期出资"的问题。(2)第二种解释有先例可循。例如,企业破产法第35条规定,人民法院受理破产申请后,债务人的出资人尚未完全履行出资义务的,管理人应当要求该出资人缴纳所认缴的出资,而不受出资期限的限制。[1]又如,公司法司法解释(二)第22条规定,公司解散时,股东尚未缴纳的出资均应作为清算财产。股东尚未缴纳的出资,包括到期应缴未缴的出资,以及依照公司法第26条和第80条的规定分期缴纳尚未届满缴纳期限的出资。这两个法律规定的情形与本文所讨论的情形具有相似性,属于同一类型,值得借鉴。(3)不论采取"视为提前到期出资"的学说还是"不受出资期限的限制"的学

---

[1] 关于企业破产法第35条"不受出资期限的限制",有两种不同的理解。一种观点是重新解释为"视为已到期"。(《中华人民共和国企业破产法》起草组编:《〈中华人民共和国企业破产法〉释义》,人民出版社,2006年9月,第142页)另一种观点是"不受出资期限的限制",无需再解释。(安建主编:《中华人民共和国企业破产法释义》,法律出版社2006年版,第56页;《最高人民法院关于企业破产法司法解释理解与适用》,人民法院出版社2013年版,第268页)我认为,"不受出资期限的限制"的字面含义足够清晰,与其他"提前到期"行为的区别也很明白,无需再做进一步解释。第二种理解是妥当的。

说,其解释目的都是为了揭示未届到期出资的股东在特定情形下需要对债权人承担补充赔偿责任。这种学说的分歧并不代表不同论者就同一情形坚持不同的价值判断。选择用何种法学概念来描述同一法律现象,纯粹属于法律解释的选择问题。从解释论的角度看,解释者所选择的解释方法应该更具解释力,它更能反映立法原意,更有利于法律适用。所以,妥当的解释应该是,债权人"不受出资期限的限制"。

(二) 出资人的期限利益与利息扣除

对于尚未到履行期限的出资,当债权人请求出资人承担清偿责任时,该出资人是否有权从认缴(或认购)出资额中扣除自履行出资之日起至约定履行之日止的利息(类似于贴现方式)呢? 这涉及期限利益,可以从两个方面加以回答。

1. 股东的期限利益不能对抗债权人

期限利益,是当事人因期限的存在而享有的利益。许多国家对期限利益有明文规定。[1] 就履行期限而言,法律往往规定约定履行期限的债务在期限届至前不得请求履行,[2] 对债务人有明显的利益。虽然期限利益经常是为债务人利益的,但也有为债权人利益的,还有为双方当事人利益的。期限利益可以抛弃,也可能丧失。

公司债权人请求因尚未届满履行期限而未履行或者未全面履行出资义务的股东对公司债务不能清偿的部分承担补充赔偿责任时,是否存在期限利益呢? 根据股东与股东之间的出资协议,股东可以根据合同约定的期限履行出资义务,股东与股东之间享有期限利益。同样,股东与公司之间也存在期限利益。但是,这些关系属于公司内部关系。债权人与公司发生债权时,其相对人只有公司,而不涉及公司内部关系。所以,这些期限利益属于公司内部当事人之间的利益,不能对抗外部第三人。换言之,公司债权人不受股东期限利益的约束。

2. 即使当事人之间存在期限利益,在特定情形中也会丧失

在合同关系中,期限利益在特定情形中存在丧失的可能。例如,根据日本民法典第 137 条规定,在下列情况下,债务人不能主张期限利益:(1)债务人已被做出破产程序开始的决定;(2)债务人毁灭、损坏减少担保物;(3)债务人负有提供担保义

---

〔1〕关于期限利益,法国民法典第 1185—1188 条,日本民法典第 137—138 条等都有规定。
〔2〕例如,《法国民法典》第 1186 条、《德国民法典》第 271 条第 2 款、我国台湾地区第 316 条等。

务而不提供。[1]

在我国,虽然合同法没有对期限利益作出明确规定,但有的条文也涉及了期限利益。[2] 此外,在其他法律中规定了履行利益丧失的一些情形。例如,企业破产法第46条第1款规定,未到期的债权,在破产申请受理时视为到期。又如,物权法第193条规定,抵押人不恢复抵押财产的价值也不提供担保的,抵押权人有权要求债务人提前清偿债务。该法第216条规定,因不能归责于质权人的事由可能使质押财产毁损或者价值明显减少,足以危害质权人权利的,质权人有权要求出质人提供相应的担保;出质人不提供的,质权人可以拍卖、变卖质押财产,并与出质人通过协议将拍卖、变卖所得的价款提前清偿债务或者提存。再如,公司法第173条规定,公司合并时的债权人可以要求公司提前清偿债务或者提供相应的担保。

当提前清偿债务而期限利益丧失时,是否可以扣除与此相关的利息问题呢?这些法律大多没有明文规定利息问题。但是,从以上列举的情形看,期限利益的丧失大多基于某种特定情形的发生。人们通常的理解是,"丧失履行利益"的题中之义应该包含丧失扣除利息的权利。不论是公司合并时要求提前清偿,还是不提供担保时要求提前清偿,债务人均丧失期限利益,但债权人的利益不受影响。如果扣除自履行债务之日起至约定履行之日止的利息,是出乎债权人期待的,是债权人难以接受的。从债权人的角度看,由于债务人的特殊原因而请求提前清偿债务只是维护债权的一种方式,具有正当性。相反,债务人是引起提前清偿债务的人,具有可归责性。如果其要求在履行债务时扣除相应期的利益,是对债权完整性的侵害。该请求是缺乏正当性基础的。与此类似,债权人丧失期限利益时,也会丧失利息请求权。例如,我国企业破产法第46条第2款规定,附利息的债权自破产申请受理时起停止计息。所以,提前清偿债务而丧失期限利益时,债务人不能要求扣除自履行债务之日起至约定履行之日止的利息。

对于尚未到履行期限的出资,当债权人请求出资人承担清偿责任时,其本质就是出资人在其认缴或认购的出资额度内提前履行缴纳出资的义务。所以,该出资人将丧失期限利益,不能从认缴(或认购)出资额中扣除自履行出资之日起至约定

---

[1] 参见渠涛编译:《最新日本民法》,法律出版社2006年版,第33—34页。
[2] 参见朱广新:《合同法总则》,第2版,中国人民大学出版社2012年版,第345页。

履行之日止的利息。

六、结语

2013 年中国公司法主要围绕公司注册资本制度进行了修订。这次修订降低了设立公司的门槛,创造了宽松的创业环境,不但有利于投资创业,也有利于促进社会经济发展,是可取的。但与之相随的是,如何切实保护债权人利益成为人们担心的问题。这需要我们就未出资股东对公司债权人的补充赔偿责任作全新的解释,以便更好地适应司法实践。

补充责任应理解为一种新型的责任形态,股东补充赔偿责任具有"法定性""补充性""有限性""内部连带性"等特征。"未出资或未全面履行出资义务"应理解为,不仅仅包括到期的履行违约行为,也包括尚未到期的未出资行为。"不能清偿"并不是指公司拒绝清偿债务,而是需要通过股东的先诉抗辩权来加以确定。"股东未届到期出资"的妥当解释是"债权人不受履行期间的约束",股东将丧失期限利益,也不能主张扣除相关利息。这些解释有利于债权人利益获得充分保护,较好地平衡了未出资股东与债权人之间的利益关系。这里的解释虽然突破了"同一法律条文的同一文字应作相同解释"的传统解释观,但基于规范对象、规范内容、规范意旨的不同而作出的区分解释,具有合理性与妥当性,体现了灵活性,适应了当前的司法实践的需要,在法律解释学上具有重要意义。

第三章　对赌协议与公司法资本管制：*
美国实践及其启示

引言

备受关注的"对赌协议第一案"——苏州工业园区海富投资有限公司与甘肃世恒有色资源再利用有限公司、香港迪亚有限公司、陆波公司增资纠纷案（以下简称"海富案"），在2012年底最高人民法院再审落槌后仍未消除争议。与二审判决引发众口一词的批评声不同，再审判决书区分投资者与股东对赌以及与公司对赌、确认前者有效而后者无效的裁判进路，在学界与实务界都造成了明显的分裂：支持者肯认再审判决中体现的"资本维持"理念，而批评者则主张对赌协议应归属于合同自治的范畴。[1] 其中，美国法律实践对PE投资或对赌协议的支持成为批评者的一个重要理论资源，[2] 20世纪80年代的美国法定资本制革命似乎也给这种司法立场提供了一种背景式的注解。与之相比，我国司法机关则"逾越了公司法管制介入契约自治的规范边界"，忽略了"美国风险投资市场所提供的核心经验在于它压倒

---

* 本章内容曾发表于《环球法律评论》2016年第3期。作者：刘燕，北京大学法学院教授，博士生导师。

〔1〕参见俞秋玮、夏青：《如何看待融资公司作为"对赌"主体的效力》，《人民法院报》2014年9月10日第7版；张先中：《私募股权投资中估值调整机制研究——以我国〈公司法〉资本规制为视角》，《法学论坛》2013年第5期，第133—140页；季境：《"对赌协议"的认识误区修正与法律适用》，《人民司法》2014年第10期，第15—19页。

〔2〕"如此高效的约束和激励机制在中国却遇到了巨大的法律障碍，……而在对赌协议的发源地美国，迄今为止还未出现过类似的法律疑问"，参见李睿鉴、陈若英：《对私募投资中"对赌协议"的法经济学思考——兼评我国首例司法判决》，《广东商学院学报》2012年第6期，第84页。

性地是私人秩序的产物——一个覆盖了整个风险投资周期的极富成效的合同结构"。[1] 人们担心,"海富案"的判决将导致中国宝贵的创业公司资源或者因无法"对赌"而丧失发展机会,或者转向域外资本市场从而令国内投资者无法分享科技企业的创新红利。

然而,对英文文献的检索却无法找到"对赌协议"或者"估值调整机制"(Valuation Adjustment Mechanism, VAM)的专门术语;在被称为美国风险投资大本营的加州硅谷,也不存在"海富案"所争议的对赌条款。[2] 另一方面,由美国风险投资机构协会拟定的《风险投资示范合同》(以下简称《示范合同》)在"赎回"等条款处明确指向了"法律对分配的限制"[3]或者"合法可用的资金"[4],这些术语呈现的都是美国公司法中古老的法定资本制之印记。近年来美国特拉华州的司法实践也显示,公司法资本管制的逻辑仍然适用于 PE 投资。那么,国内文献关于对赌协议的"舶来品"定位以及对美国司法实践的褒奖,究竟是一种误读还是想象? 对赌协议与公司法资本管制之间是否存在不可调和的矛盾?

本文拟将"海富案"对标美国法的实践来探究上述问题。第一部分以"海富案"为样本界定"对赌协议"的内涵与外延,以澄清对标比较的范围。第二部分结合美国风险投资协会的《示范合同》,观察美国 PE/VC 投资实务中如何处理对赌协议所要解决的问题——未来不确定性风险或者估值困境,重点关注其与法定资本制之间的联系。第三部分以 2010 年特拉华州法院 ThoughtWorks 案[5]为样本,介绍 PE/VC 合同的赎回权条款中"合法可用之资金"的含义,展示美国法官如何在具体个案中适用法定资本规则同时兼顾商业决策的自主与自治。第四部分总结了美国经验对我国 PE/VC 投资以及司法实践可能提供的启示,并对完善我国对赌协议纠

〔1〕潘林:《"对赌协议第一案"的法律经济学分析》,《法制与社会发展》2014 年第 4 期,第 177 页。
〔2〕清澄君:《硅谷无对赌》,http://www.360doc.com/content/16/0206/22/27398134_533109081. shtml,本文网络资料的最后访问时间均为 2016 年 5 月 15 日。
〔3〕美国风险投资协会:《美国风险投资示范合同》(中英文对照本),北京市大成律师事务所、北京市律师协会风险投资委员会组织编译,法律出版社 2006 年版,第 22 页。下文中所引用的美国风险投资示范合同条款均出自该书。
〔4〕美国风险投资协会:《美国风险投资示范合同》(中英文对照本),北京市大成律师事务所、北京市律师协会风险投资委员会组织编译,法律出版社 2006 年版,第 318 页。
〔5〕ThoughtWorks, Inc. v. SV Inv. Prs, LLC, 902 A. 2d 745(Del. Ch. 2006). 该案裁决也是美国近年来针对 PE/VC 投资的基本工具——优先股——最引人关注的三宗司法裁决之一。

纷的处理方式提出了若干建议。

一、"对赌协议"的界定——基于"海富案"的语境

"对赌"是 2008 金融海啸后的一个热点术语。它可以指两种完全不同的交易:一是衍生交易中的对赌,指衍生产品的买卖双方之间达成的零和博弈;二是 PE/VC 投资实务中的对赌协议,又称估值调整机制(Valuation Adjustment Mechanism,VAM)或"估值调整协议"。其功能在于"将交易双方不能达成一致的不确定性事件暂时搁置,留待该不确定性消失后双方再重新结算。由于这种结构性安排,使得达成股权交易的可能性大增,从总体上增加了社会福利"。[1]

尽管国内文献众口一词地将对赌协议或估值调整机制(VAM)视为国际资本市场或 PE/VC 投资的常用工具,但这些概念并不见于域外的法律文件,而是发源于 2002 至 2004 年间大摩等境外基金投资蒙牛时设立的一项依业绩调整股权比例的安排,并经 2004 年蒙牛于香港联交所上市之招股说明书的描述而为公众所知。随后,永乐、太子奶等民营企业与境外投资者对赌失败的悲剧让这一术语广泛流传。[2] 然而,由于各家公司对赌交易的细节不同,且缺乏域外法律文本对应概念的界定,国内文献(包括财经类或法律类)在对赌协议或估值调整机制的含义、范围等方面缺乏明确或统一的解说。大体上,人们将对赌协议视为融资活动(特别是 PE/VC 投资)中应对未来不确定性问题(特别是估值不确定)所使用的金融条款。对于这些条款的范围,至少存在三种不同口径的理解:

一是最狭义的口径,"对赌协议"仅指初始投资的作价调整条款,即针对股权估值困难,双方约定以特定时间后公司实现的业绩作为标准,或者对超额投入的投资者给予补偿,或者要求投入不足的投资者增加出资。[3] 这种口径的对赌协议看起来最符合"估值调整机制"(VAM)的本义。

二是中等口径的解读,"对赌协议"包括前述的初始投资作价补偿条款以及投

---

〔1〕彭冰:《对赌协议:未来不确定性的合同解决》,《中国社会科学报》2012 年 11 月 28 日第 A07 版。
〔2〕对"估值调整机制"术语源流及其涵义的考察,参见笔者《洋概念还是土发明?——对估值调整机制(VAM)的一个知识溯源》,未刊稿。
〔3〕参见汤谷良、刘辉:《机构投资者"对赌协议"的治理效应与财务启示》,《财务与会计》2006 年 10 月号,第 34 页;姜达洋:《并购中慎用对赌协议》,《连锁与特许》2006 年第 11 期,第 16—17 页。

资者退出时的股份(股权)回购条款,后者通常发生在被投资企业未能成功实现 IPO 上市的情形下。[1] 严格来说,将退出阶段的股权回购解释为"估值调整"是比较勉强的,因此时实为 PE 投资之终止,并无对投资作价进行估值调整之义。冠之以"对赌协议"之名或无可厚非,但进一步视之为"估值调整机制"(VAM)则谬矣。

　　三是最广义的口径,将"对赌协议"含糊地表述为投资方与融资方就"未来不确定的情形"所作的约定,根据未来企业的实际盈利能力,由投资者或者融资者获得一定的权利作为补偿。[2] 就此含义而言,对赌协议也可以视为 PE/VC 投资合同的代名词,因为整个一套复杂冗长的 PE/VC 合同就是为了解决高科技创业公司融资所面对的"极端的不确定性、信息不对称以及代理成本问题"。[3] 诸如以优先股作为投资工具,采取分期融资、控制权分配(以及重新分配)、创始人薪酬安排、棘轮条款、领售权、回购优先股等一系列特殊设计,[4] 都意味着在未来某种事件发生时对投资者和融资者之间的权利义务(及利益)的变化或调整,从而具有了"对赌"所内含的相机抉择之特征。

　　"海富案"的对赌协议属于上述第二种口径。相关的《增资协议书》中载有"业绩目标"和"股权回购"条款,前者对海富的出资作价依据一年后被投资公司实现业绩目标的情况进行调整并由公司给予现金补偿,后者则约定了当被投资公司未实现上市目标时须回购海富持有的股份。对于上述对赌条款,需要进一步说明的有两点:

　　第一,通常 PE 投资中的对赌发生在投资者与被投资企业的股东之间,对赌筹码是股权,即根据业绩标准实现程度调整各自所持的股权比例,是一种双向的激励

---

〔1〕参见熊美琦:《突破"对赌协议"第一案》,http://www.fylz.com.cn/ljxw/201408/t20140826_1452494.shtml;俞秋玮、夏青:《以上市为条件的"对赌"协议的效力评价》,《人民司法》2015 年第 21 期。

〔2〕参见程继爽、程锋:《"对赌协议"在我国企业中的应用》,《中国管理信息化》2007 年 5 月第 10 卷第 5 期,第 49 页。

〔3〕See Ronald J. Gilson, Engineering a Venture Capital Market: Lessons From the American Experience, 55 Stanford Law Review 1067,1069(2002 - 2003).

〔4〕对 PE/VC 合同条款的经典研究,参见 Steven Kaplan & Per Stromberg, "Financial Contracting Theory Meets the Real World: An Empirical Analysis of Venture Capital Contracts", The Review of Economics Studies, 2003,70: 231 - 316;燕志雄:《不完全合同、控制权与企业融资》,经济科学出版社 2012 年版,第 210—219 页。

机制。早期的蒙牛、永乐、太子奶等对赌案例皆如此。"海富案"下的对赌(也是不少国内 PE 基金的做法)是与公司本身而非股东对赌,当公司未达到约定的业绩目标或其他条件,公司须对 PE 投资者进行股权或现金补偿。这更像是一种单向的激励/惩罚机制而非对赌。

第二,现金补偿与股权补偿两种对价方式的经济内涵差别很大,"前者实际上降低了投资人对企业风险的敞口(risk exposure),只要能拿到现金,投资人就部分实现了预期的投资收益,这部分收益不再取决于企业今后的表现。而后者则是加大了投资人对企业的风险敞口,投资人在企业中的股权比例越高,其收益的波动性与企业经营表现的联系就越紧密。……(因此)现金补偿的对赌协议,实质上接近于让投资人退出的回赎型对赌"[1]。实践中,这种现金补偿条款还经常与 PE 退出时的回购条款结合在一起(如"海富案"之情形),被投资公司回购 PE 股份的作价是其全部投资本金加累积应分配收益。

从公司法的角度看,不论是对初始出资的现金补偿,还是退出时的股份回购,它都意味着公司向股东无对价地支付了财产。鉴于股东出资通常计入股本或注册资本,后者作为公示信息可能影响公司债权人的决策,因此,当公司向股东无对价支付财产时,就需要接受资本维持原则的检验。在英美国家,对股东做现金补偿或回购、赎回股份都属于公司法中"分配"规则的适用范围;[2]在我国,上述行为可体现为利润分配或减资两种不同路径。因此,"海富案"语境下对赌协议的两个组成部分——公司对 PE 投资者现金补偿、未达 IPO 目标时的股份回购——都落入公司法、特别是资本维持原则的管制疆域。

下表列示了公司与 PE 投资者对赌时可能的操作方式及其所触发的公司法规制路径。可以看出,除了因公司业绩超出预期导致 PE 向公司补偿现金的情形外,其他几种情形都涉及到公司法的资本管制问题,而"海富案"下的"公司现金补偿+回购"则受制于资本维持原则。

---

〔1〕清澄君:《桂谷无对赌》,http://www.360doc.com/content/16/0206/22/27398134_533109081.shtml.
〔2〕参见英国《1985 公司法》第 263 条("分配指将公司资产以现金或其他形式分配给公司成员的任何一项交易行为")。

公司与 PE 投资者对赌时可能的操作方式及公司法规制路径

变动方式 对赌主体	投资作价调整(1)：公司向 PE 增发股份	投资作价调整(2)：公司从 PE 回购股份	投资作价调整(3)：公司向 PE 支付现金	投资作价调整(4)：PE 向公司补偿现金	PE 退出：公司回购 PE 股份
PE 与公司对赌	股东出资与股份发行	资本维持原则	资本维持原则	赠予(或：补缴出资款?)	资本维持原则

那么,这种对赌协议在美国法律实践中的地位如何?

二、美国风险投资合同的相关条款——在法定资本规则内游走

作为 PE/VC 投资的发源地,美国法律界对高科技创业公司融资中的诸多风险和不确定性早有明确认知。除了任何企业设立之初天然具有的不稳定性外,由科研人员转型的管理团队缺乏营运企业的经验,且作为公司商业成功基础的科技突破或者创新最终能否实现也存在极大的不确定性。因此,尽管"所有的融资合同都需面对三方面的核心问题:不确定性、信息不对称和代理成本,但初始创业的高科技公司将这三方面的问题放大到极致"。[1] PE/VC 合同的条款设计需要回应这些特殊的风险以满足商业实践的需求。为此,美国风险投资协会组织大批业内专家起草了一整套风险投资的《示范合同》,以便为 PE/YC 实务提供一套全面的、内在逻辑协调统一的融资文书,不偏不倚地对待风险投资机构和创业者。实践中的 PE/VC 投资合同多以《示范合同》为模板,因为后者反映了美国风险投资操作的最佳实务,便于合同当事人预测和消除法律陷阱,降低交易成本和意外事件发生的概率。[2]

(一) PE/VC 合同的基本架构与法律约束

整套《示范合同》包括八项法律文件:(1)《投资条款清单》,它列举了在特拉华

---

〔1〕 Ronald J. Gilson, Engineering a Venture Capital Market: Lessons From the American Experience, 55 Stanford Law Review 1067, 1076(2002 - 2003).

〔2〕 美国风险投资协会:《美国风险投资示范合同》(中英文对照本),北京市大成律师事务所、北京市律师协会风险投资委员会组织编译,法律出版社 2006 年版,出版前言。

州注册的公司发行 A 序列优先股融资的主要条款;(2)《A 序列优先股购买协议》;(3)《公司章程》;(4)《示范补偿协议》;(5)《投资者权利协议》;(6)《管理权证书格式文本》;(7)《优先购买权和共同销售权协议》;(8)《投票协议》。上述文件基本覆盖了一个典型的风险投资操作过程所需要处理的全部法律问题,同时提供了不同的解决方案以适应多种融资安排方式的需要。

不过,PE/VC 领域的合同创新并不意味着强制法的缺位。诚如国际私募股权及风险投资估值理事会发布的《国际私募股权及风险资本估值指南(2012)》(International Private Equity and Venture Capital Valuation Guidelines)开宗明义承认:PE/VC"受到法律、监管规章以及合同条款的共同约束"。[1]《示范合同》也不例外,它尤其受到美国特拉华州公司法和加州公司法的约束。PE/VC 投资的最终目标是创业企业成功 IPO 而获利退出,而美国上市公司的主要注册地是特拉华州,因此示范合同基本上以特拉华州公司法为背景。特拉华州公司法的商业友好型导向,也给实践中的 PE/VC 投资以及《示范合同》的创新提供了一个宽松的空间。另一方面,美国创业与风险投资的大本营是加州硅谷,而加州公司法强制要求那些半数以上的股东为本州居民且公司一半以上的业务在本州进行的外州公司作为"准加州公司"适用加州公司法的特定条款,包括公司法资本管制规则、累积投票权规则、兼并或合并、重组、资产出售的表决程序规则、异议股东权规则等。[2] 因此,许多风险投资合同还需要兼顾加州公司法对上述问题的规制。

以本文所关注的资本维持原则为例。美国《修订示范商业公司法》第 1.40(6)条对"分配"有一个非常宽泛的定义。"公司基于股份,直接或间接地将现金或其他财产(其自身的股票除外)转移给股东,或者为股东的利益而承担债务。分配可以采取宣告或派发股息的方式,也可以是回购、回赎或以其他方式取得股东手中的股票;或者将公司的债权分配给股东,以及其他方式。"20 世纪 80 年代后,《修订示范商业公司法》抛弃了以法定资本(即股本或声明资本)来约束分配行为,而是改为清

---

[1] International Private Equity and Venture Capital Valuation Guideline, Edition December 2012, http://www.privateequityvaluation.com.
[2] 加州公司法对于"公司业务"的判断确立了一个公式,根据财产、雇员工资和销售额等参数来计算。参见美国风险投资协会:《美国风险投资示范合同》(中英文对照本),北京市大成律师事务所、北京市律师协会风险投资委员会组织编译,法律出版社 2006 年版,第 200—205 页。

偿能力限制,要求公司对股东进行的任何分配行为均不得导致公司丧失清偿能力。这一改革路径也被大多数州公司法所采纳。

在一些传统的商业州中,特拉华州、纽约州仍然保留着传统的法定资本制约束,适用"声明资本/溢余"标准(即分配只能从溢余中支付,不得损及法定资本);而加利福尼亚州则独辟蹊径,综合法定资本、财务比率、清偿能力三方面的要求,对公司分配行为施加了比改革前更为严格的管制。[1] 由此也导致美国风险投资协会在《示范合同》中特别提醒业界关注加州公司法的特殊规则,特拉华州法律通常允许公司支付分红或回赎股票,只要公司在分红或回赎之后仍有偿付能力。相反,加州公司法禁止分红或回赎,除非公司满足一定的财务标准,特别是流动资产至少须为流动负债的125%。因此,准加州公司在加州公司法下不能支付分红或赎回股票,尽管这样的支付在特拉华州法律下是可以进行的。[2]

(二) 应对估值不确定性的基本途径——分期融资机制

从《示范合同》以及专门从事硅谷高科技企业法律服务的泛伟律师事务所(Fenwick & West LLP)定期发布的风险投资合同条款调查来看,美国 PE/VC 实务中并不存在"海富案"所争议的估值补偿条款——即在被投资公司未达到出资作价所挂钩的业绩目标时,公司须向 PE 投资者给予现金补偿。

有论者谓之"硅谷无对赌",并从商业逻辑的角度给出了令人信服的解释:首先,投资活动天然有风险,有些风险本来就需要投资者自己承担或与创业者共同承担;其次,初创企业多处于"烧钱"阶段,创业者也缺乏个人财富积累,PE 强制要求现金补偿会导致企业经营更加困难;再次,估值风险如何在 PE 与创业者之间分配通常是市场博弈的结果,若市场中好项目少而资金充裕,PE 也不太可能对创业者施

---

〔1〕Cal. Corp. Code, §500(a)(b)("只要(1)保留盈余(retained earnings)等于或者超过拟议的分配额,或者(2)分派后公司资产总额至少等于负债的125%,且流动资产至少等于其流动负债及前两个会计年度中税前息前盈余却超过利息支出,或若税前息前盈余不足,则流动资产与流动负债的比例为1.25∶1,公司的分配就是合法的。")以及 Cal. Corp. Code, §501(公司分配后不得丧失清偿能力)。

〔2〕美国风险投资协会:《美国风险投资示范合同》(中英文对照本),北京市大成律师事务所、北京市律师协会风险投资委员会组织编译,法律出版社2006年版,第202—203页。对加州与特拉华州公司法在利润分配管制问题上的差异的一个简要说明,参见刘燕:《公司法资本制度改革的逻辑与路径——基于商业实践视角的观察》,《法学研究》2014年第5期,第32—56页。

加现金补偿的负担。当然,由于美国诚信体系比较健全,信息相对透明,投资者可以通过事先充分的尽职调查而减少双方在估值问题上的分歧。[1]

笔者以为,除了商业逻辑外,"海富案"式的现金补偿条款的缺位或许也正体现了美国公司法资本制度的潜在影响,因为以"烧钱"著称的高科技创业企业几乎注定无法通过资本维持原则的检验。对于这样一个可预见的法律风险,交易各方自然避之不及。实践中,PE/VC 合同应对估值不确定性问题的主要策略是分期融资机制(staged finance),即 PE/VC 投资者通过分期出资、及时止损的安排来降低初始投资估值过高可能带来的损失。[2] 它通过多期、重复博弈,最大程度地降低当事人在博弈中的不确定性,[3]同时也不会触发资本维持原则的适用。

在分期融资机制下,PE/VC 的投资分成若干轮次,每一轮次都确定企业应达到的目标(称为里程碑事件),它可能是特定财务指标,也可能是某一状态(如取得专利);PE/VC 是否提供下一轮资金取决于前期目标的实现情况。分期融资机制相当于授予 PE/VC 投资者一个有价值的期权,他可以较小的成本抛弃不成功的项目或提前清算项目;也可以继续下一步注资,此时由于有了前期的完成情况,PE 对项目有更深入的了解,对估值及其相应的投入就能做出更准确的判断。[4] 这种分期融资/注资安排与"海富案"式的公司现金补偿之间最核心的区别,在于股东与公司之间财产流动的不同顺序所导致的法律后果上的差异。投资者的出资分批注入公司,若业绩不佳则停止注入,不存在"海富案"下的"股东资金先全部注入公司(构成股本或注册资本),而后公司又向股东返还(补偿)一部分"的情形。因此,分期融资机制与美国非上市公司并购交易中常见的"盈利能力支付计划"(Earnout)或"或有支付"(contingent payment)条款一样,都属于商业律师为解决资本性物品(如股权)

---

〔1〕 清澄君:《硅谷无对赌》,http://www.360doc.com/content/16/0206/22/27398134_533109081.shtml。

〔2〕 Ronald J. Gilson, Engineering a Venture Capital Market: Lessons From the American Experience, 55 Stanford Law Review 1067,1078(2002 - 2003).

〔3〕 刘晓忠:《并购重组中的双刃剑——对赌协议与期权条款》,《董事会》2008 年第 1 期,第 75 页。

〔4〕 Ronald J. Gilson, Engineering a Venture Capital Market: Lessons From the American Experience, 55 Stanford Law Review 1067,1078 - 1079(2002 - 2003).

买卖过程中信息不对称以及不确定性问题而设计的独特法律结构。[1]

近年来,随着市场条件的变化,美国 PE/VC 实践中也开始出现类似我国实务中的估值调整观念,即根据注资后一段时间(如一个季度)报告的业绩水平来调整当初入股的价格。[2] 若公司估值被认为过高从而需要下调 PE 入股价格,通常的做法并不是对 PE 投资者给予现金补偿,而是调整 PE 所持有的优先股的转换价格(如原来每 1 股优先股可转换成 1 股普通股,此时则调整为可转换成 2 股普通股),从而令 PE 占有被投资公司更大的股权比例。[3] 此外,若初始估值过高但企业仍有持续发展之必要,则下一轮次按较低估值进行筹资(通常还伴随着新投资者加入)时,初始投资者将获得额外股份作为补偿,即 PE/VG 合同中的棘轮条款(Ratchet protection),棘轮条款旨在防止企业家在以后轮次的融资中以更低的估价进行融资,从而稀释在前进入的投资者的权益。它包括完全棘轮保护与加权棘轮保护两种类型。在第一种保护中,受保护的证券在随后的融资中可以获得足够多的额外股份,相当于其入股价格降低到新发行证券的价格。对于已发行的可转换证券,受保护证券的转换价格降低到新发行证券的转换价格。在第二种保护下,受保护证券的转换价格是关于已发行股份、新发行股份及其转换价格的一个函数。从而保证初始投资者的股份价值不会因估值差异而被稀释。[4] 由于不涉及公司财产向股东流出,这种股权调整方案也无须受制于资本维持原则。[5]

---

[1] 在"盈利能力支付计划"安排中,并购交易双方约定一个初步的并购总价,但买方仅支付其中的一部分(如 60%),剩余价款在此后若干年内根据被并购企业经营业绩而分期支付,如每年支付销售收入的 10%。参见 Ronald J. Gilsont, Value Creation by Business Lawyers: Legal Skills and Asset Pricing, 94 Yale L. J. 239, 262 - 264(1984 - 1985)。

[2] James Walker, Private Equity and Venture Capital: Navigating a Difficult Market, in Understanding Legal Trend in Private Equity and Venture Capital Market, Aspatore, 2011, pp. 67 - 68.

[3] James Walker, Private Equity and Venture Capital: Navigating a Difficult Market, in Understanding Legal Trend in Private Equity and Venture Capital Market, Aspatore, 2011, p. 78.

[4] 参见燕志雄:《不完全合同、控制权与企业融资》,经济科学出版社 2012 年版,第 217 页。

[5] 英国的 PE/VC 投资实践也提供了佐证。英国 PE/VC 合同中常见调整股权比例的安排,类似于我国的股权补偿。基于资本管制的考量,这种股权补偿的方式通常是由创始人团队(通常也是公司股东)转让部分股份给 PE;或者,在公司授权资本的范围内,用现有的资本公积向 PE 定向转增股份。参见 Maurice Dwyer, Private Equity Transactions, London: Sweet & Maxwell, 2000, pp. 10001 - 10010。

（三）PE 退出时的赎回权限制——"合法可用之资金"

鉴于 PE/VC 基金的期限特征,退出机制是 PE 投资决策时考虑的一个核心因素。三种常见的退出策略是 IPO、出售给其他基金或公司或者在上述二者不可行时由公司赎回 PE 持有的优先股。《示范合同》在《投资清单》《公司章程》部分都有专门的赎回权条款(redemption rights provision),在美国,股份回赎(redemption)一般是指依据合同或公司章程,由公司发动的强制性购买股东持有的股份;股份回购(repurchase)通常指公司与股东之间自愿达成的股份买卖交易,如资本市场回购。由于股份赎回属于资本维持原则的传统适用范围,相关的协议文本都会对此加以限制。

以《投资清单》范本为例,其"回赎权"条款规定如下:"经至少【 】%A 序列优先股股东的选择,自交割五周年后的任何时间开始,以相当于原始购买价【加所有累积而未付的股息】的价格,(公司)应以依法可用于分配的资金回赎 A 序列优先股。赎回分三年进行,每年赎回三分之一……"

此外,公司章程通常规定各种不同种类、不同序列的公司股票所拥有的权利、优先权、特权以及所受到的限制。对应于上述《投资清单》的赎回权条款,《公司章程》范本关于"回赎"的规定中也要求公司以其"合法可用之资金"进行回赎如果公司在任一回赎日没有足够合法可用资金回赎所有在该回赎日应被回赎的 A 系列优先股,公司应以合法可用之资金,按照与若资金足以回赎全部优先股时相对应的比例赎回各股东持有的可赎回股份,并应在公司日后取得合法可用之资金时立即赎回剩余的股份。[1] 赎回后的 A 系列优先股均自动、立即被注销或废止,不再作为库藏股重新发行、出售或转让,也不得由公司就该部分股票行使股东权利。[2]

依美国学者的解释,PE/VC 合同中之所以出现上述"合法可用之资金"要求,是因为在 19 世纪到 20 世纪中期的司法实践中,优先股的股息以及赎回支付都受制于

---

〔1〕美国风险投资协会:《美国风险投资示范合同》(中英文对照本),北京市大成律师事务所、北京市律师协会风险投资委员会组织编译,法律出版社 2006 年版,第 318—323 页。

〔2〕美国风险投资协会:《美国风险投资示范合同》(中英文对照本),北京市大成律师事务所、北京市律师协会风险投资委员会组织编译,法律出版社 2006 年版,第 327 页。此一注销库藏股的条款既是商业实践的反映,也有法定资本制角度的考量。就后者而言,特拉华州公司法对于回购股票并注销的管制略轻于回购并作为库藏股继续存在的情形,前者可以作为减资处理从而不受溢余标准(见下)的限制。

法定资本规则和欺诈性转移规则。前者防止公司财产降低到资不抵债的程度或者减少了法定资本额;后者防止公司出现持续经营危机,如果公司留下的资产太少以至于无法持续经营或者偿付到期债务,就不能进行分配或赎回。有些案件甚至走得更远,禁止对优先股的支付存在任何"可能"削弱、危及或者伤害债权人的利益之情形。优先股股东负担举证责任,他们必须证明要求公司支付优先股股息或回赎本金不会导致上述结果。由于这种历史背景,通常优先股合同或章程中对于股息或回赎的支付都附加了一项限制,即"合法可用之资金"。[1]

当然,PE/VC 作为成熟机构投资者也会采取相应的补救措施来维护自己的利益,如取得对公司的控制权或者可执行的债券等。美国风险投资协会在针对《投资清单》之"赎回权"条款的评论中指出由于立法的限制,当股东最希望公司回赎股份时,公司很可能无法在满足法定条件的前提下进行回赎(如可分配资金不够)。有时投资者会对这样的公司采取一些惩罚性的措施,例如要求公司向未被回赎的 A 序列优先股股东签发一年期票据,以及 A 序列优先股股东可以有权选举董事会的多数成员,直到相关回赎金额被支付了为止。[2] 判例法中一般会把一年期票据视为公司常规债务,从而使公司对股东的支付不再受制于法定资本管制。[3]

实践中,并非所有的 PE/VC 合同都会引入赎回权条款。调查显示,此条款在美国东海岸的 PE/VC 投资中应用较多,但西海岸、特别是加州硅谷地区则较少,[4] 近年来的使用频率更显下降趋势,2013—2015 年间硅谷风险投资中大约只有 15% 左右的交易有赎回权条款。[5]

---

[1] William W. Bratton & Michael L. Wachter, A Theory of Preferred Stock, 161 U. Penn. L. Rev. 1815,1861－1863(2013).

[2] 美国风险投资协会:《美国风险投资示范合同》(中英文对照本),北京市大成律师事务所、北京市律师协会风险投资委员会组织编译,法律出版社 2006 年版,第 24—25 页。

[3] 也有学者对这一法律策略的可行性提出质疑,认为它可能导致破产清算规则的适用,仍然无法实现 PE 投资者取回资金的目的。William W. Bratton & Michael L. Wachter, A Theory of Preferred Stock, 161 U. Penn. L. Rev. 1815,1869－1872(2013)。

[4] 美国风险投资协会:《美国风险投资示范合同》(中英文对照本),北京市大成律师事务所、北京市律师协会风险投资委员会组织编译,法律出版社 2006 年版,第 318 页。

[5] Barry J. Kramer, Silicon Valley Venture Survey-Third Quarter 2015, Fenwick & West LLP, November 17,2015. 有论者认为,赎回权条款对创始人及公司带来较重的财务负担,近年来 PE/VC 合同对于创始人的态度更趋于友好,故导致此类条款的式微。清澄君:《硅谷无对赌》,http://www.360doc.com/content/16/0206/22/27398134_533109081.shtml。

（四）小结

迥异于"海富案"下的对赌协议,美国 PE/VC 投资的法律实践比较清晰地体现了各方对公司法资本管制因素的考量。尽管 20 世纪 80 年代后美国传统的法定资本制已经式微,但 PE/VC 投资各方还是在具体合同条款或法律文本中最大限度地消除资本管制的法律风险:

第一,针对出资/投资环节可能存在的估值分歧,PE/VC 投资者控制出价过高风险的主要方式是分期注入资本,从而减少估值判断错误时可能遭受的本金损失;或者以各种可行的方式调整 PE 投资者与创始人团队之间的股权比例,不存在公司对 PE 投资者进行现金补偿的做法。由于分期注资或者调整股权比例都不涉及到公司资产向股东的流出,因此不会触发资本维持原则的适用。

第二,在退出回购环节,美国 PE/VC 投资者的赎回权与"海富案"类似,但多了一个"合法可用之资金"的限制,它直接指向公司法对利润分配和回购的限制。不论是投资者还是被投资公司都清楚地意识到,赎回权的具体行使受制于公司法的资本管制规则,PE/VC 投资者不可能直接强制公司履行回购义务。

三、ThoughtWorks 案:特拉华州法院对资本维持原则的应用

2010 年 11 月,特拉华州法院就 SV Investment Partners, LLC v. ThoughtWorks, Inc. 案(以下简称 ThoughtWorks 案)做出判决。这是美国 PE/VC 投资合同的赎回权条款首次遭遇司法检验,也是美国法院自 20 世纪 40 年代后再次审视法定资本制与优先股之间的关系。[1] 在经历了 20 世纪 80 年代美国法定资本制革命后,置身于 PE/VC 投资与科技创新这一新的商业环境下,特拉华州法院宣示的立场引起了广泛关注。

（一）案情概况

ThoughtWorks 案中的 PE 投资与"海富案"颇有类似之处,二者都不属于早期

---

[1] PE/VC 投资使用的基本工具——优先股在上世纪 30 年代后的几十年里备受冷落,美国法院在 1942 年的 Mueller v. Kraeuter, 25 A. 2d 874(N. J. Ch. 1942)后就没有再审理过优先股赎回方面的争议。

的天使轮投资或典型的风险投资,而是在公司已经营运一段时间后,PE 投资者基于 IPO 的愿景而加入被投资公司。

该案原告 SV 投资合伙(以下简称 SV)是一家风险投资企业,1999 年认购了被告 ThoughtWorks 公司 94% 的 A 系列优先股。ThoughtWorks 是一家从事商业软件应用方案设计及咨询服务的高科技公司,1993 年成立,1999 年开始谋划 IPO,预期两年内上市。然而,2000 年下半年美国科技股泡沫开始破灭,NASDAQ 股价一路暴跌,ThoughtWorks 的 IPO 计划最终也未能实现。

PE 投资合同的赎回权条款规定:如果 SV 在注资后五年内无法通过 IPO 或其他方式退出,ThoughtWorks 有义务回购 SV 持有的优先股,回购价格等于优先股的购买价加上所有累积未付的股利和清算收益。相关合同及公司章程基本上采用了《示范合同》关于"合法可用之资金"的条款,并增加了"营运资金例外",即董事会有权从"合法可用之资金"中留下公司营运所必需的资金。如果在赎回日公司拥有的合法可用之资金不足以赎回全部优先股,则公司应按比例赎回优先股;并且,只要此种未足额赎回的情形存在,赎回日后公司新增的合法可用之资金将自动用于赎回优先股,无须优先股持有人再采取任何行动。

2005 年 7 月,SV 向 ThoughtWorks 正式提出赎回全部优先股,以初始投资成本加累积股利等计算总价达 4500 万美元。ThoughtWorks 董事会以赎回条款中的"营运资金例外"拒绝了 SV 的请求,认为公司现有的资金尚不足以覆盖营运需求。ThoughtWorks 公司虽然属于商业软件服务领域的翘楚,但现金流极不稳定,其经营模式内在的缺陷也放大了经济周期性以及季节性的波动的影响,因此公司通常都会保留比较多的现金以平稳度过业务萧条期或者季节性底点。双方就"营运资金例外"条款争讼至法院,法院裁决该例外仅适用于赎回当年(即 2005 财年),此后公司就必须在"合法可用之资金"范围内赎回优先股。在 2006—2010 年期间,ThoughtWorks 总共进行了 8 批次、共计 410 万美元的赎回,此时优先股的赎回总价已经攀升到 6691 万美元。

SV 反对 ThoughtWorks 的拖延政策,于 2007 年再次入秉法院,请求强制公司赎回股份。SV 认为,"合法可用之资金"就是指溢余,而 ThoughtWorks 有充裕的溢余(金额约在 6800 万至 1.37 亿美元之间),足以回购全部优先股,请求法院判决 ThoughtWorks 支付优先股的全部价值 6691 万美元。2010 年 11 月,特拉华州大法官法院判决驳回 SV 的请求。判决书指出"合法可用之资金"并不等同于溢余。"溢余"只是构成公司法下资本维持的底线,还存在其他制定法(如银行管制法、税法等)的限制以及普通法(判例法)对公司清偿能力的要求。一个公司即使有溢余也可能会因缺乏资金而无法清偿到期债务,从而不具备回购的条件。ThoughtWorks 董事会基于律师、财务顾问的建议,并根据自己的商业判断,认为赎回可能导致公司难以持续经营而拒绝赎回。对此,SV 并未能证明 ThoughtWorks 董事会的决议过程存在恶意,依赖不可靠的信息或者明显偏离市场尺度而构成欺诈,故不支持 SV 强制执行回购条款的诉求。[1]

因本文主题所限,这里仅讨论 ThoughtWorks 判决关于如下两个问题的说理:一是 PE/VC 合同中的"合法可用之资金"在特拉华州法律下如何解释;二是如何确定公司拥有的"合法可用之资金"的范围与金额。

(二) 何为"合法可用之资金"?

1. 传统资本维持原则下的限制——"溢余"(surplus)标准

《特拉华州普通公司法》第 160(a)(1)条规定:公司可以用现金或实物为对价,回购、赎回或接受、收取其自有股份,但不得削弱公司资本或者由此可能导致公司资本受到任何削弱;除非是在赎回优先股的情形下,可以从公司资本中支出并随即注销相关股份。在长期的司法实践中,特拉华州法院衡量公司资本是否被削弱的标准是公司动用的资金是否超过"溢余",如果回购股份消耗的资金超过了公司的溢余,则可以认为回购削弱了资本。[2]本案原告 SV 正是在此法据下主张"合法可用之资金"就是指"溢余",而 ThoughtWorks 具有充裕的溢余来回购其持有的全部优先股。

"溢余"(surplus)是美国公司法传统的法定资本规则的一个重要概念。在特拉

---

[1] In re Int'l Radiator Co. , 92 A. 255,256 (Del. Ch. 1914).
[2] In re Int'l Radiator Co. , 92 A. 255,256 (Del. Ch. 1914).

华州公司法下,它指"公司净资产超过公司声明资本的金额";[1]对应于我国公司法的语境,"溢余"大致包括所有者权益下"资本公积""盈余公积"以及"未分配利润"三部分。在特拉华州公司法下,"溢余"不仅是利润分配的依据(第170条),也是回购、赎回或其他场景下资本维持原则的标准(第160条)。以"溢余"作为分配范围,就可以保证公司的"资本(股本)"不受侵蚀,符合"资本维持"最本原的涵义。

不过,20世纪70年代后美国公司法学界对传统的法定资本规则(包括溢余概念)进行了猛烈批判。[2] ThoughtWorks案法官也接受了学界的立场,认为"从公司溢余中进行分配"或"公司从溢余中向股东进行支付"均属于含糊不清的表述,用于分配的只能是公司"资产"、特别是现金,而非作为会计惯例结果的"溢余"。公司没有溢余时,依照法律自然不能进行分配或赎回;但即使有溢余,也可能因缺乏现金而无法进行分配或赎回股份。以"溢余"作为检验回购是否削弱公司资本的底线,只是为了防止公司分配后陷入资不抵债。虽然制定法对"资不抵债"的判断是用公司的资本、而非清偿能力来衡量,但是普通法(判例法)长期以来还禁止公司在可能导致公司丧失清偿能力的情形下回购股份。因此,就限制回购的公司法管制目的而言,溢余标准只涉及资产负债表意义上的"资不抵债",它并不充分、足够,还需要考虑公司实际上能否偿付债务。

2. 附加的限制——清偿能力标准

清偿能力指向的是债权人保护,这也是法定资本规则最核心的立法宗旨。就此目的而论,优先股股东与普通股股东的法律地位并未有何不同,都受制于不得损害债权人利益的限制。ThoughtWorks案法官在判决中重申了这一基本立场:"公司立法禁止公司在削弱资本的情形下回购股份,其意图是为了保护债权人。法律

---

[1] 8 Del. C. §154. 需说明的是,我国公司法的所有者权益术语中没有与美国公司法下"surplus(溢余)"对应的概念。目前国内文献对"urplus"一词有两种译法:一是"资本剩余",二是"盈余"。前者参见卞耀武主编:《特拉华州普通公司法》,左羽译,法律出版社2001年版,第62—63页;后者参见Bayless Manning:《法律资本制度》,后向东译,张开平校,王保树主编《商事法论集》第12卷,法律出版社2007年版。不过"资本剩余"、"盈余"的中文文义并不能反映surplus在美国公司法下的原义,且美国学者均强调公司法对股东权益的称谓有别于会计术语,因此,笔者未采用我国的会计术语与之对应,而是另行择词译出。中文语境下对于股东出资时超过股本的对价部分称为"溢价","溢"一词表示"多出""超出"的含义,正符合美国公司法下surplus表示"公司净资产超出股本"之含义。

[2] 参见Bayless Manning & James J. Hanks Jr., Legal Capital (3th ed.), Foundation Press, 1997。该书也在Thought-Work判决书中被多处引用。

实现上述意图的方式,是禁止那些可能会导致向股东返还或再分配公司特定资产的交易,这些特定资产构成了19世纪以及20世纪早期的法学家所言的向公司提供信用的债权人赖以依靠的永久性融资基础。"判决书回顾了自19世纪后期以来美国各州限制公司在可能导致丧失清偿能力的情形下进行回购的大量判例,同时援引了过去100多年间一些权威的公司法教科书对此问题的讨论,它们都确认,"优先股股东的回赎权不能削弱债权人的权利,因此,当行使赎回权丧失或有可能导致公司丧失清偿能力时,就不得行使。"即使特定公司的章程中关于优先股回赎的条款遗漏了"合法可用之资金"作为前提,类似的法律限制也会默认适用于公司的回购行为。[1]

由此,法官将制定法的"溢余"标准与判例法的"清偿能力"标准结合起来,明确了特拉华州公司法在股份回购问题上的适用标准:"制定法所言之'无清偿能力',既包括公司的负债大于资产的情形,也指公司无法偿付到期债务的情形。虽然公司的资不抵债必然同时满足制定法关于无清偿能力的定义,但公司确实可能在拥有溢余(即理论上可用于赎回自有股份)的情形下无法偿还到期债务。普通法关于禁止公司在无清偿能力或可能招致无清偿能力时赎回股份的规则,限制了公司在上述情形下回赎股份,这也就使得'合法可用之资金'并不等同于'溢余'。"在此基础上,法官从资金来源与法律限制两方面对 ThoughtWorks 公司章程及 PE 合同中"合法可用之资金"的含义阐释如下:"'合法可用之资金'意味着手头的现金或者易于通过出售或借贷而获得的资金,……(这些资金来源)既是一般意义上的可接近、可获得,眼下或者很快就可以投入使用,同时包含符合法律所规定的、或法律所许可的条件之意",从而确保"公司能够继续作为持续经营的实体存在,不会因为分配而陷入无法偿付债务的境地"。[2]

(三) 如何确定公司所拥有的"合法可用之资金"的范围与金额

法官分三个步骤来处理这一问题,它们与金融实务中通常采用估值思路并不完全相同,展示了特拉华州法院将资本维持原则与债权人保护的理念适用于具体

---

[1] ThoughtWorks, Inc. v. SV Inv. P'rs, LLC, 902 A. 2d 745 (Del. Ch. 2006).
[2] ThoughtWorks, Inc. v. SV Inv. P'rs, LLC, 902 A. 2d 745 (Del. Ch. 2006).

案件的裁判过程。

第一,分析起点是资产的真实经济价值,而非会计报表数据。长期以来,州公司法对"溢余"的界定是"公司净资产大于股本面值的部分"。这本来是一种会计计量模式,即"净资产＝资产－负债",而溢余则等于"净资产－股本"。不过,美国的主要商业州(如纽约州、加州)都允许为利润分配之目的而对资产价值进行重估,从而使得净资产并不等同于账面的"资产－负债"。特拉华州法院在1997年的Klang v. Smith's Food & Drug Inc. 案(以下简称Klang案)中也认可了这种做法,认为"不管资产负债表数字为何,都是过去的数据;公司资产的增值虽然尚未实现,但它反映了相关资产的真实经济价值,公司可以以此为担保来借款,债权人也可以依赖此资产来获得保障。"[1]

第二,评估资产真实经济价值的合理方法应着眼于当前清偿能力,而非未来业绩。SV的财务顾问评估ThoughtWork的所有者权益(equity)足以赎回全部优先股,依托的是金融实务最常用的三种估值方法——现金流贴现法、可比公司法以及可比交易法。这三种估值方法都建立在对未来业绩的估计基础上,因此遭到法官的拒绝。ThoughtWorks作为一个软件服务公司虽然有较高的估值和溢余,是因为其拥有可观的人力资本,但人力资本并不能被用于担保贷款;能用于清偿债务的只能是有形资产,后者恰恰是公司比较匮乏的。[2]若公司支出数千万元的回赎款,必然导致经营性开支的减少。以人力资本为主的公司最主要的经营开支就是软件工程师的薪酬;削减支出就意味着减薪以及员工离职。如此一来,公司最有价值的资产会急剧减少,甚至荡然无存。这里俨然出现了一个悖论:如果公司不赎回优先股,则公司确实可能存在溢余,从而满足赎回优先股的法定资本规制;然而一旦开始赎回优先股,溢余也就消失了,不再满足赎回的法律前提。[3] SV的财务顾问出具的评估报告并未考虑这些情形,故未能反映公司资产的真实经济价值。

第三,公司自身对"合法可用之资金"的裁量受商业判断原则的保护。法院审

---

[1] Klang v. Smith's Food & Drug Ctrs. , Inc. ,702 A. 2d 150,154 (Del. 1997).

[2] 法官特别注意到的一个事实是,在2009年庭外调解期间,ThoughtWorks公司曾获得某抵押贷款人的初步承诺,但由于ThoughtWorks公司的有形资产太少,该贷款人愿意提供的贷款远远低于待赎回的优先股价值。Thought-Works, Inc. v. SV Inv. Prs, LLC,902 A. 2d 745 (Del. Ch. 2006)。

[3] Charles R. Korsmo, Venture Capital and Preferred Stock, 78 Brooklyn L. Rev. 1163,1198(2013). 这种悖论通常被称为"22条军规"(Catch 22),源自美国著名的黑色幽默小说《第22条军规》。

查了 ThoughtWorks 公司董事会在整个赎回过程中的表现,认为其做法无可指责,至少原告未能证明公司董事会的决策存在行为不端、恶意或欺诈。例如,公司董事会在每个季度末都听取法律顾问和财务顾问关于赎回的意见和建议,对公司的财务状况进行评估,包括(1)公司是否有溢余可用于赎回优先股;(2)公司是否有现金或者是否容易获得现金来赎回优先股;(3)赎回优先股是否会危及公司的持续经营能力。虽然董事会在具体赎回优先股时与财务顾问建议的赎回规模有出入,但并未违反善意或诚信原则。

这里的一个情节是,2010 年 3 月 ThoughtWorks 的财务顾问认为公司的净资产在620 万—2230 万美元之间,剔除当前的偿付义务后还有大约 100 万(最差情形)—300万(正常情形)美元的现金可用于赎回优先股。但公司董事会认为,有一个大客户未能按期付款且公司上季度的应收账款额在增加,因此公司缺乏"合法可用"的资金,故拒绝了财务顾问关于回购部分优先股的建议。此外,董事会积极寻求外部资金支持,与多个潜在资金来源进行了接触,并在 2009 年获得了两家贷款人于尽职调查后给出的初步承诺,最多可借入 2300 万美元用于回赎全部优先股,只是这一报价因远低于优先股持有人的预期而挫败。法官认为,这一市场询价结果已经表明,ThoughtWorks公司可用于回购优先股的资金充其量只有 2300 万美元,这也就是"合法可用之资金"的最大金额,此时公司章程中的回赎条款并不强制要求公司赎回全部优先股。

鉴于上述分析,ThoughtWorks 法官就如何确定"合法可用之资金"的金额做出如下结论:"当董事们审慎地考虑公司是否有合法可用之资金时,这个过程必然交织着很多主观判断。在此问题上(与优先股持有人)发生分歧并不构成一起微型评估补偿权事件(从而需要法官来审理确定相关标的的公平价值)。相反,(拟推翻董事会结论的)原告必须证明,董事会在确定合法可用之资金的金额时行为不端,依赖了不可靠的方法和资料,或者所做的判断如此偏离常规以至于构成欺诈或可推定为欺诈。"[1]

(四) 小结

针对优先股赎回权的法定限制,特拉华州法院明确"合法可用之资金"不仅指向

---

[1] ThoughtWorks, Inc. v. SV Inv. P, rs, LLC, 902 A. 2d 745 (Del. Ch. 2006).

制定法下的法定资本或溢余限制,而且包括其他制定法以及判例法的清偿能力限制。债权人利益保护的理念成为优先股股东无法强制执行赎回权条款的法律障碍,仿佛再次应验了半个多世纪前美国著名财务学家杜因(Dewing)教授的论断——"优先股合同中的赎回条款最好被视为是公司意图的明示,而非强制性法律义务"。[1]

ThoughtWorks 案判决也标志着特拉华州法定资本规则的最新发展。虽然特拉华州未加入 20 世纪 80 年代的美国法定资本制革命,继续保留着传统的法定资本术语,但在 1997 年的 Klang 案中将作为分配尺度的"溢余"标准从静止的资产负债表概念中解脱出来,引入资产评估增值的现代金融观念。[2] 此番 ThoughtWorks 案又进一步把"清偿能力"标准加入到公司法限制回购的资本维持原则中,强调资产负债表下的"资不抵债"与破产法意义下的"清偿能力"的双重审查。实践中美国公司的注册资本微乎其微,这也就意味着,特拉华州的"溢余 + 清偿能力"标准与《修订示范商业公司法》的清偿能力标准已区别不大了。

更进一步,ThoughtWorks 案还将优先股背景下法定资本规则的操作纳入董事会的商业判断领域,在确定公司是否有溢余以及清偿能力时倚重公司董事会的决策并提供商业判断规则的保护;即使公司拒绝履行优先股合同下的回购承诺,只要董事会是善意、知情且真诚地为公司利益行事,其行为决策就免受责任追究。[3] 显然,这一立场符合特拉华州法院避免干预公司商业决策的惯常姿态,但它与之前优先股领域的经典判例——Jedwab 案[4]所确立的"依据合同法来解决优先股股东特别权利诉求"的进路大相径庭。[5] 由此可能导致诉讼的焦点不再是公司是否有能力赎回优先股(即履行合同的能力),而是转化为公司不赎回优先股能否得到商业

[1] Arthur Stone Dewing, The Financial Policy of Corporations (4th ed.), New York: The Ronald Press Company, 1941, pp. 156 - 157.
[2] 纽约州的这一变革早在 1942 年就已经实现,参见 Randall v Bailey, 288 N. Y. 280, 43 N. E. 2d 43(1942)。
[3] Charles R. Korsmo: Venture Capital and Preferred Stock, 78 Brooklyn L. Rev. 1163, 1198(2013).
[4] Jedwab v. MGM Grand Hotels, Inc., 509 A. 2d 584 (Del. Ch. 1986).
[5] 特拉华州法院在 1986 年的 Jedwab 案中确立的基本规则(又称 Jedwab 规则)是:优先股合同(含公司章程)中明确规定的特别权利(如累积股息、强制赎回等)属于公司与优先股持有人之间的合同关系,应当依照合同法来解决;优先股合同中未明确规定的权利按照公司法对股东权的一般规定来解释。参见 Lawrence E. Mitchell, The Puzzling Paradox of Preferred Stock (and Why We Should Care about It), 51 Bus. Law. 443(1996)。本案中 SV 公司的强制赎回权就属于此类,按照 Jedwab 规则,法院应着重审查发行人公司是否有违反合同的行为。

判断规则的保护。一些美国学者担心,司法路径的改变可能会将优先股持有人在"债权人 vs 优先股股东"的对峙之外又陷入"普通股股东 vs 优先股股东"的冲突当中,损害优先股持有人的利益。[1]

四、美国 PE/VC 投资法律实践可能提供的启示

以"海富案"对标美国法下有关对赌协议的实践,虽然只是管中窥豹,但也足以澄清目前国内众多文献关于美国法的误读,并给我国 PE 实务以及对赌协议的司法实践提供多方面的启示。或许"硅谷无对赌"的说法过于绝对,但美国实践确实昭示了金融创新或科技发展并不必然排斥法律管制,一个充满活力的 PE/VC 投资市场也完全可以尊重公司法以及资本维持原则的底线。当然,这种理想状态的实现也有赖于司法系统的专业性,对公司财务运作纠纷秉持注重合同可履行性而非交易合法性的裁判进路。

(一)对赌协议的合同属性无法脱离公司法的强制语境

公司是人们聚合资本进行商业经营的基本形式。不论是以普通股还是以优先股作为资本结构的工具,投资于公司都必然涉及合同法以及公司法的双重适用,前者处理股东之间的合意,后者处理公司组织体的各类资金提供者(包括股东及债权人)之间的关系。PE/VC 投资只是因专注于特定商业阶段或行业的企业(如创业企业或者高科技企业)而面对更大的不确定性风险,故其权利义务构造具有量身定做的特点,但单单这一特性并不改变合同法与公司法双重规制的格局。

具体到对赌协议,基于操作模式上的差异,对赌协议适用的公司法条款不同,承受的强制性也各异。类似"海富案"下的"公司现金补偿 + 退出回购"的安排,必然落入公司法资本维持原则的窠臼。[2] 法定资本制处理公司股东与债权人之间的利益冲突,涉及公司法人制度的核心命题,故传统上属于公司法的强管制领域,中

---

[1] 这也是美国学者关注 ThoughtWorks 判决的主要角度。参见 William W. Bratton & Michael L. Wachter, A Theory of Preferred Stock, 161 U. Penn. L. Rev. 1815(2013);Charles R. Korsmo, Venture Capital and Preferred Stock, 78 Brooklyn L. Rev. 1163(2013)。

[2] 更多的操作模式及其分析,参见张先中:《私募股权投资中估值调整机制研究——以我国〈公司法〉资本规制为视角》,《法学论坛》2013 年第 5 期,第 133—140 页。

外皆然。在20世纪末的全球性资本制度改革浪潮后,各国法定资本规则对商业实践的简单粗暴干预已经大大消解,但并未抛弃"保护债权人利益、减少股东有限责任的负外部性"这一基本理念,只是更多地转向清偿能力规则、揭开公司面纱规则甚至商业判断规则等来综合体现法律对债权人利益的关照。

在这个问题上,优先股与普通股的法律地位并无不同,尽管优先股通常被认为兼具"债权"与"股权"双重属性,但相对于常规债权人,优先股股东的受偿地位仍然劣后于债权人,从而使其从公司取得收益或资产的权利(赎回权或者股息分配权)受制于资本维持原则或清偿能力限制。从美国风险投资协会《示范合同》来看,无论是投资合同条款还是公司章程仍然对公司资本管制的风险给予高度关注。基于ThoughtWorks案的经验,如果"海富案"发生在美国,特拉华州法院也仍然会适用法定资本规则以及债权人保护的逻辑来审理、裁判对赌协议。

特别需要指出的是,公司法的强制性规则、法定资本制约束或者债权人保护的理念并不必然会抑制PE/VC投资市场的活力。至少,它们并未延缓PE/VC在美国的流行,也未阻碍高科技创新企业的迅猛发展。尤其是美国科技创新企业的大本营——加州硅谷,就处于管制色彩最浓的加利福尼亚州公司法的"威胁"之下;即使创业公司在特拉华州注册,也可能被视为"准加州公司"而强制适用加州公司法的特定条款。加州公司法的资本维持原则是美国各州公司法中最严的,包括传统的资本维持概念、资产负债比例要求以及清偿能力三方面的要求,不论是分红、其他形式向股东的支付还是股票回购或赎回都适用同样的标准和限制。前述美国风险投资协会及相关律所的调查显示,赎回条款在美国西海岸的PE/VC合同中较东海岸更少见,恐怕与加州公司法的资本管制更严格有关。然而,这一切并未妨碍加州硅谷在过去半个多世纪中持续引领美国、甚至全球的高科技创新浪潮。由此来看,国内一些学者所担心的"公司法管制或者司法否决对赌协议将导致风险投资或高科技创业企业发展受挫"恐怕是多虑了。

(二)法定资本规制并未消灭PE/VC投资合同解决估值不确定问题的自治空间

由于公司法资本管制历史悠久,美国商业实践对此早有预期,故选择了切实可行的路径来消除信息不对称或者估值障碍,前述分期融资机制、股权比例调整、反稀释安排等皆属此类。它们比"海富案"式的"公司现金补偿"更好地体现了股权投资"共担风险"的理念,同时也符合"估值调整"的本义。在 ThoughtWorks 案判决中,法官还进一步提醒实务界,若着眼于投资变现但又不希望受到法定资本规则的束缚,PE/VC 投资者可以使用其他债权性更强的投资工具(如可转换公司债或者普通债权加权证),或者利用《股东协议》中的领售权(Drag-along Right)条款出售其证券并强制其他公司股东跟随,因为领售权实际上赋予了优先股持有人无须经过公司董事会就可以将整个公司出售给第三人的权利。[1]

值得注意的是,美国 PE/VC 实务中克服估值困难的标准做法——分期融资/注资安排——在我国早期的境外 PE 基金与国内企业的对赌协议中就已经出现,但未引起人们重视。2005 年凯雷基金(美资)与徐工集团及其子公司徐工机械的对赌协议约定:凯雷以相当于 20.69 亿元人民币的等额美元购买徐工集团所持有的82%的徐工机械股份,同时徐工机械在现有 12.53 亿元人民币注册资本的基础上,增资 2.42 亿元人民币并全部由凯雷认购。凯雷须在交易完成的当期支付 6000 万美元;如果徐工机械 2006 年的经常性 EBITDA 达到约定目标,凯雷还将为此股权再支付 6000 万美元。[2] 换言之,6000 万美元的估值差异作为凯雷的或有出资,在入股的第一年末根据徐工机械的业绩目标而确定是否实际投入公司。这样,即使徐工方面对赌失败,公司与股东间的现金型对赌也无须受制于我国公司法的资本管制。遗憾的是,凯雷-徐工对赌方案的法律构造悄然滑过实务界及学界的视野,而"海富案"式的对赌架构大行其道,执着于以公司现金补偿的方式挑战资本维持原则的底线而不自知。

笔者以为,中、美两国 PE/VC 实务界在应对资本管制方面的敏感性差异,一方面可归咎于我国公司法文本对资本维持原则语焉不详,另一方面也折射出两个国家的商业实践与公司资本制度的融合程度相去甚远。在美国,以 1824 年的 Wood v. Drummer 案为标志,该案判决以及斯托里(Joseph Story)法官提出的公司资本是为债权人利益而设立的"信托基金"的主张对美国公司法的法定资本概念产生了深远影响。经历了近 200 年的熏陶后,法定资本制原始的、粗疏的规则已经成为"根植

---

[1] ThoughtWorks, Inc. v. SV Inv. P'rs, LLC, 902 A. 2d 745 (Del. Ch. 2006).
[2] 杨克明:《对赌协议:外资投行投资中国企业的新证券工具》,《长江论坛》2007 年第 6 期,第 35 页。

于商人、律师、会计师和银行家良心深处的基本原则"。[1] 相形之下,我国公司法对法定资本制的接纳与批判可能都太过仓促,使得这一规制的逻辑尚未展开便急于结束,未能给商业实践提供清晰的、有建设性的指引。"海富案"引发的持续争议可谓这种缺失的又一个例证。

(三) 对赌协议的裁判重点在于合同履行之可行性

公司财务运作以利益为导向,通常不涉及非黑即白的是非判断,而是相关主体之间经济利益的协调与平衡。大多数纠纷中,核心争议往往并非相关交易之合法性或者相关合同条款的法律效力,而是当事人之间原来达成的合意是否能够履行以及应如何履行,从而不至于给当事人或者其他案外人带来损害或新的不公平。

具体到对赌协议问题上,不论是初始估值调整时由公司对 PE/VC 给予现金补偿,还是 PE/VC 退出时由公司赎回股份,都受制于以法定资本制为核心的公司法管制;但这并不导致上述两种交易或合同条款直接无效,而是说它们需要经受资本维持原则的检验。检验的过程更多地是一个事实发现与可行性评价的过程,靠细节定乾坤。在 ThoughtWorks 案中,法官最后判决作为原告的 PE 败诉,并不是因为 PE/VC 合同中的"赎回权"条款违法而无效,而是因为 ThoughtWorks 公司缺乏足够的资金来赎回,PE 也未证明公司在回购后仍然能保持其清偿能力和持续经营状态。因此,虽然最终的判决结果令 PE 沮丧,但美国的 PE/VC 实务界与法学界均未质疑司法干预商业实践或阻碍金融创新,也未见其批评法定资本制的僵化与过时。

相比之下,"海富案"再审判决书缺乏对世恒公司财务状况的分析,只有宣言式的结论:"……海富公司的投资可以取得相对固定的收益,该收益脱离了世恒公司的经营业绩,损害了公司利益和公司债权人利益。"结果,再审判决简单区分对赌主体来认定对赌协议效力的处理方式,导致实务界普遍产生"只能与股东对赌,不能与公司对赌的"误读,"投资者与公司对赌"俨然成为法定资本制下当然无效的合同条款。

---

[1] Bayless Manning, James J. Hanks Jr., Legal Capital (3th ed.), Foundation Press, 1997, p. 96.

实际上，"投资者与公司对赌"并不必然会损害债权人利益。号称"逆转""海富案"的某对赌协议仲裁案就是一个很好的例子。[1] 在该案中，因被投资企业未达到对赌协议约定的业绩水平（目标利润 3 亿元，实际实现利润 1.5 亿元），仲裁庭裁决公司向 PE 投资者支付按对赌条款计算的补偿款 0.99 亿元。PE 方律师声称是"支持金融创新"的理念让仲裁庭颠覆了"海富案"裁决，但是适用资本维持原则的结果完全可以支持这一裁决。由于公司当年实现利润 1.5 亿元，大于对赌协议规定应支付给 PE 投资者的补偿款，因此，公司向 PE 投资者支付补偿款完全可以视为公司对 PE 投资者进行定向利润分配。依照公司法第 35 条关于有限责任公司分红的规定，这种定向分配对债权人以及公司本身的利益都不构成损害，且为公司全体股东所认可，实体上与程序上都无可厚非。因此，只要基于该案的特定事实并依据资本维持原则来进行具体分析，就会得出与"海富案"不同的结论。从这个意义上说，"逆转""海富案"的并非"支持金融创新"等大词，而是诉争公司的财务状况之事实细节；当然，它们也再清晰不过地揭示了"海富案"主流解读之谬误所在。

（四）司法裁判关键在于专业化

或许是出于对"海富案"再审判决的失望以及对司法逾越商事自治边界的担心，有学者提出了一种程序化的解决方案。它着眼于对债权人的事后救济，"不预设哪些公司交易会损害债权人利益，也不为私人的理性选择预设标准答案，而是设置一定的纠纷解决程序，由这一问题的直接利害关系人——债权人——选择是否发动这一程序。交易是否害及债权人利益将通过这一程序中私人的选择和互动得到揭示，债权人的权益也会通过这一程序获得救济。"[2] 这一方案依托于"由债权人选择依据公司法人格否认等制度揭示公司责任财产不当减损的事实、实现债务的清偿"，不仅对于防止司法过度干预商业自有积极意义，而且也便于法官获取证据，查明公司财务状况的真相，避免再次出现"海富案"再审判决那种对事实含糊不清的表述。

---

[1] 熊美琦：《突破"对赌协议"第一案》，http://www.fylz.com.cn/ljxw/201408/t20140826_1452494.shtml。

[2] 潘林：《"对赌协议第一案"的法律经济学分析》，《法制与社会发展》2014 年第 4 期，第 179 页。

不过,对于类似"海富案"下公司与 PE 两造当事人已经提交到法院的争议,法官直接适用公司法规则进行裁判的司法路径更加直截了当,也提高了司法效率。这也是 ThoughtWorks 案法官的做法。需特别强调的是,法官在这种裁判路径下不能仅基于原则说话或者止步于效力宣判,而应当将资本维持原则具体适用于相关案件的裁判过程具体展示出来,以便向商业实践传递清晰的法律信号。仍然以 ThoughtWorks 案与"海富案"的判决书为例。ThoughtWorks 案的法官对于法定资本制下的"溢余"与公司"资产(资产)"、"清偿能力"等概念的界分,对于现代金融理论提供的公司估值方法与公司持续经营能力之间关系的讨论,对于公司业务模式、资产形态及其与偿债能力之间联系的分析,对于公司寻求外部资金未果导致履行合同事实上不可能等商业细节的关注,清晰地展现了法定资本制如何具体规制 PE/VC 投资合同的回赎权。相反,"海富案"再审法官高度凝练的宣言和裁判无法解答人们的困惑:为什么"脱离经营业绩"的"相对固定"的投资收益就会损害公司或债权人的利益?为什么允许融资方自食其言、不守诚信?为什么不能尊重 PE 合同的创新以及意思自治?判决书的含糊其辞也导致一些学者误以为法官们缺乏对 PE 投资特殊性的理解,忙于从风险投资或者估值方法等知识层面纠正法院的认知错误,甚至为突出 PE 投资合同的特殊意义而无视资本维持原则之存在。[1]

　　当然,这种积极的、正面裁判的司法路径不仅对法官的知识结构与能力提出了新挑战,也对公司法规则及其法理资源提出了更高的要求。我国《公司法》目前对于资本维持原则的表述方式客观上给法官适用法律直接裁判设置了障碍。因此,当下最迫切的工作不是批评法律管制是否过时或者法院是否保守僵化,而是学界与实务界共同努力厘清公司法(包括但不限于资本维持原则)的逻辑在 PE/VC 投资领域的具体运作方式,先了然于心,而后无碍于行。

---

〔1〕季境:《"对赌协议"的认识误区修正与法律适用》,《人民司法》2014 年第 10 期,第 15—19 页。

第四章　公司双重股权结构问题研究[*]

由于阿里巴巴赴港上市过程中采取了控制提名董事候选人的"合伙人制度"，引发社会各界对公司控制权与投资者保护以及"双重股权结构"的大讨论。尽管这一讨论随着阿里巴巴于9月成功登陆美国资本市场而逐渐降温，但随着经济结构转型以及一批创新型企业的出现，我们应该如何看待和处理这种特殊的股权结构仍然值得深思。

一、双重股权结构的制度构造

（一）双重股权结构的基本特征

在理论上，公司的股份可分为优先股和投票权股。前者是在股息和剩余财产分配方面享有优先于其他股东（普通股股东）的权利，其承担的风险也比较低，因此除非在公司无法分配所承诺的股息情况下，优先股股东一般是没有投票权的。首先，从风险和收益的角度而言，优先股其实是介于股票和债券之间的一种权益证券。其次，投票权股又可分为一股多权的双重股权结构股和一股一权的普通股，前者的投票权是后者的数倍，一般是2—10倍左右。由于优先股在风险和收益方面是对称的，因此，各国都是普遍承认的。而双重股权结构股由于涉嫌违反股权平等原则，但在特定条件下也有部分积极作用，因此，各国对此态度不一，甚至同一国家或

---

[*] 本章内容曾发表于《证券法苑》(2014年)第13卷。作者：蒋学跃，深圳证券交易所综合研究所副主任研究员。

地区在不同历史时期也存在着差异。

与普遍股相比,双重股权结构股存在以下几个不为人们熟知的权利构造:

1. 双重股权结构股不可自由转让,也就是"非流通股"。双重股权结构股可以自愿转化为普通股,转换后就可以自由转让。双重股权结构股的限制转让使得部分双重股权结构股持有人的叛变都不足以影响整个管理团队对公司的控制权,同样也使得敌意收购人即使收买了部分多重投票股,也无法获得其持有的双重股权结构,由此增加收购的难度。[1] 此外,这一规定也使得双重股权结构股持有人无法通过转让获取其高投票权所产生的溢价,一定程度上有助于实现股东之间的公平。

2. 投票权是普通股的数倍,一般是 2—10 倍。有些国家只允许 2 倍,如法国。但有些国家如美国对此没有任何限制。作为 Facebook 最大的合作伙伴,Zynga 公司的创始人马克·平卡斯(Mark Pincus)所持有股份的投票权是普通股东的 70 倍。

3. 双重股权结构股相对普通股在分红比例上较低。这不是立法上强制的规定,而是发行人自愿性选择。因为如果不在分红上做出诱人的规定,很难吸引投资人认购低投票权股份,由此会导致发行失败,或者发行价格过低。

4. 双重股权结构的持有人通常拥有提名董事的优先权,或者只能在双重股权结构持有人之间选任董事,特别是在董事空缺时,只能由多重表决权人提名董事。只能在特定的群体内产生董事,又被习惯称为"合伙人制度"。管理层希望通过董事提名权与双重股权结构的结合,实现对公司的稳固控制。事实上,如果管理层仅仅拥有提名董事的优先权,而没有双重股权结构配合的话,选举董事的过程中反而有可能出现僵局(参见附件三中"Facebook 招股说明书的披露要点")。曾经闹得沸沸扬扬的阿里巴巴在赴港上市过程中也采用了由特定团体垄断董事提名的"合伙人制度"。

(二) 双重股权结构的静态考察

各国《公司法》一般将"一股一权"作为基本原则,同时也允许公司设置部分偏

---

[1] 在 1996 年的 Williams v. Geier 一案中,美国特拉华州高等法院支持了一个公众公司发行"超级投票权"的计划。为了保持家族对公司的控制,每个股东的每一股被授予了十个投票权,但是如果这样的股票被出售或转让,就立即恢复为一股一票。

离"一股一权"的其他种类股份,如无投票权的"优先股"。但对于双重股权结构问题则稍显复杂,存在着以美国、法国为代表的肯定派和以德国为代表的否定派。

1. 明文允许双重股权结构的国家

美国各州的《公司法》以及被多数州采用的《标准公司法》都是允许双重股权结构的,如《特拉华州公司法》第212条(a)和《标准公司法》第6.01条。法国也是允许多重投票的,法国《公司法》第175条规定,"公司可以通过章程或股东大会决议做出发行双重投票权的决议"。但值得注意的是,法国只允许对持股2年以上的股东授予双重股权结构。

除美国、法国以外,瑞士、丹麦、荷兰、瑞典等国家都是明确允许双重股权结构的。

2. 禁止双重股权结构的国家或地区

德国《股份公司法》第12条规定:"(1)每一份股份都享有一个投票权。根据本法规定,优先股可以作为无投票权股份发行;(2)不允许超过一个投票权的股份。如果为了保护整个国民经济利益所必需的话,公司所在地的州政府经济主管部门有权做出例外性规定。"从该条的规定来看,德国原则上禁止双重股权结构股,但似乎又允许州政府做出例外的规定,为双重股权结构留下了存在的空间。但在1998年,德国国会又通过了《有关加强企业控制和透明度的法律》,其中规定:"任何公司不得发行双重股权结构股。"由此,德国只允许发行在财产权利上有差别的股份,将享有利润优先权的股份设置为无投票权股,其他股份的投票权一律平等,彻底禁止了双重股权结构。

除了新加坡以外,亚洲国家,如日本、韩国以及我国台湾地区都遵循了德国的这一做法。

(三) 双重股权结构的动态历史考察

在早期的美国和欧洲都是存在双重股权结构的,但一直延续着禁止与允许的反复过程,很值得玩味。即使是近几年,仍然有部分国家或地区在此问题上摇摆不定,如我国香港地区曾经是允许的,但在20世纪90年代转变为禁止,而新加坡在2012年则由禁止转变为允许。

1. 欧洲各国的分歧

在欧洲大陆,德国实践中一直存在着双重股权结构的做法。第一次世界大战之后,德国为抵制外国资本的入侵,允许本国国民所持有的股份享有数个投票权。德国最高法院对双重股权结构的态度反反复复,学者中支持该制度的也不少。但德国《股份公司法》在 1998 年修改时对此盖棺定论,禁止了双重股权结构。2003年,欧盟委员会曾向欧盟理事会和欧洲议会提交的建议稿《欧盟公司法现代化和改善公司治理——前景规划》中,试图在欧盟国家推行消除投票权差异的"一股一权"原则,引起了各界的广泛争议。2006—2007 年,欧洲公司治理委员会(ECGI,全称 European Corporate Governance Znstitute)、机构股东服务公司(Institutional Shareholder Service)、昆士兰大学(University of Queensland)接受欧盟委员会委托,组织专家对"一股一权"原则从理论到实践进行了综合的研究。最终的结论是,无论是从理论上还是实证上,都无法对公司价值与股权结构的关系上做出令人信服的结论。最终,欧盟委员会没有在欧洲强制推行"一股一权"的原则。自此,欧盟内部对双重股权结构一直保持着差异化的立场。

2. 美国双重股权结构的历史变迁

在 19 世纪,尽管美国法律对于"一股一权"没有明确规定,但实践中各个公司都遵守着这一不成文的规定。到了 20 世纪初期,情况发生了改变。1925 年,美国道奇兄弟公司发行了无投票权股,首先突破了"一股一权"的原则。与此同时,纽约证券交易所的很多上市公司也都采用了违反"一股一权"的双重股权结构。这一做法被哈佛大学的教授 William Ripley 所批判,认为这剥夺了公众投资者的最基本权利。1940 年,纽约证券交易所正式规定,拒绝任何违反"一股一权"的股票在纽交所挂牌,但这一规定不溯及已挂牌公司。这一原则在纽交所保持了近 60 年。到 20 世纪 80 年代,由于敌意收购频发,一些公司希望借助发行具有不同投票权的股份来保持自己的控制权,各证券交易所又面临着重新承认双重股权结构的压力。为此,美国证券交易委员会(U. S. Securities and Exchange Commission,SEC)在 1988 年专门颁布了规则"19c—4",该规则禁止公众公司新发行有可能削弱现有股东投票权的类别股。该规则实施后,各证券交易所都对双重股权结构采取了限制措施,限制新发行双重股权结构股的公司上市交易。但到了 1990 年,美国商业圆桌会议组织向哥伦比亚巡回法院起诉 SEC,认为规则"19c-4"对不同类别股东之间权力的分配进行直接规制,超出了国会对 SEC 制定规则的授权。哥伦比亚地区巡回法院支持了原告的请求,宣告了规则"19C-4"无效。

此后,纽约证券交易所、美国证券交易所以及全国证券交易商协会在随后的几年时间考虑了很多种方案,并在 1994 年夏就采取统一的上市政策达成一致。统一上市政策主要内容就是有关股东投票权的最低标准,禁止上市公司剥夺股东权利,其要点有三:其一,明确禁止发行投票权高于已发行在外股票的新的股票类别。如公司已经发行了一股一权和一股两权的两种股份,那么公司此后就不能再发行一股三权的股份了。其二,公司在首次公开发行中可以发行投票权不同的股票。这不属于剥夺股东权利的行为,因为公司当时尚不存在公众股东,自然也不存在公众股东受到影响的事实。其三,公司可以在首次公开发行以后,发行低投票权的股份。这是因为股东在购买该类股份时已经完全了解对该个别投票权和整体投票权的限制。同样,持有低投票权股的股东也了解其投票权可以由于以后继续发行低投票权股而降低。这样,通过把以后发行的股票种类限定在具有相同投票权或更低投票权的股票上,现有的股东就不会由于这些资本结构的变化而被剥夺股东权利。

由此,有条件地承认双重股权结构的做法最终在美国资本市场得以正式确立下来,并形成系统性规定。目前,从美国证券市场现存的设置双重股权结构的公司来看,主要集中在媒体类公司和互联网科技公司,前者像新闻集团、维亚康姆、纽约时报公司,后者是以谷歌为代表的硅谷公司都为创始成员提供了双重股权结构。

二、双重股权结构的利弊分析

(一)积极效应

虽然双重股权结构违反了股权平等原则,并有可能增加代理成本,但双重股权结构也具有优化公司资本结构、稳定管理团队、提升公司整体价值的效率优势,全体股东由此而受益。

1. 双重股权结构赋予了股东选择公司资本结构的自由空间,股东可以选择符合公司最佳利益的资本结构模式

当公司发展需要资金时,向公众发行股份筹集资金可能使得管理层或家族失

去控制权。管理层或家族可以通过同比例认购的方式来保持公司的控制权。但问题在于,一方面管理层或家族可能缺乏足够的资金;另一方面即使管理层或家族拥有足够的资金,他们可能也不愿意这样做,因为集中持股使得他们丧失了分散风险的能力,而筹资带来的利润却由全体股东分享。而差异化的投票权可以使得筹资风险在控股股东和公众股东之间公平分配。这种优势对于科技创新型企业更为重要,因为这些创始人最初只有一个创意或梦想而缺乏资金,发展过程中会随着股权融资而不断稀释股权,双重股权结构正好可以解决资金与控制权难以兼顾的问题。

2. 稳定管理团队,免受敌意收购的侵扰,提升公司价值

双重股权结构使管理层的控制权稳定下来,管理层不再需要为提高股价采取急功近利的行为,为管理层按照长远规划实现公司经营目标提供了安全的环境,避免了因为惧怕控制权变动导致的短视行为,全体股东都可以从中受益。此外,即使不能避免被收购,管理层控制的公司也可能为股东讨一个好价钱。因为分散的股东由于"搭便车"的原因,无法组织起来与收购者讨价还价。而管理层控制的公司则可以克服股东集体行动的难题,使股东获得更高的溢价。

3. 可以鼓励管理层向公司投入高度匹配的人力资本

高效的管理需要管理层投入时间和资源,来获得与经营相匹配的各种经营知识与经验,而这种知识只对其经营的公司才有价值。管理层之所以被激励来获得这些专用的技能,是因为他们预期和公司之间保持长期稳定的雇佣关系,以获得人力资本投入的回报。管理层掌握控制权可以保障这种预期的实现。

4. 减少传递信息的成本,提高决策效率

在管理层未掌握公司控制权的情况下,为了避免被收购,管理层倾向于采用看上去好的投资计划,使潜在的收购者相信公司处于良好的状态。但看上去好的投资计划并不一定是最有价值的投资计划,这种做"表面文章"的倾向可能有损于整个公司的投资效率。通过双重股权结构获得公司控制权的管理层可以免受一些短视投资者的压力,采用真正符合效率原则的决策。

（二）弊端

1. 违反股权平等原则，不同程度地剥夺了普通股股东的权利

双重股权结构将使得管理层成为一个特权阶层，普通投资者在情感上很难接受。如美国互联网企业谷歌 2004 年上市时采用双重股权结构时，就遭遇到了包括养老基金在内的机构投资者激烈的反对。

2. 增加敌意收购的难度，使得基于并购的资本市场外部监督机制失灵

资本市场的定价功能使得管理层的经营状况反映在股价上，当公司经营不太理想时，其股价低迷，使其成为敌意收购的对象，借此对管理层产生约束和监督。而当管理层享有双重股权结构时，这种机制将无法发挥作用。

3. 双重股权结构使得股票的表决权与现金流收益权不成比例，由此产生高昂的代理成本

只有将投票权与收益权捆绑在一起，才能避免不必要的代理成本。举例而言，如果一位只有拥有 20% 收益权的股东，但他获得 100% 的投票权，由于他只能获得五分之一的收益权，所以他采取措施改善公司经营的激励（或者是做出明智决定的激励），也只有这种决定原本应当具有的激励的五分之一。他就有可能产生懈怠，而不会将公司利益最大化放在心头，因为其他股东承担绝大多数的成本。更为严重的是，投票权累积的控制权将使控制人的利益与公司整体利益之间产生分歧，控制权人可能会利用这种控制权谋取私人利益，而牺牲公司整体的利益。而且，控制权与剩余索取权背离程度越高，这种风险就越大。[1] 因此，世界各国（地区）的《公司法》都将"一股一权"的平等对待规则（equal weighting rule）作为基本原则。即使存在例外也附加了很多条件。如持有优先股股东无投票权，但前提条件是他们获取的固定股息（没有风险），而一旦他们的收益无法获得保障时（风险出现），他们的投票权也将被激活。

因此，各国以及同一国家在不同历史阶段对双重股权结构的不同态度，主要是担心双重股权结构会造成了收益权与投票权的分离，由此导致高昂的代理成本。

---

〔1〕Michael C. Jensen and William H. Meckling, The theory of Firm: Managerial Behavior, Agency cost and Ownership Structure. Journal of Financial Economics, Octomber, Vol. 3, No. 4,1976.

三、双重股权结构背景下中小股东利益保护问题

虽然契约和效率都能够为双重股权结构提供部分合理的注解,但如果没有替代性机制制约因现金收益权和投票权分离所产生的代理成本,双重股权结构的合理性无论如何也不会令人信服。事实上,美国和瑞典这些国家之所以允许上市公司采取双重股权结构,还在于以下六个方面发挥着替代性的作用:

1. 公司法的相关制度以及高效的司法救济可以有效遏制控制人损害公司和其他股东的利益。在认可双重股权结构的国家中,拥有双重股权结构的控制人无法依靠控制权谋取私利,因为控制人将被施加更为严格的信托责任,其行为也受到更为严格的司法审查,如关联交易的限制。此外,发达的民事救济也使得控制人在谋取私人利益时困难重重。一个典型的例子是,瑞典的上市公司控制权虽然非常集中,但瑞典的上市公司控制权私人收益却非常小。[1]

2. 投资者偏好问题缓解了代理成本问题。在股份公司的股东中,可以大致分为投资性股东、投机性股东和经营性股东。就投资性股东而言,其只关心股份获利的多少,而不在于行使投票权,不关心公司的经营活动,高利率的投资回报就是他们的期望,从某种意义上讲,他们就像公司的债券持有人;就投机性股东而言,也只关心股票市场的股价变化,并从中获得利益,他们的行为是一种短线操作,对公司的经营活动表现出冷漠的态度,也不在乎投票权的行使;就经营性股东而言,他们关心公司的经营发展,把经营活动作为他们的事业,他们甚至愿意在牺牲部分现金收益的情况下获得控制权。此时,投资性股东和投机性股东可能会自愿将自己的投票权转移给经营性股东。

3. 证券市场的本身可以为中小投资者提供部分补偿。双重股权结构股的发行,意味着公众将公司控制权自愿转移给控股股东或特定的团体。因此,在股票发行时,为吸引投资者,控股股东必须在发行价格上向公众投资者让步,双重股权结构股的价格必然要高于普通股票的价格,普通股在分红上要优于超级投票权股。为了防止控股股东通过转让控制权而获得超额利益,一般章程都会规定,如果转让

---

〔1〕 Ronald Gilson, Controlling Shareholders and Corporate Governance: Complicating Comparative Taxonomy, 119 Hav. L. Rev. 1641, April 2006.

这些超级投票权股,这些股票将转化为普通股,不再享有超级投票权。这种规定将控股股东绑定在公司中,与其他股东共进退。

4. 部分创业者或家族经营企业有时超越了纯粹金钱利益的需要,而将其企业视为自己的生命或家族事业传承,此时声誉机制将发挥异乎寻常的制约作用。当一个公司打上了创始人或家族的烙印,创始人或家族对公司的战略发展有着重大的影响时,控制这样的公司远远超越了金钱的范畴。此时金钱的激励就让位于声誉机制。

5. 产品市场竞争可以在一定程度上替代控制权市场的约束功能。一些尚处于早期发展阶段的公司常常被一个家族或管理层所控制,而企业的高速发展需要大量的资金,使企业不得不依靠资本市场融资。但资本市场的融资将会稀释他们的控制权,这就会使他们陷入两难境地:如果发行普通股进行融资,他们将失去控制权;如果避免控制权丢失,他们必须买入大量股份,他们的投资风险就会无补偿地增加。双重股权结构可以解决这一问题。在这种公司中,股东不必为控制权被固定在控制股东手中而担心,因为处于发展阶段的市场上维持和提高市场份额的需要,会给管理层提供足够的激励以提高公司的效率。因此,对于新兴行业的公司,产品市场的竞争能够替代控制权市场对管理层进行监督。[1] 这可以解释为什么美国近些年来设立双重股权结构的公司主要是硅谷科技创新型公司,因为这类公司市场竞争异常激烈,稍有不慎,市场就会将其淘汰。

6. 在发行上市时设立双重股权结构,发行人将与认购人达成默示的协议。当一个公司在首次公开发行时设置了双重股权结构,市场就发挥着投资者和发行人相互博弈的机制,相互之间形成有利于自己的契约。假设某公司设立双重股权结构股份,而对认股人提供"一股一权"的普通股。一些投资者就会认为,因为双重股权结构的存在,该股份价值 95 元,而没有双重股权结构时,该股价值 100 元。在这种情况下,如果该公司股票发行价格低于 95 元,这些投资者还是愿意购买的,否则他们可能拂袖而去。于是一个合理的推理是,因为投资者在掏钱之前就看到了设立双重股权结构的条款,如果他不认可双重股权结构,他就可以拒绝认购股票。

---

[1] Ronald J. Gilson, Evaluating Dual Class Common Stock: the Relevance of Substitutes, 73 Va, L. Rev. 807.

"不同投票权股份的发行,使得公司控制权转移到能够使其价值最大化的人手中,从而实现帕累托最优。控制权与投票权相联系,股票价值的一部分反映出其潜在的控制价值,但这一部分潜在价值能否实现,对于股东来说并不确定。不同投票权股份的发行使股份控制权的潜在价值得以实现,一方面,分散股东以低投票权—高分红权获得了股份的控制价值;另一方面,家族或管理层以低分红—高投票权的形式获得控制权。"[1]

但以上推理仅仅适用于公开发行时设置的双重股权结构,而不适用于发行上市后控制人通过修改章程设置双重股权结构的情形(具体分析参见附件一)。

四、建议与设想

(一) 有条件的认可双重股权结构

笔者认为,在整个资本市场贯彻"放松规制,加强监管"思想的大背景下,应当有条件地允许上市公司设置双重股权结构,理由有如下几点:

1. 双重股权结构有利于科技创新型公司的发展。首先,创新型公司与传统公司最大的不同在于,它取得成功的关键不是靠资本、资产或政策,而是靠创始人独特的梦想和远见,企业的命运也紧紧地与创始人联系在一起,完全依赖于资本市场的控制权对管理层进行监督,可能会导致其短视而非追求公司长远的发展;其次,创新型公司还有一个重要的共同特点,创始人创业时都凭借一个天才的设想,但由于他们缺乏足够的资金,必须向天使投资人、创投、私募基金等融资,从而使得股权不断被稀释,这些创始人有通过双重股权结构来保持控制权的迫切需要。实践中,一些公司采取限制股东提名董事候选人的做法,但由于没有双重股权结构的配合,使公司更容易陷入僵局。

2. 完全禁止双重股权结构将会产生溢出效应,反而更加不利于中小股东。强制性规定从表面上看可以达到政策制定者所追求的目标,但市场主体往往会采取变通的方式,由此导致更为棘手的问题。如东亚国家不允许双重股权结构,一些家族为了达到用小额资金控制上市公司的目的,于是就创造了金字塔持股结构,导致

---

[1] Douglas Ashton, Revisiting Dual-dass stock 68, St. John's L. Rev. 979,1989.

了更为隐蔽的控制结构，不仅增加了交易成本，也增加了监管的难度。同样，德国出现了协议控制的关联企业，日本出现了交叉持股模式，都可以部分归因于立法者对双重股权结构的禁止，导致市场主体为实现原初的目的而采取的迂回方式。[1]这对中小股东可能更加不利，因为在缺乏有效信息披露的情况下，他们丧失了在认可双重股权结构下原本可以获得的风险补偿。

3. 实证证明"双重股权结构"的设置与公司价值并没有直接因果关系。2006—2007年，欧洲公司治理委员会（ECGI）、机构股东服务公司（Institutional Shareholder Service）、昆士兰大学（University of Queensland）接受欧盟委员会委托，组织专家对"一股一权"原则从理论到实践进行了综合的研究。最终的结论是，无论是从理论上还是实证上，都无法对公司价值与股权结构（是否承认多重表决权）的关系做出令人信服的结论。

4. 世界各国或地区的发展潮流是逐渐承认"双重股权结构"。除了传统的美国、法国和北欧诸国一直允许双重股权结构以外，以下国家或地区基本上都是从禁止转向允许的：首先，美国在1994年几个主要证券交易所达成的统一上市政策中由原来禁止转向了有条件的允许。其次，日本早期是追随德国，禁止设置投票权有差异的类别股，但在2005年《公司法》修改时，放松了对公司资本结构的管制，允许公司发行包括双重股权结构在内的类别股，理由是能够使管理层的经营免受资本市场波动的干扰，为公司经营者制定长期发展政策提供了有利的环境。最后，新加坡在2012年从禁止转向了允许。我国香港地区也正面临着改变其禁止双重股权结构立场的压力。[2]

（二）法律障碍

我国《公司法》第104条规定，股东出席股东大会会议，所持每一股份有一个投票权。第127条规定："股份的发行，实行公开、公正的原则，同一种类的每一种股

---

〔1〕日本早期禁止设置双重股权结构，但2005年《公司法》修改时已经允许了。
〔2〕港交所总裁李小加也认为，针对科技创新型企业而言，为其创始人设置双重股权结构具有一定的合理性，并强调修改上市规则已迫在眉睫，否则我国香港地区有可能会因此"丢掉整整一代创新型科技公司"。

份应当具有同等权利。"这意味着我国《公司法》原则上规定了一股一权,但由于只是要求"同一种类的每一种股份应当具有同等权利",所以理论上并没有禁止"无投票权股"或"双重股权结构股"的发行。唯一的问题在于《公司法》第132条的规定:"国务院可以对公司发行本法规定以外的其他种类的股份,另行做出规定。"这意味着只有在国务院通过行政法规的方式对"优先股"和"双重股权结构"做出具体规定后,"一股一权"以外的其他股份才有存在的合理依据,鉴于我国实践中已经开始出现"优先股"[1],那也就可以有条件试点"多重表决权股"。但由于我国资本市场长期贯彻的是"法无明文理解为禁止"的思想,因此在上市公司中试行双重股权结构还是存在政策上的风险。因此,稳妥可行的方法是,由证券监管部门先行制定双重股权结构的具体方案,然后报国务院批准,再以国务院的名义发布双重股权结构的相关办法或规则。

(三) 双重股权结构制度的具体设想

1. 暂时限于创新型公司中试行双重股权结构。为避免权力寻租,对于什么是科技创新型企业,不应该采取专门机构认定的方式,而是暂将轻资产、其产品主要是依赖于创始人或团队的创意的公司纳入其中。

2. 双重股权结构的持有人仅仅限于创始人或现有的管理团队。假如市场同意给予某些创新型公司的创始股东一些特殊权利,获得此类有限权利的必须是创始人或创始团队。创始人必须是股东并持有一定股权,因为讨论的基础是股东的权利,要保证创始人与股东利益的整体和长期一致性。

3. 做好发行时关于双重股权结构的信息披露工作。发行人必须在信息披露中突出双重股权结构的设置可能产生的危害和风险。在这一点上,我国以往上市公司存在很大的问题,一些赤裸裸地剥夺股东权利的做法从来就没有进行充分披露,也更谈不上受到应有的关注(对比附件三中"Facebook招股说明书中的披露要点")。

4. 监管机构制定"双重股权结构规则指引"。如不得自由转让,分红上的差别

---

[1] 2013年10月10日,来自温州的场外市场挂牌企业浙江朗诗德健康饮水设备股份有限公司尝试发行"优先股"。

对待等。

5. 只允许在首次发行时设立。严禁上市公司在上市后通过修改章程提高已发行股份的表决权。

6. 控制人损害赔偿承诺制度。在目前控制人的信托责任和民事救济还不太完善的情况下，可以尝试在双重股权结构股东和普通股东之间建立起一种类似违约金制度，即让持有双重股权结构的股东因滥用控制权而对中小股东进行赔偿的承诺制度，以防止控制人滥用双重股权结构损害公司和中小股东的利益。

附件一：不同时间视角下的双重股权结构问题

（一）公司在发行时设置双重股权结构的，在发行人和认购人之间将形成一个默示的契约关系。在公司公开发行股份时，股东购买股份所愿意支付的价格是以股份的未来回报和风险为基础的。在一个公司向公众投资者发行低投票权股，而向管理层或家族发行高投票权股时，势必导致公众投资者预期未来对管理层或家族约束力较差，造成低投票权股预期收益低而风险高。投资者预期到这些风险，会对此支付较低的价格以补偿自己的风险。较低的发行价格意味着较高的资本成本，这些成本由发行者承担，原持有高投票权股的股东的利益也将因此被稀释。

（二）在公司发行股票之后，通过修改章程将已发行的股票设置为高投票权股和低投票权股则会出现"胁迫"的不公平问题。根据各国的《公司法》，修改章程的决议只需多数人同意就行，而此时准备转换为高投票权的股东已经持有较高比例的股权（一般在 30% 以上），而作为公众投资者则需面对集体行动的问题，很难联合起来阻止议案的通过。在这种预期之下，多数股东保持"理性的冷漠"，这更便于议案的通过。在此情况下，市场也不再发挥补偿的作用，因为如果公众预期这样不利于自己的议案将要通过，其预期将提前反映在股价上。通过二级市场上的"用脚投票"也无法保护投资者，因为此时投资者已经沉淀入资本，即便对设立双重股权结构不看好，也无法撤销交易，只能在二级市场上"用脚投票"，但此时设立双重股权结构的负面影响已经在股价上有所体现，投资者已经被"套牢"在设立双重股权结构所带来的消极影响上。

直言之,发行上市时设立双重股权结构,中小股东有选择的余地。而上市后,中小股东已经没有选择的余地,只能被动接受不利后果。[1] 因此,在发行时设置双重股权结构并没有违反股权平等原则,但如果是发行后,通过股东大会的"多数决"方式,就可能涉嫌滥用多数决,由此可能损害中小股东的利益。

附件二:美国上市公司董事的提名与选举

美国上市公司的董事候选人一般是由现任董事会,或董事会下属的提名委员会提名的,并在公司股东年度大会上进行选举。会议前,被提名的董事候选人的相关资料被置于"委托书资料"中,包括委托投票卡(proxy voting card)和委托书说明(proxy Statement),然后寄送给每一位股东。股东委托书说明一般包含选举董事的投票程序和背景信息,投票卡使得股东可以在不亲自参会的情况下选举董事。但是如果股东对投票卡的董事候选人都不满意,而要另外选出自己心仪的董事,则必须自己出钱获得股东名册,然后再向所有股东发出委托书争夺战,而不能直接在董事会发出的投票卡上添加候选人。[2] 为了能够使得股东直接提名董事候选人,2010 年 10 月,美国 SEC 颁布了规则"14a - 11",规定"最低持股 3%以上,并且连续持股 3 年以上的股东,在股东大会召开前的 120 天之前有权提出董事候选人,但提名最多不能超过董事会总人数的 25%"。但随后美国商业圆桌组织向哥伦比亚特区联邦上诉法院提起诉讼,宣称该规则"武断而多变",且超出了 SEC 的权限,会损害股东整体的利益。2011 年 7 月,哥伦比亚特区联邦上诉法院依据行政程序法规则,宣告"14a - 11"规则制定程序违法,且认为 SEC 对该规则的审查不够审慎,最终宣告该规则无效。

附件三:Facebook 在招股说明书中关于其控制权的重要信息披露

(一)【要点一】已经受制投票权的投资实体和个人

在 IPO 之前,CEO 已经和我们的一些投资者签署了一系列关于投票权的协议,

---

[1] 罗培新:《公司法的合同解释》,北京大学出版社 2004 年版,第 153 页。
[2] Stephen M. Bainbridge, the new Corporate Governance in Theory and practice, Oxford University Press, 2008, p. 222.

这些协议在 IPO 后仍然保持效力。协议内容之一是,要求股东同意依照他们股权比例,授权由扎克伯格先生对所有事项进行自由裁量,并且授予扎克伯格先生不可撤销的代理权。

以下持有本公司资本存量股份的个人和实体将服从于这种类型的投票协议:

ARPI2 有限责任公司;Matt Cohler 和某些附属实体;Gregory Druckman;Michael Druckman;Richard Druckman;Steven Druckman;创始人基金;格林合作伙伴;Hommels 控股有限公司;Adam Moskovitz;Dustin Moskovitz 和一些附属机构;Nancy and Richard Moskovitz 和一些附属机构;Sean Parker 和一些附属机构;Cara & Robert Scudder;硅谷社区基金会;技术交叉风投的一些附属机构;Valiant 资本机会有限责任公司;VHPI2 有限责任公司。

(二)【要点二】对投票权的影响

我们的 B 类普通股每股有十票,而我们在 IPO 中提供的 A 类普通股每股有一票。持有 B 类普通股的股东,包括我们的 CEO、雇员和董事及其附属。

由于我们 B 类和 A 类普通股之间 10∶1 的投票比例,我们 B 类普通股的持股人将继续共同控制我们普通股合并投票权的多数,因此能够控制提交给我们股东审批的所有事项,只要 B 类普通股的股份能够代表至少 9.1% 的 A 类和 B 类普通股的所有流通股。这种集中控制将在可预见的未来限制其他影响公司事务的能力。

B 类普通股向 A 类普通股的转化随着时间的推移,将对长期持股的 B 类普通股股东的相对投票权产生越来越大的影响。比如,如果扎克伯格先生在长时间内保留了他在 B 类普通股中的重要部分,他可以在未来继续控制我们大多数的 A 类和 B 类普通股的联合投票权。对"二元股权结构"的描述参见"资本存量——反收购条款的说明"。

反收购条款:

只要我们 B 类普通股的流通股代表普通股联合投票权的大多数,马克·扎克伯格就将有效控制我们的股东提交表决的所有事项,以及公司的整体管理和方向,这将具有拖延、推迟或阻止其他人获得公司控制权的影响。在一定时间之后,我们的 B 类普通股股份不再代表我们的普通股联合投票权,根据特拉华州的法律规定,我们公司的重述注册和重述章程将拖延、推迟或阻止其他人获得公司的控制权。

（三）【要点三】对公司治理的影响

由于我们是一家"受控制的公司"，由此，我们可以豁免一些上市公司的公司治理规则：

比如，我们不被（公众或监管部门）根据要求，去设立一个由绝大多数独立董事组成的董事会，也不需要设立薪酬委员会或独立的提名制。而我们的董事会已经决定，不设立独立提名制，并已经选定了拥有被董事会提名的成员直接负责的全体董事会，在未来，依然可以这样。但我们也知道，作为一个"受控制公司"，可能会导致我们的 A 类普通股对某些投资者的吸引力降低，或者对我们的交易价格造成损害。

当我们 B 股优先股的流通股在公司普通股累计投票权中占不到多数时，公司董事会中的空缺只能被我们（B 股）的董事成员填补，而不是其他股东。

当我们 B 股普通股的流通股，在公司普通股累计投票权中占不到多数时，我们的股东将只能根据股东大会决议而不经由书面采取行动。而只有我们的董事长，我们的 CEO，我们的总裁，或我们董事会的多数股东，才有权召开特别股东大会。

（四）【要点四】对兼并收购的影响

在 IPO 后，我们在特拉华州注册的地位和特拉华州普通公司法的反收购条款可能阻碍、延缓或防止控制权的变化，在三年期内，禁止我们参与到与一个有权益的股东的业务合并中，即便这个控制的变化对我们现有的股东是有益的。此外，我们重述的公司注册和规章将使公司的收购变得困难，包括以下内容：

任何可能导致本公司控制变化的交易，都将需要得到我们额外的 B 类普通股作为一个独立单元过半数的投票决议。

（五）【要点五】对分红的影响

针对可参与分红的证券，我们采取"两分类方法"来分别计算 A 类股票和 B 类股票的每股收益，可参与分红的股票包括所有的可转换优先股和限制性奖励股票。在计算归属于普通股的净利润时，属于上述"可参与分红的证券"的未分配利润要扣除。

为了计算稀释每股收益,要在每股基本收益的基础上,根据我们股权支付计划中的奖励性股票的各类证券的稀释比例,对归属于普通股股东的净利润进行调整。并且,在计算 A 类普通股的稀释性每股收益时,假设 B 类股票可以转换为 A 类股票;但计算 B 类普通股的稀释性每股收益时,不会对这种可转换性做出假设。

第五章　有限责任公司的股权代持问题 *

2015 年有两个事件全国瞩目。一个是 7 月底少林寺方丈释永信被人举报,涉嫌贪污、挪用公款、受贿、滥用职权、非法拘禁、非法持有少林资产等违法问题。另一个是 8 月 12 日天津港发生大爆炸,导致多人伤亡,损失巨大。两个事件虽然地点、人物以及性质不同,但是背后有一个共同点,即均存在股权代持现象。对于前者,释永信持有河南少林无形资产管理有限公司 80% 的股权,被人质疑侵占资产,其本人辩解为少林寺代持股权。[1] 对于后者,引起爆炸的涉事单位是天津东疆保税港区瑞海国际物流有限公司,其登记的股东为两个自然人,但是他们提出真正的股东另有他人,他们只不过是代持而已。[2]

股东持有股权可以分为两种情况,即亲自持股和代为他人持股(简称"代持")[3]。股权代持又可以分为两种情况:其一,名义股东持股时表明代为他人持股,既可能指明实际出资人,也可能不指明实际出资人而仅表明代持关系的存在。

---

* 本章内容曾发表于《法律科学》2016 年第 5 期。作者:葛伟军,上海财经大学法学院副教授,博士生导师。

〔1〕参见曹晶晶、宋凯欣:《南都调查:释永信是如何代持到 8 成股权的》,《南方都市报》2015 年 08 月 19 日。

〔2〕参见安钟汝、涂重航:《前公安局长之子被指持瑞海暗股》,《新京报》2015 年 08 月 17 日;李壮壮、王臣、彭小东:《天津滨海爆炸事故追踪:迷雾中的瑞海国际》,《21 世纪经济报道》2015 年 08 月 18 日。

〔3〕在我国公司法的语境下,股权适用于有限责任公司,而股份适用于股份有限公司。股权不同于股东权利,前者是指股东因出资而获得的出资份额上所承的权利,后者则指股东因持有出资份额而得以向公司所主张的权利。股权也不同于出资,后者是指股东向公司的财产投入,其目的是为了让公司运转。

其二,名义股东以自己名义持股,不表明代持关系。此时在其他股东、公司以及其他利害关系人看来,不用揣测和怀疑名义股东的股东身份,不存在任何威胁股东关系和股权结构的潜在疑问。

股权代持背后的动机,则是多种多样的,主要包括为了规避法律上关于股东资格的限制(如党政干部不得参与企业经营)、基于身份关系为之配置财产(如父母出于财产分配的考虑而将股权登记到子女名下)、避免债权人将来的强制执行(如债务人为了逃避债务而将其股权登记到第三人名下)、隐匿财产等。

一、问题的提出

(一) 现有的两类法律规制

立法者在一系列规定中,清晰地表达了其立场,即股权代持原则上是被禁止的。外国投资者并购境内企业时,并购当事人应对并购各方是否存在关联关系进行说明,如果有两方属于同一个实际控制人,则当事人应向审批机关披露其实际控制人,并就并购目的和评估结果是否符合市场公允价值进行解释。当事人不得以代持等方式规避该要求,[1]此外,应从交易的实质内容和实际影响来判断并购交易是否属于并购安全审查的范围,外国投资者不得以代持等方式实质规避并购安全审查。[2]证券投资基金管理公司的股东处分其股权时,股东与受让方应当就转让期间的有关事宜明确约定,确保不损害基金管理公司和基金份额持有人的合法权益,股东及受让方不得通过股权代持、股权托管、信托合同、秘密协议等形式处分其股权。[3]证券投资基金管理公司子公司的股东不得为其他机构或者个人代持子公司的股权,任何机构或者个人不得委托其他机构或者个人代持子公司的股权。[4]对于创业投资企业,如果多个投资者以某一个投资者名义代持创业投资企业股份或份额,那么不予备案。[5]

---

〔1〕2009年商务部《关于外国投资者并购境内企业的规定》第15条。
〔2〕2011年《商务部实施外国投资者并购境内企业安全审查制度的规定》第9条。
〔3〕2012年《证券投资基金管理公司管理办法》第19条第(3)项。
〔4〕2012年《证券投资基金管理公司子公司管理暂行规定》第8条。
〔5〕2009年国家发展和改革委《关于加强创业投资企业备案管理严格规范创业投资企业募资行为的通知》第1点第(3)项。

上述禁止也存在例外情形。例如,中央企业或者其各级子企业境外出资形成的股权,可以根据境外规定以个人名义持有,但是需要事先批准,依法办理代持等手续,并以书面形式报告国资委。[1] 本文关注一般的有限责任公司,不涉及股份有限公司。[2] 也不涉及开展代持业务的企业或者信托公司。[3]

在我国,有限责任公司股权代持通常以隐名股东的资格认定作为话题出现并加以讨论。[4] "隐名"及"股东"的表述具有一定迷惑性,因为有时候实际出资人表明身份、为其他股东所明知的,并且实际出资人事实上从来没有成为股东。从公司法的角度看,一个人成为股东的主要标记是该人的名称是否记载于股东名册,以及是否在工商局登记备案。[5] 至于该人对公司的出资来源于何处,是不重要的。一旦被记载为股东之后,不能以没有实际出资或者其他股东不同意等理由让实际出资人显名。简言之,股东(即使是名义股东)的资格和地位不能轻易被剥夺。[6]

---

〔1〕 2011 年《中央企业境外国有资产监督管理暂行办法》第 10 条。

〔2〕 股份有限公司的股份代持,似乎是允许的,试举两例:其一,根据 2007 年中国证券监督管理委员会《上市公司的收购及相关股权权益变动活动监管工作规程》,上市公司收购时,对收购人的监管:通过信托或其他资金管理方式进行收购,应当重点关注本次收购是否为其利用自有资金进行投资、是否与其他信托投资分账管理、是否代他人持有股份(如代持,应着重了解他人的基本情况)。其二,根据 2008 年中国保险监督管理委员会《保险公司董事会运作指引》第 86 条和第 87 条,保险公司治理报告的内容之一是股东及股权,其中包括股权代持等情况。该报告由董事长牵头负责起草或汇总后,提交董事会审议。关于股份代持的问题,参见赵威:《证券间接持有法律问题研究》,中国检察出版社 2008 年版。

〔3〕 信托公司大多将股权代持信托作为事务管理类业务,纳入其信托业务(其他业务还包括信托融资业务、信托投资类业务等)。例如,交银国际信托有限公司:《2014 年年度报告摘要》,《上海证券报》2015 年 4 月 28 日。

〔4〕 参见王芳:《隐名投资人股东资格认定问题研究》,《河北法学》2012 年 1 月第 30 卷第 1 期;华小鹏:《有限责任公司隐名股东的股东资格认定》,《甘肃政法学院学报》2008 年 7 月总第 99 期;周友苏:《试析股东资格认定中的若干法律问题》,《法学》2006 年第 12 期。与股权代持比较接近的一个问题是不动产的借名登记,在此方面也积累了一些相关的文献:林诚二:《不动产物权变动登记之实与虚——以我国台湾地区借名登记契约之相关问题为说明》,《北方法学》2014 年第 1 期;冉克平:《论借名实施法律行为的效果》,《法学》2014 年第 2 期;马一德:《借名买房之法律适用》,《法学家》2014 年第 6 期;马强:《借名购房案件所涉问题之研究——以法院裁判的案件为中心》,《政治与法律》2014 年第 7 期。

〔5〕 名称是否记在股东名册上,属于形式标准。此外,还存在实质标准,即是否实际向公司出资。英国法采纳的是前者,我国法强化了后者。根据英国《2006 年公司法》第 112 条,公司备忘录认购人视为同意成为股东,并且基于公司登记而成为股东,必须据此被记于股东名册;同意成为公司股东并且其名称被记于股东名册的每个其他人,是公司股东。参见邓峰:《普通公司法》,中国人民大学出版社 2009 年版,第 347—352 页。

〔6〕 有学者总结了不同层次的认定股东资格的三大证据:源泉证据(证明股东取得股权的基础法律关系的文件)、效力证据(对股东资格的确认具有推定的证明力)、对抗证据(在公司登记机关登记备案的章程等文件)。参见刘俊海:《现代公司法(第二版)》,法律出版社 2011 年版,第 244—248 页。

（二）《公司法司法解释（三）》第24条的疑虑

实践中经常发生的股东资格确认纠纷，包含两个法律问题：一是投资权益的归属，二是实际出资人能否显名。前者涉及实际出资人与名义股东之间的关系，而后者涉及实际出资、名义股东与其他股东、公司之间的关系。

首先，根据《公司法司法解释（三）》第24条第2款，已经实际履行了出资义务的实际出资人，有权向名义股东主张投资权益。该款所称的"投资权益"，有别于因投资而形成的股权，应当仅限于因持有股权而享有的分红权与剩余财产索取权，是一种财产性权利，不包括表决权等人身性权利。[1] 换言之，第2款没有涉及对股权归属的认定，即使实际出资人被法院判定享有投资权益，该投资权益所依附的股权仍然在名义股东的名下。投资权益归属，与实际出资人能否显名无关，不涉及股权代持的性质，即无论代持的性质如何，都不影响投资权益的归属。

其次，根据《公司法司法解释（三）》第24条第3款，实际出资人未经公司其他股东半数以上同意，请求公司变更股东、签发出资证明书、记载于股东名册、记载于公司章程并办理公司登记机关登记的，人民法院不予支持。该款采纳的"其他股东半数以上同意"标准，其实质在于，实际出资人能否显名交由其他股东来确定，[2]并不考虑代持的性质。

按照第3款，可能会出现这样的情形：法院判定实际出资人履行了出资义务从而享有投资权益的归属，但是由于公司其他股东半数以上（不清楚是指持股比例的半数，还是人数的半数）不同意，因此法院不得不判定公司不得将股东变更为实际出资人。实际出资人享有投资权益，却无法成为公司的股东，而名义股东仍然持有公司股权，但是却不享有投资权益（简称"第3款困境"）。

由此产生了一系列法律上的问题：（1）在判断谁是股东的问题上，除了追求当事人的本意以外，还应当注意什么？其他股东的意思表示是否重要？（2）如何认定

---

[1] 投资权益归属的标准，应当遵循以下几个原则：（1）谁投资，谁受益；（2）追寻双方的本意即真实意图，如果有合同，根据合同，如果无合同，根据具体情况推定；（3）由谁实际行使股东权利，例如参与股东会议并作出决策等。

[2] 对于股东资格确认，有学者结合该款规定，认为不仅要考察实际出资人是否有真正出资，而且还要看其他股东对其身份是否接受或者认可。参见胡晓静、崔志伟：《有限责任公司隐名出资法律问题研究——对〈公司法解释（三）〉的解读》，《当代法学》2012年第4期。

股权代持的法律性质？该性质对于决定实际出资人能否显名具有什么影响和作用？（3）第3款困境呈现的投资权益归属与股权归属相分离的后果，其法律依据是什么？如果能够分离，那么持有股权的仍然是名义股东，而其完全有可能根据其持股地位，妨碍实际出资人对投资权益的享有，此时如何理解名义股东的法律地位及其对实际出资人的义务或责任？

（三）"其他股东半数以上同意"标准的意义

实际出资人显名与否，需要取得其他股东半数以上同意，其本意在于保护公司其他股东的利益，免受其他股东因显名而可能带来的利益损害。该标准的根基是有限责任公司的人合性。股东出资的非股份性、资本的封闭性、股东人数的限制性、组织机构的简便性都体现了该人合性的色彩。[1] 但是，即使对于有限责任公司，人合性也并非是绝对的、不变的，人合性的有无、大小取决于公司章程与股东协议的自治条款。[2] 不可盲目地将有限责任公司与人合性必然地联系在一起。对于那些股东人数少、规模小的有限责任公司而言，股东之间比较熟识、关系亲密，他们的信心和信任是设立公司的根基，如果换了其他人来投资，公司不一定能设立。这些公司的人合性比较强，又称为准合伙公司。对于这类公司，法院在审视股东利益时，通常将考虑股东对公司的期望和义务，股东与股东之间以及股东与公司之间的关系等。股东对公司事务将以一种特定的方式管理具有合理期待。如果不能以期待的方式运营公司，则对该股东的利益构成损害。[3] 相反，对于那些规模较大的有限责任公司而言，人合性是一个虚幻的措辞，资本的联合才是公司设立的基础。

问题是，实际出资人显名对其他股东存在真实的利益损害吗？可以区分两种情况考量：第一，名义股东是大股东，其他股东是小股东；第二，名义股东是小股东，其他股东是大股东。在第一种情况下，实际出资人根据名义股东的持股比例，事实上已经控制了董事会；在第二种情况下，实际出资人在董事会中的地位是卑微的，发言权有限。因此，这两种情况都不会导致董事会的结构发生根本改变，其他股东

---

〔1〕参见范健、王建文：《公司法》，法律出版社2011年版，第94—95页。
〔2〕参见刘俊海：《现代公司法》，法律出版社2011年版，第19—20页。
〔3〕参见葛伟军：《英国公司法要义》，法律出版社2014年版，第319页。

无论是小股东还是大股东,都不会通过董事会的变化而遭受损失。

其他股东的劣势仅在于,产生了股东发生变化之后的磨合成本以及对原有股权结构的信赖利益的损失(该成本与损失很难计算且数额不大),但不会对董事会的控制产生根本性的影响。受影响最大的是名义股东,因为其丧失了持股的地位。受益最大的是实际出资人。对于公司而言,实际出资人显名不会带来持股的结构性变化,只是股东在名义上发生了变更。因此,如果仅仅考虑资合性,很难将实际出资人显名与其他股东的利益受到损害之间联系起来。[1] 此外,尚需关注两点:其一,"其他股东半数以上同意",其含义不明。到底是应当按照法院在案件审理时所取得的股东意见来判断,还是按照在公司正常经营过程中其他股东所表现出来的实际意见(包括是否对代持明知、是否已经认可实际出资人的股东地位等)来判断? 如果其他股东已经明知代持,并不时与实际出资人一起表决公司事务、同意公司向实际出资人分红,而在庭审时又基于自身利益考虑拒绝实际出资人显名,那么其他股东应当视为同意还是不同意? 其二,名义股东与其他股东、公司之间,存在合同关系。名义股东与公司之间签订了股权认购合同,如果没有依约出资,公司可以起诉名义股东违约。名义股东与其他股东之间签订了合作合同,如果没有依约履行,其他股东可以起诉名义股东违约。但是,股东资格的获得,源于公司对投资者作为股东身份的承认,与其他股东是无关的。"其他股东半数以上同意"标准的缺陷在于,将股东意志代替公司意志,无视公司的独立人格。

其他股东意见如何在实际出资人显名的案件中发挥作用,值得进一步探讨。本文试图抛开这一要素,从股权代持的性质出发,考察其与实际出资人显名之间的关系,并且回答发生《公司法司法解释(三)》第24条第3款困境时,如何认识名义股东的持股性质。

二、股权代持的性质之辩

实际出资人能否显名,可以由股权代持的性质来决定。股权代持的性质可能

---

[1] 如果名义股东在公司中担任要职,显名将逼迫其离开公司,那么只有当该股东作为雇员而离去时对公司有损害时,才会对其他股东带来间接而非直接的损失。如果名义股东不在公司中担任要职,那么该股东也是消极的投资者之一,不会由于其离去而影响其他股东的利益。

是代理,也可能是信托,要结合具体情况予以判断。[1] 如果代持的性质是信托,那么信托法规则适用,作为委托人的实际出资人不得要求显名。如果代持的性质是代理,那么民法中的代理规则适用,作为被代理人的实际出资人能否要求显名,视其情况而定。

（一）股权代持明示为信托

有时候,当事人明确将代持表示为一种信托。例如,在一个案例中,28 名自然人(即实际出资人)与信托公司签订"资金信托合同",约定这些自然人将 1 亿元资金作为信托财产委托给信托公司,指定由该信托公司以受托人名义受让改制公司的9000 万股股权,占改制公司全部股权的 95％。该合同还约定,这些股权的所有权在信托期限内属受托人即信托公司所有;信托期限为三年;信托期限内,信托公司按照委托人的意愿行使股东权利;由此产生的责任和后果,全部由委托人及信托财产承担;信托收益为改制公司分配的红利,由受托人划至受益人账户;信托终止后,信托财产和增值的部分归属受益人,并办理股权变更手续,等等。法院认为,在信托公司以信托财产完成股权价款的支付后,信托财产的形态发生了变化,转为相应的股权。根据上述合同的约定,该信托名为资金信托,实为股权信托。在信托期限内,受托人即信托公司取得股权,实际出资人不具有股东身份。[2] 但是要注意,本案中的名义股东是信托公司,该类公司的性质和业务决定了持股的性质是信托。

在另一个案例中,65 户农民以 289 亩土地的承包经营权,经评估作价 103 万元入股公司,占公司全部股权的 48.93％。这些农户与名义股东签订了"股权信托合同",将其名下的股权办理到名义股东名下,由名义股东行使公司的股东权利。名义股东提起了公司解散之诉,得到法院的支持。[3]

如果实际出资人与名义股东之间明确约定以信托方式代持股权,而实际出资人通过诉讼要求显名的,法院应当结合"信托的内容"作出判断,并考虑以下因素。

---

[1] 双方之间也可以是合作关系,双方对出资方式、代持义务、收益分配、违约责任等事项作出安排。
[2] 2006 年江苏省无锡市北塘区人民法院:陈金龙诉无锡二十一世纪集团有限责任公司股东知情权案。
[3] 2010 年重庆市綦江县人民法院:代洪财诉重庆恒众农业发展有限责任公司公司解散纠纷案。

第一，必须存在一个有效的信托。不仅要有设立信托的书面文件，而且必须要有信托目的、信托当事人、信托财产的范围和种类等必要记载事项。[1]受托人（即名义股东）通常是信托公司，但是也有可能是自然人或其他法人。受托人（即名义股东）以自己的名义行使股东权利。例如，对于私人股权投资信托（指信托公司将信托计划项下资金投资于未上市企业股权、上市公司限售流通股或中国银监会批准可以投资的其他股权的信托业务），信托公司必须以自己的名义，按照信托文件约定亲自行使信托计划项下被投资企业的相关股东权利，不受委托人、受益人干预。[2]

第二，原则上，如果没有约定信托期限或者仍然在约定的信托期限内，实际出资人的显名主张不能得到支持。因为实际出资人和名义股东之间的信托，对公司没有约束力；公司也不会受到任何此类信托的影响。公司所认定的股东只有一个，那就是在股东名册上记载的名义股东。

第三，信托期限届满是信托终止的事项之一。如果约定了信托期限并且该期限已经届满，那么信托财产（即股权）应当归属信托文件指定的人。如果没有指定，信托财产归属受益人（即实际出资人）或其继承人。[3]

第四，如果没有约定信托期限或者仍然在约定的信托期限内，但是出现了关于信托终止的争议（例如信托的存续违反信托目的，或者信托目的不能实现，或者信托当事人协商同意等），那么法院应当考虑该信托是否终止。[4]如果认定信托已经终止，那么按照上述第(3)项处置信托财产。

其他股东和公司对于名义股东的受托人地位的主观认知是不重要的。换言之，无论其他股东和公司是否明知，都不会影响该代持的信托性质。此处的"明知"包括实际知道和推定知道。前者是指实际知道实际出资人与名义股东之间的信托关系，例如信托文件在公司有备案，或者实际出资人或名义股东已经向其他股东以及公司作出明确的书面声明。后者是指虽然没有证据表明实际知道，但是从具体

---

[1]《信托法》第6—9条。
[2] 2008年中国银监会《信托公司私人股权投资信托业务操作指引》第2条、第11条。
[3]《信托法》第54条。
[4]《信托法》第53条。

的情境可以合理推断其他股东以及公司应当知道信托关系的存在,例如名义股东是信托公司或者名义股东的主要业务是股权代持。

(二) 股权代持构成代理

专家指出,以何人名义实施代理行为作为标准,代理可以分为直接代理和间接代理。间接代理,是指代理人以自己名义,为本人之计算(损益归于本人)而为法律行为,其法律效果首先对间接代理人发生,然后依间接代理人与本人的内部关系,而转移于本人的制度。我国《民法通则》规定了直接代理,而《合同法》第402条、第403条则引入了间接代理。[1] 英美法将代理分为三类:显名代理(即表明代理关系存在并公开本人姓名、以本人名义而行事的代理)、隐名代理(即表明代理关系存在但不公开本人姓名的代理)以及未经披露的代理(即不表明代理关系并以自己名义而行事的代理)。后两类相当于我国的间接代理。[2]

如果代持的性质是直接代理,那么名义股东(代理人或受托人)在登记时,应当表明代为实际出资人(本人或委托人)持有股份并且指明实际出资人的姓名;其他股东和公司对此应当是明知的。显然这在实践中是极少见的。如果代持的性质是间接代理,那么名义股东以自己名义持有股权。实践中发生的多为此例:名义股东与实际出资人存在亲戚关系或利益关系,前者接受后者的委托而以股东身份记载于股东名册,其他股东大多不知道代理关系的存在或者即使知道也因市场地位相差悬殊而无能为力。

对于构成间接代理的持股,在处理显名时应当把握以下几个方面。

第一,原则上实际出资人不能要求公司显名。如果规则过松,会导致实际出资人和名义股东滥用间接代理,即利用代理之名行转让之实。可以想象,如果轻易地让实际出资人显名,其后果是实际出资人获得股权的同时,规避了其他股东的优先购买权。一个显而易见的例子是,当公司成立之后,现行股东将其股权私下转让给实际出资人,双方约定实际出资人将股权的对价支付给现行股东,而该股权继续由现行股东代表实际出资人而持有。如果实际出资人是现行股东以外的人,则属于

---

〔1〕参见梁慧星:《民法总论》,法律出版社2011年版,第229—230页。
〔2〕参见徐海燕:《间接代理制度比较研究》,《外国法译评》1998年第4期。

向股东以外的人的股权转让,此时其他股东的权利可能受到侵犯。[1]

第二,在特殊情况下,实际出资人可以介入。该介入的前提是名义股东与其他股东或公司(第三人)存在合同关系,例如签订设立公司的合作协议或发起人协议,签订公司章程等。如果其他股东明知实际出资人与名义股东之间代理关系的,那么实际出资人可以介入。有时候该介入有利于实际出资人,但是其应当证明实际出资人与名义股东之间确实存在代理关系、其他股东明知该代理关系并且名义股东旨在代表实际出资人而非为自己与其他股东或公司签订合同或从事交易。[2] 有时候该介入却有利于名义股东,例如当名义股东需要履行出资义务时可能会主张代理关系的存在并要求实际出资人履行,此时实际出资人"被介入",不能以非股东为借口而逃脱出资义务。但是,名义股东也不能据此免责,其在承担责任之后可以向实际出资人追偿。[3]

第三,在以下三种情况下,实际出资人不得介入:首先,明示排除,是指名义股东与其他股东或公司之间的合同指明,未经披露的本人不得介入合同。其次,默示排除,是指名义股东与其他股东或公司之间的合同通过默示方式表明,未经披露的本人被排除在外。例如,名义股东将其拥有所有权的房屋作为出资投入公司。再次,名义股东的身份具有特殊的重要性。如果其他股东或公司是在完全信赖名义股东的个人技能或能力之基础上,同意其成为公司股东的,那么未经披露的本人被排除在外。例如,名义股东将其具有个人性质的财产(劳务或技术等)作为出资投入公司。[4]

第四,需要考虑的其他因素。首先,在显名这个问题上,公司的意见似乎比其他股东的意见更重要,因为承担显名义务的一方是公司,而不是其他股东。其次,在未经披露的代理中,其他股东或者公司不能视为明知。再次,一旦其他股东或公

---

[1] 根据《公司法》第71条,股东向股东以外的人转让股权,应当经其他股东过半数同意。经股东同意转让的股权,在同等条件下,其他股东有优先购买权。

[2] See Roderick Munday, Agency: Law and Principles, Oxford University Press, 2010, pp. 243 - 245.

[3] 根据《公司法司法解释(三)》第26条,公司债权人以登记于公司登记机关的股东未履行出资义务为由,请求其对公司债务不能清偿的部分在未出资本息范围内承担补充赔偿责任,股东以其仅为名义股东而非实际出资人为由进行抗辩的,人民法院不予支持。名义股东根据前款规定承担赔偿责任后,向实际出资人追偿的,人民法院应予支持。

[4] See Roderick Munday, Agency: Law and Principles, Oxford University Press, 2010, pp. 246 - 247.

司知道了实际出资人的存在,那么便要行使选定的权利,即决定到底信赖哪个人;一旦选定,不得更改。如果其他股东或者公司要求实际出资人履行股东义务(例如出资)或者要求实际出资人行使股东权利(例如参与表决),此时应当视为已经承认实际出资人的股东地位,不得反言。[1]

三、英国法关于股权代持的现行规定

在英国,也存在着这样的情况:实际出资人(即受益所有权人)将其股份交给一个中介机构(通常是银行,或者作为被指定人或托管机构的其他机构),由后者登记为股份的名义股东(即登记所有权人)。由此产生的问题是,名义股东行事的权力与其行事的经济动机的分离。名义股东不是受益人,却享有依附于股份的所有权力和特权;与之相反的是,名义股东只有很少的动机去行使该权力,除非实际出资人能够并且确实要求名义股东行使该权力。其背后的原因是,行使该权力的任何好处,都将归于股份的实际出资人,而不是名义股东。实际出资人具有监管该权力行使的巨大经济动机,以提高其自己的利益;但是实际出资人不因为其投资而对公司享有直接的权利。[2]

名义股东仅因为其成为公司股东而享有依附于股份的所有权力和特权。针对公司而言,影响股份的任何信托或其他安排,都不会改变该事实。法官在一个早期的案例中曾言:"如果一个受托人作为股份的持有人而出现在公司的登记册上,该受托人对于该股份可以和其他人具有的关系,与该公司根本是无关的。"[3]

根据《2006 年公司法》第 126 条(即《1985 年公司法》第 360 条,来源于更早的《1862 年公司法》第 30 条),明示、默示或拟制的任何信托的通知,不得记载于公司的股东名册,或者登记官不得收到。私人公司的标准章程第 23 条以及公众公司的标准章程第 45 条规定:除非法律另有要求,否则公司不承认一个人基于任何信托而持有任何股份;并且除非法律或章程另有要求,否则公司在任何情况下不受任何

---

[1] See Roderick Munday, Agency: Law and Principles, Oxford University Press, 2010, p. 259.

[2] See Richard C. Nolan, Shareholder rights in Britain, European Business Organization Law Review, Vol. 7(2)(2006).

[3] See Re Perkins, ex p Mexican Santa Barbara Mining Company(1890)24 QBD 613, p 616, per Lord Coleridge CJ.

股份利益的约束或者不承认任何股份利益,除了股份持有人的绝对利益以及依附于该股份的所有权利外。

这些条款都允许公司登记一项股份转让而不参考影响该股份的任何信托,并允许公司不受该股份的受托人以及受益人之间关系的影响,除非公司干涉该信托。其合理性在于:能够促进公司对其自己股份的管理。如果没有这些条款,公司必须登记的任何股份转让可能会让公司由于违反与转让相关的义务而面临诉讼。同时,如果没有这些条款,公司可能会轻易卷入某些股份的受托人和受益人之间关于如何行使股份表决权的纠纷。尽管如此,英国法并没有让受益人不受保护:受益人经常可以通过法院诉讼来保护其权利,并且同时寻求停止交易的指令或通知,来防止或规制股份的任何交易。[1]

由于实际出资人数量的增加,《2006 年公司法》第 9 部分(股东权利的行使)第一次在成文法中承认了实际出资人的某些权利。该部分的主要目的在于,使实际出资人更加容易地接收常规的公司信息并行使治理的权利。以下是几个相关的条款。

第 146 条允许名义股东指定一个人(即实际出资人)享有信息权,即接受所有的一般股东通讯的权利。实际出资人没有权利要求名义股东作出该指定,该邀请基于名义股东的自由裁量,并且是实际出资人与名义股东之间合同的事项。"信息权",是指收到公司向包括作出指定的人在内的所有股东或任何类别股东发出的所有通讯副本(包括公司的年度账目和报告)的权利,要求账目和报告之副本的权利以及要求(以其他格式提供的)文件或信息之纸质版本的权利。

第 152 条和第 153 条,使得实际出资人可以通过名义股东行使表决等权利,使得名义股东更加容易以不同的方式行使权利,以反映背后的持股情况。根据第 152 条(代表其他人持有股份时权利的行使:以不同方式行使),当股东代表一个以上的人持有公司股份时,依附于该股份的权利以及(根据任何制定法)因持有该股份而可行使的权利,不必全部行使,并且如果行使,不必全部以相同的方式行使。行使该权利但没有行使全部权利的股东,必须将其行使权利的范围通知公司。以不同

---

[1] See Richard C. Nolan, Shareholder rights in Britain, European Business Organization Law Review, Vol. 7(2)(2006).

方式行使该权利的股东,必须将其行使权利的方式以及每种方式行使权利的范围通知公司。如果股东没有通知公司(即其不再行使全部权利或者其以不同的方式行使权利)而行使该权利,那么公司有权假定该股东在行使全部权利,并且以相同的方式行使权利。

根据第 153 条,触发一项权利的股东门槛是 100 个人、平均每人持有 100 英镑以上的股份,提出相关的请求,那么这些人可以要求公司必须根据所适用的条款而行事。[1] 这些人是实际出资人,他们提出关于行使股东权利的请求时,必须要附带一个包括下列事项的声明:(i)代表实际出资人持有股份的名义股东的名称和地址,(ii)在经营过程中名义股东代表实际出资人持有那些股份,(iii)名义股东代表实际出资人在公司中持有的股份数量,(iv)那些股份已缴付的数额,(v)那些股份并不代表任何其他人而持有,(vi)那些股份载有相关的表决权,以及(vii)实际出资人有权指示名义股东如何行使那些权利等。

除了第 9 部分以外,第 13 部分(决议和会议)的部分条款也涉及实际出资人。例如,根据第 324 条(任命代理人的权利),名义股东有权任命实际出资人作为其代理人,行使其参加并在股东会议上发言以及表决的权利。但是,该权利属于名义股东自由裁量的范畴,实际出资人不得强制要求任命。由此可见,原则上公司和名义股东之间的紧密关系,几乎排除了公司和实际出资人之间的任何关系:实际出资人对公司管理没有权利。但是,英国法已经允许实际出资人可以对公司产生影响。

四、第 3 款困境的解决之道

《公司法司法解释(三)》第 24 条第 3 款困境所提出的是,当实际出资人与名义股东就设立信托的目的不是很明确时,法律却将股权归属与投资权益归属分离开来。根据我国信托法,信托目的合法,是设立信托的一个必备要件。信托在设立时,必然要有委托人所希望达成的目的,即信托行为所希望实现的具体内容。该目

---

[1]《2006 年公司法》第 153 条(代表其他人持有股份时权利的行使:股东的请求)适用的场合包括:(a)第 314 条(要求传阅声明的权力);(b)第 338 条(公众公司:要求传阅年度股东大会决议的权力),(ba)第 338A 条(可交易公司:股东在年度股东大会处理的事务中增添事项的权力);(c)第 342 条(要求投票表决之独立报告的权力);以及(d)第 527 条(要求审计事务之网站公布的权力)。

的可以各种各样,必须明确记载于信托文件,但是不得违反法律的强制性规定。如果信托目的缺失,那么该信托是无效的。[1] 因此对于第3款困境的持股结构,我国信托法无法解释并提供法理上的支持。

借助英国法的经验审视第3款困境,有三个优点。首先,明确了该类持股结构的性质。第3款困境设立了一个归复信托。归复信托(或称结果信托),是指当财产转移的情形表明委托人并没有使受托人从财产中受益的意图时,法律将其规定为信托。[2] 委托人在转移财产时,由于某种原因并未完全放弃财产上的权益。当委托人的动机不清楚时,法院会判定这是一个信托,以此来填平财产所有权的缺口。正是由于委托人没有彻底剥夺财产上的权益,所以该权益又"归复"给委托人。

归复信托又分为两类。一类是假定的归复信托。如果无法证明当事人的意图是什么,那么转让人无偿地将财产转移给受让人,产生了假定的归复信托,受让人视为为了转让人的利益而持有财产。产生此类信托的情况包括:以他人的名义购买财产(转让人用自己的钱购买一项财产,却指示将该财产转移到受让人名下,并且没有其他法定的假设或相反的证据),或者将财产转移到他人的名下(如果没有预赠的假设,转移动产构成一项为了转让人利益的归复信托,而不构成对受让人的赠与)等。[3]

另一类是自动的归复信托。如果转让人将财产转移给受让人并纳入信托,但留下部分或全部受益权未作处理,对于未处理的受益权,构成自动的归复信托。此类信托不依赖于任何意图或假设,而是转让人未能处理全部受益权的自动结果。产生此类信托的情况包括:宣言信托无效(转让人宣布成立一项信托之后,可能由于标的物不确定、未能满足形式要件、违反公共政策等原因而归为无效),或者明示信托失败(明示信托所规定的条件不能满足从而导致信托失败),或者未能全部处理受益权(转让人设立信托时没有全部处理信托财产上的受益权)等。[4]

与归复信托比较接近但又有根本区别的一个概念是推定信托。推定信托,是

---

〔1〕参见徐孟洲:《信托法》,法律出版社2006年版,第163—164、172页。
〔2〕参见薛波:《元照英美法词典》,法律出版社2003年版,第1193页。
〔3〕参见何宝玉:《信托法原理与判例》,中国法制出版社2013年版,第112—125页。
〔4〕参见何宝玉:《信托法原理与判例》,中国法制出版社2013年版,第125—129页。

指法律根据当事人的某些行为以及衡平法原则而推定产生的信托关系,以阻止不法行为人从其不法获得的财产上不当得利。[1] 简言之,一个人持有一项财产,但是根据良心和正义,该财产应当由他人持有或享有,此时该人视为以信托方式为他人持有该财产。此类信托的目的在于,当推定受托人不合良心的行为影响到财产权益时,运用推定信托来保护受害人的权益。[2] 不合良心的行为包括违反他人意愿或滥用其信任,利用欺诈、胁迫、不公正、阴谋或隐瞒等各种违法手段获得在公平和诚信的情况下不应该获得的权利。

归复信托与推定信托的主要区别在于意图。前者(主要是指假定的归复信托)产生于委托人的意图,即委托人主观上保留财产权益的意图是明确的(即使该财产名义上转移给了受托人)。而后者与委托人的意图无关,完全是由法律施加的。这种区别的用意是,将注意力集中到意图上,为选择适当的救济提供信息。[3]

在第3款困境的场合,实际出资人与名义股东之间虽然就股权代持的性质约定不明确,但是名义股东持有股权具有合理的依据,并不是出于非法的因素而持有。实际出资人对名义股东的持股不仅明知,而且存在合法的授权。也没有任何证据显示实际出资人将代持的股权赠与名义股东,或者允许名义股东享有该股权上的权利。因此该持股事实上设立了假定的归复信托。

其次,明确了名义股东的受信义务。名义股东与实际出资人之间是一种受信关系。实际出资人既是委托人,也是受益人。受信义务主要包括忠实义务(受托人为受益人利益而处理信托事务,不得借此为自己或第三人谋利)、分别管理义务(受托人将信托财产和股东财产相互分离进行管理)、自己管理义务(受托人原则上亲自处理信托事务)、谨慎义务(受托人在管理信托事务中尽到一个审慎的人应该尽到的合理注意)以及保护义务(受托人在信托关系存续期间应当妥善保护信托财产)等。[4]

---

[1] 参见薛波:《元照英美法词典》,法律出版社2003年版,第305页。
[2] 参见何宝玉:《信托法原理与判例》,中国法制出版社2013年版,第434—405页。
[3] 参见邢建东:《衡平法的推定信托研究——另一类的物权性救济》,法律出版社2007年版,第40—41页。
[4] 参见徐孟洲:《信托法》,法律出版社2006年版,第99—109页。

具体而言,名义股东对实际出资人的受信义务,主要表现在以下几个方面:[1]
(1)名义股东取得股权并将其置于自己的控制之下。该股权的本质是信托财产,具有独立性。名义股东必须将该股权与其自身的固有财产区别开来。名义股东的债权人不得对该股权主张权利。(2)名义股东必须在授权范围内,为了实际出资人的利益而持有并管理该股权。名义股东必须严格向实际出资人说明账目,将获得的分红分配给实际出资人,并且保存好账目资料等文件,在必要时向实际出资人提供。(3)名义股东应当诚实、认真地行使其作为股东的权力,不得违背实际出资人的合理愿望。如果名义股东与实际出资人就权力的行使达成一致意见的(例如行使表决权的方式),应当根据该意见进行。(4)名义股东不得使自己处于利益冲突的地位,即处于一种其个人利益与受信义务相冲突的境地,或者处于一种受信义务相互冲突的境地。名义股东未经授权,不得利用其受托人地位谋取利益,也不得以受托人地位与自己发生交易。(5)名义股东是否收取报酬,根据其与实际出资人之间的约定决定。如果不收取报酬,名义股东应当像一个谨慎的商人管理自己的事务那样处理一般事务。如果收取报酬,名义股东必须采用更高的注意标准,例如采用第三人合理预期的与受托人具有相同专业特征的某些人应当采用的注意标准和技能。(6)如果名义股东实施了违反信托的行为,其必须承担以下责任:由于违反信托造成的股权价值的损失;由于违反信托而失去的利润;如果没有违反信托的行为,可能给持股增加的利润等。

　　再次,明确了实际出资人作为受益人的责任。在早期的一个案例中,公司进入清算时股份并没有全额缴付。分担人发出催缴,原告是其中之一。清算人针对原告的诉讼中,原告被判决要承担缴付责任。原告接着针对被告起诉,理由是原告仅仅是名义股东,从未享有任何受益利益,被告作为实际出资人应当承担股份的缴付责任。法院认为,双方从未处于买卖关系,没有合同,被告从未要求原告成为受托人等事实,都是次要的;确立受托人与信托之间关系的关键是,证实原告享有法定所有权而被告享有衡平法上的所有权(案件事实已证实了这一点);最基本的原则是,获得信托财产所有收益的受益人,应当承担责任,除非其能证明应当由受托人

---

[1] 参见何宝玉:《信托法原理与判例》,中国法制出版社2013年版,第191—193页。

承担。因此判决实际出资人对未全额缴付的股份承担缴付责任,尽管该股份由名义股东持有[1]。

除了上述所讨论三个优点以外,还有一个相关的问题是:当构成一项信托时,实际出资人是否有权提起派生诉讼,要求公司董事承担赔偿责任。在一个案例中,J作为股份的受益所有权人(即实际出资人),通过C公司(即名义股东)分别持有R1和R2两家公司15%的股份。J代表其自己和这两家公司的其他股东,主张R1和R2公司的6个董事(在两家公司中都是一致的)将两家公司的资产低价出售,并且将属于两家公司的合同机会转移到这6个董事享有实质利益的其他公司手中。这6个董事通过C公司,在R1和R2公司中分别持有51%的股份。J针对6个董事提起派生诉讼,并将R1和R2公司以及C公司作为诉讼当事人。被告认为J不具备提起派生诉讼的诉讼资格。一审法官驳回了被告的主张,被告不服,专门针对原告关于派生诉讼的诉讼资格提起上诉。上诉法院一致认为,股份的受益所有权人不享有提起派生诉讼的权利。[2]

英国法中很少有判例涉及股份的受益所有权人是否可以提起派生诉讼。专家的意见也是不一致的。有学者认为,有权获得股份或者享有股份利益但是没有被登记为公司股东的人,可以提起派生诉讼。但是另一些学者认为,派生诉讼必须由当时的登记股东提起。允许受益所有权人提起派生诉讼,将削弱公司不承认影响其股份的信托这个基本原则。[3] 有些观点则干脆认为,如果一项信托的受托人无法或错误地拒绝提起派生诉讼,那么受益人可以代表该信托项下的股权所在的公司,针对侵害公司利益的人(如董事等)提起派生诉讼。[4]

五、结论

实际出资人能否显名,是个复杂的问题,涉及合同法、公司法和信托法等领域。

---

〔1〕 See Hardoon v Belilios (1901), AC 118.

〔2〕 See Svanstrom v Jonasson (1997) CILR192.

〔3〕 See Jennifer Payne, Derivative Actions by Beneficial Shareholders, Company Lawyer, Vol. 18(7), (1997).

〔4〕 See Judith Schemel Suelzle, Trust Beneficiary Standing in Shareholder Derivative Actions〔J〕. Stanford Law Review, Vol. 39 (1986).

原则上实际出资人与名义股东之间的任何约定,不能对公司产生约束力。现有条款将能否显名交给其他股东决定,虽有一定合理性,但是也有缺陷。本文认为,结合代持的性质去诠释显名问题,或许是一种更好的方式。本文的讨论隐含了两个维度。正向维度为性质决定结果,即代持性质决定了实际出资人能否显名。如果代持设立了一项信托,那么实际出资人不得要求显名,除非信托终止。如果代持构成了一项代理,那么能否显名应当根据具体情况确定。逆向维度为结果决定性质,《公司法司法解释(三)》第 24 条的规定,割裂了股权归属与投资权益归属。我国现行的法律框架,无论《物权法》还是《信托法》,都不能解释这个问题,即如果法院判决实际出资人不得显名,那么名义股东处在何种位置上为实际出资人持有股权,英国法的经验从三个方面提供了启发:该类持股的性质是假定的归复信托;名义股东作为受托人,对实际出资人负有信托法上的受信义务;实际出资人作为受益人的责任。

第六章　创新型企业的股权激励路径[*]

一、引言

企业是一个人力资本与非人力资本的特别合约。[1] Saatchi and Saatchi 公司的案例[2]生动体现了创新企业[3]中人力资本的重要性和特殊性。人力资本如何嵌入到企业组织中是现代法制绕不开的话题。肇端于1995年的《劳动法》以及后来的《劳动合同法》设定了试用期、休息休假、工资、劳动安全卫生、女职工特殊保护、社会保险等方面的规定,为人力资本生产要素融入企业生产经营设定了基本的制度框架。十年后,在《上市公司股权激励管理办法》[4](以下简称"《股权激励办法》")框架下,上市公司可以就公司高级管理人员、核心技术/业务人员、员工(含符合条件的外籍雇员)等未来一定年限的劳动和服务进行合理估值和定价,并以股权、限制性股票、股票期权等方式向上述人士提供劳动报酬。基于股份支付、限制性股

---

[*] 本章内容原刊于《东方法学》2017年第1期。考虑到与本书主题的匹配性,经适当调整与增删后形成目前的论题与篇幅。作者:陆华强,北京大学法学院博士研究生。

[1] 周其仁:《市场里的企业:一个人力资本与非人力资本的特别合约》,《经济研究》1996年第6期,第71页。

[2] Maurice 与其兄弟 Charles 在1970年代早期设立了 Saatchi and Saatchi 公司,并成为世界上最大的广告代理商。由于持有公司30%以上权益的基金经理的反对,导致 Maurice 及其他关键高级经理的离职。这些离职高管和 Maurice 兄弟共同设立了另外一家广告代理商 M&C Saatchi。在很短时间内,M&C Saatchi 获取了原公司的重要客户(如 British Airway, Mars, Dixonn,, Gallaher).而原来公司业务大幅度下滑,后不得不更名。See Raghuram G. Rajan, Luigi Zingale, The Governance of The New Enterprises, National Bureau of Economic Research, Working Paper 7958。

[3] 本文所讨论的创新企业的范围与边界下文第四部分将做详细探讨。

[4] 该办法由中国证券监督管理委员会126号令发布并于2016年8月13日实施。此前,中国证监会于2005年颁布了《上市公司股权激励管理办法(试行)》。

票、股份期权授予等激励机制,上市公司与特定范围的雇员之间建立起一种针对人力资本的"出资锁定",为上市公司持续经营和未来业绩提供了人力资本的储备。期权、股权激励是劳动合同制度之外的另外一种实现人力资本更深层次嵌入企业组织的法律机制,有助于人力资本资产专用性在企业组织中的实现,维持并提高企业技术、产品、服务的竞争力。

《股权激励办法》仅针对上市公司适用。而我国挂牌的上市公司接近 3000 家,仅占中国 2168.4 万[1]工商注册企业的 1.5‰。相比未上市公司,上市公司长袖善舞:货币资本融资渠道多元,人力资本吸纳通道更为顺畅。而中国 2000 万未上市企业中,大多数的情况是:公司规模较小、知名度不高、权益流动性弱、融资机会少。未上市公司往往因为没有充分现金流而不能像上市公司一样高薪聘请专才。[2] 股权、期权激励等非现金方式吸纳人力资本的机制对未上市创新企业而言更为迫切!未上市创新企业能否在特定细分行业中实现人力资本的"专用化投资",决定了其能否在特定细分市场中聚合资源、精准发力。如何有效吸纳人力资本关乎创新企业的生死存亡。《股权激励办法》给上市公司亮绿灯、开"小灶"[3],而罔顾非上市公司。从必要性角度,有本末倒置之嫌。

本章关注未上市企业[4]尤其是创新企业的雇员激励问题,即人力资本如何正式、有效地嵌入企业组织,如何在创新企业中构建具有创新品格的雇用

---

[1] 根据国家工商总局官方网站公布数据,至 2016 年 3 月底,全国应当公示 2015 年度报告的企业数量为 2168.4 万户,其中内资企业 2120.5 万户,外资企业 47.8 万户。http://www.saic.gov.cn/sj/tjsj/201604/t20160421_171347.html 2017 年 6 月 8 日最后访问。

[2] 这种情况同样出现在美国的创业企业中。例如美国全国小企业投资协会(National Association of Small Business Investment Companies)的主席 Walter B. Stults 曾说,Startups cannot afford to pay talented professionals as much as well-established corporation can. Also, it is apparent that no startup, indeed, no small firm, can survive and succeed unless it is able to attract and hold talented managers. See Testimony of Walter B. Stults, Hearing before the Subcommittee on Tax, Access to Equity Capital and Business Opportunities of the Committee on Small Business, House of Representatives, Ninety-Eighty Congress, First Session, Washington, D. C. June 22,1983.

[3] 随着上市公司标准越来越低门槛,上市公司与非上市公司的界限将越来越模糊。试想,按照证监会《股权激励办法》实施股权激励的上市公司如因业绩或自身战略原因退市或被私有化,那么退市的公司不适用于上述规定。这种情况下,原来实施的雇员激励制度是否因没有法律依据而暂停实施?受激励员工岂不因为私有化提前获得套现的机会。可见《股权激励办法》让上市公司独善其身,存在明显的逻辑自洽性问题。

[4] 全国中小企业股份转让系统挂牌公司,由于其挂牌时未开展首次公开发行股票,仍属于"非上市公司公众公司",因而纳入本文讨论范畴。本章所讨论的创新企业属于未上市公司整体中一类企业。

秩序。

在中国,很早就开始提出尊重知识、尊重人才的国策,并强调"人力资本"[1]的观念。但是,在法律制度层面,人力资本被排除在公司注册资本缴纳法定方式之外。实践中,未上市的创新企业通过创始人承诺、股东协议、合伙企业、信托计划等各方式给予关键员工股权或期权性质的激励。我将证明,这些因非标准化、略显"山寨"的激励机制的运用影响了雇员、创始人在雇佣关系中的谈判地位,增加了人力资本要素参与企业组织的缔约、履约成本,并由此影响了人力资本的特殊价值在创新企业中的充分、持续释放。从长远看,这势必影响创新企业的发展、制约创新经济的活力。发达国家的法制实践表明,无表决权股、限制性股票等类别股制度是实现人力资本与企业组织实现对接和"锁定"的常见法律通道。在中国,实现人力资本与企业组织之间顺畅对接,为人力、货币诸要素之间的"团结情感"[2]和组织粘性[3]提供制度支撑,需要立法层面的权威回应。解铃还须系铃人。面对占中国工商注册企业数量98%以上的、最可能代表"最广大人民利益"的未上市创新企业群体的人力资本"注册难"问题,《公司法》责无旁贷。

在文章结构上,本章第二部分梳理创新企业雇佣关系的种种乱象,第三部分分析造成这种雇佣关系失序乱象的原因,第四部分从创新企业特征角度尝试寻找一种考察创新企业雇用关系和雇用秩序的认识框架,第五部分讨论构建创新企业雇用秩序的法律框架,最后是简短的结论。

二、创新企业股权激励之乱象

(一) 多元、非标准化的通道

如前所述,劳动合同是企业与员工之间确立雇用关系的基础性框架。为引进关键技术、业务人员等人力资本,除劳动合同外,中国企业在实践中还采用了如下变通途径。

---

[1] 如王开国、宗兆昌:《论人力资本性质与特征的理论渊源及其发展》,《中国社会科学》1999年第6期,第33页。
[2] 蒋大兴:《团结情感、私人裁决与法院行动——公司内解决纠纷之规范结构》,《法制与社会发展》2010年第3期,第54页。
[3] 聂辉华:《企业:一种人力资本使用权交易的粘性组织》,《经济研究》2003年第8期,第64页。

1. 干股或代持方式

就为公司提供帮助、做出贡献的特定雇员或外部人士(多为财务顾问、律师),创始人会考虑安排一定比例的股份权益免费提供给这些人士。这些不需要实际出资或支付货币价款而获得的股份或权益,俗称"干股"。"干股"持有者不实际持有公司股权,不影响公司形式上的表决权。获得"干股"的雇员和其他实际出资(一定幅度的折价)获得权益的雇员都可能不直接持有获得工商登记的注册资本。相反,这些股份或权益多由创始人股东代为持有。代持的安排多为口头约定,也有书面形式,但创始人多以保密为由安排公司保管整套代持法律文件,雇员方面往往不持有代持文书。

2. 普通股方式

如果特定雇员方面为联合创始人、首席研发者等对公司发展至关重要的人士,则其居于优势谈判地位,创始人方面往往会同意雇员入职时便直接给予股份。虽然这些人士拥有的实际权益要按照持续工作时间或项目展开进度进行调整,且往往还有锁定期安排,但这些人士在形式上已经成为公司股东,有权参与公司未来增资、股权转让重大事项决策,行使表决权和分红权。

3. 有限合伙或有限公司方式

创始人牵头设立有限合伙企业,进而持有创新企业一定比例的股权。关键员工以有限合伙人身份参与合伙,创始人担任普通合伙人和执行事务合伙人。关键员工由此实现了对企业权益的间接持有。由于创始人担任执行事务合伙人,合伙企业对创业公司股份所对应的投票权由创始人控制。例如,联想控股有限公司在上市前,安排公司受激励的 618 名员工和相关高管分别通过 15 家有限合伙企业持有北京联持志远管理咨询中心(有限合伙)(以下简称"联持合伙企业")的权益,从而实现间接持有联想控股 24% 的股份。柳传志通过其个人控制的北京联持志同管理咨询有限公司担任上述联持合伙企业的普通合伙人,从而实际控制了联想控股 24% 的表决权。[1]

一些创新公司还通过安排创始股东与受激励员工共同设立有限公司作为雇员

---

[1] 联想控股股份有限公司招股说明书,http://www.legendholdings.com.cn/Investor/wenjianxiazai/ch/20151019114734.pdf,2016 年 6 月 26 日最后访问。

持股平台,创始股东持有持股平台的多数股份,并享有对持股平台的控制权。

4. 海外持股平台

一些谋求海外融资的公司,通过在境外法域注册的特殊目的公司,并在特殊目的公司平台上依据海外法律发行期权、信托计划来达到实施雇员激励的目的。

5. "钦定平台"

这种平台专指在全国中小企业股份转让系统("新三板")挂牌的公司通过建立信托计划、专项资产管理计划,安排相关员工、代理商等持有信托计划和专项资产管理计划的权益,进而实现对创业公司权益的间接持有。[1] 全国中小企业股份转让系统有限责任公司(以下简称"股转公司")在 2015 年 11 月出具的《非上市公众公司监管问答——定向发行(二)》中一方面明确"单纯以认购股份为目的而设立的公司法人、合伙企业等持股平台,不具有实际经营业务的,不符合投资者适当性管理要求,不得参与非上市公众公司的股份发行";另一方面明确"新三板"挂牌公司的员工持股计划如果认购"私募股权基金"、"资产管理计划"等受证监会监管的金融产品,则可以参与本公司的定向发行。

上述通道是主管部门(包括新三板"股转公司")就未上市公司普遍面临的规范地实施雇员股权激励计划问题的给出了官方的"安全通道",本章因此将其称为"钦定平台"。

除上述平台之外,职工持股会也是一种在中国常见的激励途径,并成为确立稳定、持久的企业雇佣关系的组织基础。但是这种激励方式多用于国有、集体制企业中,创新企业很少采用该平台。本章不作分析。

(二) 非标准化激励机制的评价

1. 基于私人谈判的雇佣秩序

上述形形色色的创新企业的股权激励方式是创始人或控制股东所设计、同意或认可的,或多或少体现了未上市公司创始人视角下相对可行的确立雇用关系的

---

[1] 例如 2016 年 5 月某新三板挂牌公司"参照"中国证监会《关于上市公司实施员工持股计划试点的指导意见》("《员工持股计划指导意见》")委托某证券有限公司就"第一期员工持股计划定向资产管理计划"进行管理。

"土办法",具有实践理性。例如,干股、代持方式以及有限合伙和有限公司平台方式可以使创始人在赋予雇员分红权基础上,最大限度地保留上述分红权所对应的表决权,从而避免因众多雇员直接持股造成股东之间在引入后续投资者等重大事项上的集体协商、决策成本。考虑到人力资本不能一次性出资到企业是一种"不听话"的资产,"干股"和代持的机制,实际上帮助创始人获取了一个"先交货、后付款"的买方优势交易地位。就有限公司、有限合伙以及资管计划而言,这些机制都有效地回应了公司在 IPO 前股东人数不得突破 200 人的"策红线"硬性规则。与此同时,有限合伙、有限公司、资管计划的持股平台则可以使公司雇员的加入、离开以及基于雇员业绩考评的激励性薪酬的支付进度不直接影响公司现有持股结构,避免持股结构频繁变动影响外部股权融资计划。

这些基于私人谈判而非国家法令的现实雇佣秩序事实上构成了我国前一阶段创新企业、创新经济蓬勃发展的根基。

2. 潜在的问题

(1) 干股和代持

"干股"协议并没有通行、固定模板可供参考,可能导致受激励人员的利益长期处于不确定的状态。[1] 经常的情况是,受激励人员误以为其已经拥有了公司的激励性权益,但事实上却并不构成股权激励——雇主和创始人事实上是"空手套白狼"[2]!我曾调查过一家北京的新三板挂牌企业。面对公司研发部入职超过 6 年的老员工一再请求,创始人允诺的股份激励一拖再拖,直到公司新三板挂牌后才正式兑现。在这长达 6 年时间里,对受激励的雇员而言,事实上面临两重风险:一是公司经营失败、股权价值缩水的风险;二是雇主失信食言的风险。在发生争议时,雇员将面临维权经费和时间成本的困扰。[3]

---

〔1〕例如,我曾看到一份"干股"协议。当时公司注册资本才 100 万元,创始人向员工承诺提供价值 10 万元的股份。按照签署协议时候的资本规模,该员工持有的比例就有两种理解:一种是员工持有公司当前股本规模 100 万元的 10%,另外一种理解是该员工在现有股本规模基础上额外获得 10 万元的股份,进而其应持有公司 9.1%(10/(100 + 10))。

〔2〕例如纪东向与北京东东方惠尔图像技术有限公司股东资格确认纠纷案(北京市第一中级人民法院(2014)一中民终字第 5723 号)。

〔3〕例如北京问日科技有限公司与高兴股东资格确认纠纷案(北京第一中级人民法院(2015)一中民(商)终字第 5296 号),雇员为了维权不得不经历了劳动仲裁、民事一审、民事二审等程序。

当公司开展后续融资时,情况就更加复杂。因为"干股"或代持股份是未经工商注册的股份,如创始人因疏忽或故意没有向私募投资人披露,那么当私募融资完成后,该持有"干股"或委托代持的雇员在私募融资稀释后所持有的权益比例并不好算,扯皮的事情自然少不了。"干股"导致公司股权不清晰加之公司估值随着逐轮私募融资逐步上扬,创始人与雇员之间处于模糊地带的利益边界也随之放大,分歧更为凸显。加之沟通上的不畅或不慎,极易滋生芥蒂,甚至反目成仇。[1]

(2) 普通股

如果说"干股""代持"的方式是雇员"先交货"、雇主"后付款"的模式,那么普通股的方式属于雇主"先付款",雇员"后交货"的模式。这种模式下,虽然雇员利益获得了较为充分的保障,但雇主方面却面临被动境地。例如深圳市富安娜家居用品股份有限公司(股票代码:002327)在上市前即 2007 年 6 月 20 日,以优惠价格向雇员常明玉派发 2 万股股份。按照激励计划,上述股份为"限制性股票",但深圳市市场监督管理局只能做普通股(注册资本)登记。2008 年 3 月 20 日,基于"股权清晰"的上市要求,公司终止雇员股权激励计划。作为配套措施,常明玉和其他受激励雇员一样,出具了上市后服务 3 年的"锁定期"的承诺,以体现激励股份的"限制性"要求。2008 年 10 月,常明玉在公司上市前离职。上述受激励股份虽经双方约定为"限制性"股票,但由于上述激励是在上市前实施的,且在工商部门和中国证券登记结算中心登记的股份性质均为普通股。处于明显强势一方的上市公司并不能基于雇员的《承诺》而强制收回。别无他法,自 2012 年到 2015 年 9 月,富安娜历经一审、二审、再审共三审程序来实现维权——不可谓不艰辛!

可见,在没有法定的类别股法律和登记制度等情况下,基于私人谈判所设定的"限制性股份"存在缔约和履约环节无法控制的交易成本问题。

(3) 合伙平台

创始人在担任创新公司实际控制人的同时担任有限合伙企业的普通合伙人存

---

[1] 例如中关村某企业申报"新三板"挂牌前夕,曾经服务于公司一段时间的雇员凭借创始人多年前签署的"干股"协议,委托律师向公司发函要求兑现多年前的"干股"。公司不得不通过反复、多轮的协商、妥协平息了争议。为应对干股纠纷,除了财务支出外,因为担心公司挂牌计划受到影响,创始人和管理层费心费神费力。

在身份竞合。这是因为担任普通合伙人意味着其对有限合伙企业债务承担无限连带责任。一旦有潜在的无限连带责任，该创始人所持有的公司股权可能面临被其个人债务的债权人处置的风险。风险投资人在投资时从风险控制角度往往会要求创始人避免出现这种在其控制的公司之外法律实体承担无限连带责任的情况。美国风险投资实践中采取的是这一标准。此外，合伙企业本身运营、管理需要发生工商、税务等成本。单个合伙安排关键员工持股有最多50人的人数限制。

此外，对于雇员正常离职，按照合伙企业法，离职雇员作为退伙合伙人要在退伙协议中确认对"退伙前"发生的合伙企业债务，以其退伙时从合伙企业中"取回的财产"承担责任。与之对应，新入职并在合伙平台上获得激励的雇员，也需要对"入伙前"的合伙企业的债务，以其认缴的出资额为限承担责任。这种本来用来应对合伙人之间合作共事、共担风险的场景下的规则安排，显然已经超出了雇主、雇员双方基于激励计划框架下的离职退股条款的常规安排，自然也逾越了受激励雇员对雇佣关系和雇佣秩序框架下之权利义务的正常预期。

（4）有限公司平台

以有限公司的形式持有公司权益不存在创始人承担无限连带责任的问题，但却使雇员转让受激励权益时面临双重征税的境地。更为重要的是，雇员人力资本投入和回报事项被人为分开。这一点有限公司和合伙企业一样。在这两种平台模式下，企业与雇员的劳动合同纠纷转化变成了持股平台层面上股东/投资人纠纷。本来人身关系性质的纠纷摇身一变转化为财产关系的纠纷。这种持股平台事实上构成了用人单位防止因激励事项导致劳动纠纷引火烧身的防火墙。[1] 创始人在律师的帮助下开辟了另外一个与雇员"单挑"的战场——以股东和投资人的身份对待雇员。一方面，当公司融资或上市，由于持股平台不属于公司层面的事项，如果有

---

[1] 戴宁宿威士伯涂料(上海)有限公司财产纠纷案(上海市第二中级人民法院(2015)沪二中民一(民)终1294号)、林存嫌与山东凯赛生物科技材料有限公司与公司有关的纠纷案(山东省高级人民法院再审(2015)鲁民申字第49号)中，都因为雇主在实际用人单位之外的特定平台上给予雇员股份期权，导致雇员向用人单位的诉讼请求被驳回。另外一个案例虽然不属于合伙形式，但同样值得参考：冯金渭与杭州采芝斋职工持股会股东资格确认纠纷案(杭州市东城区人民法院(2010)杭上商初字第289号)。该案中，雇员在公司任职超过10年，其间雇员持续获得的激励性权益通过职工持股会平台持有。发生争议时，雇员起诉的不是其服务的公司杭州采芝斋食品有限公司，而是该公司职工持股会。

股权争议,也不属于必要的披露范围;另一方面,外部投资人在投资时候也不必过分关注平台上激励股份的派发可能导致公司层面的持股结构问题。没有私募投资人和监管层的关注,真正的用人单位就有更多的理由不关心甚至怠慢雇员在股权激励事项上的权益的实现与保障。

(5) 海外持股平台

海外持股平台的方式一方面使企业不得不花费巨额律师费、财务顾问费来搭建海外结构,增加不小的成本,另一方面也导致国内工作的雇员难以实时了解其激励的派发、兑现情况,发生争议往往需要聘请境外专业顾问,对雇员利益非常不利。例如,美团网雇员维权时就面临诉讼主体在海外的问题。[1]

(6) "钦定平台"

以资管计划、信托计划为代表的证监会"钦定"持股平台,一方面适应面不够广——未实现"新三板"挂牌的非公众公司并不能使用此类平台。另一方面,资管计划有较高的准入门槛[2],一般的初创企业引进三五名专门研发、技术人才,根本没必要设立上千万规模的持股计划:杀鸡焉用牛刀!此外,券商资管平台的使用将催生包括律师费、管理费在内的运营成本,对于"盘子"并不大的非上市创新公司而言意味着一笔不小的成本。

(三) 小结

"干股"和"代持"的方式对雇主如期兑现激励股份不构成直接约束力,容易引发雇主的机会主义行为,并导致雇员面临企业经营风险、雇主机会主义两重风险,难以安心地投入工作;普通股的方式,一方面导致公司持股人数大面积增加,提高公司集体决策和治理的成本,另一方面公司将面临雇员提前离职但难以及时收回受激励权益的窘境[3];合伙企业和有限公司平台方式使雇员人力资源投入的人身性关系保留于作为用人单位的公司层面,财产性关系"搬迁"于持股平台层面。平

---

[1] 参见北京市第一中级人民法院(2015)一中民终字第 3507 号《民事裁定书》。
[2] 根据我与相关券商资管计划人士访谈,一般情况下员工持股计划初始资金规模至少为 3000 万元,以确保券商开展上述业务有基本的管理费收入,避免入不敷出。
[3] 如前文提到的深圳富安娜案。

台上的雇员利益容易受到雇主的盘剥。海外持股平台和券商资管计划等"钦定"平台都存在设立成本问题，同时也增加了雇员方面的维权成本，难以成为创新公司基于"双赢"原则吸纳人力资本的理想平台。

综合前述分析，现有的各种激励通道汇总如下表。

激励方式	法律依据	优势	劣势
"干股"或"代持"	合同法	"先交货、后付款"：雇主主动、雇员被动。	非标准化合约，易产生分歧。雇员承担经营风险和雇主机会主义两重风险。维权举证困难。
普通股	公司法	"先付款、后交货"：雇员主动、雇主被动。	雇主需要承担雇员机会主义风险；不便灵活派发和收回；易导致表决权分散，公司集体决策成本提高。
合伙企业	合伙企业法	表决权和分红权分离；公司层面持股结构不受雇员入职、离职影响；创始人以GP身份获得表决权。	雇主雇员人身性关系与财产性关系分离；创始人身份与普通合伙人身份竞合；发生平台运营成本；"打通计算"股东人数，存在200人股东人数限制。
有限责任公司	公司法 劳动法	表决权和分红权分离；公司层面持股结构不受雇员入职、离职影响	雇主雇员人身性关系与财产性关系分离；发生平台运营成本。"打通计算"股东人数，存在200人股东人数限制。
海外持股平台	境外法律	通过搭海外法律制度的"便车"，便于上市主体灵活实施股权激励。	发生高昂的海外结构搭建、维护成本；跨境环境下雇员利益难以保障。
资管计划、信托计划、私募基金	信托法 证监会部门规章	表决权和分红权分离；监管机构认可的较规范的激励方式；不"打通计算"持股人数，参与激励人数没有限制。	发生平台运营成本；仅上市公司或"新三板"挂牌公司适用。

创新企业雇员激励问题事关雇员是否离职创业等个人职业规划，同时也事关雇员家庭重要财富的来源与管理。多元、山寨的激励方式实难肩负和承载起"大众创业、万众创新"语境下，雇员与雇主之间的激励约束关系的框定与调整之重任。

与此同时,激励关系的失序也意味着创新企业雇用秩序的亟待升级。

三、雇用关系失序的原因分析

除了法律制度方面因素外,创新企业中人力资本的重要地位、创新企业持续性的股权融资依赖以及走向公开资本市场的历史任务等因素共同催生了雇员激励的乱象,并导致创新企业雇佣关系的失序。

(一) 企业语境下的人力资本属性

《公司法》没有将人力资本或劳务纳入股东缴纳出资的方式。在企业组织的语境下,人力资本的如下两个特性决定了它不能像货币、机器设备、知识产权一样可以基于评估量化直接投入到企业实现"资本化"。

首先,人力资本具有人身依附性[1],不能脱离自然人而独立存在。人力资本是劳动者自愿向企业提供一定的精神上和肉体上的服务来实现其价值的。因此,在消除奴隶制的社会环境下,虽然产权、所有权的法律机制可以确保资金、技术、设备等生产要素在企业内部实现以利益最大化为目标的配置和管理,但是人力资本与公司的对接无法依赖于现代产权或所有权制度。例如,雇主不能"库存"雇员的人力资本、也不能"占有"人力资本;不能强制劳动等方式"使用"人力资本;更不能以"处分"的方式将雇员人力资本在市场上转售变现。公司被并购时,作为雇主作为"老东家"并不能命令或指示雇员与未来"新东家"确立雇用关系。这种人身依附性不光在出资阶段存在"出资不能",还体现在公司解散、破产阶段,人力资本难以像厂房、设备和无形资产等其他生产要素一样较为轻松地获得司法变现。这就导致以人力资本的"出资"对外部债权人的担保功能无法实现。[2]

除了人身依附性,人力资本还存在计量、评估上的难题。在现实中,人力资本计量难题充分体现为现代公司经常采用的各种人事管理制度的"事后测量":针对雇员向公司的人力资本的投入,公司作为雇主多以计件工资、月工资、项目薪酬等

---

[1] 以劳务进行交易时,让渡的并非劳动力的所有权而是劳动力的使用权,劳动力使用的结果即是劳务。见薄燕娜:《股东出资形式多元化趋势下的劳务出资》,《政法论坛》2005 年第 1 期,第 116 页。
[2] 冯果:《也谈人力资本与劳务出资》,《法商研究》1999 年第 2 期,第 29 页。

方式进行提供报酬。与此同时,月度和季度的全勤奖、绩效考评、年终考评,晋升、降级等人事管理制度对雇员在一定周期内人力资本的价值贡献进行"追溯调整"。相比固定资产对企业最终产品的价值贡献和输出体现为按月、按年固定比例的直线折旧[1],人力资本在价值输出的计量方法上显得尤为复杂。

现代企业开展融资或对外经营活动基于财务报表所呈现的经营状况。人力资本难以以资产的方式呈现于财务报表的资产类科目,而且也难作为一种"实收资本"直接呈现于所有者权益类科目。人力资本人身依附性、计量困境导致人力资本相比货币资本而言显得有些不听话和桀骜不驯。[2] 这些因素导致人力资本难以像货币、设备等生产要素一样,可以作为一项资产被服服帖帖地投入到企业。

法律上人力资本正式注册通道的阙如,诱使创新企业纷纷寻求"法外空间"来满足其对熟练工人、关键雇员等实施持久性激励的商业需求。形形色色的激励形式开始粉墨登场,乱象丛生。

(二)双轨监管体制的区别待遇

虽然我国《公司法》没有赋予人力资本的出资资格,但是《股权激励办法》事实上却为上市公司开凿了吸纳人力资本的特殊通道。

在《股权激励办法》框架下,上市公司可以在股本总额10％范围内,以股份回购、"向激励对象发行股份"等的方式,安排关键雇员在持续服务公司一定期限的情况下获得股票期权。根据会计准则,期权授予后、行权前,在每个会计期间内全部受激励雇员获得的按照激励期间折算的一定比例的激励股份权益数额,将被确认为该会计期间的管理费用。与管理费用相对应,所有者权益中"资本公积-其他资本公积"科目作相应调整。这就相当于公司股东把"未分配利润"中的一部分(相当于管理费用)让渡给了激励对象,作为其未来行权的"准备金"。当约定的雇员服务期

---

[1] 在会计上呈现的固定资产折旧越多、越快意味着当期的产品、在产品中所蕴含的来源于固定资产的价值量较多。

[2] 作为一项资产,人力资本虽然不呈现于静态资产负债中,但呈现于动态的利润分配表。在利润分配表,雇员的劳动和服务等人力资本呈现为当期的管理费用或制造费用。可见,人力资本在企业组织持续经营过程中逐步释放体现出其价值——一种支撑公司营业收入的成本投入意义上的价值。而企业的停产、歇业意味着人力资本的价值输出的暂停,自然不会呈现于利润分配表。

限届满,受激励雇员实际行权并获得激励股票时,该准备金将转入股本或股本溢价。

例如上市公司鼎汉技术(股票代码:300011)2015年年报显示,2015年3—12月,公司股权激励对象共计行权4,040,021股。公司资产负债表显示注册资本由2015年期初股本人民币522,989,931.00元增加至期末的527,029,952.00元。相应地,相关受激励员工成为公司新增加的股东。也就是说,在《股权激励办法》框架下,随着高管与员工向公司持续投入劳动或服务,公司将人力资本的投入在会计上逐步确认为管理费用、资本公积、股本(股本溢价)等会计科目,并且最终"注册"于公司资产负债表和股份登记机构。受激励人员通过人力资本的持续投入换回了公司一定比例的股份。

《股权激励办法》所确立的人力资本变通出资的操作实践似乎给创新企业雇员激励提供了一种可资借鉴的演示。

其实不然。

按照会计准则,行权日前的每个会计期间因股权激励计划而产生的管理费用相对应的所有者权益科目里将逐步产生"资本公积"。也就是说,对于当年没有盈利或没有滚存的未分配利润的公司而言,如果其参照《股权激励办法》派发股权时,将可能导致没有实际存在的"资本公积"可供"拨备"为准备金的窘境。如果执意"拨备",也将导致账面的未分配利润溃口继续放大。对于还没有逾越盈亏平衡点的创新企业而言,按照《股权激励办法》实施雇员激励势必面临如何进行规范的会计处理的技术性难题。

长期以来,我国针对上市公司与非上市公司的双轨监管状态使证监会可以为上市公司开小灶,《股权激励办法》便是量体裁衣、度身定做的例子。《股权激励办法》让我国3000余家上市公司独善其身,而在数量上更为庞大的创新企业、未上市公司在雇员股权激励问题上却不得不自谋出路、自力更生。礼失而求诸野,在激励形式上八仙过海、各显神通也就不足为怪了。

(三) 上市标准的前端衍生作用

上市是企业经营成功的重要标志。申报股票公开发行并上市的企业作为申请人其在股东人数和股权清晰上有硬性要求。

先说股东人数。我国《证券法》规定，向特定对象发行证券累计超过二百人的，属于公开发行，应当经国务院证券监督管理机构或相关授权部门核准。对于创新企业而言，一方面其创始人或合伙人往往较多，且在上市前往往经过了多轮私募融资；另一方面，创新企业需要通过对关键雇员、分销商、供应商等合作伙伴开展股权层面的持久、深度的合作，使之成为"事业合伙人"，在各类参与方之间划出最大的公司价值同心圆，分散创业风险、稀释创新不确定性。两方面因素共同作用的情况下，创新企业在申报上市前的持股人数快速攀升，容易触发政策红线。

再来看股权清晰。在股权清晰问题上，按照现有会计准则，针对雇员的股份支付公允价值的计量方法由企业根据自身业务内容自行设定。对创新公司而言，一方面其业务具有新颖性，收入确认的标准、成本结转的进度等会计标准的采用往往不具有行业共通性，更没有哪家同行业已上市的公司公布的财报可以直接拿来参考。此外，创新公司的估值随着A轮、B轮等各轮融资的推进长期处于变动不居状态[1]，加之创新企业在早期阶段往往没有足够的能力和充分的意识来聘请具备证券从业资格的会计师事务所进行审计，上述公允价值的公允性容易存在争议。这些估值问题可能导致公司因向雇员进行期权派发、股份支付时所发生的"管理费用"的会计确认存在随意性。

由于统一、通行的雇员激励通道的缺乏，以及与"钦定"通道的不一致，一些创新企业在引入风险投资或申报上市时往往需要进行大刀阔斧的股权重组，按照主管部门最新的标准清理、规范已经实施的股权激励计划。早先崇尚规范经营且已经落实股权激励的企业反而面临企业雇用关系的"拆迁""重建"问题，徒增调整环节的税务和法律成本。另外，由于创新企业自身发展不稳定，人员流动性较高，股份期权的支付或派发与股份回购、期权的收回是常有的事情。为了免于私募融资或未来上市申报环节股权清理、重组的麻烦，老谋深算的创始人会优先考虑打"人情牌"，通过"干股"、代持等方式来兑现激励股份。这虽然在形式上实现并维持了公司的股东持股结构的清晰、简洁，但在实质上造成的不清晰却更为持久和深远

---

〔1〕在引入风险、私募投资之前，公司因为未曾发生过股权的实际交割，作为闭锁公司，其公司"公允价值"的认定可能更为离谱，容易被人为左右。

（甚至到持续到挂牌或上市后）。

可见，股东人数的政策红线虽然剑指非法集资，意在保护弱势投资者，在中国创新企业中，却恰恰给了创始人遮遮掩掩地实施股权激励的冠冕堂皇的理由（如代持、合伙平台机制）；股权清晰本来应该是创新企业吸纳外部资本和引进人才时增发新股、转让老股的基本操作规范，但因为股权激励规范、统一的法律通道的缺乏，使创新企业在面临雇员激励的现实需求时，往往以更大、更长远意义上的不清晰换来了形式意义上的短暂的股权清晰。[1]

（四）持续性的外部融资依赖

按照惯例，私募机构在投资时都会对目标公司持股状况开展尽职调查。创新企业如果"正规"地实施了激励计划，鉴于人力资本的人身依附性，不可能一次性投入到公司中，有的雇员可能提前离职，每个会计期间届满都需要对当期产生的管理费用进行合理测定。这对于一家股票未流通的公司而言，当当期管理费用成为伸缩性很大的损益表科目时，公司净利润成为了可以随意调整的橡皮图章。由此滋生创始人与风险投资机构之间的芥蒂——尤其是在存在以业绩为基础的对赌条款的前提下。为了便于后续风险融资时的陈述与披露，不少创新企业往往通过一次性授予雇员普通股，同时另行签署君子约定，设定雇员实际享有的权益范围的调整方式和变动进度。

同时，雇员持有普通股方式的情况下，一方面雇员作为股东将可能因不配合及时签署投资协议、章程等法律文件影响公司后续融资进程，另一方面，新老雇员的正常入职与离职将导致公司股权结构变动不居，私募投资人所持有的公司股权比例亦处于相对不确定的状态。为了划清外部投资人与内部激励雇员之间的权益界限，也为了便于管理受激励股份，不少创新企业干脆通过另行设立合伙企业、有限公司平台方式方式开展股权激励。这导致设立有限合伙等形形色色的激励平台成

---

〔1〕如富安娜限制性股票案中，公司在上市前，在形式上给予了受激励雇员标准、统一的普通股，但该等普通股在上市后事实上还依附着雇员的锁定期承诺。这导致上述普通股虽在上市后已登记于中国证券登记结算公司但该等股票的转让、交割仍引发了长达三年的公司与股东（作为雇员）之间的诉讼，诉讼事由正是有关该等普通股股票溢价转让的收益归属问题。

为雇员激励池的做法在创新企业中颇为流行。

（五）税务的逆向激励

任何人力资本的正常"注册"将产生"管理费用"，并将影响当年的净利润。这对一家力图向外部投资人、供应商、合伙伙伴、优秀雇员证明公司的业务潜力和投资价值的创新公司而言，无疑具有威慑力——特别是同行业竞争方没有因为股份支付而发生管理费用进而压低净利润指标时。创始人会极力避免实施对雇员的股权激励徒增公司"管理费用"进而影响公司净利润的财务指标。另外，从雇员角度，其行权时将不得不就公允价值与实际支付价格的差价承担纳税义务。这对尚未获得丰厚的货币性薪酬支付的创新企业雇员而言是不小的资金压力。在实践中，不少公司转而通过代持等方式，以避免因为授予、行权、离职等原因发生时频繁发生纳税义务。

总之，人力资本具有人身依附性，不能像货币、设备和技术那样可以一次性投入到公司当中，并直接呈现于公司资产负债表。人力资本的估值困境导致公司账面净利润等经营成果可能因为每个会计期间确认的管理费用而发生上下浮动。而人力资本直接持股前提下的受激励雇员的入职、离职行为还可能引发公司持股结构的频繁变动。此外，正式的股权激励机制下，授予、行权、离职事件可能直接触发雇员的纳税义务，对不以货币工资为主要薪酬来源的创新企业关键雇员而言，构成不小的现金压力。这些因素共同导致创新企业在吸纳人力资本方面从各自的实际需要采用了形形色色的替代性方式和途径，并催生出各种问题，影响了人力资本的特殊价值在创新企业的持续、充分释放。

四、创新企业雇用秩序的认识框架

创新企业雇员激励关系的规范、梳理必然基于对创新企业雇佣关系特性的准确解读。本部分从创新企业法律特征角度，尝试确立一种创新企业雇佣关系的认识框架，并为下一部分的雇佣秩序的优化与升级的讨论奠定基础。

（一）特殊的资产结构和融资结构

以中国 1980—1990 年代设立的以土地、厂房、机器、设备为核心资产表现形式的制造业传统企业中,公司往往需要占用工业建设用地、按照"三同时"的标准采购、安装环境保护装置、申报生产许可或进出口批文。此外,由于融资渠道狭窄,在GDP指挥棒、地方官员晋升的"锦标赛"模式下[1],政府招商引资往往会以"行政指导"的方式安排银行向新设企业项目提供配套融资。在上述评估、审核过程中,项目的注册资本和投资总额成为评估项目公司行业资信、偿债能力的重要指标。也正是基于此,公司的注册资本事实上成为公司能否以及多大程度上参与该地区、该行业社会分工、市场交易、市场竞争(招投标)的通行证。我曾调研的上海某医疗器械公司,1990年代为了获得参与医疗器械的政府采购项目投标资格,硬是将公司注册资本由几百万元硬撑到5000万元,公司名称中有了"集团"的文字表述给公司带来了更多业务订单和丰厚的经济回报。

在创新企业这里,注册资本及其基础上的资产结构有了全新的诠释。

为便于讨论,本章讨论的创新企业专指以科技、传媒、通信为代表的新兴行业中,在技术、产品、市场等方面具有创新特征的初创未上市企业。创新企业在资产结构、管理方式、人才倚重等方面明显区别于传统制造业企业。

在资产结构方面,创新企业的生产经营并不主要依赖于厂房、机器设备,非人力资本(Inanimate Assets)的产权已经不再是公司权力的主要来源,公司不再是作为资本投入者的股东手臂的延伸。创新企业中,围绕创始人的企业家才能逐步聚合或衍生出商业创意、软件著作权、专利等无形资产,企业依托于这些无形资产创造价值、产生营业收入,并在财务报表上最终转化为应收账款、货币资金等常规会计科目中的数字。更多的时候,创新企业在有了稳定的业务收入和利润累积时,往往会基于改善办公条件、提高雇员福利等留人的目的,购置自有办公楼、添置车辆等有形、大件的资产。[2] 因此,就动态角度看,创新企业是一种肇端并依托于企业家才能等人力资本而"发家"的企业组织的特定发展阶段,因而属于"轻资产型"的企业组织。如果说创新企业"先有人,后有物",传统企业则正好相反。传统企业基于大规模的货币资金的注入,不动产、机器设备等流水线的安装上线,在此基础上

---

〔1〕参见周黎安:《中国地方官员的晋升锦标赛模式研究》,《经济研究》2007年第7期,第36页。
〔2〕这个时候,由于企业技术产品趋于成熟、业绩趋于稳定、市场逐步成型,企业往往几近上市或成为公众公司,不再属于本章讨论的创新企业范畴。

再吸纳的经理人、熟练工人，后加入的人力资本事实上依附于先期货币资产的投入而形成的非人力资本（Inanimate Asset）。

基于特殊的资产结构，创新企业在盈利轨迹方面，由于其需要开拓新兴市场，其将经历较长时期的亏损状态，导致其在私募融资、"新三板"挂牌、甚至上市时候还处于亏损状态。[1] 传统的制造业企业在这种情况下绝无可能登录资本市场。

在融资结构方面，债权融资和股权融资普通企业的两大融资路径。

在债权融资方面，创新企业在上市前都处于"烧钱"阶段，一方面远没有实现盈利，另一方面往往没有土地、房产、重型机器设备等适格的银行抵押品。这种状况导致创新企业难以获得银行借款。对于一家亏损的、不存在常规债权人的企业而言，以期权、股权支付的方式引入雇员等人力资本，一方面使企业避免了货币资金的大幅度损耗，另一方面基于股份支付带来的人力资本锁定功能，有助于创新企业更容易获得外部风险融资。股权激励在两个方面因素共同促进了创新企业的对外偿债能力。

在股权融资方面，创新企业主要体现为风险、私募基金的溢价投资。相对于创始人的出资额度和受激励人员以劳动、服务换取的公司注册资本额度，风险、私募机构的投资额往往是前者的十几倍甚至上百倍。抓大放小，私募投资往往是从公司未来上市或参与并购的规范性角度核查公司前期出资是否真实到位、持股结构是否会影响未来融资和上市。[2] 私募基金往往乐于"向前看"——关注公司潜在的价值。私募基金不会因为创新企业存在人力资本出资（如股权激励）而降低对公司的估值——相反，私募基金反而可能因为公司尚未实施股权激励而担心企业能否持续留住关键雇员以确保持续经营。这是因为创新企业由于多为闭锁公司，而受激励的管理层和关键技术人员多为公司内幕知情人。公司对该等人员实施股权激励，即意味着该等内幕人的劳动报酬与公司经营成果相捆绑。[3] 通过对内幕知情人实施股份期权除了有激励功能外，事实上还在外部市场起到一个信息甄别效应

---

[1] 新三板互联网板块企业的挂牌前的亏损和负债情况。
[2] 如创始人是否保持控制权、有无隐名股东、雇员激励股份是否预留等。
[3] 即美国人经常说的一句话 Put their money where their mouth are.

（Information-sorting）[1]，即对外部投资人、供应商和债权人而言起到一个强烈信号的作用[2]。这种信号机制使不信息不够透明的创新企业有更多的机会获得外部融资和供应商的授信。雇员股权激励所产生的外部信号效应对初创企业而言意味着更多的融资机会和生存机会。

总之，特殊的资产结构和融资结构意味着创新企业与关键雇员等人力资本之间不能单单仰赖于劳动合同和货币薪酬的支付，而涵摄股份权益支付的新型雇用关系的确立是确立和优化创新企业内部雇佣秩序的必然。

（二）资产专用化及其实现

传统企业的资产专用化往往意味着专用设备的采购（如油罐车等专用运输工具）、专门流水线的建设与上马、特定政府牌照或配额的申领等。在创新企业中，资产的专用化主要涉及人力资本。具体而言，创始人拥有创意和企业愿景，其自身即为公司最初的人力资本，是创新企业的逻辑前提。围绕创始人逐步聚集的关键雇员等人力资本，在长期的围绕公司主营业务或技术路线的长期、反复磨合过程中，创业团队在特定技术、服务、产品或市场上实现了资产专用化——不论是整体还是个体意义上。这种资产专用化在法律上表现为特定主营业务范围内的专利、软著、商标的申请和授予，客户名单等公司商业秘密的累积。这些无形但专用性的资产对创新企业而言，意味着市场竞争力和未来营业收入、现金流。

一些创新企业老板为了鼓舞士气，提倡"全员持股"，以实现雇员在企业中专用性技能、经验的长期投资和积累。而且创新企业中的雇员人力资本的长期化投资，相比传统的寡头（Oligopolistic Industry）竞争状态下的大企业存在明显的不同。根据 Rajan 的研究，在专业化方面有技术导向专业化（Technical Specialization）和企业导向的专业化（Firm Specific Specialization）两种。技术导向专业化的雇员个体或生

---

[1] Lazear, Edward. 1999, "Output-Based Pay: Incentive or Sorting?" National Bureau of Economic Research Working Paper 7419.

[2] 1979 年克莱斯勒公司濒临倒闭，投资人对企业未来经营高度堪忧。新任 CEO Lee Iacocca 作为内部人出人意料地将其薪酬直接捆绑为公司未来业绩的报酬（variable pay that depended on performance）。除此之外，其仅要求公司每年支付 1 美元的货币薪酬。到 1980 年，伴随公司业绩的恢复和股价的提升，Lee Iacocca 的薪酬实际价值体现为 35 亿美元。参见 http://www.forbes.com/2002/05/08/0508iacocca.html，2016 年 7 月 12 日最后访问。

产班组是与特定行业相关联的,除非这个行业是垄断企业控制的行业。在伯利和米恩斯描述意义上的垂直整合的寡头企业中,有技术专长的雇员形成了与特定寡头企业之间紧密关联。对他们而言,专业化技术的市场空间有限,雇员人力资本资产专业化的激励并不高。在创新企业中,由于存在相对公平竞争的市场,雇员个体的专业化经常是一种技术导向的专业化而非企业导向的专业化,这意味着雇员个体的技术不和特定企业捆绑,在更广阔的行业市场范围内存在价值。这种情况下,雇员更愿意进行专业化投资。

雇员进行技术专用化的激励问题只是硬币的一面。在硬币另一面,雇主却会担心关键雇员的离职对公司持续经营的影响。创新企业实践呼唤雇用关系的法律框架的规范和成型,进而实现人力资本在合理期限内的锁定,促进围绕人力资本的专用化投资在创新企业更容易实现。

(三) 劳资关系的"新平衡"

人力资本基于其人身依附性和估值不确定性,因而是一种非标准化的生产要素。劳动合同框架下的八小时工作制、月度、年薪制类型化地满足了公司聘人、用人的基础性、一般性需求。国家通过法律方式确立劳动合同的必备条款,事实上起到了一个标准化人力资本合约的作用,减少了处于强势地位的雇主借立约、履约和解约环节对雇员利益进行压制、盘剥的空间,平衡了劳资双方的权利义务。这种机制是对依托于器械和能源的工业化大生产机制的法律回应。在创新企业,一方面,由于创新企业货币支付能力的限制,另一方面由于锁定关键雇员、实现人力资本资产专用性的需要,关键雇员的薪酬形式主要体现为期权的派发、股权的支付。因此,股权激励机制是否合理、公允,可执行、可信赖成为影响劳资关系是否健康、和谐的重要砝码。针对国有企业和制造业企业以工资为主要薪酬构成的劳资关系而建立的劳动合同制度,难以应付创新企业与人力资本的特殊交易场景。而创新企业的雇佣实践中,干股、代持、合伙和有限公司平台、资管计划等雇员非标准化的激励通道和非标准化的对价导致雇主、雇员之间猜疑潜伏、恩怨难断、诉讼频发。创新企业雇佣关系的规范、明晰化,有助于减少和消除雇主、雇员之间因为人力资本"出资""锁定"问题上的纷争,实现雇用关系的持久、雇用秩序的井然。雇主和雇员可以将其更多的精力投入到研发、管理、销售等创新公司的核心业务事项上,使劳资关系在创新经济中获得"新平衡"。

(四) 持续面临的股权融资依赖

传统企业倚重银行融资和授信。创新企业轻资产型的资产特点、扁平的业务整合模式以及上市前亏损的常态化决定了其难以获得来源于银行等机构的偏好固定收益的债务融资。股权融资是创新企业更为倚重的融资渠道。创新企业从初创到实现 IPO 往往需要经历家庭和朋友的投资[1]、天使投资(Angel Investment)、风险投资(VC)、私募投资以及在 IPO 状态下的公众投资人投资。有潜力创新企业项目在上市前往往会吸纳多轮融资。实践中,前一轮投资是否合法有效可执行都将影响后一轮投资者的投资信心和投资意愿。自然,保持清晰的持股结构有助于创新企业便捷地开展外部融资,而代持、持股平台等激励方式使创新企业股权结构趋于复杂,开展多轮外部融资时需要反复进行尽职调查,并且在交易文件中需要设定复杂的陈述与保证条款,增加融资环节的交易成本。对外部投资人而言,公司的股权激励和持股结构状况是否如实登记并呈现于登记机关和年度报告,决定着投资人对公司及其关联方(持股平台)的有关激励事项的专项审计和法律尽调的成本。

(五) 小结

总之,创新企业轻资产型的资产结构特征决定了其必须倚重股权融资、轻债务融资。而股权融资经常性和反复性要求创新企业内部基础性股权关系需维持足够的清晰性。与轻资产性资产结构相对应,人力资本的专用化投资是创新企业夯实其在特定细分市场的竞争力的关键。而要实现雇员专用性资产投入的积极性,需要借助法律实现劳资关系在创新经济环境下的"新平衡",实现人力资本价值在创新企业的充分、持久的释放。

从认识框架角度,创新企业与传统企业相比存在如下一些需要留意的特征。

---

[1] 一些有关创业企业的著作将家庭和朋友的投资视为 3F 资本即 friends, family and fools,参见 Jack M. Kaplan, Anthony C. Warren, Patterns of Entrepreneurship Management, New Jersey, 2013: John Wiley & Sons, Inc. , 4th edition.

	传统企业	创新企业
逻辑起点	货币资本	企业家才能
资产结构	厂房、设备、机器等重资产为主；人力资本依附于物质资产	知识产权、商业创意等轻资产为主；人力资本相对重要
融资方式	债权融资	股权融资（持续性地）
资产专用性的表现	专用设备、设施、政府牌照、行业准入	围绕企业家才能的专业化的人力资本
劳资关系	主要基于货币薪酬的劳动关系	主要基于股份支付的雇佣关系

五、创新企业雇用秩序的法律框架

创新企业股权激励上的失序，提示立法者及时推进相关法制的构建，以便于创新企业能够对肇端于 1995 年的劳动合同制度为框架建立起来的企业雇用秩序的及时升级。

（一）公司法角度：法典层面的类别股制度

实践中，人力资本加盟创新公司的非标准化的方式途径的主要依据并非公司法，而多为《合伙企业法》《信托法》以及《合同法》（涉及普通股派发）。这些制度规则并非专门指向雇用关系度身定做，难以准确回应创新企业人力资本激励和管理的现实需要。以有限合伙平台为例，按照法律规定，新入职的激励雇员作为新有限合伙人需要对合伙企业入伙前债务承担责任[1]，因离职而退伙雇员仍需要对离职前合伙企业债务承担责任。[2] 这种藕断丝连的人合性关系框架显然给雇员增添了义务性条款。合伙机制本来是一种用来应对实业经营或私募融资的场景下的合作框架，它明显超越了雇主、雇员双方基于激励计划框架下的权利义务配置格局，自然也超越了雇员对其薪酬形式的正常预期。因此合伙机制对创新企业雇用秩序的优

---

[1]《中华人民共和国合伙企业法》第77条规定：新入伙的有限合伙人对入伙前有限合伙企业的债务，以其认缴的出资额为限承担责任。
[2]《中华人民共和国合伙企业法》第81条规定：有限合伙人退伙后，对基于其退伙前的原因发生的有限合伙企业债务，以其退伙时从有限合伙企业中取回的财产承担责任。

化而言,仍是权宜之计。而统一、标准化的人力资本"注册"机制有助于雇主免于舍近求远地通过合伙、公司、资管计划平台方式开展激励,降低人力资本合约的交易成本。以无表决权股、限制性股份为代表的类别股制度下,激励方式、激励程序、违约处置等事项上相对公开、透明,有法可依、有案可稽。这就像劳动合同制度一样,标准化的必备条款使雇员在签约、履约和解约阶段,不求助于律师也可以基本确认其利益已经得到了基本的保护。劳动合同制度以及长期的司法裁判实践作为公共产品节省劳资之间私人谈判、缔约和履约的成本。

表决权股等类别股制度有助于框定雇员与雇主之间在雇用场景下的权利义务关系的边界与范围。在公司法层面设定类别股制度的前提下,雇主可以大大方方地开展激励。从雇员角度,从入职一开始就可以对自身人力资本的价值及其未来变现流程获得相对确定、可执行的安排,不再需要担心雇主的机会主义倾向。这样,股权激励可以成为一个可以被雇员及其法律、税务顾问实时关注并公开讨论的常规话题。[1] 受雇于不同单位的雇员可以就其获标准化的激励形式的法律问题进行相对公开的讨论和知识分享。

如果说《劳动法》层面上的劳动合同机制实现了人力资本与企业组织在基本层面的对接,那么《公司法》层面上类别股制度将奠定新型企业雇用关系的基石,助益人力资本与企业组织之间可持续的、更高层次的匹配与对接,实现创新企业之雇用秩序的迭代与升级。在这个迭代过程中,劳动者的身份将实现"法律再造"[2],劳动者的社会认知和雇用形象将获得重塑。一种具备创新品格和进取气象的社会雇用秩序逐渐显现。

(二)证券法角度:确立股份支付的"安全港"制度

美国 1933 年证券法第 701 条规定,在 12 个月内的股票销售不超过 100 万美元或发行人总资产 15% 或已发行的同一类别股份 15%,则该等发行免于向证监会注册。在 1935 年 SEC 的一则通知(Securities Act Release No. 285)明确了向雇员发行

---

〔1〕例如在美国,mystockoption. com 网站聚集了大量的雇员以及法律、会计和税务顾问,便于雇员低成本地熟悉、咨询和了解股权激励事项,维护自身权益。
〔2〕曹燕:《"劳动者"的法律重释:境况、身份与权力》,《法学家》2013 年第 2 期,第 42 页。

股份进行注册豁免的行为边界。按照该规定,公司高级管理人员具备公司经营状况和风险的有关信息、知识和智力,对其股份发行属于私募发行,不涉及公开发行所需的登记事宜;对于下级雇员(Subordinate Employee)如果其相比公众投资人而言并不具备熟悉公司经营状况的优势,则这种针对雇员的发行仍不属于私募发行。[1] 就创新企业而言,由于其属于公司运营的早期阶段,除了创始人的商业计划和设想外,没有运营历史和其他背景信息,对于此类企业中如果参与实施了发起事业(Promotion function)且作为近距离的群体(closely-knit class)拥有拟设立公司的第一手的信息且其认购证券的目的仅用于投资而非转售,则该等发行可以豁免注册。[2] 因此,建立雇员发行股份的注册豁免的"安全港"制度,可以让创新企业坦坦荡荡地开展激励计划,光明正大地向雇员派发股份、授予期权或发售股份获得融资,进而实现雇佣关系的明晰、雇佣秩序的规范。

(三) 税法角度:量能课税,促进雇佣关系明晰化

在法典层面推行类别股制度,将使雇佣关系框架下的股份支付、期权派发的激励安排更为明晰、透明,必然压缩了雇员开展个人税务筹划的空间。

按照我国适用于上市公司股权激励的税务规定,对常见的股份期权,雇员在行权的时候需要按照市价与行权价格差价为基础按照工资薪金适用税率档位缴纳个人所得税。这对于不少非上市公司的以股份支付作为主要薪酬形式的雇员来说构成个人和家庭现金流的不小压力。参考美国激励性股份(Incentive Stock Plan),受激励雇员在行权时候不发生个人所得税。如果其行权后持股期限满一年,则按照20%的长期资本利得税缴纳个人所得税。只有当雇员行权后持股期限不满一年时候,雇员需要按照28%—39.6%的比例缴纳税款。

对我国创新企业而言,雇员个人及家庭在税款支付能力方面往往存在现金流问题,这和上市公司拥有高薪和卓越福利计划的高管截然不同。因此,基于量能课

---

[1] Securities Act Release No. 285, at 2(January 24,1935).

[2] Andrew Downey Orrick, Non-Public Offerings of Corporate Securities—Limitation on the Exemption Under the Federal Securities Act, Vol. 21, University of Pittsburgh Law Review, October 1959.

税原则,对雇员薪酬激励税务政策如果充分考虑到初创企业受激励雇员与上市公司高管在个人财富数量、形式和配置上不同——有助于引导创新企业雇员照章纳税,使创新企业的雇用秩序获得税法意义上的正当性。

六、结论

人力资本是企业组织特别是创新企业最不可或缺的生产要素。开始于1990年代的劳动合同制度助益企业和雇员之间建立起基础性的法律关系,这是宪法意义上的公民基本权利在经济组织层面的落实与展开,是一种"保底性质"的人力资本合约关系。但是,根据《劳动合同法》,作为雇员的劳动者"提前三十日"以书面形式通知用人单位可以解除劳动合同。创始人显然不能仰赖劳动合同的机制实现与关键雇员等人力资本的长期、稳定、可持续的合作机制。实践中,代持、干股等多元、山寨的激励方式此伏彼起一再警示世人:创新企业的雇用秩序临近"死机",亟待系统升级。创新企业人力资本的开发和利用需要更为特殊、细致的、有针对性的法律装置。我国《公司法》下单一的普通股制度不能回应创新企业内部有关股份锁定期、投票权、分红权的个性化安排。

展望未来,在秉承资本确定原则衣钵的中国,如果容忍或直接确认人力资本的"出资"身份尚待时日的话,推行类别股机制,确认包括无表决权股、限制性股票的激励机制是将人力资本嵌入企业组织更切实可行的法律途径。《公司法》法典统领下的类别股等有关雇员激励的法律框架可以减少雇主与雇员之间在雇用事项上的私人缔约成本,为创新企业雇佣关系的优化,雇用秩序的迭代与升级奠定基础。在此基础上,专用化的人力资本才能持续累积,创新经济才可能持续兴旺。

第七章(上)　上市公司收购中违反慢走规则的法律后果[*]

近年来,上市公司控制权之争层出不穷。上市公司大股东为夺取控股地位,不惜采取各种手段。其中屡次发生新股东在购入上市公司股票达到总股本 5% 时,违反慢走规则,[1]引起公司大股东、控股股东的强烈反弹,纷纷采取相关反制措施,甚至诉至法院。[2] 他们认为新股东侵害了他们的反收购权、股东知情权,使他们失去了交易机会,要求法院判决买卖行为无效,卖出超买的股票,限制其股东表决权,并赔偿投资者的损失。司法实践中,对违反慢走规则买入股票行为的效力和新股东权利是否应受到限制,还存在不同的认识。解决这一问题,厘清其中的几个基本法律问题十分重要:一是投资者买入股票达到总股本 5% 的行为如何界定? 二是违法买入股票的行为效力如何? 三是违规者是否构成侵权? 若构成侵权,侵犯了什么权利? 四是如何理解对违法者的行政处罚?"责令改正",改正的是什么? 五是违法行为能否构成民事损害赔偿? 如何确定损害赔偿额?

一、"慢走规则"的"买入"是收购还是买卖

现行《证券法》第 86 条规定了"慢走规则",要求投资者通过证券交易所买入股

本节内容曾发表于《法律适用》2015 年第 12 期。作者:徐聪,中国社会科学院法学研究所经济法专业博士生。

〔1〕慢走规则是我国法律独有的制度,即根据《证券法》规定,投资者持有某一上市公司股份达到该公司总股本 5% 时,应及时信息披露并报告,在一定期限内,禁止买卖该公司股票;以此为基础,该投资者每增减 5% 时,仍需履行同样的义务。

〔2〕上市公司因控制权之争引发的诉讼非常普遍,如九龙山股份有限公司、东方银星股份公司、西藏旅游股份有限公司、上海新梅置业股份有限公司等,有的公司因此形成一系列诉讼。

票达到上市公司总股本 5％时,应信息披露且一定期间内禁止再行买卖该公司股票。但实践中,对投资者持股 5％以上,其买入股票行为的性质是收购行为还是一般的买卖行为,认识不一。有观点认为,投资者的这种行为属于收购行为。[1] 笔者认为,持股达到 5％不构成收购行为,只是一般的买卖行为。

第一,投资者购买股票达到该上市公司总股本的 5％时,构成法律上的信息披露时点。对上市公司及公司股东而言,是一种重大行为。这种行为导致两种结果:一是购买人已经成为了公司的大股东;二是购买人可能成为公司潜在的收购人,可能形成对公司实际控制权的进一步的行动。就我国证券立法和实践看,对持有公司股份达到 5％的股东,均将其视为公司的大股东并附随了大股东所应尽的相关义务。如我国《证券法》第 47 条、第 67 条、第 74 条、第 76 条、第 86 条、第 129 条,要求持股 5％以上的股东负有信息披露、禁止或限制交易、交易获利上缴等一系列义务。法律之所以这样规定,是因为将其视为公司的大股东,当其持股占公司总股本达到 5％表明其对公司具有重要的影响,对公司具有一定的决策参与权,对公司及公司的其他股东形成重大利害关系。因此,有必要将这一行为通过信息披露的方式告知市场、投资者、公司及公司股东。让投资者和公司、公司股东知晓这一重大事件,并对这一行为进行判断。从这一行为要求看,《证券法》实质上并未按照收购制度予以严格规定,持股达 5％以上,未过 30％的,对其持有人所要求的仅仅是信息披露。此时股票购买人构成了法律上的信息披露义务人,并不是对公司进行收购的收购人。

第二,一旦构成收购行为,法律即有较为严格的规定,以约束收购人的相关行为。根据我国《证券法》第 85 条的规定,"投资者可以采取要约收购、协议收购及其他合法方式收购上市公司",可以看出,我国法律确定了三种收购方式。法律对要约收购和协议收购做出了具体的规定,前者要求持有人持股达到 30％以上继续进行收购的,应当发出收购要约,并对收购报告书的内容等做出了详细规定。对协议收购,《证券法》第 94 条、第 96 条均做出了具体的要求。从条文内容看,协议收购可在持有人未达到 30％股份的情况下进行,但必须明确采取协议的方式,即"收购人

---

[1] 叶林:《证券法(第 3 版)》,中国人民大学出版社 2008 年版,第 328 页、334 页;陈甦主编:《证券法专题研究》,高等教育出版社 2006 年版,第 143 页。

可以依照法律、行政法规的规定同被收购公司的股东以协议方式进行转让",在达到30%时继续收购的,这种方式也应转换成要约收购,除非"经国务院证券监督管理机构免除发出要约"。

或许有人提出持股达到30%时,继续收购发出收购要约是一种强制要约。它只是要约收购的一种,法律上并没有排除在未到达30%时,持有人可以采取自愿收购行为,发出自愿收购要约,因而30%持股比例的要求没有说服力,不能说明持股到达5%就不是一种收购行为。笔者认为这一观点很难成立。纵然,自愿收购行为可以在30%的持股比例之下,但如要构成收购,确认其为收购行为,其前提是收购人必须发出自愿收购的收购要约,并且这一要约要符合法律规定的内容和披露方式。如果没有这一行为,就无法构成收购,因而不成立收购行为。

《证券法》对第三种收购方式没有做出具体的规定。《证券法》第101条规定"收购上市公司中由国家授权投资的机构持有的股份,应当按照国务院的规定,经有关主管部门批准",一般理解,可以将此纳入"其他合法方式",即国家可以采取行政划拨的形式完成国家股东之间的股权转让,从而达到国家股东收购上市公司的结果。[1]

二、违反慢走规则的股票买卖合同效力

现行《证券法》规定,投资者持股达到5%的,除了履行信息披露义务外,还应当"慢走",即在规定期限内不得买卖该公司股票。行为人购买股票直接超过该上市公司总股本的5%的,一方面违反了信息披露义务;另一方面,超过5%买入的那部分股票,违反了在特定期限内"不得再行买卖该上市公司的股票"的强制性规定。有观点提出,这一交易构成了《民法通则》《合同法》关于"违反法律、行政法规的强制性规定"的合同无效,因而这一交易行为无效。[2]

笔者认为,投资者通过证券交易所超买股份的行为应该有效,这种股票买卖的

---

〔1〕《上市公司收购管理办法》专章规定了"间接收购"制度,一般也认为是"其他合法方式"。参见马骁:
《上市公司并购重组制度解析》,法律出版社2009年版,第79页。
〔2〕我国《民法通则》58条第5款将"违反法律或者社会公共利益的"行为,确认为无效的民事行为;我国
《合同法》第52条第5款也将"违反法律、行政法规的强制性规定"视为合同无效的情形。

交易结果不得随意改变。这是因为民事规范与商事规范不同,民事合同和商事合同也有所不同,行为人通过证券交易所进行的股票买卖性质应归属于商事合同,是商事规范的范畴。

与传统民法规范相比,商法更加注重保护交易便捷和交易安全。为保障交易便捷,商法确立了契约定型化、权利证券化、交易简便化等制度。为保障交易安全,商法强调公示主义、外观主义、严格责任主义等规则。公示主义规则,要求商事主体应将其与交易相对人关系密切的事项以公告、登记、公示、文件备案等方式予以公开,如公司的登记、上市公司关联交易的披露等制度;外观主义规则,将当事人的外观行为推定为真实意思表示的行为,如票据法中票据的文义性特征;严格责任主义,则对交易当事人的义务和责任予以严格的要求,确保交易的安全、诚信与公平。可见,商法的灵魂是确保交易效率和保障交易安全。没有效率的交易安全,是不符合市场规律的;没有安全的交易效率,市场行为将是无序的。

商事合同与民事合同的不同,至少体现在以下几个方面:在合同主体上,商事合同要求双方当事人中至少一方为商事主体,而民事合同并无此要求;在是否具有对价上,商事合同是有偿合同,具有对价性,而民事合同并不以此为前提;在合同的履行抗辩上,商事合同抗辩权的使用更为明显,这是因为商事合同的有偿属性所决定的。在合同的违约责任归责原则上,商事合同不同于民事合同,作为典型的有偿合同,商事合同采取的是严格责任的归责规则,而对民事合同是否采取严格责任原则,学术界观点不同,有的认为应以过错责任为主、严格责任为辅,[1]且在立法上也不排斥过错责任原则。对商事合同和民事合同加以区别,根本目的是在合同纠纷产生时,进行更为明确有效的法律适用。其直接体现为,一旦出现商事纠纷,必须先行对商法或者商事特别法等单行性法律作出特别查明,而不能单纯依照民事一般性规范进行判断。在查明之后,惟有证实商事规范没有特殊性规则之后,才可适用民法进行调整。[2]

在证券交易所进行的股票交易,在性质上属于买卖合同,但不同于一般的民事合同,更多的具备了商事合同特点。在合同的目的性上追求的是盈利性,合同双方

〔1〕夏元林:《对合同法中适用严格责任违约归责的质疑》,《贵州警官职业学院学报》1999 年第 4 期。
〔2〕王保树:《商事审判的理念与思维》,《山东审判》2010 年第 2 期。

寻求有偿和对价。非但如此,合同主体的特点也是明显的,作为投资者在买入股票后,成为上市公司的股东,享有股东权,参与公司的决策并享有作为股东的投资回报;作为股东在卖出股票后,所获取的是股票交易可能带来的利益,这一活动的商事特点是非常明显的。而在合同达成时,当事人双方的不特定性也不同于民事合同,买卖双方通过证券交易系统进行撮合,一方当事人在卖出股票时,面对的是众多的无法知晓的购买人,另一方当事人在买入股票时,也同样面对众多的无法知晓的出卖人。在具体买卖时,买卖双方都会面临着一方对多方或者多方对多方的可能性。因而,这种合同具有强烈的不特定性和涉众性。此外,证券交易在标的物价格判断依据和价格形成机制、交易规则、影响证券交易安全的因素等,也与普通的买卖合同不同。[1]

我国立法没有明确采取民商分立的立法模式,也没有明确商事合同的概念。但在具体的立法和法律实践中,还是采取了特别法优先于普通法的原则,将《民法通则》作为基本的民商事法律,以规范基本的民商事法律行为,而将其他法律单行制定,在具体适用时特别法优先于《民法通则》。正是考虑到证券交易的特殊性、涉众性、无因性,为保证交易秩序、交易安全和资本市场稳定,我国《证券法》对证券交易的交易结果恒定原则进行了确认,不允许以《民法通则》《合同法》和其他法律抗辩。我国《证券法》第120条规定:"按照依法制定的交易规则进行的交易,不得改变其交易结果。对交易中违规交易者应负的民事责任不得免除;在违规交易中所获利益,依照有关规定处理"。由此可见,违反慢走规则的股票买卖合同有效。

三、违反慢走规则买入股票行为是否侵权

投资者违反慢走规则超买股票构成了交易中的违法者,而交易的对手方即股票卖出方是无过错方。从表面上看,这样的交易是按照交易规则进行的正常交易,也进行了正常的清算交割,履行了买卖股票的所有程序,似乎不构成对股票卖出方的权利侵害。但由于股票买入人违反了慢走规则没有履行信息披露和禁止买入股票的义务,使本不应该成交或者至少在禁止交易期不应该成交的股票成交,相应地

---

[1] 陈甦主编:《证券法专题研究》,高等教育出版社2006年版,第93页。

使交易对手方的权利受到侵害。这一交易是在买入方的违法和过错的前提下达成的，且因果关系紧密，构成侵权是毫无疑问的。

那么，违法交易者侵犯的是股票卖出方的什么权利呢？有人提出股票卖出方作为股东，违法交易一方侵害的是股东的知情权和交易机会权。违法交易者作为信息披露的义务人由于不正当信息披露，使作为该上市公司的股东无法获知违法交易者已成为公司大股东的信息，因而无法了解违法交易者的情况、分析违法交易者行为，无法判断公司所面临的形势和公司股票价格可能出现的新情况，继而无法决定是否继续持有、增持或者卖出该公司的股票，使其丧失了卖出或者买进的交易机会。[1] 笔者认为，上述看法有一定的道理，但不完全准确。严格地说，违法交易者侵害的是投资者的知情权。

对于股东的知情权，我国《公司法》有明确规定，该法第34条规定：有限责任公司"股东有权查阅、复制公司章程、股东会会议记录、董事会会议决议、监事会会议决议和财务会计报告"，"股东可以查阅公司会计账簿"。第98条规定：股份有限公司"股东有权查阅公司章程、股东名册、公司债券存根、股东大会会议记录、董事会会议决议、监事会会议决议、财务会计报告，对公司的经营提出建议或者质询"。可以看出，股东的知情权针对的是公司本身，这一权利是基于股东身份对公司所拥有的权利，它是股东了解公司，参与决策、行使股东各项权利的基础。股东知情权具有两个特点：一是它针对的是公司，并不针对公司的股东或者其他人；二是它所涉及的知情权范围只是公司的事务。违法交易者是公司股东，违反的只是法律要求信息披露义务人应尽的义务，与公司事务无关，因而并不具备上述特点。

尽管投资者和股东身份多有重合，但两者还是有区别的。股东相对公司而言，强调其对公司所享有的股东权利，股东基于股东资格而享有从公司获得经济利益并参与公司管理的权利，包括股东身份权，参与决策权，选择、监督管理权，资产收益权、退股权、知情权、优先受让权和认购新股权等。在法律规制上，多适用公司法；投资者相对市场而言，在内涵和外延上比股东丰富，除了具有股东应有的权利外，投资者要从事证券买卖，必须要知晓市场和公司情况，以此来综合判断是否投

---

[1] 娇月：《上海新梅股权之争风波再起》，《证券日报》2015年1月13日。

资以及如何投资,投资者对投资信息的了解至关重要。此外,为了能够顺利买卖证券,投资者还有更多的权利如开户、行情知清、使用交易系统、委托买卖、清算交收等。在法律规制上,多适用《证券法》。投资者知情权是为了保护投资者权益,对公司法上的股东知情权作了最大限度的扩张。[1]

投资者违反慢走规则买入股票侵犯了交易对手的交易权,使其失去了参与交易机会的观点似乎也不成立。交易权是投资者的一项基本权利,即只要投资者是合格的,符合了法律和规则的规定,就可以参与证券交易,任何人不得剥夺其参与交易或者强迫其参与或不参与交易。按照法律规定,购买人持股达到上市公司股本总额的5%时,应该按照慢走规则在规定的期限内不得再行买入该公司股票,但由于违法交易者超买了这一比例,超买的部分本应在禁买期满后才能买入。这种情况是否表明,如果违法交易者遵守慢走规则从而导致卖出人不可能在该期限内卖出,就可以认定卖出人交易权受到侵害,这种理解较为牵强。这是因为,其一,法律上禁止的只是违法交易者的交易行为,并不必然推导出交易对手方交易机会的丧失,在违法交易者的禁买期内,该公司的股票仍然在进行正常的交易,不能卖给违法交易者,并不等于不能卖出股票,只不过不能卖给特定主体;其二,法律规定的持股达5%时,持股人的信息披露义务直接对应的是投资者的知情权,并不对应投资者的交易权。投资者自始至终都能交易,交易权没有受到限制或剥夺,只不过知情权受到侵害,影响了交易对手方的判断和决策。

四、如何理解"责令改正"

对违反了慢走规则买卖股票的行为人如何处罚,我国《证券法》在法律责任一章有明确规定。《证券法》第193条规定"发行人、上市公司或者信息披露义务人未按照规定披露信息,或者所披露的信息有虚假记载、误导性陈述或者重大遗漏的,责令改正,给予警告,并处以三十万元以上六十万元以下的罚款。对直接负责的主管人员和其他直接责任人员给予警告,并处以三万元以上三十万元以下的罚款",《证券法》第204条规定"违反本法规定,在限制转让期限内买卖证券的,责令改正,

---

[1] 陈甦主编:《证券法专题研究》,高等教育出版社2006年版,第93页。

给予警告,并处以买卖证券等值以下的罚款。对直接负责的主管人员和其他直接责任人员给予警告,并处以十万元以上六十万元以下的罚款"。

该两条的法律责任中,都规定了"责令改正"。就法律条文本身而言,这两个"责令改正"并不存在歧义。《证券法》第 193 条的"责令改正"指向信息披露。即行为人未披露的要披露,虚假披露或误导性披露的要更正披露,重大遗漏披露的要补充披露,以达到完整、准确、及时披露的目的。行为人持股达到上市公司总股本 5% 时没有信息披露,适用该条规定毫无疑问。[1]《证券法》第 204 条规定的"责令改正"是指对限售股票卖出行为的改正,即因行为人在限售期内将不应卖出的股票卖出了,行政机构责令违法行为人买回所卖出的同等数量的股票,以使其限售的股票数量保持不变。但实践中,对于违法买入超过 5% 的行为,怎样责令改正存在着不同的理解。有观点认为,行为人违反了《证券法》第 86 条规定的行为,要同时适用第193 条和第 204 条规定的责令改正,不但要责令行为人补充信息披露,还要责令其抛售在禁买期间内买入的股票。[2]

笔者认为对违反慢走规则行为人的责令改正只适用《证券法》第 193 条的规定,改正的仅仅是信息披露,即只能责令行为人补充信息披露。表面上看,《证券法》第193 条和第 204 条规定的法律责任针对违反《证券法》第 86 条的行为人的处罚十分明确,因为行为人实施了两个违法行为,即违反了信息披露的义务和禁止买卖的义务,因而应当同时承担该两条所规定的法律责任。但仔细研究就会发现,《证券法》第 204 条的规定针对的是《证券法》第 38 条,即"依法发行的股票、公司债券及其他证券,法律对其转让期限有限制性规定的,在限定的期限内不得买卖",并不针对第86 条所列行为。这是因为《证券法》第 86 条和第 38 条,适用的是不同的情形且立法对其所持有的态度是不一样的。[3]

《证券法》第 86 条规定的内容主要是规范行为人在持有上市公司股份达到一定

---

[1] 宁波证监局有关王忠斌违规增持上海新梅的案件中,认定其仅构成信息披露违规,并给以责令改正违法行为,即进行披露。参见《中国证券监督管理委员会宁波监管局行政处罚决定书(王斌忠)〔2015〕1 号》。

[2]《中国证监会行政处罚决定书(林文清)〔2011〕34 号》、《中国证券监督管理委员会行政复议决定书(沈昌宇)〔2010〕6 号》。

[3] 也有观点将违反《证券法》第 86 条超比例持股纳入现行《证券法》第 38 条限制转让的范围。参见李飞主编:《中华人民共和国证券法(修订)释义》,法律出版社 2005 年版,第 55 页。

比例时要向市场信息披露,在本质上是信息披露的相关规定。尽管该条也有禁止买卖的规定,但立法本意并不是不允许行为人买卖股票,因为行为人买卖股票是其天然的权利。由于行为人并没有特殊的身份比如《公司法》第148条规定的发起人、公司董事、监事、经理等身份,作为一般投资者,法律并不对行为人买卖股票进行特殊的限制。之所以要规定短暂的禁止买卖期限,主要是考虑给该上市公司、上市公司的其他股东以及整个市场以足够的时间了解投资者持股达到5%这一重大事件并做出判断,决定下一步的行动比如是继续持有甚至增持公司股票还是卖出股票等。信息披露之日起短暂的禁买期,是一个让市场、公司和公司股东充分了解消化该重大事件的时间,也是公司股东和投资者体现公平公正享受知情权的时间,更是给予公司、公司股东、投资者和市场充分了解购买人情况的时间。因为就信息的获悉和知晓程度而言,不同的投资者所获得信息的渠道、手段、方式方法有可能不同,有的很快比如利用互联网获悉,有的很慢比如通过传统的纸质媒体获悉。当今的互联网时代,对信息的传播十分迅速且有效,但这并不意味着投资者能够完全依赖新媒体和互联网。有的客观上不具备这样的条件,有的主观上无法掌握这样的工具,而目前法定的信息披露还主要依靠几大证券报等纸质媒体。基于公平和投资者差异性的考虑,将禁止的时间适度延长更加有利于投资者公平获得信息、享用信息,并以此判断其投资行为。因此,短暂的禁止期,并不是为了限制持有人继续买入公司股票,而是让市场、公司、公司股东和投资者知晓这一事件。

《证券法》第38条与第86条尽管都是禁止买卖的规定,但第38条主要对应的是我国的《公司法》第141条。[1]《证券法》第38条的立法本意,就是要限制持有人在限制期限内卖出股票。这是因为持有人的特殊身份以及获取股票的不同方式所决定的。对于发起人而言,一方面并非通过公开发行的方式获得,获得股票的价格往往低于投资者通过公开发行所获得的股票价格;另一方面,发起人是公司的重要股东,和公司的董事、监事、高级管理人员一样,对公司具有极大的影响力和重要性。为了公司的稳定,体现对公司的忠诚度,也需要对这些具有特殊身份人的股票规定一定的限售期,禁止在此期限内卖出股票。可见,《证券法》第86条立法本意是

---

[1]《公司法》第141条规定:"发起人持有的本公司股份,自公司成立之日起三年内不得转让。公司董事、监事、经理应当向公司申报所持有的本公司的股份,并在任职期间内不得转让。"

允许持有者继续买卖股票,但要信息披露并让市场了解信息;《证券法》第38条立法本意就是不允许具有特殊身份的股东在一定期限内卖出股票,两者的立法本意差距是明显的。具体到法律责任,《证券法》第86条所对应的是第193条,第38条所对应的是第204条。用《证券法》第86条同时对应第193条和第204条是不妥当的。

《证券法》"法律责任"一章,对证券买卖违法行为至少规定了四种类型的法律责任。第一类:对违法买卖的证券做出了明确处理,并处其他行政处罚,主要体现在《证券法》第199条、第201条、第202条、第203条等规定上;第二类:责令改正并处之以买卖交易额等值罚款和其他行政处罚,主要体现在《证券法》第204条的规定上;第三类:责令改正并处以一般性罚款和其他行政处罚,主要体现在《证券法》第193条的规定上;第四类:仅对所获利益上缴给公司和较轻行政处罚,主要体现在《证券法》第47条和第195条上。

四类法律责任体现了四种不同的立法态度,其法律责任和行政处罚依次从轻。第一类涉及两种类型,一是主体资格不能买卖股票,主要是法律、行政法规规定禁止参与股票交易人员;二是涉及内幕交易、操纵市场等性质严重的违法行为人,法律上对这一类违法买卖股票规定了严格的责任和惩罚,第二类、第三类和第四类违法买卖股票,在本质上与第一类不同。前者是禁止买卖股票,强调的是持有人不能够持有股票,因而要对其所持有的股票强行处理,使其不再具有股票持有人的可能性;后者立法本意并不禁止持有人持有股票,只不过其持有的股票在一定的条件成就下才允许买卖。因此,法律没有规定"责令依法处理非法持有的股票"的处罚。

所不同的是,第二类是行为人可以买卖股票,但在一定的期限内禁止买卖,立法目的是禁止买卖而非禁止持有,涉及到《证券法》第38条的规定,对应的法律责任是第204条的规定。因此,如果当事人在限售期出卖了股票,法律的处分相对第3、4类情况要重,除了责令改正外,还要处以买卖证券的等值以下罚款。第三类是行为人可以买卖股票,但要进行信息披露。立法目的是信息披露,不是禁止买卖。涉及到《证券法》第86条的规定,对应的法律责任是第193条的规定,除责令改正外,只是给予警告和相对较少的罚款。可见,在经济罚上要比第二类轻得多。因此了解不同类型法律责任的本意,对于"责令改正"内涵的具体理解有重要意义。

五、违反慢走规则买卖股票是否要民事损害赔偿

按照《证券法》第 120 条的规定,因其按照交易规则进行的交易,不得改变交易结果,买卖合同有效。但并不意味着,违法行为人不存在过错,也不意味着过错方不承担相应的责任。笔者认为,违法行为人应负有民事责任,给交易对手方即股票的卖出方造成损害的应承担民事损害赔偿责任。正如《证券法》第 120 条所规定的"对交易中违规交易者的民事责任不得免除"。

在民事责任的行为、过错、损害事实及因果关系构成要件中,行为人违反慢走规则买入股票行为的违法性和过错性是显而易见的。但行为人是否因此行为给出卖人造成了损害,如果出卖人存在损害,行为人的行为是否和出卖人的损失之间有因果关系就并不那么简单。

就损害事实而言,出卖人卖出股票得到资金,这是一笔正常的股票买卖行为,即使出卖人有损失比如和当初买入该公司股票的价格相比,其卖出的价格低于当初买入的价格,这种损失也是投资者的投资损失,是正常的投资风险,应由投资者自己负责。但是,由于违法行为人不当信息披露,情况就不一样。违法行为人不但因不当信息披露存在明显过错,而且给卖出股票的一方所造成的损害并不是实际已形成的损害,而是可得利益的损失。这是因为违法行为人如果在应该披露的时点及时地披露其持股达 5% 的信息,那么股票卖出人就会以此信息来分析和判断该公司所面临的形势,极有可能不会卖出手中的股票。在一般情况下,违法行为人大量买入股票达到公司总股本的 5% 成为公司大股东,就意味着看好公司的未来发展,无论是收购该公司还是财务投资,该公司股票价格在后期会成上涨趋势,我国资本市场大量的实证案例均证明了这一点。违法行为人如果在后续改正了其不当披露行为,公开披露了该信息,该股票在后续的交易中也的确上涨了,那么在前期,违法行为人因其不当披露使出卖人在不知晓该信息的情况下卖出了股票,就可能使出卖人失去了因股票上涨所获得的利益,其应该得到的利益没有得到,进而形成了损失,只不过出卖人的这种损失是可得利益的损失。

问题是如何证明出卖人可得利益的损失是由违法行为人的行为引起的并且是什么样的行为引起的? 在这里,违法行为人实际上有两个不法行为,一个是应该披露而没有披露的不作为;另一个是在禁止买卖期内买入股票的行为。就因果关系

而言,笔者认为构成出卖人可得利益损失的原因是前一种行为,即违法行为人的不披露导致了出卖人在不知晓该信息的情况下,无法认识或者错误认识进而卖出股票。换言之,如果违法行为人及时作为,出卖人是不会出卖其持有的股票的。

在因果关系的证明上,一般认为因果关系的构成应当同时具备三要素,即证券的直接关联性、证券买入、证券卖出或者持有时间的特定性。股票卖出人卖出的股票和违法行为人没有及时披露有着直接的关联性,而违法行为人的不及时披露是虚假陈述的一种情形。[1] 实践中,一般将投资人在虚假陈述实施日及以后至揭露日或者更正日之前买入,之后卖出或者因持续持有该证券产生亏损作为因果关系的另外两个要素,而投资人在虚假陈述日持有,虚假陈述揭露日或更正日之前卖出股票导致可得利益的失去排除在因果关联性之外。笔者认为这种做法似乎不妥。这是因为在虚假陈述更正日之前卖出股票同样可以使投资人产生损失,且这种损失是由虚假陈述所引起的。虚假陈述日为应当披露日,出卖人因在虚假陈述更正或揭露之前,已经因卖出股票导致了可得利益的损失。对投资者而言,无论是在虚假陈述日之后买入及虚假披露更正日或揭露日卖出,还是虚假陈述日持有及虚假陈述更正日或揭露日之前卖出,都有可能盈利或亏损,或者可得利益的实现或丧失。前一种主要是针对作为的虚假陈述,后一种针对的是不作为的虚假陈述。盈利或亏损,可得利益的实现或丧失,主要取决于虚假信息更正日或揭露日所更正或揭露的信息的利好与利空。如果更正或揭露的信息利好,该公司股票价格就会上涨,那么对于虚假陈述人不作为使出卖人在不解真情的情况下卖出了股票,可得利益就会受损。换言之,如果出卖人在虚假陈述更正日之后而不是之前卖出或者继续持有该公司股票,出卖人就会因此产生更多收益。因此,违法行为人的不正当披露同样导致出卖人的利益受到了损害。所不同的是前者因信息误导导致投资者买入股票产生实际亏损;后者是因信息误导导致投资者卖出了股票失去了可得利益。如果是正当的信息披露,投资者就可能不会买进股票或者手中持有的股票不会卖出。两者的情形不同但道理相同,都有损害且和违法行为人的不正当披露紧密相连,彼此之间存在着因果关系。

---

[1] 虚假陈述既可以是作为也可以是不作为,最高人民法院《关于审理证券市场因虚假陈述引发的民事赔偿案件的若干规定》第 17 条对此作出了明确规定。

在赔偿金额的确定上,应确定该公司每股赔偿价格,再确定应赔偿的总股数。将每股赔偿价格乘以应予赔偿的总股数,即构成了赔偿的总金额。每股赔偿价格应该为:揭露日或更正日该上市公司当天股票的成交均价与不正当披露日该上市公司股东所拥有的股票,在不正当披露日之后揭露日或更正日之前该期间内卖出的该股票价格的差价。应赔偿的总股数应该为不正当披露日所持有的该公司股东可交易的股数减去在揭露日或更正日继续持有加上之后卖出股票的股数得出的余数。

违法行为人赔偿的范围包含了其在禁止买入期内买入股票的超比例部分的股票,但不限于此。如果行为人遵守慢走规则,没有买卖行为,就不会有交易对手方出卖证券的可能性。但是没有出卖给违规行为人,并不等于股票持有人不能卖出股票。因为慢走规则只针对违法行为人,该公司的股票在此期限内并未停止交易,股票持有人仍可正常买卖,不能排除其卖给除违法行为人之外的其他人。也无法禁止从虚假披露日到揭露日或更正日这一段时间内的该公司的股票交易。

从虚假披露日到揭露日或更正日这段时间里,对于其他买入人来说,其交易是正常的交易,无任何违法和主观过错,尽管可能持有买入的股票因虚假陈述揭露或更正而获利,但作为善意第三人,并不存在赔偿出卖方的可得利益。在此期间因出卖股票所失去的可得利益,自然也应该由违法行为人赔偿。除非违法行为人能够证明出卖方失去的可得利益和违法行为人的虚假披露无法律上的因果关系。这些证明情形主要包括:(一)在虚假陈述日之后买入股票;(二)在虚假陈述揭露日或更正日之后卖出股票;(三)明知虚假陈述存在而进行的投资;(四)可得利益的失去是由证券市场系统性风险等其他因素所导致的;(五)属于恶意投资、操纵证券价格的行为等。

第七章（下） 上市公司收购中违反慢走
规则的行为定性及惩处机制[*]

我国《证券法》第 86 条确立了权益披露规则和慢走规则，[1]即投资者持有某一上市公司发行在外的股份达到 5％时，应当及时进行信息披露并报告，并且在一定期限内不得买卖该公司股票。以此为基础，当该投资者所持股份每增减 5％时，需履行同样的义务。但在实践中，由于立法疏漏、行政惩戒不力以及民事救济手段不畅等原因，投资者所持股份达到法定比例未依法披露而继续买卖的行为屡禁不止，引发了诸多诉讼。从九龙山股份有限公司到东方银星股份公司，从西藏旅游股份有限公司到上海新梅置业股份有限公司等，这些公司个别股东制造的大同小异的违规增减持股份事件在给上市公司的正常运营带来极大困扰的同时，也给我国资本市场的健康发展造成了不利影响。

立足于我国当前资本市场的立法与执法实践，如何超越常规的单线性的法条规制路径，从证券市场的综合治理以及可能挖掘的立法、执法资源出发，寻求杜绝违规大规模增减持股票行为的惩处机制成为研究的重点。故此，本章在业界前期

---

  * 本章内容曾发表于《法学》2016 年第 9 期。作者：陈洁，中国社会科学院法学研究所研究员，博士生导师。

 [1]我国《证券法》第 86 条规定："通过证券交易所的证券交易，投资者持有或者通过协议、其他安排与他人共同持有一个上市公司已发行的股份达到百分之五时，应当在该事实发生之日起三日内，向国务院证券监督管理机构、证券交易所作出书面报告，通知该上市公司，并予公告；在上述期限内，不得再行买卖该上市公司的股票。投资者持有或者通过协议、其他安排与他人共同持有一个上市公司 PH 已发行的股份达到百分之五后，其所持该上市公司已发行的股份比例每增加或者减少百分之五，应当依照前款规定进行报告和公告。在报告期限内和作出报告、公告后二日内，不得再行买卖该上市公司的股票。"

探讨的违规买卖股票合同效力、买卖行为性质等问题的基础上,拟对违规大规模增减持股票行为是否构成内幕交易、如何限制违规增持部分股票的表决权以及对违规增减持股票行为施加刑事责任等问题发表浅见,希冀能对推进相关问题的科学立法和有效执法有所助益。

一、违规大规模增减持股票行为是否构成内幕交易

依据我国《证券法》第86条之规定,投资者持有某一上市公司发行在外的股份达到5%时,构成法律上的信息披露时点,此时的投资者是法律规定的信息披露义务人,必须履行相应的信息披露义务,违反此规定(不管是否有继续买卖股票行为)本身都构成违反信息披露义务的行为。对此定性,理论界与实务界皆一致认同,但对违反信息披露义务后大规模增减持股票的行为是否构成内幕交易,从执法实践看,并无此先例。行政执法依据我国《证券法》第193条对违反权益披露规则行为以违反信息披露义务定性处置,而对违反权益披露规则后的大规模增减持股票行为似乎束手无策或置若罔闻。[1] 鉴此执法现状,笔者以为,对违反权益披露规则继续增减持股票行为似可在相关条件成就时以内幕交易予以惩处。暂且撇开与本章探讨语境不甚密切的泄漏内幕信息或者建议他人买卖相关证券的内幕交易类型,依据我国《证券法》第76条之规定,典型的内幕交易是指证券交易内幕信息的知情人在内幕信息公开前买卖相关证券的行为。同时《中国证券监督管理委员会证券市场内幕交易行为认定指引(试行)》(以下简称《内幕交易认定指引》)第2条[2]规定了内幕交易认定的三个构成要件——内幕信息知情人、存在内幕信息、当事人利用内幕信息从事了买卖相关证券的行为。由于《证券法》第74条[3]第2款明确规定

---

〔1〕参见中国证券监督管理委员会宁波证监局[2015]1号《行政处罚决定书》。
〔2〕内幕交易是指证券交易内幕信息知情人或非法获取内幕信息的人,在内幕信息公开前买卖相关证券,或者泄露该信息,或者建议他人买卖相关证券的行为。
〔3〕我国《证券法》第74条规定:"证券交易内幕信息的知情人包括:(一)发行人的董事、监事、高级管理人员;(二)持有公司百分之五以上股份的股东及其董事、监事、高级管理人员,公司的实际控制人及其董事、监事、高级管理人员;(三)发行人控股的公司及其董事、监事、高级管理人员;(四)由于所任公司职务可以获取公司有关内幕信息的人员;(五)证券监督管理机构工作人员以及由于法定职责对证券的发行、交易进行管理的其他人员;(六)保荐人、承销的证券公司、证券交易所、证券登记结算机构、证券服务机构的有关人员;(七)国务院证券监督管理机构规定的其他人。"

"持有公司百分之五以上股份的股东"是"证券交易内幕信息的知情人",所以违反权益披露规则大规模增减持股票行为者是内幕交易主体的问题当无争议,[1]在此前提下,从法理和逻辑上看,违反权益披露规则增减持股票行为是否构成内幕交易仅需考虑如下几个问题。

第一,持股5％以上股东持股情况发生多大变化的信息才能构成内幕信息?

我国《证券法》对内幕信息的界定采取了抽象概念与具体列举相结合的体例。依据该法第75条[2]之规定,《证券法》67条第2款所列之重大事件皆属内幕信息。而据《证券法》第67条第2款第(八)项之规定:"持有公司百分之五以上股份的股东或者实际控制人,其持有股份或者控制公司的情况发生较大变化"即属"重大事件"。具体结合违反权益披露规则大规模增减持股票之行为,则持股达5％以后的股东继续买卖股票的数量若发生较大变化,该变化信息构成内幕信息;若变化不大,该信息就不构成内幕信息。申言之,大股东增减持股票内容是否构成内幕信息在实质上取决于持股变化的幅度,或者说是买卖股份的数量。是故,如何理解"较大变化"即成为内幕信息问题的核心。

对"较大变化"的探讨实际上与内幕信息的根本要素"重大性"密不可分。综观成熟资本市场国家或地区的立法,虽然对内幕信息的界定不尽相同,但是判断内幕信息的两个根本要素并无差别,即重大性和未公开性。我国《证券法》规定的内幕信息的抽象概念和明确列举的类型也体现了这两个要素。所谓重大性,又称实质性,是指信息对证券价格具有重大或显著影响。《内幕交易认定指引》第9条规定:"对证券交易价格有显著影响,是指通常情况下,有关信息一旦公开,公司证券的交易价格在一段时期内与市场指数或相关分类指数发生显著偏离,或者致使大盘指数发生显著波动。前款所称显著偏离、显著波动,可以结合专家委员会或证券交易

---

[1] 因篇幅所限,本章暂且不去讨论"股东"与"一致行动人"的差异问题。

[2] 我国《证券法》第75条规定:"证券交易活动中,涉及公司的经营、财务或者对该公司证券的市场价格有重大影响的尚未公开的信息,为内幕信息。下列信息皆属内幕信息:(一)本法第六十七条第二款所列重大事件;(二)公司分配股利或者增资的计划;(三)公司股权结构的重大变化;(四)公司债务担保的重大变更;(五)公司营业用主要资产的抵押、出售或者报废一次超过该资产的百分之三十;(六)公司的董事、监事、高级管理人员的行为可能依法承担重大损害赔偿责任;(七)上市公司收购的有关方案;(八)国务院证券监督管理机构认定的对证券交易价格有显著影响的其他重要信息。"

所的意见认定。"

在学理上,判断持股变化是否构成相关证券价格的显著偏离或显著波动,应结合上市公司的具体情况,包括上市公司的总股本和流通股本、上市公司的股权结构、市场交易状况等有关因素进行具体分析,不能单纯地依据买卖股票的绝对数量值作为判断标准。但是,鉴于每起股份交易都要依靠专家委员会或证券交易所的意见认定其是否构成较大变化并进而判断是否构成内幕信息明显缺乏效率,且这种因个股随机认定的方式也无法给市场主体以明确的指导和规范作用,因此,从平衡立法可能与执法成本的角度出发,通过立法明确"较大变化"的具体数值比例仍属问题解决之上策。

对此,不妨可参考域外经验以及我国现有的相关规范。美国 1934 年《证券交易法》第 13(d)—2(a)规则规定,在取得 5%受益所有权后,发生任何重要的变化都必须马上申报更正。在数量上等于或超过一类证券 1%的收购或该证券的受益所有权的处置将被认为是"重大的";少于此数量的收购或处置也可能是重大的,具体取决于事实和情况。[1] 日本《金融商品交易法》第 27 条规定,负有提交大量持有报告书义务的人,在成为大量持有者之后,持有的有价证券增加或减少 1%以上,或者大量持有报告书中应当记载的其他重要事项发生变更的,应当自发生日之后 5 日之内,向内阁总理大臣提交变更报告。韩国《资本市场法》第 147 条第 1 款规定,"若其持有股份数的合计变动超过该股份总数的百分之一以上的,自其变动之日起五日以内,应将其变动内容按照规定方法,向金融委员会和交易所报告。"我国香港特别行政区《证券及期货条例》第 XV 部分第 308 条规定,当投资者对某一上市公司已公开发行的某一类股份的持股量百分率数字上升或下降,导致其拥有的权益跨越某个处于 5%以上的百分率整数,如投资者 A 持有的某上市公司的股份权益由 6.8%增至 7.1%,即跨越了百分率整数 7%,此际,投资者即有义务在该事项发生之日起 3 个工作日内向香港联交所及上市公司进行具报。[2] 相形之下,尽管我国《证券法》86 条也规定了在持股 5%的基础上,投资者所持股份每增减 5%要履行披露义

---

〔1〕参见[美]路易斯·罗思、乔尔·塞里格曼:《美国证券监管法基础》,张路等译,法律出版社 2008 年版,第 448 页。

〔2〕参见田冰川、曹硕主编:《香港上市公司监管案例评析及合规指南》,法律出版社 2007 年版,第 649 页。

务,但在股权分置改革完成且上市公司股本不断扩大、股权日益分散的情形下,5%的幅度难免过宽。《深圳证券交易所中小企业板上市公司规范运作指引》对"控股股东、实际控制人通过证券交易系统买卖上市公司股份,每增加或减少比例达到公司股份总数1%时,应当在该事实发生之日起二个交易日内就该事项作出公告"的规定颇值参考。基于此,笔者认为,在投资者持股5%以后,增减持数量达到或超过公司股份总数的1%时将之认定为"较大变化"是可行方案,此时该信息也就可被认定为内幕信息。

第二,持股情况发生"较大变化"的信息未公开前再次买卖股票的行为才构成内幕交易。

内幕信息的另一个构成要素是未公开性。《内幕交易认定指引》第10条也规定,从内幕信息形成之日起至内幕信息公开或该信息对证券的交易价格不再有显著影响时止,为内幕信息的价格敏感期。对违反权益披露规则的大规模增减持股票行为而言,持股情况发生较大变化的信息公告前为内幕信息敏感期。依据我国《证券法》第76条的规定,内幕信息知情人在拥有上述持股发生较大变化的信息后,利用该信息进行的交易构成内幕交易。换言之,持股5%以上股东在大规模增持后必须再从事至少一次的交易,不管这次交易金额大小都构成内幕交易。[1]但现实的难题却是,若投资者一次性越过5%门槛增持到位后不再买卖股票,就无法对该行为以内幕交易处置,只能以违反信息披露义务处理。在此情形下,试图发挥内幕交易的威力惩处该行为的意图难免会落空。

此处需要说明的是,若持股5%以上的投资者已意图大量继续增持股份后,将此确定的意图泄露给他人或建议他人购买股票,该投资者的行为也构成内幕交易,只是这里的内幕信息是指涉及"公司股权结构重大变化"的信息,不属于本章探讨的"重大事件"范畴。

第三,违反权益披露规则大规模增减持股票行为是否存在内幕交易的豁免情形?

我国《证券法》第76条第2款规定:"持有或者通过协议、其他安排与他人共同

---

〔1〕我国证券法对内幕交易制度的设计没有考虑诸如小额豁免等例外规则。

持有公司5％以上股份的自然人、法人、其他组织收购上市公司的股份,本法另有规定的,适用其规定。"对此,有观点认为,这是豁免违规增减持股票行为构成内幕交易的规定。[1] 对此观点笔者不予苟同。证券法是以信息披露为核心构建的资本市场监管法律体系,强制信息披露的理念贯穿了所有制度的设计与实施。就上市公司收购而言,各国处理收购违规行为的理论基础就是"持有重大非公开信息时禁止交易",但为了兼顾收购事件隐密性的需求,证券法就要通过制度设计来保证投资者公平博弈与鼓励公司收购行为之间的利益平衡。一方面,披露制度应该要求收购方尽早地披露尽可能多的情况,使投资者能够掌握更加充分的信息,从而对证券价值作出判断;另一方面,也要确保披露制度不会导致目标证券价格变动过快,增加收购方的收购难度和收购成本。[2] 是故,我国证券法设计了持股5％的信息披露起点,以及在此基础上该投资者所持股份每增减5％时才需要履行披露义务等规则。这些规则才是《证券法》76条第2款规定的"另有规定"之本意。

事实上,从我国证券立法和实践看,对持有公司股份达到5％的股东,均将其视为公司的大股东并附随了大股东所应尽的相关义务,如《证券法》第47条、第67条、第74条、第76条、第86条、第129条分别规定持股5％以上的股东负有信息披露、禁止或限制交易、交易获利上缴等一系列义务。[3] 作如此规定之理由,就是要确保证券市场的透明公平。若以收购为由就可以豁免这些义务,是对收购制度更是对作为证券法基石的信息披露制度的误解。

二、违规增持超过5％部分股票的表决权限制问题

探讨超过5％比例部分股票的表决权限制问题,首先需要解决违反权益披露规则买卖股票行为的效力问题。因为只有在买卖合同有效的基础上,才涉及到表决权的行使问题。

对违反权益披露规则和慢走规则买入超过5％比例部分的股票,有观点认为,由于该买卖股票行为违反了在特定期限内"不得再行买卖该上市公司的股票"的强

---

〔1〕参见李振涛:《我国上市公司大额持股变动的法律责任探析》,《法律适用》2016年第1期。
〔2〕参见郑彧:《上市公司收购法律制度的商法解读》,《环球法律评论》2013年第5期。
〔3〕参见徐聪:《违反慢走规则买卖股票若干争议法律问题研究》,《法律适用》2015年第12期。

制性规定,构成了我国《民法通则》《合同法》关于"违反法律、行政法规的强制性规定"的合同无效情形,因而该交易行为无效。[1] 该观点忽略了证券市场的特性,对证券市场特殊交易行为未能遵循"特别法优于一般法"的基本原则。事实上,基于证券买卖合同所具有的强烈的不特定性和涉众性,以及证券交易在标的物价格判断依据和价格形成机制、交易规则、影响证券交易安全的因素等方面与普通的买卖合同有着显著差异,[2] 为了保证交易秩序、交易安全和资本市场的稳定,我国《证券法》第120条规定:"按照依法制定的交易规则进行的交易,不得改变其交易结果。对交易中违规交易者应负的民事责任不得免除;在违规交易中所获利益,依照有关规定处理。"也正是基于此,不仅违反慢走规则的股票买卖合同有效,即便是内幕交易、操纵市场过程中的买卖股票合同也皆有效。

目前市场各方普遍关注的问题是:对违反权益披露规则和慢走规则增持的超过5%比例部分的股票能否依据《收购管理办法》第75条之规定对其实施表决权限制? 对于此问题各地证监局的执法实践并不一致。

(一)《收购管理办法》第75条有关表决权限制的规定不具有法律效力

《收购管理办法》第75条规定:"上市公司的收购及相关股份权益变动活动中的信息披露义务人,未按照本办法的规定履行报告、公告以及其他相关义务的,中国证监会责令改正,采取监管谈话、出具警示函、责令暂停或者停止收购等监管措施。在改正前,相关信息披露义务人不得对其持有或者实际支配的股份行使表决权。"此条规定之所以不具备法律效力,理由有二。

1. 对权利的限制只能依据法律作出。我国《立法法》8条规定,对民事基本制度、基本经济制度只能制定法律。[3] 依此规定,对民事主体基本权利的限制只能依

---

[1] 参见徐聪:《违反慢走规则买卖股票若干争议法律问题研究》,《法律适用》2015年第12期。

[2] 参见陈甦主编:《证券法专题研究》,高等教育出版社2006年版,第93页。

[3] 我国《立法法》第8条规定下列事项只能制定法律:一是国家主权的事项;二是各级人民代表大会、人民政府、人民法院和人民检察院的产生、组织和职权;三是民族区域自治制度、特别行政区制度、基层群众自治制度;四是犯罪和刑罚;五是对公民政治权利的剥夺、限制人身自由的强制措施和处罚;六是对非国有财产的征收;七是民事基本制度;八是基本经济制度以及财政、税收、海关、金融和外贸的基本制度;九是诉讼和仲裁制度;十是必须由全国人民代表大会及其常务委员会制定法律的其他事项。

据法律作出，这是不容违反的基本法理。《立法法》第 9 条还规定："本法第八条规定的事项尚未制定法律的，全国人民代表大会及其常务委员会有权作出决定，授权国务院可以根据实际需要，对其中的部分事项先制定行政法规，但是有关犯罪和刑罚、对公民政治权利的剥夺和限制人身自由的强制措施和处罚、司法制度等事项除外。"申言之，涉及基本制度尚未制定法律的情形，也可由全国人民代表大会及其常务委员会授权国务院对部分事项制定行政法规予以处置。

依公司法理，投资者在买入股票后，成为上市公司的股东，从此投资者基于股东资格享有从公司获得经济利益并参与公司管理的权利。其中的股东表决权是股东权的核心内涵，属于共益权的范畴，表现为对公司经营决策的参与和对公司机关行为的监督与纠正。有学者指出："在股东权益中，对股东最有价值的莫过于股利分配请求权和董监事选举权，前者可满足股东的经济需要，后者则可满足股东对公司经营管理阶层的人事控制需要，而这两种权利之实现莫不以股东表决权之行使为前提。"[1]正是由于表决权是股东享有的基本权利，故对股东表决权的限制就必须由法律规定才能实施，至少也得由国务院制定行政法规予以规定才可予以限制。《收购管理办法》在法律位阶上充其量只是属于部门规章性质，根本无权对股东的基本权利作出限制。

2.《收购管理办法》第 75 条是对《证券法》的严重越位。在执法实践中，下位法的监管措施若直接与作为上位法的法律规定相冲突，就是对上位法的严重越位。

我国《证券法》第 213 条明确规定："收购人未按照本法规定履行上市公司收购的公告、发出收购要约等义务的，责令改正，给予警告，并处以十万元以上三十万元以下的罚款；在改正前，收购人对其收购或者通过协议、其他安排与他人共同收购的股份不得行使表决权。对直接负责的主管人员和其他直接责任人员给予警告，并处以三万元以上三十万元以下的罚款。"如何界定本条中的"收购人"，业界的意见不一。笔者以为，如果不加辨别是否具备收购目的，而把所有持股 5% 以上的投资者均视为收购人既不符合立法本意也不符合市场实践。

首先，尽管我国《证券法》把权益披露规则放在"上市公司收购"章节中，但其实

---

〔1〕刘俊海：《股份有限公司股东权的保护》，法律出版社 2004 年版，第 76 页。

质上并未对持股达 5％ 以上且未达 30％ 的投资者按照收购制度予以严格规范,只是要求信息披露。具言之,投资者持股比例达到 5％ 时要求进行权益披露,持股比例达到 5％ 以上 20％ 以下时要求进行简式权益披露,持股比例达到 20％ 以上 30％ 以下时则要求进行详式权益披露。因此,持股比例达 5％ 以上的股票购买人虽然构成了法律上的信息披露义务人,但并不当然等同于对公司进行收购的收购人。尽管在强制性要约收购临界点之下的重大交易行为不能完全排除购买方获得上市公司控制权的意图,但这并不能说明任何重大的交易(如 5％ 以上股份)都可构成"上市公司的收购"。[1]

其次,在实践中,许多大额持股行为并不以上市公司收购为目的,而纯粹是出于财务投资的目的抑或是出于影响公众公司治理的目的而有意甚至无意地达到了 5％ 的披露临界点。[2] 因此,我们不能排除投资者以套利为目的而在短期内从事超过特定比例股份的套利交易,若把这种行为也视为上市公司的收购行为,就使得收购制度与客观事实存在严重不符。[3]

最后,《收购管理办法》第 75 条特意强调"上市公司的收购及相关股份权益变动活动中的信息披露义务人",恰恰说明权益变动与收购是两个概念,应加以区分,不可完全混同。第 75 条之所以要突破《证券法》第 86 条之规定,是意在弥补《证券法》第 193 条规定之不足,但是,再好的立法意图也应通过合法的方式予以实现。

综上分析可见,《证券法》仅仅规定"收购人对其收购或者通过协议、其他安排与他人共同收购的股份不得行使表决权",而《收购管理办法》第 75 条将其扩展到需要权益披露的所有投资者,致使表决权限制的对象范围过大,无疑是对《证券法》的严重越位。

（二）我国未来立法应对表决权的限制行使有所区分

目前域外立法对违反收购披露规则和权益披露规则获取的股份表决权限制问

---

〔1〕参见郑彧:《上市公司收购法律制度的商法解读》,《环球法律评论》2013 年第 5 期。
〔2〕参见张子学:《完善我国大额持股披露制度的若干问题》,载徐明主编:《证券法苑》第 5 卷,法律出版社 2011 年版,第 418 页。
〔3〕参见隋艳坤、尚浩东:《上市公司收购概念的界定》,《经济师》1999 年第 12 期。

题所持的态度并不一致,有的立法是对两种情形都予以表决权限制,有的则只是针对收购目的的表决权予以限制。例如,韩国《资本市场法》第 150 条规定,未依据本法第 147 条(大量持有股份等状况的报告)第 1 款、第 3 款和第 4 款的规定进行报告者,在总统令规定的期间内,对于超过表决权发行股份总额 5% 的违反份额,不得行使表决权。该法第 145 条规定,违反本法第 133 条(公开收购的适用对象)第 3 款或者第 134 条(公开收购公告和公开收购申报书的提交)第 1 款、第 2 款规定的,自收购之日起不得行使该股份(包括因行使与该股份等相关权利等而取得的股份)的表决权;同时,金融委员会可以责令其在 6 个月以内处分该股份等。我国台湾地区原先对两种情形并未规定表决权限制,但 2015 年 7 月,台湾地区"企业并购法"增订了第 27 条之一及之二,其中增订之二条文规定:"为并购目的,依本法规定取得任一公开发行公司已发行股份总额超过百分之十之股份者,应于取得后十日内,向证券主管机关申报其并购目的及证券主管机关所规定应行申报之事项;申报事项如有变动时,应随时补正之。违反前项规定取得公开发行公司已发行有表决权之股份者,其超过部分无表决权。"

权衡上述两种立法,笔者认为,在理论上对于两类不同性质的行为的监管侧重点理应有所不同。上市公司收购是以谋求公司控制权为目的,纯粹的财务投资的大额持股通常不谋求公司控制权,因而大额持股在多数情况下只是表现为持股达到一定数量与比例这一客观事实。在此意义上言,对违反权益披露的大额持股超额部分实施表决权控制无甚必要。但实践中,由于大额持股与公司收购的初期表象几无差别,在投资者未作主动说明的情况下,投资人是否以收购为目的实难分辨。故此,立足于我国国情,针对我国长期以来对违反权益披露规则以及收购监管执法不力的现状,从降低监管成本追求监管高效的目的出发,我国立法对两种情形皆予以表决权限制也不失为一种便利之举。但即便如此,表决权限制的时间与方式也应该有所差异,即根据大额交易与控制权变动的性质不同分别设定表决权限制的不同法律后果:对于不发生控制权变动的大额交易,可以规定在一定期间内,对于超过表决权发行股份总数 5% 的违反份额,不得行使表决权。而对以公开收购为目的的违规取得股份的表决权,可规定永久"不得行使表决权",或者由监管部门责令在一定期限内予以处分。

三、引入刑罚机制是惩处违规大规模增减持股票行为的必要手段

（一）从防范系统性风险的高度来认识权益披露制度的重要性

我国《证券法》出台伊始，就是将权益披露视为上市公司收购的预警机制进而纳入上市公司收购信息披露监管的范畴，因此，权益披露规则亦被称为"持股预警披露制度"或"大额持股申报制度"。尽管该规则在美国推出的初衷确实只是为了建立提醒市场投资者的收购预警机制，但是随着全球资本市场规模的不断扩大、市场流动性的增强以及各类专业机构投资者队伍的壮大，从世界范围看，权益披露规则的主旨已经逐步扩展为提高市场透明度、促进市场效率、优化上市公司治理、防范操纵市场与内幕交易、保护公众投资者利益等多元面向。更为重要的是，时至今日，如何从防范金融市场系统性风险的高度来认识权益披露规则的重要性已成为迫切需要关注的现实课题。正如 2001 年澳大利亚证券与投资委员会在《投资基金：收购与大额持股救济》咨询报告中所明确指出的，大额持股披露制度的目的并不仅仅限于该报告所称的识别公司的控制人、收购者或者潜在收购者，还在于任何大额股份控制身份及其取得股份条款的信息都是对市场有用的信息。大额持股披露制度的目的在于给公司股份的持有者、董事以及市场提供足够的信息使他们能够清楚大额股份持有者的身份、大额股份持有者的关联人，知道某人可能会因处置股份获取特殊利益的细节、任何可能影响股份处置或者投票权行使方式的协议或者特别条件或者限制的细节。2011 年 4 月澳大利亚证券与投资委员会发布的监管指引《大额持股披露：证券借贷与机构经纪业务》又重申了这一看法。[1] 不仅在澳大利亚，其他资本市场发达国家也已意识到权益披露制度在预防金融市场系统性风险中的重要作用。

就我国而言，近年来随着资本市场国际化趋势的进一步加强，我国经济虚拟化程度的日益加深以及资产证券化和金融杠杆化程度的日益扩大，如何赋予权益披露制度监控境内与跨境大额资本流动的功能成为一项亟待研究的课题。申言之，当前，机构投资者委托资产管理业务领域的发展，新的投资产品不断推出以及其他

---

[1] 张子学：《完善我国大额持股披露制度的若干问题》，载徐明主编：《证券法苑》第 5 卷，法律出版社 2011 年版，，第 426 页。

方面的市场创新,给我国资本市场的监管带来了新难题。从资本市场大额持股资金来源上看,应该分成两部分,一是银行的资金,二是民间的资金。首先,作为金融媒介,银行一手连着企业,一手连着储户,因此,银行的资金风险会引起连锁反应,从而引发金融市场的系统性风险。当前我国银行资金除了政府的官方渠道外,还有其他渠道进入股市。如何尽早地发现进入股市的银行资金的动向以及规模是发挥权益披露规则功能的重要方面。其次,就民间资本而言,对国际游资的严格监管已是众矢之的。国际投机资本的主要代表一是对冲基金,如索罗斯基金,二是华尔街的几大投行,如高盛集团(Goldman Sachs)。这些非常专业的机构投资者惯于利用监管漏洞,为追求利润不择手段,极易对目的国的金融系统造成巨大危害,甚至引发目的国的货币危机和金融危机。事实上,自国际金融危机爆发以来,高盛受到了来自美国、英国、日本等国涉嫌欺诈和投机行为等的指控,并为此支付了巨额赔偿金以求庭外和解。[1] 为了及早充分地掌握信息,更好地监控和打击市场欺诈和投机行为,就需从资金的源头进行严密监管,而权益披露规则无疑是获取监管信息的无可替代的重要途径之一。

(二) 域外相关刑罚机制的立法借鉴

长期以来我国对权益披露规则的落实执行实践不尽如人意,除了相关法律规则不科学、部分条款操作性差、大额持股人信息披露意识不强等原因外,缺乏有力且具有针对性的惩处手段也是一个重要的原因,使得违反权益披露规则行为的违法成本太低。依据我国《证券法》第 193 条的规定,对违反权益披露规则和慢走规则的违法行为的最高罚款额仅为 60 万元,不能从根本上起到威慑作用。要扭转该局面,就必须对违反权益披露规则的行为施加必要的刑罚措施。而诸多资本市场发达国家或地区晚近的立法选择与执法实践已给我们提供了极佳的借鉴样本。

例如,韩国《资本市场法》第 3 编第 2 章"企业并购的相关制度"区分了"公开收购"与"关于大量持有股份等状况的报告"。其第 2 节"关于大量持有股份等状况的报告"第 147 条与我国《证券法》第 86 条的规定类似。韩国《资本市场法》第 147 条

---

〔1〕参见戴宏:《防范国际投机资本冲击中国金融市场》,《财经——金融实务》2011 年第 5 期。

第 1 款规定"大量持有(指 5％以上的情形)人应自大量持有之日起五日以内,将其持有状况、持有目的、与持有股份等相关的主要合同内容,以及总统令规定的其他事项,按照总统令规定的方法向金融委员会和交易所报告"。该法第十编"罚则"第 445 条第 20 款规定"违反本法第一百四十七条第一款、第三款或者第四款的规定,不进行报告者"处"三年以下有期徒刑或者单处一亿韩元以下的罚金";该法第 444 条第 18 款规定"本法第一百四十七条规定的报告文件或者第一百五十一条第二款规定的更正报告书,对总统令规定的重要事项有虚假记载或者标注,或者未记载或标注者""处五年以下有期徒刑或者单处两亿韩元以下罚金"。在日本,2006 年其将《证券交易法》修改升级为《金融商品交易法》时,对大量持股报告制度作了较大修改,并专列一章加以规定。日本收购制度与韩国类似,其《金融商品交易法》第 2 章"企业信息等的披露"也区分了"与公开收购相关的披露"与"股票等大量持有情况的披露"。日本《金融商品交易法》第 27 条之 23 规定了"大量持有报告书的提交",即在金融商品交易所上市的股票的持有人持有该股票等持有比例超过 5%的(以下简称"大量持有人"),应按照内阁府令规定,将记载了股票等持有比例的相关事项、取得资金等相关事项、持有目的等其他事项的报告书(以下简称"大量持有报告书")自成为大量持有人之日起 5 日内,提交内阁总理大臣。[1] 对不提交大量持有报告书的规制措施主要有如下两项:一是罚款,即该法第 172 条之 7 规定的"不提交大量持有报告书或者变更报告书时,内阁总理大臣应按照次节规定的程序,令其向国库缴纳相当于第 1 项所列金额乘以第 2 项所列比例后所得金额的罚款";二是刑罚,即该法第 197 条之 2 规定的"未提交第 27 条之 23 第 1 款规定的大量持有报告书等的业者,处五年以下有期徒刑或者五百万日元以下罚金,或者并处之。"[2] 而在香港,其《证券期货条例》第 328 条规定,"关乎不遵从具报规定的罪行(i)一经循公诉程序定罪,可处第 6 级罚款及监禁 2 年;或(ii)一经循简易程序定罪,可处第 3 级罚款及监禁 6 个月"。

全球资本市场的发展实践表明,信息的及时公布和惩罚的严厉到位是资本市

---

[1] 参见中国证监会编译:《日本金融商品交易法及金融商品销售等相关法律》,法律出版社 2015 年版,第 185 页。
[2] 同上书,第 927 页。

场监管的两大法宝。就我国而言，尽管《证券法》明确规定证券违法行为"构成犯罪的依法追究刑事责任"，但刑法并未对违反权益披露规则给市场造成严重损害的行为作出明确的处罚规定，实属证券立法之不足，也暴露出立法者对违反权益披露规则危害性缺乏足够的认识。有鉴于此，借当前《证券法》修订之机，笔者建议，补充和完善大额持股的相关法律责任制度，可借鉴日本、韩国的做法，对违反权益披露规则行为施以刑罚规制，以加大对此类行为的惩处力度，从而提高市场的公正性和透明性，切实保障投资者的合法权益。

四、结语

纵观我国证券市场的发展历程，如何科学有效地规制违规大规模增减持股票行为始终是证券市场立法和执法所共同面临的突出问题。以《证券法》修订为契机，从防范金融市场系统性风险的认识高度出发，从注重民事、行政、刑事三种责任规制的协同配合出发，对违反权益披露规则及慢走规则的大规模增减持股票行为应建立富有前瞻性的、逻辑自洽的、切实可行的规则体系，同时补充和完善我国大额持股的相关法律责任制度，并且通过对违反权益披露规则行为施以刑罚规制，来加大惩处力度，助推科学立法和有效执法的实现。

第二编

金融与信托法编

第八章　次贷危机的法律根源与美国
##　　　　金融监管制度的质疑与启示*

　　伴随着美国房地产价格下跌出现的次贷违约,从而引发并已蔓延全球的"二战结束以来最严重的危机"[1],不仅引起了全球金融市场的动荡与恐慌并波及实体经济,动摇了国内外投资者的信心,而且也大大降低了人们对美国金融监管制度及思想的信赖与评价。不断蔓延的危机昭示出监管失灵的事实,人们不禁要问:在以法治文明典范自居的美国,金融市场何以出现这般无序? 共同构成美国双层多元监管体制的众多管理机构的存在,又何以不能保证金融安全? 因此,有必要在次贷危机背景下重新审视美国的金融法律制度与法律秩序,拷问其价值取向与文化底蕴,以取得有益于我国金融法制度建设的深刻启示。

一、价值取向：安全与效益的博弈失衡

　　安全性与效益性一直是各国金融监管立法的两大相互博弈的价值目标。一方面,由于金融业是高风险行业,且具有发生支付危机的连锁效应,因此安全性是前提,各国决策者与立法者都会给予金融安全以必要的关注;但另一方面,他们又希望金融监管成为促进金融创新,提高金融服务效率,增强本国金融业在国际市场中

---

　　* 本章曾发表于《交大法学》2011 年第 2 卷。作者:许多奇,上海交通大学凯原法学院教授,博士生导师。
　　[1] 美联储前主席格林斯潘说:"有一天,人们回首今日,可能会把美国当前的金融危机评为二战结束以来最严重的危机。"引自 Martin Wolf, Lessons of the Financial Crisis, Financial Times, Aug. 21st, 2008。

竞争力的根本保证,因而效益性往往又成为另一关注的焦点。能否在安全与效益的博弈中把握适当的度,取得动态的平衡,成为考量决策者或立法者理性与智慧的尺度。

美国政府也一直致力于在金融业安全与效益之间寻求可能的平衡点,然而这一寻求呈现为一个充满着激烈冲突的过程,换言之,平衡的取得要以惨痛的危机、剧烈的震荡为代价。美国早期的银行特许状〔1〕以英国银行和证券业务分离的体制〔2〕为样板,实践中银行的业务范围仅限于对短期流动资产的收购。但这一实践及其背后"安全性"的价值取向在 19 世纪中叶的所谓"自由银行"时代〔3〕被逐步抛弃。1837 年的金融恐慌和在随后 6 年中 1/4 美国银行的破产才带来"安全"价值的回眸,1864 年的《国民银行条例》再次遵循传统,规定银行业务仅限于发行货币、接受存款和从事短期商业贷款。《国民银行条例》的颁行表明美国对金融业已实行初步管制,如规定银行缴存存款准备金、发行全国统一货币、建立全国支票清算系统、制订银行投资证券的最低限制,以避免银行可能遭受的风险等等。〔4〕但是该国民银行法坚持的银证分离的模式在 20 世纪初期却通过修改法律而被彻底打破了。其原因在于:一方面公司证券发行的迅速发展和债券融资代替银行融资的市场趋势使银行越来越为证券业务所吸引,另一方面联邦储备委员会为加强国民银行对州银行的竞争力,一步步运用自己的权力打破了商业银行和投资银行的界限。金融业务之间已不存在法律上的楚河汉界,商业银行拥有证券分支机构,将公众的存款用于股市投机,日益成为证券分销和承销的主导力量。诚如美国学者所指出的那

---

〔1〕英国是现代公司制度的故乡,在特许时代出现了规范公司制度的立法,公司主动通过受领皇家特许状或经国会法令特准成为法人社团。参见蔡立冬:《公司制度生长的历史逻辑》,《当代法学》2004 年第 6 期。

〔2〕英国很早就建立了银行与证券业务分离体制。商业银行的资产应该具备足够的清偿力和不能投资在不动产和公司股票的理论被广泛接受并运用,同时也反映在 1694 年国会授予英格兰银行的特许状中。这种状况一直保持到 1986 年。See Shall: The Separation of Banking and Commerce; Origin, Development and Implications for Anti-trust, (1983), Antitrust Bull。转引自陆泽峰:《金融创新与法律变革》,法律出版社 2000 年版,第 306 页。

〔3〕自由银行时期是指美国 1836—1863 年推行自由银行制度的时期。该制度的理论基础是 17 世纪英国的"自由银行学派"。其基本理论是在通货发行可兑换硬币的条件下的自由贸易。该学派主张这样一种制度,即银行在所有业务上(包括纸币发行)都进行竞争,没有中央银行对纸币发行的垄断,当然也不需要对银行活动进行管制。

〔4〕陆泽峰:《金融创新与法律变革》,法律出版社 2000 年版,第 118 页。

样："如依今日的标准来衡量,截至 20 年代后期的金融制度基本上是不受管制和自由竞争的。"[1]直到 1929 年那个"黑色星期五",纽约华尔街股市一天狂泻数千点,并波及整个世界证券市场。华尔街股市大崩盘以及随之发生的大约 9000 家银行的破产和数年的经济萧条,才使得政府决策者重新梳理与盘点自己重效益轻安全的金融监管理念。1933 年《格拉斯斯蒂格尔法》(Glass-Steagall Act)在国会的顺利通过正是这一梳理与盘点的回应。该法确立了银行业与证券业分野的金融隔离制度,证券公司不再接受存款或设立吸收存款的分支机构,联邦储备系统的商业银行会员被禁止参与包销、买卖证券业务,只能经销和买卖联邦证券、存款单以及市政普通责任证券,而任何从事证券业务的银行又不能经营吸收存款等商业银行业务。自此开始直至 20 世纪 70 年代,美国实现了以成文法为基础的体系化监管。这一时期银行法方面重要的立法还有《联邦储备制度 Q 条例》《银行控股公司法》《利率管制法》《消费者信贷保护法》《公平信贷票据法》《真实贷款法》等。证券法方面则有:1933 年证券法和 1934 年的证券交易法,该两法与 1933 年银行法一起,形成了投资银行与商业银行分业经营的制度框架。此外,1938 年的《证券交易法修正案》,将证监会的监管范围扩大到柜台交易市场;《1940 年投资公司法》授权证监会监管投资公司;《1964 年证券法修正案》进一步将注册登记、财务公开以及其他保护性措施扩大到柜台交易市场上的证券,提高了对证券商及其职员的资格标准,加强了证监会和自我监管机构的自我约束和管理。《1968 年威廉斯法》(1970 年作了修正)要求在现金标购、交易所拍卖、大规模股权购买业务中实行信息公开,并授权证监会制定规则,管理公司接管活动。这些法律法规的颁行表明,金融业的自由竞争局面已经结束,金融市场的各个方面都无不处于法律的管制之下。综上所述,一个典型的判例法国家,却以成文法大爆炸的形式来实现对金融业的全面管制。这是美国政府在饱尝了金融危机带来的灾难痛定思痛之后,价值取向发生的逆转:在金融法的价值目标定位中,金融秩序的安全与稳定应该是首要的,因为效益只能是安全与稳定的金融秩序中的效益,离开了金融业的有序与稳定,效益就没有存在的基础与意义。

---

[1] [美]托马·F.卡吉尔、吉里安·G.加里亚:《80 年代的金融改革》,浦寿海等译,中国金融出版社 1989 年版,第 38 页。

自由放任主义的经济学家们曾受到这样尖锐的批判：1929—1933 年的"大危机"使得市场可以自行调节并经常保持供求平衡的自由主义经济学"一夜之间变成了神话"，然而，"一旦危机过去，一些经济学家就不可避免地回归旧日的信仰"。[1]其实，政治家、立法者们又何尝不是如此？ 因而历史才总是在遗忘中前行。

金融风险对金融体系安全新一轮的挑战，与 20 世纪 80 年代以来的金融自由化浪潮相伴而行。"金融自由化"实际上是放松管制的代名词（西方学者多使用Deregulation 一词）。其经济背景是，在 20 年代迫使银行进入证券市场业务的同样的市场压力即贷款证券化（融资脱媒）从 70 年代开始重新在世界范围内影响银行业，在资本天然趋利性的要求下，细密的规则、严苛的监管开始成为金融资本占有者必须逾越或规避的障碍，其理论反映便是出现了宣扬金融自由化理论的资本利益代言人。金融自由化理论以"金融深化"[2]及"金融压抑"[3]理念为代表，它倡导放松对金融机构过度严格的监管，特别是解除金融机构在利率标准、经营地域与业务范围等方面的限制，恢复金融业的竞争，以提高金融企业的效益。利益的诱导、理论的煽动，导致金融运作中出现了诸多自下而上的"闯红灯"行为。一方面，从1975 年 5 月起美国证券业进入自由化改革阶段，不受"Q 条例"约束的证券公司和保险公司创立了一些适应投资者和企业需要的金融工具，并从中获得了巨额利润。另一方面，证券业的"金融创新使银行获取资金的成本优势以及资产方面的收益优势下降，由此造成的压力降低了银行的赢利，导致银行业收缩。"[4]这种严峻的形势迫使传统的商业银行急需开辟新的利润来源渠道。于是一些大型商业银行开始钻《格拉斯斯蒂格尔法》的空子，涉足证券业，从事投资银行业务。如商业银行根据

---

[1] [美]保罗·克鲁格曼：《美国怎么了？ 一个自由主义者的良知》，刘波译，中信出版社 2008 年版，第88 页。

[2] 金融深化论(theory of financial deepening)是美国经济学家爱德华·肖提出的用金融自由化政策促进不发达国家经济发展的理论。它指解除对实际利率的限制，从而使其反映储蓄的稀缺性、刺激储蓄、提高投资的收益率等方面。参见爱德华·肖：《经济发展中的金融深化》，上海三联书店 1988 年版。

[3] 金融压抑论(theory of financial repression)由当代金融发展理论奠基人罗纳德·麦金农提出，它指市场机制作用没有得到充分发挥的发展中国家所存在的金融管制过多、利率限制、信贷配额以及金融资产单调等现象，表现为金融市场发展不够、金融商品较少、居民储蓄率高等问题。参见罗纳德·麦金农：《经济发展中的货币与资本》，卢骢译，上海三联书店 1988 年版。

[4] [美]米什金：《货币金融学》，李扬译，中国人民大学出版社 1998 年版，第 267 页。

1956 年制定、1970 年又作修改的《银行控股公司法》的规定几乎都建立了银行持股公司,并通过这种形式从事除银行业务以外的与银行业务密切相关的其他业务:投资咨询、信息服务、信用卡服务、发行商业银行票据、代理保险、不动产评估、从事海外各种金融业务等,成为实际上的万能银行。如 1998 年与旅行者集团合并后的新花旗银行集团就是一个集银行业务、投资、证券、保险于一身的全球最大的金融集团之一。对此,美国政府采取了由默认到法律屈从的应对路径。1999 年 11 月,国会参众两院表决通过了以金融混业经营为核心内容的《金融服务现代化法案》。该法允许银行持股公司直接从事证券、承销和保险,允许银行持股公司与任何金融机构联合,并可从事任何金融业务或金融业务附带业务。商业银行涉足证券业和保险业最终获得了法律上的支持。具有里程碑意义的《金融服务现代化法案》既是美国金融宏观政策和法律注重效率大于安全的结果,又成为该国金融业非正常发展与风险积累的见证。随着所谓"无须政府干预,市场就能自动实现均衡"[1]、"只有在一个领域政府监管越多越好,那就是根除欺诈"[2]等放松监管的思想更加有恃无恐,美国的风险投资和高资源配置效率的金融市场日益活跃,以证券市场为中心的金融体系日益成熟。2007 年,美国股票市场和债券市场的规模为 49801.6 亿元,占全球证券市场规模的 1/3 以上。[3] 全国经济日趋金融化(即经济活动的中心从产业部门转向金融部门)。时至 2007 年,美国金融企业的利润已占到全美企业利润总额的 40%[4]资本积累呈明显的虚拟化趋势,金融部门的发展远远超过实体经济部门的发展。2008 年美国金融总资产是 GDP 的 4 倍,而金融衍生工具却达到 GDP 的 12 倍。[5] 金融业通过对金融衍生产品日益繁多的自我创造和自我循环,实现最大限度的增值。经济金融化及资本积累的虚拟化使美国在引领经济全球化过程中获得了巨大的经济利益,通过源源不断地吸收海外资金,弥补财政预算和国际收支巨额"双赤字"造成的缺口,支撑经济持续增长。然而,这种经济增长的背后却潜伏着

---

〔1〕 Alan Greenspan, The Age of Turbulence: Adventures in a New World, The Penguin Press, 2007, p. 367.

〔2〕 同上书,p. 375。

〔3〕 IMF, Global Financial Stability Report, http://www. imf. org/external/pubs/ft/gfsr/2008/02/pdf/statappx. pdf October 2008,p. 181.

〔4〕 于培伟:《美国经济日趋金融化》,《中国经济时报》2007 年 3 月 26 日。

〔5〕 王进诚:《金融危机的监管反思》,《当代金融家》2009 年第 1 期。

巨大的危机,对资本的滥用与游戏固然能带来虚拟资本成几何倍数的增长,但这一基础不牢的"金字塔"终因没有实体资本的支撑而倒塌。

历史总是这样惊人地相似,在危机加大的压力之下,2008 年 3 月 31 日美国正式公布了金融监管改革方案。该方案强调金融监管体制改革的两大目的:一是要增强美国资本市场的竞争力;二是要保护美国消费者利益和维护市场稳定。[1] 或许,美国政府终于认识到了自己对金融市场稳定应负的监管责任,重新找到金融效率与金融安全价值目标冲突的平衡点,但即便是这样,也只能表明决策者金融法价值目标的正确定位具有明显的"危机驱动"的特征,是"亡羊补牢"式的,而不是"未雨绸缪"式的。在全球经济一体化,环球同此凉热的今天,世界各国不得不为以美国为震源的次贷危机买单并使经济蒙受了巨大的损失,为时太晚的"亡羊补牢"实不可取。此乃美国金融制度及思想先进性质疑之一。

二、制度建构:金融监管应对金融创新滞后

能否正确解决金融监管与金融创新之间看似难以克服的紧张关系,是考量决策者与立法者理性与智慧的又一尺度,因为以新金融工具的采用、新金融市场的开辟、金融服务方式的改变以及金融体制的改革为主要内容的金融创新,本身就意味着对既有金融监管法律制度的挑战与破坏。电子技术在金融领域日益广泛的运用和"脱媒"时代金融机构"扩大利润空间"动机的推动,以及金融全球化带来的国际金融竞争压力激发了金融创新的动力,金融创新在最近几十年内以近乎挑战人类想象的方式不断地迅速发展。美国政府出于对经济效益及国家在国际金融市场份额占有度的追求,为金融创新摇旗呐喊、保驾护航,而对其风险的产生与积聚则掉以轻心,视而不见,造成金融监管对金融创新的应对严重滞后。具体表现在:

(一) 推动金融创新的法规层出不穷,金融衍生品的运行却无法可依

"作为 20 世纪 70 年代以来的一项重要的金融创新,证券化改变了传统的投融

---

〔1〕 The Department of the Treasury, The Department of the Treasury Blueprint for a Modernized Financial Regulatory Structure, March 2008,http://www. treas. gov/press/releases/reports/Blueprint. pdf.

资体系,带来了金融领域的巨大变革。"[1]在美国,这一变革表现为信贷方式的根本转变,即由银行体系的资金主要来源于存款,在留取一定存款准备金后再作贷款的传统信贷方式,转变为把银行贷款证券化,通过证券市场获得信贷资金,实现信贷扩张的新方式。[2] 见下图:

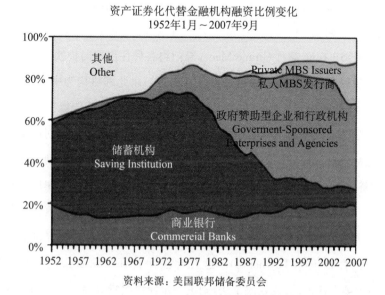

资产证券化代替金融机构融资比例变化
1952年1月~2007年9月

资料来源:美国联邦储备委员会

　　住房按揭贷款的证券化便是上述新的融资方式的主要形式。该形式形成了一套高风险的运作方式。以次级抵押贷款[3]证券化为例,贷款机构通过降低信用标准的方式把按揭贷款贷给次级信用的借款人,并把这些次级信用贷款的所有权转让给投资银行。投资银行将买来的次级住房按揭贷款再用复杂的金融工具转化为多种形式的次贷证券化产品,通过 SPE 发行到债券市场由投资者认购。这一复杂过程的每一步都蕴藏着巨大的风险。在这种情况下,负责任的政府应对金融创新及其衍生产品蕴藏的风险保持高度的警觉,以金融监管的创新来应对金融创新的风险。美国政府是这样做的吗?

---

[1] 洪艳蓉:《资产证券化法律问题研究》,北京大学出版社 2004 年版,第 4 页。
[2] 易宪容:《"影子银行体系"信贷危机的金融分析》,《江海学刊》2009 年第 3 期。
[3] 次级抵押贷款是一个高风险、高收益的行业。与传统意义上的标准抵押贷款区别在于,次级抵押贷款对贷款者信用记录和还款能力要求不高,贷款利率相应地比一般抵押贷款高很多。

由于银行住房抵押贷款的资金一般要 15—30 年才能回笼,因此住房按揭贷款的证券化是为了解决银行的流动性风险而产生的,美国政府对于推动这一金融创新起到了关键作用。一方面,1938 年推出半政府机构——联邦住房按揭贷款协会(Federal National Mortgage Association,简称 Fannie Mae),作为特殊目的机构专门购买银行想变现的按揭贷款,这无疑会刺激银行放贷的积极性。为了解决 Fannie Mae 的流动性问题,1970 年又成立另一个半政府机构(Government National Mortgage Association,简称 Ginnie Mae),专门将各种住房按揭贷款打包然后分成股份,以可交易证券的形式向资本市场投资者出售。以此两机构为中心,组成了美国最初的证券化抵押市场。另一方面,证券化抵押市场的繁荣依赖于抵押贷款市场的发展,于是美国政府通过立法为抵押贷款特别是次级抵押贷款创造宽松的法律环境,增加社会对抵押贷款的需求。1977 年的《社区再投资法》鼓励贷款者对低收入者的放贷;1980 年的《存款机构放松管制和货币控制法》取消了住房抵押贷款的传统利率上限,允许放贷人以高利率、高费率向低收入者放贷,以填补放贷人的贷款风险。1982 年的《可选择抵押交易平价法》,规定放贷人可采用浮动利率放贷和"气球式"支付(Balloon Payments)。这几部法律打开了次贷市场发展之门。而 1986 年美国国会通过的《税收改革法》则进一步使得次贷成为了一种有一定规模的贷款。[1] 该法虽然取消了消费贷款利息税前扣除,但保留了抵押贷款利息支出的税前扣除。这一系列法案都为抵押贷款、进而为抵押贷款证券化的发展提供了良好的法律环境。正是在政府的大力推动下,住房按揭贷款证券化呈爆炸式地发展。在 2000 年到 2005 年之间,仅明显的抵押贷款证券化就增长了 61%,到 2005 年 3 月证券化抵押资产总计达 4.61 万亿美元。[2] 甚至可怕的次贷危机即将来临的信号也遏制不住这一增长趋势,到 2006 年底证券化抵押资产达到 6.5 万亿美元的规模。[3] 但是,我们也遗憾地看到,美国政府虽催化了全球最大的住房按揭贷款证券

---

〔1〕 See Nelson. A. Gene, Morrow Alice Mills, Oregon State University Extension Service, Understanding the Tax Reform Act of 1986, http://ir. library. oregonstate. edu/jspui/bitstream/1957/5568/1/SR%20no. %20789_ocr. pdf.

〔2〕 Ruth Simon et al. , Housing-Bubble Talk Doesn't Scare Off Foreigners, Wall St. J. , Aug. 24, 2005, at A1.

〔3〕 Gretchen Morgenson, Foreclosures Hit a Snag for Lenders, N. Y. Times, Nov. 15,2007, at C1.

化市场,却并没有对这一市场实施监管的专门法律,尽管市场中次级抵押贷款证券化产品形式多种多样,由此形成的按揭衍生证券链条越来越长,资金的最终提供方与最终使用方之间的距离越来越远。[1] 风险也越来越大,但无论在市场准入、运行过程方面,还是在风险防范方面,都没有对这些金融衍生产品形成一个严格而合理的监管制度体系。

在过去 70 年中,围绕住房按揭贷款的多种金融创新为美国社会提供了巨大的购房资金。次贷本身作为一种优惠贷款的补充,很好地起到了使许多中下阶层、特别是低收入者拥有住房的作用。从 1994 年到 2006 年,美国的房屋拥有率从 64％上升到 69％,超过 900 万的家庭在这期间拥有了自己的房屋,为美国的经济繁荣和社会稳定作出了巨大的贡献。[2] 见下图:

美国房屋所有权比例图
1965年1月~2007年9月

资料来源:美国统计局

可见,金融创新并非引发此次次贷危机的罪魁祸首,住房按揭贷款(包括次级

---

[1] 陈志武:《金融的逻辑》,国际文化出版公司 2009 年 8 月版,第 133 页。
[2] 谢百三、李云飞:《关于美国次级房贷危机及其对中国经济的影响》,上海市会计学会网,http://www.csj.sh.gov.cn/gb/kjxh/30year/node51/userobject1ai503.html,最后访问日期为 2009 年 9 月 20 日。

贷款)的证券化也不应是风险扩散和金融危机导火索的代名词,问题在于金融监管未能跟上金融创新的步伐,法律规制的缺乏纵容了证券化产品的滥用。比如,随着次级贷款的增长,越来越多的贷款打包为抵押支持证券(MBS)。1994 年只有31.6%的次级抵押被证券化,但是到了 2006 年比例激增到所有次级贷款的80.5%。[1] 抵押证券化经纪商也随之从 1987 年的 7000 人迅速提升到 2006 年的53000 人。[2] 另有研究估计,美国金融产品交易合约总额有 530 万亿美元之多,其中 CDS(信贷违约掉期)[3]超过 60 万亿,它们赖以发起的担保品即物质金融资产实际价值只有 2.7 万亿,其杠杆率高达 200。[4](按照新巴塞尔协议的规定,商业银行贷款必须维持存款准备,保留资本充足率为 8%,即杠杆率不能超过 12.5)美国政府大力推动金融创新,却忽视了信用泛滥的风险,没有用法律来保证金融衍生产品原始基础资产的真实性,积聚的风险最终引爆了金融危机。

(二) 金融监管体制不适应混业金融,不彻底的功能性监管改革应对金融创新无力

美国是最早建立金融分业监管体制并至今仍固守这一体制的国家。20 世纪 90年代以来,在金融混业趋势日健和金融创新迅猛发展的浪潮中,全球性的金融改革随之展开。更高一级的监管成为金融市场监管的冲击波,许多国家为此修改了原有的监管体系,即在银行、证券、保险三部分监管职权之上建立一个单独的监管者。除德国、日本、澳大利亚等国外,最典型的例子是与美国经济、文化、法律和政治体制最为接近的英国。2000 年 6 月,英国国会通过《金融服务与市场法》(FSMA)。该法创造了一个新的单一监管体制,按照该法于 2001 年建立的金融监管局(FSA)是目前世界上最大和最有权力的一体化金融监管机构之一。与此潮流相左,美国虽

---

〔1〕James R. Barth, the Rise and Fall of the U. S. Mortgage and Credit Markets, John Wiley & Sons, Inc. , 2009, p. 49.

〔2〕James R. Barth et al. , A Short History of the Subprime Mortgage Market Meltdown, GH Bank Housing Journal, Milken Institute Paper, January 2008. p. 1.

〔3〕信贷违约掉期,亦称信贷违约互换,是最为传统也是目前市场份额最大的信用衍生产品,由合约的一方(信用保障买方)定期向另一方(信用保障卖方)支付费用,以换取另一方在某一公司或主权实体(参考实体)发生事先界定的信用事件时的补偿支付。参见易华:《信用衍生产品及其监管》,《中国金融》2006 年第 2 期。

〔4〕易宪容:《"影子银行体系"信贷危机的金融分析》,《江海学刊》2009 年第 3 期。

随着 1999 年《金融现代化法案》的颁行而重回混业经营的金融体系,但却继续发展其分业监管体制,从而形成了当今世界上最为复杂的双层多边监管结构。

美国金融监管结构的复杂性,在纵向上表现为联邦政府与州政府实行分权监管,即所谓双层监管体系;在横向上,各监管机构实行分业监管。联邦层面的最基本管辖权属如下:美联储(FRS)、货币监理署(OCC)、联邦存款保险公司(FDIC)三家机构共同负责对商业银行的监管;证监会(SEC)、商品期货交易委员会(CFTC)与美国投资者保护公司(SIPC)三家机构共同负责对证券期货机构及证券期货市场的监管;对信用合作社的监管权属于信用合作社监管局(NCUA);对储蓄信贷会的监管权则属于储蓄信贷会监管局。对于拥有跨行业子公司的金融控股公司,1999 年《金融现代化法案》规定:其母公司的监管实行伞形监管与联合监管共存的制度。联储对所有金融控股公司拥有监管权,即所谓"伞形监管"。与此同时,对拥有其他行业大型子公司的金融控股公司,相关的行业监管者也可以作为联合监管者实施监管。例如,传统银行控股公司在收购证券子公司后,或者传统证券控股公司在收购银行后,证监会有权作为"联合监管"机构实施监管,同样的情况也适用于储贷会监管局。[1]

美国"双层多边"的监管体制对混业金融的不适应是显而易见的。首当其冲的问题是监管重叠与监管冲突。同时接受多家监管机构的监管是美国金融机构的常态。美国审计总署(GAO)模拟了一种极端情况:如果一家公司是金融巨头,同时提供银行、证券和保险服务,结果发现,有权对这一金融巨头进行直接监管的机构就有 9 家。实际上,根据该署对花旗、摩根大通的调查,对这两大集团有监管权的机构远远超过这一数字。[2] 2005 年,美国在联邦和各州层级,总共拥有 115 个金融监管机构从事金融监管,而且当时国会还在考虑增设监管机构。[3] 每家机构都在其监管范围之内颁布法规并实施监管。由于监管目标和监管文化的不同,金融监管机构之间的冲突非常频繁。一个最广泛引用、也最受人们指责的例子是美国证监

〔1〕赵静梅:《美国金融监管结构的转型及对我国的启示》,《国际金融研究》2007 年第 12 期。

〔2〕GAO: Financial Regulation: Industry Changes Prompt Need to Reconsider U. S. Regulatory Structure, www. gao. gov/cgibin/getrpt? GAO-/05-61. p. 120.

〔3〕Elizabeth F. Brown, E Pluribus Unum—Out of Many, One: Why the United States Needs a Single Financial Services Agency, 14 U. Miami Bus. L. Rev. 1, 33 37(2005).

会与美国期货交易委员会之间绵绵不休的争斗。1975年，芝加哥期货交易所推出一种基于国债抵押的期货合约，遂向新成立的期货交易委员会提出申请，并获得批准。但是，美国证监会立刻宣布期货交易委员会的批准是无效的，理由是该期货合约属于证券范畴，于是要求芝加哥期货交易所必须重新向证监会申请。两家监管机构此后展开将近20年的对金融衍生产品监管权的争夺战，最终在20世纪90年代初期在国会的调解之下形成了一个妥协方案：期货交易委员会拥有对外汇金融衍生产品（除全国性证券交易所上市的外汇衍生产品）、股票指数期货以及指数期货期权的监管权，而证监会则拥有对股票期货、股票期权、股票指数期权的监管权。随着资产证券化和金融创新的不断拓展，在证券监管与银行监管、保险监管之间的类似冲突也屡见不鲜。[1]

为了协调"双层多头"监管与混业金融的矛盾，美国启动并于金融危机爆发之前完成了从机构监管[2]向功能监管的转变。功能监管的基本理念是：相似的功能应该受到相同的监管，而不论这种功能由何种性质的机构行使。换言之，监管权属以业务或产品性质、而不是机构注册时的性质来划分。功能监管的真谛在于创造一个统一的"巨无霸"式的金融监管者，以避免机构监管中不同金融业的监管者各自为政的现象。然而，美国的金融监管结构转型极不彻底，仍保留了机构监管的诸多痕迹，因而仍无力应对混业金融和金融创新的挑战。次贷危机将其局限性暴露无遗：除上述重复监管、监管冲突以及监管成本居高不下之外[3]，更有监管真空、监管竞次、监管容忍与监管套利。

随着金融创新的不断推进，银行、证券和保险领域的产品及服务不再有截然的

---

〔1〕赵静梅：《美国金融监管结构的转型及对我国的启示》，《国际金融研究》2007年第12期。
〔2〕机构监管又称"部门监管"，指按照金融机构的性质设置不同的监管机购。不同的监管机构分别对不同的金融机构从事的多项业务进行监管，但某一类型进金融机构监管者无权监管其他类型金融机构的金融活动。参见张忠军：《金融业务融合与监管制度创新》，北京大学出版社2007年版，第229页。
〔3〕2003年度，美国的监管成本至少是英国的7.7倍、德国的35.1倍，且2003—2005年间该比率几乎未发生重大变化，即使以GDP来折算的话，美国2005年的金融监管成本仍比英国多支出19.4%，比德国多支出663%。See Elizabeth F. Brown, the Tyranny of the Multitude is a Multiplied Tyranny: Is the United States Financial Regulatory Structure Undermining U. S. Competitiveness? 2 Brook. J. Corp. Fin. & Com. L. 369,383,384(2008)。2006年这一差距虽然有所降低，但仍相当惊人，该年度美国金融监管成本高达52.6亿美元，约是英国的9倍。廖岷：《从美国次贷危机反思现代金融监管》，《国际经济评论》2008年第4期。

分野,兼具三者属性的金融衍生产品不断涌现。而"双层多边"体制下的功能监管并不能解决谁有权最终决定一个金融产品到底是银行产品、证券产品还是期货产品的问题。按照传统的做法,联储对银行产品具有解释权,证监会对证券产品具有解释权,期货交易所委员会对期货产品具有解释权。当解释权发生冲突时,则由国会裁决。但是,事无巨细都由国会裁决实施起来非常困难。因此,监管真空成为了监管重叠的双胞兄弟。20世纪90年代初,美国主要的商业银行和证券公司都建立了衍生产品部,大力拓展结构化产品业务,开发出CDO(债务担保证券)、CDS(信用违约掉期)等多种金融衍生产品。由于这样的产品到底该由联储、储蓄管理局还是证券交易委员会来监管,法律并没有明确,以至于"三个和尚没水吃",多边监管变成了无人监管。10多年过去了,尽管结构化产品已经成为金融机构的重要收入来源,但至今却没有一个监管机构宣称对这些产品的运行、风险揭示、投资者保护和海外运作负有监管责任。监管真空另一个成因便是监管机构监管范围覆盖的不周延。如为了对住房抵押贷款市场进行监督,美国分别设立了两个相应的监管机构:联邦住房金融委员会负责一级市场的监管,其职责主要是监管12家联邦住房贷款银行;联邦住房企业办公室负责监管二级市场,监督政府支持企业每年购买中、低收入家庭住房贷款和市中心住房贷款的执行情况。但这种专门性的监管并没有完全覆盖全部住房抵押贷款市场。占有次贷市场59%的抵押贷款机构并非联邦住房贷款银行会员[1],不受联邦住房金融委员会的约束,而私人机构发起的抵押贷款证券亦不在联邦住房企业办公室监管范围之内。二级市场中大量金融衍生产品的监管基本处于空白状态,如CDO、CDS都是在非公开市场进行交易,监管部门无法确切知晓其市场风险,采取相关手段来控制风险也就无从谈起。

金融机构可以选择自己的监管者,监管机构之间存在竞争,是美国区别于其他国家的特色。次贷危机使美国金融机构之间激烈的非良性竞争以及带来的"监管竞次"恶果得以曝光。所谓"监管竞次"是指监管机构为了取悦本部门利益集团、吸引潜在监管对象或扩展监管势力范围,竞相降低监管标准,以致降低整体监管水

---

[1] 张宇,刘洪玉:《美国住房金融体系及其经验借鉴——兼谈美国次贷危机》,《国际金融研究》2008年第4期。

平,损害消费者(投资者)和社会公共利益的现象。[1] 比如,为了吸引更多的公司到本州注册,从 20 世纪 80 年代起,许多州开始豁免公司上市的实质性审查,改为形式审查(注册制)。除此之外,很多州还在公司最低资本要求、治理结构、投资者保护义务、董事责任与权力、公司解散条件与程序等方面,给予公司尽可能大的自由决定权。与"监管竞次"相联系的是"监管容忍",即监管者不是严格依照法律程序对违法者进行查处,而是默许甚至纵容违法行为的继续。比如,次贷危机爆发前并非完全没有风险征兆。在 2003 年底美联储就注意到银行信贷标准的降低,且评级机构也已经将一家主要的次贷放贷机构列入"信用观察"名单,表示了对该机构发行的次级房屋贷款的担忧。[2] 贷款机构放松贷款标准使次级抵押贷款急剧膨胀,在 2007 年已达到 8000 多亿美元。这一数据也已被联储理事会收集。但美联储在这些迹象面前没有表现出足够的谨慎,反而姑息纵容,任其发展,终成恶果。

美国金融市场的开放程度虽然举世闻名,且金融法也将保护投资者利益置于重要位置,但仍不乏金融监管因遭特殊利益集团"劫掠"而导致监管套利的现象。比如,在次贷二级市场恶性膨胀的情况下,2002 年乔治亚州率先进行了当时被称为"全国最严格"的反掠夺性贷款立法,出台了《乔治亚州公平贷款法》。[3] 该法规定,如果二级抵押贷款市场上的投资者购买的是掠夺性贷款,他们将承担严重的法律后果。随后,纽约州、新墨西哥州也明确规定二级抵押贷款市场上的投资者购买次贷将面临罚款。但是,州控制次贷的试图与二级抵押贷款市场最大的投资者——联邦银行扩张次贷的迫切要求相冲突。于是,联邦银行游说货币监理署以阻止州反次贷法的实施。尽管货币监理署的基本监管职能是确保联邦银行系统运行的安全与稳健,但它的全部预算来源于被监管银行的收费,财政上的依赖关系使得货币监理署背离监管者的职责而站到被监管者的立场上,于 2004 年宣布上述各州的反次贷法因为不能适用于联邦银行而无效,监管套利简直是明目张胆!

综上所述,金融创新与金融监管的关系是一个两难的命题。一方面,金融创新

---

[1] 罗培新:《美国金融监管的法律与政策困局之反思——兼及对我国金融监管之启示》,《中国法学》2009 年第 3 期。

[2] 高明华:《次贷危机与公司治理》,《经济学家茶座》2009 年第 2 期。

[3] 孙天琦、张晓东:《美国次贷危机:法律诱因、立法解危及其对我国的启示》,《法商研究》2009 年第 2 期。

意味着金融业务、金融市场、金融技术以及金融风险不断的自我突破与演进,否则就不叫"创新",金融创新还往往通过对既定法律的"反叛"或规避来为自己开辟道路;另一方面,金融创新又不可能独来独往,它只能是在金融市场中通过金融主体相互间一系列交易过程来存在和发展的。因此,金融创新就不可能是完全无拘无束的,其创新的自由只有搁置于法律自由的框架之下,才是具有社会意义和有益于社会的。正因为如此,在处理金融创新与金融监管的关系时,"善"与"恶"总是纠缠在一起。推动金融创新,促进社会经济发展固然是善,而以严密的监管制度来防范和化解金融创新中的风险,给人们创造一种有一定预期有一定保障的金融秩序,又何尝不是善? 美国的政府决策者与立法者视严格的金融监管制度为压抑金融创新与金融效益,增加社会控制成本之"恶",但在笔者看来,其政府以金融监管法律松绑与金融监管结构体系落伍来换取金融创新的扩张与膨胀,任其风险积聚、扩散为危机,迫使各国在经济衰败中重建金融秩序,才是真正的"恶"。危机暴露出美国金融监管制度应对金融创新的滞后性、脆弱性,其先进性、科学性何在? 此乃质疑之二。

三、法律秩序:他律与自律规则失范

这次以次级债为"震源"的危机,既暴露出美国金融法律制度构建中金融衍生产品无法可依的漏洞,更折射出作为世界各国法律文明标杆的美国,存在着文本中的法律并没有演变为行动中的法律秩序的现象。规则中的行为人玩弄既定规则于股掌之中,他律与自律规则的失效是金融风险滚雪球般由小到大,一发不可收拾的更深层的原因。

(一)金融机构违规放贷,导致房地产信贷过度膨胀

次贷危机的演化过程其实就是美国房地产泡沫产生、积聚和破灭的过程。房地产是资金密集型产业,其供给和需求都离不开金融支持。因此,金融机构的短视行为,造成房地产信贷过度膨胀,是次贷危机传导链条上的首要环节。

巴塞尔委员会于 1988 年制定的《关于统一国际银行资本衡量和资本标准的报告》要求银行资本充足率(即银行总资本与总加权风险资产的比率)应达到 8%。之

后,巴塞尔委员会又发布了大量文件,将信用风险之外的金融风险、市场风险、利率和汇率风险、经营风险、法律风险等均纳入其监管体系,强调银行应加强对风险的监管与控制。巴塞尔协议是国际银行监管中最具影响的国际协议之一,美国银行业根据这些风险管理原则在贷款的发放方面强调必须注意借款者的资格、能力和担保,即"3C原则"(Character, Capacity, Collateral)。然而,发放次级抵押贷款的金融机构推出了所谓"无首付抵押贷款""无证明抵押贷款"等"金融创新"产品,完全将上述原则置于脑后。本来发放抵押贷款的金融机构通常需要借款者支付房价的20%,不能支付者须购买个人抵押贷款保险,以此来降低放贷风险。但是近15年来,越来越多的抵押贷款只需要借款者支付少量的首期房款,甚至不需要支付首期房款(即所谓零首付)。同样,取得抵押贷款本来必须提供收入和财产证明,但是近几年来,借款者只需要声明收入情况并支付一定的费用就可以获得贷款。为了追求较高的利率[1],金融机构纷纷降低贷款资格审核标准,虽然活跃了房地产交易市场(从1994—2005年,次级抵押贷款年平均总额增加25%。2006年次级抵押贷款资产总规模达到6400亿美元,相当于2001年规模的5.3倍)[2]但也埋下了危机的种子。见下图:

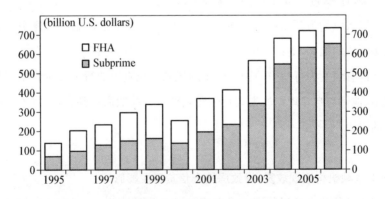

图1　次级抵押贷款与联邦住房管理局担保贷款发放情况

资料来源:Kiff. John and Paul Mill (2007). Money for Nothing and Checks for Free: Reccnt deyelonment in U. S. Suborime Morteace Markers.

---

〔1〕次贷对信用要求不高,但贷款利率通常比一般抵押贷款高出2%—3%。
〔2〕资料来源,《美国统计年鉴2007》。

（二）信用评级机构缺乏信用，大量次级债券的价值被严重高估

证券化产品市场上交易双方的信息高度不对称，使信用评级成为必要。美国证券交易委员会（SEC）从 1975 年起就开始依赖于一种叫做 NRSROs 的机构作为信用评级手段，建立了 NRSRO 制度。SEC 立法规定评级机构必须为"全国所承认"，而它们的评级必须是准确的。[1] 由于评级机构的评级可以将复杂的投资工具简化为最简单的英文字母，自从 SEC 使用 NRSROs 之后，对评级机构的依赖便迅速扩展到包括国内外的各类机构投资者。[2] 此外，国会也在各种金融立法中要求使用 NRSRO 评级。[3] 在当今美国资本市场上，主要的评级机构是标准普尔（STANDARD & POOR）、穆迪（MOODY）和惠誉（FITCH）。

从本质上来讲，信用评级机构的地位不应该等同于其他金融机构，它们是具有明显公共服务性质的金融从业机构，在充当金融工具价值评估者的同时，还肩负着投资者利益保护、金融市场合法地实现再分配功能以及金融自律体系中守门人的责任。因此，在复杂的衍生品市场上，评级机构应该立足于客观、公正的立场，对被评估对象尽可能准确的评级。然而事实证明，三大评级机构并不是投资者利益的"守护者"和资本市场的"看门人"。

美国评级机构向证券发行人收取评级费用及提供附带咨询服务的赢利模式，影响了信用评级的独立性与公正性。评级机构的功能不限于评级，而且是帮助结构金融发起者构建由它们评级的金融创新工具，共同谋求如何在分层级的发行证券中，用低层级部分证券的发行获得资产证券化的利益最大化。与传统债券发行相比较，结构金融评级费用构成了评级机构总收入的一半以上。这些收入来自为数不多的投资银行，作为补偿，提供评级费用的投资银行获得非同一般的市场权力。[4] 这无疑会带来评级机构的道德风险。事实正是如此，次贷危机中评级机构给次级贷款的高评级让投资者吃够了苦头。危机发生前，大约有 75% 的次贷产品

---

〔1〕U. S. Sec. & Exch. Comm'n, Report on the Role and Function of Credit Rating Agencies in the Operation of the Securities Markets，2003，p. 5.

〔2〕同上书，p. 6。

〔3〕同上书，pp. 7—8。

〔4〕John C. Coffee, Jr., The Mortgage Meltdown and Gatekeeper Failure，9/20/2007 N. Y. L. J. 5, p. 1.

获得 AAA 的评级,10%得到 AA,8%获得 A,仅有 7%被评为 BBB 或更低评级。[1]
危机发生后,那些国际知名的评级机构为推卸责任,又将当年评级为 AAA 级的金
融衍生工具的评级一降再降。仅 2009 年 7 月,标准普尔评级机构将 2996 种自诩为
黄金质量的抵押贷款、次级房屋贷款和房屋净值贷款评级为"D 类证券"。[2] 评级
机构的套利行为,对次贷危机的爆发起到推波助澜的作用。

(三) 金融机构过度投机,启动并扩大了金融风险

在过去 20 年对银行监管不断加强的背景下,金融资本为争取更多的利益,便在
一种"影子银行"的金融制度安排下求得发展。[3] 所谓"影子银行",又称影子金融
体系或者影子银行系统(Shadow Banking system),是指把银行贷款证券化,通过证
券市场获得信贷资金,实现信贷扩张的一种融资方式,属于银行的证券化活动。次
级抵押贷款证券化这种"有毒"的金融创新产品是由华尔街的投资银行、券商和银
行合作推出的,是典型的"影子银行"的证券化活动。次贷抵押资产证券化包括各
种复杂的金融衍生工具,除次级按揭贷款(Subprime Mortgage)、按揭贷款抵押支持
债券(Mortgage Backed Security MBS)外,更有资产支持型抵押债务权益(ABS、
CDO)和信用违约互换(Credit Default Swap, CDS)。资产支持证券(Asset-Backed
Security, ABS)是以其他资产的现金净收入为价格支持而进行的一种证券化过程。
抵押债务权益(Collateralized Debt Obligation, CDO)是购买某种证券池,并以该证
券池内的资产和未来现金流为抵押品而发行的一种权益产品。支持 CDO 的证券池
包括各种企业债券、杠杆贷款和资产支持债券(ABS)。而以资产支持债券为证券池

---

〔1〕符浩东:《构建风险应急机制稳健推进金融创新——次级贷危机对中国资本市场的启示》,《证券市
　　场导报》2008 年 6 月。
〔2〕Harrison Scott Publications Inc. , MBS Losses Grow Murky as Defaults Rocket, Asset Backed
　　Alert, September 11,2009. See http://www. securitization. net/article. asp? id = 1&.aid = 9222. 最
　　后访问日期为 2009 年 9 月 22 日。
〔3〕在美国的金融系统里面,也有一个庞大的影子银行系统(Shadow Banking System)。根据美国现任
　　财政部长盖特纳 2008 年(时为美联储纽约分行行长)的估计,在 2007 年初,美国影子银行系统的总
　　资产大约 6.5 万亿美元,而当时美国五大银行的总资产大约六万亿美元,美国所有银行的总资产大
　　约 10 万亿美元。美国影子银行的规模有多大,大家从这几个数字就可以作出判断。《了解美国的
　　影子银行》,2009 年 8 月 6 日,参见江苏国税局网:www. jsgs. gov. cn。最后访问日期为 2009 年 10
　　月 2 日。

的抵押债务权益称为资产支持型抵押债务权益（ABS CDO），约占所有 CDO 的65％。信用违约互换（Credit Default Swap，CDS）是一种金融资产的违约保险合约。买卖双方约定，如果标的金融资产没有出现违约情况，则买家向卖家定期支付"保险费"；一旦发生违约，则卖方承担买方的资产损失。CDO 圆满地解决了以次级抵押贷款为基础的证券化产品 MBC 的低信用评级问题，而 CDS 则是目前全球交易最为广泛的场外信用衍生品。截至 2007 年底，CDS 达到顶峰，规模为 62 亿美元。[1]"影子银行"在金融机构发现新的投资机会、开展金融创新活动从而满足不同投资者需要的过程中，存在信贷衍生品市场的过度开发、交易，利用监管漏洞为所欲为和兴风作浪等问题。美国衍生产品专家甚至宣称，如果掌握了他们的技术，无论哪种类型的风险，都能转化为商品卖出去。[2] 在这样的投机中，金融体系本应关注的促进实体经济发展的目标被弃之不顾，结果造成抵押贷款二级市场脱离一级市场、金融经济严重背离实体经济的恶果。

次级抵押贷款证券化市场的过度繁荣也是机构投资者过度投机推动的结果。包括投资银行、资产管理公司、对冲基金和养老基金等在内的众多机构投资者见利忘"义"、只顾逐利，不顾风险，最终使金融系统陷入失控状态。一方面，机构投资者中的高级证券投资者由于对担保资产的现金流享有优先受偿权，他们认为自己即使在资产违约率高时也不会蒙受大的损失，因而对信贷资产的监督缺乏动力；另一方面，当大量衍生金融产品进入市场时，机构投资者一般是依靠聘用的高级管理人员来进行风险识别。而对于相当一部分高级管理人员来说，逐利是唯一的动机，自己所获得的利润是从何而来的，千奇百怪的金融衍生商品到底会给实体经济带来什么影响，他们全不理会。赚钱时可以获得高薪，亏本时由股东买单的薪酬激励机制进一步助长了这种道德沦丧。在这个过程中，表现出来的是贪婪的投机，而非理性的投资。从这一角度来看，华尔街贪婪的投资文化也是次贷危机的重要根源。

拉德布鲁赫说："法律不仅想成为用以评价的规范，而且欲作为产生效果的力

---

〔1〕华鸣：《美国次贷危机中的金融衍生品及其风险传递研究》，《财务与金融》2009 年第 1 期。
〔2〕[日]高田太久吉：《金融全球化十大热点问题》，孙仲涛、宋颖译，中共中央党校出版社 2005 年版，第96 页。

量。"〔1〕这表明,对于秩序的构建来说,也许重要的不是无生命的法律规则,而是法律规则在人们行动中自觉的释放和体现。现代法律秩序的基本实现方式既是权利的实现,"一个现代化的法律制度必然同时是一个有机协调的合理的权利体系"〔2〕;又是权利的制约(权利的实现是有限度的,权利必须受到义务的制约)。只不过法律秩序对权利的制约,不能只是作为一种外在的强制,而应更多地体现为出于主体自身道德要求的内在制约。从这一角度来看,次贷危机也是道德危机。银行的违规贷款、评级机构的评级套利以及华尔街金融机构狂热的、非理性的投机行为,暴露出美国法治社会中法律不被信仰的一面。美国的法律秩序,特别是金融法律秩序,经得起利润、私利的冲击吗? 此乃质疑之三。

四、法律文化:自由、分权制衡和司法至上在金融监管法中的张扬与局限

作为特定社会中植根于历史与文化的法律价值和观念,法律文化直接或间接影响法律制度的运作效果,而法律制度也明显或隐含地体现法律文化。因此,我们在梳理、拷问了美国的金融监管制度之后,必然要寻根到它赖以生存的法律文化。

(一)"自由"的制度力及其局限

在美国的法律文化中,"自由"是核心话语之一。北美独立战争刚一胜利,"自由权"就与"生命权""追求幸福权"一道,作为人的三大基本权利被重申于《独立宣言》中。林肯演说中"不自由,毋宁死"的名言激励着美国人民为自由而奋斗不息。与此同时,自由还被付诸各种具体形象的表达,费城的"自由钟"、纽约的"自由女神像"就是其中的典型。总之在美国,自由已被升华为俗世神灵,成为一种现代图腾。这种文化沃土哺育的美国人民具有酷爱自由的特点。他们"既把自由视为获得幸福的最佳工具,又把它视为获得幸福的最大保障。"〔3〕

然而,私有制下的"自由"毕竟有其特定的含义:私有财产被看做通向个人自由

---

〔1〕[德]拉德布鲁赫:《法学导论》,米健等译,中国大百科全书出版社 1997 年版,第 100 页。
〔2〕公丕祥:《法治现代化的理论逻辑》,中国政法大学出版社 1999 年版,第 264 页。
〔3〕[法]托尔维克:《论美国的民主》(下卷),董果良译,商务印书馆 1988 年版,第 674 页。

的通行证;个人成功集聚巨大财富被当作唯一的或主要的成功标志。每一个人都拥有不受限制的机遇去追求财富、积累财富和享受财富,"最大自由地去赚取财富",是次贷危机表现出来的美国人的自由观。

自由,最大限度的自由,这一文化因子具有最高的制度力。它使政府决策者一而再、再而三地成为自由主义、新自由主义的信奉者。他们迷信市场逻辑,反对国家干预;崇尚创新,轻视监管。认为如果没有国家管制,金融市场会更有效率,人们就能把有限的资源投入到回报率最高的领域。于是,法治国家出现了重大的立法空白:当令人眼花缭乱、名目繁多的金融产品被华尔街的财富精英们开发出来,并吸引全世界的投资者投资认购而从中获取了巨额财富时,这整个过程却缺乏监管法律的导引与约束。"自由"的制度力也表现在司法领域,对言论自由的维护竟然能适用于资本市场的"看门人"——评级机构。2002 年,美国证券交易委员会(SEC)着手调查安然倒塌案件中评级机构(NRSROs)充当的角色。NRSROs 直到安然宣布破产前 4 天还一直给予其很高的信用评级。[1] 2002 年 10 月,参议院发布了一篇有关 NRSROs 在报道和评估安然过程中缺乏谨慎性的报告。[2] 该报告阐明由于 NRSROs 的义务在传统上受到监管豁免和宪法第一修正案(言论自由)的保护,对 NRSROs 的责任追究很难实施。[3] 事实果真如此。在投资者追究评级机构法律责任时,司法机关总是根据美国宪法关于公民言论自由的规定,视评级机构为中立性机构,认为它们的评级结果仅仅作为投资者的参考,所评等级的改变引起投资者损失与评级机构无关。所以在安然倒闭、世通财务危机、次贷危机等与评级机构相关的重大事件中,SEC 的调查每次都无功而返。

这样,立法的空白、司法的纵容,为各种逐利行为的泛滥成灾提供了广阔的自由空间。激进的信贷扩张、过度的衍生品开发、虚假的评级、非理性的投资……所谓的"虚拟经济"就变成了"投机赌博经济",最后引来一场经济灾难便不足为奇了。

---

〔1〕U. S. Sec. & Exch. Comm'n, Report on the Role and Function of Credit Rating Agencies in the Operation of the Securities Markets, 2003, p. 3.

〔2〕Staff of the Senate Comm. on Government Affairs, Financial Oversight of Enron: The SEC and Private sector Watchdogs, S. Rep. 10775,2002, pp. 115 - 116.

〔3〕同上。

(二) 金融监管体制中的"分权制衡"及其保守性

主张权力的分立或是对集权的不信任,是美国法律文化中的核心理念。控制和均衡的原则正是源于法律文化中的这一因素。该原则渗透在美国的整个政治制度和法律制度中,联邦宪法确立了立法、行政、司法三权分立的中央横向分权体制和联邦与州之间的纵向分权体制,几乎每一实权位置都有相反的权力与之均衡。对此,美国的国父华盛顿在其"告别演说"中曾有过精辟的阐述:"侵犯职权的风气易使各部门的权力集中为一,这样不管建成何种形式的政府,都会产生一种地道的专制。正确估计支配人类心灵的对权力的迷恋及滥用权力的癖好,就完全可以使我们相信这种情况是真实的。行使政治权力时,必须把权力分开并分配给各个不同的受托人以便互相制约,并指定受托人为公众福利的保护人以防他人侵犯。"[1]

分权制衡的思想是美国法律制度构建的基石,所以当这一思想也被植根于金融监管法律制度时,其"分层多元"的金融监管体制架构就不难理解了。美联储前主席格林斯潘在其 2007 年出版的新著《动荡年代》(The Age of Turbulence)中赞美分权的金融监管模式是"多个监管者比一个好"。如果说在分业经营的条件下,监管者之间的竞争和权力之间的相互平衡较好地保证了监管权力的有效行使,那么,当金融业重回混业经营时,分权监管模式严重的局限性就日益显露出来了。

为了解决分权监管模式与混业金融不协调的问题,美国学者和政府改革派官员提出了多种可供选择的转型方案(由机构监管转向功能监管),但是没有一种转型方案完全成为现实。根据贝肯和肯尼斯(Bacon、Kenneth, 1993)和斯古勒(Schooner, 2003)的统计,从 20 世纪 50 年代到 90 年代,美国国会有关金融监管一体化的正式议案就有 11 个,这些议案均未被通过。[2] 在这里,法律文化表现出固执的保守性。长期固有的分权制衡意识使美国人对功能型监管体制所需要的金融监管集权产生天然的抵触、敌视与怀疑,对金融领域垄断和权力集中有着本能的忌讳,美国金融监管由机构监管向功能监管转型之所以不彻底,根子就在

---

〔1〕王建华:《美国演说名篇》,世界图书出版公司 1995 年版,第 29 页。
〔2〕曹红辉:《美国金融体制的特点及对中国的启示》,《国际金融研究》2007 年第 12 期。

于此。

(三) 司法至上在金融监管中的彰显及其不相容性

司法至上是指,"同级政府官员不仅有义务遵守司法裁决,而且也要在未来的决策过程中依循司法部门的推理"。[1] 1803 年,美国的司法审查制度通过一个著名宪法判例——马伯里诉麦迪逊案得以确立。它赋予"三权分立"的三个部门中看似权力最弱的一个部门——联邦法院系统足以制衡其他两类机构的权力,即联邦法院,尤其是联邦最高法院,是联邦或州立法与行政部门立法以及行为合宪性的最终裁定者。美国联邦最高法院不仅是权威的象征,而且手握实权,"它能使国会、总统、州长以及立法者俯首就范"。[2] 司法审查制度在美国法律文化中积淀为司法至上的倾向。"对司法至上者而言,最高法院确定了有效的宪法含义,因此其他政府官员必须既要遵守照办最高法院对具体案件的处理结果,也要对其宪法推理言听计从。"[3] 这种倾向有助于司法机构的独立运作,也有助于增加公众对于司法公正的信心,从而愿意把纠纷提交司法机构解决,并通常倾向于服从司法判决。

然而,美国法律文化中司法至上的倾向与金融监管当局的监管条例之间出现了不相容的情况,并导致监管法规的无效。从 20 世纪 70 年代开始,金融机构纷纷利用各种金融创新工具规避分业经营的限制。在这一过程中,可以说美国有关的司法判决支持了创新者的规避行为。因为,在美国这样的司法至上的国度里,如果司法判决不认为某项创新行为是对法律的

违反,就等于直接宣告了既有的立法不适用该具体的规避情况,加之美国判例法的司法原则,规避金融管制的具体行为不违法的司法判决一旦构成先例,就自然适用于其他同类案件,从而受到合法的保护,这样就使得金融监管当局屡屡陷入被动,不得不修订监管条例。如下表:

---

[1] Walter F. Murphy, "Who Shall Interpret? The Quest for the Ultimate Constitutional Interpreter," Review of Politics 48(1986):407. 转引自[美]基斯·威廷顿:《司法至上的政治基础——美国历史上的总统、最高法院及宪政领导权》,牛悦译,北京大学出版社 2010 年版,第 9 页。

[2] 任东来等:《美国宪政历程:影响美国的 25 个司法大案》,中国法制出版社 2004 年版,第 38 页。

[3] [美]基斯·威廷顿:《司法至上的政治基础——美国历史上的总统、最高法院及宪政领导权》,牛悦译,北京大学出版社 2010 年版,第 9 页。

美国货币当局为修改分业管理法规所做的工作

时间	法律变化	影响
1933	格拉斯-斯蒂格尔法	禁止证券公司和银行之间的联盟
1945	麦克卡兰-费古森法	保持政府对保险业的唯一管辖权
1956	银行控股公司法	要求一个公司若拥有一个以上的银行要得到监管机构的批准,禁止银行控股公司从事非银行业务
1970	银行控股公司法修正案	监管银行控股公司,禁止银行控股公司从事保险业务
1970—1986	管制条例修正案	联邦储备委员会批准银行控股公司开展投资咨询公司的经济业务
1987—1989	联邦储备法令	联储批准银行控股公司建立证券经纪交易机构,但收益不得超过全部收益的10%
1996—1997	管制条例修正和联邦储备法令	联储将上述10%的限额提高到25%
1999	金融服务现代化法	批准美国的银行、保险公司和证券公司联合经营

资料来源:英国《经济学家》,1999年10月30日。

综上所述,美国法律文化秉承了人类文明中许多重要的价值理念:自由民主、分权制衡、司法至上……这是值得充分肯定的。但这些法律文化因子在金融监管制度中的彰显,却带来这一制度的某些偏执性与局限性。在这里,笔者并非意在苛求美国法律文化中的这些人类文明的积淀,而是意在强调金融监管制度的特殊性,并由此展开一种批判的视角,质疑美国式的自由民主、分权制衡、司法至上作为金融监管制度的文化根基,是否具有普遍的适用性? 此乃质疑之四。

五、启示与结论

次贷危机背景下对美国金融监管制度与思想的仔细梳理与盘点,给予我们一些深刻的启示。由此得到三点基本的结论:

(一) 金融业美国标准的"共同性"可疑,应警惕我国金融法制建设中的"唯美(美国)主义"倾向

2005年,日本中央大学商学部教授高田太久吉在所著的《金融全球化十大热

点问题》一书中，第一次提出了"金融业美国标准"问题。他认为自 20 世纪 80 年代以来，美国金融机构所开发的金融业务（证券化、衍生交易及其他）以及经营模式（以自营业务、兼并与收购中介业务等为中心的投资银行业）被众多国家的金融机构和监管机构视为共同标准。的确，数十年来，美国"华尔街"作为全球金融市场的中心和楷模，引领着世界金融市场的发展方向。美国的金融监管模式及相关法律制度，也一向是新兴国家学习和效仿的对象。[1] 次贷危机全面展现了作为金融业全球标准而在全世界扩散的美国金融制度的内在矛盾和困境，表明"共同标准"并不具有"共同"性与普适性，因而给深陷唯美主义情节的一些国家敲响了警钟。

我国金融法的制定或修订中，也有着明显的唯美主义倾向。比如，我国目前"一行三会"的金融监管结构[2]，基本上属于按机构性质划分监管权属的多边监管结构，有着浓浓的美国式印记，实践中也有不少美国式的尴尬。如中央银行与银监会之间"剪不断，理还乱"的关系；"一行三会"诸机构之间的分工协作关系不明确以及信息交流不畅等等。美国坚持双层多边的监管体制有其独特的"美国因素"，例如其不同的文化传统、不同的政治制度，因此，在法律移植与借鉴中，痴迷美国标准的普适性与万能性是非理性的。"拿来主义"立法并非一无是处，但问题在于如何"拿来"？"拿来"的基础是什么？怎样克服"拿来"的法律制度水土不服？"拿来"的目的是为了创新，将借鉴的法律制度与本国具体国情相结合，创造出中国式的"这一个"，这才是我们在法律移植中应坚持的正确方向。

（二）金融法制建设需理性把握一系列博弈的动态平衡，应警惕一种倾向掩盖另一种倾向

金融法律制度的发展演进承载着太多矛盾统一关系的博弈与动态平衡：安全

---

[1] 罗培新：《美国金融监管的法律与政策困局之反思——兼及对我国金融监管之启示》，《中国法学》2009 年第 3 期。
[2] 自银监会成立之后，银行监管职能从中央银行剥离。中国人民银行制定和实施货币政策，银监会、证监会和保监会分别行使对银行业、证券业和保险业的监管职能。

与效益不可偏废,金融创新与金融监管不能分离……次贷危机中美国政府一味逐利、不顾安全,放任创新、舍弃监管固然铸成大错,但这并不意味着可以只要安全、不讲效益,强化监管、压制创新,那样就会从一个极端跳到另一个极端。次贷危机发生后,有人认为衍生金融工具容许极大的资金杠杆比例,启动并扩大了金融风险;证券化狂潮导致人们海量使用杠杆融资,危机是资产证券化惹的祸。并为我国没有大量使用这类金融衍生工具而沾沾自喜。诸不知,从思维方式来看,这是与美国式形而上学相对的又一种形而上学。正在我国庆幸自己尚未大规模启动资产证券化融资工具之时,美国不仅没有放弃结构性融资方式,相反在修补金融监管法律漏洞的同时,进一步用资产证券化解决政府财政困难。例如,加州新的财政预算中计划,州政府将借贷物业税 1 亿美元用于修路,用路修好后的营利偿还国家。加利福尼亚州则希望借贷 8% 财产税直到 2013 年偿还给国家。底特律是另一个试图用资产证券化弥补其财政预算缺口的城市,由前市长肯尼斯(Kenneth Cockrel)为首的政府透露,在 2010 年财政预算中,有一个用底特律温莎隧道、市属公共照明系统以及停车位收费作为资产支持以消除财政赤字的证券化方案。[1] 这些证券化方案表明,使金融市场免于崩盘的并非市场本身,而是当局的干预。[2] 资产证券化产品本身是中性的,关键还在于保证它运行的制度和人的风险防范意识。

沾沾自喜者说,中国的金融企业中,只有中行、工行、建行和中信银行等持有一定数量的 MBS 和 CDO,且在各自的证券投资总额中比重不大,特别是相对于银行总资产来讲十分有限,对各银行的资产负债状况和盈利能力影响不大,对整个银行体系的直接影响有限。[3] 所以次贷危机对中国几乎没有影响。见下表:

〔1〕 Nora Colomer, Structured Finance Likely Savior for Municipals, Asset Securitization Report, September 7,2009. See http://www. securitization. net/article. asp? id = 1&aid = 9216,最后访问日期为 2009 年 9 月 22 日。

〔2〕 乔治·索罗斯:《全球面临 60 年来最严重的金融危机》,金融时报中文网,2008 年 1 月 23 日, http://www. ftchinese. com/story/001016924,最后访问日期为 2009 年 9 月 23 日。

〔3〕 中行持有的 MBS 和 CDO 分别占集团证券投资总额的 3.51% 和 0.27%;工行持有的 MBS 占外汇债券资产的 4.3%,占总资产的 0.0012%。

美国金融机构香港公司对 6 家中资银行次级债投资损失的估计值[1]

银行	投资美国证券规模（百万元）	按揭抵押债券占比	按揭抵押债券规模估计值（百万元）	次级债估计值（百万元）	次级债占比	次级债亏损估计值（百万元）	与 2007 年税前利润预测值之比
中国银行	590,766	37.40%	221,202	29,641	0.51%	3,853	4.50%
建设银行	306,685	10.80%	33,080	4,433	0.07%	576	0.70%
工商银行	199,870	3.50%	6,940	930	0.01%	120	0.10%
交通银行	27,583	52.50%	14,488	1,941	0.10%	252	1.20%
招商银行	34,272	17.30%	5,924	794	0.07%	103	0.70%
中信银行	24,052	4.80%	1,146	154	0.02%	19	0.20%

其实，这只是表面上能看见的直接投资损失，在经济一体化、金融全球化，各国同住地球村的背景下，有些损失是难以估算的。次贷危机发生前，美国持续实行扩张性的货币政策，刺激了次级抵押贷款的发展以及房地产市场的繁荣，进而推动了美国经济的持续增长。据有关测算，美国近年来新增 GDP 有 50% 来自房地产业。资产证券化等金融创新使美国在国际金融市场上获得了巨额利润；危机发生后，美国又利用美元在国际货币体系中的强势地位和资产证券化手段，成功地把部分风险转移到国际市场。美联储同时降低贴息率和同业拆借率[2]，并持续注入流动性，就是为了将危机的冲击波转移至其他的美元持有者身上，因为这些政策造成的美元弱势将使得美联储及美国金融机构的债务缩水。[3] 作为美国最大债权国的中国，实际上既没有在美国资产证券化发展的过程中分享到金融创新的利益，反而在次贷危机中为美国买单，难道我们还能够为自己没有搞资产证券化而庆幸吗？次

---

〔1〕金融界：http://finance.jrj.com.cn/focus/usacjz/，最后访问日期为 2009 年 9 月 28 日。

〔2〕所谓中央银行的贴息率是各商业银行在资金不足的时候向中央银行借款时候所适用的利率。See Greg Ip et al., Stronger Steps: Fed Offers Banks Loans amid Crisis, Wall St. J., Aug. 18, 2007, at A1。所谓同业拆借率是银行之间相互借贷资金的利率。See Greg Ip, Fed's Rate Cut Could Be Last For a While, Wall St. J., Nov. 1, 2007, at A1。

〔3〕由于美国的对外负债主要是以美元计价的，而美国的对外资产主要是以外币计价的，美元贬值造成的"估值效应"能够降低美国政府的对外真实债务，从而改善财政赤字政策的可持续性。

贷危机虽然使资产证券化的发展势头受挫,但是经过危机的洗礼,金融监管制度和资产证券化市场一定会完善起来,并为各国经济发展提供更好的资金支持。我国若不趁此机会并参与资产证券化的研究与开发,将会被世界金融市场远远地抛在后面。

(三) 吸取美国教训,立足本国实际,积极、稳妥地推进资产证券化金融创新

我国的资产证券化小规模试点启动于 2005 年,国家开发银行和中国建设银行作为先锋单位,先后进行信贷资产证券化和住房抵押贷款证券化的试点。2007 年 4 月,国务院批准同意扩大信贷资产证券化试点,包括工商银行、浦发银行等在内的 6 家银行进入试点行列。2007 年末,资产证券化按计划将结束试点,进入常规化发行,而此时美国发生危及全球的次贷危机使我国暂停了资产证券化试点实践的立法推动。总之,我国资产证券化尚处在以零星个案、小规模试点为主的初级阶段。迄今,资产支持证券的市场总量不过 670 亿元,发展严重滞后。[1] 可喜的是,2010 年我国呈现出金融创新年的好兆头:融资融券、股指期货相继推出,资产证券化解冻呼声再起。在这种情况下,为保证资产证券化等金融创新产品的健康发展,提出以下两点建议:

其一,既要充分发挥银监会对各个商业银行实施金融监管的作用,更要注重发挥人民银行在防范系统金融风险方面的独到作用。2003 年 12 月 27 日《银行业监督管理法》与修改的《中国人民银行法》同时于第十届人大常委会第六次会议上通过,为银监会从人民银行中独立出来,单独履行对银行业的监督管理职责提供了明确的法律依据。次贷危机发生以后,银监会紧锣密鼓地出台了一系列监管指引[2],其中 2010 年颁布的《商业银行资产证券化风险暴露监管资本计量指引》甚至对信用风险转移与监管资本计量、资产证券化标准法、内部评级法进行细致阐述,在推进

---

〔1〕 史晨昱:《信贷资产证券化将迎来发展新机遇》,《上海证券报》2010 年 04 月 15 日。
〔2〕 自 2008 年 10 月 1 日起,我国银监会发布了第一批新资本协议实施监管指引。包括《商业银行信用风险内部评级体系监管指引》《商业银行银行账户信用风险暴露分类指引》《商业银行专业贷款监管资本计量指引》《商业银行信用风险缓释监管资本计量指引》和《商业银行操作风险监管资本计量指引》。2009 年和 2010 年又发布了第二批《商业银行资本充足率监督检查指引》《商业银行资产证券化风险暴露监管资本计量指引》和《商业银行稳健薪酬监管指引》等规范性文件,力图逐步建立一整套以巴塞尔新资本协议为基础的风险监管制度。

资产证券化金融创新工具的同时,秉承从严监管的标准。如第 10 条规定:"同一资产证券化风险暴露具有两个不同的评级结果时,商业银行应当运用所对应的较高风险权重。"第 14 条规定"商业银行全面了解其表内外资产证券化风险暴露及基础资产的风险特征"。显然,这些都是总结次贷危机经验教训后的具体法律体现。笔者认为,这样的监管指引的确及时和必要,但次贷危机表明,金融风险是系统性风险,而仅仅依靠银监会对单个商业银行进行金融监管尚不能从根本上防御系统性风险,防御系统金融风险还是必须发挥人民银行的金融稳定作用。2003 年颁布的《中国人民银行法》强化了人民银行在制定和执行货币政策进行宏观调控方面的职能,明确地规定了其"防范和化解金融风险,维护金融稳定"的职责。次贷危机后,为保障金融安全,2008 年国务院发布《中国人民银行主要职责内设机构和人员编制规定》,在中国人民银行的职责中添加了"负责会同金融监管部门制定金融控股公司的监管规则和交叉性金融业务的标准、规范"。这无疑在人民银行货币政策基本职能之外加上了某种金融监管职能,但这种职能与"三会"(银监会、证监会、保监会)负责个别金融机构监管有本质区别,它是一种金融系统风险预警监管方式。当然,仅仅将人民银行的职责扩张至金融控股公司的监管,还不能涵盖所有的金融创新领域,因此,在未来的金融宏观调控和金融监管活动中,中国人民银行与银监会应该互相配合,做好系统风险防范才是明智之举。

其二,建立资产证券化多主体争议解决机制,弥补金融监管法律缝隙。如前所述,金融创新与金融监管始终在不断的博弈中前行。金融监管催生金融创新,金融创新又为金融监管的完善注入活力。由于金融创新往往是在金融监管法律夹缝中求生存,因此,金融监管法律体系的无缝化便成为立法者与监管者的不懈追求。然而,即使最完备的金融监管法律也不是"铁板一块",建立完全无缝化金融监管体系只是追求者们的理想蓝图。在笔者看来,只有构建金融创新中多主体争端解决机制,才能改变相对僵死的成文法应对金融产品层出不穷的尴尬局面。从资产证券化过程来看,资产证券化法律关系主体主要包括发起人(原始债权人)、原始债务人、特殊目的机构、投资人等相关参与主体。他们之间会发生很多法律争议问题,诸如发起机构与特殊目的机构之间是否真正做到破产隔离、受托机构能否代表委托人直接起诉债务人、私募基金从事资产证券交易合法性问题等等。因此,只有建立一个资产证券化多主体间解决争议的平台与机制,才能一方面用"纠纷解决的结果使这些社会规范得到了维护和不断强化"[1],另一方面用金融纠纷解决的正当性和合理性弥补成文法的不足。

---

[1] [日]棚濑孝雄:《纠纷的解决与审判制度》,王亚新译,中国政法大学出版社 2004 年版,第 33 页。

第九章　我国商业银行内控法律机制的路径选择
——"加强监管"还是"健全市场"*

　　2014 年 9 月,中国银行业监督管理委员会(以下简称"中国银监会")发布了新修订的《商业银行内部控制指引》[1],这是自中国人民银行于 2002 年 4 月颁布《商业银行内部控制指引》以来我国商业银行监管当局出台的第三个版本"内控指引"[2]。

　　在我国,商业银行的内部控制法律机制的建设是伴随着银行体系的市场化转型而逐步起步和发展的,因此带有较为鲜明的"摸着石头过河"以及"干中学"的色彩,且在这个过程中不乏"吃一堑、长一智"的经历。随着相关法律制度文本的渐趋完备,眼下我们有必要在理论层面上进行总结和分析,以明确我国商业银行内控法律机制的"坐标"定位。

　　本章即是从商业银行的"行政性监管"和"市场约束"这两根互相"垂直"的坐标轴为背景,希望探讨在金融市场转型背景下,为了在我国建立起一套有效的商业银行内控法律机制而必须面对并且需要回答的路径选择问题。

---

　　* 本章的缩略版曾以《应对操作风险:"加强监管"还是"健全市场"?——我国商业银行内部控制法律机制变迁的路径选择》为题发表在《上海财经大学学报》2015 年第 6 期。作者:黄韬,上海交通大学凯原法学院副教授,博士生导师。

[1] 银监发〔2014〕40 号。

[2] 2014 年修订后《指引》删除了针对具体业务的章节和条款,只对商业银行风险管理、信息系统控制、员工管理、新机构设立和业务创新等提出原则性要求;针对商业银行的各项业务或者业务流程,银监会已经先后制定了《商业银行授信工作尽职指引》《商业银行实施统一授信制度指引》《中国银行业中间业务自律管理办法》《商业银行信息科技风险管理指引》等具体监管规则。

除引言之外,本章由四个部分组成。第一部分通过列举中外商业银行所遭遇的一系列有代表性的操作性风险暴露事件来揭示商业银行内控机制的重要价值;第二部分展示了我国既往关于商业银行内控法律机制的沿革总体上是沿着一条不断强化和扩张监管机构执法权力的路径;文章第三部分讨论了如何实施有效的信息披露法律制度从而通过健全市场约束机制的路径来改善商业银行的内控机制;第四部分则是一个扩展性的结论。

一、商业银行内控机制建设的现实意义

(一)国外商业银行内控"失灵"的重大事例

1995 年 2 月,由于交易员尼克·李森(Nick Leeson)的违规期货交易行为,导致了具有 233 年历史的英国巴林银行(Baring Bank)蒙受了高达 9.16 亿英镑的亏损,并被迫宣布破产。[1]

1995 年 9 月,日本大和银行(Daiwa Bank)纽约分行交易部主任井口俊英(Toshihide Iguchi)在账外买卖美国联邦债券,并造成 11 亿美元巨额亏损的丑闻被曝光,而更骇人听闻的是,为了掩盖巨额亏损,井口俊英在此前长达十二年的时间内共计伪造了 3 万多笔交易记录而从未被发觉。[2]

2008 年 1 月,法国第二大银行兴业银行披露,由于旗下一名交易员杰罗姆·凯维埃尔(Jérôme Kerviel)利用该银行信息系统的漏洞越权购买了大量欧洲股指期货,造成 49 亿欧元的巨额亏空,这一金额创下了世界银行业历史上因交易员违规操作而导致银行单笔损失的最高记录。[3]

回溯上述这些案例,我们可以发现其中所反映出来的共同特征就是银行内部控制(internal control)系统出现了"失灵",其运营活动背离了一些基本的内控制度要求,例如:管理层对内控系统的健全性掉以轻心(尼克·李森身上的"明星交易

---

[1] See Kong Yoke Mun, Collapse of Barings, http://eresources. nlb. gov. sg/infopedia/articles/SIP_1531_2009 - 06 - 11. html.

[2] See Chris Jones, Toshihide Iguchi-The Trader Who Blew $ 1. 1bn, http://hereisthecity. com/en-gb/2005/03/19/toshihide_iguchi_the/.

[3] Nicola Clark & David Jolly, "French Bank Says Rogue Trader Lost $ 7 Billion", New York Times, 25 January 2008.

员"光环使得巴林银行的高层忽视了之前新加坡国际金融交易所以及内部审计部门针对新加坡分行潜在的操作风险而提出的警告);违背关键岗位分离的基本要求(作为大和银行纽约分行债券交易员的井口俊英竟然同时还负责债券保管和监督的工作职能);信息系统的监控出现巨大的漏洞(有着"计算机天才"之称的凯维埃尔利用其长期接触银行信息系统的经验,通过侵入数据信息系统、伪造及使用虚假文书等多种欺诈手段,从而有效规避了法国兴业银行对交易操作所实施的内部监控)等。

(二) 商业银行内控建设的规则框架

探讨内部控制问题,必然会提及的一份权威文件就是由美国注册会计师协会、美国会计协会、财务经理人协会、内部审计师协会以及管理会计师协会联合创建的全国反虚假财务报告委员会下属的发起人委员会(The Committee of Sponsoring Organisations of the Treadway Commission,COSO)[1]在 1992 年 9 月发布的《内部控制整合框架》(Internal Control-Integrated Framework)报告(以下简称"COSO 报告")[2]。COSO 报告对内部控制给出的定义是"受该组织董事会、管理层和其他人员影响,为了有效经营(operation)、真实报告财务信息(reporting)以及合规(compliance)等目标的实现而提供合理保证的一种过程(process)";在具体构成内容方面,COSO 报告将内部控制系统分为控制环境(control environment)、风险评估(risk assessment)、内控活动(control activities)、信息与沟通(information and communication)以及监控(monitoring)这五大相互联系的要素。[3] COSO 内控报告在发布之后被美国的各家大型银行所广泛接受[4],并且美国的银行监管当局——货币监理署(Office of Comptroller of Currency,OCC)在对银行的监管活动中也采

---

[1] 关于 COSO 的背景介绍,可参见 http://www.coso.org/aboutus.htm。

[2] See http://www.coso.org/documents/990025P_Executive_Summary_final_may20_e.pdf.

[3] COSO 于 2013 年 5 月发布了修订之后的新版《控制整合框架》,在保留内部控制五大要素的基础上提出了 17 项基本原则,并提炼出 82 个体现相关原则的主要特征和关注点,参见 COSO News Release,COSO Issues Updated Internal Control-Integrated Framework and Related Illustrative Documents,May 14,2013,available at http://www.coso.org/documents/COSO%20Framework%20Release%20PR%20May%202013%20Final%20PDF.pdf。

[4] See U.S. Federal Reserve Release,September 22,1998,available at http://www.federalreserve.gov/boarddocs/press/general/1998/19980922/default.htm。

用了 COSO 报告所界定的五项内控要素。[1]

1998 年 9 月,巴塞尔银行监督委员会[2]在吸收包括美国 COSO 报告在内的各国经营的基础之上,发布了《银行组织内部控制系统框架》(Framework for Internal Control Systems in Banking Organisations),系统地提出了评价商业银行内部控制体系的指导原则。巴塞尔委员会希望世界各国的监管机构以此为基础来建立本国银行内控制度的框架,从而塑造一个稳健、规范、有效的国内和国际银行体系。[3] 与美国 COSO 内控框架报告类似,巴塞尔委员会在其官方文件中也确认了内部控制的五项要素,即:管理层监察与控制文化(Management Oversight and the Control Culture)、风险识别与评估(Risk Recognition and Assessment)、控制活动与岗位分离(Control Activities and Segregation of Duties)、信息与沟通(Information and communication)、监控活动与偏差纠正(Monitoring Activities and Correcting Deficiencies),并在此基础上列出了十三项原则。[4]

在巴林银行事件之后,英国中央银行英格兰银行于 1997 年 2 月公开发布了咨询性文件《银行内控与第 39 条程序》(Bank's Internal Controls and the Section 39 Process)[5],甚至还试图把原先由 1987 年银行法第 39 条所规定的银行的法定审计机构向监管当局报告被审计银行内控状况的义务拓展至该银行的内部审计部门[6]。而欧洲货币管理局(European Monetary Institute)于同年 6 月发布了名为《信贷机构内部控制体系》(Internal Control Systems of Credit Institutions)的法律文

---

[1] See Internal Control: Comptroller's Handbook, January 2001, available at http://www. occ. gov/ publications/publications-by-type/comptrollers-handbook/intcntrl. pdf.
[2] 巴塞尔银行监管委员会(Basel Committee on Banking Supervision)是一个由银行监管当局组成的委员会,成立于 1975 年,由十国集团中央银行行长组成。其成员包括比利时、加拿大、法国、德国、意大利、日本、卢森堡、荷兰、瑞典、瑞士、英国和美国等国的银行监管当局及中央银行高级官员。委员会通常在瑞士巴塞尔国际清算银行召开会议,其永久性秘书处也设在国际清算银行。参见 http:// www. bis. org/bcbs/about. htm。
[3] See Basle Committee on Banking Supervision: Framework for Internal Control Systems in Banking Organisations, September 1998, available at http://www. bis. org/publ/bcbs40. pdf.
[4] Ibid.
[5] Bank of England, "Banks' Internal Controls and the Section 39 Process" (a consultative paper), February 1997.
[6] 不过,这样的一种想法在后来并没有付诸实践,主要是因为担心这样做的话会弱化内部审计人员在银行组织内部的地位,参见 Dalvinder Singh, Banking Regulation in the UK and US Financial Market, Ashgate Publishing Company, 2007, p. 92。

件,目的是为了帮助各成员国监管机构评估其银行内部控制的健全性。[1]

(三) 探索中的我国商业银行内控机制建设路径

在中国,对于随着市场经济体制改革而进行商业化转型的各大国有银行以及相继设立的各家股份制商业银行、城市商业银行和农村金融机构来说,在经历了因为操作风险(operational risk)[2]暴露而招致重大财务损失的一系列事件之后,内部控制机制的有效建立和实施可以说成为了银行经营者的核心任务之一。以下表1总结了中国的商业银行在最近十几年间所发生的一些重大的内部控制"失灵"事件。

表1 我国商业银行内部控制"失灵"的重大事例

操作风险暴露的时间	商业银行内部控制"失灵"案例	导致操作风险暴露的原因
2001 年 9 月	中国民生银行上海分行信贷员黄谨利用职务之便,私自挪用上海印钞厂的存款放贷,并通过私刻公章等手段,以上海印钞厂的名义,前后累计挪用资金 3.5 亿元,在两年半时间里先后作案 21 次。[3]	未能通过有效的职责划分与授权来防范员工舞弊行为。
2002 年 1 月	在 1991 年至 1999 年期间,中国银行纽约分行实施了某些"不安全和不可靠的行为",包括"给单个客户风险暴露过高、协助一桩信用证诈骗案和一桩贷款诈骗案、未经许可提前放弃抵押品并隐瞒不报,以及其他可疑活动和潜在的诈骗行为"。[4]	分行高层管理人员的职权没有受到制约,致使内控机制流于形式,无法发现内外勾结的骗取贷款行为。

---

[1] See European Monetary Institute, Banking Supervisory Sub-Committee (1997), Internal Control Systems of Credit Institutions, in the annex to Circ. ABI No. 157/97.3.

[2] 巴塞尔银行监管委员会给出的关于操作风险的确切定义是:因为不完善(inadequate)或有问题的(failed)内部操作过程、人员、系统或外部事件(包括法律风险)而导致损失发生的风险,强调的是这种风险不可预见性,参见 Basel Committee on Banking Supervision: Operational Risk-Supervisory Guidelines for the Advanced Measurement Approaches, June 2011, available at http://www.bis.org/publ/bcbs196.pdf。

[3] 参见《上亿资金被骗贷 小儿科手段为何骗倒民生银行》,《21 世纪经济报道》,2002 年 2 月 25 日。

[4] 参见《中国银行纽约分行发生了什么?》,《财经》,2002 年 2 月 10 日;《中行纽约分行事件续篇:骗贷者周强》,《财经》,2002 年 8 月 7 日。

操作风险暴露的时间	商业银行内部控制"失灵"案例	导致操作风险暴露的原因
2005 年 1 月	2000 年至 2004 年间,中国银行黑龙江分行河松街支行行长高山(已被判处有期徒刑 15 年)伙同李东哲等人采用偷换存款企业预留印鉴卡、伪造存款企业转账支票等非法手段转移 26 家存款单位存款 276 笔,共计人民币 28 亿余元,造成 6 家存款单位实际损失人民币 8 亿余元。[1]	日常对账工作松懈,稽核部门缺乏独立性,无视风险预警,内控文化严重缺失,导致支行负责人的权限不受制约。
2010 年 12 月	从 2002 年至 2010 年间,犯罪行为人刘济源(已被判处无期徒刑)以齐鲁银行等商业银行的名义高息揽储,然后通过虚假质押办理贷款,用私刻印章、伪造金融凭证和票据等手段骗取资金,诈骗银行资金近 100 亿元。[2]	银行规模快速扩张过程中没有健全风险识别与评估系统,内部控制制度执行不力。
2014 年 8 月	中国邮政储蓄银行原行长陶礼明(已被提起公诉)在"新农村基础设施建设专项融资"业务中利用职权收受贿赂,为六家融资客户提供 109 亿余元的融资。[3]	前身为国家邮政局邮政储汇局的中国邮政储蓄银行在进行商业银行转型的同时,没有建立起良好的治理结构,内控文化严重缺失,行政化管理现象突出,缺乏对决策程序的控制,关联交易不受制约。

　　有鉴于此,商业银行内部控制问题逐渐成为了监管当局推进监管工作的一个基本关注点。目前,中国银行业监管当局已经明确表述其监管理念,即"管法人、管风险、管内控、提高透明度",其中"管内控"的含义就是"促进金融机构风险内控机制形成和内控效果的不断提高"。[4]

---

〔1〕参见《哈尔滨卷款数亿外逃 8 年行长受审》,《法制日报》2013 年 9 月 30 日。
〔2〕参见《齐鲁银行案收场》,《新世纪》,2013 年 7 月 2 日。
〔3〕参见《邮储"掌门"陶礼明陷落融资黑洞》,http://news.sohu.com/20140823/n403708807.shtml。
〔4〕参见吴晓灵主编:《中国金融体制改革 30 年回顾与展望》,人民出版社 2008 年 12 月,第 143 页。

法律规则层面上，2003 年 12 月修订之后的《商业银行法》在其第五十九条中就规定了"商业银行应当按照有关规定，制定本行的业务规则，建立、健全本行的风险管理和内部控制制度"；而 2004 年 2 月起实施的《银行业监督管理法》第二十一条明确了银行业金融机构的审慎经营规则包含了内部控制的内容，而对商业银行实施审慎监管则正是中国银监会的核心工作。

在 2003 年之前承担商业银行监管职能的中国人民银行先后于 1997 年 2002 年颁布了《加强金融机构内部控制的指导原则》和《商业银行内部控制指引》，由此确立了中国商业银行内控监管的基本法律框架。而在中国银行业监督管理委员会的主导下，《商业银行内部控制指引》于 2007 年和 2014 年各经历了一次修订。

在商业银行内部控制的有效建立和实施这一问题上，理论上存在两种推进的模式：一条路径是强化监管者的监管权力，通过监管机构的"行政约束"来督促作为被监管者的商业银行遵循既有的关于内控制度的监管法律规则；另一种方式则是通过实施有效的内部控制信息披露机制来强化"市场约束"，激励商业银行的管理者提升内控水平和效率。在既往中国的商业银行内控机制发展过程中，我们可以观察到上述两种模式的同时存在，而本章的目的就在于展示、分析、评价并比较这两种模式的实际运行状况，并揭示各自发挥作用的先决条件。

二、"加强监管"的法律路径

（一）监管机构介入商业银行内控机制建设

可以这么说，内控机制几乎对于所有企业来说都是必要的，但各个国家的法律鲜有对一般性企业的内控机制设计、运行与评价进行直接规制的做法，而是通过有效的公司法律制度保障来促成良好治理机制之下的企业治理参与者的自觉行动。

但是，对于高财务杠杆比率的商业银行来说，这就不同了。各国银行监管机构以及国际组织都将监督商业银行内控机制的建设与完善作为监管当局的份内职责，而这是由商业银行区别于一般性企业的特殊属性所决定的。

商业银行承担了对于一个有效的金融经济体系来说必不可少的，且又具有特定性和独特性的功能,所以理论研究倾向于把其定位为一个"特殊的存在"[1],这种特殊性通常表现为三个方面:其一,商业银行的特殊功能主要表现为通过吸收活期存款而发放贷款,这导致了商业银行具有特殊的资产负债结构[2],商业银行以存款的形式持有大量高流动性债务,存款人随时可能要求兑付其债权;其二,银行所提供的金融服务对于一个经济体来说是基本的、核心的功能;其三,商业银行还扮演了一国货币政策的"传送带(Transmission Belt)"角色,是货币政策与实体经济之间的纽带。[3] 更为重要的是,个别商业银行的经营危机会因为民众理性或非理性的判断而"传染"至整个银行业,有可能导致整个经济体的系统性风险突然升高,进而直接损害实体经济的稳定。[4] 总之,商业银行的特殊性使得单个银行若发生内控机制严重"失灵"而造成风险集中爆发的话,则它导致的后果并不像普通企业那般,由企业的股东、管理人员和债权人承担,而是由整个社会"埋单"。正是基于这样的逻辑,行政性监管部门对于商业银行内控机制的介入似乎就有了正当的依据了。

例如,对于美国货币监理署而言,评价银行的内部控制被视为其总体监管程序中的基础性环节,并且在每个监管周期内,货币监理署的检查人员会对一家银行的内部控制的适当性进行具体评价,并给出"强健(strong)"、"满意(satisfactory)"或者"薄弱(weak)"的结论。[5]

1998 年巴塞尔委员会《银行组织内部控制系统框架》除了直接列明商业银行所需要遵循的内控原则和具体要求之外,还特别针对各国的监管者,列出了第十三项原则——"监管当局对内部控制制度的评价":

> 监管当局应当要求所有的银行,不管规模大小,都应根据其表内与表外业务的性质、复杂性与风险程度建立有效的内部控制制度,该制度须根据银行经

---

[1] E. Gerald Corrigan, "Are Banks Special?" in Federal Reserve Bank of Minneapolis Annual Report, 1982, see http://www.minneapolisfed.org/pubs/ar/ar1982a.cfm.

[2] 彭冰:《商业银行的定义》,《北京大学学报(哲学社会科学版)》,2007 年 1 月。

[3] Carl-Johan Lindgern, Gillian Garcia & Matthew Saal, "Bank Soundness and Macroeconomic Policy", International Monetary Fund 1996.

[4] Eva Hüpkes, "Insolvency: Why a Special Regime for banks", Current Development in Monetary and Financial Law, 2003, Vol.3, IMF.

[5] See Internal Control: Comptroller's Handbook, January 2001, available at http://www.occ.gov/publications/publications-by-type/comptrollers-handbook/intcntrl.pdf.

营环境与经营情况的变动作出相应的反应。当监管当局认为某银行的内部控制制度难以充分、有效地控制银行的特定风险(如未能覆盖本文件所提出的所有原则)时,它们应该采取适当的行动。[1]

此外,巴塞尔委员会在 2012 年 9 月修订后的《有效银行监管核心原则》中的"原则 26:内部控制与审计"直接阐明了各国行政监管当局对于商业银行内部控制的责任,即:

> 监管机构确定,银行具备完善的内部控制框架,以建立和保持一个控制得当并将风险状况考虑在内的运营环境。内部控制框架包括对授权和职责的明确规定;银行作出承诺、付款和资产负债账务处理方面的职能分离;上述流程的交叉核对;银行的资产保全;以及适当、独立的内部审计和合规职能,以检查上述制度和相关法律法规的遵循情况。[2]

(二) 我国商业银行内控监管法律规则的历史沿革

在中国,银行业监管机构主导了关于商业银行内部控制监管法律规则的演变。最初的一份法律文件是中国人民银行于 1997 年 5 月颁布的《加强金融机构内部控制的指导原则》。值得注意的是,该《指导原则》将包括商业银行在内的金融机构内部控制视为一种"自律行为"。不过,此后取代了该《指导原则》的中国银监会于 2002 年和 2007 年先后颁布的两个版本的《商业银行内部控制指引》不再保留这一提法,而是将商业银行内部控制定义为"商业银行为实现经营目标,通过制定和实施一系列制度、程序和方法,对风险进行事前防范、事中控制、事后监督和纠正的动态过程和机制"。2014 年 9 月,中国银监会发布了第二次修订之后的《商业银行内

---

[1] See Basle Committee on Banking Supervision: Framework for Internal Control Systems in Banking Organisations, September 1998, Principle 13, available at http://www.bis.org/publ/bcbs40.pdf.

[2] See Basel Committee on Banking Supervision: Core Principles for Effective Banking Supervision, September 2012, available at http://www.bis.org/publ/bcbs230.pdf;中文译本参见中国银行业监督管理委员会译:《有效银行监管核心原则(2012):银行监管的国际标准》,中国金融出版社,2012 年 10 月。

部控制指引》,将商业银行内部控制的定义更新为"商业银行董事会、监事会、高级管理层和全体员工参与的,通过制定和实施系统化的制度、流程和方法,实现控制目标的动态过程和机制",这一表述强调了"全员参与"的内控政策,与被国际社会广泛接受的 COSO 内控报告所给出的定义高度相似。以下表 2 列出了上述四份法律文件的核心内容,包括:内部控制的定义、目标和原则。

表 2　我国关于商业银行内部控制监管的法律文件

银行业监管机构颁布的规范性文件	商业银行(金融机构)内部控制的定义	商业银行(金融机构)内部控制的目标	商业银行(金融机构)内部控制的原则
《加强金融机构内部控制的指导原则》(1997 年 5 月)[1]	是金融机构的一种自律行为,是金融机构为完成既定的工作目标和防范风险,对内部各职能部门及其工作人员从事的业务活动进行风险控制、制度管理和相互制约的方法、措施和程序的总称。	(一)确保国家法律法规和中央银行监管规章的贯彻执行;(二)确保将各种风险控制在规定的范围之内;(三)确保自身发展战略和经营目标的全面实施;(四)有利于查错防弊,堵塞漏洞,消除隐患,保证业务稳健运行。	有效、审慎、全面、及时、独立的原则。
《商业银行内部控制指引》(2002 年 4 月)[2]	商业银行为实现经营目标,通过制定和实施一系列制度、程序和方法,对风险进行事前防范、事中控制、事后监督和纠正的动态过程和机制。	(一)确保国家法律规定和商业银行内部规章制度的贯彻执行;(二)确保商业银行发展战略和经营目标的全面实施和充分实现;(三)确保风险管理体系的有效性;(四)确保业务记录、财务信息和其他管理信息的及时、真实和完整。	全面、审慎、有效、独立的原则。

[1] 银发[1997]199 号。
[2] 中国人民银行公告[2002]第 19 号。

银行业监管机构颁布的规范性文件	商业银行（金融机构）内部控制的定义	商业银行（金融机构）内部控制的目标	商业银行（金融机构）内部控制的原则
《商业银行内部控制指引》(2007年4月)〔1〕	商业银行为实现经营目标,通过制定和实施一系列制度、程序和方法,对风险进行事前防范、事中控制、事后监督和纠正的动态过程和机制。	(一)确保国家法律规定和商业银行内部规章制度的贯彻执行。(二)确保商业银行发展战略和经营目标的全面实施和充分实现。(三)确保风险管理体系的有效性。(四)确保业务记录、财务信息和其他管理信息的及时、真实和完整。	全面、审慎、有效、独立的原则。
《商业银行内部控制指引》(2014年9月)〔2〕	商业银行董事会、监事会、高级管理层和全体员工参与的,通过制定和实施系统化的制度、流程和方法,实现控制目标的动态过程和机制。	(一)保证国家有关法律法规及规章的贯彻执行。(二)保证商业银行发展战略和经营目标的实现。(三)保证商业银行风险管理的有效性。(四)保证商业银行业务记录、会计信息、财务信息和其他管理信息的真实、准确、完整和及时。	全覆盖、制衡性、审慎性、相匹配的原则。

（三）不断强化监管者执法权力的法律规则特征

　　上述关于商业银行内部控制监管的法律文件中都包括了对银行业监督管理部门的授权,赋予其一定的执法权限,以监督商业银行内控机制的监督和运行。以下

---

〔1〕中国银行业监督管理委员会令2007第6号。
〔2〕银监发〔2014〕40号。

表3详细列出了监管部门的法律文件在此方面的规定。

表3 规范性法律文件对银行业监管部门执法的授权

规范性法律文件	对银行业监管部门的授权
《加强金融机构内部控制的指导原则》（1997年5月）	中央银行负责对金融机构内部控制的监督和稽核。 （一）中央银行在对金融机构实施业务稽核的同时，要对金融机构内部控制状况做出评价。 （二）中央银行可以委托外部审计部门对金融机构的内部控制状况做出评价。 （三）对内部控制存在问题的金融机构，中央银行可以提出整改建议，情节严重的给予处罚。 （四）对因内部控制制度长期不健全或执行监督不力造成重大资产损失，或导致发生重大金融犯罪案件的负有个人责任或直接领导责任的金融机构高级管理人员，中央银行可以依据有关规定，根据情节轻重及后果，取消一定期限内甚至终身的任职资格。（第二十九条）
《商业银行内部控制指引》（2002年4月）	中国人民银行依据本指引对商业银行作出的内部控制评价结果是商业银行风险评估的重要内容，也是中国人民银行进行市场准入管理的重要依据。（第一百三十九条）
《商业银行内部控制评价试行办法》（2004年9月）	根据评价的范围，内部控制评价可分为以下层次：（一）银监会及其派出机构对商业银行法人机构的整体评价，原则上每两年一次。（二）银监会及其派出机构对商业银行总部的评价，原则上每两年一次。（三）银监会及其派出机构对商业银行不同层次分支机构的评价，每三年一个评价周期，每年至少覆盖三分之一以上的分支机构，三年内必须覆盖全部分支机构。（第五十七条） 应当根据风险大小和重要性确定对商业银行及其分支机构内部控制评价的频率和范围，当商业银行发生管理层重大变动、重大的并购或处置、重大的营运方法改变或财务信息处理方式改变等情况，或银监会认为必要时，应对商业银行内部控制进行整体评价。（第五十八条） 银监会根据评级结果及评价报告所反映的情况，针对被评价机构内部控制体系存在问题的性质及严重程度，可分别采取以下一项或多项监管措施：（一）约见被评价机构第一负责人或董事长。（二）就评价对象内部控制体系存在问题可能引发的风险，向被评价机构进行提示和警告。（三）要求被评价机构对内部控制体系存在的问题限期整改。（四）加大现场检查力度及频率。（五）建议调整管理层。（六）取消有关人员一定期限或终身银行业从业资格。（七）责令整顿或暂停办理相关业务。（八）延缓批准或拒绝受理增设分支机构、开办新业务的申请。（第六十四条） 对内部控制评价中发现的违规、违法行为，应根据有关规定，采取相应处罚措施。（第六十五条）

规范性法律文件	对银行业监管部门的授权
《商业银行内部控制指引》 （2007年4月）	中国银监会及其派出机构依据本指引及《商业银行内部控制评价试行办法》对商业银行做出的内部控制评价结果是商业银行风险评估的重要内容，也是中国银监会及其派出机构进行市场准入管理的重要依据。（第一百四十条）
《商业银行内部控制指引》 （2014年9月）	银行业监督管理机构通过非现场监管和现场检查等方式实施对商业银行内部控制的持续监管，并根据本指引及其他相关法律法规，按年度组织对商业银行内部控制进行评估，提出监管意见，督促商业银行持续加以完善。（第四十七条） 银监会及其派出机构对内部控制存在缺陷的商业银行，应当通过下发监管意见函等形式，责成商业银行限期整改；逾期未整改的，银监会及其派出机构可根据《中华人民共和国银行业监督管理法》第三十七条规定采取监管措施。（第四十八条） 商业银行违反本指引有关规定的，银监会及其派出机构可根据《中华人民共和国银行业监督管理法》采取监管措施或行政处罚。（第四十九条）

1997年由人民银行颁布的《加强金融机构内部控制的指导原则》赋予中央银行的监管权限包括"在对金融机构实施业务稽核的同时，要对金融机构内部控制状况做出评价"；"可以委托外部审计部门对金融机构的内部控制状况做出评价"；"对内部控制存在问题的金融机构，中央银行可以提出整改建议，情节严重的给予处罚"以及"对因内部控制制度长期不健全或执行监督不力造成重大资产损失，或导致发生重大金融犯罪案件的负有个人责任或直接领导责任的金融机构高级管理人员，中央银行可以依据有关规定，根据情节轻重及后果，取消一定期限内甚至终身的任职资格"。

不过，尽管有这样的规定，监管机构的行政处罚权力还是受到很大限制的，因为根据《中华人民共和国行政处罚法》，作为国务院部、委之一的中国人民银行原则上是没有行政处罚设定权的，它只可以在法律、行政法规规定的给予行政处罚的行为、种类和幅度的范围内通过制定部门规章来作出具体规定；而在商业银行内部控制监管问题上，当时适用的《商业银行法》和《人民银行法》都没有设定行政处罚。尽管《行政处罚法》也同时规定了在尚未制定法律和行政法规的情况下，国务院部委可以制定规章,对违反行政管理秩序的行为设定警告或者一定数量罚款的行政处罚,但人民银行的这份《指导原则》是否构成一份法律渊源意义上的部门规章,这是非常值得质疑的。

中国人民银行于 2002 年颁布的《商业银行内部控制指引》规定了"中国人民银行依据本指引对商业银行作出的内部控制评价结果是商业银行风险评估的重要内容,也是中国人民银行进行市场准入管理的重要依据",且 2007 年经过中国银监会修订之后的《指引》仍然保留了上述条款。表面上看,这样的一种表述并非强有力的监管措施或者行政处罚,但是要知道,在处于转型期中国银行业市场上,由于大量市场管制的存在,因此监管当局在市场准入环节的权力行使对被监管者的经营自由及其相应的经营利益的获取起到了至关重要的作用,其重要性丝毫不亚于,甚至要超过对商业银行的审慎经营监管。

此外,中国银监会于 2004 年 9 月颁布了《商业银行内部控制评价试行办法》[1],希望通过建立一套对商业银行内部控制评价的框架和方法,规范和加强对商业银行内部控制的评价,督促其进一步建立内部控制体系,健全内部控制机制,形成风险管理的长效机制,保证商业银行安全稳健运行。[2] 该《办法》授予了中国银监会评价商业银行内部控制并基于此实施各类监管措施或者行政处罚的行政性权力。

而在行政处罚方面,2003 年由全国人大常委会制定的《银行业监督管理法》第四十五条将"严重违反审慎经营规则"设定为中国银监会行使行政处罚权的情形之一。基于这一法律授权,中国银监会在对商业银行内部控制实施监管过程中,其可采取的处罚措施包括"责令改正,并处二十万元以上五十万元以下罚款",对于情节特别严重或者逾期不改正的,中国银监会"可以责令停业整顿或者吊销其经营许可证"。

在 2014 年 9 月,中国银监会发布了最新修订的《商业银行内部控制指引》。较之前版本《指引》的规定,新《指引》的一项明显变化就是"增加监管处罚措施,强化监管约束",[3]具体包括授权中国银监会"通过非现场监管和现场检查等方式实

---

〔1〕银监会令 2004 年第 9 号;该《办法》于 2011 年 1 月被废止。

〔2〕参见《银监会有关部门负责人就〈商业银行内控评价试行办法〉答记者问》,http://www.cbrc.gov.cn/chinese/home/docView/1131.html。

〔3〕参见《中国银监会就〈商业银行内部控制指引(修订征求意见稿)〉公开征求意见》,http://www.cbrc.gov.cn/chinese/home/docView/CFC7059A6D784DF3A5A5DF15A7BCE55A.html。

施对商业银行内部控制的持续监管,并根据本指引及其他相关法律法规,按年度组织对商业银行内部控制进行评估,提出监管意见,督促商业银行持续加以完善",要求"银监会及其派出机构对内部控制存在缺陷的商业银行,应当通过下发监管意见函等形式,责成商业银行限期整改;逾期未整改的,银监会及其派出机构可根据《中华人民共和国银行业监督管理法》第三十七条规定采取监管措施",而对于商业银行违反《指引》有关规定的情形,银监会及其派出机构"可根据《中华人民共和国银行业监督管理法》采取监管措施或行政处罚"。

如此一梳理,我们可以看到,中国银行业监管者对于商业银行内部控制监管工作的重视程度呈现不断强化的趋势,而具体表现为其自身监管措施实施权力和行政处罚权力的不断扩张和法律基础的不断强化。可以说,在今天,内部控制已经绝对不是中国人民银行在 1997 年所界定的那种"自律行为"了,而是受到监管当局"有形之手"严格约束的商业银行核心运作机制。

三、"健全市场"的法律路径

(一) 以强化市场约束为目标的商业银行内控信息披露法律规则

既然商业银行的内部控制机制"很重要",那么人们的一个直觉性判断就是,应当赋予行政性监管机构更多的监管权限,并依赖其监管行为来实现"社会公共利益"。然而,这样的逻辑未免失之简单。事实上,在经济学家看来,这样一种指望依靠行政监管当局的监管活动就可以确保商业银行内控机制有效运行的思路其实是预设了以下三个理论前提:其一,存在着市场失灵;其二,监管部门的官员有能力通过直接监督、规制和约束银行来缓解市场失灵;其三,监管部门的官员有内在的激励去修正市场失灵。[1] 然而,上述理论假设在现实中往往是不成立的,至少是不完全成立的。较之商业银行的内部管理人、股东和其他利益相关者,外部监管者掌握的信息未必更加全面;监管机构的官员在行使监管权力时无法做到"大公无私",其行为的内在激励也不会超过商业银行的股东和债权人。

---

[1] George Stigler, The Theory of Economic Regulation, Bell Journal of Economics and Management Science, No. 2, 1971.

由此,一个初步的判断是,行政性监管权力的强化并不能百分之百地保证商业银行内部控制法律机制的有效改进,另外一种选择就是通过有效的市场约束机制来促使商业银行的利益相关者(现实或者潜在的投资者、债权人)对商业银行的实际控制者和内部管理人员施加持续的外部压力,促使后者在日常经营过程中确保商业银行内控机制的有效运行。而要打通这样一条"健全市场"的路径,法律制度上的一项基础性要求就是商业银行应当披露相关重要内控信息。

事实上,巴塞尔委员会历来重视银行信息披露和透明度要求在监管工作中的重要性[1],而其在 2004 年 6 月正式发布的"新资本协议"(即"巴塞尔协议 II")将市场约束(Market Discipline)与最低资本金要求(Minimum Capital Requirements)和监管当局的监督检查(Supervisory Review Process)并列为银行监管的三大支柱,并且强调,通过强化信息披露可以达到强化市场约束的目的。[2]

而 2012 年最新版本的巴塞尔委员会《有效银行监管原则》的"原则 28"列出了商业银行的信息披露和透明度方面的要求,其中就包括了披露内控信息的内容:

> 监管机构确定,银行与银行集团在并表基础上,或适当时在单个法人基础上,定期发布容易获取的,公允反映其财务状况、业绩、风险暴露、风险管理策略与公司治理政策和程序的信息。[3]

根据美国法律规定,每一家吸收存款机构年度报告中的管理层报告部分应当包括管理层为了建立和维持适当的内部控制结构和程序而承担职责的内容。在对于那些总资产达到或者超过 10 亿美元的向联邦存款保险公司投保的存款机构来

---

〔1〕 See Basel Committee on Banking Supervision, Enhancing Bank Transparency: public disclosure and supervisory information that promote safety and soundness in banking systems, September 1998, available at http://www.bis.org/publ/bcbs41.pdf.

〔2〕 Basel Committee on Banking Supervision: International Convergence of Capital Measurement and Capital Standards: A Revised Framework, June 2004, available at http://www.bis.org/publ/bcbs107.pdf.

〔3〕 See Basel Committee on Banking Supervision: Core Principles for Effective Banking Supervision, September 2012, available at http://www.bis.org/publ/bcbs230.pdf;中文译本参见中国银行业监督管理委员会译:《有效银行监管核心原则(2012):银行监管的国际标准》,中国金融出版社,2012 年 10 月。

说,则需要披露管理层对其内部控制结构和程序有效性的评估。[1]

此外,国外近年来关于上市公司(不限于上市银行)的内控信息披露法律制度的诸多实践可以给我们提供在先的经验。而学者所进行的相关实证研究也表明,企业内部控制信息的披露可以改进企业的内控机制。[2]

在安然(Anron)、世通(WorldCom)等上市公司系列丑闻曝光之后,美国2002年7月通过的萨班斯-奥克斯利法案(Sarbanes-Oxley Act,SOX)在其第404条"内部控制的管理层评估(Management Assessment of Internal Control)"[3]中规定了,所有在美国上市的公司都应当在其年度报告中披露对内部控制机制有效性进行评估的内容,且公司管理层要进行签字确认,并承担民事和刑事责任,法案同时要求外部审计师对此发表意见。

而在日本,经历了嘉娜宝(Kanebo)、活力门(Livedoor)、村上基金(Murakami Fund)等丑闻事件之后,国会于2006年通过的《金融商品交易法》(Financial Instruments and Exchange Act)也仿照美国SOX法案,规定所有的上市公司以及部门规章要求的公司应当披露管理层对内部控制的评估情况以及外部审计师的报告[4](因此被称为J-SOX)。为细化《金融商品交易法》的规定,日本金融厅商业会计理事会下属的内部控制委员会于2007年2月颁布了《财务报告内部控制管理层评估与审计的准则实施指引》(Standards the Implementation Guidance for Management Assessment and Audit of Internal Control over Financial Reporting,ICFR)。[5]

(二)我国商业银行内控信息披露的法律制度文本

我国的银行业监管基本上以监管当局的外部行政性监管为主,市场约束机制尚未全面建立。正如之前所述,加强市场约束机制的核心和前提在于有效的信息

---

[1] 12 C. F. R. § 363. 2

[2] Heather Hermanson, An Analysis of the Demand for Reporting on Internal Control, Accounting Horizons, September 2000, pp. 325 – 341.

[3] 15 USC 7262.

[4] See Article 24-4-4 (System for Ensuring Appropriateness of Statements on Finance and Accounting and Other Information).

[5] See Japanese Guidelines for Internal Control Reporting Finalized-Differences in Rudiments between the US Sarbanes-Oxley Act and J – SOX, available at http://www. protiviti. com/en-US/Documents/Regulatory-Reports/J-SOX/JSOX_Flash_Report_2_FSA_standards_final_20070215_EN. pdf.

公开披露制度。对于商业银行来说,只有准确披露其关于内部控制的重要信息,投资人、债权人等市场参与者才能对银行的内控状况作出评估和判断,从而给银行经营者造成有效的外部约束。

目前,我国已有关于各类上市公司内控信息披露的制度安排。2006 年 6 月和 9 月,上海证券交易所和深圳证券交易所分别发布了《上市公司内部控制指引》,要求董事会对上市公司内部控制的建立和实施状况进行评价,并披露内部控制自我评估报告以及注册会计师对内部控制自我评估报告的核实评价意见。[1] 此后,在 2008 年 6 月 28 日,财政部、证监会、审计署、银监会、保监会联合颁布了被称为“中国萨班斯法案(C-SOX)”的《企业内部控制基本规范》[2],《基本规范》要求上市公司应当对公司内部控制的有效性进行自我评价并披露年度自我评价报告,该《基本规范》原定于 2009 年 7 月 1 日起施行,后推迟至 2010 年 1 月 1 日。[3]

具体就我国商业银行的内控信息披露法律制度而言,我国目前主要存在两套并行规则,其一是适用于所有商业银行的信息披露要求,但其中关于内控信息的披露规则十分原则和抽象;另外的一套规则专门适用于上市商业银行,证监会对此给出了相对明确和详细的要求。以下表 4 以法律文件颁布时间为序,列出了我国现有的关于商业银行内控信息披露的法律规则内容。

表 4　关于我国商业银行内控信息披露的现有法律规则

监管规则	涉及的商业银行内控信息披露要求
《公开发行证券公司信息披露编报规则第 7 号——商业银行年度报告内容与格式特别规定》(2000 年 12 月)[4]	商业银行应对内部控制制度的完整性、合理性与有效性作出说明。商业银行还应委托所聘请的会计师事务所对其内部控制制度,尤其是风险管理系统的完整性、合理性与有效性进行评价,提出改进建议,并出具评价报告。评价报告随年度报告一并报送中国证监会和证券交易所。 所聘请的会计师事务所指出以上三性存在严重缺陷的,商业银行董事会应对此予以说明,监事会应就董事会所作的说明明确表示意见,并分别予以披露。(第六条)

---

[1] 参见《上海证券交易所上市公司内部控制指引》,http://www. sse. com. cn/lawandrules/sserules/listing/stock/c/c_20120918_49646. shtml;《深圳证券交易所上市公司内部控制指引》,http://www. szse. cn/main/disclosure/bsgg/200609289323. shtml.

[2] 财会[2008]7 号。

[3] 参见《〈内控规范〉再次推迟实施》,《中国企业报》,2009 年 7 月 14 日。

[4] 证监发[2000]80 号。

监管规则	涉及的商业银行内控信息披露要求
《商业银行信息披露暂行办法》(2002 年 5 月)〔1〕	商业银行应披露下列各类风险和风险管理情况：……(四)操作风险状况。商业银行应披露由于内部程序、人员、系统的不完善或失误，或外部事件造成的风险，并对本行内部控制制度的完整性、合理性和有效性作出说明。……(第十九条)
《公开发行证券的公司信息披露编报规则第 18 号——商业银行信息披露特别规定》(2003 年 3 月)〔2〕	商业银行应披露下列各种风险因素，分析其对财务状况与经营成果的影响：……(二)流动性风险，包括：1. 说明管理层对此的明确政策，是否已建立用于监控此风险的管理信息系统和其他内部控制制度，对流动性风险管理水平的评估情况……(第三条) 商业银行应建立健全内部控制制度，并在招股说明书正文中专设一部分，对其内部控制制度的完整性、合理性和有效性作出说明。商业银行还应委托所聘请的会计师事务所对其内部控制制度及风险管理系统的完整性、合理性和有效性进行评价，提出改进建议，并以内部控制评价报告的形式作出报告。内部控制评价报告随招股说明书一并呈报中国证监会。 所聘请的会计师事务所指出以上三性存在严重缺陷的，商业银行应予披露，并说明准备采取的改进措施。(第四条) 商业银行董事会应在其报告中披露如下事项：……(五)操作风险状况。包括由于内部程序、人员、系统的不完善或失误，或外部事件造成的风险，并对本行内部控制制度的完整性、合理性作出说明……(第二十条) 商业银行应对内部控制制度的完整性、合理性与有效性作出说明。商业银行还应委托所聘请的会计师事务所对其内部控制制度及风险管理系统的完整性、合理性和有效性进行评价，提出改进建议，并以内部控制评价报告的形式作出报告。内部控制评价报告随招股说明书一并呈报中国证监会。 所聘请的会计师事务所指出以上三性存在严重缺陷的，商业银行应予披露，并说明准备采取的改进措施。(第二十二条)
《商业银行信息披露办法》(2007 年 7 月)〔3〕	商业银行应披露下列各类风险和风险管理情况：……(四)操作风险状况。商业银行应披露由于内部程序、人员、系统的不完善或失误，或外部事件造成的风险，并对本行内部控制制度的完整性、合理性和有效性作出说明……(第十九条) 商业银行应从下列四个方面对各类风险进行明：……(四)内部控制和全面审计情况。(第二十条)

---

〔1〕中国人民银行令〔2002〕第 6 号。
〔2〕证监会计字〔2003〕3 号。
〔3〕中国银行业监督管理委员会令 2007 年第 7 号。

监管规则	涉及的商业银行内控信息披露要求
《公开发行证券的公司信息披露编报规则第 26 号——商业银行信息披露特别规定》(2008 年 7 月)〔1〕	商业银行董事会应在定期报告中对内部控制制度的完整性、合理性与有效性和内部控制制度的执行情况作出说明。监事会应就董事会所作的说明明确表示意见,并分别予以披露。(第十七条)
《公开发行证券的公司信息披露编报规则第 26 号——商业银行信息披露特别规定》(2014 年 1 月修订)〔2〕	商业银行应在定期报告中披露下列各类风险的计量方法,风险计量体系的重大变更,以及相应的资本要求变化:……(四)操作风险状况。商业银行应披露由于内部程序、人员、系统的不完善或失误,外部事件造成损失的风险。……(第十六条)

(三) 我国商业银行内控信息披露的实际状况及其评价

目前,我国共有 16 家上市商业银行。根据上述证监会的信息披露要求,这些上市商业银行比普通的上市公司负担了更多的披露义务,其中就包括了内部控制信息的公开披露。以下表 5 对这 16 家上市银行 2013 年年报所披露的内部控制信息进行了数据统计。

表5　16 家上市商业银行关于内控信息披露的实际状况

上市商业银行名称	上市公司年报中是否单列"内部控制"专门章节	内部控制评价是否基于《商业银行内部控制指引》	内部控制评估报告是否包含了对内部控制的五项构成要素进行了分析	是否具体披露任何关于内部控制的薄弱点	上市公司报告是否包含了对内部控制改进措施的描述	外部审计师的内控审计是否基于《商业银行内部控制指引》
浦东发展银行	√	×	×	×	×	×
中国农业银行	√	√	×	×	×	×
中国银行	×	×	×	×	×	×

〔1〕证监会公告〔2008〕33 号。
〔2〕中国证券监督管理委员会公告〔2014〕3 号。

上市商业银行名称	上市公司年报中是否单列"内部控制"专门章节	内部控制评价是否基于《商业银行内部控制指引》	内部控制评估报告是否包含了对内部控制的五项构成要素进行了分析	是否具体披露任何关于内部控制的薄弱点	上市公司报告是否包含了对内部控制改进措施的描述	外部审计师的内控审计是否基于《商业银行内部控制指引》
中国工商银行	√	√	×	×	×	×
中信银行	√	×	×	×	×	×
民生银行	√	√	√	×	×	×
交通银行	×	√	×	×	×	×
光大银行	√	×	×	×	×	×
中国建设银行	×	×	×	×	×	×
招商银行	√	√	×	×	×	×
兴业银行	√	√	√	×	×	×
华夏银行	√	×	×	×	×	×
北京银行	√	√	√	×	×	×
南京银行	√	√	√	×	×	×
平安银行	√	√	√	√	√	×
宁波银行	√	√	×	√	x	

数据来源：上海证券交易所和深圳证券交易所网站发布的上市公司年度报告。

在上述 16 家上市商业银行中，大多数银行的公司年报中单列了"内部控制"专门章节，仅有中国银行、交通银行和中国建设银行未辟专门章节对其内控信息进行披露，而是将相关信息分散于"公司治理""风险管理""董事会报告""监事会报告"等相关章节进行披露。

16 家商业银行都专门披露了《内部控制评价报告》。根据该份报告，有 6 家银行（浦东发展银行、中国银行、中信银行、光大银行、中国建设银行、华夏银行）在其披露的文件中没有援引银监会颁布的《商业银行内部控制指引》，而只是和其他非银行类上市公司一样，仅仅依据财政部的《企业内部控制基本规范》来对自身的内控状况进行了评价。

具体地来看这些银行《内部控制评价报告》的内容,可以发现仅有6家银行(民生银行、兴业银行、北京银行、南京银行、华夏银行、宁波银行)的《报告》对内部控制的五项基本构成要素分别进行了或详或略的分析,多数银行只是给出了一个总体性的结论。

所有上市银行都披露其在报告期内不存在内部控制的重大缺陷和重要缺陷。至于一般性缺陷,除了平安银行之外,其余15家银行无一披露任何关于其内部控制的具体薄弱点。平安银行在其《内部控制自我评价报告》中说明了其发现的33项一般性内控缺陷的具体构成以及产生的原因;而其他15家银行只是用抽象的言语表达了对于一般性内控缺陷已经采取了改进措施。

只有2家上市银行(平安银行、宁波银行)披露了具体的内部控制改进措施,例如宁波银行在其年报中披露了"建立健全内部控制体系的工作计划",而平安银行《内部控制自我评价报告》的最后一部分即是"对内控缺陷及主要风险拟采取的整改措施和风险应对方案"。除此以外,绝大多数银行只是原则性披露了其在内控方面已经采取的相关措施。

所有16家商业银行披露的内控审计报告均是基于适用于一般性上市公司的《企业内部控制审计指引》而作出的,没有一份审计报告援引了《商业银行内部控制指引》,内控审计报告的格式与核心内容也与非银行类上市公司几无区别。

理论上来讲,企业应当披露的内部控制信息披露主要包括:(1)表明管理当局对内部控制的责任;承认内部控制存在的固有限制;(2)企业已经确定内部控制的设计和实施是否有效的标准并按照标准设计并颁布实施内部控制制度;(3)声明本企业已按照有关的标准、程序对本企业的内部控制的设计和执行的有效性进行了评估,发现无重大缺陷。如果评估后发现企业的内部控制存在重大缺陷,应当指出该项缺陷。[1]

若以此为标准,可以发现,总体上目前我国商业银行关于内部控制信息的披露还是相当粗略的,大多泛泛而谈,各家银行在披露内控信息时采用的语言表述高度

---

〔1〕李明辉、王学军:《上市商业银行内部控制信息披露研究》,《金融研究》2004年第5期。

雷同,形式多于实质,且"表功"的内容占了不小的篇幅,具有明显的"报喜不报忧"的倾向,严重缺乏细致的专业化分析。这样的一种信息披露对于投资者等商业银行的利益相关人来说其实参考价值并不大,对于有效的外部市场约束机制形成助力有限。

尤其是,从目前我国商业银行关于内控信息披露的实践来看,上市银行及独立审计机构所遵循的法律规则大体上简单地等同于普通上市公司,而忽略了商业银行在内控问题上的特殊之处。较之于一般企业,商业银行内部控制中的潜在实质性漏洞会更多,这是因为:银行针对不同服务对象所提供的金融产品,会有不同的合约设计;现代银行组织日趋庞大,总分支机构之间的委托代理链条过长;银行对人力资本的专用性要求很高;技术进步和网络经济的发展使得银行高度依赖于信息技术。上述这些因素导致在商业银行内部可能形成更多的内控漏洞。[1] 但是,很遗憾的是,我们看到目前 16 家上市商业银行在披露其内控信息时,多数并未基于《商业银行内部控制指引》作出自我评估;仅有 1 家商业银行披露了具体的内控薄弱点;仅有 2 家商业银行披露了其未来改进内控机制的方案;而所有的外部审计机构在进行内控审计时都只是遵循了一般性企业的内控审计要求。

但不可否认的是,我国商业银行内控信息披露的法律规则还是一直处于不断完善和改进的状态之中的。最典型的例子就是,2004 年银监会颁布的《商业银行内部控制评价试行办法》(现已废止)虽然一方面授权监管机构对商业银行的内控状况进行评价,但同时明令"未经批准或许可,任何单位和个人不得对外公布对被评价机构的内部控制体系等级评定结果。凡擅自公布等级评定结果,应追究有关人员的责任"(第六十六条),换句话说这是一种禁止披露信息的监管规则(也许是当时出于"遮丑"的考量);与之相比,现在的内控信息披露法律规则虽仍有诸多不完善之处,但至少已经走在了正确的道路上。

实际上,随着外部市场环境的变化,银行业监管者势必会逐步淡化"管理者"的身份,而强化"监督者"的角色;在这样的一种背景下,通过健全外部市场约束机制,监管者职能行使的效果也同时会得到提升。例如,2002 年中国银行纽约分行贷款

---

[1] 参见翟旭:《中国上市银行内部控制实质性漏洞信息披露机制研究:基于公司治理及银行监管视角》,西南财经大学出版社,2013 年 3 月,第 72 页。

诈骗案件中,中美两国的银行监管者采取了联合行动,除了美国货币监理署对中国银行纽约分行的"不当行为(misconduct)"施以一千万美元的处罚,并公诸于众之外,中国当时的银行监管机构,即中国人民银行也紧接着对中国银行总行课以同等金额的处罚,并且同样对外界公开了该项处罚。[1] 这也是屈指可数的中国银行业监管当局对商业银行的内部控制问题以公开的方式进行处罚的案例。[2] 至少目前来看,以公开的方式对当初闹得沸沸扬扬的中行纽约分行"丑闻"案件进行处理并没有影响到之后中国银行全球业务的拓展。[3]

四、结语

其实,本章所讨论的关于完善我国商业银行内控法律制度的路径选择恰好暗合了银行监管的两种理论取向,即"公共利益"理论和"私人利益"理论。

商业银行监管的"公共利益"理论强调的是市场失灵(即信息成本以及合约执行成本的存在)会削弱私人部门有效监督银行的外部激励和自身能力。既然存在着严重的市场失灵情形,那么由一个拥有广泛权力的监管机构来直接监督和约束银行就可以提升银行的经营效率。

而商业银行监管的"私人利益"理论则会质疑,为什么监管部门的官员就会有内在的动力和能力去修正市场失灵,实现银行经营的稳健性和有效性?尽管市场失灵的存在会阻碍私人监督的实现,但是政府失灵也可能十分严重。按照这一理论,最有实效的银行监管模式依赖于通过政府的规章制度来授权私人部门对银行进行监督,特别是建立起有效的信息披露规则和健全的合同执行制度,从而使得私人投资者可以通过适当的公司治理机制来保证银行的经营效率和信贷投放的稳健性。这并不是一种自由放任(*laissez faire*)的路径,它强调的是通过强有力的法律

---

〔1〕See OCC and People's Bank of China Assess Money Penalties Against Bank of China, available at http://www.pbc.gov.cn/publish/english/955/1962/19623/19623_.html.

〔2〕有意思的是,在中国人民银行的官方网站上,此项处罚措施是一则英文信息公告披露的,而未见于任何中文信息公告。

〔3〕中国银行已经连续四年被金融稳定理事会(Financial Stability Board)列为全球系统重要性的金融机构(global systemically important financial institution),see 2014 Update of List of Global Systemically Important Banks (G-SIBs), available at http://www.financialstabilityboard.org/2014/11/2014-update-of-list-of-global-systemically-important-banks/.

和监督来降低信息成本以及合约执行成本。[1]

　　基于上述分析,如果只是"一条腿走路",片面强调"加强监管",那么我国商业银行内控法律机制的改进很有可能事倍功半;而若能充分调动外部市场力量,通过建构有效的内控信息披露法律规则,借用市场约束机制来监督银行内控的改善,则有望达致事半功倍之效。具体来说,现有的关于商业银行内控信息披露的规则要求应当进一步细化:披露内容的覆盖面和充分性要大大加强;外部审计应当考虑商业银行的业务特性;并且,披露义务可不再局限于上市银行,而是令其适用于所有在中国境内注册的商业银行。简而言之,监管者所强调的"管内控"不应当只是被狭义地理解为"加强监管",同时也应当增加"健全市场"的含义。

　　当然,要走通"健全市场"这一条路径,光有纸面上的法律文本还是不够的。说到底,内控信息的公开披露只是形成市场约束机制的一个基础,但不是全部。对于我国的商业银行来说,公司治理机制的进一步完善仍是未来内控机制健全的根本保证,因为你无法指望一个对银行长期盈利状况漠不关心的高管人员会对内控文化有任何的兴趣。同时,市场竞争环境的优化也是单个银行健全内控机制的外部动力所在,因为你无法指望一家没有多大外部竞争压力、"朝南坐"的银行会有主动改进内控机制的愿望。

　　事实上,今年来我国银行业的市场竞争环境已经得到了不小的提升。中国银行业体制改革的一大特征就是通过体制外多元化银行金融中介机构的建立来推进的增量为主的渐进性改革,股份制商业银行以及城市商业银行通过与国有银行的竞争来为后者提供示范作用,并促使后者改进治理机制。[2]不过,银行业准入门槛的降低仍然与公众的期待有较大差距,商业银行牌照的稀缺性仍然毋庸置疑。可以这么说,银行牌照越贵,改进银行内控机制的监管成本会越高。

　　另一方面,银行业市场竞争环境的优化还有赖于市场管制者褪去"隐性担保人"的身份。在我国,由于缺乏法律制度的有效支持,至今没有完整地建立起一套

[1] James Barth, Gerard Caprio & Ross Levine, The Microeconomic Effects of Different Approaches to Bank Supervision, in Stephen Haber, Douglass North & Barry Weingast (ed.), Political Institutions and Financial Development, Stanford University Press, 2008.
[2] 参见李志辉:《中国银行业的发展与变迁》,格致出版社、上海人民出版社 2008 年 11 月,第 79—84 页。

与市场化金融运作体系所契合的、建立在规则基础之上的显性风险补偿和保障机制(其中的核心就是银行存款保险法律规则),并且在现实中行政权力的深度介入引发了大量的道德风险问题。[1]巴塞尔委员会《有效银行监管核心原则》要求监管当局在构建系统性保护机制(公共安全网)的时候,"要注意将其对市场信号和市场约束的扭曲降到最低";《核心原则》还认为"如果政府试图影响或改变商业决定(特别是信贷决策)以实现公共政策目标,市场信号将被扭曲,市场约束将被削弱"[2]。不过,一个乐观的趋势是,我国商业银行存款保险法律制度有望在近期推出[3],这意味着以往来自监管者和政府部门的隐性担保将趋于消失,商业银行之间的竞争将日益激烈,这毫无疑问是激励银行主动改进内控,主动披露内控信息的积极因素。

伴随着市场竞争态势的改变,一个更加理想的状态是:对于内控信息的披露,商业银行较之监管者有更加主动和强烈的意愿。事实上,在2002年美国SOX法案实施之前,尽管没有强制性的要求,但已有大量上市公司自愿披露内部控制信息。[4]而我国学者曾以2007年沪深两市主板1097家A股上市公司为研究对象(那时监管机构尚未要求上市公司强制性披露内控信息),基于信号传递理论对我国上市公司为什么自愿披露内部控制鉴证报告进行了理论分析和实证检验,发现内部控制资源充裕、快速成长、设立了内审部门的上市公司以及有再融资计划的公司更愿意披露内部控制鉴证报告,而上市年限长、财务状况差、组织变革程度高及发生违规的公司则不愿意披露鉴证报告。[5]

如若今后,这样一种在市场竞争环境压力下,主动迎合外部投资者和债权人需

---

〔1〕参加黄韬、陈儒丹:《金融市场风险补偿和保障机制建设的法律思考》,《当代法学》2014年第4期。

〔2〕See Basel Committee on Banking Supervision: Core Principles for Effective Banking Supervision, September 2012, available at http://www.bis.org/publ/bcbs230.pdf;中文译本参见中国银行业监督管理委员会译:《有效银行监管核心原则(2012):银行监管的国际标准》,中国金融出版社,2012年10月。

〔3〕参见《中国央行:存款保险制度有可能会在年内推出》,http://gold.hexun.com/2015-02-12/173328849.html。

〔4〕Dorothy A. Mcmullen, K. Rahunandan, Internal Control and Financial Reporting Problems, Accounting Horizons, December 1996, pp. 67-75; K. Rahunandan, D. VRama, Management Reports after COSO, Internal Auditing, August 1994.

〔5〕林斌、饶静:《上市公司为什么自愿披露内部控制鉴证报告?——基于信号传递理论的实证研究》,《会计研究》2009年第2期。

要的"好人举手"现象在我国银行业中成为常态的话,那也就意味着"健全市场"路径的大门已经基本打开;进而,以低社会成本的方式推动健全银行内控机制的良性循环模式也就可望逐步实现了。

第十章　中国金融稳定性制度改革的风险、
　　　　　　成因及监管变革*

　　过去三十年来,中国经济增长速度令世界瞩目。在此期间,任何单一社会或经济指标都表明,中国不论是人均可支配收入、全日制教育以及预期寿命人口百分数都有极大提高。在 1990—2008 年间,中国的经济增长受益于大量投资和出口密集型制造业。而自 2008 年以来,中国国内需求在许多领域都迅速增长,导致中国经济中信贷出现惊人扩张,而房地产行业甚至疑似出现大量资产泡沫。

　　全球经济的较低增长率,以及出现成本更低的区域竞争对手,意味着近年来中国的出口量开始缓慢下降。这对制造业产生了负面影响,导致银行资产负债表上产生大量不良贷款(NPLs)累积,主要扩及到债务融资获得隐性担保的国有企业。[1] 众所周知,在不开展高成本紧急援助的情况下,难以解决国有企业的不良贷款问题。由于中国的银行存在严格的存贷比和贷款限制,这些不良贷款的激增导致监管悖论的出现。

　　快速信贷扩张、可疑资产泡沫和巨额不良贷款,这三种情况同时出现使得中国

---

　　* 本章原文参见 Emilios Avgouleas & Duoqi Xu, Overhauling China's Financial Stability Regulation: Policy Riddles and Regulatory Dilemma, Asian Journal of Law and Society, No. 1/2017。作者:埃米利奥·阿福古利亚斯(Emilios Avgouleas),爱丁堡大学法学院国际银行法与金融学讲席教授;许多奇,上海交通大学凯原法学院教授,博士生导师。译者:许多奇。
〔1〕参见 IMF (2016) "Global Financial Stability Report (GSFR), Fostering Stability in a Low-Growth, Low-Rate Era", https://www.imf.org/external/pubs/ft/gfsr/2016/02/ (accessed 3 February 2017)。

的金融体系看起来异常脆弱。[1] 更为糟糕的是，考虑到中国影子金融体系的具体特点，[2]贷款限制、利率上限和其他信贷供应限制与偏见（所谓的"金融抑制"）已经导致形成相对较大的影子银行部门，[3]当然，这在一定程度上取决于如何对影子银行业进行定义。[4]

监管套利和利率套利是中国影子银行体系膨胀的关键因素，紧随其后的是投机性买卖。通过必要的资本要求，将影子融资记为应收款项，银行可以迅速提高它们的资产并在一定程度上提高盈利能力。但一个不受流动性提供者支持的大型影子银行业部门，是造成金融不稳定性的恒定风险。它涉及偿还期失调和无法再融资的风险[5]，即在缺少信守承诺且资源充分流动性提供者（例如，最后贷款者）保护网的情况下，运营部门中出现大量需重新谈判的合同；而当出现信贷紧缩时，影子

---

〔1〕参见 IMF（2014）"Global Financial Stability Report (GSFR)，Risk Taking，Liquidity，and Shadow Banking：Curbing Excess While Promoting Growth"，https://www. imf. org/external/pubs/ft/gfsr/2014/02/pdf/c1. pdf (accessed 3 February 2017)。

〔2〕鉴于本章写作之目的，考虑到中国影子银行部门的本质特征，我们认可前美联储主席 Ben Bernanke 给出的定义，他说，该术语包括"共同履行传统银行职能（但是在国外或以一种仅与受监管存款机构的传统体系存在不紧密联系的方式履行）的多个机构与市场的组合"。参见 Bernanke，Ben S. (2012) "Some Reflections on the Crisis and the Policy Response"，Speech to the Russell Sage Foundation and the Century Foundation Conference on 'Rethinking Finance，New York，13 April 2012，http://www. federalreserve. gov/newsevents/speech/bernanke20120413a. htm (accessed 5 January 2017)。

〔3〕Shen，Wei (2016) Shadow Banking in China：Risk，Regulation and Policy，Europe，Asia：Elgar Publishing 在近期对中国影子银行部门的历史发展、法律基础和风险进行了分析。同见 Elliott，Douglas，Arthur R. Kroeber，& Qiao Yu (2015) "Shadow banking in China：A primer"，Economic studies at Brookings，March。

〔4〕Paul McCulley——一位就职于大型资金管理公司的高级经济师——在 2007 年首先创造了这个术语。McCulley 将影子银行业定义为："通过无保险的商业票据为自身融资和通过可能受或不受实体银行流动性额度支持的不受监管影子银行，他们与通过被保险存款为自身融资、并通过访问联邦储备局的贴现窗口而获得支持的受监管实体银行形成鲜明对比"。McCulley，Paul (2007) "Teton Reflections"，http://media. pimco-global. com/pdfs/pdf _ sg/GCB% 20Focus% 20Sept% 2007% 20SGP-HK. pdf? WT. cg_n = PIMCO-SINGAPORE&WT. ti = GCB Focus Sept 07 SGP-HK. pdf. (accessed 3 February 2017).

〔5〕这是一个非常重要的问题，因为中国的整个金融体系和经济的特点就是可能触发或加剧流动性不足风险的偿还期失调。正如 Armstrong-Taylor，Paul (2016) Debt and Distortion，Palgrave Macmillan，50－51 所述："中国金融体系中的大部分债务是以银行贷款的形式存在的，因此是短期的。另一方面，已经将这一债务用于购买或建设的许多资产是长期的（例如基础设施和房地产）。借款人之间的流动性风险是地方性的。例如，大部分地方政府债务在 2014 年早期拥有三至五年的负债期限，其中近 40%的债务在接下来的两年到期。许多这些债务与长期资本持平（例如基础设施），因此将需要续期。即使当地政府有偿付能力，这暗示了一种风险：如果流动性枯竭，将难以对这些负债续期，因此可能导致拖欠贷款。"

银行业产品又在中国的金融体系内提供大部分短期融资负债,这极大可能在流动性资产突然消失时,导致不稳定性出现。[1] 此外,还存在潜在信用风险迁移的问题。由于缺少资本监管,影子银行高杠杆经营或许将无法弥补由于对手拖欠贷款造成的任何信贷损失。也就是说,缺少资本监管意味着许多影子银行公司将可能无法弥补由于对手方拖欠贷款造成的信贷损失。

一、中国金融稳定性风险的两个侧面:不良贷款与影子银行

(一) 为什么中国不良贷款是一个经常性问题?

1. 银行不良贷款形成的驱动因素

自 1978 年改革开放以来,通过垄断客户群、竞争力限制、隐形担保[2]、对存款和贷款利率的管控等支持手段,[3]银行在中国始终占据统治地位。但同时,国家也对银行施加了很多重要的限制条件,[4]比如:对贷款额的限制、放款的微观管理、严格的存贷比、人民银行施加的高储备金要求、国家所有制、强烈的国有企业贷款偏见,以及对中小企业融资的反向歧视。

上述因素的综合影响,特别是在没有足够信贷控制情况下向国有企业提供倾斜性贷款,意味着中国的银行在 2008 年前后都积累了大量的不良贷款。尽管在亚洲金融危机期间,相比于该地区的其他国家,中国的经济受到影响较小,但是中国的银行在这一段时间积累了大量不良贷款。[5] 这导致 1998 年系列改革成为必然,其中包括:国有银行的重新控股、针对不良贷款采用国际分类标准、使用商业上可

---

〔1〕见 IMF (2014) "Global Financial Stability Report (GSFR), Risk Taking, Liquidity, and Shadow Banking: Curbing Excess While Promoting Growth", https://www. imf. org/external/pubs/ft/gfsr/2014/02/pdf/c1. pdf. (accessed 3 February 2017),75 - 76。对于总是隔夜的中国回购协议,情况尤其如此。IMF (2016) "Global Financial Stability Report (GSFR), Fostering Stability in a Low-Growth, Low-Rate Era", https://www. imf. org/external/pubs/ft/gfsr/2016/02/ (accessed 3 February 2017),35 - 37。

〔2〕Armstrong-Taylor, Paul (2016) Debt and Distortion, Palgrave Macmillan, pp. 41 - 42.

〔3〕Elliott, Douglas, Arthur R. Kroeber, & Qiao Yu (2015) "Shadow banking in China: A primer", Economic studies at Brookings, March.

〔4〕同上。必须指出的是,自 2014 年以来已经逐步放宽了上述许多限制条件。

〔5〕见 Avgouleas, Emilios (2016) "Large Systemic Banks and Fractional Reserve Banking: Intractable Dilemmas in Search of Effective Solutions" in Ross Buckley, Emilios Avgouleas, Douglas Arner, eds., Reconceptualsing Global Finance, Asia: Cambridge University Press, Ch. 14,脚注 36。

行的贷款,避免债务人由于贷款人无法有效地通过法律制度执行贷款而造成战略性拖欠、以及禁止地方政府影响放款决定。[1]

中央政府通过发行价值 2700 亿债券,为银行的资本重组提供资金。1999 年,中国建立了四个国有资产管理公司,以便在十年内化解银行不良贷款。[2] 2004年,政府决定让国有银行上市,同时注入了 450 亿资本,提高了资本充足率并支持了新放款,以此抵销既存不良贷款对银行盈利能力的影响。[3]

资产管理公司仍在运营,将不良资产出售和处置作为其核心业务。中国华融资产管理公司(CHAM)主席曾说道,不良贷款的质量正在恶化,导致盈利更加困难,平均处置时间为一到三年。

2. 新一轮银行不良贷款风险——一个新的"无底洞"?

近期,解决不良贷款已经成为中国不能不日益关注的问题。在 2016 年期间,中央政府对银行进行了又一次高成本救助。这一新阶段资金注入肇始于 2008 年金融危机,当时中央政府决定实施 4 万亿人民币的经济刺激措施并放宽货币政策,与此前政府严格控制货币供应量的行为形成鲜明对比。政府通过银行体系降低利息率,尤其是提供新贷款[4]的形式,实现了货币基础的放宽。最终,这些措施得到非常广泛的应用,以至于偏离了其最初目的,即将之用作货币刺激,并演变为财政刺激的替代措施。

显然这一刺激措施是必要的,银行监督和贷款承保标准的放宽意味着中国未能避免不良贷款积累的新危机,尽管中国刚刚完成上一次不良贷款的处置。提及

---

〔1〕Bank for International Settlements (1999) "Strengthening the Banking System in China: Issues and Experiences", in YK Mo, eds., A Review of Recent Banking Reforms, BIS policy papers, 1027 - 6297; No. 7。

〔2〕见 Barry Hsu, Douglas Arner, & Qun Wan (2007) "Policy Functions as Law: Legislative Forbearance in China's Asset Management Companies", 23 UCLA Pacific Basin Law Journal 129 - 171。

〔3〕The Economist (2004) "Botox shot: Injections of capital may soon wear off", http://www. economist. com/node/2338716 (accessed 14 January 2016)。

〔4〕首先,政府降低了金融机构的贷款和存款人民币基准利率,并降低了中央银行再放款和重贴现的利率。为了提高流动性,中央银行在 2008 年下半年也连续四次降低了存款准备金率,这使得商业银行的可用资金大大增加。其次,对中小型企业的信贷支持继续增加,目的在于解决金融危机后中小型企业的融资困难问题。见 Nicholas, Borst & Nicholas Lardy (2015) "Maintaining Financial Stability in the People's Republic of China during Financial Liberalization", ADB, WP 15 - 4。

此事,Arner 等人说道:"在 2008 年后期,随着经济增长速度开始下降和私营公司与企业债务水平的急剧上升,资产价格和不良贷款水平出现同步和大幅度增长。"

随着中国商业银行在连续 19 个季度中不良贷款比率的不断增长、GDP 的债务保持约 225％的增长速度,并在不断增长过程中,其中公司债务保持约达 145％的增速。国际货币基金组织等机构已经对此表示严重担忧,并呼吁采取调整资金组合的措施。[1] 据国际货币基金组织的保守估计,在 2016 年,中国银行的企业贷款组合损失等于 GDP 的 7％。从其他来源的资料中也能看到:官方数据表明,中国商业银行的不良贷款从 2015 年的 51％跃升至十年间的最高值,即 1.27 万亿元,同时伴随着在四分之一个世纪中的股票市场崩溃和经济增长恶化。[2] 这几乎全部是中国银行业监督管理委员会在 2016 年五月底公布的官方数据,在不良贷款连续 18 个季度增长的背后,数据显示不良贷款为 1.4 万亿元,或总银行放款额的 1.75％。[3] 事实上,根据国际货币基金组织在 2016 年 4 月份的《全球金融稳定报告》分析,中国总值 1.3 万亿美元的企业债务中,超过 15.5％的债务可能存在拖欠的风险。[4]

但是,即使那些将商业银行的资金缺口定为占中国 GDP11％—20％[5]的信贷评级机构,存在的信息差别在一定程度上是由两个因素造成的:首先,当在传统银

〔1〕Lipton,David(2016)"Rebalancing China: International Lessons in Corporate Debt",Presented at Sustainable Development in China and the World,IMF China Economic Society Conference,11 June 2016.

〔2〕Tu,Lianting(2016)"China's Banks May Be Getting Creative about Hiding Their Losses",https://www. bloomberg. com/news/articles/2016 - 02 - 16/china-banks-seen-hiding-losses-in-opaque-receivables-accounts(accessed 27 January 2017).

〔3〕见 Reuters(2016a)"China's non-performing loans hit 11-year high-regulator",http://www. reuters. com/article/china-economy-loans-idUSL3N18935N(accessed 27 January 2017)。

〔4〕IMF(2016)"Global Financial Stability Report(GSFR),Fostering Stability in a Low-Growth,Low-Rate Era",https://www. imf. org/external/pubs/ft/gfsr/2016/02/(accessed 3 February 2017).

〔5〕见 Edwards,Jim(2016)"China may have ＄2 trillion in hidden bad debt — 10 times more than official numbers report",http://www. businessinsider. com/china-debt-npl-greater-than-official-numbers-report-2016-9(accessed 20 January 2017)"中国可能拥有 2 万亿美元的隐蔽坏账——这比官方数据报告的 10 倍还要多",这表明就中国不良贷款的真实水平而言存在普遍的不确定性。见 Don,Weinland & Gabriel Wildau(2016)"China's banking regulator is cracking down on financial engineering that Chinese banks have used to disguise trillions of dollars in risky loans as investment products",https://www. ft. com/content/4bb772de-1045-11e6-91da- 096d89bd2173(accessed on 20 February 2017)。

行体系以外获得贷款时,存在放款透明性和风险敞口透明性的问题。[1] 根据穆迪投资者服务公司的估计,在 2015 年,中国影子银行业体系占 GDP 近 80% 的比例。[2] 其次,向影子部门的贷款总是错误地描述为投资,因此当这些投资表现不佳时,没有将之解释为不良贷款,这意味着即使采纳了国际货币基金组织有关银行必须明确认识公司待清算贷款的建议,任何资产重组也不会以待清算贷款的形式出现在资产负债表上。[3]

不管怎样,对于世界上最大的经济体,这都是一个非常大的数值,并对受监管部门的稳定性带来持续的风险。因此,政府正在通过采用多管齐下的策略,来解决不断增加的不良贷款和坏账问题。首先,对于与隐形担保有关/由此产生的债务——它积极鼓励技术性无力清偿的公司进行合并或破产,引入债换股项目,并允许省级政府建立资产管理公司。就拖欠债务的钢铁和煤炭公司而言,中国银行业监管委员会已经发布了法律草案,支持建议"债权转股权"项目。

每次债转股涉及三方,汇款行(贷款人)、国有企业债务人和第三方执行人。[4] 执行人由将不良贷款卖给资产管理公司的四大银行组成。在经中国银行业监督管理委员会批准后,濒临破产的国有企业将进行债权转股权置换,在将不良贷款出售给资产管理公司前,以购买银行的资产负债表为代价加强它们的资产负债表。实际上,在资产管理公司进行处置前债务由政府持有,同时,随着通过连锁不良贷款价值的每次交易逐渐递减,风险在政府机构之间分摊。该项目于 2016 年 10 月 25 日开始实施,从严格意义上来说,项目应排除资不抵债的公司。然而,出于多种原因,尚未证实该多管齐下策略取得了成功。首先,实际上,不良贷款向资产管理公

---

[1] 正如我们在其他章节中提到的那样,这一发现极大地凸显了中国实施由监管机构运营的登记制度的必要性,根据该制度,所有信贷交易,无论发生在受监管部门还是影子部门中,都将得到记录。考虑到风险检测大数据的重要性(所谓的 RegTech),该登记制度对于早期系统性风险检测的价值是不容轻视的。

[2] Moody's Investors Service (2016) "Negative outlook on China's banking system driven by challenging operating environment and deteriorating asset quality and profitability", Credit Research Report, 31 May 2016"受充满挑战的运营环境和逐渐恶化的资产质量和盈利能力的驱动,对中国银行体系的展望不容乐观"。

[3] 见 James, Daniel, Garrido, José, & Moretti, Marina (2016) "Debt-Equity Conversions and NPL Securitization in China— Some Initial Considerations", 16/05 IMF Technical Note。

[4] Yang, Yuan (2016) "Chinese banks begin raising capital for debt-for-equity swaps", https://www.ft.com/content/08a21370-9775-11e6-a1dc-bdf38d484582 (accessed 20 January 2017)。

司转移,相当于对四大银行进行高成本的救助和不良贷款从省级到中央的转移。其次,所建议的债务—股权转换,存在着国际货币基金组织所谓的"僵尸国有企业"[1]继续运营的危险。这些原因可能通过剥夺可生存公司的新信贷,从而突出了债务积压的不合理分配风险。因此,国际货币基金组织关于近期中国不良贷款方案的报告表明,对企业的生存能力进行了稳健检验,这可能将产生一定影响,推动无法生存的国有企业走向破产,而不是通过债务—股权转换而人为地对它们进行支持。[2] 当然,考虑到国有企业领导人及其当地政府业主所施加的政治影响力,在实践中,实施国际货币基金组织的建议经证明可能是一个艰巨的任务。第三,由于缺乏对银行不良贷款的私人买主,债务证券化解决方案可能并不奏效,这意味着所出售的资产最终由国有买主或国有银行买单,这在本质上是一次再循环,而非根本上解决了问题。[3]

最后,考虑到同样造成不良贷款真实价值不确定性的结构性问题,例如针对国有企业执行合同的困难性,正如国际货币基金组织提出的合理建议,在当前可能无法开发关于不良债务的一个真正二级市场。这意味着中央政府将最终不得不将资产管理公司的损失纳入其预算之中。因此,面对经济发展放缓和国债不断增加,以及银行损失大量存款的情况,这完全排除了实施内部救助制

---

[1] 许多"僵尸"公司已经被发现。国家资产监督管理委员会(SASAC)在中央国有企业中已经发现了345个"僵尸"公司,这些公司在连续三年时间中出现运营亏损且不适合于政府产业政策的重点项目。该方案计划在三年时间内解决这些问题。见 Maliszewski, Wojciech, Serkan Arslanalp, John Caparusso, José Garrido, Ai Guo, Joong Kang, Lam Shik, W. Raphael, T. Daniel Law, Wei Liao, Nadia Rendak, Philippe Wingender, Jiangyan Yu, & Longmei Zhang (2016) "Resolving China's Corporate Debt Problem", https://www. imf. org/external/pubs/ft/wp/2016/wp16203. pdf (accessed 3 January 2017);FSB (2015b) "Peer Review of China-Review Report", http://www. fsb. org/2015/08/peer-review-of-china/ (accessed 5 January 2017)。

[2] 见 James, Daniel, Garrido, José, & Moretti, Marina (2016) "Debt-Equity Conversions and NPL Securitization in China— Some Initial Considerations", 16/05 IMF Technical Note, 脚注59。

[3] Bloomberg 报告(由于引用的是轶事,因此可能不准确)证明,由于缺少私人利益,大部分银行债务证券被国有买主所购买。见 Bloomberg. com (2016a) "China Toxic Debt Solution Has One Big Problem", https://www. bloomberg. com/news/articles/2016 - 06 - 02/china-toxic-debt-solution-has-one-big-problem-as-banks-buy-npls (accessed 17 February 2017);Bloomberg. com (2016b) "Four Fresh Worries About China's Shadow Banking System-Draft rules seeking to shore up the $3. 9 trillion market for wealth management products underscore a bunch of new worries", https://www. bloomberg. com/news/articles/2016 - 09 - 07/four-fresh-worries-about-china-s-shadow-banking-system (accessed 17 February 2017)。

度的可能性,中国政府已经明显将注意力转移至不良贷款的预防。鉴于企业部门中不良贷款的数额不断上升,且由于利润的下降加之中国银行在近年来提供的房屋贷款的倍增,导致越来越无法为之提供服务,因此这一政策转变显得更加紧迫。而房屋贷款则助长了房地产价格的猛涨,这清楚地表明在特定区域而不是整个国家,资产泡沫正在不断积累和发展。[1] 即使如此,预期房屋价格的下降,对于银行偿付能力的影响和由于经济缓慢发展导致的一系列拖欠债务的现象将会更严重。

(二) 中国影子银行部门将风险向受监管部门转移的渠道

1. 中国影子银行部门图谱

根据应列入总数中的活动种类的定义,在中国存在关于影子银行部门规模的各种不同估算值。[2] 最新的报告称,该估算值占中国 GDP 约 80%。[3] 由于委托贷款现象的存在,该数据可能仍然言过其实。这些贷款存在于非金融公司的总公司,向出于法律原因而由银行运营的子公司支付的主要贷款中。[4] 银行通过非金融公司保护借款人免于承受信贷风险。[5] 原则上来说,在企业集团内的放款将不被视为影子银行业活动,实际上,向附属机构的大部分贷款用于支持集团的成员,而不是参与利率套利。但是,向非关联方的贷款正在上涨,大型企业利用它们强大的资产负债表通过香港银行借款后,向面临中国银行放款渠道受限的中国小规模

---

[1] 关于房屋贷款的重要性、被怀疑产生资产泡沫的房地产行业不断上涨的价格趋势和对于受监管部门的最终风险,见 Liao, Min, Tao Sun & Jinfan Zhang (2016) "China's Financial Interlinkages and Implications for Inter-Agency Coordination", IMF Working Paper/ WP/16/203,第 3 页。

[2] 一般认为,这一数值小于美国影子银行体系(GDP 的 150%)的规模,且 FSB 计算的全球总数达到全球 GDP 的 125%。见 Elliott, Douglas, Arthur R. Kroeber, & Qiao Yu (2015) "Shadow banking in China: A primer", Economic studies at Brookings, March, 脚注 4。

[3] Moody's Investors Service (2016) "Negative outlook on China's banking system driven by challenging operating environment and deteriorating asset quality and profitability", Credit Research Report, 31 May 2016.

[4] 根据 1996 年的《中国银行贷款通则》,放款人必须经过中国人民银行的批准且在中国提供放款业务前应在国家工商行政管理总局登记。

[5] 《中国人民银行关于商业银行提供委托贷款的通知》(2000 年)允许企业将钱委托给银行,银行可以将这些钱重新借给其他公司。当然,这对于中小企业和其他私有企业而言是一种好方法,它们可以借此获得通过其他方式无法得到的信贷。

公司进行转贷。[1]

　　总之,想要将向非关联方提供的集团内和集团外贷款分开非常困难。[2] 此外,即使是在中国的"集团"内放款,也可能是在两个联系不紧密的实体之间进行的,在集团中其他成员不出现拖欠的情况下,可以允许借款人出现拖欠贷款。这一分类问题导致大多数计算中,将所有委托贷款视为影子银行业活动,这无疑对中国影子银行业的规模进行了夸大。同时,企业转贷的真正规模可能被严重低估了,因为这一活动不受监管且未经报告。

　　影响对中国影子银行业体系进行衡量的另一个问题,就是基于互联网的付款服务提供商,[3]这是一种起初由商人资助提供的综合性收款服务,例如支付宝等[4]。将互联网提供商划入影子银行业的原因是,付款服务提供商利用它们了解的用户信用信息情况,并向它们提供基于互联网的同行放款、[5]理财产品以及向个人的小额担保贷款和向中小企业的小额贷款,从而减轻了中小企业面临的资金流动性问题。

　　这些公司位于科技金融革命的中心,这场革命颠覆了提供金融服务的方式。[6]考虑到互联网金融提供商可以控制和挖掘的庞大数据块和相比于传统银行较低的费用基础,结合它们提供的较高投资效益,这一发展似乎不可避免。然而,特别是

---

〔1〕见 Song, Hyun & Yi Zhao (2013) "Firms as Surrogate Intermediaries: Evidence from Emerging Economies", http://www. princeton. edu/~hsshin/www/Firms_as_surrogate_intermediaries. pdf (accessed 3 February 2017)。

〔2〕Du, Julian, Chang Li, & Yongqin Wang (2016) "Shadow Banking Activities in Non-Financial Firms: Evidence from China", http://www. cuhk. edu. hk/fin/event/symposium/SEFM_2016_paper_44. pdf (accessed 3 February 2017).

〔3〕如下文中所述,作为由国务院总理李克强于2015年3月发起、国务院在2015年6月的"推动互联网＋倡议的指导性意见"中批准的和2015年10月29日的中共十八届五中全会上批准的中国政府"互联网＋"倡议的一部分,这些公司的发展/激增得到了政府的鼓励,且中共十八届五中全会将"互联网＋"倡议视为新的主要经济战略。

〔4〕互联网巨头阿里巴巴的一个附属机构,在去年,支付宝成为公司所提供的更大金融服务群的一部分,被重新命名为蚂蚁金服。例如,据报道,蚂蚁金服提供关于其开发的一个基于互联网货币市场基金(Yu'e Bao)的股权,这比银行存款提供的利率更高。股权通过支付宝钱包应用出售。因此,投资服务付款的提供已经整合到同一电子平台中。见 Tian, Major (2015) "Can Alibaba's Ant Financial Disrupt China's Financial Industry?" http://knowledge. ckgsb. edu. cn/2015/08/05/finance-and-investment/can-alibabas-ant-financial-disrupt-chinas-financial-industry/ (accessed 3 February 2017)。

〔5〕该活动"群众募资"之间的界限很模糊。在我们其中一位作者看来,区别在于该平台是否募集资金。

〔6〕关于这一点的一个经典作品就是 Arner、Barberis 和 Buckley 的文章(2015年)。

就网络借贷而言,也存在一些风险。此外,如果科技金融公司确实成长为散户资金的主要提供商,它们的系统重要性可能会显著增加。

2. 影子银行及其风险

正如上文中所提到的那样,中国影子银行业产生的绝大部分原因是利率和监管套利,以及由此而产生的由银行主导的体制问题,银行利用影子银行业回避资本要求,同时将贷款的绝大部分收益伪装成投资产品或被归类为应收款项的其他金融形式。Elliott 等人计算出,也许影子银行业三分之二的业务实际上属于"伪装的银行贷款",银行处于交易的核心并承担大部分的风险和收益,但是为非银行机构的参与付费,以规避法规的限制和费用。根据同一研究报告,另外三分之一是由于非银行机构因法规限制放宽和愿意向小规模公司[1]借款而享有的成本优势。本质上来说,影子银行业交易的很大一部分,例如上面讨论过的私人财务产品、信贷公司的贷款和租赁、委托贷款、银行承兑汇票、租赁融资、通过专业公司提供的担保和TBR,涉及了银行的调解,视情况而定甚至可能成为对银行的债权。例如,在特定的证券化中,银行可能在到期付款中对其进行替代,以规避声誉风险。

我们在下文中解释了除在本章的简介中讨论过的理财产品和信托受益权外,其他形式的影子银行业活动如何不仅在影子运营商与受监管银行之间,也在受监管银行中[2]实现一系列的相互依存和相互联系关系,即使得银行资产负债表上没有出现风险敞口,或是交易风险未得到准确反映。这些交易不仅使受监管银行处于对手破产的风险中,为受监管部门的信贷风险迁移打开了大门,同时使面临着对手方资金流动性不足的风险,在缺少流动资金担保的情况下,这一风险可能转变为一次广泛的流动性冲击。[3]

---

[1] Elliott, Douglas, Arthur R. Kroeber, & Qiao Yu (2015) "Shadow banking in China: A primer", Economic studies at Brookings, March, p. 1.

[2] 例如,国际货币基金组织:"中国持续快速的信贷增长和不断扩大的影子银行业产品对金融稳定性构成了日益严峻的风险。迅速成长的金融体系杠杆率正在变得越来越高,金融体系的互联性也越来越强,同时各种各样的创新投资工具和产品增加了复杂性……企业风险债务仍然非常高,且非贷款信贷风险的潜在风险使这些挑战变得更加严峻。"

[3] 同见 Acharya, Viral V., Jun Qian, & Zhishu Yang (2016) "In the shadow of banks: Wealth Management Products and issuing banks' risk in China", Mimeo, Tsinghua/Stern (February), http://cfrc.pbcsf.tsinghua.edu.cn/Public/Uploads/paper/day_160328/20160328131853523.pdf (accessed 20 January 2017)。

在下面几段中,我们明确了应为受监管部门和影子部门之间关联性联系的产生负责的具体影子银行业运营与实践。

3. 信贷风险迁移之关联性与流动性风险

(1)信托贷款及其租赁。即由信托公司实施的金融交易。信托公司曾在金融业中广泛具有经营自由,关键的问题就是信托公司如何获得它所提供贷款的资金?如果该资金来源于银行,尽管可能尚未报告该(或有)风险敞口,且信托公司只是在进行利率套利或作为银行分支机构而行动,就有足够的空间进行信贷和流动性风险迁移。

(2)银行家的承兑汇票。在某种程度上,它们不再是用于支持商业交易(例如,购买存货)的存款凭证,买方收到承兑汇票作为现金抵押的替代品。承兑汇票是可流转的,且持有人在到期前可以按照贴现率将之出售,通常会回到开证银行手中。承兑汇票可以转让这一事实可能导致同一承兑汇票的多次转让,从而将微薄的存款转变为更大金额的存款。这种"承兑汇票"的方式在金融体系和经济体中建立了杠杆作用,因为最初的存款逐步转换为一笔来自银行的资产负债表外大额贷款。

(3)银行间委托贷款的支付。这些款项是一家银行向另一家银行的客户提供的贷款。随着委托付款的到期,第一家银行将收到第二家银行支付的本金和利息。这种融资方式自然而然地创造了高关联度水平,使第一家银行完全依赖于第二家银行的偿付能力和资金流动性。

(4)担保公司。通过提供金融担保将信贷风险转移给担保公司,以降低银行向影子银行部门提供该担保贷款的资本要求,而将其作为其核心业务参与影子银行业活动。其次,尽管缺少许可证,许多担保公司自己直接提供担保。这种做法增加了受监管银行与影子部门之间的关联性。由于担保公司最终的健康性和稳健性是未知的,又不清楚它们如何处理自身的风险敞口,当出现一系列拖欠贷款的情况时,对其担保债权的请求可能将意味着担保公司的倒闭。

(5)银行间市场活动。充当使用银行间市场正式存款的替代品,尽管绝大多数参与者并非银行,而是利用金融子公司参与的大型企业。在这种安排下,企业可以以存款安排的形式将钱借给银行,而不受存款利率上限约束且不会强制银行承担许多存款的监管成本,例如触发最低存款准备金要求。但是,该"贷款"的任何临时收回可能导致受监管部门中的再融资风险,导致采取最后贷款人制度(LoLR)。

此外,受监管金融部门可以与影子银行部门维持一种看不见的联系,形成关联性和流动性与破产风险迁移的渠道。特别是主要为短期的理财产品,可能成为将破产风险返回受监管金融部门的一个完美传送带,这不一定是通过合同或其他明确法律联系[1],而更有可能通过声誉风险和丧失信心[2]而导致的传染。

从原则上来说,另一个无形的风险传递渠道涉及网贷(P2P)平台,人们对它的争论集于 P2P 运营商犯下的普遍欺诈行为。在中国的 P2P 平台目前在以下几种模式下运营。[3] 首先,平台仅用于实现借款与贷款信息的匹配。其次,平台可以得到运营商(或其附属机构)或信用提升工具的支持,或者只出售这些产品。第三,平台可以通过证券化和其他金融工程技术实现信贷资产的重新打包和销售,凭借该技术,P2P 平台发布"理财产品"以便为从 P2P 平台的附属机构购买信贷资产集资。第四,平台可以帮助将其运营商或附属机构创造的信贷资产转移给最终投资者——据此,P2P 平台或其附属机构首先将某些贷款提供给借款人,然后通过 P2P 平台将这些贷款出售给最终投资者。

因此,对于作为信息中介,却又不只是将感兴趣的借款人与贷款人进行匹配的 P2P 平台而言,不将其视为银行而颁发许可证/进行监管,是自相矛盾的。对 P2P 运营商提出资本适足要求可能并不够,因为我们尚不清楚在 2016 年 11 月[4]政府明令禁止这些活动之后,P2P 平台提供贷款担保和贷款证券化的实际做法是否真正意义上有所减轻。

通过影子部门这一渠道而可能将中国银行与其他放款联系起来的另一个途

---

〔1〕参见 Shen, Wei (2015) "Wealth Management Products in the Context of China's Shadow Banking: Systemic Risks, Consumer Protection and Regulatory Instruments", 23 (1) Asia Pacific Law Review, pp. 51,61,65。

〔2〕事实上,在 2012 年 12 月,华夏银行——在中国的一个中等规模银行——投资人在听到了银行发布的理财产品在到期后不再偿还的消息后向银行挤提存款。见 Kwong, Man-ki (2012) "'Mainland Banks' Bad Loans Worse than Expected", South China Morning Post,19 December 2012。

〔3〕见 Clifford Chance (2015) "Shadow Banking and Recent Regulatory Developments in China", January Client Briefing Note。

〔4〕Gabriel,Wildau (2016) "Bad loan growth slows at China banks as write-offs accelerate-Big lenders brace for fallout from government efforts to rein in debt", https://www.ft.com/content/479d038c-6e71-11e6-a0c9-1365ce54b926 (accessed 27 January 2017) 。

径,就是所谓的"定向资产管理计划"的出现。这一新型影子渠道的作用方式与信托类似,银行将从理财产品中获得的收益投资于定向计划中,随后将之借给贷款人选中的借款人。这一信贷推广可以规避对特定借款人的限制条件,例如当地政府的融资工具以及资本要求。根据行业小组提供的数据,[1]去年在这些产品中投放的金额上升了70%,达到18.8万亿元(2.9万亿美元),超过了信托资产17%的增长速度。

最终,人们对于货币市场基金(例如前述的余额宝)份额大幅上升的担忧及其体制稳定性影响并未消除。鉴于中国银行业与非银行业信贷部门之间的联系紧密,余额宝中近90%的投资组合是由银行存款、银行同业拆借市场下发放的短期债务票据、以及在结算和清算货币市场证券的存款和结算机构中存入的现金组成的,这一点不足为怪。在限制他们参与证券化交易和其他货币市场工具的同时,许多其他货币市场共同基金(MMFs)也将其大部分投资组合投入银行中,以赚取更多的利益。这是因为MMFs的存款不受上述利率上限的限制,因此特别是当银行同业拆借市场缺乏流动性时,银行可以为MMFs提供一个相对较高的利率。事实上,一些投资者可以收回它们的银行存款,以便利用MMFs投资,从而获得更高的回报。[2]

货币市场共同基金(MMFs)是影子运营商将所承担的流动性风险(和信贷风险)转移至受监管部门的一个经典例子。通常情况下,中国的货币市场共同基金拥有固定资产净值(NAV)。但是,当赎回请求的数目巨大时,MMFs的固定资产净值可能无法反映出其实际价值,MMFs则需要快速实现其投资(在可能的贴现价格下),以满足现金支付需求。这一赎回结构对受监管部门和MMFs本身都带来了流

---

〔1〕"Commerzbank AG 估计,在资产负债表上隐藏的该等融资可能导致银行在五年中损失1万亿元。截止至6月30日,影子贷款资产从2011年的19.2万亿元增加至45万亿元,约等于GDP的三分之二。据穆迪投资者服务公司估计……去年经纪公司的定向AMP增长了40%,达到10.2万亿元,同时根据中国资产管理委员会的报告基金子公司的资产增加了一倍多,达到8.6万亿元。Morgan Stanley在2月19日的报告中写到,超过90%的定向AMP被出售给银行渠道的贷款,并补充道,87%基金组公司的资产用于非贸易信贷资产的投资,例如在2014年的信托贷款。"见Lee, Justina (2016) "China's Shadow Banking Evolves to Dodge Crackdown", https://www.bloomberg.com/news/articles/2016 - 02 - 24/china-shadow-banking-dodges-crackdown-as-funds-take-trusts-role (accessed 23 January 2017)。

〔2〕参见Clifford Chance (2015) "Shadow Banking and Recent Regulatory Developments in China", January Client Briefing Note。

动性风险。MMFs 目前将其大部分投资组合作为存款投放到银行或投入短期银行票据。此外,在其他(存款除外)货币市场投资中投放的资金维持在同一个联合投资中,余额宝和许多 MMFs 都提供金额不超过特定门槛值的 T+0 赎回。

为解决还款/赎回激增而进行甩卖所面临的实际风险,大型 MMFs 投资者在经历恐慌情景时会退出,例如当他们意识到其在 MMFs 中投资的价值远远得不到保障时,这会导致 MMFs 存款突然从商业银行中取出,以满足其流动性需求。在这种情况下,MMFs 可以将意外的流动性冲击转嫁给受监管部门。由于 MMFs 对于"挤兑"具有较高的敏感性,系统性风险可能会上升,因为他们提供了重要的小额投资者基础,同时,投资者像保本型存款一样对待他们在 MMFs 中的投资(由于固定NAV 和 T+0 赎回特点)。[1] 对于 MMF 所面临风险的一个解决方案就是采用浮动净资产价值(Net Asset Value, NAV)估值法,因为在赎回时基金公司的资产也是浮动的。另一项解决措施就是,根据基金公司管理层的决定,施加广泛的"门槛"限制。事实上,即使 MMFs 以失去业务为代价,也应同时采取这两种措施以稳定中国的 MMFs。但是,首先应该做的是利率市场化,以便使银行存款相比于 MMFs 产品更加具有竞争力。

二、中国杠杆周期、杠杆比率与经济增长

(一) 杠杆周期——性质和后果

杠杆、波动率和资产价格的动态特性构成了所谓的杠杆周期。市场参与者趋向于按照顺应周期的方式行事,且对资产负债表进行利用,这些能力允许它们采用比低杠杆率的投资者更大的资产投机价格,如果该投机是在借款决定后的主要动机,即使投机进展不顺利,他们的股本损失也只会等于或低于预期的收益。[2] 在近几年中,各国已经对杠杆周期进行仔细审查,特别是在 2008 年以后。[3] 杠杆周期

---

[1] Clifford Chance (2015) "Shadow Banking and Recent Regulatory Developments in China", January Client Briefing Note.

[2] 巴塞尔银行监管委员会《巴塞尔协议 III》:关于更多适应力强银行和银行体系的全球监管框架。

[3] Fostel, Ana & John Geanakoplos (2013) "Reviewing the Leverage Cycle", Cowles Foundation Discussion Paper No. 1918, September。作者解释了多个杠杆周期的跨部门影响,这必定会导传染、抵押品转移、最高质量债券发行量的波动。

最令人担心的一个特点就是,尽管看起来确实满足高正态分布特点,但是这些风险仍可能造成肥尾效应。这意味着政府可能并不总针对肥尾效应(系统性风险)进行干预,而将计划一个保护方案视为优先考虑的事项,因为政府认为这些风险可以忽略。此外,由于杠杆是周期性的,肥尾效应的出现以及资产价格的下跌也是周期性的。

与杠杆作用有关的最重要风险就是在经济低迷时期去杠杆化的速度。因此,通常想要防止"杠杆周期崩溃"[1]非常困难,这在很大程度上会导致追加保证金通知的增加(所谓的"保证金螺旋")并可能导致流动性减少和信贷紧缩。[2] 尽管我们不能将信贷周期与所谓的"杠杆周期"[3]混淆,但是杠杆周期的一个鲜明特征就是,资产价格上涨连同债务水平上升,随后伴随着资产价格的下跌和去杠杆化。因此,过度杠杆化——对于个别金融机构和作为一个整体的金融体系而言——一个重要的失稳作用就是,由于对于资产价格的反馈作用,它会导致资产泡沫的出现或膨胀。从直观上来说,人们会认为在一个公允价值环境中,资产价格的上升,将会提高银行股本或在总资产中占据一定百分比的资产净值。如果资产负债表良好,那么杠杆比率的倍数较低。相反,在经济低迷期,机构的资产价格和资产净值将下跌,杠杆比率的倍数很有可能会上升。[4] 然而,与这种直觉相反,经验证据已经证明,银行杠杆率在经济增长期会上升,而在经济低迷期则会下降。由于银行资产负债表的膨胀和紧缩强化而非抑制了信贷周期,杠杆比率趋向于呈现于顺周期性。

出于多个原因,杠杆化加剧了银行体系传染的危险,也加剧了风险从金融体系

---

〔1〕杠杆周期崩溃通常在三个因素同时出现时发生。这一坏消息本身就导致价格下降。但是它同时也大规模地降低了杠杆收购者的财富,由于这些收购者是最乐观的收购者,因此他们非常准确地接受了杠杆化。因此,最有意愿买家的购买力降低。最重要的是,如果这一坏消息也造成了更多的不确定性,当乐观主义者愿意借更多的款时,那么信贷市场会紧缩且杠杆比率将会下降,使得乐观主义者和潜在新收购者找到资金变得更加困难。

〔2〕Brunnermeier, Markus K. & Lasse H. Pedersen (2009) "Market Liquidity and Funding Liquidity", 22 Review of Financial Studies 2201-38.

〔3〕"杠杆周期是资产价格与杠杆比率之间的反馈,反之,信贷周期是资产价格与借款之间的反馈。"当然,一个杠杆周期通常会产生一个信贷周期。但是,反之则不然。参见 Fostel, Ana & John Geanakoplos (2013) "Reviewing the Leverage Cycle", Cowles Foundation Discussion Paper No. 1918, September.

〔4〕参见 Katia, D'Hulster (2009) "The Leverage Ratio: A New Binding Limit on Banks", http://www.worldbank.org/financialcrisis/pdf/levrage-ratio-web.pdf (accessed on 20 February 2017).

到实体经济的传播。首先,在引起信贷和资产价格周期的同时,过度杠杆化促成了宏观经济的繁荣和随后严重不景气,[1]即所谓的资产泡沫[2]和崩溃[3]。由于受到基本价值的错误假设和竞争性压力的驱动,资产泡沫一旦爆发,就有可能造成严重的经济损失。很明显,杠杆比率在经济增长的年代,当银行为风险较高的贷款融资时上升,而在经济萎缩时则下降。[4]因此,在市场经济繁荣时,由于资本市场通常会膨胀,投资者对于风险和投资的欲望会增加。然而,在较高的增长速度下,资产价格可能"与全面、真实的经济扩张的潜力不相容"。

其次,正如前面所述,由于借款增加可能对资产价格产生复合效应,因此杠杆比率促进了顺周期性。由此产生的结果就是,当金融业整体陷入困顿时,可以更真切地感觉到杠杆比率的负面影响。[5]投资者意识到,当出现微乎其微的资产价格下跌时,高度举债经营机构的准备金将被抵销。[6]因此,在经济低迷期,拥有高杠杆比率资产负债表的银行,将比低杠杆比率的机构更早、更快地失去信心。这导致金融体系易于受到市场恐慌情况的侵害,在这种情况下,资产价格下跌和大甩卖可以迅速导致大规模的破产。[7]

此外,即使破产不是迫切的威胁,在金融危机情况下,要求高度举债银行出售资产以充实资本的可能监管计划,会无意中造成其他金融机构的更多问题。出售

[1] Geanakoplos, John (2010a) "Solving the Present Crisis and Managing the Leverage Cycle", Federal Reserve Bank of New York Economic Policy Review。

[2] "泡沫"是在当代资本主义发展中一个无处不在的现象。泡沫分类可描述为:"该过程以竞争性从众行为为特点……导致大范围总资产价格异常,最终得到大幅纠正。"关于在整个历史进程中困扰资本市场的许多泡沫的详细描述和解释,参见 Kindleberger, Charles P. & Robert Z. Aliber (2005) Manias, Panics and Crashes: A History of Financial Crises, 5th edition. Basingstoke: Palgrave MacMillan。

[3] Adrian, Tobias & Hyun S. Shin (2010) "Liquidity and Leverage", 19 Journal of Financial Intermediation。

[4] Delis, Manthos, Kien C. Tran, & Efthymios G. Tsionas (2011) "Quantifying and explaining parameter heterogeneity in e capital regulation-bank risk nexus", 8 Journal of Financial Stability 57 – 68。

[5] Shleifer, Andrei & Robert W. Vishny (2011) "Fire Sales in Finance and Macroeconomics", 25 Journal of Economic Perspective。

[6] 如果银行亏损了100万美元,且股本金保持为资产负债表的3%,那么尝试去杠杆化的银行必须偿付价值超过3300万美元的资产,以维持该3%的比率。

[7] Gennaioli, Nicola, Andrei Shleifer & Robert W. Vishny (2010) "Neglected Risks, Financial Innovation, and Financial Fragility", FEEM Working Paper No. 114. 2010, October。

资产的决定很可能会导致对资产价格的下行压力。去杠杆化阶段对金融体系和实体经济造成的损害通常非常严重,[1]而当借款水平上升至不可持续水平时,可能会导致 GDP 下降,这否定了由于高杠杆率而最初取得的经济增长收益。

中国的经济正在逐步趋近杠杆周期的临界点。[2]也就是说,预期经济将开始下行,而触发信任危机,或者经济无法为早期的债务再融资,以便继续提升杠杆周期,或这两种情况同时会发生。由于信贷渠道、杠杆率水平和资产价格看起来似乎是相互依赖的,信贷缺失或挤兑将触发去杠杆化(和可能的减价出售),都会导致由于资产价格下跌而对金融稳定性和经济造成有害影响。尽管如此,我们尚不清楚触发去杠杆化的因素是什么。也就是说,是否首先出现资产价格下跌,并随后伴随着新债务水平的下降,还是反之。

此外,过度杠杆化可能只是心理(过度自信)因素,与投资专家不正当的激励(例如,在影子中和受监管部门中与信贷有关交易的数额越大,补偿也就越大,或者这些专家的工作前景也就越光明)相结合的自然结果。在经济繁荣和低贷款违约事件期间,银行创造信贷连同膨胀抵押品价值的能力,会提高银行的资本储备,并消除对于进一步信贷增长的限制。[3]此外,在与其余公众有关的某一类买方中,一些金融资产变得非常受欢迎。[4]在这种情况下,买方愿意支付更高的价格,或者容忍风险的增加。[5]这通常因为关于一组给定资产的未来价格趋势做出了乐观预期。毋庸置疑,这一顺周期性促使银行承担了更多风险[6],并影响了银行管理人的

〔1〕BCBS 189,69.
〔2〕Fostel, Ana & John Geanakoplos (2013) "Reviewing the Leverage Cycle", Cowles Foundation Discussion Paper No. 1918, September.
〔3〕Turner, Adair (2010) "Something old and something new: Novel and familiar drivers of the latest crisis", Speech, European Association of Banking and Financial History, May 21.
〔4〕Geanakoplos, John (2010b) "The Leverage Cycle", in D. Acemoglu, K. Rogoff, and M. Woodford (eds.), NBER Macroeconomics Annual 2009, Vol. 24. Chicago: University of Chicago Press, 1 - 65.
〔5〕Albertazzi, Ugo & Leonardo Gambacorta (2009) "Bank profitability and the business cycle", 5 Journal of Financial Stability 393 - 409.
〔6〕LLaeven, Luc & Ross Levine (2009) "Bank governance, regulation and risk taking", 93 Journal of Financial Economics 259; Chen, Carl R., Thomas L. Steiner, & Ann M. Whyte (2006) "Does Stock-Option-Based Compensation Induce Risk-Taking? An Analysis of the Banking Industry", 30; Saunders, Anthony, Elizabeth Strock, & Nickolaos Travlos (1990) "Ownership structure, deregulation, and bank risk taking", 45 Journal of Finance,第 643 页。

行为,[1]特别当赔偿计划的一个重要部分易于变化时。[2] 因此,一般认为前述杠杆比率总体上[3]能够实现金融机构和金融体系稳定,但是我们尚不清楚特别是在没有货币工具帮助的情况下,它们是否会降低杠杆比率。[4]

(二) 中国银行杠杆率的驱动因素

原则上看,由债务支撑与股本支撑的企业同样可得到有效资助。[5] 但实际上,银行资本结构是资本相对成本的函数。[6] 筹资股权资本的费用必会超过筹措债务资金的费用,因为一般认为,股权资本的风险要高于债务。[7] 此外,负债融资享受更有利的税收待遇,因为在赋税中扣除了利息,而分红是按收入所得征税的。在没有"内部救助风险"或当存款人和高级债券持有人免于内部救助时,银行债权人将面对比整个银行资产的合计风险水平低得多的风险水平,因此会获得相当低的回报。与此相反,银行股本持有人将面对相当高的风险,因此会获得相对高的投资回报。因此,总体而言,股本要求的增加将提高资本费用。[8]

尽管资金成本是在银行杠杆水平背后的基本因素,债务成本优势也与商业周

---

[1] Avgouleas, Emilios, & Jay Cullen (2015) "Excessive Leverage and Bankers' Pay: Governance and Financial Stability Costs of a Symbiotic Relationship", 21(2) Columbia Journal of European Law.

[2] "在近期不存在不良事件记录的良性市场中,银行管理人将可能承担高风险,因为他们实质上低估了低概率、高风险事件。在银行和投资行业中目前观察到的酬偿结构在周期性风险承担中可能发挥了一定作用,因为它们加剧了对短期投资的关注并为灾难短视提供了激励措施。"Financial Services Authority (2009) "The Turner Review: A Regulatory Response to the Global Financial Crisis", http://www.fsa.gov.uk/pubs/other/turner_review.pdf. 20 (accessed 20 January 2017)。

[3] Avgouleas, Emilios (2011) "The Vexed Issue of Short Sales Regulation and the Global Financial Crisis", in K. Alexander and N. Maloney eds., Law Reform and Financial Markets, Cheltenham: Edward Elgar Publishing, 71 - 110.

[4] Borio, Claudio E. (2014) "Monetary policy and financial stability: what role in prevention and recovery?" BIS Working Paper No. 440, January.

[5] 见 Modigliani, Franco & Merton H. Miller (1958) "The Cost of Capital, Corporate Finance and the Theory of Investment", 48 American Economic Review。

[6] 银行债务与银行股东权益之间风险的不一致性自然会因为优惠税收待遇提供了债务证券而加剧;见 Stone, Richard B. (1967) "Debt-Equity Distinctions in the Tax Treatment of the Corporation and its Shareholders", 42 Tulane Law Review。

[7] 此外,如果银行被迫从外部集资,其股东将希望提高债转股,因为股权融资的任何上升将稀释他们的股权。这在很大程度上反驳了 Modigliani 和 Miller 首先提出的"资本结构无关原则"。

[8] 关于该论点反驳意见,见 Admati, Anat R., DeMarzo, Peter M., Hellwig, Martin F., & Pfleiderer, Paul C. (2011) [revised 2013] "Fallacies, Irrelevant Facts, and Myths in the Discussion of Capital Regulation: Why Bank Equity is Not Expensive", https://www.gsb.stanford.edu/sites/default/files/research/documents/Fallacies%20Nov%201.pdf (accessed 20 January 2017)。

期的某一点普遍存在的宏观经济条件密切相关。如果由于流动性过剩的国家和全球状况,大量受保险存款或由于量化宽松而人为因素导致借贷成本较低,这将造成银行融资偏好的严重扭曲。[1] 此外,关注净资产收益率(RoE)的银行将义无反顾地利用这一抑价风险,以便利用和扩大他们的资产负债表来提高盈利能力。[2]

在不存在杠杆约束的情况下,股东控股的银行将积累杠杆:股东在选择银行的资本结构时,存在明显的利益冲突,并且通常他们更喜欢通过债务为资产负债表的扩大提供资金。阿德玛提(Admati)解释了股东始终偏爱高杠杆的原因,这超出了股东通过有限责任为其提供保护而造成道德危机这一普通设想。尽管及时偿还未到期债务有利于债权人,因为银行将更安全,且在经济低迷时,将出现破产的可能性降低,从而降低了债权人的风险。但是债券持有人将不可避免地被要求上交其债券,从而以一个高于现行市价的价格赎回债券。因此,提前赎回将消耗银行利润,导致股东情况恶化,而对股票价格没有明确的补偿效益。股票价格甚至可能会下降,因为杠杆比率的下降清楚表明了未来盈利能力的下降。这使得股东对于提前债务赎回的预付费用极为不满。

更为重要的是,股东对于高杠杆比率的偏爱具有"棘轮效应"(Ratchet Effect),根据该效应,支持低质量贷款的高负债使银行忽视了有价值的项目。由此得出的结论是,在不对杠杆比率进行控制的情况下,即使是在良好高级管理人存在的情况下,唯一需要做的就是,模仿竞争对手的商业策略和从众心理。

同时,银行管理人员可以使用资产替代——正如我们所看到的那样,这在中国银行业中是一种非常频繁的做法——以转移风险,特别是在资本监管允许/鼓励这一过程的情况下,这是通过杠杆更容易实现的过程。[3] 此外,监管套利的可能性,

---

[1] Keeley, Michael C. & Frederick T. Furlong (1990) "A reexamination of the mean-variance analysis of bank capital regulation", 14 Journal of Banking and Finance 69 – 84.

[2] 股东对于债务的偏好不受 Admati Anat, Peter DeMarzo, Martin Hellwig, & Paul Pfleiderer (2012) "Debt Overhang and Capital Regulation", Rock Center for Corporate Governance at Stanford University Working Paper Series No. 114, Preprints of the Max Planck Institute for Research on Collective Goods No. 2012/5. Stanford, Bonn 2012 提出的模型中任何"大则不倒补贴"的支配,且该设想非常可靠。

[3] Acharya, Viral V., Hamid Mehran, & Anjan V. Thakor (2010) "Caught between Scylla and Charybdis? Regulating Bank Leverage When There Is Rent Seeking and Risk Shifting", Federal Reserve Bank of New York Staff Report No. 469.

意味着银行可能选择具有较高风险的资产组合,以实现资本收益的最大化。[1] 假设风险权重准确,[2] 在不存在资产替代的情况下,银行有价证券中资产的风险权重理应在一定程度上消除这些影响。但我们可以清楚地意识到,中国的银行将风险从资产负债表中消除,并积极处理风险权重。[3]

除了对于经济稳定性的不良影响外,过度杠杆化最重要的缺点就是所谓的"债务积压",这降低了银行放贷的效率。债资比率较高的公司,将因此错过有价值的投资机会,即使这些机会会使公司的净值上升。当银行资本下降时(例如,由于资产的重新定价),银行想要逃过债务挤压的命运,经证明非常困难,银行将牺牲有价值的投资以支持资产出售和去杠杆化。

在这些情况下,如果监管机构要求对银行的资本基础进行补充,银行将无法或者不愿意向有价值的借款人提供贷款。这在暗中降低了可用于项目融资的资金数额,并造成了资金分配的低效率。因此,在经济繁荣时期的过度借贷(和投资)伴随的就是在经济低迷期中新投资的暂停,这触发了流动性窒息,也必然会导致资产价格的快速调整/下跌。[4] 这两种发展趋势都可能对经济活动和失业率以及储蓄率造成连锁反应。

(三)风险权重资本比率或非权重杠杆比率

经过精确校正的银行资本充足率应能够防止银行承担过度风险,同时促使银行积累足够的缓冲资本以吸收亏损。但是根据我们近几年的经验,情况并非如此。处于全球金融危机中心的,就是严重资本不足的银行。额外杠杆比率成为金

---

〔1〕Kahane, Yehuda (1977) "Capital adequacy and the regulation of financial intermediaries", 1 Journal of Banking and Finance, 207 – 218; Koehn, Michael & Anthony M. Santomero (1980) "Regulation of bank capital and portfolio risk", 35 Journal of Finance 1235 – 44.

〔2〕Bradley, Michael, Carol A. Wambeke, & David A. Whidbee (1991) "Risk weights, risk-based capital, and deposit insurance", 15 Journal of Banking and Finance 875 – 93; Kim, Daesik, & Anthony M. Santomero (1988) "Risk in banking and capital regulation", 43 Journal of Finance 1219 – 33.

〔3〕见 Goodhart, Charles (2011) "Global Macroeconomic and Financial Supervision: Where Next?" NBER Working Paper No. 17682, December。

〔4〕同见 Occhino, Filippo & Andrea Pescatori (2010) "Debt Overhang in a Business Cycle Model", http://www.clevelandfed.org/research/workpaper/2010/wp1003.pdf (accessed 26 October 2016)。

融体系中,嵌入式杠杆所依据的主要机制,涉及银行的资产替代以规避资本要求。这一过程导致对资本结构的报告出现误导性。资产水平在过去几年中显著增加,而导致全球金融危机的同时,大型商业银行所汇报的杠杆水平也明显保持恒定。[1] 在通常情况下,这表明在银行积极扩大资产水平的同时,他们也设法维持稳定的监管资本水平和杠杆比率。当然,官方数据并不能做出全面的反映。导致杠杆比率上升的原因是,内部金融模型校正不良[2]、信用评级机构的表现糟糕[3]以及欺诈。[4] 此外,由明显证据证明,由于高级银行管理人员对银行资本适用规则的利用,商业银行和投资银行所报道的杠杆水平受到操纵或者是不准确的。

今天,不排除中国的受监管部门也面临着类似的融资与偿债能力风险迁移的情况。得益于资本监管,中国银行将关注点从贷款转移到结构性金融产品上,这明显吸引了更多的资本,使金融体系处于危险中,且巴塞尔协议中的风险加权体制使银行贷款和利率上限的官方限制成为必然,导致大量表外资产产生,套利机会在市场中情况变得更糟。风险加权的巴塞尔协议体系也因过于复杂受到批评,也非常难以理解,同时考虑到对于博弈的敏感性,导致将其作为市场约束无效。

其次,在银行模型衡量 RWA 风险的方式上,存在着明显的不一致性。近期的一个最好例子就是,由于在欧盟国家中对于衍生品合同优惠待遇和(在某种程度上)美国的声誉解决制度,信用评级机构通过银行债务对银行的衍生品风险敞口进

---

[1] 例如,在 2000—2009 年间,商业银行所汇报的杠杆比率基本上没有变化;见 Kalemli-Ozcan, Sebnem, Bent Sorensen, & Sevcan Yesiltas (2012) "Leverage across firms, banks and countries", 88 Journal of International Economics 284 - 98。

[2] Simkovic, Michael (2009) "Secret Liens and the Financial Crisis of 2008", 83 American Bankruptcy Law Journal.

[3] Hunt, John P. (2009) "Credit Rating Agencies and the 'Worldwide Credit Crisis': The Limits of Reputation, the Insufficiency of Reform, and a Proposal for Improvement", 1 Columbia Business Law Review.

[4] 例如,据雷曼兄弟破产案中的首席律师记录,雷曼兄弟公司曾通过利用会计技巧,有计划的尝试掩盖其真正的杠杆比率,以便将债务从核心银行转移至 SIV。这导致雷曼兄弟公司积累了未报道的资金杠杆并从其资产负债表中去除了债务,"从而在 2007 年底和 2008 年制造了公司财务状况的一个严重误导性假象……"见 US Bankruptcy Court of the District of New York (2010) "Final Report of Anton R. Valukas, Bankruptcy Court Examiner", in re: Lehman Brothers Holdings Inc. et al, Chapter 11 Case No. 08 - 13555 (JMP), March 11。

行了更加有利的评级。许多这样的差距都可以得到解释。[1] 当出现危机时,关于银行准备金真实状态的所有这些固有不确定性,将导致人们对银行体系[2]几乎丧失信心,至少会导致投资者抛售银行股票。[3]

第三,RWA不是银行违约欠债拖欠可能性的一个重要指标。正如前文中提到的,在挑战规则的最简单形式中,银行将高风险信贷转换为无资本要求的高级别结构性证券,尽管它们将信用额度扩大至证券化工具,这没有吸引到资本支出。然而,为这些工具提供流动性便利,使它们在出现原借款人中断向 SPV 付款(例如,由于借款人家庭收入的中断)的情况时,会面临相当大的风险。此外,它们持有自身资产负债表上的结构性信贷工具,这使它们必须承受嵌入式杠杆比率,并增加了它们资产与负债的不匹配性以及资金流动性风险。

需要指出的是,正如上面所提到的那样,尽管美国将杠杆比率作为一个审慎工具,但是该工具未能给出任何警示信号;结果是美国的银行在全球金融危机中处于风暴中心。尽管如此,从这种情况来看,杠杆比率无法在美国银行大范围参与资产负债表外活动期间发现敞口风险。因此,杠杆比率没有发出任何警告信号。这意味着计算杠杆比率的方式,以及如何将资产负债表外风险敞口作为银行资产一部分是与确定正确杠杆比率一样重要的过程。

三、中国"大爆炸式"金融制度改革建议

(一) 中国控制金融稳定性风险的改革工作

西方媒体的一个普遍印象就是,中国政府未尝试或者不希望,从根本上解决不良贷款并消除从影子部门中衍生出来的金融稳定性危机。这两种观点都是错

---

〔1〕Blundell-Wignall A. , & Paul E. Atkinson (2011) "Global SIFIs, Derivatives and Financial Stability", 2011/1 OECD Journal of Financial Market Trends。在全球银行业的时代,这些差异肯定是无法忍受的。

〔2〕正如 Laurence Kotlikoff 指出的那样:"当信任缺失时,债权人在资本利率中得不到任何安慰……银行的不透明性导致无法验证它们的资本比率是否像所宣传的一样高。"参见 Kotlikoff, Laurence (2012) "Vickers is not enough to stop another Libor scandal", Financial Times, July 9, p. 27。

〔3〕关于此点,见 Avgouleas, Emilios (2011) "The Vexed Issue of Short Sales Regulation and the Global Financial Crisis", in K. Alexander and N. Maloney eds., Law Reform and Financial Markets, Cheltenham: Edward Elgar Publishing, 71 – 110。

误的。[1] 事实要远为复杂。中国当局已经采取了众多措施来解决上述金融稳定性风险。第一次改革浪潮发生在 1998—2005 年期间。但是随后，在 2006—2013 年间，改革步伐有所停顿。[2] 2013 年 3 月 25 日，改革重新启动，中国银行业监督管理委员会颁布关于中国银行使用理财产品的法规，以便加强风险管理。[3] 法规要求商业银行将每个理财产品与投入资产（标的资产）相匹配，并为每个产品设立独立管理、账目和簿记，以及对总标的资产中的非标准信贷资产施加百分比限制。

针对影子银行业体系，中国银行业监督管理委员会已经落实了以下具体措施：(i)禁止银行提供担保或为构成信托方案基础的资产回购担保；(ii)对信托公司提出了资本要求，以确保他们的资产与根据其信托方案而持有的资产相兼容；(iii)对信托公司在根据涉及信贷资产（贷款和债券）的银行信托合作协议分配资产时，施加 30％的上限；(iv)要求在银行的资产负债表中反映出银行通过银行信托合作协议而持有的所有资产，因此所有资产应满足资本充足率要求。[4]

中国银行业监督管理委员会在 2012 年 6 月 7 日颁布了《商业银行资本管理办法(试行)》(2012 年第 1 号)，并已开始为大型机构建立一个"生前遗嘱"模板。这些措施标志着中国银行业监管的里程碑。根据中国银行业监督管理委员会在 2013 年 12 月底的报告，商业银行核心 1 级资本的加权平均充足 12.19％，同比下降了 0.29％。此外，根据《中国银监会关于民营银行监管的指导意见》(银监发【2016】57 号)，每个完全私有的银行必须将生前遗嘱"落实到位。

此外，从 2013 年 7 月到 10 月，中国人民银行发布了一系列关于跨境人民币清算的新政策，包括而不限于：《关于简化跨境人民币业务流程和完善有关政策的通知》和《关于海外投资者投资国内金融机构相关人民币结算问题的通知》。2015 年 6 月 15 日，中国银行业监督管理委员会发布了《中资商业银行行政许可事项实施办法

---

[1] 例如，最新的 FSB 同行评审报告 FSB (2015b) "Peer Review of China-Review Report", http://www.fsb.org/2015/08/peer-review-of-china/ (accessed 5 January 2017) 指出："政府当局在近几年中已经提高了他们对于非银行信贷中介的监督，并在国务院/JMC 级别和通过个别监管机构采取了措施，以控制所发现的风险。"第 8 页。

[2] 参见 Hess, Patrick (2014) "China's Financial System: Past Reforms, Future Ambitions and Current State", 38 Springer International Publishing 21 - 41。

[3] 《中国银行业监督管理委员会关于规范商业银行理财业务投资运作有关问题的通知》第 8 号通知。

[4] 参见 Clifford Chance (2015) "Shadow Banking and Recent Regulatory Developments in China", January Client Briefing Note, p. 5。

修订案》，该办法旨在进一步缩小银行业务所需的行政许可范围，分散批准机关的权利并简化行政许可程序，被认为是一项吸引私人资本投资金融业的积极措施。

2013 年 7 月 19 日颁布的《中国银监会关于商业银行公司治理指引》（以下称为"公司治理指引"）要求建立一个健全的组织结构、明确的责任界限、适当的发展策略、良好的价值标准和社会责任、有效的风险管理和内部控制及适当的激励约束机制。具体来说，《指引》规定董事会应对股东负责并最终对商业银行的运作和管理负责。因此，董事会成员必须拥有特定的专业知识和资格并依据鼓励适当风险管理的报酬结构。[1] 此外，《中国银监会指引》越来越关注在商业银行中的内部控制，包括有效的风险管理和保障资产的有效程序，并使银行能够遵守适用的法律。商业银行必须建立一个独立的风险管理部门，为该部门提供足够的权力、资源和与董事会直接沟通的渠道，考虑到上述系统性风险水平的提升，在一定程度上是 2008 年以后放宽信贷标准以处理全球金融危机的产物，包括导致平均信贷质量恶化的信贷的大规模扩张、加强审慎监管以迫使银行通过对不良贷款的更高准备金提取，而积累准备金，本身是一个相当积极的举措。对于采取更严格的资本充足率标准、对公司债券的银行担保施加限制和紧缩流动性和多样化比率，情况也同样如此。同时，政府也强烈鼓励银行筹集新的资本。

为此目的，也许这一波新的金融监管中，最有效的手段就是《存款保险条例》的颁布。根据该《条例》，每家银行应为在该银行中存入的金额提供保险，且当承兑银行资不抵债或破产时，每位存款人将得到最高 500,000 人民币的损失赔偿。《存款保险条例》已于 2015 年 5 月 1 日生效。[2]

或许，一个更加有力的例子就是，解决和监控系统性风险的一个开发模板，即宏观审慎管理框架（如第 II. B 节中所述）。系统性风险监控框架包括中国人民银行和三个监管机构（银监会、证监会、保监会），并由三个层级组成：特别针对金融稳定

---

[1] 中国银监会已经下发了指引，旨在确保商业银行所采取的激励薪酬的政策将不会鼓励轻率的冒险行为。激励薪酬安排应为员工提供与有效的控制和风险管理相兼容的鼓励措施，且应得到强大公司治理的支持，包括积极和有效的董事会监督。《中国银监会公司治理指引》第 94—100 条，结合中国银监会在 2010 年 3 月 1 日下发的《关于商业银行稳定薪酬监管的指引》。

[2] 参见 Zhou, Yi (2016) "Establishing a Deposit Insurance System in China: A Long-Awaited Move toward Deepening Financial Reform", 16 Chi.-Kent J. Int'l & Comp. L, p. 48。

性问题进行讨论并做出决定的金融危机应对小组(Financial Crisis Response Group,FCRG)会议;个别机构的风险监测、分析和预防政策;以及它们之间为得出一个总体风险评估而进行的合作。

考虑到这是一股监管改革风潮,我们要问到的第一个问题是,为什么中国金融稳定性风险的总体形势尚未得到明显改观? 通过引用创新发展和金融监管机构方面的基本原理,可以得出具有信服力的解释。很明显,中国的政府机构对于处理破坏经济范式转型的大规模创新浪潮束手无策,例如电子服务提供商、基于互联网的商业发展,及其至少20年中遭受金融抑制后果金融体系的外溢。由此导致商业范式和金融体系结构,以及服务交付与储蓄管理模式改革的步伐加快,已经促使监管机构被动而非主动地处理新兴的风险。即与历史上政治压力和政策优惠在其积累中发挥很大作用的不良贷款大不一样,影子银行业以一种远远赶超中国监管机构的速度发展,隐蔽的银行担保可能对其加速发展起到了一定作用。

其次,分业监管方式和对金融稳定性责任的明确划分,阻止了监管措施的有效实施。相反,它为不断施加限制敞开了大门,这不仅是追逐收益的结果,明显也是由于特定经济部门融资需要的结果。具体来说,金融稳定委员会已经发现了金融稳定性的几个缺点,包括[1]:

(1) 宏观审慎工具包(动态分化准备金要求和窗口指导)非常有限。为此目的,随着金融自由化的进一步发展,金融稳定委员会提出了一个设想,就是将中国人民银行变为前线宏观审慎监管机构,以便通过"采用自己的工具和在其他工具的使用上拥有更大的话语权"来履行体制范围内的金融稳定职权。

(2) 不同监管机构对宏观审慎政策的整体校正提出一个相当大的挑战,这一具体到某一领域的观点,"特别是一些措施可能(例如)出于反周期目的而尝试放松信贷,而另外一些措施则尝试遏制非银行信贷中介的增长。"[2]

(3) 监管机构间的信息共享——金融产业中产品线的日益模糊和随之而来的监管套利增加的可能,突出了在各个机构中提高信息共享的必要性。但是当前,关

---

〔1〕见 FSB(2015b)"Peer Review of China-Review Report",http://www.fsb.org/2015/08/peer-review-of-china/ (accessed 5 January 2017),pp. 5-8.

〔2〕出处同上,第7页。

键信息(例如,压力测试和现场检查的结果)的共享受到限制或者只有在提出要求时才会共享。

(4)沟通。金融稳定委员会(FSB)指出,金融危机应对小组和JMC等协调机构没有一个独立的沟通政策,且关于他们讨论的信息极少公开。尽管有充分的理由保持某些信息的机密性,从另一方面来说,这些机构的公开沟通可能是"软"干预[1]的一种形式,也可能构成其责任框架的一个重要部分。

(5)缺少清晰的政策框架,根据该框架,市场参与者关于政策的预期可以得到确定,加剧了由于政策不确定性而造成的偶尔波动。

(二) 全新的监管架构及其改革方案

为了补救体制监管的零碎方法,并回应中国当前金融稳定性挑战,我们建议实施一个四管齐下的改革方案:

其一,废除贷款限制和引入约束性杠杆比率

作为第一步,我们建议废除最无用的贷款限制,例如存贷比,并逐步淘汰在相同过渡期中将为约束性和全面性杠杆比率的采用而设置的存款利率上限。后者将发现资产负债表外风险敞口,并将揭示该敞口量和程度,因此在一定程度上,控制受监管部门与影子部门之间的关联性,并同时增加贷款标准。

根据前述关于杠杆比率优化调整的历史经验和讨论,我们建议,新的杠杆比率应设定为非加权资产的7%,大致相当于RWA(风险加权资产)的17.5%。该比率将充当促使RWA资本标准起辅助作用的一个关键资本充足率规则。3—4年的过渡期对于给予银行充足的时间来筹集额外私人资本是必要的。如果信贷供给量紧缩而经济进入了一个下降至6%(大致为RWA的15%)的衰退阶段,可能会放宽杠杆比率——该决定必须由宏观审慎委员会在得到微观审慎监管机构同意后做出;或者,在宏观经济周期达到最高时,可以将杠杆比率调升至8%(大致为RWA的20%)。15%—20%的RWA(下限/上限)较为合理,它低于近期美国一个权威监管

---

〔1〕见FSB (2015b) "Peer Review of China-Review Report", http://www.fsb.org/2015/08/peer-review-of-china/ (accessed 5 January 2017),第26页。

报告中建议的 23% RWA。[1]

从税收奖励中,删除负债融资使得银行股本融资如同债务一样具有成本效益。这一项改革和废除贷款限制的建议,将意味着杠杆比率可能不会导致信贷融资整体水平下降,特别是长期融资。由于引入建议的杠杆比率而产生的融资缺口,及其对于影子融资的预期间接影响——该影响可能并不显著,因为中国的银行没有将其大部分贷款提供给中小企业,且影子银行周转中相当大的一部分是出于套利目的,而不是投资目的的回收资金——可能被股权资本所代替。

在资本的定义中,将仅包含 1 级资本,即权益和近似权益工具。该改革将提高银行资本损失吸收的质量和银行治理,因为当银行倒闭时,在逐渐私有化银行中股东的损失将是巨大的。就这一点而言,该措施将不同于现有 4% 的杠杆比率,因此后者到目前为止仅仅是一个汇报工具。

对于正常运作的杠杆比率,将必须更加清楚的定义和披露银行对影子部门的隐蔽或法定风险敞口,至少是对于监管部门的风险敞口。中国人民银行近期对宏观审慎评估风险工具进行修改,以便留出更多资本之目的,要求银行汇报与资产负债上[2]风险敞口一样多的资产负债表外风险敞口,这将有助于建议杠杆比率的实施。

其二,早期干预的约束性和有效制度

为了提高银行资本计算和使用方式,鉴于转变的有效性以及及时解决和提供不良贷款准备金,我们建议出台一个明确和具有约束力的早期干预框架,[3]即,对

---

[1] 明尼阿波利斯联邦储备银行做出的关于消除"大则不倒"机构的报告中,包括一项要求所有资本超过 2500 亿美元的银行控股公司必须将亏损吸收资本提高至风险加权资产 23.5% 这一提案。与当前的法规不同,银行不得将普通股计入该临界值,而非长期债务中。见 FRB Minneapolis (2016) "The Minneapolis Plan to End Too Big to Fail", 16 November 2016, https://www. minneapolisfed. org/~/media/files/publications/studies/endingtbtf/the-minneapolis-plan/the-minneapolis-plan-to-end-too-big-to-fail-2016. pdf? la = en (accessed on 2 December 2016). 报告依据的是在 4 次系列座谈会中两位顶级专家之间的相互交流。作者获邀参加了第 4 次座谈会,在此次座谈会上解释了债券持有人"自救"的风险。

[2] 见 Reuters (2016b) "China to count off-balance sheet financing in assessing banks' risk", http:// www. cnbc. com/2016/10/26/chinas-central-bank-takes-more-steps-to-tackle-rising-debt-in-the-economy. html (accessed 17 February 2017);CCTV. com (2016) "Banks to count off-balance sheet WMPs in risk-assessment", http://english. cctv. com/2016/12/20/VIDEGnr5T4D9QrUsGwwCYmlu 161220. shtml (accessed on 20 February 2017).

[3] 为了做出比较,见欧盟的早期干预框架,第 27 条以及下列等银行复苏与处置指令。

即将陷入麻烦但是仍然持续经营并具有生存能力的银行进行处理的制度。为了确保公正实施,旨在通过依靠在银行"生前遗嘱"中包含的事先约定行动恢复面临困境银行资本和流动性状况的早期干预制度,我们建议以下推荐的微观审慎监管机构和中国人民银行以"最后贷款人"制度(LoLR)为幌子,明确参与(具有决定性一票)的决议机构应执行正式/具有约束力的早期干预制度。该制度也将为判断银行何时具有生存能力,以及提供 LoLR 援助,以抑制却并不减少中国人民银行自由裁量权的条件提供指导。

其三,废除分业监管管理方式:微观审慎监管机构、商业行为和消费者保护组织、决议机构、宏观审慎委员会

我们建议第三步废除支持目标型监管方法的分业监管方式。这一建议非常激进,以至于必定会引起支持这一管理方式的现有监管机构和利益群体的愤怒。在这一背景下,我们方案的落实涉及模仿英国的金融服务管理局(FSA),将银监会和保监会合并为一个微观审慎机构。该机构将整个受监管金融部门中的许可和审慎稳定性机构全权负责,银行、投资公司和保险公司之间不存在筒仓效应。随后,我们建议,正如美国的联邦存款保险公司那样,一个可能为存款保险机构的决议机构或充当人民银行分支的决议机构,应在微观审慎监管中,特别是在早期干预制度的背景下拥有话语权。

作为改革步骤的一部分,我们建议将中国证监会转变为一个商业行为和消费者保护机构。也就是说,在"双峰 +"的监管结果中,我们设想了充当扩充版英国金融行为管理局(FCA)的商业行为监管机构。该监管机构将监督整个受监管部门中的商业行为风险(即银行业、证券和保险行业之间不存在"筒仓"效应),以便对投资者的保护负责,并将监督市场滥用行为和落实管控证券法的违法现象。更为重要的是,同一监管机构应成为为所有金融部门的消费者金融保护局,无论是银行、影子银行或是其他特许经纪人。由于该机构将执行消费者保护法规,影子运营商在该机构的登记应不设要求。当影子运营商违反消费者金融保护法规时,无论是登记或是授权,该机构都将对其采取行动。

在改革的第三步中,最后一项行动就是按照中国人民银行中高级金融稳定性委员会的形式,建立一个宏观审慎机构(包括中国人民银行的行长和副行长、财政

部长、微观审慎和商业行为机构的负责人以及决议机构/存款担保机构的负责人)。

宏观审慎委员会将拥有使用所有方面金融稳定性数据的最高权力,包括关于新兴风险和影子部门中风险敞口水平的数据。为了使该信息的处理变得更容易,宏观审慎委员会将不仅能够使用微观审慎和商业行为监管机构的数据。为了保障该委员会的利益,中国人民银行将开设并运营一个登记中心,影子部门中的所有诉讼和反诉将被报告给该中心。登记中心的架构与用于衍生品交易的交易报告系统没有太大差别。向中国人民银行登记中心的汇报资料将不牵涉影子银行运营商的行政许可。但是,不做汇报或不合规的汇报意味着商业行为监管机构将对金融科技(FinTech)平台的运营商——一个经许可的机构或影子机构——违反数据汇报法规的行为进行处罚。当代数据挖掘工具可以让这一登记中心变得比过去更加有用,并成为一个监测新兴风险,尤其是映射关联性的基本工具。

建议宏观审慎委员会应不仅模仿英格兰银行的金融政策委员会,或美国的金融稳定监管委员会(设立),该委员会应该拥有自己的工具包和实施规则/指导的职权。这些直接职权将代表微观审慎监督机构,作为避免延缓行使的最后手段而行使。此外,宏观审慎委员会将下发自己的通信和指引,以解决金融稳定委员会(FSB)发现的上述政策方向与市场指导不足的问题。

其四,改进股权投资的法律和税收制度改革

为了促进股权投资,特别是风险资本和私人股本公司提供的风险资本投资,第四步至关重要。因引入建议杠杆比率及其对于影子银行业信贷融资的间接影响,而产生有价值项目的任何资金不足可以被风险股权资本所代替。此外,这是一个越来越视为确保体制稳定性和稳健宏观审慎环境必不可少的财政政策改革。[1]

四、结论

在中国,新兴经济和金融范式的一个重要特征就是,逐步将关注点从仅需向国有企业提供大量贷款的制造业转移到小规模公司所倡导的创新和科技的动态经

---

[1] 参见 BIS (2015) 86th Annual Report 2015/16, section V (Towards a Financial stability-oriented Fiscal policy), http://www.bis.org/publ/arpdf/ar2016e5.pdf (accessed on 17 February 2017)。

济。显然中国需要一个适合于为新经济范式融资的金融体系。实现这一目标的最大障碍就是,由于不断升高的杠杆水平、表现不佳或不良遗留资产(MPLs)以及与不断扩张的影子部门的关联性,金融体系已经变得越来越脆弱。后者在一定程度上源于寻租监管和利率活动,同时也在一定程度上充当创新融资服务的提供者。

本章尝试回答如何应对中国越来越大的金融稳定性挑战的问题。基于这一原因,我们将关注点放在金融稳定性挑战越来越大的环境中的中国银行角色,而不只是孤立地审查中国日益扩大的影子部门。我们建议,在中国的金融稳定性改革应包含对中国管理体制的一次彻底重组,以增强和简化金融稳定性监督、微观审慎监管和消费者保护。我们的方案比仅仅在中国建立一个金融稳定性委员会更加激进,需要对中国现有的金融管理机构进行彻底重组。

中国的影子银行业是以银行为中心,而不是通过(短期)资本市场进行融资的体制。它得益于隐形担保,而不是金融工程;尽管不是完全寄生,它严重依赖于散户资金。我们认为应将中国的影子银行业体系设想为差不多是一个绕开受监管部门的平行银行体系。因此,中国影子银行业体系的正常运作需要改进银行法规和实现经济在更大范围内向股权融资的转移,产生一个脱离绝大多数受债务驱动的当前经济活动融资模式的风险股权资本方案。

这一多维度改革对于提高银行的恢复能力和对抗关联性影响都是必要的。按照现状来看,最终不得不承受任何金融稳定性冲击的是受监管的传统监管部门。因此,为了解决中国金融体系所面临的金融稳定性挑战,我们建议将提高资本水平作为第一道防线。在这一前提下,我们建议引入一个具有约束力和全方位的杠杆比率,这一比率将发现资产负债表外的风险敞口,且当违反这一杠杆比率时,必须立即补充资本缓冲,而不是将之用作一个汇报工具。该改革将以整个体系的杠杆比率和与影子部门的关联性为主要目标。

过度杠杆化的自然结果就是越来越多的冒险和寻租。杠杆化与银行资产负债表的总体不透明性以及在中国意味着以一种有形甚至无形的方式,与影子部门存在超高水平关联性的资产替代相结合,导致了银行管理层与其监督者(股东、债权人和监管机构)之间信息的严重不对称。这不仅加重了对于受监管部门健康的威胁,也趋向于在影子部门中埋下风险隐患。

此外，我们将对金融监管的分业监管方式改革视为实现中国监管制度现代化、建立能够应对中国经济和金融业崛起挑战监管框架的关键一步。我们建议，中国的改革应不仅涵盖"大爆炸式"方法：从当前的分业监管转变为目标监管，并建立一个成熟的宏观审慎委员会（可以直接和不受约束地获取所有金融稳定性信息，包括影子银行债权登记），也涵盖一系列渐进式和关键步骤。后者包括引进有效的早期干预和解决框架，并向作为"最后贷款人"的中国人民银行和可能作为决议机构的存款担保机构授予关键职权，这两方面都是在与强化体制稳定性同等程度上加强微观审慎制度。同时，我们认为，有必要设立一个拥有广泛权力的"商业行为/消费者保护监管机构"。消费者保护机构将能够防范金融欺诈案件并执行随之而来并与任何登记/许可要求有关的法律和监管制度。我们方案的全面落实最终将意味着对中国金融部门雄心勃勃的重组，以便更好地化解未来风险，并使中国采取更大胆的举措进行经济改革，促使人民币成为全球储备货币。

第十一章　借贷合同加速到期条款的破产法审视*

　　三鹿集团在 2009 年 2 月 12 日被石家庄市中级人民法院宣告破产后,借贷合同加速到期条款在破产法上的效力问题即已凸显,[1]并在理论上和司法实务中引发了较大的争议。[2] 争议的焦点集中在以下几个方面: 其一,依据加速到期条款获得清偿或者抵销的行为应否依照破产法上的撤销权规则予以撤销? 其二,债权人根据加速到期条款而享有的宣布债权提前到期的权利属于何种性质的权利? 如果银行借贷合同中的加速到期条款能获认可,那么破产债务人与借贷合同之外的其他债权人之间关于特定债权优位对待的约定之效力是否应当同样得到承认? 其三,如果允许撤销,是将其作为未到期债权的提前清偿还是作为已到期债权的清偿予以撤销? 撤销权的适用对象是否应仅限于债务人的主动还款行为?[3] 其四,如果银行直接扣划破产债务人的往来款项用于债权债务抵销,能否认定债务人在银

---

　　* 本章内容曾发表于《法学》2015 年第 11 期。作者: 韩长印,上海交通大学凯原法学院凯原特聘教授,博士生导师;张玉海,上海师范大学法学院教师。

〔1〕如中国工商银行股份有限公司石家庄桥西支行便与破产管理人就其与三鹿集团签订的《流动资金借款合同》中的加速到期条款的效力问题发生了诉争。中国工商银行法律事务部刘泽华等人指出:"在本案应诉过程中,尽管某银行高度重视,通过采取组织召开专家论证会、加强与有关媒体沟通等方式积极阐述合理主张及抗辩理由,力争取得一审与二审法院的理解与支持,但最后仍以败诉而终,这起案例应引起商业银行高度重视。"参见刘泽华、王志永:《银行宣布贷款提前到期的风险与防控》,《银行家》2010 年第 5 期。

〔2〕在"北大法宝"网站的检索结果显示,截至 2015 年 3 月 20 日,全文含有"破产撤销权"与"提前"字样的案例共 22 个;全文含有"加速到期"和"破产"字样的案例共 13 个,全文含有"加速到期""破产"和"撤销"字样的案例共 9 个。

〔3〕参见浙江省湖州市中级人民法院(2013)浙湖商终字第 35 号民事判决书。该判决显示,一审、二审法院均认定本案中信用社的扣款行为属对未到期的债务提前清偿,且撤销权的适用对象同样包括被动的债务清偿。

行的存款构成银行对债务人的负债从而认定其符合抵销的条件？银行能否不经通知债务人解除合同而直接扣划相关款项以作抵销？[1] 限于篇幅，本章拟从借贷合同加速到期条款的法律属性、借贷合同的特殊性以及破产撤销权的基本功能等方面对相关问题予以初步探析。[2]

一、借贷合同加速到期条款的基本内涵与法理依据

(一) 借贷合同加速到期条款的基本内涵

如果把信用经济(信用媒介交换)看作是独立于货币经济(货币媒介交换)的一种经济形式，那么银行利用信用交易价格或利率杠杆将社会闲置资金和储蓄存款等转化为信贷资金，为企业生产和投资提供专门的借贷资本市场，已经成为信用经济的重要组成部分，同时也是使闲置资金从借贷资本转换为职能资本从而替代直接投资以直接创造社会财富的重要途径之一。

在当今社会，随着公司对举债经营的进一步依赖，包括金融衍生品及债权衍生品等类别在内的破产债权以及担保债权在公司负债中的占比不断增加。[3] 相对于我国《担保法》和《物权法》关于担保类别的规定而言，实践中最为常见的借贷合同加速到期条款便成为一种非典型性担保类别。曾有学者早在半个世纪之前即撰文

---

[1] 参见南京市中级人民法院(2013)宁商终字第 241 号民事判决书。在该案中，一审法院在债权是否到期、是否构成提前清偿、银行扣划债务人存款以供抵债是否构成有效抵销、银行是否负有通知到期的义务等方面均采取了支持破产撤销的判决态度(参见南京市六合区人民法院(2012)六商初字第 514 号民事判决书)，二审法院判决正好相反，采取了支持贷款方的态度。

[2] 在美国破产法上，在判断重整计划是否对特定组别的利益作出调整进而允许其主张按照《美国破产法》第 1129(a)(7)(A)条所规定的最佳利益标准予以保护时，依据该法第 1124(2)条，对于因对方违约而可以基于合同约定或法律规定主张债务人加速到期履行义务的债权人，若重整计划能满足以下标准，便不被认为对该债权人之利益进行了调整：纠正违约(但《美国破产法》第 365(b)(2)条所规定的违约情形除外)；将债务到期时间回复至违约之前的约定时间；就债权人基于对加速到期条款的合理信赖所遭受的损失进行了补偿；如果债权或股权系因债务人未能履行非金钱性义务而成立，除非违约是因未能按该法第 365(b)(1)(A)条的规定，对商业不动产进行经营所导致的，就该违约造成的实际财产损失对债权人进行了赔偿；或对债权人的权利未予变更(See Charles Jordan Tabb, The Law of Bankruptcy, Foundation Press 2nd ed., 2009, pp.1072-1074)。笔者认为，美国法上的上述做法对我国颇具借鉴意义，限于文章篇幅，本章不展开讨论。

[3] 据统计，1991 年，在申请破产的穆迪评级公司中，担保债务在债务总额中所占的比例不足 45%；到了 2012 年，在申请破产的穆迪评级公司中，担保债务所占的比例超过了 70%。参见 http://papers.ssrn.com/sol3/papers.cfm?abstract_id=2444700,2015 年 9 月 30 日访问。

指出："近百年来，没有哪项担保（贷款）合约会忘记订入加速到期条款。"[1]

简单说来，借贷合同的加速到期条款是贷款人对债务人的消极行为或者履约状况实施约束的救济性措施。借贷合同往往约定，当债务人出现"可能影响借款安全或者债务履行情形"或者"还款能力可能发生重大不利变化的情形"时，[2]即便贷款的清偿期限并未届至，贷款人亦得单方面宣布提前到期，并得采取一切可能的措施实现对贷款的追讨。加速到期条款适用的法律后果根据其触发因素的不同而有差异。如果加速到期条款的触发因素有可能使债务人陷入破产，则该条款可能使借款人的还款义务自动并立即到期；反之，加速到期条款可能为债务人约定一个宽限期以使债务人消除其相关的风险触发因素。

在我国，借贷合同加速到期条款常见的触发因素主要包括：（1）违反陈述和保证；（2）不履行还本付息义务；（3）违反合同约定的其他义务（变更贷款用途等）；（4）违反其他合同，影响本合同履行；（5）债务人涉讼，影响本合同债权人利益；（6）债务人经营能力或者清偿能力受限；（7）债务状况恶化；（8）股东发生变动；（9）借款人或者担保人涉嫌犯罪；（10）逃避监管、构成违法事由；（11）担保物贬值且未追加担保等。[3] 实际上，加速到期条款最为重要的触发因素无疑是借款人违反借贷合同的还款义务。[4]但触发加速到期条款的其他关联条款或者加速到期条款的先导性条款在国内外信贷实务中俯拾皆是，这些条款均构成贷款人防范借贷风险的自我救济性措施，具体包括以下常见触发因素。

1. 交叉违约与交叉加速到期。交叉违约（cross-default），是指借贷合同约定，债务人对其他任何债权人的违约行为均可构成对本约的违反，从而触发本约救济条款的适用，包括第三人对债务人的诉讼、对债务人财产的扣押、执行等。[5] 由于

---

[1] See Grant Gilmore, Security Interests in Personal Property, §43.3, at 1195(1965). 转引自 David Hahn, The Role of Acceleration, 8 DePaul Bus. & Com. L. J. 229(2010), note 3.

[2] 参见"中国农业银行股份有限公司南京雨花台支行诉南京宁扬金属制品有限公司管理人破产撤销权纠纷案"，南京市中级人民法院（2013）宁商终字第 241 号民事判决书。

[3] 参见李春：《商业银行提前收回贷款的法律问题探讨》，《上海金融》2007 年第 8 期；吴庆宝：《金融机构提前收贷风险防范的司法认知》，《民商事审判指导》2008 年第 2 辑。

[4] 后文引用的我国相关立法表明，我国借贷合同约定的触发因素可能主要在于违反借贷合同约定的借款用途。其本意或许是把对借贷合同还款义务的违反直接当作违约行为而当然地可以触发加速到期了。

[5] See David Hahn, supra note 7, p.231.

交叉违约是触发加速到期条款的常见原因,有时两者在借贷合同中被合并为一个条款,即交叉加速到期条款(cross-acceleration clauses)。交叉加速到期条款的后果是把债务人对他人的违约及其他债权人主张加速到期的行为均作为对本约的违约及加速到期条款的成就条件。

2. 消极担保。消极担保是指借贷合同约定,借款人不得通过给他人设定财产担保而负担债务,也即限制借款人在其自身财产或者其附属机构财产之上创设或者允许财产担保的存在。[1] 如果债务人违反约定而为他人设定担保,则将触发加速到期条款的适用。

3. 影响借款人偿债能力的其他因素。可以毫不夸张地说,如果贷款方在借贷市场中占据主导或者优势地位,则其可能把借款方的一切"风吹草动"均列入触发加速到期因素的范围之内,这些因素交织在一起可能对借款人的财务困境及破产程序的过早启动起到多米诺骨牌效应。

除前述消极担保等因素外,其他影响借款安全的因素至少还包括限制利益分派和财产处置条款、限制资本结构恶化条款、不当资产置换条款、相关风险事件条款等。限制利益分派和财产处置条款能够防止债务人通过股利分配、分拆公司、股份回购或者退股等方式减弱债务人的偿债能力;限制资本结构恶化条款则可约束债务人不当增加债务、不当增加负债与资产的比重、不当改变债权人之间的债权顺位(包括对本约之外的债权设置财产上的消极担保);不当资产置换条款能够防止债务人及其子公司将稳定的低风险资产通过出售或者投资置换成不稳定的高风险资产;风险事件条款旨在防范债务人因控股股东股权比例的增减、并购、董事会成员的变动、或回购自身股份等而滑入经营上的风险。[2]

如果将前述触发加速到期的因素加以分类,大致包括:其一,违反借贷合同本身的事由,比如到期未还款等;其二,先兆性违约事件或者预期违约事件,也即某一事件的发生使得借款人违反贷款协议将成为可能或者必然,而不是指借款人违反

---

〔1〕实际上,消极担保条款的作用是有限的。正如有学者指出的,债务人即便遵守消极担保条款,但大量借入无担保债务的结果,同样会稀释借款人的财产。况且,消极担保条款对借款人与第三人的商业行为造成了不合理的约束,对借款人课以不适当的负担。参见宿营:《论国际商业贷款违约救济中的责任财产》,2008年全国博士生学术论坛(国际法)论文集,第220~223页。

〔2〕See David Hahn, supra note 7, pp. 232~235.

借贷合同本身的义务;[1]其三,债务人的其他风险因素或者事件。交叉违约条款就属于典型的先兆性违约事件。

加速到期条款适用的主体范围,除了借款人之外,有时候还会把借款人的子公司和保证人约定在内。如果借贷合同约定了子公司和保证人的交叉违约行为,"借款人就不仅要对自身的违约行为负责,还要对其子公司和保证人在和贷款协议无关的其他交易中的违约行为负责"[2]。借贷合同甚至可以约定,借款人控股关系的变化以及控股股东的财务风险同样构成加速到期条款适用的事由,因为这些因素的变动可能影响到借款人的经营方向和经营水平。

借贷合同加速到期条款的直接积极功效,在于赋予贷款人优越于其他债权人的特殊合同权利,内容包括:(1)废止合同约定的履行期限,剥夺借款人未到期的期限利益;(2)终止合同的履行,终结既存的合同关系。[3] 对于无担保债权人而言,若无其他含有加速到期条款或者交叉违约条款的合约债权人存在,则有利于提升该贷款人获得清偿的几率,从而成为债权人的"止损"(cutting loses)利器。当然,如果多数无担保债权人均有类似的加速到期条款或者交叉到期条款,由于普通债权人之间并无债权等级和顺位方面的差异,任一债权人的加速到期并不具有明显的优势和正当性。[4]

借贷合同加速到期条款的间接积极功效,在于其能够充当间接参与公司治理、有效约束债务人非理性行为的"紧箍咒"。公司的经营管理原本仅仅听命于公司股东,因为在公司债务人丧失偿债能力时,对债权人债权的清偿要优先于股东股本的发还,这是债权人放弃公司治理参与权的合约代价。[5] 但有目共睹的事实是,金融

---

[1] 参见金明:《国际贷款协议中的交叉违约条款》,《比较法研究》1994 年第 3、4 期。

[2] 原因在于借款人可能是由若干子公司组成的一个集团公司,并且有时候保证人的违约要比借款人的违约更为严重。同上注,金明文。

[3] See David Hahn, supra note 7, pp. 236 - 237.

[4] See David Hahn, supra note 7, p. 239.

[5] 经济学上的"状态相依所有权理论"认为,股东是公司正常状态的所有者,拥有剩余索取权并可控制公司经理人,债权人只是合同的收益要求者。仅在公司破产时,债权人才有权获得企业控制权,因为此时股东的收益已经固定为零,在边际上已经不承担企业的风险,缺乏适当的激励,债权人成为实际上的剩余索取者,具有作出最好决策的积极性(参见张维迎:《企业理论与中国企业改革》,北京大学出版社 1999 年版,第 88、89、110 页)。关于剩余索取者理论的描述及在破产法判例上的运用,见 D. G. Baird, The Initiation Problem in Bankruptcy, 11 International Review of Law and Economics 223, pp. 228~229(1991);West Mercia Safetywear Ltd. (in liq) v. Dodd and Another [1998] BCLC 250, 252 ~ 253;Rizwaan Jameel Mokal, Corporate Insolvency Law: Theory and Application, Oxford University Press, 2005, p. 307。

机构大多通过借贷合同的条款安排,间接参与债务人公司的治理及其经营行为的把控,并最终在公司出现破产原因后通过破产程序的启动完全接管对债务人的控制。[1] 尤其是对于小型或新设公司而言,"除了向银行贷款外,外部融资途径比较有限。它们除了接受短期或者有着详细限制性约定的贷款之外,别无其他商业选择。因而,有观点认为,'银行的权力总是与借方的规模成负向关系,因为公司的规模与其信用评级及可资利用的借款选择息息相关'。"[2]

作为以个别债权人利益为立足点的救济性条款,借贷合同加速到期条款对债务人及其他债权人的消极功效也至为明显,主要表现在以下几个方面。

1. 增加债务人破产的几率。加速到期条款内含贷款人单方剥夺债务人期限利益、单方终止合同关系的特权,必然诱使众多具有议价能力的债权人竞相约定加速到期、交叉违约和交叉加速到期等条款。其结果是,只要任一债权人的债权合约出现触发加速到期的因素,就会使得所有的债权一律立即到期,刺激债权人竞相争夺债务人财产,并使债权人为追讨债权蜂拥而至。如果说"对一些单期欠款而言,债务人股东有时会通过注资或者其他手段予以偿还……一旦债权人适用加速到期条款,则债务数额变大,债务人股东往往无力回天"[3],从而加速债务人的破产。

2. 不当干预债务人的经营权。按照公司法原理,公司利润的分配、公司财产和营业的处置、公司的并购、公司董事和高管的变动、公司股权关系的变化,甚至公司为开展营业所需而为他人提供相应的担保,都属于公司正常经营决策权的范畴。尽管这些经营因素的变化有可能对债权人的利益产生消极影响,毕竟仅仅是一种可能性,公司行为固然有非理性的一面,但通常由股东受利润最大化目标驱使,大多有其理性的一面。如果借贷合同把这些因素的变动一概不加评估地作为加速到期的触发因素,实际上会使债务人的经营陷入被信贷债权人控制的境地。这或许

---

[1] 至于认为交叉违约条款和交叉加速到期条款的普遍存在,有可能促使各债权人采取集体理性行为的观点,笔者不以为然。因为只要债务人没有进入破产程序,各债权人就不会停止"勤勉竞赛"式的个别抢夺行为。只有等待姗姗来迟的债权人通过破产申请把债务人拉入破产程序之后,才可能阻止其他债权人的抢先行为。

[2] [英]艾利斯·费伦:《公司金融法律原理》,罗培新译,北京大学出版社 2012 年版,第 341 页。

[3] 汤征宇、符望:《贷款加速到期条款在破产情形中的对待》,http://www.hshfy.sh.cn/shfy/gweb/xxnr.jsp?pa=aaWQ9MzMzNDM0JnhoPTEmbG1kbT1sbTkxNAPdcssPdcssz,2015 年 8 月 13 日访问。

就是英国公司法上将过度参与公司事务管理的债权人当作事实董事和"影子"董事从而对其课加赔偿责任的理由。[1]

3. 可能贬损其他债权人的利益。加速到期条款形式上是防范借贷风险的自救性措施,但在债务人责任财产范围确定的情况下,含有加速到期条款的信贷合同债权人以及其他含有类似条款合同的债权人(若有)实际上就会置其他债权人于劣后和不利的地位。消极担保条款就是减损其他债权人利益(包括限制债务人为其他普通无担保债权人提供追加担保)的典型条款。正如有学者所指出的,"银行也有动机去运用其可观的监督优势及对公司决策的影响力,以牺牲其他利益相关者为代价而强化其地位。"[2]其结果一是会破坏债权的平等性(无论其效力范围限于担保债权还是普通债权);二是违背债权人与债务人主体资格平等原则,毕竟债权人除非同时与债务人之间形成股权关系,否则是无权借助债权合约对债务人的公司治理作出强制性约束的。

(二) 我国借贷合同加速到期条款的法理依据

1. 加速到期条款的合约依据。合同自由和意思自治无疑是合同法的精髓所在,这也恰好构成加速到期条款的合约依据。英国 Hoffmann 法官曾经指出:"如果案件不危及法律的连续性或者违反公共政策,我想法院在宣布商业社会的某一做法在概念上不可行时,应当非常审慎。"[3]毕竟"合同各方能够按其意愿互相赋予对方权利和义务,而这些权利和义务束所创建的交易属于什么类型,则是法律的事情"。[4] 上海市高级人民法院《关于印发〈关于审理借款合同纠纷案件若干问题的解答〉的通知》(沪高法民二[2006]12号)也曾指出:"借款合同关于贷款人提前收贷有约定的,该约定只要不违反法律、法规的强制性规定,应认定有效。在贷款人主张借款人提前还款的条件成就时,贷款人据此诉请要求借款人提前还款的,法院应

---

[1] 比如,依照 1986 年《英国破产法》第 214 条的规定,"影子"董事可能对一些不法交易产生的亏损承担赔偿责任。

[2] [英]艾利斯·费伦:《公司金融法律原理》,罗培新译,北京大学出版社 2012 年版,第 342 页。

[3] See Re Bank of Credit and Commerce International SA (No 8) [1998] AC 214, HL, 228;转引自[英]艾利斯·费伦:《公司金融法律原理》,罗培新译,北京大学出版社 2012 年版,第 350 页。

[4] See Agnew v The Commissioner of inland Revenue [2001] 2 AC 710, PC, para 32;转引自[英]艾利斯·费伦:《公司金融法律原理》,罗培新译,北京大学出版社 2012 年版,第 355 页。

予支持。"正因为如此,如果不考虑破产法上的相关规定,加速到期条款作为借贷合同中司空见惯的自治条款,在当事人之间的法律效力是不应当遭受怀疑的。

2. 加速到期条款的立法依据。当前,对借贷合同中约定的加速到期条款加以肯认的法律规范主要包括:(一)中国人民银行《贷款通则》第22条第5项规定:"借款人未能履行借款合同规定义务的,贷款人有权依合同约定要求借款人提前归还贷款或停止支付借款人尚未使用的贷款。"该通则第71条规定:"借款人有下列情形之一,由贷款人对其部分或全部贷款加收利息;情节特别严重的,由贷款人停止支付借款人尚未使用的贷款,并提前收回部分或全部贷款:(1)不按借款合同规定用途使用贷款的。(2)用贷款进行股本权益性投资的。(3)用贷款在有价证券、期货等方面从事投机经营的。(4)未依法取得经营房地产资格的借款人用贷款经营房地产业务的;依法取得经营房地产资格的借款人,用贷款从事房地产投机的。(5)不按借款合同规定清偿贷款本息的。(6)套取贷款相互借贷牟取非法收入的。"(二)《合同法》第203条规定:"借款人未按照约定的借款用途使用借款的,贷款人可以停止发放借款、提前收回借款或者解除合同。"(3)中国银监会《流动资金贷款管理暂行办法》第22条规定:"贷款人应与借款人在借款合同中约定,出现以下情形之一时,借款人应承担的违约责任和贷款人可采取的措施:(1)未按约定用途使用贷款的;(2)未按约定方式进行贷款资金支付的;(3)未遵守承诺事项的;(4)突破约定财务指标的;(5)发生重大交叉违约事件的;(6)违反借款合同约定的其他情形的。"该办法第32条规定:"贷款人应动态关注借款人经营、管理、财务及资金流向等重大预警信号,根据合同约定及时采取提前收贷、追加担保等有效措施防范化解贷款风险。"[1]

有理由认为,尽管《合同法》仅就借款人变更借款用途时规定了贷款人提前收回借款的权利,而对借款人违反合同约定义务的其他情形并未作出规定,但这是合同法条款内容的局限性使然,而非合同法关于加速到期条款的立法精神使然。从

---

[1] 这里对交叉违约条款的规定限于"重大交叉违约事件"。此外,中国银监会《固定资产贷款管理暂行办法》第20条规定:"贷款人应在合同中与借款人约定,借款人出现未按约定用途使用贷款、未按约定方式支用贷款资金、未遵守承诺事项、申贷文件信息失真、突破约定的财务指标约束等情形时借款人应承担的违约责任和贷款人可采取的措施。"第33条规定:"贷款人应对固定资产投资项目的收入现金流以及借款人的整体现金流进行动态监测,对异常情况及时查明原因并采取相应措施。"

合同法的立法意旨上讲,中国人民银行和中国银监会就借贷合同的加速到期条款、交叉违约条款等作出规定,都是为合同法所肯认的。但如果从现行破产法规定的角度进行审视,显然无法得知立法对该问题的明确判断(或者说可以得出完全相左的两种判断)。原因在于:(1)现行破产法既未对金融机构的破产作出专门规定,也未针对金融债权的特殊性作出特别的回应和安排。[1] (2)按照破产法原理,除非存在破产法上的压倒性理由,当事人的权利和义务不应仅因破产的发生而改变。[2] 破产法原则上不应当改变破产程序开始之前各种不同实体权利的性质,以及合同法、物权法、侵权责任法等实体法中既定的权利排序规则。[3]

二、借贷合同加速到期条款的基本属性分析

笔者认为,借贷合同加速到期条款之定性问题的实质在于能否将其解读成一种解除权,而这又涉及到如何界定解除权与终止权的问题。

从比较法视角看,是否需区分解除与终止,在大陆法系国家存在不同的做法。日本民法未规定合同的终止,而是将合同解除分为两类:一类是合同解除的效力溯及既往,另一类是合同解除的效力不溯及既往。[4] 而其他大陆法系国家相关判例与学说也多区别解除与终止。[5] 如在德国法上,解除(Rücktritt)是指一方当事人依据合同上的或者法定的相应权限,通过单方面的表示使一个有效成立的合同溯及地归于消灭。[6] 而在继续性债务关系中,常以特殊的信赖关系为先决条件,且当事人受到的拘束是长时期的甚至是不确定时期的。故在有重大事由时,必须能够使继续性债务关系在将来消灭,即必须能够使其终止。[7] 终止(Kündigung)是合同一方当事人之单方面作出的形成性的意思表示。然而与解除不同,终止不具有溯

---

[1] 我国《企业破产法》第134条第2款规定:"金融机构实施破产的,国务院可以依据本法和其他有关法律的规定制定实施办法。"

[2] See Douglas G. Baird, The Elements of Bankruptcy, New York Foundation Press, 2006, p.5.

[3] 参见韩长印、韩永强:《债权受偿顺位省思——基于破产法的考量》,《中国社会科学》2010年第4期。

[4] 参见王利明:《合同法新问题研究》,中国社会科学出版社2011年版,第541页。

[5] 参见崔建远主编:《合同法》,法律出版社2010年版,第243页。

[6] 参见杜景林:《德国债法总则新论》,法律出版社2011年版,第127页。

[7] 参见[德]迪特尔·梅迪库斯:《德国债法总论》,杜景林等译,法律出版社2004年版,第13~14页。

及的效果,而仅是自表示之时起向将来发生效力。[1] 在区分解除与终止的国家和地区,对二者间关系的解读,便成为学者的一项重要任务。我国台湾地区的邱聪智教授对二者间的异同曾做过比较简明的归纳,颇值得借鉴,具体如下:

终止与解除异同表[2]

	解除	终止
同	1. 均为使契约消灭之法律上救济手段。 2. 均为形成权,其行使均以意思表示为之。 3. 均有权利行使(主观)不可分原则之适用。 4. 均有债务不履行之损害赔偿问题。 5. 不履行事由补正,权利为之消灭。	
异	1. 解除有溯及既往,使契约自始消灭之效力。 2. 发生原因:债之通则有一般规定 3. 有回复原状效力。 4. 给付物不能返还或变更,有失权可能。 5. 主要适用于一时性契约。	1. 终止无溯及既往,仅使契约自终止后消灭。 2. 发生原因:债之通则尚无一般规定。 3. 尚无回复原状效力。 4. 给付物不能返还或变更,无失权问题。 5. 主要适用于继续性契约。

需注意的是,《德国债法现代化法》对法定解除权和约定解除权的法律效果进行了根本性的改变,即解除权的行使,使合同转变成清算了结的关系,或者成为返还性的债务关系。但其仅适用于债法上的合同,而不适用于物权合同。至此,以前通说之观念,即将解除视为消灭之法律构成,而将清算了结关系视为被修正的得利关系,被宣告寿终正寝。通过解除,双方当事人的履行请求权,以及与履行请求权相关联的次级请求权归于消灭。解除不使合同作为整体被废止,而是说合同继续存在,但当事人的给付义务则各自改变方向,走向与原来相反的轨道。[3]

在我国相关实践中,"终止"概念至少在三个不同的层面上被使用:有时作为解

---

[1] [德]迪特尔·梅迪库斯:《德国债法总论》,杜景林等译,法律出版社 2004 年版,第 130 页。

[2] 邱聪智:《新订民法债编通则》(下),中国人民大学出版社 2003 年版,第 367 页。另外,史尚宽教授对解除与终止的区别亦持类似观点。参见史尚宽:《债法总论》,中国政法大学出版社 2000 年版,第 572—573 页。

[3] 详细讨论参见杜景林:《德国债法总则新论》,法律出版社 2011 年版,第 127—130 页。

除的上位概念,与合同消灭同义;有时作为解除的一种类型;有时则是与解除并列的概念。但我国《合同法》却将终止作为与合同消灭相同的概念使用,而将德国法所称的终止直接称为解除。[1] 由此,我国合同法语境下的终止与解除便与传统大陆法系国家尤其是德国法系国家之终止与解除存在重大差异。为了统一我国合同法下终止与解除的含义,同时也便于更好地进行比较法上的对比,崔建远教授认为,应把终止作为解除的一种类型,把这种意义上的终止直接称为解除,不再用"终止"字样;而在合同消灭的意义上使用终止,与法人终止、委托终止等保持一致。[2] 王利明教授则认为终止本身可以从广义和狭义上理解。从广义上理解,终止包括解除等各种使合同关系消灭的形式,其效力在于使合同对当事人失去拘束力,而解除则仅为终止的一种原因。从狭义上理解,终止只是与解除相对应的、使合同不再对将来发生效力的导致合同消灭的事由。[3] 简言之,崔建远教授的思路在于扩大解除的外延;而王利明教授的思路则在于对终止作扩大解释。[4]

在明晰了我国合同法语境下对解除与终止的不同理解后不难发现,若严格坚持解除权与终止权相区分的观点,则借贷合同加速到期条款实为一种关于终止权的约定条款。

首先,考察相关域外法制,在严格区分解除权与终止权的德国与我国台湾地区,均认为加速到期条款应属一种终止权。我国台湾地区黄茂荣教授认为,我国台湾地区"民法"除第 204 条外,对于消费借贷并无终止事由之规定,仅第 475 条之一第 1 项所定关于有偿消费借贷之预约的撤销事由,可类推适用充为终止事由。其实务上的结果是让诸当事人自订,特别是由贷与人以定型化契约的方式规范之。而加速到期条款可谓典型之代表,贷与人可据以期前终止契约。[5]《德国民法典》亦有类似规定,依据该法第 490 条第 1 款之规定,如借用人的财产状况发生实质性恶

---

[1] 崔建远主编:《合同法》,法律出版社 2010 年版,第 243 页。第 244 页。
[2] 需注意的是,崔建远教授作出此种判断的基础在于其认为在溯及力方面,合同解除和合同终止已经趋同了(同上注)。不过,杜景林认为,与解除不同,终止不具有溯及的效果,而仅是自表示之时起,向将来发生效力(杜景林:《德国债法总则新论》,法律出版社 2011 年版,第 130 页)。
[3] 王利明:《合同法新问题研究》,中国社会科学出版社 2011 年版,第 541 页。第 541 页。
[4] 笔者赞同一时性合同采解除权模式、继续性合同采终止权模式。
[5] 参见黄茂荣:《债法各论》,中国政法大学出版社 2004 年版,第 117—118 页。

化,或者濒临发生实质性恶化,则贷与人享有特别终止权。[1]

其次,就加速到期条款之运作机制来看,其亦难以被解读成解除权。加速到期条款之实质是通过债务人对自己期限利益(主要是指债务人在债权人主张加速到期后的到期日与原合同约定的到期日之间对本金的使用利益)的放弃,提前实现债权人的债权,进而达到债权人规避风险的目的。若以时间为衡量标准,按照加速到期条款的字面意思,其效果在于使尚未到期的贷款提前到期,与意在解除当事人双方合同关系的合同解除目的并不相同。而实践中往往存在这样的情形,即在加速到期条款中同时约定债权人可得解除合同——对提前收贷与解除合同作刻意区分。如在"中国银行股份有限公司厦门开元支行诉张价值等金融借款合同纠纷案"中,当事人在借贷合同中约定"借款人未按期归还贷款本息视为合同项下违约,贷款人有权要求借款人限期纠正,宣布本合同项下贷款本息全部或部分提前到期,终止或解除本合同并依法及本合同约定对抵押汽车行使抵押权"。[2]另外,在国际贷款协议中对持续不止的违约事件,贷款人(辛迪加贷款时为一定比例的贷款人)可以通知借款人取消自己的贷款承诺,并加速已经发放的但尚未到期的贷款提前到期,此处的取消贷款承诺是针对解除贷款人尚未履行的义务而言,加速到期是要求借款人在贷款到期之前提前返还贷款。[3]尤其需要注意的是,当事人对终止与解除的此种刻意区分往往能够得到人民法院的正面回应。上海市高级人民法院《关于印发〈关于审理借款合同纠纷案件若干问题的解答〉的通知》(沪高法民二[2006]12号)就"贷款人依据借款合同关于提前收贷的约定,诉请借款人提前还款,是否必须提前解除合同诉请"的问题给出的解释是:"该诉请不以解除合同为前提,故贷款人无须主张解除合同诉请。"在对加速到期条款进行解读时,对于上述商业实践及司法实践所持的态度不应刻意回避。毕竟法律的产生在形式上虽是创制的,但实

---

[1]《德国民法典》第490条第1款内容为:"借用人的财产情况或者为借贷所提供担保的价值发生实质性恶化,或者有发生实质性恶化的危险,因此危害借贷的归还,并且纵使将担保变价,仍然不能够改变这一情况的,在发生疑义时,贷与人在支付借贷之前,始终可以终止借款合同,在支付借贷之后,通常仅能够立即终止借贷合同。"参见杜景林、卢谌:《德国民法典评注——总则·债法·物权》,法律出版社2011年版,第248—249页;参见黄茂荣:《债法各论》,中国政法大学出版社2004年版,第118页。

[2]参见福建省厦门市思明区人民法院(2012)思民初字第3923号民事判决书。

[3]参见郭玉军:《国际贷款法》,武汉大学出版社1998年版,第166页。

质上却是生产的。[1]

三、破产撤销权的功能定位与加速到期条款的偏颇性甄别

笔者赞同认为加速到期条款是一种单独的违约责任方式的观点，即赋予贷款人合同终止权可以达到进一步追究借款人其他违约责任的目的，比如债权人可以据此主张本金、利息及罚息等。在无破产因素的情况下，若债务人此时承担了违约责任，债权债务关系便归于消灭；而在加入破产因素后，则需对债权人的加速到期行为是否与破产法的基本原则相冲突进行检视。即允许债权人加速债权到期是否意味着赋予该特定债权人较其他债权人（指未在合同中加入加速到期条款的债权人）以更加"优先"的地位？这种地位的改变是否应当被列入破产撤销权所规制的偏颇清偿行为范畴？[2] 要厘清债权人主张加速到期进而实现债权的行为是否具有可撤销的偏颇性，首先须明晰破产法上所谓偏颇撤销权的功能定位，进而检视加速到期时债权人地位的改变是否具有偏颇性。

（一）破产撤销权的功能定位

破产法的立法目的虽然在理论上存在争论，[3]但破产程序作为一种概括清偿程序，应具有最大化收集破产财产并在同等债权人中公平分配的功能。正如联合国国际贸易法委员会发布的《破产法立法指南》所指出的，"破产制度应当实现如下关键目标，即为市场提供确定性以促进经济稳定和增长、力求资产价值最大化、确保对处境相近的债权人的公平待遇。"[4]由此，区别于个别强制执行所秉承的"时间

---

〔1〕参见张文显主编：《法理学》，高等教育出版社2003年版，第225页。
〔2〕就我国立法而言，破产撤销权规制的可撤销行为分为两类，即欺诈行为与偏颇性清偿行为。前者主要包括无偿转让财产、以明显不合理价格进行交易、放弃债权；后者主要包括对未到期的债权提前清偿、对没有财产担保的债务提供财产担保、危机期间的个别清偿行为（参见《最高人民法院关于企业破产法司法解释理解与适用》，人民法院出版社2013年版，第191页）。由于"破产法上对诈害性行为的撤销当属于取得利益本身即属不合法的行为的撤销"（参见韩长印：《破产撤销权若干疑难问题研究》，《月旦民商法杂志》2006年第4期），而加速到期行为，一般并不具有欺诈性，故该行为无法基于欺诈原因而被撤销。故本章对其讨论主要集中在是否具有可撤销的偏颇性。
〔3〕破产法的立法目的，在境外尤其是美国理论界存在较大争议。参见韩长印：《企业破产立法目标的争论及其评价》，《中国法学》2004年第4期。
〔4〕联合国国际贸易法委员会：《破产法立法指南》中译本，第10—13页。

在先、权利在先"理念的"同等债权同等对待"原则,便构成破产法的最大特征。破产法所追求的"同等债权同等对待"目标,是建构在一系列制度保障基础之上的,而破产撤销权便是其中一项重要的制度设计。正如有学者指出的,破产法主要通过破产程序启动之时的"自动冻结"制度所产生的往后冻结效力与撤销权制度所体现的溯及既往的功能,维持可供债权人分配以及可供社会利用的总财富的价值。这两项制度通过在时间维度上的无缝对接,共同实现防止个别人在全体债权人共有的责任财产这一"公共鱼塘"内"钓鱼"的效果。因而,要解决债务人的有限财产所引发的债权人利益的公平分配问题,没有破产撤销权制度是绝对行不通的。[1] 破产撤销权的逻辑机理就在于,将影响对债权人公平对待的财产转让行为予以撤销,从而维护破产法的公平原则。[2]

具体而言,从理想的状态出发,破产法应以债务人出现破产原因时的债权人间的权利秩序或者权利义务格局作为其调整债权人间相互关系的基础。我们可以将此时的秩序称为债权人权利顺位的"原始秩序"。但由于对破产原因出现时点进行准确判断在实践中往往不具可操作性,也即在实践中破产原因出现的时点往往不能与进入破产程序的时间保持同步,[3] 便产生了"原始秩序"不能直接延续至破产程序中的问题,也就产生了"原始秩序"被扭曲的风险。为尽量降低此种风险,立法上只能以破产申请日为基准并向前推定至特定日期,对在此期间内试图转移债务人财产、破坏债权人间原始秩序的行为予以撤销。[4] 故而对此期间内债权人间权利秩序的维护,也便意味着维护了破产法上对债权人的"同等对待"。而在此偏颇期起始时点后出现的试图改变债权人间权利秩序的行为,便打破了债权人间的这种"平等对待"关系,也即具有了偏颇性,故需借助破产撤销权制度将其转移的财产

---

[1] 韩长印:《破产撤销权若干疑难问题研究》,《月旦民商法杂志》2006年第4期。

[2] See Charles Jordan Tabb, supra note 5, p. 442.

[3] 破产原因出现的时点与进入破产程序的时点不同的原因,除正文中所提到的原因外,还存在诸如债务人或债权人等适格当事人启动破产程序的态度等因素。

[4] 当然,破产法并非对此期间内转让债务人财产的行为一概予以撤销,各国都规定有例外情形,我国《破产法》第32条关于"个别清偿使债务人财产受益的除外"的但书规定即属此。又如《最高人民法院关于适用〈中华人民共和国企业破产法〉若干问题的规定(二)》第16条规定:"债务人对债权人进行的以下个别清偿,管理人依据企业破产法第三十二条的规定请求撤销的,人民法院不予支持:(一)债务人为维系基本生产需要而支付水费、电费等的;(二)债务人支付劳动报酬、人身损害赔偿金的;(三)使债务人财产受益的其他个别清偿。"

予以回复（对新设担保行为的撤销无需取回财产），以恢复债权人间的原始权利秩序结构，进而实现破产法上"同等债权同等对待"之目标。美国破产法学者曾指出，破产撤销权旨在将债权人试图在破产程序前扩大其债权以增加其可得分配份额的行为或债务人在债权人授意下采取的类似行为所取得的财产予以取回。[1]

概言之，破产撤销权之关注点仅在于偏颇期起算时点至破产程序启动期间之债权人间债权秩序是否会因债权人或债务人的行为而被改变，而不考究此时段内债权人之债权是否确定或合法等问题。也即破产撤销权试图维护的是偏颇期起算时点之时债权人之间的相互关系或按此时状态之自然发展结果（比如，某项有财产担保的债权因所附解除条件之成就而被解除所产生的债权人间相对秩序的变动，或其间发生新的债权而引起的债权人间秩序的变动等）。其效果是将偏颇期起算时点至破产程序正式启动期间的债权秩序予以"冻结"，以防止进入破产程序前债权被个别清偿或被改变受偿顺位。但此处之"冻结"效力不及破产程序启动之时的"自动冻结"效力，后者会产生诸如未到期债权被视为到期的效果，而前者并不影响双方当事人基于合同产生的既定的权利义务内容。破产撤销权的此种设计也体现了"破产法应尽可能承认原有权利义务"的基本诉求。[2]

（二）加速到期条款的偏颇性甄别

如前所述，破产撤销权试图维护的是偏颇追溯期起算之时债权人间的权利义务格局或按此时之状态自然延续至破产程序启动时的权利义务结果，任何试图改变此原始状态或其自然延续结果的行为均将被撤销。而考察债权人基于合同约定主张加速到期的行为是否具有偏颇性的关键在于，要甄别加速到期的行为是否改变了偏颇期起算之时债权人间的相互关系或按此时状态之自然发展结果。

在判断加速到期行为是否具有偏颇性之前，有必要对破产撤销权所维护之债权人间的权利义务格局或其自然发展之结果作进一步考察。为便于说理，先假设

---

[1] See Thomas H. Jackson, The Logic and Limits of Bankruptcy law, Harvard University Press, 1986, p.130.

[2] Id. p.23. 此外，国内亦有学者对此进行了相对详细的论述（参见韩长印、何欢：《隐性破产规则的正当性分析——以公司法相关司法解释为分析对象》，《法学》2013年第11期）。

一简单案例：某甲对某乙负有一笔债务，而某甲于 t_2 日进入破产程序，我们假设 t_1 日为偏颇期起算之第一日，其时间关系如下图。

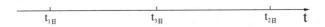

如前所述，破产撤销权所维护之原始状态实际上包括了两种不同类型，可称之为静的原始状态与动的原始状态。就前文所假定之案例而言，所谓静的原始状态，是指某乙之债权于 t_1 日已处于确定状态；或虽未立即确定，却于 t_2 日前确定下来，一旦完成这种转换，也就可以称之为一种静的状态了。而所谓动的原始状态，是指某乙之债权于 t_1 日时尚处于未确定状态，或因其尚未到期，或因其所附之条件尚未成就等而仍处于变动的状态下，比如，其可能因所附之解除条件之成就而于 t_2 日来临之前归于消灭。

基于上述权利义务两种状态类型的划分，破坏原始状态的行为也存在不同样态。对静的原始状态的破坏，典型行为当属对债权的个别清偿。在上述假设案例中便表现为某乙之债权已于 t_1 日到期，而某甲却于 t_3 日进行了清偿；对担保状态的违反也构成对静的原始状态的破坏行为。我们可将前述假设案例改造为某甲以其所有的一头猪为某乙之债权设定了担保，在 t_1 日时该猪仅值 100 元，而于 t_3 日时，因某乙之后续饲养行为，该头猪已值 300 元。若某乙此时主张对这 300 元都享有担保物权，则在此情形下便会被认为存在不当的利益输送，破坏了于 t_1 日时形成的原始状态，具有偏颇性，超出 t_1 日时之 200 元价值部分将被撤销，并返回于破产财产。[1] 概言之，对静的原始状态的破坏会直接改变债权人本应得到的清偿额，进而使债权人取得相对优先地位，违背了破产法"同等债权同等对待"的立法目标。

然而，对动的原始状态破坏的判断却不像对静的原始状态的破坏那样显而易见。对动的原始状态的破坏，典型者如对尚未到期债权的提前清偿，亦可能表现为

---

〔1〕这便是美国学者所谓的"肥猪案"(fat pig case)(See Charles Jordan Tabb, supra note 5, p. 473)。而基于我国现有立法，似可通过对《破产法》第 31 条规定之"对没有财产担保的债务提供财产担保"作扩大解释以实现同样的效果，即将此处之债务解释为"本来未设置担保之债务，以及虽然设置了担保但担保财产价值不足的部分"。对于此假设案例而言，超出 t_1 日时之 100 元部分的债务便属于《破产法》第 31 条所规定之"没有财产担保的债务"。关于此类案例所涉"浮动抵押担保"的效力分析，参见韩长印：《破产撤销权行使问题研究》，《法商研究》2013 年第 1 期。

对附期限、附条件债权在期限、条件成就前的清偿。[1] 其偏颇性一方面在于债务人放弃了自己的期限利益，进而减少了破产财产；另一方面在于导致债权人厚此薄彼，违背破产程序之概括清偿的立法旨趣。但对于诸如在前述假设案例中某乙之债权于 t_1 日至 t_2 日期间内继续增加，或属于在此期间内新增之债权，应如何甄别？其是否属于对原始状态的破坏呢？笔者认为，这两种情形均不会破坏破产债权人间的原始债权秩序。在此，可以结合上述"肥猪案"进行分析。在"肥猪案"中，对于超出 t_1 日时的担保价值部分（即小猪日后因饲养等原因增值的 200 元，区别于纯粹的市场价格变动导致的担保物价值变动），不仅要撤销债权人对该部分主张担保权的行为，而且应认定债权人对这部分根本就不具有担保权。[2] 原因在于，一旦认可债权人对此部分享有新的担保物权，则意味着该债权人的位阶将获得提升，其日后获得的破产分配额也将优于原本与他处于同一受偿顺位之债权人（即于 t_1 日时均未设有担保之债权的债权人）。而对于在 t_1 日至 t_2 日期间内新增的债权，即使是有担保的债权，其之所以不会被破产撤销权所否认，就在于这种变动虽然也会对原有债权人产生影响，但其影响仅限于绝对数额，并非改变原有债权人间的相互位阶。即在新增债权的情况下，原有债权人间的相互关系并未受到影响，其在日后的破产分配中仍可获得"同等对待"。而对于在 t_1 日时债权额仍处于变动中的债权，因其在 t_1 日至 t_2 日期间内的变动，同样不会影响既有债权人间的相互关系，故同样不存在偏颇性问题。

对于债权人基于加速到期条款而主张加速到期的行为，其效果仅在于使得 t_1 日至 t_2 日期间内尚未确定的债权得以确定，即由未到期债权转变为到期债权。由此而引起的该债权人地位的变化，并未改变其与原债权人间的顺位关系。因为该债权人这种可得改变自身地位的权利是于 t_1 日时自然带来的。即于 t_1 日至 t_2 日期间内，该债权人基于加速到期条款所享有的地位，只有在该债权人就是否主张加速到期

---

[1] 需注意的是，我国《破产法》第 117 条规定："对于附生效条件或者解除条件的债权，管理人应当将其分配额提存。管理人依照前款规定提存的分配额，在最后分配公告日，生效条件未成就或者解除条件成就的，应当分配给其他债权人；在最后分配公告日，生效条件成就或者解除条件未成就的，应当交付给债权人。"

[2] 在美国法下，其对本问题的认知思路与本文并不完全相同，其一般认为属于偏颇性的财产转移行为，即将其放在偏颇性清偿行为的构成要件之财产转移下面进行讨论。See Charles Jordan Tabb, supra note 5, pp. 471 - 473。

作出明确选择时才得以确定,在此之前其与其他未到期之债权人间的关系都处于一种不确定状态,而且这种不确定状态应属破产撤销权所意在维护的 t_1 日前的原始秩序状态。

四、加速到期之后的抵销及其限制

如前所述,加速到期乃一终止权,即使权利人于破产偏颇期内行使该权利亦不具有破产法上之偏颇性。其行使效果是使得合同关系终止,使未到期债权转换为到期债权,债权人可得主张债务人清偿债务,应于破产中予以承认。此时,对于这一业已到期之债务,银行债权人当然可以主张其各种法定或约定之权利,包括通过扣划的方式行使抵销权。

一般而言,银行对于其客户账户内的资金享有抵销权为各国立法所确认。[1] 在我国,立法上虽缺乏相应的明确规定,但仍可以找到必要的规则支持。[2] 如我国《合同法》第 99 条关于抵销的规定确立了法定抵销的基本制度框架,《企业破产法》第 40 条[3] 也对破产语境下的破产抵销权作出规定。破产抵销权来源于民法上的抵销权,之所以在破产程序中加以承认,是因为"一是抵销制度是为了担负担保性功能,通过行使抵销权而不是根据破产手续,就能优先得到清偿;二是如果不允许抵销,就会产生不公平的现象,即自己欠破产财团的债务,被要求作出全面的履行;与此相对,自己拥有的债权则作为破产债权,只能受到按比例的平均

---

〔1〕参见沈达明:《美国银行业务法》,对外经济贸易大学出版社 1995 年版,第 127 页;沈达明、郑淑君:《英法银行业务法》,中信出版社 1992 年版,第 12—23 页、第 188—199 页。

〔2〕在我国,虽可基于《合同法》《贷款通则》等解读出相关立法已赋予银行以抵销权,但尚存在诸多问题。如并未限制银行可得抵销的账户类型,未对银行可抵销的借款人账户上资金的来源及用途进行明确界定,银行与客户权利安排失当等等。相关讨论参见李西臣:《论我国银行抵销权制度的建立》,《上海金融》2007 年第 1 期;张学安:《国际金融法中的抵销理论与实务》,法律出版社 2008 年版,第 195~206 页。

〔3〕该条规定:"债权人在破产申请受理前对债务人负有债务的,可以向管理人主张抵销。但是有下列情形之一的,不得抵销:(一)债务人的债务人在破产申请受理后取得他人对债务人的债权的;(二)债权人已知债务人有不能清偿到期债务或者破产申请的事实,对债务人负担债务的;但是,债权人因为法律规定或者有破产申请一年前所发生的原因而负担债务的除外;(三)债务人的债务人已知债务人有不能清偿到期债务或者破产申请的事实,对债务人取得债权的;但是,债务人的债务人因为法律规定或者有破产申请一年前所发生的原因而取得债权的除外。"

的分配(清偿)"。[1] 虽然破产程序的基本规则之一在于尊重破产程序开始之前既存的权利义务格局,但是并不意味着银行之抵销权将不会受到破产法的任何规制。在我国现行立法下,银行行使抵销权,除应受到破产法之外关于抵销之一般性规定的规制外,尚需接受破产法关于破产抵销权的必要规制。[2]

根据我国《破产法》第 40 条之规定不难发现,现行立法对破产抵销权的行使限制主要存在于破产程序启动之后,而对于在破产程序启动前的偏颇期内抵销权的行使却未作出明确规制。这是否意味着于破产程序启动前的偏颇期内行使抵销权不受限制? 其实不然。例如,假定债务人甲在不当增加其开立在债权人乙银行的账户余额后立即申请破产,而在甲之破产程序启动前一刻乙采取迅速行动行使抵销权使自身债权得到全额清偿;但若没有甲之前之不当增加账户内余额的行为,债权人乙银行即使行使抵销权也不能得到全额清偿。在该假设案例中,显然乙银行获得了超常的待遇,有违破产法的"同等债权同等对待"的基本精神。而我国《破产法》第 40 条却并不能对上述情形作出有效回应。此外,依我国《破产法》关于破产撤销权之规定也难以有效对此时乙银行之抵销行为作出回应。[3] 这是因为在该假设案例中,增加账户内余额的行为可解读为双方当事人间产生了新的债权债务关系,而债权人嗣后以其原债权与新债务为抵销。问题的关键是,对于这部分新增的债务,债权人可否为抵销。对此问题,《美国破产法》主要通过第 553(b)条的规定予以规制。其规定如果债权人在破产程序启动前 90 日内行使抵销权的行为减少了该笔主动债权与其所对应之被动债权间的原本差额,那么便意味着该债权人的地位获得了提升而损害了其他债权人利益,管理人就得追回债权人多获得清偿的那部分财产。此处之差额衡量有两个关键的时间点:一为破产申请日前 90 日,或于偏颇期内第一次产生差额之日(也即债权人可得主张抵销权之日);二为债权人实际行

---

[1] [日]石川明:《日本破产法》,何勤华等译,中国法制出版社 2000 年版,第 133 页(转引自王欣新:《破产法》,中国人民大学出版社 2011 年版,第 156—157 页)。我国学者关于抵销权之担保功能的论述,参见崔建远主编:《合同法》,法律出版社 2010 年版,第 270—271 页;王利明:《合同法研究》(第 2 卷),中国人民大学出版社 2011 年版,第 343 页;黄立:《民法债编总论》,中国政法大学出版社 2002 年版,第 717—718 页;邱聪智:《新订民法债编通则》(下册),中国人民大学出版社 2003 年版,第 469 页。
[2] 在我国现行立法下,对破产抵销权的限制主要体现在《破产法》第 40 条上。
[3] 我国《破产法》上关于破产撤销权的内容参见韩长印:《破产撤销权若干疑难问题研究》,《月旦民商法杂志》2006 年第 4 期。

使抵销权之日。管理人所追回的金额应当是第二个时点上主动债权超出被动债权之差额较第一个时点上所减少的部分。[1] 为此,我国《破产法》第 40 条关于破产抵销权的内容有必要借鉴美国法上这一规定,以更好地维护破产法的立法旨趣。而对于银行债权人基于加速到期条款中的抵销条款在偏颇期内行使抵销权,除需满足民商实体法关于抵销权的一般性规定及双方于合同中所约定条件的限制要求外,同样应注意不应通过行使抵销权而获得优于其他同类债权人的超额利益。

需注意的是,《美国破产法》第 553 条详细列举了于破产中为抵销时应予以限制的情形。但是,《美国破产法》在 2005 年修订时,明确规定互换协议、证券附回购转让合同、证券合同、远期合同、商品期货合同和净额结算主合同等金融合同中的抵销得免受以下几项的限制:债权人的债权不得是在债务人事实破产之后、破产案件启动前 90 日内取得的;债权人的债务不得是为取得抵销权而在债务人事实破产之后、破产案件启动之前 90 日内"不当承担"的;若债权人已在破产案件启动之前 90 日内实际实施抵销行为,以偏颇期限起算之时和抵销之时为准,在债权人地位获得提高的范围内,管理人可予以追回。[2] 对此,我国破产法在今后修订时应予以关注。此外,在美国破产法上,于破产程序中行使抵销权,与其他担保权一样均应受到自动冻结制度的限制。我国《破产法》仅对破产过程中担保权的行使应予必要限制作出了规定,[3] 而未涉及抵销权的限制问题。此问题在今后修法时亦须受到重视,但由于自动冻结的效力仅及于破产程序启动后,与本章重点讨论的破产偏颇期内抵销权之行使关联不大,故不予讨论。

五、结语

毋庸置疑,加速到期条款的存在暗含了当事人通过合同规避破产法的可能性。如当事人借鉴加速到期条款的机制,[4] 在合同中约定以破产程序的启动或类似事

---

[1] See Charles Jordan Tabb, supra note 5, pp. 545 - 546.
[2] See Charles Jordan Tabb, supra note 5, pp. 542 - 543.
[3] 如我国《破产法》第 75 条第 1 款规定:"在重整期间,对债务人的特定财产享有的担保权暂停行使。但是,担保物有损坏或者价值明显减少的可能,足以危害担保权人权利的,担保权人可以向人民法院请求恢复行使担保权。"
[4] 如在我国台湾地区银行便可因依"破产法"声请和解、声请宣告破产、声请公司重整等事由而主张加速到期。参见黄茂荣:《债法各论》,中国政法大学出版社 2004 年版,第 118 页。

件的发生作为债权人变更合同内容的条件,尤其是在进入破产程序后处理待履行合同时,破产法应否承认此类条款的效力呢? 对此,我国现行破产法缺乏明确规定,而美国破产法主要通过破产事实条款(Ipso Facto Clauses 或 Bankruptcy Clauses)加以处理。所谓破产事实条款,一般是指于合同或租约中约定基于债务人的破产或特定财务状况,甚或仅仅与债务人有关的破产案件的开始,而终止或修改债务人的利益。[1] 对此类破产事实条款效力的认同,剥夺了延续对破产财团具有重要价值的合同的机会。[2] 根据《美国破产法》第 365 条的规定,因出现诸如债务人在破产程序结束前任何时间内发生支付不能或陷入某种财务困境,或者依据破产法典的规定而开始一项破产程序,或者在破产程序开始前,由被指定的破产管理人或托管人接管资产等情形而生效的条款在破产程序中被禁止执行。不过需要注意的是,在美国一方面有学者认为贷款合同并不受此限制,另一方面也有学者对此提出了质疑,认为贷款合同中的加速到期条款属于破产事实条款,《美国破产法》第 365(c)(2)条与第 365(e)(2)(B)条之规定均应适用于贷款合同。[3] 此外,一般认为,当事人基于破产事实条款于破产程序启动前终止之合同,《美国破产法》第 365 条对此无能为力,[4] 即该条无法像破产撤销权那样发挥向前的效力,仅对破产程序启动后尚未被终止之合同具有效力。

另外需要特别指出的是,如果说金融合约具有自身的特殊属性而有必要引入金融合约安全港规则加以特殊对待的话,我国现行破产法偏偏对银行和非银行金融机构的破产以及破产程序中金融合约的处理方式留下了空白,实务中适用破产法的现有规则实际上意味着没有顾及到金融合约的特殊属性,这就使得论题的研究处于两难境地。根本的解决之道,在于国务院尽早根据立法的授权就金融机构以及金融合约的破产问题作出特别法规范。

---

[1] See Paul Rubin, Not Every Ipso Facto Clause is Unenforceable in Bankruptcy, 32 - AUG Am. Bankr. Inst. J. 12(2013).
[2] See H. R. Rep. No. 595, 95th Cong. ,1st Sess. 347,348 (1977).
[3] See Scott K. Charles, Emil A. Kleinhaus,Prepayment Clauses in Bankruptcy,15 Am. Bankr. Inst. L. Rev. 537~582(2007). 另外,关于美国学者近年来对待履行合同的反思 See Charles Jordan Tabb, supra note 5,pp. 767~770。
[4] See Henry M. Karwowski, Can the Invalidation of Ipso Facto Clauses Apply to Prepetition Termination?, 29 - MAR Am. Bankr. Inst. J. 54 (2010).

第十二章　收益权信托之合法性分析

——兼析我国首例信托诉讼判决之得失[*]

信托虽源于英美法,却为包括我国在内的、采纳大陆法传统的国家和地区所青睐,主要是因其具有两面性,一方面信托可以成为法律革新的工具,另一方面它也经常充当法律规避的手段。这种两面性在我国信托业的发展中也非常明显。然而,法律革新与法律规避并不总易分辨,从长远来看,法律革新其实就是对那些被历史所接受了的法律规避措施的承认。[1]

近十年来,我国出现了一种以房地产开发项目为基础资产的"资产收益财产权信托",由房地产企业和信托公司共同推出,在资本市场发行收益权凭证,旨在为特定房地产建设项目融资。这种信托不仅名称拗口,性质也较复杂,法律问题日益凸显。由于其既可规避政府对房地产市场的政策限制,又在房地产投融资领域实现了创新,因此一经出现,就在国内广为流行。这种新型信托到底是金融创新,应当加以鼓励和支持,还是对法律的不当规避,应当加以禁止? 业界希望法院在审理号称我国"信托第一案"的"安信信托诉昆山纯高案"[2](以下简称"安信信托案")时回答这个问题。可惜,两审法院在审理中均未对其作出正面回答。该案的审理不仅

---

　* 本章原文曾发表于《法学》2015 年第 7 期。作者:高凌云,复旦大学法学院教授。

〔1〕 See Austin Wakeman Scott, William Franklin Fratcher & Mark L. Ascher, Scott and Ascher on Trusts, 5th ed. , Aspen Publishers, 2006, p. 8.

〔2〕 参见上海市第二中级人民法院(2012)沪二中民六(商)初字第 7 号民事判决书、上海市高级人民法院(2013)沪高民五(商)终字第 11 号民事判决书。文中有关案情的介绍均来自该案判决书,如无特别说明,不再一一标注。

未能起到规范信托市场的积极作用，反而为这类收益权信托的有效性问题留下了疑问。收益权信托该何去何从，仍然困扰着我国金融界。

一、"安信信托案"所涉之收益权信托

昆山纯高投资开发有限公司（以下简称"昆山纯高"）为开发某房地产项目，于2009年与安信信托公司（以下简称"安信信托"）设立以所开发项目的国有土地使用权及其在建工程为基础资产的收益权信托，并签订了《资产收益财产权信托合同》。根据该信托合同，昆山纯高作为委托人，委托安信信托将信托财产划分为62700等份，每份价值为1万元，将其发售给优先受益人和一般受益人。合同约定，优先受益人将认购21500份信托凭证，[1]其余份额（41200份）由一般受益人昆山纯高持有。通过这一结构，昆山纯高可以获得2.15亿元投资以弥补其资金缺口。该信托合同的基础资产是昆山纯高合法拥有的在建工程"昆山·联邦国际"项目及其国有土地使用权；信托财产则是"委托人对基础资产依法享有取得收益的权利及因对其管理、运用、处分或者其他情形而取得的财产"，信托期限为3年。为保证该信托合同的履行，安信信托又与昆山纯高签订了一份《信托贷款合同》。该合同约定昆山纯高作为借款人，从安信信托处获得2.15亿元的贷款用于开发"昆山·联邦国际"项目，贷款期限也是3年，年利率为10%，并依据该贷款合同将该项目的基础资产办理了抵押登记。

在《资产收益财产权信托合同》与《信托贷款合同》中，双方当事人一致同意昆山纯高可以将基础资产出售，并按照特定时间表将转让款存入由安信信托持有的信托专户，并进一步约定昆山纯高有义务保证信托专户必须在不同的时间节点内保有最低现金余额。从表面上看，昆山纯高似乎可以根据上述两份合同获得总共4.3亿元的资金，但实际上昆山纯高的资金缺口只有2.15亿元，而且在上述合同签署后，安信信托向投资人发行信托凭证募集并交付给昆山纯高的资金也只有2.15亿元，因此两份合同其实指向同一项交易，由此形成所谓的"阴阳合同"现象。之所以如此，实际上是由于项目的基础资产无法按照《资产收益财产权信托合同》办理

---

〔1〕事实上，该信托合同中约定的募资数额为不超过2.3亿元、不低于2.15亿元。

抵押登记手续。

之后，由于受国内房地产市场宏观调控政策以及市场波动等因素的影响"昆山·联邦国际"的销售情况远远不如预期，导致该信托刚成立1年昆山纯高就未能依约维持信托专户的最低现金余额。安信信托在承担了对信托投资人的兑付义务后，遂依据《信托贷款合同》起诉昆山纯高，要求其偿还贷款本息以及各种违约金等，并要求对抵押物进行处置以偿还债务。昆山纯高则辩称解决纠纷的合同依据应为《资产收益财产权信托合同》而非《信托贷款合同》。因此，该案的主要问题是这两份合同的有效性及其相互之间的关系问题。要解决这一问题，绕不过两大法律问题，一是如何界定信托财产，二是如何确定信托财产所有权的归属。

二、收益权信托之两大法律问题

(一) 信托财产所有权之归属

有关英美信托法中的双重所有权机制与大陆法系的"一物一权"制度之间的冲突，国内信托界已有连篇累牍的论述。虽然我国《信托法》基本上采纳了英美信托的特点，却对信托的定义作出了有中国特色的修正，即不要求委托人将信托财产"转移"给受托人，而是采用了含糊的"委托"一词，[1]回避了双重所有权问题。因此，我国的信托与英美法上的信托有着根本性的不同。然而，我国《信托法》也并未禁止信托财产所有权的转移，并且在商事信托领域尤其是资产证券化交易中有着特殊的规则。

1. 资产证券化交易的特殊性

在构建证券化交易时，信托不是唯一的选择。换言之，证券化可以不采用信托这一载体。即便英美法要求设立信托时必须转移信托财产的所有权，当不采用信托结构时，证券化资产的所有权也不需转移。比如，在构建一个资产证券化交易时，委托人既可以将信托财产"真实出售"即转移所有权给受托人，也可以只将财产作为担保物，以担保"受托人"向委托人发放的贷款。根据英美法，二者都可能被承认为资产证券化交易，但是只有前者涉及信托，后者只是担保贷款，即便交易文件

---

〔1〕参见我国《信托法》第2条。

以"信托"命名之，也与信托无关。鉴于信托制度的反叛天性，在信托法领域，形式永远让步于实质。

"安信信托案"中所涉交易是结构性融资交易，亦即证券化。[1] 如前所述，根据国际惯例，该交易既可策划成信托，要求转移证券化资产的所有权，也可策划成担保贷款而不转移所有权。在我国目前大量的有关证券化的论著中，鲜有不强调信托财产需"真实出售"这一特点的，可见业界普遍认同证券化应采信托方式，这也反映出我国信托业界更愿意遵从国际惯例。根据我国《信托法》，当委托人选择不转移信托财产的所有权时，信托可能照样成立。然而，此时交易的实质从房地产企业的角度来说就变成担保贷款性质，无论形式上是怎样的交易架构——比如资产收益财产权信托，其实质变为集合公众投资者的资金信托，进而向房地产企业变相发放贷款。2010年11月，中国银监会已发文禁止变相发放信托贷款，并强调要"按照实质重于形式的原则予以甄别"。[2] 由于我国法律严格限制不具备资质的房地产企业申请信托贷款，也禁止信托公司以其他方式变相发放信托贷款，因此昆山纯高几乎不可能合法地策划这一担保贷款交易，安信信托也不可能不知道这一后果。事实上，它们策划该信托交易的目的就是为了规避这一法律限制。因此，在资产证券化交易中，如果委托人的目的是为了获取资金（对价），交易就必须也只能策划成"真实出售"，亦即信托财产的所有权必须转移，否则就构成变相发放信托贷款。

事实上，我国各大信托公司近年来都在从事证券化业务，基本上也都声称是按照英美法上商事信托的模式来操作，因此，它们都能够并愿意接受以信托财产所有权转移作为委托人获得资金对价的条件。中国银监会2005年发布的《信贷资产证券化试点管理办法》[3]第2条将"委托"改为"信托"即从侧面支持了这一观点。

2. 对服务商的误读

对信托财产所有权归属的不认定或错误认定还可以归咎于我国信托业界甚至

---

[1] 参见高长久、符望、吴峻雪：《信托法律关系的司法认定——以资产收益权信托的纠纷与困境为例》，《证券法苑》2014年第2期。三位作者均为上海市第二中级人民法院法官（其中符望是"安信信托案"一审审判长），此文系其在该案结案后所撰写，应该反映了法官在审理该案时的思路。

[2] 参见中国银监会办公厅于2010年11月12日发布的《关于信托公司房地产信托业务风险提示的通知》（银监办发［2010］343号）。

[3] 参见中国银监会于2005年4月20日发布的《信贷资产证券化试点管理办法》（银监发［2005］7号）。

法院对证券化交易中的重要参与方即服务商的理解偏差。事实上,用于结构性融资交易的商事信托,当信托财产是资金之外的其他有体财产时,受托人一般会聘用专业机构即服务商来管理信托财产,因为受托人大多是金融机构,对具体的财产管理没有经验和精力。此时,受托人与服务商之间形成委托代理关系。

由于"安信信托案"所涉信托财产为房地产及其未来收益,这不是信托公司的经常性业务内容。因此,安信信托作为信托财产的所有人,转委托昆山纯高担任服务商对作为信托财产的房地产进行管理、建造及销售,并将销售所得全额转人信托专户,用于偿付优先受益人的本金和预期收益。简言之,昆山纯高对信托财产的"持有"其实是基于安信信托的委托,其以"服务商"的身份对信托财产的持有,并非以所有权人的身份持有。这样,安信信托与昆山纯高之间又形成另外一层委托法律关系,安信信托为被代理人,昆山纯高为代理人。因此,该案当事人之间既存在信托关系,又存在委托代理关系。

然而有趣的是,双方签署的《资产收益财产权信托合同》不仅没有约定由昆山纯高作为服务商为安信信托管理信托财产和收取报酬,反而约定"因保管该基础资产所发生的各项费用由委托人(即昆山纯高)承担"[1],即因保管基础资产而产生的开销均由服务商承担。当然,如果是双方基于充分理解本条款而作出合意约定也无可厚非。但事实上,本案所涉信托的当事人均未理解服务商的职能,因此,双方约定昆山纯高(作为服务商)唯一的义务是每月向信托专户存入约定金额的资金,以保证信托专户在每个确定的时间节点都保有最低资金余额。由此,服务商不但无需及时提交销售记录和账册,甚至连销售情况都无需通知安信信托,而安信信托作为名义上的信托财产所有权人也无权更换服务商。[2]法院对此也没有进行深入分析,一审和二审法院都认为,昆山纯高未按照约定的付款时间向信托专户足额存人最低现金余额从而构成违约,因此必须承担相应的违约责任。[3]

正是由于"安信信托案"的当事人对信托财产所有权归属问题的不当理解,造

---

〔1〕参见"安信信托案"中《资产收益财产权信托合同》第6.2条。
〔2〕参见董庶:《试论信托财产的确定》,《法律适用》2014年第7期。
〔3〕参见上海市第二中级人民法院(2012)沪二中民六(商)初字第7号民事判决书、上海市高级人民法院(2013)沪高民五(商)终字第11号民事判决书。

成了无比混乱的法律关系。本来安信信托作为受托人持有信托财产，而结果却是昆山纯高要以安信信托所拥有的在建工程设定抵押，为安信信托提供担保。以自己已经取得法律上所有权的财产来为自己设定抵押，安信信托其实是在不明就里的情况下与自己"玩游戏"。

3. 损失风险的承担与信托公司的刚性兑付

"安信信托案"的缘起是昆山纯高未能如期销售所开发的房地产项目，因而无法按时向信托专户中存入约定的资金，从而构成违约。那么，在这一交易中，到底谁应承担房地产项目的损失风险，是昆山纯高还是安信信托？这个问题是我国信托业界在将来设立类似信托时必须考虑的问题，可惜法院在判决书中对此并没有提及。

首先，安信信托作为受托人是否应承担信托财产损失的风险取决于信托财产的所有权是否已从昆山纯高转移给安信信托。鉴于上述分析，在商事信托的情况下，如果设立信托的目的是为了进行合法的结构性融资，在得到融资款（对价）的那一刻起，据以融资的信托财产就属于受托人所有，而信托财产上所附有的任何收益与风险也都随之转移给受托人。也许有人会认为，本案所涉信托是"特定资产收益权"信托，风险根本不是信托财产的一部分。这是一种误读。事实上，此类信托中约定的信托财产（即受益人将据以分配信托利益的财产）不仅包括基础资产的增值部分，还包括基础资产本身的处分所得。因此，尽管在形式上信托的名称叫作"收益权信托"，但是揭开其面纱之后可以看到，其实质是一种基础资产信托，该基础资产的收益也将作为信托财产的一部分。既然是财产信托，那么一旦财产转移，所有的收益和风险也将一并转移，这符合民法的公平原则。

有人会认为，如果因房地产项目管理不善而造成亏损，而且损失由安信信托承担，则风险最后就会转嫁到公众投资人身上。法院在审理案件时，政策因素也是一个重要的考量因素。如果最终的损失完全由公众投资人承担，肯定不符合政策理念。但是应该注意的是，该案信托财产的原始价值是 6.27 亿元，而公众投资人所投资的价值只有 2.15 亿元，二者价差高达 4.12 亿元。用证券化术语来说，这个价差就是对投资者的"超额担保"，即便基础资产贬值，公众投资人作为优先受益人也会首先得到偿付，即便资产贬值到只有 2.15 亿元，公众投资人的本金也会得到全额偿付,最后承受损失的是作为一般受益人的昆山纯高。[1]当然,只要信托财产的价值高于2.15亿元,超过部分就属于昆山纯高,这部分越多,昆山纯高的损失就越小。因此,在结构性融资交易策划阶段,房地产公司与信托公司的谈判重点主要围绕超额担保与增信措施;而信托成立后,双方也会有动力尽最大努力实现信托财产价值的最大化,这就是结构性融资与资产证券化的妙处所在。如果只复制信托架构,却不知利用信托的优势,那么我们就完全不必引进信托制度。

目前业界还存在一种奇怪的现象,即如果房地产公司的资金链断裂因而违约,信托公司本没有义务偿付公众投资人的投资收益。然而,为了吸引投资人,很多信托公司承诺愿予以"刚性兑付",这样公众投资人的利益得到了保护。很多人为信托公司的"刚性兑付"打抱不平,甚至号召要打破"刚性兑付的怪圈"。但是如果理解了信托的理念就应该知道,以结构性融资为目的的商事信托一经设立,信托财产的所有权就已转移至信托公司,并且由信托公司负责信托财产的经营与管理。因此,一旦资金链断裂发生兑付危机,责任在信托公司,信托公司当然应想尽一切办法以信托财产偿付投资人。一旦信托财产本身的价值不足以偿付,此时公众投资人必须承担投资损失(也正因为如此,资产证券化交易都要求有超额担保),除非信托公司违规操作。而持有剩余利益的房地产公司则会承担最终端的损失,因此,其也不希望信托财产贬值。理解了这一理念,人们就不会再质疑所谓的刚性兑付了,你是财产的所有权人,你当然有义务"刚性兑付",只不过兑付来源应该是信托财产,直到信托财产为零。如果信托公司为了自己的信誉与口碑自愿先以自有资金垫付,那也是他们自己为了在市场上竞争而作出的商业决定,既无可厚非,也不必叫屈。

4. 信托财产所有权归属的结论

综上分析,结构性融资交易中的商事信托系以融资为目的,当委托人收到融资款后,信托财产的所有权应归属于信托公司。因此,对于"安信信托案"中信托财产所有权问题的判定,只能有两个结果:其一,如果法院认为信托财产的所有权仍然由昆山纯高所持有,则该交易为变相的担保贷款,如违反了禁止向没有资质的房地产企业发放信托贷款的规定,则信托不成立,本案诉因应为贷款合同之违约。其

---

[1] 如果资产价值事实上低于2.15亿元,那就说明安信信托在与昆山纯高签订信托合同之前完全没有做过尽职调查,责任在安信信托;如涉及渎职甚至欺诈,投资人可以诉请赔偿。

二,如果法院认定信托成立,则必须承认信托财产的所有权已经完全转移给受托人安信信托。然而,该案中法院判定信托成立,却没有明确信托财产所有权的归属,实为本案判决的一大缺憾。

(二) 信托财产之界定

根据我国《信托法》的规定,"确定的信托财产"是信托成立的必备要件,[1]信托财产如不能确定,则信托无效。[2] 信托财产的确定性问题对于收益权信托而言很重要。据报道,截至 2013 年 6 月,全国共有 202 款以收益权为标的的信托产品发行,基础资产的构成包括上市公司的股票、金融机构股权、地产项目、矿业项目、应收账款等,[3]而以如"安信信托案"中所涉的在建工程收益权最为流行。

1. 收益权信托中信托财产的确定性分析

在建工程收益权属于一种未来债权或未来应收账款,[4]在"安信信托案"中称为基础资产上的收益权。对于这种收益权的有效性,有两种针锋相对的观点。有人认为,在建工程因不断建设而增值,商品房建成后又陆续出售,所以财产和财产权益始终处于不断变动的状态,具有不确定性,故信托无效。有人甚至认为该信托产品是一种在表面上符合信托法律特征,但在法律效果上却违反成文法禁止性规定的规避型信托,这种信托产品唯一的意义就是借金融创新之名行违法之实,因此无效。另一种观点是,这种信托的信托财产是确定的,而且通过抵押也能得到保障,故信托有效。[5] 笔者认为这两种观点都有失偏颇。首先,信托本来就是以创新来规避法律,权益变动并不一定说明其不具确定性;其次,通过抵押来担保的架构有时未必是信托,必须根据个案情况分析,不能一概而论。

要确定收益权类信托财产的确定性,首先要区分该收益权是委托人现在合法拥有的财产还是将来可能得到的财产。前者为确定,而后者则不一定确定。未来

---

[1] 参见我国《信托法》第 7 条。

[2] 参见我国《信托法》第 11 条。

[3] 参见刘振盛:《202 款收益权信托吸金 267 亿,假收益真借贷?》,《21 世纪经济报道》2013 年 6 月 22 日。

[4] 参见董庶:《试论信托财产的确定》,《法律适用》2014 年第 7 期。

[5] 同上。

应收账款的处分行为有时被看作一个附生效条件的行为,其条件就是债权的产生。因此,委托人如欲以收益权设立信托,必须在该债权变成既得(vested)债权,并经通知债务人后才具备确定性。[1] 根据我国法律,信托合同的签订并不导致未来债权发生转移或"委托"的效果,如没有债权发生的行为,信托并不成立。

在"安信信托案"中,当事人坚持认为信托财产是基础资产(房地产项目)的"收益权",然而在《资产收益财产权信托合同》签订之时,昆山纯高没有任何基础资产的销售(预售)合同,并且也没有任何证据证明该房产在建成后确定会以某特定价格出售给购房者。事实上,房地产市场的政策调控与价格波动一直没有停止,而房产项目竣工后能否顺利出售也尚未可知,即便能够售出,出售价格也不确定,何况各地还有很多烂尾楼,最终也没能竣工。在这种情况下,基础资产有何既得收益可言?即便算上基础资产本身,除非昆山纯高的在建工程项目及其土地使用权的现有价值达到 6.27 亿元,才与信托财产总额持平。不过当事人又坚称信托财产只是收益权,不包括基础资产价值。这样的收益权完全不能确定,连"空中楼阁"都谈不上,根本就是"海市蜃楼"。所以,如果认定本案所涉信托的信托财产是基础资产的收益权,那么该信托就无效。上海市高级人民法院参与二审的一位法官也支持这一观点。[2] 那么,是否"安信信托案"中的信托就肯定无效呢?

2. 收益权信托中信托财产的范围界定

在信托法领域,对每种交易架构的判断不能仅单纯依赖其法律文本中的命名或描述,而应透过现象看本质。若当前我国出现的房地产收益权信托真如其名称所言,信托财产仅仅包含财产收益权,亦即针对房地产项目基础资产将来可能取得(也可能无法取得)的收益的权利,则基础资产不是信托财产原物,只有针对基础资产取得收益的权利本身才是信托财产原物。如果基础资产不存在,那么收益权就无处附着。在英美法系国家,这种信托因没有既得收益权可以合法转移,因此信托不成立。[3] 而在我国,虽然信托财产不需要转移,但是如前所述,在没有房屋预售

---

〔1〕参见董庶:《试论信托财产的确定》,《法律适用》2014 年第 7 期。
〔2〕同上。
〔3〕此时有关设立信托的合同可能成立,但是信托本身不成立,只有在该收益权变成既得收益权之时信托才成立。

合同等情况下,这种信托因信托财产不确定也不合法。

那么,是否我国的房地产收益权信托的信托财产真的只是收益权?在此,首先要确定什么是收益。经济学上"收益"的概念最早出现在亚当·斯密的《国富论》中,他认为收益是"那部分不侵蚀资本的可予消费的数额",这种将收益看作是"财富的增加"的观点得到了大多数经济学家的认可。[1]同样,这一观点与英美信托法的理念也不谋而合。根据英美信托法,由委托人转移给信托的财产是信托财产原物或本金(统称为"原物"),由于信托的目的是通过受托人对信托财产的经营管理使其(保值)增值,信托财产的增值部分就是信托财产的收益,原物和收益共同构成信托财产的全部。因此,信托中的收益是受托人从信托财产原物中获得的作为现时盈利的金钱和财产,包括因财产原物的销售、交换或清算而得到的收入扣除原物原始价值后的部分。[2]原物则是信托所持有的、当信托终止时将分配给剩余利益受益人的财产。[3]原物如因其形态改变而形成新的财产,则新的财产仍然归属于原物。因而,信托受益人可以分为收益受益人和原物受益人,前者只针对信托财产的增值部分取得利益,而后者只针对信托财产的原物取得利益。

由于我国尚无真正意义上的私人民事信托,而现有的营业信托大多都是相对简单的分配模式,基本上以自益为主,受益人几乎取得所有的信托利益,因此我国《信托法》并没有对信托原物和信托收益进行区分,而将受托人接受的信托财产及其产生的任何收入和孳息一并归入"信托财产"。[4]然而,随着未来商事信托的复杂化,对不同受益人的分配模式必定也会随之发展,我国信托法必定要在信托原物和收益的区分与分配等问题上进行规范。[5]收益权信托的出现表明对信托原物与收益的区分迫在眉睫。

反观我国目前存在的所谓特定资产收益财产权信托,这类信托一般把"收益权"定义为"受益人享有的获得对基础资产预售、销售或以其他形式使用和处分在

---

〔1〕转引自唐国平、张琦、龚翔编著:《会计学原理》,清华大学出版社 2005 年版,第 140 页。

〔2〕参见美国 1997 年《统一原物和收益法》第 102(4)节。

〔3〕参见美国 1997 年《统一原物和收益法》第 102(10)节。

〔4〕我国《信托法》第 14 条第 2 款规定:"受托人因信托财产的管理运用、处分或者其他情形而取得的财产,也归入信托财产。"

〔5〕参见高凌云:《被误读的信托——信托法原论》,复旦大学出版社 2010 年版,第 134—140 页。

扣除基础资产预售、销售税费等支出后所形成的所有现金收入的权利"[1],这里的收益既包括财富的增加,也包括原始财富,因为扣除的只是税费,并没有扣除基础资产的原始价值。因此,根据"收益"的经济学理论与英美信托法的理念,这类信托的信托财产事实上不仅包括基础资产的收益权,还包括基础资产本身。

例如,甲房产公司拥有自有资金2亿元,其在建工程及经过核算的建设成本等总计为6亿元,而工程完工后的预期销售收入为8亿元。此时,甲公司的资金缺口为4亿元,由于目前尚无任何房屋预售合同,因此项目收益不确定,但可能是0~2亿元之间的不确定的任何数额。假如甲公司设立收益权信托融资,则信托财产应是价值为0~2亿元的收益权;假如甲公司设立财产信托融资,则信托财产应是6亿元的项目资产加上这些资产所产生的预期收益(0~2亿元)。

对应"安信信托案"中的信托,基于商业考虑,昆山纯高设立信托的初衷是充分利用房地产的价值进行最大化融资或者提供超额担保,不可能仅仅以房地产的增值部分融资。因此,其信托财产很明显是基础资产加上可能的、数额并不能确定的预期收益。

3. 信托财产界定的结论

在目前我国信托法对信托财产中的原物与收益没有明确予以区分和规定的情况下,我们可以借鉴经济法原理和英美信托法的理念,认为这类所谓的收益权信托只是在名称上玩了一个文字游戏,其实质还是财产(或资产)信托,因为所谓的"特定资产"根据信托合同直接成为信托财产,而根据我国信托法,因管理、处分信托财产所取得的收益也自动成为信托财产的一部分,用来偿付受益人。因此,"安信信托案"所涉信托的信托财产不仅仅是"昆山·联邦国际"项目这一基础资产的收益权,还包括该基础资产本身。这样,信托财产的确定性问题就得到了解决,该信托有效。反之,如果不承认基础资产为信托财产,则该信托因信托财产不确定而无效。

(三)"安信信托案"所涉信托之解构

综上,可以对"安信信托案"所涉信托得出以下结论:昆山纯高将其所拥有的基

---

[1] 参见"安信信托案"中《资产收益财产权信托合同》第1条。

础资产转让给安信信托,后者为此支付了对价,此笔对价来自于安信信托向公众投资人发售的信托受益权凭证。之后,安信信托负责通过经营管理(包括建设、管理、出售等)信托财产获得收益以偿付给公众投资人。安信信托经营管理信托财产的所有费用可以依信托文件的约定从信托财产中支出。为了经营管理的便利,安信信托委托昆山纯高作为服务商为其管理信托财产,并根据代理关系要求其将信托财产的任何收益所得通过转入信托专户的形式交给信托公司,同时保留撤换服务商的权利,而不应由昆山纯高直接承担信托财产销售失败的风险。如果信托财产的管理、销售顺利,则安信信托可以按时足额偿付优先受益人和一般受益人,剩余财产则归属于一般受益人昆山纯高。在为受益人分配利益时,安信信托应首先从信托财产的收益中支付,如果信托财产的收益不足以支付优先受益人时,安信信托可以处分信托财产原物并以其所得偿付优先受益人,一般受益人只能取得剩余利益。如果信托财产原物仍然不足以偿付优先受益人,则优先受益人承担部分损失,昆山纯高自行承担其他损失,除非安信信托发生违背信义义务的情形,此时安信信托需要承担责任。

这样一来,不仅在法理上能说得通,而且所有问题也都迎刃而解,公众投资人的利益由此得到保护,信托财产的管理也有法可依,而且在纠纷发生后,法院不必为抵押协议甚至"阴阳合同"而纠结,可以直接判定贷款合同不成立,抵押协议没必要,因为安信信托已经是信托财产的所有人。

三、"安信信托案"对我国金融信托法发展之启示

资产证券化和结构性融资作为一种金融创新,近年来已成为国内资本市场的新宠,而信托公司在其中扮演了一个日益重要的角色。公众普遍认为,商事信托是资产证券化最重要的工具,因此,信托业甚至被认为是我国"影子银行"的代表,其管理的资产规模在 2014 年第三季度已达到 12.95 万亿元,超过保险业,成为仅次于银行业的第二大金融行业。[1] 然而,由于信托制度在我国是一种舶来制度,我国的

---

〔1〕参见王延锋、宗晓:《房地产信托重回龙头地位,1 月募资规模 169 亿》,《经济导报》2013 年 2 月 21 日;周雅珏:《信托业资产达 12.95 亿元,三季度 2500 亿"加仓"证券市场》,《每日经济新闻》2014 年 11 月 10 日。

信托立法先天不足,因此信托的发展遇到了很多障碍。"安信信托案"是一个典型案例,用其来说明我国目前的金融信托法与资产证券化的发展瓶颈最好不过,本案所反映出的信托财产范围的界定、信托财产所有权转移以及信托的公示缺失等问题不解决,我国金融信托与证券化的发展仍将受到极大限制。

(一) 法院判决之积极意义

2013 年 3 月 7 日,上海市第二中级人民法院开庭审理了"安信信托案"。法院判定《资产收益财产权信托合同》有效,但是没有判定《信托贷款合同》及其附属的《抵押协议》无效,反而认定《信托贷款合同》是《资产收益财产权信托合同》的从属合同,并据此允许安信信托针对昆山纯高主张抵押权的实现。2013 年 12 月,上海市高级人民法院维持原判。该判决在一定程度上有其积极意义。

首先,法院确认昆山纯高与安信信托签订的《资产收益财产权信托合同》有效,这给全国其他大量的同类信托当事人吃了一颗"定心丸"。法院确认昆山纯高从这一起结构性融资交易中所获资金只有 2.15 亿元,要么基于《资产收益财产权信托合同》,要么基于《信托贷款合同》,因为公众投资人的一笔款项不能既作为其购买受益权份额的款项,又作为安信信托的放贷款项。法院认为,虽然安信信托以其与昆山纯高存在《信托贷款合同》纠纷为起诉事由,但对信托成立及其与昆山纯高签订《资产收益财产权信托合同》的事实亦不予否认;又鉴于《资产收益财产权信托合同》系双方当事人的真实意思表示,且未违反法律、法规的强制性规定,因此该合同有效,双方之间存在信托法律关系。[1]

其次,法院没有判定昆山纯高与安信信托签订的《信托贷款合同》无效,而是援用"实质重于形式"的原则,创造性地判定《信托贷款合同》系《资产收益财产权信托合同》的附属合同,目的是为了保证抵押登记的有效性。由于法院认为本案的信托财产仅仅是收益权,而基础财产的抵押就成了保障公众投资人获得收益权的重要手段,因此,抵押的办理对各方当事人均有重要意义。然而,由于《资产收益财产权信托合同》结构复杂、权利义务不清晰,难以用于办理抵押登记,为此,双方签订《信

---

[1] 参见上海市第二中级人民法院(2012)沪二中民六(商)初字第 7 号民事判决书。

托贷款合同》以达成办理抵押登记手续的目的,情有可原。对此双方均有预期且达成了合意。因此,法院认定《信托贷款合同》仅作为表面形式,其实质在于实现《资产收益财产权信托合同》所约定的抵押权登记,并非无效合同。[1] 这样,认定抵押合同有效,可以保护资产收益权信托计划项下的债权债务关系及其增信措施。

最后,虽然法院没有判定《信托贷款合同》无效,却判定昆山纯高与安信信托之间的权利义务与违约责任应依《资产收益财产权信托合同》确定,而非以《信托贷款合同》为准。根据《信托贷款合同》,昆山纯高如构成违约,应承担罚息、复利、违约金等责任,而且安信信托有权在昆山纯高实际违约后主张高额的违约赔偿金等归己方所有而不是归公众投资人所有。法院认定受托人安信信托未经公众投资人同意,借助后者的财产为自己谋私利的行为违反了诚实信用原则,其以公众投资人交付的财产获取不当私利为非法,对此不予支持。[2]

综上所述,法院对"安信信托案"的判决更多是出于政策考量和利益平衡的目的,着眼于定分止争,保护公众投资人的利益,注重维护金融信托和资本市场的稳定。一审法官也承认在作出判决时着重考虑了外部关系,认为保护投资者的利益才是司法关注的重点。[3] 这一做法并无不妥,其他国家的法官在判案时也经常在没有其他法律依据的情况下以政策(policy)理由作为考量因素。然而,本案并非没有法律依据,法官如能从法律角度找到更好的支持性理论,比如从信托财产的界定以及信托财产的转移入手进行分析,比单独以政策原因作出判决要更加合理、更有说服力。

（二）法院判决之缺憾及简析

"安信信托案"是检验我国有关信托与证券化法律的首起案例,受到业界的广泛关注,也引发了业界的广泛讨论。在仔细考察此案后可以发现,无论法院判定《资产收益财产权信托合同》有效,还是判定《信托贷款合同》有效,其实对金融信托

[1] 参见上海市第二中级人民法院(2012)沪二中民六(商)初字第7号民事判决书。
[2] 同上。
[3] 参见高长久、符望、吴峻雪:《信托法律关系的司法认定——以资产收益权信托的纠纷与困境为例》,《证券法苑》2014年第2期。

法与资产证券化理论研究的意义大于对本案当事人的意义,因为这对当事人的实际结果可能是一样的:如果《信托贷款合同》有效,则《抵押协议》也随之有效,安信信托可以实现抵押权,保护投资人利益;如果《资产收益财产权信托合同》有效,则信托财产的所有权人应为安信信托,安信信托照样可以通过处置信托财产来偿付投资人。然而遗憾的是,两审法院都未能从信托法的理论高度对本案进行深入剖析。由于我国法院基本上是以纠纷解决为导向,而非以确立规则为导向,因此,虽然本案的判决从政策角度保护了公众投资人利益与信托市场,却没能树立行业标杆,对规范信托市场也没能起到积极作用。

1. 未能判定收益权信托的合法性

法院认定本案中《资产收益财产权信托合同》有效的理由如下:(1)安信信托对信托成立及其与昆山纯高签订《资产收益财产权信托合同》的事实不予否认;(2)《资产收益财产权信托合同》系双方当事人的真实意思表示;(3)《资产收益财产权信托合同》未违反法律、法规的强制性规定。[1]虽然笔者同意司法判决的结果,然而作为权威的司法判决,这一推理过程过于简单,甚至没有根据我国《信托法》来分析信托的成立要件,因此对将来的金融信托纠纷处理缺乏指导意义。其中,有关收益权的界定、确定性及其作为信托财产的合法性这些问题本来是本案备受瞩目的焦点,在业界和学术界存在较大争议。虽然双方当事人没有具体提出收益权信托的性质与有效性问题,但是信托是否成立毕竟是一个绕不过去的问题。可惜法院选择避重就轻,根本没有触及这一点。因此,本案对收益权信托的可持续发展与将来的金融信托纠纷解决缺乏指导意义,因为本案判决"并不意味着收益权的性质得到了所谓的司法确认",也"不意味着本案的主审法官和法院认可了收益权和收益权信托"。[2]

2. 未能界定信托财产的范围

法院仅根据《资产收益财产权信托合同》的名称错误地认定本案的信托财产是收益权而非基础资产,没能进一步分析《资产收益财产权信托合同》中有关收益权

---

[1] 参见上海市第二中级人民法院(2012)沪二中民六(商)初字第7号民事判决书。
[2] 柏钦涛:《安信信托—昆山纯高营业信托纠纷案法律问题分析》,http://bIog. sina. com. cn/s/blog_70b51b350101]j9m_ html,2015 年 4 月 25 日访问。

的定义,没有从中发现收益与信托原物之间的差异,因此忽视了该类信托的基本特性。结果是法院认定基础资产不是信托财产,因此必须作为抵押物来担保《资产收益财产权信托合同》的履行。为避免使从属于《信托贷款合同》的《抵押协议》无效因而导致投资人的"收益权"得不到保护,法院判定《信托贷款合同》并非无效。[1]然而,如前所述,本案中信托的信托财产,和其他类似的信托一样,事实上既包括基础资产,也包括基础资产的收益权,因为这些信托合同都约定信托财产包括对基础资产进行管理、使用和销售后的所得,并未扣除其原始价值。该问题非常重要,甚至也与这一类信托的有效性息息相关。然而,法院对此却未置一词。

3. 未能认定信托财产所有权的归属

法院没能充分考虑证券化交易中信托财产所有权的转移问题。尽管我国《信托法》并没有强制要求信托财产的所有权转移,但法院应充分考虑相关国际实践以及商事信托的惯例,应判定当昆山纯高获得对价时,信托财产的所有权事实上已经转移给安信信托。这样一来,投资人的利益就能得到更好的保护,而当事人也就没有必要签署抵押协议,因为受托人已经拥有信托财产的所有权,可以对其进行处置以满足受益人的利益需求。法院也就不需要作出这个虽讨巧却不合情理的判决:支持《资产收益财产权信托合同》有效,却不判定《信托贷款合同》无效。当然,法院也可能在考虑到信托财产所有权归属的情况下,并不同意信托财产所有权已经转让给安信信托,那么该交易结构实质上就是变相的信托贷款,其可能因违反我国的法律规定与监管政策而无效。这样,结果可能会正好相反:《资产收益财产权信托合同》无效,而《信托贷款合同》有效。法院如能对这一问题加以考虑,无论作出的判决是上述哪一种,都会敦促信托业界及其监管机构深入考虑信托财产所有权转移的公示制度与后果,从而将对信托业的发展起到推动作用。

4. 未能确认房地产企业在证券化交易之后的角色

法院忽视了房地产开发商在结构性融资交易中作为服务商的角色,没能分析由安信信托强加给昆山纯高定期保持信托专户最低现金余额的义务是否有效。事实上,基础资产早已转移给受托人并由其持有,因此对信托财产的管理与销售是受

---

〔1〕参见上海市第二中级人民法院(2012)沪二中民六(商)初字第7号民事判决书。

托人的义务而非房地产开发商的义务。即便昆山纯高仍然受托保管和管理基础资产，它也仅仅是以服务商的身份予以保管和管理，因此，昆山纯高作为服务商有义务定期向安信信托提交账册并将收到的所有销售款项存入信托专户，却不应有义务确保信托专户保有最低现金余额。因此，也不存在违约问题。在本案中，安信信托声称昆山纯高因没能确保信托专户保有最低现金余额，因此违约，这一观点虽站不住脚，却得到了法院的支持。[1]

5. 未能刹住"阴阳合同"现象

"安信信托案"涉及相互冲突的两份合同，一份是《资产收益财产权信托合同》，另一份是《信托贷款合同》。法院已经明确案外公众投资人的同一笔款项不能既作为他们购买信托收益权份额的款项（信托），又作为信托公司的信托财产并用于房贷的款项（担保贷款），[2]即一笔业务或款项，不可能同时符合两种不同的结构性融资模式的要求。因此，两份合同中应当只有一份有效。

其实，仅从《信托贷款合同》及其履行情况就可以判断这是一份虚假合同，因为安信信托并没有为昆山纯高提供任何贷款。至于2.15亿元的"优先受益权转让款"，是基于《资产收益财产权信托合同》因昆山纯高向安信信托转让信托财产所得对价，是信托成立的前提条件，并非安信信托为其提供的贷款。事实上，如果2.15亿元资金是单纯的贷款，安信信托则存在非法集资的嫌疑，因为安信信托既不对房地产拥有权利，如何向投资者出售基础资产支持的信托受益权凭证？如果昆山纯高仍然拥有基础资产的所有权，仅委托安信信托发售信托受益权凭证，那么，基于委托关系，所得价款更加理所当然地属于昆山纯高，怎能算作安信信托发放的贷款？《资产收益财产权信托合同》还约定，"基础资产所产生的全部收益系本信托项下的信托财产，不属于委托人的资产"，可以看出昆山纯高已经不拥有基础资产及其收益的所有权。此时，昆山纯高无偿转移基础资产给安信信托，并为后者管理经营信托财产，管理费还由自己出，所得全部收益却给安信信托，拿到的钱还算贷款，这笔交易的法律关系之混乱难以想象。

法院虽然判定《资产收益财产权信托合同》有效，但是又认为如果简单判定《信

---

〔1〕参见上海市第二中级人民法院（2012）沪二中民六（商）初字第7号民事判决书。
〔2〕参见上海市第二中级人民法院（2012）沪二中民六（商）初字第7号民事判决书。

托贷款合同》无效,根据"主合同无效担保合同亦无效"的思路,抵押协议就会无效,因而公众投资人的权利将会不保。[1] 法院站在公众投资人的角度看问题可以理解,但是要想解决这一矛盾,法院原本应该从信托财产的界定与转移等方面设法寻找可以保护公众投资人的法律根据,判定安信信托拥有信托财产的所有权。然而法院却作出了一个没有说服力的判决,即认定《信托贷款合同》是依附于《资产收益财产权信托合同》的合同,是"形式上的合同"[2],因此并非无效。这种判决虽然讨巧,却不合情理。虽然也有人认为这是法院的创造性发挥,却经不起推敲,其实这是向我国目前有关信托制度困境的妥协,无形中会纵容"阴阳合同"的长期存在。事实上,法院完全有更为妥当和合理的论证方式。如果法院能承认在本交易中形成了所有权转移,这一矛盾就会迎刃而解。

(三) 我国金融信托法之展望

信托自传入我国后一直如同"水上浮油",与我国的法律制度无法完全融合。我国《信托法》颁布至今从未实质性地经受过司法审判的检验。无论是学界人士还是业界人士,在撰写金融信托方面的论文时,谈及的都是与我国国情不符的英美信托法,然而在具体操作信托"项目"或"产品"时,却又完全撇开任何法律制度和法理。因此,业界都期待通过"安信信托案"的审理厘清我国信托法中的一些误区,为我国信托制度的发展扫除障碍,并希望本案的审理对完善我国信托法律制度与发展我国信托业起到推动和促进作用,从而使源自英美法的信托制度能够与我国的法律制度融为一体,为进一步深化我国金融体制改革与活跃资本市场作出贡献。

"安信信托案"的判决结果虽然皆大欢喜,然而由于相关法律的缺失,本案法官没能从理论高度对所涉信托的权利义务关系进行分析,因此本案的指导意义非常有限。在我国,资产收益财产权信托的命运仍然是未知数。本案一审法官认为:"不管资产收益权的结构如何精巧,都回避不了当事人逃避监管、实施房地产融资

---

[1] 参见上海市第二中级人民法院(2012)沪二中民六(商)初字第7号民事判决书。
[2] 参见上海市高级人民法院(2013)沪高民五(商)终字第11号民事判决书。

的目的。"[1]还有学者认为："这种以规避监管为出发点的创新不论在文本上做得多么复杂精致,真要在法律逻辑的追问下,必然要碰到'血管堵塞'的地方,幸好我们所碰到的是不愿意或者不能够太多追问法理的司法体系。"[2]笔者却认为这并非是说收益权信托肯定不合法,而是恰如其分地描述了文首即提及的信托的两面性,即法律革新与法律规避。

既然我国决定移植信托制度,就不得不接受信托的这种两面性。无论是基于什么理由,即便是法院也最后认定"安信信托案"所涉信托合法。虽然根据我国《信托法》和《合同法》,目的违反法律法规或损害社会公共利益的信托与以合法形式掩盖非法目的而订立的合同无效,但是一审法官却认为司法机关目前无法认定这种收益权信托无效,因为"房地产调控政策是管理性规定,而非效力性规定,不应以宣告合同无效这一较为严厉的方式予以打击";另外,"监管部门可以通过加大风险提示力度,消除投资人关于刚性兑付的误解,也可以对某些风险较大的产品不予批准,对信托公司做出处罚来降低行业风险"[3]。因此,至少目前看来,资产收益财产权信托还是可以继续存在的。

为正确解决信托纠纷,笔者建议从以下几个方面入手对资产收益财产权信托予以全面分析。

第一,应明确资产收益财产权信托系用于结构性融资(资产证券化)的商事信托,在交易中委托人因收取对价而必须将信托财产转移给信托公司,自己不再保留所有权,而只保留一般受益权。

第二,应明确对资产收益财产权信托的合法性不能一概而论,而要根据这种权益是否为既得权益、是否可以确定而判断。如果收益权不能确定,则信托不成立;如果收益权能够确定,且在信托合同中没有相反约定,则该信托为合法的收益权信托。另外,名称为"收益权信托"的信托财产并不一定只是收益权,如果信托合同中

〔1〕参见高长久、符望、吴峻雪:《信托法律关系的司法认定——以资产收益权信托的纠纷与困境为例》,《证券法苑》2014年第2期。
〔2〕柏钦涛:《安信信托——昆山纯高营业信托纠纷案法律问题分析》,http://bIog. sina. com. cn/s/blog_70b51b350101]j9m_ html,2015年4月25日访问。
〔3〕参见高长久、符望、吴峻雪:《信托法律关系的司法认定——以资产收益权信托的纠纷与困境为例》,《证券法苑》2014年第2期。

约定信托收益包括收益权及原始基础资产，则该信托应定性为财产信托。

第三，鉴于这类信托的信托财产已经转移给信托公司，并且委托人已经通过持有一般受益权的方式对信托提供了超额担保，信托公司和投资人都不需要再要求委托人提供额外的抵押或其他形式的担保，恰当的信托公示制度即已足。这也正是很多企业决定采用证券化方式融资的原因之一。否则，其他形式的交易结构完全可以替代证券化。

第四，在结构性融资交易完成后，如果委托人继续保管或管理信托财产，应该明确此时委托人是以服务商和代理人的身份为受托人管理财产。此时委托人的权利义务与以前大不相同，而是应根据我国《合同法》和《民法通则》中有关代理的规定享有权利与负有义务。其中，服务商的权利包括可以收取服务费或辞去服务商的职务等；所承担的义务包括需要为受托人的利益勤勉管理信托财产，定期向受托人汇报信托财产的管理状况，并将收取的账款及时、全部汇入指定的信托专户等。而受托人有权根据情况更换服务商。

第五，由于这类信托涉及公众投资人的利益，因此，必要的公示制度必不可少。虽然目前我国信托登记制度尚不完善，但相关政府部门近期在中国（上海）自由贸易试验区设立的信托登记中心以及上海市浦东新区人民政府、中国（上海）自由贸易试验区管理委员会于2014年9月3日发布的《信托登记试行办法》让信托业界看到了光明。然而，这样一个信托登记中心是否能够满足所有信托的登记需求仍有待观察。笔者建议，可以在现有的房地产登记部门单独设置一个信托登记簿，便于不动产信托的登记，同时也可以在税费等方面给予特殊待遇，因为受托人毕竟只是"法律上"或者"名义上"的所有人。其他动产信托或收益权信托则可以在新设立的信托登记中心登记。

第六，司法机关在审理信托诉讼案件时，不能只着眼于定分止争、利益衡平，而更需要透过现象看本质，发掘创新交易结构中的实质法律关系。

第七，在学习英美信托法时，不能盲目照搬英美信托的做法，而应了解其背后的制度原理。比如，美国证券化交易中强调"真实出售"的原因是根据美国破产法的规定，只有委托人将信托财产"真实出售"给受托人，信托财产才能得到"破产隔离"保护。在我国并无相应法律依据，并且根据《信托法》第15条的规定，信托财产自动得到破产隔离的保护,并不需要"真实出售"。然而,英美信托法中要求委托人将信托财产所有权转移给受托人的规定却值得我们借鉴。在信托法领域有很多误区,其很容易让人在没能深入了解配套法律制度的情况下盲目引进英美法国家的一些做法。因此,研究国外信托法不能只"知其然",还要"知其所以然"才行。"真实出售"和"破产隔离"只是其中的一个例子而已。

总之,要完善我国的信托制度,必须要修订现有法律,制定配套制度,培育信托理念,以及完善相关司法实践。

行文至此,笔者总结出一个用以判定结构性融资交易中商事信托合法性的分析框架,供信托业界、律师界以及司法界参考,这个分析框架可以称为"两步分析法"。

第一步:无论用于结构性融资的信托的名称是财产权信托还是收益权信托,首先要分析该财产是否确定。有体财产的确定性比较容易分辨,然而多数以收益权信托命名的信托财产的确定性并不明显,需要区分以下情形予以辨析。

A. 如果信托财产是既得收益权,则为确定,并直接进入到第二步分析阶段。

B. 如果信托财产是非既得收益权,则分析信托财产是否还包括基础资产:(1)如果信托合同将"收益权"定义为"基础资产 + 收益",则信托财产包含基础资产,且为确定,并进入到第二步分析阶段。(2)如果信托合同明确将"收益权"定义为纯收益,则信托财产不确定,该信托不具合法性,按贷款或变相发放贷款处理,是否合法要看法律法规对其是否予以禁止。

第二步:分析该结构性融资交易中的信托财产是否已从发起人(委托人)转移给受托人(信托公司)。

A. 如果信托财产发生了转移,则该信托为财产(权)信托,具备合法性。

B. 如果信托财产不发生转移,则该信托应定性为资金信托,交易为担保贷款或变相担保贷款,是否合法要看法律法规对其是否予以禁止。

第十三章　破产语境下的房地产信托投资问题研究*

——以新华信托破产债权确认案为样本

一、问题的提出

房地产行业属于资本密集型行业，无论是前期的土地竞拍，还是中期的开发建设、后期的营销，都需要持续投入大量资金。近十几年来，中国房价总体呈现持续上涨的态势。近年来，为了打压过高的房价、调控房地产市场，国家出台了一系列政策，就房地产企业向银行融资作出了种种限制。房地产企业向银行融资受限后，信托由于其自身特有的法律创新与法律规避的两面性，成为房地产企业的“救命稻草”，[1]使得房地产信托业务大行其道。[2] 中国信托业协会的统计结果显示：2004—2013年，中国68家信托投资公司共发行房地产及相关信托产品7219个，募集资金额超过1万亿元人民币，占信托募集资金总额的30.99%。[3] 资金的大规模集聚往往伴随着风险的剧增。因此，房地产信托业务一直是监管部门的监管重

---

* 作者：任一民，浙江京衡律师事务所执行主任。

〔1〕参见陈敦、张航、王诗桴：《房地产信托业务监管政策实效研究》，载《上海金融》2017年第3期。

〔2〕统计数据显示，2008年信托公司全行业信托资产规模仅仅为1.22万亿元，到2013年增长到10.91万亿元，到2016年底增长到20.2万亿元。其中，房地产信托业务的占比一直居高不下，2013年底占比10.03%，2016年底占比8.19%。参见季奎明：《组织法视角下的商事信托法律问题研究》，法律出版社2014年6月版，第123—124页、195—196页。参见中国人民大学信托与基金研究所：《中国信托业发展报告(2017)》中国财富出版社，2017年5月版，第23—39页。

〔3〕参见朱佳俊，覃朝勇：《中国房地产信托产品风险溢价的影响因素——基于CAPM的分析》，载《技术经济》2015年第8期。

点。[1] 其中,对贷款类房地产融资信托的监管尤为严格,房地产开发企业的流动资金信托贷款和土地出让款的信托贷款的发放均被禁止;房地产开发项目的信托贷款则受到"四三二"规则的限制。[2] 贷款类信托融资受限,信托公司开始转向非贷款类信托融资业务,股权投资便成为信托公司向房地产企业提供融资的常用方式。

实践中,以股权投资方式实施的房地产信托,依信托资金来源,主要有银行理财资金、集合信托计划资金和保险资金。依其取得股权方式,有通过增资取得股权的,有通过受让现有股东所持股权方式取得股权的。依信托资金投入方式观察,既有以增资或缴付资本公积等方式直接投入房地产公司的;也有将股权转让款支付给股东,再由股东投入房地产公司的间接投入模式。以交易模式来看,既有常规股权投资谋取较高盈利的,也有投资持股一段时间后因房地产经营形势变化而要求转为债权寻求退出的,更有大量所谓"名股实债"(亦称为"明股实债")的交易。根据中金公司 2016 年 7 月发布的研究报告显示,截至 2015 年底,预计"名股实债"规模约 2 万亿,其中房地产占比约 20%—25%。[3]

2016 年下半年,新华信托股份有限公司(以下简称"新华信托")与湖州港城置业有限公司(以下简称"港城置业")之间的破产债权确认纠纷的一审判决中,法院没有支持信托公司诉称其交易是"名股实债"的主张,引发了法律界、金融(信托)界、房地界的高度关注。该案中,新华信托通过发布股权投资集合资金信托计划,将由此募集的信托资金以受让融资人港城置业的股权和认缴资本公积金的方

---

[1] 我国信托立法采取了信托法和信托业法两分的方式,《信托法》第 4 条规定,信托机构的组织和管理有国务院制定具体办法,但国务院一直未就此出台行政法规,只是由银监会出面颁布了《信托公司管理办法》。随着这一管理办法的出台,实践中,也就由银监会在具体行使对信托行业的专管权。

[2] 中国银监会颁发的系列监管文件包括:《关于加强信托投资公司部分业务风险提示的通知》(银监办发【2005】212 号),《关于进一步加强房地产信贷管理的通知》(银监发【2006】54 号),《关于加强信托公司房地产、证券业务监管有关问题的通知》(银监办发【2008】265 号),《关于信托公司开展项目融资业务涉及项目资本金有关问题的通知》(银监发【2009】84 号),《关于加强信托公司房地产信托业务监管有关问题的通知》(银监办发【2010】54 号)。对于这一系列监管政策的实效,参见:注 1。其中,所谓四三二规则,四是指要求房地产公司四证(国有土地使用证、建设用地规划许可证、建设工程规划许可证、建筑工程施工许可证)齐全,三是指项目资本金不低于 35%,二是指房地产公司或其控股股东具有二级开发资质。

[3] 转引自孙彬彬、倪鑫:《不应以外观主义来判断"名股实债"的性质》,中伦视界微信公众号,2017 年 1 月 17 日。

式投入到港城置业,后港城置业因严重资不抵债而进入破产程序,新华信托主张其所持股权实质是债权,却未获得管理人的确认和法院的支持。各方专业人士纷纷撰文,评析这一可能对房地产企业的融资路径和融资模式带来深远影响的判决。[1]然而,各类评论文章关注的焦点主要是"名股实债"交易模式的效力,特别是遭遇融资人破产时的效力,很少就房地产股权投资信托遭遇融资人破产时可能涉及的问题展开全面而深入地探析。

本章以新华信托案为依托,就类型不一的房地产股权投资信托遭遇融资人破产的重要法律问题进行剖析:信托公司以其持有的信托资金向房地产公司进行股权投资,何等情形下是真正的"名股实债"?何等情形下则属于"先股后债"?合同法层面确认"名股实债"的目的是规避信托监管,这一举措在信托法层面能否得到支持?当信托财产已按股权方式持有并对外公示,能否按内部约定将信托财产认定为债权?将股权资产按债权资产进行管理是否符合信义义务的履职要求?"名股实债"或"先股后债"的交易与公司法层面的程序法或实体法强制规范是否存在冲突?能否不受限制地予以承认?当"名股实债"、"先股后债"的交易遭遇融资人破产时,破产法应当如何进行评价?融资人破产时,股权投资面临巨大的风险,监管部门为何还要限制房地产债权投资而开放股权投资?是监管政策有误还是另有考虑?

二、新华信托破产债权确认一案的基本案情

依据新华信托破产债权确认案一审判决披露的信息和笔者作为管理人参与该案所了解的事实,新华信托对港城置业投资的完成及后续管理可以分为四个阶段:

---

[1] 该判决书上网后,多家微信公众号刊发了评论文章,比较有代表性的文章主要如下:亢雪莲:《"名股实债"交易在破产程序中的性质认定》,刊载于微信公众号"东方法律人",2016 年 11 月 16 日;陈敦:《破产程序中"名股实债"业务模式的法律风险》;王红、陈敦:《"名股实债"债权属性不被认可的法律风险防范及破产情形下的回购义务分析》,刊载于微信公众号"资管法评",2016 年 11 月 17 日和 21 日;杨涛:《简评新华信托"明股实债"案》,首发于微信公众号"金融法评",2016 年 11 月 20 日,次日,该篇文章被转发在微信公众号"信托圈"上,标题尤为醒目《说一说"四三二"! 新华信托向全世界哭诉自己是"明股实债"后》等等。

（一）股权投资信托的设立

新华信托向港城置业提供融资的信托并非新华信托先行发起设立，而是在新华信托与港城置业就股权投资事宜达成共识后再发起设立的。

1. 信托公司与融资人间合意的达成

房地产开发企业港城置业为了融资而与新华信托洽谈，由于港城置业及其控股股东均不具有二级房地产开发资质，依据银监会的监管政策，不具备向信托公司借款资格，[1]新华信托关于股权融资建议得到了港城置业的赞同。2011年6月，新华信托与港城置业及其股东纪阿生、丁林德（合计持股100％）签订了《湖州凯旋国际社区股权投资集合资金信托计划合作协议》（以下简称"《股权投资合作协议》"），《股权投资合作协议》约定新华信托向港城置业所作股权投资资金来源于未来向社会公众发布集合资金信托计划所募集的资金，其中1.44亿元用于受让取得港城置业80％股权，其余资金用于缴付港城置业的资本公积金。《股权投资合作协议》通过8个具体条款确立了新华信托作为股东所享有的若干权利，包括参与股东会行使表决权，选任董事、监事和高级管理人员，新华信托委派董事对公司重大事项享有一票否决权以及作为股东的知情权，等等。前述协议还明确了新华信托对港城置业印章与核心文件的管控权、监管账户的控制权以及特定情况下对港城置业财产处分的介入权，等等。对于信托资金的退出，前述协议规定："丙方（港城置业）有义务配合丁方（新华信托）在信托期满时，采取信托文件提及的方式安全退出信托资金。"同时，前述协议还设置了港城置业的土地抵押，股东纪阿生、丁林德持有剩余股权质押等担保措施，这些措施担保的是"担保港城置业在主合同（《股权投资合作协议》）项下的义务及相关合同的履行（包括但不限于信托资金本金额2.5亿元及其相关收益）"，但是，主合同项下并未约定港城置业负有归还或退返信托资金

---

〔1〕银监会【2008】265号文《中国银监会办公厅关于加强信托公司房地产、证券业务监管有关问题的通知》，明确"严禁向尚未取得国有土地使用证、建设用地规划许可证、建设工程规划许可证、建筑工程施工许可证的房地产项目发放贷款，严禁以投资附加回购承诺、商品房预售团购等方式间接发放房地产贷款。申请信托公司贷款（包括以投资附加回购承诺、商品房预售回购等方式的间接贷款）的房地产开发企业资质应不低于国家建设行政主管部门核发的二级房地产开发资质，开发项目资本金比例应不低于35％。"齐全、开发商或其控股股东具备二级开发资质、项目资金比例达到国家最低要求等条件，不具备信托债权融资资格。银监办发【2010】54号文《关于加强信托公司房地产信托业务监管有关问题的通知》，进一步明确"信托公司发放贷款的房地产开发项目必须满足'四证'齐全、开发商或其控股股东具备二级资质、项目资本金比例达到国家最低要求等条件。"

的义务,相关合同的履行及其附属说明也是语焉不详。

2. 股权信托投资资金的募集

2011 年 7 月至 9 月,新华信托向社会公众发布了集合资金信托计划。这一信托关系得以建立的核心法律文件是新华信托(受托人)与资金提供人(委托人)签署的《资金信托合同》(以下简称信托合同),该合同明确信托目的为:"委托人基于对受托人的信任,自愿将其合法拥有的资金委托给受托人集合管理,由受托人按照委托人的意愿,以受托人的名义向湖州港城置业有限公司进行股权投资,其中 14400 万元用于受让项目公司 80% 股权,剩余资金全部向项目公司增资(合同第九条信托资金运用款中约定股权转让款以外资金全部增入资本公积),用于湖州'凯旋国际社区'项目建设,取得信托收益并分配给受益人,股权转让并增资后,新华信托持有项目公司 80% 股权,并取得剩余股权质押,实现对项目公司 100% 绝对控制。通过受托人专业化的管理,使信托资金在承担较低风险的情况下获取较为稳定的收益,实现受益人利益的最大化。"《信托合同》的第九条第四款就"信托资金的退出"作出约定:"信托期满时,采取以下方式安全退出信托资金:获取项目公司的分红和减资;转让项目公司股权;转让信托受益权;采取其他合法合规方式处分项目公司股权或相关资产。"信托合同第二十条就"政策风险及控制"明确规定:"本信托计划为股权投资信托计划,无房地产项目公司股东方股权回购的承诺和安排,是《信托公司集合资金信托计划管理办法》所引导和鼓励的房地产股权投资,符合国家法律、法规和政策。"新华信托最终向社会公众募集了 22478 万元信托资金,港城置业公司股权信托自此设立。

(二) 信托资金的投放

2011 年 9 月,新华信托汇付了 22478 万元信托资金,其中 14400 万元作为股权转让款支付给港城置业股东纪阿生和丁林德(该笔股权转让款按股权投资合作协议的约定直接汇入了港城置业账户),另外 8078 万元支付给港城置业用于缴付资本公积金。新华信托向港城置业指派了两名董事加入董事会,接管了港城置业的公章和营业执照、土地使用权证等证书,并办理了股权变更的工商登记手续。自此,新华信托正式成为持有港城置业 80% 股权的股东,新华信托按《信托合同》中"信托目的"的约定,将其受托持有的信托财产从信托资金转换成了港城置业的 80% 股权,这一事实通过港城置业的工商登记对外公示。

(三) 信托财产的管理

新华信托自 2011 年 9 月开始持股并掌控港城置业公司印鉴及相关主要证照之后,港城置业发生了董事、总经理等方面的人事变动,新华信托作为股东行使表决权,促成了董事、总经理等高管的变动。与此同时,港城置业开始工程施工和房屋预售等工作,并取得巨额销售收入,但房屋预售收入虽进入监管账户却未专款专用,而是出现大量挪用的情况,导致现金流紧张,不得不向民间高利融资。新华信托未按照协议约定参与资金监管,对资金大量被挪用之事实也未采取积极有效的措施扭转局面。2013 年 2 月,新华信托与港城置业及其股东就信托期限延长等事宜签署了《股权投资合作协议》的补充协议。补充协议第七、八条增设了港城置业归还信托本金及收益的义务;第九条增设了股东纪阿生、丁林德的回购义务:"信托到期时,甲(纪阿生)、乙(丁林德)双方均有义务回购丁方(新华信托)持有的丙方(港城置业)股权并支付相应股权回购款,丙方有义务对上述回购行为支付相应资金。"2015 年 8 月 4 日,港城置业因严重资不抵债且无法清偿到期债务而进入破产清算程序。管理人接管港城置业 1 个多月后,新华信托才将其持有的印章证照移交给管理人。

(四) 信托财产退出的争议

港城置业进入破产清算程序后,新华信托向管理人主张信托财产退出,即主张其所持股权系让与担保,试图通过申报债权的方式将其支付的 14400 万元股权转让款和 8078 万元资本公积金予以退返。管理人审核后认为:新华信托因受让股权而向港城置业股东支付的股权转让款不能构成港城置业的债权,且股东向公司缴付的资本公积金亦不享有债权请求权,遂作出了债权不成立的审核意见。新华信托提出异议,管理人复核异议后仍维持原有审核意见,新华信托则提起确权之诉。于是,就有了前文那份激起掀然大波的一审裁决。诉讼中,新华信托最为核心的观点就是主张其股权投资的实质为"名股实债",这一定性在破产程序中应予以肯定,但一审法院没有支持前述主张,否定其对港城置业公司享有债权。

新华信托与港城置业的争议虽然只是房地产股权投资信托引发风险的个案,

但这一交易因融资人破产时信托投资公司的"名股实债"没有得到判决支持而受关注。对本案过程的梳理和适用法律的分析有助于我们更好地了解房地产股权信托投资的相关问题。

三、非破产程序中的房地产股权投资信托

（一）合同法层面的辨识

1. 交易性质是否构成"名股实债"

"名股实债"并非法律概念，是实务中较为普遍的提法，通常是指股权持有人与其投资的公司之间名义上存在股权投资关系，实质上是债权关系。信托公司运用信托资金取得融资人房地产公司股权的模式主要有认缴增资和受让股权两种，后者的交易模式更为复杂。在新华信托案中，新华信托主张其所支付的股权转让价款和缴付的资本公积金均属于对港城置业的借款，下文首先围绕债权区别于股权的核心要素，即融资人是否负有归还本金义务，是否需要支付固定利息，以及资金提供方取得股权是否构成让与担保进行阐述。

（1）债的成立应以义务人负有还本义务为条件

港城置业对该笔信托资金是否负有归还义务，关键在于相关协议是否对此作出明确约定。由于新华信托设计了股权投资的交易结构，客观上约束了双方不能在《股权投资合作协议》等文件中作出明显自相矛盾的约定，前述协议将港城置业的义务界定为"丙方（港城置业）有义务配合丁方（新华信托）在信托期满时，采取信托文件提及的方式安全退出信托资金"。而《信托合同》的第九条第四款规定："信托期满时，采取以下方式安全退出信托资金：获取项目公司的分红和减资；转让项目公司股权；转让信托受益权；采取其他合法合规方式处分项目公司股权或相关资产。"[1]由此可见，信托资金以股权收益的直接收取退出，或者以股本减少、股权处

---

[1] 信托期限的设置，也成为信托公司主张这一投资性质属于债权而非股权的理由之一。其实，这与我国房地产开发公司普遍实施项目公司制有关。房地产开发商往往是就一个项目对应的设立一个项目公司，当房屋建设销售等开发活动完成时，项目公司随之解散清算，如果项目公司开发楼盘体量不大，项目公司的实际存续期限也就不长，即股东可以通过解散清算或提前解散清算退出公司。信托合同关于信托资金退出的最后一种机制的安排，处分项目公司相关资产，即是针对股东通过解散清算退出机制的预约安排。

分的方式,或者以解散和清算公司实现剩余财产分配等方式退出,这些退出机制都是股权模式的退出而非债权模式的退出,即不是以港城置业归还信托资金的方式退出。并且,从《信托合同》与《股权投资合作协议》的关系来看,没有合作协议就融资需求和融资模式达成的合意,就不会有后续新华信托发布股权投资集合资金计划,签署信托合同募集资金。没有信托资金的募集,也就没有后续的股权投资和投资管理的一系列问题,因此,这两份合同当构成合同联立,只有整体解释才符合缔约各方的真实意图。[1] 明确约定信托资金退出模式的《信托合同》更应作为整体评价交易性质的依据。此外,港城置业或其股东均无回购股权的义务安排,也没有其他协议另行规定这是债权投资背景下的"阴合同"或"抽屉协议"。因此,从本金退返角度分析,所谓的债的关系是不成立的。既然债不成立,从属性的抵押担保也就失去了价值和意义。易言之,我们不能因为抵押担保的存在,就反推主债权必然发生。

(2) 约定固定收益不能反推交易性质必然是债权投资

股东可以获得固定收益的约定,能否推导出该股东实际上享有的不是股权而是债权的结论? 答案也是否定的。因为依据公司法法理,股权不仅有普通股,还有优先股,而优先股股东的股利分配,约定的往往正是固定分红,[2]即优先股的收益常常是确定的。[3] 优先股制度虽然未在现行公司法中作出明文规定,但是实务中优先股的探索并未停止,[4]且在司法实践中得到了最高法院的认可。[5] 最高法院在就(2014)民二终字第 261 号民事判决(即新华信托与北京时光房地产开发有限公司及其子公司合同纠纷一案)展开分析时论述道:"优先股不同于普通股的特别之处在于: 第一,当企业破产清算时,优先股的清偿权限优先于普通股,即破产企业的资产在先偿还债务后,需要再偿还给优先股股东,最后才是普通股股东。第二,股

---

〔1〕 在合同联立的情况下,合同目的是指数个合同所能实现的整体的交易经济目标。参见陆青:《合同联立问题研究》,载《政治与法律》2014 年第 5 期。
〔2〕 参见古世英:《优先股法律制度研究》,法律出版社 2015 年 9 月版,第 35—45 页。
〔3〕 参见邓峰:《普通公司法》,中国人民大学出版社 2009 年第 1 版,第 284—285 页。
〔4〕 2005 年,国家发展和改革委员会等十部委联合发布的《创业投资企业管理暂行办法》第 15 条规定: 经与被投资企业签订投资协议,创业投资企业可以以股权和优先股、可转换优先股等股权方式对未上市企业进行投资。
〔5〕 参见张雪楳:《以股权转让形式推出信托资金的效力认定及相关法律问题》,载《商事审判指导》(总第 40 辑),人民法院出版社 2016 年 9 月出版,第 144—163 页。

息偿付的优先权。即企业在股票分红时,优先股股东具有先获得固定分红的权利。第三,通常优先股股东不参与企业的管理决策⋯⋯因此,在信托资金以谋求资金收益为目的进入融资公司后,公司也可以在不违反公司法法理的基础上给与其优先固定利益回报。"而前述《股权投资合作协议》中,关于港城置业义务的条款具体规定了港城置业负有"以支付费用、分红的方式,向信托专户支付相应金额的信托收益"(此处的信托收益率为核算收益率)的义务。关于该信托收益的核算,信托合同第十三条约定:"本信托计划受益人预期收益率为(10%—12.5%)/年。本信托计划的预期收益、预期收益率不构成受托人对信托收益的保证或承诺。"可见,所谓固定收益并不成立。退一步讲,即便前述预期收益被认定为固定收益,也不能推导出该笔融资就是债权融资的结论。结合新华信托享有优位于原股东的安全保障,信托收益优先支付的安排,且其实际上不积极参与企业具体经营事项的管理决策等等方面来看,新华信托所作的股权投资非常接近优先股,但即使被界定为优先股,仍属于股权投资的范畴,而无法将其界定为债权。

(3) 欠缺回购的约定令让与担保难以成立

让与担保虽然尚未被我国立法所确认,但是学界和实务界均认可让与担保模式的客观存在。通说认为,以移转担保标的物所有权之方式,达成信用授受目的之非典型担保,以信用收受者在法律上之债务人地位是否仍然存在为标准,可区分为信托让与担保与买卖式让与担保(有称为卖与担保、卖渡担保、卖渡抵当等)。买卖式担保,系以买卖方式移转标的物所有权,而以价金名义通融金钱,并约定日后得将该标的物买回之制度。[1] 信托让与担保,即狭义的让与担保,是指"债务人为债权担保之目的,转移标的物之所有权于债权人,并且仅为此目的而有转移之意思,所有权一旦有效转移于债权人,惟债权人负有不违反信托约款之义务。被担保债权,依然存在,信用授与人有请求返还之权利,惟于债务人不应其请求时,得就标的物优先的获得满足。[2] 买卖式让与担保与信托让与担保的主要区别:1)信托让与担保之债权人与债务人之间有担保债权关系存在,于债务人未履行债务时,债权人即得向债务人请求偿还,亦得就让与之标的物受偿。买卖式让与担保之买受人于

---

〔1〕 参见谢在全:《民法物权论(下册)》,中国政法大学出版社 2011 年 6 月修订 5 版,第 1100—1101 页。
〔2〕 参见史尚宽:《物权法论》,中国政法大学出版社 2000 年 1 月第 1 版,第 424 页。

出卖人间,无担保债权关系存在,买受人(信用授与人、给付金钱之一方)无请求出卖人(信用受取人、收受金钱之一方)清偿债务之权,惟出卖人得依约返还价金而请求交还标的物。2)标的物灭失时,在信托让与担保之债权人仍得就债务人之一般财产,求偿其债权。惟买卖式让与担保之买受人则无此项权利,可见其危险由买受人自行负担。3)于债务不履行时,信托让与担保之债权人如就标的物受偿其债权者,负有清算义务,亦即就标的物抵偿债权之余额应返还设定人,倘有不足,则仍可向债务人求偿。反之,买卖式让与担保即无清算之义务,于标的物抵偿债务(融资额)时,纵有不足亦无向出卖人求偿之权。[1]

从新华信托与港城置业间的关系来看,在股权转让款交付之前,新华信托与港城置业间并不存在债权债务关系,新华信托诉称的债是伴随着股权买卖款的支付而产生的,即属于以买卖价金名义通融金钱,而不是先有债的存在,再发生担保标的物所有权变动的信托让与担保。因此,如果新华信托所主张的让与担保成立,也属于买卖式让与担保。这一让与担保并不存在着先行设定的主债权,只有设置了融资方或其股东回购股权的约定,方能引致名义上是股东而实质上是为融资提供担保的法律效果。由于港城置业及其股东均未与新华信托之间达成回购股权之约定,回购之债付之阙如,亦无从认定该股权转让行为具有担保的性质。此外,让与担保作为一种权利移转型的担保,仍应恪守担保的从属性规则。[2] 就担保的本义而言,担保人虽然形式上移转了担保标的物的所有权,但实质上真正发生移转的只是担保标的物之价值权,担保标的物之占有、使用管理等权能并不移转。对于股权移转型的让与担保,虽然名义上的股权发生了变动,但是该股权的表决权仍应归担保提供人享有,否则就不构成让与担保而是真正的股权转让了。同时这也是我国现行财务税务制度上区分某些混合型投资性质到底是"股权"还是"债权"的依据。[3] 但就新华信托与港城置业间的关系而言,新华信托对港城置业不仅享有选

---

[1] 参见谢在全:《民法物权论(下册)》,中国政法大学出版社 2011 年 6 月修订 5 版,第 1100—1101 页。
[2] 参见王闯:《关于让与担保的司法态度及实务问题之解决》,载《人民司法》2014 年第 16 期。
[3] 2013 年国家税务总局《关于企业混合性投资业务企业所得税处理问题的公告》(2013 年第 41 号)规定,满足下列条件的兼具权益和债权双重特性的投资业务,属于混合性投资业务,按照债权投资业务处理:1)固定利息;2)明确的投资期限;3)投资企业对被投资企业净资产无所有权;4)投资企业不享有选举权和被选举权;5)投资企业不参与被投资企业日常经营活动。依据新华信托实际享有并行使选举权和被选举权的事实来看,从财税管理角度该笔投资也将被认定为股权投资而非债权投资。

举权和被选举权，还实际行使了前述权利。可见，新华信托所持有的股权已超越了担保之经济目的，具备了较为完整的股权内容，因此，前述股权转让属于让与担保的结论也殊难成立。既然让与担保无以成立，新华信托通过受让股权而成为港城置业股东之事实就不只是担保，而是实实在在地成为股东了。

2. 有别于"名股实债"的"先股后债"的合意

新华信托与港城置业及其股东间的《股权投资合作协议》没有股权回购的约定，可能是基于监管部门对于附回购约定的股权投资作出了明确限制的考虑。但是，在《股权投资合作协议》签署并履行近 1 年半后，新华信托与港城置业及其股东又签署了前述协议的补充协议。补充协议第九条新增了"原股东纪阿生与丁林德的股权回购义务"与"港城置业支付回购资金"的义务；补充协议第七条和第八条增设了"港城置业归还信托本金"的义务。这些约定属于对之前达成的《股权投资合作协议》内容的变更和补充，在之前的协议已实际履行，法律关系已然确立之后，法律虽然允许缔约各方达成新的合意，但是补充协议的性质、内容如果与之前的协议显著不同，虽不妨碍就补充协议本身的性质作出新的评价，但补充协议显然不能独立作为改变之前协议性质的依据。换言之，一项法律关系的本质，在法律关系缔结时即已确定，而不能根据情势变动而进行调整，除非该等调整的约定在缔约时即已存在（譬如附期限或附条件的法律行为）。同时，我们应依照补充协议达成时各方的权利义务状态来分析补充协议的性质。依据补充协议，新华信托作为港城置业 80％股权持有人，既享有要求港城置业退返资金的权利，又享有要求原股东回购股权的权利，显然达成了将新华信托持有港城置业的股权转换为债权的合意，这一合意有别于"名股实债"的合意。"名股实债"的合意意味着股权为假、债权为真，两者不能同时并存，只能择一确定，也可以称之为"非股实债"。而"先股后债"，则是股权关系成立在先，后续通过一定的程序或合同的履行而转换为债权，也即"股转债"。两者存在实质性差别。新华信托和港城置业之间的关系并非"名股实债"，而是随着补充协议的签署，达成了"先股后债"（股转债）的交易。

综上，基于监管政策的限制，信托公司向房地产企业提供的融资，确实出现了绕开信托贷款转向股权投资信托的交易模式的演变。由于监管政策明令禁止附回购条件的股权投资，使得类似信托交易中债的关系无法直接设定，所谓"名股实债"

的投资也就大量出现,但如仔细探究当事人真实意图,则众多的"名股实债"未必真正成立。如果各方签署的协议中未明确"名股实债"的真实意图,只是信托公司单方内心仍作"名股实债"的真意保留,那也就是信托公司的单独虚伪意思表示,对相对方并无效力,无以构成交易各方合意的"名股实债"。[1]

(二) 信托法层面的探讨

从新华信托与港城置业间的交易结构来看,其中两项核心法律关系与信托法紧密关联。首先是新华信托与港城置业及其股东之间达成的《股权投资合作协议》,明确了委托方港城置业的融资需求和受托方新华信托的资金筹集义务,并就新华信托资金的募集和信托的设立、信托资金的投入、信托财产(股权)的管理、信托资金的退出等方面作出了明确约定。其次是新华信托通过发布股权投资集合资金信托计划募集资金,经由近百份《信托合同》的签署,募集了 2.2 亿元信托资金,股权投资信托由此设立。这一交易结构从实际履行来看,各方均按合同的约定切实履行。新华信托作为受托人按之前的约定以信托资金受让取得了港城置业的股权并缴付了资本公积金,取得股权后也行使了股东权利,介入了港城置业的公司内部治理。然而,当港城置业破产时,新华信托却提出其不是港城置业股东而是港城置业债权人的主张。

从信托设立的法律关系来看,融资人港城置业并未直接进入信托结构当中,而只是作为信托投资的对象。新华信托与港城置业之间的法律关系与信托法似乎并无联系,其实大有瓜葛。新华信托运用信托资金受让取得港城置业股权,以及后续实施的公司具体管理行为,均属于新华信托作为股权投资信托的受托人履行其信义义务。信托制度移植于英美法系,多部英美信托法著作都将信托定义为信义法律关系,而构成"信义法律关系"的一个核心要件便是受托人享有管理信托财产的自主权。与其他法律制度相比较,信托制度的核心特征并不在于信托财产转移这一信托设立的背景事件,而在于包含规定了受托人在管理信托财产过程中所承担的权利义务的信托交易。[2] 就新华信托与港城置业间的关系而言,由于取得该股

---

[1] 参见朱庆育:《民法总论》,北京大学出版社 2016 年 4 月第 2 版,第 260—265 页。
[2] 参见朱圆:《论信托的性质与我国信托法的属性定位》,载《中外法学》2015 年第 5 期。

权资产的资金来源于新华信托通过向社会公众发布股权投资集合资金信托计划所募集,并非新华信托的自有资金。而依据集合资金信托计划的规定,新华信托募集资金的用途是设立股权投资信托,投资人也是基于此信赖与信托公司签署信托合同,信托合同也明确募集资金用途是股权投资,并据此交付了信托资金。因此,在探究《股权投资合作协议》之缔约各方的真实意图时,首先应关注该笔投资形成的资金并非信托公司的自有资金,而是信托公司受托管理的信托资金(财产),信托公司在管理和运营信托财产时,其意思表示的自治空间相比较其处分自有资产,应当是相对受限的,而不是可以无视信托目的(进行股权投资并按股权性质进行管理[1])随心所欲,特别是面向不特定的社会公众发布信托计划所作的陈述和承诺,更应如此。否则,既构成对信义义务的违反,又从根本上动摇了信托法的立法宗旨和信托行业的立足之本。其次,在就《股权投资合作协议》性质展开分析时,之所以要探究缔约各方的真实意图,就是为了尊重缔约各方的意思自治,但是,这一交易的完成,必须借助于社会公众对信托公司所作陈述的信任,如果没有这一信任,众多信托交易都难以成就。质言之,信托公司与社会公众之间达成的信托合同的约定,涉及到"信任"这一交易秩序的建立,如果为了尊重个体的意思自治而破坏了交易秩序的建立,不仅得不偿失,也不符合商事契约的解释规则。再者,信托公司取得信托资金,用于受让房地产公司的股权资产后,其所持有的信托财产就从"货币资金"转换成了"股权"。信托财产的独立性是信托交易架构得以维系的关键所在,当信托财产已经从货币资金转换为股权后,受托人与融资人之间达成的股权转换为债权的内部约定能否不受限制? 能否仅遵从受托人与融资人双方内部的意思自治? 信托财产的性质有别于其他财产,涉及到的不仅仅是委托人(受益人)与受托人之间的关系,同时还关涉信托财产上的权利人,或者信托财产的交易相对方。因此,从信托法层面考察,《股权投资合作协议》能否维持合同法层面的自由转换,或者说能否仍以意思自治为首要规则,显然值得商榷。

如果新华信托"名股实债"的说法成立,股权投资只是个幌子,其真实意图是债权投资,则新华信托既涉嫌欺诈信托关系的委托人,又违背了信托合同的

---

〔1〕信托财产的管理方式也可以成为信托目的。参见周小明:《信托制度:法理与实务》,中国法制出版社 2012 年版,第 157 页。

约定。委托人无疑既可以据此行使合同法上的撤销权,又可以追究新华信托的违约责任。

(三) 公司法层面的拷问

从探究缔约各方真实意图的角度,我们可以得出有"名股实债"和"先股后债"之区分,由于其中涉及到股权投资与被投资公司的关系,公司法对此将介入考察,以下我们从公司法的规定层面展开讨论。

1. "名股实债"的意思自治是否必须认可

(1) 经由增资取得公司股权

如果信托公司系通过认缴增资方式取得房地产公司的股权,且依据其内部的合意,该交易符合"名股实债"的特征,信托公司是否可以将其投入到公司的增资款调整为债权。这一增资款投入被增资公司后,若要转为债权,现行公司法允许的路径主要是:其一,通过减资程序实现增资款的退出,而减资程序之完成,首先需要公司的权力机关(内资企业为股东会、外资企业为董事会)通过减资决议,减资决议形成后,还需要征求外部债权人的意见。如果外部债权人就减资提出质疑,要求公司提前清偿债权或提供担保,而公司未提前清偿或提供担保,减资程序则无法完成,增资款亦无从转换为对公司的债权。其二,则是通过公司回购因增资款缴付而新增的股权,由于这种回购实质上也是减资情形之一,也应经历上述程序后才能完成。因此,如果信托公司系经由增资程序取得房地产公司股权,即使按信托公司与被投资的房地产公司间的内部真实意思可以确认为"名股实债",即便合同法层面认可其"名股实债"的性质,也不代表公司法层面能实际操作完成。易言之,基于公司法的特别规范,如信托公司之股权系通过增资缴纳而取得,即使内部约定为"名股实债",这一内部真实意图如无法完成相关决策和意见征求程序,则股权还是股权,无法确定为债权,如要转换为债权,只能是"先股后债"。

(2) 向公司认缴的资本公积金

资本公积金是指公司在筹集资本的过程中发生的,或者由于某些特殊会计事项引起的公司所有者权益的变动,它们不能作为投入资本反映,同时也不能作为利润向出资人分配。[1] 公司法第 168 条规定,资本公积金可用于转增公司资本,但不得用于弥补公司的亏损。有观点认为,这在理论上改变了股东和公司间的关系,本来注册资本是股东对公司的义务,用来作为对债权人可能风险的保证,但现在因为资本公积的加入,则变成了"实缴资本"和"注册资本"两个数额中较大的一个。现行公司法对以资本溢价方式进入公司的资本公积金虽然未作出限制用于股利分配的规定,但在实务理解中都是按此标准执行,并进而在司法实践中得出资本公积金不得向股东退返的意见。即使某股东因其具备合同层面的原因可以主张退股,但是却无权就其之前缴付的资本公积金要求退返,即对进入公司资本公积科目的资产,股东不得享有债权请求权。[2] 就前述新华信托和港城置业的案例中,新华信托向港城置业缴付了 8078 万元的资本公积金,该等款项即使如新华信托所主张在缔约各方合意层面属于债权,但是这一债权合意在公司法上是不被认可的,即在公司法层面,基于对外部债权人的保护,股东投入到公司的资本公积金无权要求退返,这是无法按"名股实债"路径认定股权或准资本投资为债权投资的另一种类型。换言之,以资本公积金名义向公司缴付的资金,如果后续要转换为债,那也只能是类似按"先股后债"的模式操作,而无法随意转换或即刻转换。

信托公司如系通过与房地产公司股东之间达成股权转让协议,通过支付股权转让价款而取得股权,由于股权转让价款已转归转让方享有,那么信托公司无法再将此款项又作为自有的资金借贷给房地产公司,即同一笔资金无法向不同的主体进行两次投资,或者说无法同时取得两项彼此不兼容的权利。但是,如果股权的转让方与受让方以及房地产公司间另行签署"抽屉协议"等补充协议,调整了双方的交易结构,譬如明确将股权转让方取得股权转让款出借给公司的交易结构,调整为股权转让方将这一借贷债权转让给受让方,或者明确股权转让方只是代股权受让方支付借贷资金,由此使得借贷关系发生在信托公司与房地产公司间(前述交易结

---

[1] 参见刘燕:《会计法(第二版)》,北京大学出版社 2009 年 7 月版,第 313 页。

[2] 参见浙江省高级人民法院制发的(2011)浙商终字第 36 号民事判决书(浙江玻璃股份有限公司、浙江新湖集团股份有限公司、董利华、冯彩珍增资纠纷一案)。该案裁判理由认为:资本公积金就是注册资本的准备金,具有准资本的性质。如果允许返还(股东),将损害公司的财产和信用基础,损害公司债权人的利益……并据此最终驳回了解除了增资协议的股东要求退返之前作为溢价增资款缴付给公司并被公司列入资本公积金科目的财产。

构的调整应有明确的书面协议约定才可以在证据层面得以证成),由于这一约定不涉及资本结构的调整,只是发生公司债权人的变动,未违反公司法的强制性规定,这种类型的"名股实债"在公司法层面还是可以承认其效力的。

2. "先股后债"的约定可能因违背公司法的强制性规定而无法实施

本案中,《股权投资合作协议》的补充协议中新增的港城置业对信托本金的义务,分成两种形式:其一是通过规定不归还本金应承担违约责任的形式增设的义务;其二是通过对另外两位初始股东负有回购股权义务的设置,对港城置业附加提供资金的要求。这些约定均发生在新华信托取得并持有港城置业股权两年之后。前一种情形,在股东对公司不享有债权(无论是股权投资还是资本公积金的投入均不能形成债权)的基础上,要求公司退返股权投资款,其实质就是股东抽回出资,显然违反了公司法的强制性规定,不应承认其效力。至于后一种情形(补充协议第九条的约定),表面上属于另外两位股东回购股权,但同时设定港城置业负有支付资金的义务,其实是要求公司负责提供资金回购股权,如果实际履行,也就意味着公司替股东还债,本质上仍属于变相地抽逃出资,该约定也明显违反了《公司法》关于股东缴纳出资后不得抽回的规定,其效力不应得到法律的认可。

"先股后债"的约定,实质上相当于"股转债",对于"股转债"可能面临的公司法上的限制,蒋大兴老师和王首杰博士有专题论述,概不赘述。[1]

综上所述,在非破产程序中,"名股实债"的模式并非畅通无阻。经由信托法层面的检验,可能会因为背离信托制度得以设立的宗旨而难以作出肯定性评价。若其交易架构与公司法的强制性规范形成冲突,"名股实债"也将遭遇否定性评价,或者适用无效行为转换机制被界定为"先股后债",或者可以因交易各方事后达成的补充协议而发生"先股后债"的转换,或者股权投资得以维持。至于"先股后债"的交易结构,因其实质上是股东退股行为,属于公司法特别规制事项之一,同样面临公司法的限制。

---

[1] 参见蒋大兴、王首杰:《破产程序中的"股转债"》,载《当代法学》2015年第6期。

四、破产法语境下的房地产股权投资信托

房地产股权投资信托之融资人即房地产公司进入破产的原因，严重资不抵债型破产最为常见，也可能是因为现金流不足、实际资产大于负债等原因，及由于后者对股东权益仍然有所保障，因此本节首先讨论房地产公司资不抵债而破产的情形。如前文所述，信托公司向房地产公司缴付增资或资本公积金在公司法层面不能产生股权和债权之间立即转换的效力，只能通过先股后债的模式完成转换。而"名股实债"只存在通过股权转让方式成为房地产公司股东的交易模式。下文的讨论将在前述基础上展开。

(一) 破产程序中的"名股实债"

1. 信托公司作为房地产公司股东的事实使得交易相对方形成信赖

信托公司作为房地产公司股东的外观事实将对外部债权人的判断形成直接影响。仍以前述案例为例，新华信托向社会公众募集信托资金用于股权投资港城置业事宜属于公示信息，新华信托受让股权成为港城置业控股 80% 股权的股东事实也在登记部门公示，为公众所知悉。基于这些公示信息，足以引致当时与港城置业交易的相对方形成如下信赖：1)股东信赖。控股股东新华信托是知名的信托公司，具有良好的信用和风控能力，且属于专业的受托管理人，具备较好的财务管理能力。2)资本充实信赖。公司注册资本充足，达到 1.8 亿元，且还有 8078 万元增资准备金，随着这些资本类投入的增加，公司财务报表上的资产负债率就进一步降低，[1]充足的资本和较低的负债率，足以证明公司具有较高的履约担保能力。3)权利顺位保障信赖。风控能力更强的知名金融机构愿意作为相比较债权人更为劣后的权利人，足以表征金融机构对此项目的信心，该信用支持足以使得债权人愿意与该公司交易。4)运营规范信赖。有知名金融机构作为控股股东，将有助于港城置业的业务经营更加规范，购房者所支付购房款的专款专用将更有保障，这一信赖对

---

[1] 我们试举一例，如果信托公司股权投入前，房地产公司资产价值 1.5 亿元，负债 1.5 亿元，如果信托公司注资入股 2 亿元，那么公司总资产 3.5 亿元，负债 1.5 亿元，公司的负债率不到 45%，这样的公司就自然很受交易相对方的信赖。如果将该笔股权投资转换为债权投资，公司资产还是 3.5 亿元，负债总额则上升到 3.5 亿元，那也就意味着公司负债率达到 100%。如此高的负债率，理性的经济人就不会选择与该房地产公司交易。

房地产公司的购房者而言尤为重要。现行房地产开发实施的都是商品房预售制度,在市场上交易的往往都是期房,购房者少有向开发商购买现房的机会。如果购房者所支付的资金不能专款专用,将影响期房如约转换为现房,一旦期房成为烂尾楼,那也就意味着购房者将承担房地产公司运营失败乃至破产的风险。现有信用良好的信托公司来掌控,资金被挪用的风险将大幅降低,楼盘建设烂尾的风险也随之降低……这些信息足以使得外部债权人形成对港城置业的信赖,也极可能是基于这些信赖,外部债权人才与港城置业发生了各类交易关系。

2. 普通债权人的信赖利益应得到商事外观主义的保护

如前所述,信托公司只有通过受让股权方式成为房地产公司股东,才有可能确立不被公司法否定的"名股实债"。在这种类型的"名股实债"中,由于"股权转让款"已经投入到房地产公司,信托公司与房地产公司及其股东间如果通过"抽屉协议"等方式将本应归股权转让方享有的债权约定给信托公司,那也就意味着信托公司已经对房地产公司持有了债权。在此场景下,信托公司仍主张"名股实债",目的在于否定股东身份,并通过否定股东身份,避免其权利被居次,同时也逃避基于股东身份可能要承担的其他责任。这就涉及商事外观主义保护范围的争议,或者说外观权利人是否可以成为商事外观主义的受益人。商事外观主义是民法信赖保护原则在民法特别法——商法领域的具体化,尽管各国的成文法并没有对其进行条文化的一般规定,但是外观主义作为一项法律原则是由法院从若干体现外观主义的商法具体制度中以一种"整体类推"的方式得出并加以适用的。[1] 就我国的司法实践而言,商事外观主义原则已经在最高法院的司法解释和各级法院的相关案例中得以确立,只是其边界尚未形成共识,非交易第三人是否应纳入商事外观主义保护范围是其中的主要争议,迄今尚未形成定论。[2] 但是这些争议均发生在个案诉讼或非破产程序中。在破产程序中如何确定第三人范围作出评价则尚欠缺相关讨论。对此,我们不妨从商事外观主义的法律后果进行分析。首先,商事外观主义确

〔1〕 参见刘胜军:《论商事外观主义》,载《河北法学》2016 年第 8 期,第 98 页。
〔2〕 参见张勇健:《商事审判中适用外观主义原则的范围探讨》,载《法律适用》2011 年第 8 期,第 26 页。参见税兵:《在表象与事实之间:股东资格确定的模式选择》,载《法学杂志》2010 年第 1 期,第 90—92 页。参见陈建勋:《商法公示主义、外观主义在股东身份确认案件中的应用》,载《人民司法(案例)》2011 年第 6 期,第 83—86 页。

立之目的在于信赖保护,通过保护外部第三人的信赖而在静的安全与动的安全之间选择了保护动的交易安全,以此来保证正常交易关系。其次,商事外观主义对外观事实的效力,应体现在外观事实可以取得真实状态的地位。对外观信赖人的效力而言,则应赋予外观信赖人以选择权,其可以主张外观事实如同真实存在而发生相应的法律效力,也可以主张依据真实的法律状态主张法律行为无效。对外观权利人的效力来说,外观权利人知道事实真相,但是未对外披露,其主观上的恶意排除了他成为外观主义受益人的可能。再者,在进入破产程序后,众多外观信赖人(基于外部信赖而发生债权关系的外部债权人)的存在,使得外观信赖人已经别无选择,否定交易的效力获得损害赔偿权并不能使其在破产程序中取得更好的债权受偿地位,因此只能选择维持交易的效力。在这种场合中,外观权利人更不能成为外观主义的受益人。如果依据内部关系被确定为名义上股东的信托公司可以改变身份关系,立即可以通过两项风险责任受益。其一,因受让瑕疵股权而应承担的连带责任。最高人民法院《关于适用〈中华人民共和国公司法〉若干问题的规定(三)》(以下简称"公司法解释三")第十九条所确立的瑕疵股权之受让人在知道或应当知道转让方持有股权存在出资不到位、抽逃出资等瑕疵时,应在受让股权后承担出资不实的连带责任。如果否定了信托公司股权受让人之身份,就意味着出资不实的连带责任可以避免承担。其二,如果信托公司受让股权的原股东尚有认缴的未到期出资义务,依据《企业破产法》第三十五条的规定,破产程序的启动意味着出资义务的加速到期,如果允许信托公司改变其股东身份,补足加速到期的出资义务亦毋需承担。

3. "名股实债"的股东所持有的债权应否适用衡平居次或自动居次原则

现行《企业破产法》对应否调整股东债权的清偿顺位,未作出特别规定。但在实务中,已有案例借鉴适用美国破产法上的衡平居次原则作出裁判,将股东持有的债权列在普通债权之后。[1] 就股东债权是否应劣后清偿问题,目前可供借鉴的立法例代表主要是美国和德国。美国破产法创设的是衡平居次规则,系基于衡平法

---

[1] 2015年3月31日,最高院召开新闻发布会公布了四起典型案例,其中"沙港公司诉开天公司执行分配方案异议案"中,就是借鉴美国法上的衡平居次规则,最终否定了出资不实股东进行同等顺位受偿的主张。http://www.court.gov.cn/fabu-xiangqing-14000.html。

的公平正义理念,其目的是矫正实施不公平行为损害债权人利益或使自己获得不公平利益的人的行为。衡平居次审查的焦点是不公平行为存在与否,是法官运用自由裁量权就股东债权是否应当居次作出裁判的。[1] 客观而言,这一模式更为公平,但实务运用将面临效率较低,判断困难等问题。德国破产法创设的"自动居次"原则,只要具有股东身份,则其所提供贷款自动居次,只是针对持股 10% 以下的小股东和危机拯救融资予以例外对待。[2] 这一模式效率更高,也能更好地保护股东以外的债权人,但对未实施不公平行为的股东而言,这一结果对其则稍显不公平。也有学者对德国破产法自动居次的规则提出了批评意见,认为该制度从事前效率的角度分析,不利于企业拯救。[3] 对这两种模式,各有利弊,未来会做何选择,尚难以判断。但就信托公司向房地产公司所作的名为股权投资实为债权投资的交易来看,如采用德国法上的自动居次规则考察,那么该笔债权自应按劣后债权对待。如采用美国破产法上的衡平居次规则考察,信托公司在取得股权后,如果不仅是名义上持有,而且享有实质的股东权利,而信托公司怠于行使股东权利,导致众多购房者支付的购房款被挪作他用,则信托公司所持有的债权仍应按劣后债权对待,才符合公平原则。

(二) 破产程序中的"先股后债"

破产程序中的"先股后债",主要源于信托公司以认缴增资或资本公积金的方式取得股权和股权期待权(资本公积金的用途在于转增注册资本,因此该笔款项的缴付相当于使股东取得了未来增资的股权),持有股权后再向债权进行转换,其实就是"股转债"的合意。如该合意是在股权投资人与被投资公司(即进入破产程序的债务人)间达成,那么该合约的继续履行,将接受破产法《企业破产法》第十八条管理人挑拣履行权(破产法上的解除权)的检验。与此同时,该合约的继续履行,往往意味着债务人减资,而减资势必要取得股东会的决议。如果在进入破产程序前,

---

〔1〕参见王欣新、郭丁铭:《论股东贷款在破产程序中的处理》,载《法学杂志》2001 年第 5 期。
〔2〕同上。
〔3〕参见王佐发:《上市公司重整中债权人与中小股东的法律保护》,中国政法大学出版社 2014 年版,第 87—92 页。

尚未形成股东会决议,进入破产程序后,股东会权力是受限制的,即使在破产重整程序中,股东会能否行使实质减资的表决权也是存疑的。[1] 在这种情况下,在破产程序中完成"股转债"的难度较高。

即使经由各方配合,完成"先股后债"的转换,同样面临该转换后的债权应否适用衡平居次或自动居次规则的问题。本节根据衡平居次规则对转换后的债权进行考量,该笔债权应予以劣后对待,否则,将损害其他债权人的权利。如果部分股权投资发生在债务危机期间,身为股东的信托公司为拯救公司而投入的资金,则不宜作为劣后债权认定。

(三) 破产临界期内完成"名股实债"或"先股后债"转换的效力问题

如果在房地产公司破产案件受理前的 1 年内,"名股实债"交易中的股权已被否定,债权予以确立。对此事实,是否可能引发破产撤销介入的问题。在此可以区分两种情形,其一是债权尚未清偿,其二是债权已经在临界期内清偿。如果是债权尚未清偿,且债权符合衡平居次的规制条件而被认定为劣后债权,那么此"化股为债"的行为就无需撤销。因其劣后债权的顺位,不会对其他有特定财产担保债权人、优先债权人和普通债权人的权益带来影响。如果说该债权不符合衡平居次条件,而是可以取得普通债权或优先债权(如有特定财产提供担保)的地位,那就意味着该名义股东在临界期内获得了更优待遇,从只对公司享有剩余财产分配权的受偿顺序上升到普通债权人甚至优先权人。破产法上,我们可以将破产临界期起算时各债权人的权利秩序或权利义务格局称之为"原始秩序",这一权利秩序一直延续到破产受理日。在此期间,如这一各债权人按其权利性质给予平等对待的原始秩序被打破,那就意味着排位在后却在此期间获得优位待遇的债权人存在偏颇行为,由此也就构成了偏颇撤销权存在的基础。[2] 管理人有权对此格局改变的受益者启动破产撤销诉讼,回复到原始秩序状态。如果出现该笔化股为债的债权,在临界期内实际清偿给了债权人,按"举重以明轻"的规则,未受偿的债权尚可撤销,已受偿的

---

〔1〕该问题的详细论述参见朱庆育:《民法总论》,北京大学出版社 2016 年 4 月第 2 版,第 260—265 页。
〔2〕参见张玉海:《登记对抗主义下未登记抵押权在抵押人破产时的效力》,载《法律科学》2016 年第 5 期,第 125 页。

债权自更应可以行使破产撤销权。在一定程度上,这也与破产法创设衡平居次规则,并将股东作为首选的适用对象之原因所在,就是为了避免出现股东借助其实际控制债务人的机会而获得额外利益。

如果"先股后债"交易中的股权在破产临界期内完成向债权的转换(假定此前发生的转换行为合法),对其是否应纳入破产撤销之规制范围,原则上也应参照上述"名股实债"的评价机制,并无特殊对待必要。

五、监管政策不当抑或信托公司失职(代结语)

房地产行业因持续的高速发展和经济占比过重等原因被列为高风险行业,成为监管部门重点关注的对象,银监会三令五申限制信托公司对房地产公司发放信托贷款,使得信托公司只能通过股权投资形式向房地产公司提供融资。股权投资遭遇目标房地产公司破产时,信托公司往往会成为最终的破产风险承担者。这是否意味着股权投资是一种更差的选择?银监会的政策导向是否错误?是否将信托公司从事房地产信托业务推向了风险更高的模式?答案都是否定的。

房地产公司发生破产风险,固然与外部经营形势的变化或公司运营管理能力是否足够等常见的经营性风险有关,也与股东是否诚信经营紧密相关,期房交易模式更是为房地产公司股东违背诚信,挪用资金滥用权利提供了较大的空间。

诚如新华信托与港城置业的纠纷所示,港城置业的破产原因不在于外部经营形势变化、房屋难以销售或者房价暴跌,而在于公司巨额资金被挪用或转作他用。据审计机构测算,港城置业的自有资金加上信托投资以及购房者预付购房款,足以完成房屋建设并如约如期向购房者交付,根本不会发生在建楼房烂尾现象。恰恰是因为新华信托持有80%的股权,却怠于履行托管职责,任由信托资金和购房资金随意转作他用后无法收回,才导致了港城置业现金流枯竭而不得不求助于民间高利融资,过高的融资成本极大地压缩了公司恢复良性运营的空间,最终导致公司严重资不抵债而陷入破产。

对于金融创新制度中的信托投资而言,其对房地产行业的投资受自身运营能力和人员、精力等所限,全面介入经营管理充当职业经理人的角色固然有很大的难度。但就房地产行业的特殊风险而言,选择债权投资,其所能获得的只是土地使用权或地上建筑物的抵押担保,如遭遇房地产企业破产风险时,享有优先权保护的购房消费者、工程款优先权人以及进入破产程序后为在建工程续建所作融资将比担保物权更为优先,投资的风险不可小觑。如信托公司选择股权投资,恪守信托法上的受托人职责,真正勤勉地行使股东权利,介入港城置业进出资金的监管,则房地产公司因股东不诚信经营的风险是可以得到控制的。而且,这一风控手段是债权投资所不具备的。申言之,债权投资的优越性体现在遭遇破产风险时可以少受损失,而股权投资的价值则体现在可以避免破产风险的发生,特别是可以避免房地产公司股东不诚信经营的风险。这一风险控制,恰恰是信托公司进行股权投资时能够且应该作为的,也是信托制度创设和运营的价值精髓所在,即信托公司作为受托人勤勉尽职地履行股权财产的管理职责。债权投资模式下,信托公司更多提供的只是通道资源,几无专业管理服务的作为空间。就此而言,监管层限制对房地产行业的债权投资,可谓高屋建瓴、切中时弊。

再就新华信托与港城置业的判决而言,一审法院尊重商事外观主义,在外部债权人信赖利益保护和内部约定可能存在利益冲突的情形下,选择优先保护外部债权人利益,否定新华信托的所谓"名股实债"的内部意图,既维护了外部债权人的信赖利益,令新华信托的不恰当履职行为与其应承担的风险责任相当,也有利于警示信托从业者遵从信托法的宗旨和本质,尽职地履行受托人职责,从金融通道业务回归专业管理业务,回归信托法上受人之托、忠实履职的本源,尽最大信义地维护信托委托人、受益人的权益。当且仅当如此,我国信托行业和业务才能获得长远健康的发展,信托市场才能成熟和深化。

第三编

破产与保险法编

第十四章　破产程序中担保债权的充分保护问题*

一、导言

"信贷"是自古有之的事物。随着时间的发展,这个词中所包含的"信"的因素变得愈加淡薄。长久以来的借款实践中,放款的基础早已不再是信用本身,而是各种各样的担保。担保物权的实现,多源于债务人未能如期清偿债权。鉴于担保物权的实现常会造成担保物价值之外的其他损失,如必要设备或厂房被拍卖会增加额外的停产与重置成本,因此,若仍具有清偿能力,债务人通常不会选择让债权人实现其担保权的请求。在上述背景下,担保物权实现之时多是债务人陷入破产、无力腾挪之时。

在绝大多数国家,随着担保制度的完善和担保物范围的扩张,企业破产时,其绝大多数资产上通常都会附有各种各样的担保物权。在这一背景下,破产程序中最重要的工作之一,就是清理和实现担保物权。该工作同时涉及物权法和破产法两个部门,技术性强、复杂度高,我国理论上已有一些研究。[1]

担保物权与破产是相互竞争的两项制度:虽然二者都是为了帮助债权人实现债权,但债权人要求债务人提供担保物的初衷通常是担心债务人陷入破产而到期

---

* 本章原文发表于《清华法学》2007 年第 3 期。这里编选时作者作了后续修改。作者:许德风,北京大学法学院教授,博士生导师。

〔1〕现有的论文如徐晓:《论破产别除权的行使》,载《当代法学》2008 年第 4 期;杨以生:《破产别除权制度相关问题研究》,载《法律适用》2007 年第 10 期;刘子平:《破产别除权的认定标准及其行使》,载《法律适用》2007 年第 11 期;王欣新:《破产别除权理论与实务研究》,载《政法论坛》2007 年第 1 期;张自合:《论担保物权实现的程序》,载《法学家》2013 年第 1 期。

不能完全清偿债务(《物权法》第170条);而破产制度的基本目的是为了让各债权人平等受偿。[1]

大陆法国家破产法中的担保物权人所享有的权利,有一个专有的名称——"别除权"(德文:Absonderungsrecht)。[2]和破产法上的其他制度一样,别除权的基础制度——担保物权是一项历史久远的法律制度。长期以来,人们对其只是当然接受,鲜有人讨论过这一制度背后的经济意义。直到1960年前后,随着"法和经济学"的扩张和"公司金融"(corporate finance)理论的发展,人们才重新反思这项制度——担保物权制度有哪些收益?其成本有多大?为什么担保债就应当优先于普通债?这一规则反映了怎样的经济规律?这一制度能够产生何种事先或事后的激励?如果法律改变这一广为人接受的制度,后果会如何?

现实的借贷关系中,债权人和债务人之间存在着信息不对称。这种状态导致债权人在放款前无法准确评判债务人的经济状况,在放款后不能充分监督债务人使用有关资本的情况。如果没有其他替代,债权人的通常选择是索取较高的利息,以便能够在遇到资信不好的债务人时有所补偿。这一选择的最终结果是可能发生逆向选择——那些资信良好的债务人因无法接受过高的利息而不再寻求从债权人处借款,最终市场上只剩下资信不好的债务人,债权人又不得不再次提高利息。如此恶性循环,债权人只能选择"惜贷"(credit rationing),最终导致整个信贷市场无法有效运行。在借贷关系中,担保权,包括本章所研究的担保物权是一个减少当事人之间信息不对称状况的工具。以下详细分析担保物权的作用机制。

二、对担保物权的成本收益分析

用"成本—收益"的思路分析,担保权对债权人而言至少有四项收益:(1)降低贷款前调查借款人资信状况的成本;(2)降低贷款后监督债务人如约或合理利用贷款和维持资信的成本;(3)节省权利实现的成本;(4)降低贷款本身的风险,确保款

---

[1] 平等受偿原则早在现代破产程序出现之前便有广泛影响,现代各国立法也都采取了这项原则。Fletcher, The Law of Insolvency, London, Sweet & Maxwell, 2nd Edition, 1996, p. 2.

[2] "别除权"这一概念所描述的,就是担保物权优先受偿属性在破产程序中的体现,因此在一些国家的破产法中,并没有"别除权"这一专门的概念,而是继续在破产程序中使用担保物权或担保权(security interests)这一概念,如美国《破产法》。

项能被如数如期归还。

对债务人而言的收益包括：(1)降低借款利息(有待证实)；(2)获取必要借款。另外，担保的存在，可以提高资本的流动性和使用效率，进而增进经济整体的活力。从成本上看，担保物权的存在会产生：(1)交易成本；(2)因债权人的选择受限制而发生的机会成本；(3)因资助债务人选择无效率的投资项目而发生的外部化成本；(4)因担保债权人对公司的控制与干涉而发生的成本。以下详述之。

(一) 担保物权给债权人带来的收益

1. 确保债务如约履行

什么是"保险"的借贷？在传统银行业的教诲中，不需要担保的借贷是最"保险"的借贷。[1] 不过，现实世界中几乎没有完全"保险"的借贷：一方面债权人无法准确了解债务人的还款基础和还款意愿；另一方面，即使是债务人自己，通常也都无法精确把握投资项目的风险及回报。[2] 因此每个债权人在对外放贷时都不得不考虑债务人不履行还款义务的可能。基于此，在放款时要求必要的担保是非常必要的。从这个意义上说，索取担保在本质上反映了债权人对债务人履行能力及履行意愿的不信任。[3]

在出借人不是债务人唯一的债权人时，担保物权确保借款如数归还的功能更为明显：在出借人是债务人的唯一债权人时，要求担保物权的意义不大，因为债务人最终以其全部财产对(唯一的)债权人负责，此时担保物权的作用最多不过是简化强制执行而已。[4] 但在现行法制度下，债权人没有办法保证其是债务人唯一的债权人：一方面，无法限制债务人从事新交易和获取新贷款；另一方面，在债权平等

〔1〕Bülow, Recht der Kreditsicherheiten, Heidelberg, C. F. Müller, 1999, Rn. 1.

〔2〕Rudolph, Kreditsicherheiten als Instrumente zur Umverteilung umd Begrenzung von Kreditrisiken, zfbf 1984, 16 (26 ff.)；Duttle, Ökonomische Analyse dinglicher Sicherheiten-Die Reform der Mobiliarsicherheiten und Probleme ihrer Behandlung in insolvenzrechtlichen Verfahren, Dr. Günter Marchal und Dr. Hans-Jochen Matzenbacher Wissenschaftsverlag, 1986, S. 23 f.；Köster, Insolvenzprophylaxe-ein lösbares Problem?，Die Bank 1997,602 ff.

〔3〕Smid, Kreditsicherheit in der Insolvenz des Sicherungsgebers, Stuttgart Berlin Köln, Kohlhammer, 2003,S. 1.

〔4〕Adams, Ökonomische Analyse der Sicherungsrechte：Ein Beitrag zur Reform der Mobiliarsicherheiten, Athenäum, 1980,S. 107.

制度下,无论发生在先的债权还是发生在后的债权,都就债务人财产平等受偿。[1]可以看出,在此,担保物权的最主要功能实际上是确保权利人在债务人有多个债权人的情况下优先受偿,包括避免在债务人因资不抵债等原因陷入破产时只得到比例清偿。

确保债权得以实现的功能在以土地等不动产为担保的"以资产为基础的融资"(asset-based financing)上体现得尤其明显。土地的价值相对稳定,不会随时间的经过而有过大的波动,也不像某些动产担保物那样会随行业的荣衰而有显著变化(如在存货抵押中,作为担保物的产品会因市场上出现更新更好的替代品而贬值)。[2]

另外,某些财产的市场价值不高也并不意味其完全不适合作担保物。担保物的价值可以表现在两个方面,一方面是交换价值即担保物本身的价值(collateral value),如上述不动产做担保物的价值,另一方面是"质"的价值或"要挟"的价值(hostage value),亦即担保物对具体债务人的专用性价值。如债务人为获得借款提供了一个机器作为担保,此时机器的市场价值虽然是 13000 元,但因债务人想获得一件新机器将需要相当的时间(如该机器需要专门订做),会导致其经营中断,因此该机器对债务人个人的主观价值可能会达到或超过 30000 元,此时可以认为担保物的价值对债权人而言也是 30000 元,因为通过威胁将动产担保物变现,债权人也能让债务人不从事过分的投机行为。[3]

---

[1] Larenz, Allgemeiner Teil des Deutschen Bürgerlichen Rechts, 7. Aufl., München, C. H. Beck, 1989, S. 228 ff.

[2] 在美国学者 Mann 教授对银行信贷员的采访中问及抵押权的主要作用时,得到的回答几乎是一致的:"很多时候抵押物是你能够拿到的底线——你至少可以在债务人不履行义务时可以获得抵押物的变现所得。"Mann, Explaining The Pattern of Secured Credit, 110 Harv. L. Rev. 625,640 (Fn. 54)(1997)。

[3] 当然,这种"质"的效果不仅仅存在于动产担保上,不动产担保的"质"的效果有时也很明显——对一个陷入危机的企业而言,如果土地、厂房被剥夺了,通常比债务人主动履行义务遭受的"损失"更大。另外,需要特别强调的是,担保物仅在企业有继续经营的可能性时才有"质"的价值,否则债务人不必担心债权人夺走其最重要的生产资料。还需要说明的是,实际上任何一种强制执行制度也都有威慑的效果,就一般的强制执行而言,因为其对象可以是债务人的任何财产,包括其最重要的生产资料,因此担保物的"质"的效果仅在其实现成本低于一般强制执行成本时才有比较上的优势。通常而言,通过一般民事诉讼程序进行强制执行的成本会高于担保权实现的成本。虽然担保权的实现也需要通过民事诉讼程序(比如我国《民事诉讼法》第十五章第七节"实现担保物权案件")来完成,但在这样的程序中,因债务人明知对抗没有实际意义,因此债权人实现其利益的难度要低于普通的民事诉讼程序。

2. 限制债务人进一步负债

让股东对企业保有足够的利益，是制止其从事具有外部性投机行为的重要手段。[1]

债务人的总财产是有限的，向某个债权人提供担保，必然意味着其可为他人提供担保的基础财产减少了。因此要求设立担保物权可以达到让债务人减少负债的效果，从而强迫其对公司财产保有更大的利益。[2] 经验研究表明，这项功能对由少数大股东控制的中小企业尤为适用。[3] 实践中，有时债权人也可以通过和债务人签订限制性协议（covenants）以限制债务人的行为，包括禁止其进一步负债。但这只是一项对第三人没有约束力的合同安排，而且协议的执行也要求债权人能充分监督债务人，而这在债务人是中小企业时很难实现，或者即使能够实现成本也过高。另外值得说明的是，担保权限制债务人进一步负债的功能也可以被程序性规则所加强，如在德国破产程序中担保债权人要向债务人的破产管理人支付占担保物变现所得9％的确认费和变现费，并要负担13％—18％的增值税，从而强迫债权人要求超额担保，降低债务人可用于担保的财产总量，最终达到强迫债务人对企业保有充分"权益"的效果。

3. 降低借款合同的委托代理成本

按照"委托—代理"理论，在借款合同关系下，出借人是委托人，借款人是代理人，委托人将资金使用权交给代理人，以期达到让资本增值的效果（获得利息回报）。在该理论下，委托人想保护自己的利益，需要事先（放款前）通过检查（screening）"筛选"掉资信差的代理人（债务人）和事后（放款后）通过监督（monitoring）及时发现代理人的不当行为并加以限制，必要时将其"解职"。具体到借款合同关系中，若出借人不能确信借款人会履行义务，他将选择不与借款人进行交易（不向借款人提供借款），或即使向借款人提供借款也会要求高额利息以消解

[1] Jensen and Meckling, Theory of the Firm: Mamagerial Behavior, Agency Cost and Ownership Structure, 3 Journal of Financial Economics 305 (1976).
[2] "Lenders bar subordinate liens because they want the borrower to have equity in the project." Mann, Explaining The Pattern of Secured Credit, 110 Harv. L. Rev. 625,642 (Fn. 60)(1997).
[3] "I argue that the only significant benefit of secured credit for small business borrowers is that it allows them to give a credible commitment that they will refrain from excessive future borrowing." Mann, The Role of Secured Credit in Small Business Lending, 86 Geo. L. J. 1,1 (1997).

借款风险。[1]

企业融资市场上的借款人通常是有限公司或股份公司。如前所述,按照公司法的经典理论,相比个人或合伙人而言,公司所有者倾向于做出那些能够为自己带来最大利益,同时将经营的不利后果由债权人承担的决定。因为若公司因投机失败而破产,不是所有者本人,而是仅对本金和利息享有权益的债权人最终承担公司的亏损。[2]

借款合同中公司债务人可能的不当行为主要表现在两个方面,一是财产转移,二是事后提高经营风险。[3] 前者指企业所有者将公司的财产用于个人目的或直接转移给自己而不是为公司的整体利益服务;后者指债务人在借款合同签定后将所获得的融资投入到高风险的经营中去。这些可能性的存在是出借人作为"委托—代理"关系中的委托人必须采取措施限制代理人(债务人)的主要原因。

放款后,在约束借款人(代理人)方面,贷款人(委托人)可以选择对借款人进行最大范围的监督,这样可以尽可能阻止借款人不当行为,或者,在借款人陷入破产时,至少可比其他债权人更快地作出反应。但这种全面监督需要很高的成本。一个替代的做法是事先要求债务人为其借款提供担保。有了担保物的保障,只要债务人的违规或投机行为不造成担保物的物理损害,债权人的权利就可以实现。当然债权人也不能过度依赖担保权而不对债务人进行任何监督,但至少担保物权的存在可以缩小债权人监督的范围,这种全面和个别监督之间的成本差额就是担保权所带来的收益。[4]

4. 节约执行的成本

若某个债务人有能力履行义务,那么看起来似乎债权人不必要求任何担保物权,其实不然。如果说担保物权在破产的背景下是为了让此债权人优先于彼债权

[1] Levmore, Monitors and Freeriders in Commercial and Corporate Settings, 92 Yale L. J. 49,51 (1982).

[2] Bainbridge, Corporation Law and Economics, Foundation Press, 2002,pp. 132 - 134.

[3] Bebchuk and Fried, The Uneasy Case for the Priority of Secured Claims in Bankruptcy, 105 Yale L. J. 857,873 ff. (1996).

[4] "The creditor need only monitor to ensure that the assets subject to the security are not wasted." Hudson, the Case against Secured Lending, 15 International Review of Law and Economics 47,54 (1995); Jackson and Kronman, Secured Financing and Priorities Among Creditors, 88 Yale L. J. 1143,1153 ff. (1979).

人受偿,在破产之外,担保物权的主要作用则是降低过分高昂的一般民事诉讼成本,如抵押权人可以根据抵押合同中的强制执行条款(Unterwerfungsklauseln)而不必通过普通诉讼程序直接实现其抵押权。类似地,在债权让与担保的情况下,权利人也可以直接行使其担保权要求有关债务人对自己履行而不必再对有关债权进行强制执行。总体而言,担保物权不仅在破产程序之内对债权人有帮助,在破产程序之外也有同样的效果。

(二) 担保物权对债务人的收益

1. 降低借款利息

基于以上担保物权给债权人带来的诸多收益,一个很自然的结论是:担保债通常会比无担保债更"便宜",即债权人会为债务人在利息上提供折扣,从而设置担保权对债务人也是有利的。[1] 另外,考虑到有些债权人比其他债权人拥有更好的监督才能,一个区分担保债权人和非担保债权人的金融体系可以有效地分配监督职责,让有经验和才能的债权人不要求过多的担保,让欠缺这些能力的债权人要求更多的担保,从而降低整个金融体系中的借款利息。[2]

这些都是有待证明的观点。担保物权的设置增加了非担保债权人借款不能得到清偿的风险,会促使他们转而要求更高的利息,从而抵消债务人在担保债上的利息节约。[3] 基于理论上的这项可能性,在现实世界中,在缺乏足够经验分析的证据时,很难断言担保债比非担保债在利息上有优势。而且,有的实证研究还发现,未要求担保的债权人常常同时是那些没有监督才能的人。[4] 另外,熟悉信贷实践的人都了解,很多情况下即使债务人愿意支付高额利息也未必能够获得借款。正如古语所言:"信不由中(衷),质无益也"(左传·隐公三年)。实际上,从经验研究上

---

[1] Jackson and Kronman, Secured Financing and Priorities Among Creditors, 88 Yale L. J. pp1150 ff. (1979).

[2] Jackson and Kronman, ibid., p. 1157; Levmore, Monitors and Freeriders in Commercial and Corporate Settings, 92 Yale L. J. 49,51 (1982), p. 49.

[3] Schwartz, The Continuing Puzzle of Secured Debt, 37 Vand. L. Rev. 1051,1054 (1984); Rudolph, Zur Funktionsanalyse von Kreditsicherheiten, Die Bank 1985,503 (505).

[4] Schwartz, Security Interests and Bankruptcy Priorities: A Review of Current Theories, 10 J. Legal Stud. 1,11 (Fn. 28)(1981).

看,某些担保债的利息甚至比非担保债的利息还高,原因是被要求提供担保的债务人通常是资信状况较差的。[1] 这一现象反映了担保权对获取必要借款的重要性:对于那些资信状况较差的债务人,担保常常是取得借款的唯一手段。

2. 获取必要的借款

债务人能否获得银行的信任,是一个受多种因素共同影响的事项,但通常说来,企业的规模和其资信状况通常是正相关的:中小企业的债务通常都有担保,而大企业的债务则常没有担保。基于此项区别,以下的分析也分别从中小企业和大企业两个方面讨论。

和大企业不同,中小企业除了靠个人、亲属的筹资和银行信贷之外,在融资上没有太多其他渠道,例如它们不能从资本市场上获得融资,因为其治理结构很难取信于资本市场上的投资者。另外,即使能够获得融资,固定成本也相对较高。[2] 尽管中小企业的资金来源因各国的实际情形有所差别,例如德国的大部分中小企业极度依赖银行的贷款[3],我国私营的中小企业则主要依靠民间借贷获取融资[4],但在多数国家,若企业想从金融机构处获取借款,通常必须要提供担保。[5]

实践中,银行等金融机构在要求担保物权等内部担保以外,还会要求经营者或第三人提供外部担保。中小企业必须依靠外部担保而获得借款的原因有以下几个。

第一,中小企业的资产总量较小,无力对抗因经济萧条、行业波动等引起的经

〔1〕Elsas and Krahnen, 22 J. Banking Fin. 1283 (1998);Booth, 31 J. Fin. Econ. 25 (1992);Berger and Udell, 25 J. Monet. Econ. 21 (1990);Leeth and Scott, 24 J. Fin. Quant. Anal. 379 (1989);Orgler, 2 J. Money Credit & Banking 435 (1970). 一项经验分析表明,在标准普尔(Standard & Poor)或穆迪(Moody)的评级体系中得分为 A 的企业只有 10% 左右的债务是担保债,而在评级为 C 的企业中,其所有的借款都是担保债。Gonas et al. , 39 Fin. Rev. 79 (2004)。
〔2〕Schwartz, A Theory of Loan Priorities, 18 J. Legal Stud. 209,227 (1989);Marsh, The Choice between Equity and Debt:An Empirical Study, 37 J. Fin. 121 (1982);Scott, The Truth about Secured Financing, 82 Cornell L. Rev. 1436 (1997).
〔3〕Reifner, Kleinunternehmen und Kreditwirtschaft-eine Forschungsagenda, ZBB 2003,20 (21).
〔4〕据统计,我国民营中小企业银行贷款占全部金融机构贷款额不足 7%。见胡乃武、罗开阳:《对中小企业融资约束的重新解释》,载《经济与管理研究》2006 年第 10 期,第 45 页。关于中小企业融资困难的讨论,还可参见厉以宁:《论民营经济》,北京大学出版社 2007 年版,第 25 页以下。
〔5〕不通过担保就向中小企业提供借款的金融机构只在少数地方存在。如诺贝尔和平奖获得者穆罕默德·尤努斯创办的孟加拉格莱珉银行通常对外发放无担保借款。有关资料,参见凌华薇等:《穷人的银行家》,载《财经》总第 171 期。尤努斯于 2010 年获得美国国会金质奖章,并于 2013 年参加了颁奖典礼。

营困境。[1]

第二,中小企业所有者个人的财产和企业的财产通常是混同的,借款人很难以较低的成本对中小企业进行监督。[2]

第三,中小企业的经营者通常是企业的所有者,他们会完全为企业所有者的利益着想而不惜采取损害债权人的策略(相比而言,大企业的经理人会考虑自己的名誉和经理人市场的约束)。

第四,中小企业在破产时,其内部担保物如企业的机器设备、企业的存货等的价值往往微不足道:一方面,中小企业的财富积累有限;另一方面,中小企业的破产常源于行业的衰落,这使得作为动产担保的生产资料和产成品的价格大大降低。

第五,中小企业的所有者常可以通过消费者破产程序减少个人责任的承担,因此即使有撕破公司面纱等制度存在,企业所有者仍可以通过个人破产免除其连带责任,从这个意义上说,个人破产的制度也会影响银行放款的决策。[3]

大企业比小企业有更好的资信状况,相当一部分大企业并不需要提供担保来获取借款。实证研究的结果还表明,即使在市场不充分(如出借人不能或不愿进行相应调查以获取借款人的充分信息)的情形下,很多企业依旧选择支付较高的利息而不是提供担保,尽管此时企业可以通过提供担保而降低贷款利息。[4] 这是否意味着担保对于大企业而言就丧失意义了呢? 答案是否定的。合理的解释可以从以下两方面着手:其一,对外提供担保会造成大企业名声上的损失。其二,大企业希望将担保物"节省"下来以便在未来企业陷入危机时动用担保物,因为在企业陷入危机时,提供担保将是企业获取借款的唯一手段。困境中的融资,对于时刻处于风险中的任何企业来说,具有同正常情形下的融资同等甚或更为重要的作用。因而,担保物权对于大企业来说,仍不失为必要的借款手段。

---

[1] 例如德国 2000 年 80%的破产企业的年营业额低于 250 万欧元。Bretz, Deutschlands Insolvenzen im Jahr 2000, ZInsO 2000,20。

[2] Hill, Is Secured Debt Efficient?, 80 Texas L. Rev. 1117,1140 (2002).

[3] 一项美国的经验研究表明,那些破产豁免程度较高的州中小企业获得借款的数量比豁免程度较低的州少 25%。Berkowitz and White, Bankruptcy and Small Firm's Access to Credit, Michigan Law and Economics Working Paper No. 00 - 005 (2000):http://ssrn. com/abstract = 233248。

[4] Schwarcz, The Easy Case for The Priority of Secured Claims in Bankruptcy, 47 Duke L. J. 425,431 (1997).

(三) 社会整体的收益

担保物权的存在有助于社会整体福利的提高：获取信贷后，企业可以启动、扩张或继续其经营，增加在研发上进行的投资，从而促进公司的创新和竞争力的增强。[1] 没有资金的支持，企业很难迅速扩大规模，社会经济增长的速度也将大打折扣。[2] 尤其在发展中国家，经济起步的阶段往往极端缺乏资金，担保物权制度有助于消除内部和外部资金进入市场的"畏缩"心理，因而是促成经济增长的重要辅助。[3] 从这个意义上说，担保物权具有一种"正"的"外部性"。

完善的产权制度与法律对财产价值的承认与保护是社会财富创造和积累的前提。担保制度的存在，包括对担保权的保护及最大限度地扩大担保物的范围，将有效促进资金融通和利用，具有重大的社会效益。

(四) 担保物权的成本

1. 交易成本

担保物权的设定和实现至少会产生四个方面的交易成本：获取信息的成本、缔约的成本、登记的成本和实现的成本。信息成本指缔约当事人必须事先进行一定的调查，如债务人需要比较和鉴别市场上融资的可能性，债权人要付出相应的成本对有关的担保物进行审查，以确保其具有债务人所陈述的价值以及确保担保物上没有其他的在先权利。[4] 缔约成本指当事人双方签定合同的成本，这对于那些广泛使用格式合同的银行和保险公司而言并不是一个过重的负担。登记成本在发达

---

[1] "The background idea-which I take for granted but some might question — is that greater financial possibilities for firms make economic growth easier. If businesses cannot raise outside capital, that inability hinders economic development." Roe, Legal Origins, Politics, and Mordern Stock Markets, 120 Harv. L. Rev. 460,464(2006). 虽然这里 Roe 主要是针对证券市场而论，但对本文讨论的银行借款应同样适用。

[2] Fleisig, Secured Transactions: The Power of Collateral, 33 Finance and Development 44(1996).

[3] De Soto, The Mystery of Capital, Black Swan, 2001,S. 42 ff. 后来《美洲国家组织担保交易示范法》(Organization of American States Model Law on Secured Transactions)的制定，也是受这项理论的影响。Kozolchyk, Secured Lending and its Poverty Reduction Effect, Arizona Legal Studies Discussion Paper No. 06 - 33,pp. 11 - 15。

[4] 当然，不同担保物权的设立成本是不同的，对于新型的担保物权如让与担保、所有权保留等，获取信息的成本可能很高，而那些传统的担保方式如抵押权等，其信息成本可能很低。

国家(如美国和德国)并不很高,在中国也会随登记体系的完善而逐渐降低(如《物权法》第22条)。实现的成本是一个讨论很多的事项,指为实现担保物权而付出的时间和金钱成本。实践中各国担保物权的实现成本都相当高。如我国有研究表明,担保物变现的成本占担保物价值的20％—30％左右[1],德国和美国也基本在这一水平上。[2]如何尽量降低该成本,是未来担保物权制度解释与改革的一项重要任务。

2. 因灵活性受到限制而发生的机会成本

在债务人的财产上设置了担保以后,债务人自由支配其担保物的能力就受到了限制,例如债务人不能再随意处分担保物(债权人也会尽量限制债务人的这种处分),这在一定程度上也会影响担保物的使用效率,进而导致某些投资机会的丧失。例如,在不动产价格大幅上涨时,如果有关财产上未设置担保,债务人便多了一个将不动产变现获利的机会。[3]

3. 损害无调节能力的非担保债权人与资助债务人选择无效率的投资项目

因为设立担保物权本身是有成本的,而且对于很多出借人来说,常常没有必要或无法要求借款人对每一项借款都提供担保,所以实践中在担保债之外还存在着无担保债。接下来的问题是,如果把担保债和非担保债同时都考虑进去,是否会影响对担保物权效率的判断?

在破产程序中,担保债权人的优先受偿权常常意味着无担保债权人利益的损失:实践中破产债务人的财产上常附着有各种各样的担保物权,在破产清算程序中,债务人的财产变现后,通常无担保债权人最多只得到象征性的清偿。

当然,这并不当然意味着对无担保债权人不公平。因为如果能在提供借款时准确预见债务人破产的可能性及破产清偿比例,他可以要求债务人提供相应的"保险"(通常是以利息的形式)。

---

[1] 参见中国人民银行研究局:《中国动产担保物权与信贷市场发展》,中信出版社2006年版,第3—11页。

[2] 一项美国法上的经验研究表明,在1993年,抵押物变现的成本占债权额的19.61％,在1994年,占18.43％。参见Stark, Facing the Facts: An Empirical Study of the Fairness and Efficiency of Foreclosures and a Proposal for Reform, 30 U. Mich. J. L. Reform 639,669(1997)。

[3] 当然,担保物客体不同,其流动性是有差别的,比如流动性差的不动产被抵押时,因灵活性受限而发生的机会成本就相对较小。

如果一部分没有担保的债权人没有或不能准确地预见到其借款得不到清偿的危险，并因此而未要求债务人为其借款提供"保险"（利息补偿），或因为债权人在谈判中处于弱势地位，无法通过协商要求债务人提供相应的补偿，那么问题的性质就会发生变化。实践中这样的债权人很多，如侵权受害人、小供应商、雇员、产品责任受害人和享有保修权的消费者等，他们一方面缺乏准确了解债务人的资信状况的能力，另外一方面也无法通过提高利息或其他类似的方式应对债务人获取借款后的道德风险（在获得借款后提高投资的风险或再从第三人处获得新的借款）。[1] 实践中还有的债权人甚至无法有效拒绝债务人提供借款的要求（如至亲遭遇病痛、意外等不幸，急需救助等）。[2] 而这就可能造成债务人投资或破产危险的外化。[3]以下试举例说明。

假设一个公司有100万元的净资产，同时有100万元的侵权责任。在这个时间点上，其资产负债为零，因而很难获得无担保的借款。但假如债务人能够提供价值100万元的担保物，则债权人通常将愿意提供借款（不考虑超额担保的问题）。如果事后债务人陷入破产，在不考虑破产程序本身的限制时，担保债权人可以通过行使其别除权而获得完全的清偿，原来的侵权受害人作为一个没有调整能力的债权人将得不到任何清偿。在这个例子中，债务人和担保债权人都可以受益于他们之间的担保权债务关系——担保债权人获得了利息的收入，债务人获得了相应的借款。当然，即使在这个例子里，如果债务人能有效率地进行投资，也未必会造成无担保债权人的损害。但如本章前文所述，对公司等企业法人而言，由于存在有限责任制度的保护，其所有者（尤其在公司陷入破产边缘时）通常有充分的动力进行无效率的投资，因为投资失败的直接后果将由第三人（公司的无担保债权人等）而不是债务人自己承担。这正符合合同外部性的原理：当合同的双方当事人能够通过约定直接或间接地损害第三方的利益时，他们将有充分的动力去订立并执行这样的合同。[4]

---

〔1〕 LoPucki, The Politics of Article 9: The Unsecured Creditor's Bargain, 80 Va. L. Rev. 1887,1896 (1994).

〔2〕 Sullivan et al.，As We Forgive Our Debtors, 1989, S. 294 ff.

〔3〕 不同观点，参见廖志敏：《担保的效率之谜——兼谈法律经济学方法》，载《法学》2007年第1期。

〔4〕 Leebron, Limited Liability, Tort Victims, and Creditors, 91 Colum. L. Rev. 1565,1648(1991).

更具体地说,在债务人通过提供担保物获得借款后,通常会有动力选择那些期待价值相对较低而投资风险和投资回报相对较高的项目,假设在前述的例子中,债务人面临在两个项目之间的选择,如果他把他的全部财产都用来投资(200 万元),他在第一个项目上有 30% 的可能获得 500 万元的回报,有 70% 的可能只获得 100 万元的回报(此时项目的期待价值是 220 万元[1])。第二个项目有 70% 的可能性获得 300 万元的回报,30% 的可能性获得 200 万元的回报(此项目的期待价值是 270 万元[2])。因为债务人一共有 200 万元的债务,在清偿了该债务之后,第一项目给他的回报将是 90 万元[3],而第二个项目的回报只有 70 万元[4],可以看出,债务人的理性选择其实是第一个而不是第二个项目,虽然后者的期待价值更高,对社会整体福利而言更有益。

以上例子中,两个法律制度协助破产债务人的所有者损害了无担保债权人的利益,一个是法人的有限责任制度,另一个是破产法上的担保物权优先于普通债权受偿的基本原理,因此改革者主要从这两个方面提出了改革建议。关于限制有限责任制度学术界已有诸多讨论,故在此不多着墨。[5] 以下介绍破产方面的改革建议。

(1) 改变破产受偿的顺序。

对此,有几种不同的方案设计。[6]

其一,中间顺位方案。即赋予侵权债权劣后于有财产担保债权、优先于普通合同债权的受偿顺位。该方案并未动摇有财产担保债权的绝对优先地位。因此当债

---

[1] $30\% \times 500 + 70\% \times 100 = 220$.

[2] $70\% \times 300 + 30\% \times 200 = 270$.

[3] $30\% \times (500 - 200) + 70\% \times 0 = 90$. (该项投资有 70% 的可能性是盈利 100 万元,扣除 200 万的债务,本来是亏损 100 万。但是由于企业的净资产已经为零,根据股东有限责任和法人独立责任的原则,这部分正常情形下系亏损的投资此时反映在企业的回报计算中仅仅是收入为零,而没有任何亏损。这描述了为何处于破产边缘的企业追求高风险高回报的投机事业而无需担心高风险背后的巨大亏损的动机所在。)

[4] $70\% \times (300 - 200) + 30\% \times (200 - 200) = 70$.

[5] 关于该论题的经典论文包括 Easterbrook et al. , Limited Liability and the Corporation, 52 U. Chi. L. Rev. 89(1985); Hansmann et al. , Toward Unlimited Shareholder Liability for Corporate Torts, 100 Yale L. J. 1879(1991); Bainbridge, Abolishing Veil Piercing, 26 Iowa J. Corp. L. 479 (2001). 中文的详细介绍,参见许德风:《论法人侵权——以企业法为中心》,载《清华法学》(第十辑),清华大学出版社 2007 年版,第 144—170 页。

[6] 韩长印等:《债权受偿顺位省思》,载《中国社会科学》2010 年第 4 期,第 107 页以下。

务人的财产仅能满足有财产担保债权人的受偿要求时(破产实践的多数情形如此)并不能充分保护侵权债权人。

其二,在破产程序中强制担保债权人放弃一部分担保物变现所得,从而让普通债权人能够分得一部分担保物的变现所得。

其三,将那些没有调整能力的无担保债权人的受偿顺位提升到担保债权人之前,目的是希望能够督促担保债权人在放款前对债务人的资信情况进行审查,促进债务人提高经营质量,减少侵权危险(所谓的超级优先权方案)。这些调整破产清偿顺序的方案存在一定的实施障碍:就第一个方案而言,它只能暂时降低外部化的风险而不能彻底消除之,因为债权人可以通过超额担保来保护其利益。第二及第三个建议有助于彻底消除担保权人损害非担保权人的危险,但有可能会对担保物权制度造成冲击。

(2)限制某些债权人要求获得担保的权利。

认为法律应当禁止企业的所有人从企业获得任何担保权:企业所有人向公司提供的借款,只能作为无担保债而不是担保债。而关于有限责任制度的改革,则是要求企业在发生侵权之债等对无调节能力的债权人的负债时,股东要以其个人财产承担损害赔偿责任,而不得主张有限责任制度的保护。这项主张有可能根本性地颠覆有限责任制度,因而也受到诸多批评。[1]

(3)以保险制度保护特定债权人。其一,可强制要求所有企业对其经营危险投保而不改变担保债权和非担保债权的清偿顺序。在这样的安排中,侵权受害人可能遭受的损害将由全体而不是个别企业负担。这种方案在美国2005年的破产改革中也被一定程度上予以考虑,按照该法的规定,如果债务人没有为企业经营中的风险获取必要的担保,法院可能会拒绝允许有关企业开始第11章的破产重整程序,即,没有及时获取保险可能导致企业丧失重整的机会。[2] 当然保险本身也有局限性。首先,保险公司因为道德风险的存在会要求投保人自己承担一定的风险,如约

---

[1] Skeel and Krause-Vilmar, Recharacterization and the Nonhindrance of Creditors, SSRN: http://ssrn.com/abstract = 888182; Bainbridge, Abolishing Veil Piercing, 26 Iowa J. Corp. L. 479 (2001), pp. 132 ff.

[2] 11 USC: § 1112(b)(4)(C); Schwartz, A Normative Theory of Business Bankruptcy, 91 Va. L. Rev. 1199,1212 (Fn. 25)(2005).

定一个保险赔偿比例,这将导致某些受害人的损失无法得到完全的补偿。另外,对于保险人而言,准确衡量各公司的质量和风险并设置一个有效而合理的保费标准也是很困难的事项。[1] 最后,如果完全由保险来取代侵权责任的赔偿,也会破坏侵权法的威慑功能。[2] 其二,无调节能力的债权人也可以通过保险制度保护自身的利益。实际上,正如学者所述的:"1984 年美国的人身伤害侵权诉讼的赔偿额只占整体赔偿额的 10%,损失大多由保险基金来承担。根据 2009 年的统计,自 20 世纪 80 年代开始,美国没有健康保险的人的比例只在 15% 左右。在瑞士,2008 年仅社会保险就占据了总赔偿支付额的近 30%,其余的大多为责任保险所覆盖。在德国,1971 年的数据就显示,99.1% 的居民拥有个人的疾病保险。在英国,近年的数据显示,在侵权赔偿中,实际上由责任保险承担的超过 94%,且责任保险公司满足了向其提出的 86% 的赔偿要求"。[3] 也就是说,无调节能力的债权人,尤其是侵权受害人因企业借助担保物权,滥用有限责任制度进行冒险投资而遭受的损害或许并不显著。

实际上,近年来,随着经验分析在法和经济分析中的普遍适用,越来越多的研究开始怀疑"有限责任的债务人具有无效率投资的动力"或"担保债会损害无担保债"这一类命题。第一,债务人进行无效率投资的动力在实践中通常不具有显著的意义:无效率的投资仅在企业陷入破产时才会对无担保的债务人造成损害,因为只有通过破产程序债务人或债务人的所有者才能被免除剩余债务。显而易见,现实中无论是小企业的所有者,还是大企业的经理人都不当然有动力去促进企业的破产:前者会因此而丢失工作,后者会因此在经理人市场中遭受名誉和机会损失。第二,对于小企业而言,因资产有限,通常只能通过股东对外提供个人保证或担保才能获得借款,或从熟人处获得无担保的借款,在所有这些情形下,小企业都缺乏优待担保债权人而损害无担保债权人的可能性或动力。第三,大企业的融资渠道比较多,除了从债权人处获取融资外,还可以从资本市场上获取股权融资。而且,很

---

[1] 在刺破公司面纱的经典案例 Walkovszky v. Carlton, 223 N. E. 2d 6 (N. Y. 1966)发生时,纽约市明文规定有强制的出租车责任险,但法律规定的强制投保的最低限额很低(1 万美元),而原告的主张有 50 万美元,因此无法给以充分的赔偿。
[2] 刘凯湘等:《论侵权法的社会化》,载《河南财经政法大学学报》2013 年第 1 期,第 32 页。
[3] 同上书,第 27 页。

多大企业通常主要通过无担保债获得融资,担保债的份额相对较低。此外,大企业的经营通常具有透明性,多数处于各种外部中介机构(如会计师事务所和证券分析师)的监督之下,因此通常很难掩盖大规模侵权的潜在可能性。第四,正如学者所指出的,担保债损害非担保债的情形主要出现在大规模侵权的案件中,而大规模侵权的兴起是近五十年来的事,从美国大规模侵权引起企业破产的实例来看,到目前为止还很少有优待担保权人而损害侵权受害人的例子。[1] 在德国的企业破产中,侵权债权的影响更是微不足道的。[2]

实证研究中,美国与德国担保债权损害非担保债权的情形并不多,除了上述原因外,另一个重要的原因是担保物权在破产程序中受到了事实上的限制。这种限制强制性地让破产债权人对他所资助的项目承担相应的责任,从而降低了贷款人资助无效率投资的动力。实践中破产法上的限制包括自动终止制度、破产重整中的强制重整制度等。具体见本章后文详述。

4. 担保权人对公司经营的干涉

为了确保借款能够得到如期清偿,出借人通常希望能对公司的经营发挥适当的影响,尤其希望能够在公司陷入危机时参与或决定公司的重整或清算。[3] 当然这并不意味着债权人会直接介入债务人的日常经营,因为出借人的长项是进行风险控制,过多介入会干扰企业发展,长远看对债权人并无好处。

债权人的控制可以通过多种方式实现。其一是在德国法上讨论较多的主控银行(Hausbank)模式:企业的主控银行通过提供咨询、派员担任企业监事等方式对企业的决策发生影响。实践中 Hausbank 主要对中小企业有比较大的影响力,而对

---

〔1〕 Schwartz, A Normative Theory of Business Bankruptcy, 91 Va. L. Rev. 1199, 1211(Fn. 21) (2005).

〔2〕 Grigoleit, Gesellschafterhaftung für interne Einflussnahme im Recht der GmbH, C. H. Beck, 2005.

〔3〕 "[…]it would be a mistake to suppose that debt holders, as compared to equity holders, have completely forgone control in order to get a more secure income stream. Through property rights, debt-holders can influence how the capital they supply to the borrower gets used." Carruthers&Halliday, Rescuing Business: The Making of Corporate Bankruptcy Law in England and the United States, Oxford, Clarendon Press, 1998, p. 27; Mülbert, Empfehlen sich gesetzliche Regelungen zur Einschränkung des Einflusses der Kreditinstitute auf Aktiengesellschaften? Gutachten für den 61. Deutschen Juristentag, München, Verlag C. H. Beck, 1996, S. 9 ff.

大企业的影响力则较弱,因为大企业通常有多家提供服务的银行。[1] 其二,限制性协议也是一种重要的控制方式。[2] 限制性的协议通常可以通过银行的监管得以贯彻,但考虑到监管的局限性,为"保险"起见,银行通常会进一步要求债务人提供担保,这种情形下的担保,就变成了协助执行限制性协议的工具。其三,在前两项控制方法之外,有时担保债权人也可以基于法律的规定而取得对债务人的控制,例如英国法上浮动担保权人可以在债务人不能履行义务时指定接管人对债务人进行清算。[3]

原则上说,债权人控制债务人的可能性有助于建立债权人对债务人履行义务的确信,从而能使债权人向债务人提供利息较低的信贷。[4] 但这一效果描述的主要是控制权对债权人放款决策而不是"追款"决策的影响。在企业陷入危机时,通常认为担保债权人倾向于选择清算而不是重整,因为在重整程序中担保权的实现时间上会受到拖延,而法律又不允许债权人获得债权额以外的好处。从这个意义上说,担保债权人对债务人的控制有可能导致担保债权人过于急迫地追求清算,从而损害企业重整的可能性,损害破产财产的整体价值。

在英国,2002 年以前,浮动担保权人有权在债务人不履行时指定管理接管人(administrative receiver),该管理接管人的主要任务是让浮动担保权人获得清偿。基于此项原因,实践中管理接管人只有动力为满足浮动担保权人的利益进行担保物的变现。[5] 另外,浮动担保权人常常在拍卖时介入,由自己或关系人参与竞买

---

[1] Mülbert, a. a. O. , S. 51.

[2] Thießen, Covenants in Kreditverträgen: Alternative oder Ergänzung zum Insolvenzrecht, ZBB 1996,19; Carruthers&Halliday, supra note, pp. 26 ff.

[3] Section 9(3) Insolvency Act 1986; Westbrook, The Control of Wealth in Bankruptcy, 82 Texas L. Rev. 795,818 ff. (2004).

[4] "Given the large gap between going-concern value and other values, the enterprise control given to the dominant secured party has the potential to be substantially more valuable to the parties than the mere collateral control granted to the ordinary secured party. Westbrook, ibid. , p. 816.

[5] "For example, an administrative receiver is entitled to solely consider the interests of his or her appointer when determining the timing of a sale of a business. Where an offer is made which is sufficient to satisfy the secured creditor's claim and the administrative receiver's costs, there would appear to be little incentive for the receiver to delay the sale with a view to obtaining a better offer which might provide some return for unsecured creditors. " Department of Trade and Industry (2001), Insolvency-A Second Chance, p. 9 (para. 2. 3).

(bid in),以较低价格购得担保物,最终损害其他债权人利益。[1] 管理接管人完全为担保权人的利益服务,导致英国破产法上的重整率很低,从而让其他债权人和社会整体福利受到损害。基于这样的原因,2002 年英国对浮动担保制度进行了修改(Section 250 Enterprise Act 2002),剥夺了浮动担保权人指定管理接管人的权利(sec. 72A IA),据此,浮动担保权人仍可指定"管理人"(administrator),但该管理人应依法为全体债权人而非浮动担保权人个人的利益服务(para. 2(b), 14 Schedule B 1 IA)。[2]

当然,不是所有国家都会发生英国 2002 年改革前的情形。一项对德国银行的调查表明,只有 19％的银行在企业陷入破产时会急切地追求清算,只有 1％的银行会选择中断借贷关系(解除借款合同)。[3] 另外,实践中只有少数(6％)银行会在企业陷入危机时简单地选择拒绝延长还款期限。[4] 美国也有类似的数据。[5] 也就是说,担保权人的存在乃至控制未必都会导致过于急迫地追求清算。对此,有学者总结认为,银行不仅有帮助债务人克服财务风险的专业知识,也有充分的动力去做出一个符合企业整体利益的决定,控制权在这之中起到了一个非常积极的作用:债权人控制债务人的程度越高,他就越愿意采取最有利于公司的决定,而当债权人完全控制企业的时候,债权人会像企业的所有者那样去行为。在这种情形下,债权人过分追求清算的动力为零。[6] 另外,银行通过强制清算获得了清偿以后,还必须要寻找新的客户,而破坏或放弃原有的客户关系,对一个在激烈竞争市场中的银行而言,是一个必须要谨慎考虑的事项。

当然,我们也不能过分高估控制权所带来的积极影响,尤其是在大多数的破产

〔1〕Fletcher, UK Corporate Rescue: Recent Developments-Changes to Administrative Receiver-ship, Administration, and Company Voluntary Arrangements-The Insolvency Act 2000, The White Paper 2001, and the Enterprise Act 2002,5 EBOR 119 ff. (2004).

〔2〕Bork, Sanierungsrecht in Deutschland und England, RWS, 2011, Rn. 6. 28.

〔3〕Voigt/Andersch, Unternehmenskrisen und ihre Bewältigung-die Sicht der Banker, Die Bank 2003, 192 (192).

〔4〕Voigt/Andersch, a. a. O. , S. 192.

〔5〕Mann, Strategy and Force in the Liquidation of Secured Debt, 96 Mich. L. Rev. 159,163 f. (1997).

〔6〕Rasmussen, Vanderbilt University Law School Law & Economics Working Paper Number 04 - 17 (2004), S. 16.

程序中,以及在企业陷入危机时,担保债权人并不能自动地转为企业的所有者或股东。控制权首先所能保证的仅仅是公司的所有者不会、不能或不易违背担保债权人的利益从事行为,想让担保债权人为公司的最大利益行事,法律还需要为他们提供其他方面的动力。有研究发现,在英国,如果银行在企业破产时通过限制性协议取得对债务人的完全控制,并且能主导整个破产程序而不受其他任何的限制,那么银行几乎将毫无例外的选择对债务人进行强制清算。英国 2002 年对浮动担保制度的修改就是出于这样的原因。经验分析中德国法或者美国法上担保权人的控制权并没有产生明显的负面效果,并不能充分反驳理论上控制权的负面影响。本章认为,现实中德国和美国法上的控制权并没有产生负面影响的核心原因是担保权的实现被破产法规范所限制——在破产程序中,银行借款在重整时的受偿比例要高于清算时的受偿比例,尤其是当债权人仅持有动产担保权时。因此担保物权所支持的控制效果,在结果上更多应看作是担保物权的成本而不是收益。

(五)总结:破产法与担保物权的成本和收益

担保物权是一项应用了千余年的制度。人们自愿选择与接受的行为本身也表明当事人对这项制度效率的肯定。对担保物权的主要怀疑集中在这项制度可能带来的外部性,尤其是担保物权可能会损害无担保债权人利益的可能性上。以上的研究表明,这种负外部性在理论上是存在的。但从美国或德国经验研究来看,其在现实中的体现并不明显。合理的解释是,德国和美国法通过在破产程序中限制担保权的实现,可以在相当大程度上消除这种负外部性。

美国和德国现行破产法对担保物权的限制主要体现在以下五个方面:[1]第一,破产中止制度的限制。在破产程序终结前,或者至少在破产程序开始后的相当长时间,担保权人不得实现其担保物权。第二,担保债利息的限制。在破产程序导致担保物权暂缓实现期间,担保债权的利息要么暂时停止计算[2],要么仅受有限的

---

[1] 详见笔者的博士论文(慕尼黑大学):Defeng Xu, Die Rechtsstellung von dinglich gesicherten Gläubigern im Unternehmensinsolvenzverfahren: Eine vergleichende Untersuchung zum deutschen, US-amerikanischen und chinesischen Recht, Duncker & Humblot 2007, Kapitel 3 und 4。

[2] 在德国法上,从破产程序开始到第一次债权人大会期间,担保债权的利息停止计算。有关的法条,见《强制拍卖与强制管理法》(ZVG)第 30e 条第 1 款;德国《破产法》第 169 条。

保护[1]。第三,担保物价值损失赔偿的限制。破产管理人对于担保物价值减少的补偿,通常仅限于标的物的物理损害,并且仅以该损害对担保权造成影响为限,对于担保物因市场原因发生的价值减损,担保权人无权主张赔偿。[2] 第四,变现权的限制。在大多数情况下,担保物权人将失去对自行担保物变现的权利,而由破产管理人代其行使变现的权利。第五,破产重整的限制。原则上只要担保物本身有充分的保护,法院可以强制担保债权人接受破产重整,而无须在利息或其他方面给担保债权人特殊的补偿。[3]

当然,在限制担保物权负外部性影响的同时,还需要考虑的问题是,这种限制会不会同时也降低上文所述担保物权促进资金融通,增强社会整体福利的正外部性影响? 二者相比,何者的绝对值更大? 如果负外部性的绝对值远远小于正外部性,并且限制负外部性的同时必然造成更大的正外部性的减少,是不是应当"两害相权取其轻",或者另辟蹊径,寻找其他的解决办法? 对此,笔者认为,对担保物权在破产程序中进行必要的限制,而不是彻底取消担保物权的优先受偿性,对正外部性的影响应当是很小的。另外,在限制担保物权的同时,还能产生促进债权人向健康企业贷款,在放款后适当监督企业经营的作用,这就避免了低效或者无效的贷款,从而促进了资金在整个社会范围内更快的良性流动,即产生了另一种正面影响。因此,虽然正、负外部性的大小还有待进一步研究,包括找到更巧妙的经验分析的角度加以验证,但总体而言,笔者认为必要限制的效果是正面的。

---

[1] 美国法上担保债权利息的保护,仅限于担保物的多余部分(equity cusion),即超额担保的部分。也就是说,将担保物变价后,若在清偿主债权后仍有剩余,则该剩余部分可用来清偿担保债权的利息。若没有剩余,则主债权的利息在整个破产程序期间都将无从保护。相关案例如: In re Kost, 102 B. R. 829 (1989, D. C. Wyo.)。

[2] Städtler, Grundpfandrechte in der Insolvenz: eine Rechtsvergleichende Untersuchung der Effektivität von Grundpfandrechten in der Insolvenz des Schuldners in Deutschland und Frankreich, Mohr Siebeck, 1998, S. 239; Bruns, Grundpfandrechte im Insolvenzplanverfahren-das Ende deutscher Immobiliarsicherheiten?, KTS 2004,1(2) 在美国法上,对于 equity cusion,破产管理人或债务人无义务提供充分保护(adequate protection)。参见 Warren and Bussel, Bankruptcy, 6th. ed. , New York, N. Y. , Foundation Press, 2002, p. 600。

[3] 德国《破产法》第 145 条第 2 款,美国《破产法》第 1129 条(b)。

三、我国破产剔除制度的缺失

担保物权在破产程序中可以直接"剔除"而不受破产程序约束的观念早已过时。在传统的担保手段下,动产质押需要转移占有,因此诸如原材料、成品、半成品等不能被设定担保,企业仍有相当一部分财产上未附有担保物权(我国1995年制定《担保法》以前也是这种情况)。但企业的资金需要以及银行的放款压力都要求法律最大限度地满足其担保的需求。因此,在过去的100余年时间里,无论是德国法还是英美法都发展出来了可以不必转移占有的动产担保制度,如前者的让与担保制度(包括权利的让与担保)和后者《统一商法典》(UCC)第9章规定的动产担保制度。随着这些动产担保制度的健全,目前的破产实践是,在一个企业陷入破产状态时,绝大多数财产或财产权利上都附有各种各样的担保物权。如果不对这些权利的实现加以限制,债务人企业其他的少量未附有担保权的财产将更无价值。[1]

基于以上基本理论,《企业破产法》——尤其是相关的司法解释,虽然改变了传统上认为担保物不属于破产财产的观念(如法释[2013]22号第3条规定,"债务人已依法设定担保物权的特定财产,人民法院应当认定为债务人财产"),但在担保物权实现的具体规则上,我国清算、重整和和解程序中都存在严重的缺失。以下具体论述。

(一) 破产清算程序中担保物权的实现

根据我国《企业破产法》第19条的规定:法院受理破产申请后,有关债务人财产的保全措施应当解除,执行程序应当中止。这也就意味着在破产程序开始(受理)后,担保物权人不能再直接将担保物变价以实现自己的债权。这是我国《企业破产法》对国外破产法上自动中止(automatic stay)制度的借鉴。不过,我国法上的中止制度是有局限的。结合破产法的前后文,在破产清算程序中,该"中止"仅持续到破产宣告之时(第107条第2款)。虽然根据该法第59条和第61条的规定,担保

---

[1] 在德国1877年帝国《破产法》(Konkursordnung)下,别除权的实现不受破产程序的限制,这与让与担保制度当时尚未成形有重要的关系。随着让与担保的盛行,德国1999年新《破产法》(Insolvenzordnung)的一项重要工作,就是改变企业破产财产被让与担保等担保权"掏空"的状态。参见Bork, 2012, Rn. 8 ff。

权人有权参与债权人会议并制定破产财产变价方案,而且,担保财产也属于破产财产[1],似乎可以由破产管理人而不是担保权人主持变现,不过,仔细阅读企业《破产法》的相关条文,可以发现,担保权人在变现的事项上并没有真正的表决权[2],另外,在第 10 章第 2 节关于变价和分配的规定中,完全没有提及担保物的变价和分配问题。因此从体系解释上,应当认为《企业破产法》第 109 条指的是破产宣告后,担保物权人可以直接自己将担保物变价。具体的变价规则则需要参照《物权法》的有关规定进行,抵押权人首先可以和债务人协商,将担保物折价来实现债权,如果双方达不成一致意见,则应申请法院对担保物进行拍卖或变卖(第 195 条);质押权人可以自行根据市场价格将担保物变卖(第 219 条第 2 款)。这些规则所可能存在的问题包括:

第一,因为担保物权人只关心自己的债权能否实现,因而将没有动力追求超过其债权额的更好价格和最大限度实现担保物的价值。

第二,根据《企业破产法》第 112 条第 2 款,破产企业可以"全部或部分变价出售"。该条规定了破产实践中应用非常多的"转让性重整"(übertragende Sanierung)制度。[3] 其核心就是通过清算程序将破产企业整体变现。其与破产重整的核心区别在于,在破产重整中,债务人的身份不发生变更,原企业的股东在重整后通常继续保有股东身份,而在转让性重整中会发生债务人股东的更迭,本质上说是破产清算中以资产买卖(asset deal)为形式的并购。我国破产法中允许担保权人在清算程序中自行变价在客观上排除了将企业资产作为一个整体变价的可能性,因为担保物通常都是企业最重要的经营资产,如土地、厂房、重要的机器设备或重要的知识产权等。

第三,《企业破产法》第 43 条虽然规定破产费用应从破产财产中清偿,但因为担保物权人实际上享有在破产外自行变现的权利,因而并不承担破产费用。实践

---

[1] 参见《企业破产法》(试行)第 28 条和 2006 年《企业破产法》第 30 条、第 107 条。相比而言,在美国《破产法》上,担保物并不属于破产财产。见 11 USC § 541 条(b)。

[2] 《企业破产法》第 64 条:债权人会议的决议,由出席会议的有表决权的债权人过半数通过,并且其所代表的债权额占无财产担保债权总额的 1/2 以上(担保权人只算"人头",不算债权额,实践中担保权人主要是银行等金融机构,因此在人头上毫无优势)。

[3] 在德国和美国的破产实践中,转让性重整的比例要远远高于破产重整的比例。

中,因为企业大部分财产上附有担保权,破产程序中管理人的相当多工作是清理担保权,如核实担保物权的真实性、保管和维护担保物等,在结果上相当于是普通债权人替担保权人承担了这部分破产费用,从而会进一步降低普通债权人的受偿率。

第四,按照《担保法解释》(法释〔2000〕44 号)第 64 条与第 74 条,抵押物或质押物拍卖后的价款应当按如下顺序清偿:收取孳息的费用;主债权的利息;主债权。《企业破产法》对该两项条文的适用未作明文排除,按体系解释,应当认为担保债的利息在抵押物价值允许的范围内是受充分保护的。相比上述美国法与德国法,我国的规定更"偏袒"担保物权人。

(二) 破产和解中担保物权的实现

按照《企业破产法》第 9 章,根据债务人的申请,法院可以允许适用和解程序来处理破产偿债事项。但该章关于担保物权的规定客观上将使和解程序成为"不可能的任务":根据该法第 96 条第 2 款,担保债权人自人民法院裁定和解之日起,可以直接行使变价等权利。也就是说,和解协议只对非担保债权人具有约束力(第 100 条)。若担保物权人在和解中行使了其担保权,客观上将使得企业丧失最重要的生产资料[1],从而使《企业破产法》关于和解的规定从根本上失去实际价值。[2]虽然和解期间也有以下可能性:担保债权人主动放弃担保债权而参加到和解过程中来,或无担保债权人可以通过清偿债务的方式来保存对于企业经营有重要作用的担保物,但这显然会严重增加和解本身的成本(且不论实践中担保权人是否会主动无偿放弃权利)。

(三) 破产重整中担保物权的实现

我国《企业破产法》第 8 章规定了重整制度,立法者对其寄予厚望,一些参与立

---

〔1〕当然,有些企业可能没有在自己财产上对外设置担保,这些企业的和解是不受第 96 条第 2 款和第 100 条的影响的。

〔2〕德国在 1999 年《破产法》生效以前,也允许担保债权人不受和解协议的约束而自行变现,以至于和解(Vergleich)的成功率长期小于 1%。参见 Bork, 2012, Rn. 8。

法的学者也高度评价。[1] 但仔细研读后会发现，由于未能妥善处理好破产中对担保物权的处置，这项制度实践中很难真正地被普遍采用。

第一，《企业破产法》第 75 条第 1 款第 1 句规定，在重整期间担保物权暂停行使。这项规定为破产重整奠定了基础，让债务人企业在破产保护期内仍能继续运营，而不必担心主要资产被担保权人变价。但该规定非常不彻底，如该条第 1 款第 2 句同时规定，在担保物有损坏或价值明显减少的可能时，担保权人可向人民法院申请恢复行使担保权。这就排除了债务人通过提供其他的担保或补偿继续使用担保物的可能。相比而言，在美国《破产法》上，担保权人只在债务人或破产管理人不能对担保物提供充分保护（adequate protection）时才能申请排除中止（relief），恢复行使担保权。[2]

第二，相比较，如果说第 75 条在大方向上还是基本正确的话，那么在表决重整计划的程序中，我国的担保物权享有过分全面的保护。

重整计划程序的基本目标是通过促进债权人之间的合作，实现企业价值的最大化进而实现债权人利益的最大化。但因各债权人的利益不同，没有强制性规则很难促成全体债权人的合作。重整计划获得通过的最大阻力来自担保权人，因为在重整计划中，其债权在获得实现之外并不会得到额外的保护。所以各国法上为保护债权人整体都会设置强行通过重整计划的规则，即在债权人尤其是担保债权人对重整计划持反对意见，但重整计划并没有根本性地损害其利益时，违背其意愿强制地通过有关重整计划。具体而言，强行通过重整计划应该满足以下几项要件：其一，最佳利益原则。即破产债权人在重整计划中得到的清偿不少于其在破产清算中得到的清偿（第 87 条第 2 款第 3 项）。其二，重整计划应该具有可行性（第 87 条第 2 款第 6 项）。其三，重整计划应遵守"债权人绝对优先原则"。该原则强调，重

---

[1] 有学者强调，新破产法"规定了一系列保护企业继续营业的措施"，"法律起草中曾参考过美国、法国、德国、英国、澳大利亚、日本等国的立法，并与国外的专家学者进行过广泛的交流"，"重整制度具有更强的科学性和可操作性"。参见王卫国：《新破产法：一部与时俱进的立法》，载《中国人大》2006 年第 17 期，第 18—19 页。相关论文，参见王欣新、徐阳光：《破产重整立法若干问题研究》，载《政治与法律》2007 年第 1 期。

[2] 见 11 USC §§ 361,362(d)(1)。另外，在担保物的价值低于担保债权数额，并且担保物将不被用于未来计划的重整（比如生产性企业收藏的名画）时，担保物权人可以申请解除自动中止。见 11 USC § 362(d)(2)。

整计划应当平等对待相同性质的债权人,在顺序在先的债权人获得全部清偿之前,在后的债权人不应获得任何清偿(第87条第2款第5项)。满足以上构成要件之后,对于担保债权人的利益,无论是美国《破产法》还是德国《破产法》都进行了必要的限制。如前文对破产程序中利息损失补偿、担保物价值损失补偿方面的限制。

我国《企业破产法》第87条第2款第1项要求担保债权延期的损失得到"公平补偿",同时要求担保权未受到任何"实质性的损害"。考虑到实践中担保债权通常数额巨大,利息的总额很高,这将严重增加破产重整程序的负担。实践中往往会造成重整计划不能被强行通过。

四、总结

对担保物权正当性及其必要限制的理论基础,可以从以下两个方面加以阐释。一是以自由为基础的解释。在一般的债之关系中,债权在性质上属请求权,债权人仅能就债务人的一般财产受偿,而无权对债务人进一步的财产处置,包括在财产上设定担保提出异议(且不说某些情形下债权人放款时债务人已经在财产上设置了担保并进行了公示)。不过,须注意的是,除了自愿承担债务人责任财产变动风险的自愿债权人外,还存在非自愿的债权人。实践中,可能发生的情形是,在此类非自愿债权人已经存在的情形下,债务人(的股东)仍通过为他人设定担保而转移其财产,并借助破产与有限责任制度逃避清偿义务。在前一种情况下,债权人的自愿接受可以作为担保权正当化的依据,而在后一种情形下,担保权人便不能够援引该项自由主义的道德哲学观念正当化其担保权。在这个意义上,设置相应的制度,限制债务人对其财产的自由处置,限制担保权人的权利,以保护少数非自愿债权人的利益,是有依据的。二是以福利或效率为基础的解释。在担保权人的利益得到完全充分保护的情况下,可能会使债务人有便利以损害普通债权人,尤其是非自愿的普通债权人的利益为代价,从事过于冒险的、整体无效率的经营,造成社会福利的减损。因此,从功利主义的角度看,也有必要对担保物权进行限制。[1]

---

〔1〕相关分析及文献整理,见许德风:《论担保物权的经济意义及我国破产法的缺失》,载《清华法学》2007年第3期。

破产程序中的担保物权	实现时间限制	实现方式	利用	利息补偿
美国法	始于破产受理（自动中止），持续到破产终结。除非债权人申请并证明：（1）担保物缺乏"充分保护"；或（2）债务人对担保物不享有"权益"且担保物对于"有效的破产重整"不必要。	破产管理人变现或自我管理的债务人变现。	破产管理人可以使用出售出租或为第三人设置担保。	有利息补偿，但以担保物价值大于主债权部分为限。
德国法	始于破产申请（由破产管理人申请而中止），若担保权人无异议，可持续至破产终结。	不动产担保物：抵押权人或破产管理人；动产质物、股权与知识产权质押：质权人；简单的所有权保留：所有权人；延长与扩张的所有权保留：破产管理人；让与担保物：破产管理人。	变现前破产管理人可使用。	第一次破产债权人大会召开以前的利息损失可以计入主债权并就担保物优先受偿；自大会召开日起，该利息债权为共益债权。
中国法	始于破产受理（自动中止），持续至破产宣告（清算程序）；始于破产受理，持续至破产重整计划获批准（重整程序），重整计划执行期间的处置依重整计划。	担保物权人自行变现或委托破产管理人变现。	变现前破产管理人可使用。	以担保物的价值为限优先受偿（清算程序）；担保债权延期的损失得到"公平补偿"（重整程序）。

当然，上述两项理由仍不足以得出应对担保物权实行激进限制[1]的结论。担保物权是一项历史悠久的制度。人们自愿接受与使用它本身，可很大程度上证明

---

[1] 如有学者提出人身侵权之债应优先于担保债权。参见韩长印：《债权受偿顺位省思》，载《中国社会科学》2010年第4期，第101页以下。

其合理性。虽然在理论上可以论证担保物权负外部性的存在,但从美国或德国经验研究看,现实中这种效果并不明显。可能的解释是,这些国家通过在破产程序中限制担保权的实现,极大地消除了这种负外部性。

担保物的变现是担保物权法与破产法上的重要课题。本章结合了德国法与我国法的相关制度,对破产程序中担保物变现的技术性规则进行了分析。主要有以下几项结论。

第一,无论是清算还是重整,参考美国法与德国法的相关规定,因破产程序的启动而暂时中止担保物的变现是更为妥当的安排。此期间破产管理人应妥当维护担保物,主债权的利息亦可延续计算,但在第一次债权人大会召开前,利息损失只能作为担保债权的一部分,召开之后,才能作为共益债权。比较而言,我国破产清算程序中担保物权实现不受限制的规则殊值检讨,应予修正。

第二,我国现行的变现体制过于僵化,不利于债权人保护。赋予破产管理人更大的变现权限,允许更为灵活的变现规则,有助于实现担保物价值的最大化,是未来担保物变现规则的改进方向。

第三,破产重整中,担保物权通常应给予周全的保护,如应根据主合同的约定,保护担保债权在重整期间的利息。但必要的风险或限制担保权人也应承受,如应承担重整期间担保物价值的减损。

第十五章　法院强制批准重整计划的不确定性*

　　法院强制批准重整计划(以下简称"强制批准"),是指在重整程序中部分表决组未通过重整计划草案时,经法院裁定批准重整计划而使之产生法律约束力的司法行为。强制批准由于《企业破产法》第 87 条规定的宽泛和原则,具有相当程度的或然性。因为破产重整本身就是一个风险因素难以把握、并且涉及众多利害关系或利益冲突的商业交易平台,《企业破产法》对之仅有框架性的规定,司法实务尝试强制批准尚处初步阶段。[1] 由此,本章用"不确定性"来描述强制批准所应当正视的诸多问题,围绕"公平对待"这个议题展开,以便尽可能地梳理影响强制批准的理念和制度因素,使强制批准更加接近我国《企业破产法》规定该制度的目的。

一、司法实务上的强制批准之妥当性检讨

　　重整程序开始后,《企业破产法》第 82 条所列各表决组对重整计划草案予以表决,原本为利害关系人自治的固有内容。各表决组及其成员均有其特定的利益,各表决组及其成员之间甚至存在不相容的利益冲突,各表决组及其成员表决重整计划草案出现"僵局"时,破产重整的目的无法实现。出于对社会利益和其他利益加

---

　　* 本章内容曾发表于《法律适用》2012 年第 11 期。作者:邹海林,中国社会科学院法学研究所研究员,博士生导师。

　〔1〕我国上市公司进行破产重整的案件,凡申请法院强制批准重整计划的,均无例外地获得了法院的批准,例如＊ST 宝硕、＊ST 锦化、S＊ST 光明、＊ST 帝贤 B、＊ST 广夏等破产重整案。上市公司以外的企业法人申请法院强制批准重整计划而获得法院支持的重整案件,也多有报道;几乎没有公开的资料显示,申请法院强制批准重整计划而被法院拒绝的重整案件。

以保护的考虑，以强制批准取代当事人的意思自治，也可以实现重整困境企业的目的。这是强制批准的立法论上的理由。有这样一些十分流行的说法，"重整程序是一种成本高、社会代价大、程序复杂的制度，它更多地是保护社会整体利益，而将债权人的利益放在次要位置。"[1]"当利害关系人自治而不能通过重整计划时，为社会整体利益的考虑，有必要借助公权力干预以实现重整的目的。"[2]"强制性地批准重整计划，法院更多考虑的是社会公益或其他利益。"[3]在立法论上，强制批准基于社会利益优于个体利益的法理念，符合社会观念中的公平正义，自有其正当性。但是，强制批准的立法论上的理由，不能成为法院在裁判个别案件时应当遵循的指导思想，更非强制批准的依据，除非法律对之有明文规定。

《企业破产法》第 87 条对强制批准规定的内容宽泛、原则，限定的条件也不充分，但并没有将社会利益优先作为强制批准的一个条件。第 87 条第 1 款规定了强制批准的"最低限度接受规则"[4]，本身就表明重整计划的不同表决组及其成员之间出现了利益冲突；第 87 条第 2 款则规定平衡不同表决组及其成员之间的利益冲突的条件或标准，即所有表决组的利益都得到"公平对待"。我国法律关于强制批准的条件，集中于重整计划的各表决组的利益平衡，即未获通过的重整计划是否"公平对待"了受重整计划约束的所有的利害关系人。社会利益往往是抽象的、非具体的。在我国，当一个企业进入重整程序时，因为重整失败而可能发生的劳动者失业产生的就业压力、社会救济不充分引起的社会不稳定、防止国有资产流失的忧虑，以及产业结构调整的社会需求等，都可能被当作社会利益。基于社会利益的保护而构建的重整程序，若在强制批准的场合仍然引入社会利益作为考量因素，重整计划的任何表决组的利益，若与社会利益相比较，都会显得微不足道，强制批准的制度性基础就会彻底丧失，则滥用强制批准就难以避免。"在中国的市场经济环境和信用机制条件下，由于立法、司法经验的不足，法院仍然担负着防止重整程序被

---

[1]李永军：《破产重整制度研究》，中国人民公安大学出版社 1996 年版，第 48 页。
[2]邹海林：《我国企业再生程序的制度分析和适用》，《政法论坛》2007 年第 1 期。
[3]《中华人民共和国企业破产法》起草组编：《中华人民共和国企业破产法释义》，人民出版社 2006 年版，第 271 页。
[4]重整计划未获全部表决组的同意，但至少应当有一个表决组同意，法院才能依照管理人或债务人的申请强制批准重整计划。

滥用的重任。"[1]在部分表决组不接受重整计划时,社会利益可能会因为重整失败而受到不利影响,但这不能成为强制批准就具有妥当性的理由,司法实务上的强制批准,也不担负实现社会利益受优先保护的使命。

《企业破产法》第87条第2款在内容上的宽泛、原则和不周延,在客观上为司法实务运用强制批准干预当事人的自治提供了较为广阔的空间。法院依照该规定确实享有非常广泛的自由裁量权。但是,自由裁量不能简单地认为重整计划的内容"符合"《企业破产法》第87条第2款的规定,强制批准就是妥当的。有人认为,"对重整各方当事人来说,强行批准符合他们的根本利益,不仅合理而且有效。因为只有债务企业重整成功,才能把企业这块'蛋糕'做大,各方当事人才有可能从复兴的企业中获得更多的利益。"[2]重整计划的内容"符合"《企业破产法》第87条第2款的规定,多具有"形式上"[3]的意义。强制批准干预重整程序的当事人自治,并非企业破产法构建重整程序的目的,仅仅是一种可供选择的重建困境企业的手段或方法,法律规定宽泛、原则和不周延,法院在个案中强制批准重整计划是否真的符合各利害关系人的根本利益、合理且有效,是值得反复讨论和谨慎对待的问题。虽然"在实践中,法院对重整计划的强制批准执行起来也很严格,需要反复考量和层层审批。但整体来看,法院仍多倾向于能批准则尽量批准,目标还是追求重整成功。"[4]重整程序当事人自治的方式和内容,存在多样性和变数,利益平衡就成为强制批准的基点,利益平衡的目的是重整计划要"公平对待"所有的利害关系人,欠缺各表决组以及各表决组内部的利害关系人的利益平衡考量,以追求重整成功为目的,强制批准重整计划就不具有妥当性。《企业破产法》第87条第2款的框架性规定,不是鼓励法院基于其自由裁量权适用强制批准,恰恰是在警示法院慎用强制批准。

另外,重整计划规定的"债务人的经营方案"应当具有可行性,此为强制批准的"必要条件",《企业破产法》也要求重整计划应当有"债务人的经营方案"的内容。[5]

---

[1] 刘敏、池伟宏:《法院批准重整计划实务问题研究》,《法律适用》2011年第5期。
[2] 汪世虎:《法院批准公司重整计划的条件探析》,《商业经济与管理》2007年第1期。
[3] 例如,重整计划有关各表决组的权益分配,符合《企业破产法》规定第113条的清偿顺序,且同一表决组的成员获得了"相同比例"的权益。
[4] 王建平、张达君:《破产重整计划批准制度及反思》,《人民司法·应用》2010年第23期。
[5] 参见《企业破产法》第87条第2款第6项和第81条。

"债务人的经营方案"是否可行,属于破产重整的利害关系人在商业上作出合理判断的内容,不应当交给不熟悉商业运作的法官判断。尽管在理论和实务上,人们提出引入"听证会"或者"专家听证会"、甚至与政府相关机构的"会商"等形式,帮助法官对重整计划中的"债务人的经营方案"是否具有可行性作出判断。[1] 但实际情况却是,重整计划中的"债务人的经营方案"通常都是为了有"经营方案"而写出来的,方案不具体、不明确已是常态。"当重整计划不包括资产重组方案时,债权人往往更加关注债权调整和受偿方案而对经营方案不感兴趣","经营方案在重整计划中就成为可有可无的摆设品,没有实质性的内容。在此情况下,法院对经营方案的可行性审查成为现实中的短板,严重偏离了立法对重整制度的期待"[2]。事实上,对于重整计划的强制批准,法院在程序上会进行更多的审查,在实体上则局限于对清偿率高低的审查,对于其他实质性内容如重整计划的可行性、各方利益的平衡性等模糊性规定,除非显失公平,法院一般不会将其作为不批准重整计划的因素。[3] 重整计划中的"债务人的经营方案",若与利害关系人的权益分配无关,仅能作为破产重整的当事人的自治选项,不应当成为强制批准时法院审查重整计划的"条件性"内容。

总之,强制批准在我国《企业破产法》第 87 条规定的框架下,因为要干预当事人的自治而引入社会利益优先、重整计划应当可行等许多要考量的因素,具有立法设定制度的合理性;但强制批准只能以重整计划"公平对待"各表决组及其成员的利益作为基础,重整计划欠缺"公平对待"的,司法实务上的强制批准的妥当性则要大打折扣。

二、重整原因的多样性对强制批准的影响

各表决组在破产重整中形成的利益格局,因为重整原因的不同,形态各异。关于重整原因,《企业破产法》第 2 条关于重整原因的规定十分灵活,赋予法院准许启

[1] 吴晓明:《当前审理企业破产案件需要注意的几个问题》,《法律适用》2012 年第 1 期。
[2] 刘敏、池伟宏:《法院批准重整计划实务问题研究》,《法律适用》2011 年第 5 期。
[3] 王建平、张达君:《破产重整计划批准制度及反思》,《人民司法・应用》2010 年第 23 期。

动处于困境的企业的重整程序更大的自由裁量空间。[1] 依照上述规定,重整原因可以归类为以下三种:(一)债务超过且不能清偿到期债务;(二)明显缺乏清偿能力且不能清偿到期债务;(三)丧失清偿能力的可能性。[2]《企业破产法》第 87 条关于强制批准的宽泛规定,并没有提及法院应当对重整原因进行审查。但这并不表明,法院可以不考虑重整原因的审查,而仅仅依照第 87 条规定的"条件"或"标准",就可以批准重整计划。重整计划是建立在债务人具有重整原因的基础上的,债务人不具有法定之重整原因,即使重整计划的内容符合"公平对待"全体利害关系人的要求,法院也不能批准重整计划,应当直接驳回重整申请,裁定重整程序终结。因此,法院在强制批准重整计划时,必须对重整原因作出审查并加以认定,这是不言自明的重整程序的应有之义。

《企业破产法》第 2 条规定的重整原因,在法院裁定开始重整程序后,至各表决组表决重整计划草案之前,并非固定不变的法律事实,而是一个动态的法律事实。即便法院在受理重整申请时,已经查明债务人有重整原因;但经历管理人或者债务人和债权人协商重整计划草案的程序后,重整申请受理时已经查明的重整原因可能已经发生变化,法院在强制批准重整计划时,应当对可能或者已经发生变化的重整原因作出司法认定,以确保批准的重整计划的基础稳定。这里还需要特别说明的是,法院受理重整申请的原因,并不能等同于《企业破产法》第 2 条规定的重整原因。[3] 法院依照利害关系人的申请裁定对债务人适用重整程序的,主要是依据《企业破产法》第 7 条规定的原因。法院在审查重整申请时,仅作形式审查并兼顾必要的实质审查;特别是依照《企业破产法》规定的程序,法院在受理重整申请时,不具有查明债务人是否具有重整原因的条件。重整原因的查明,则是重整程序开始后的调查程序所要解决的问题。重整原因的查明属于事实问题,应当由管理人完成,即管理人依照《企业破产法》承担"调查债务人的财产状况"的职责。[4] 在申请强制批准前或批准时,管理人应当向法院提交完整的债务人财产状况的调查报告或者

---

〔1〕参见《企业破产法》第 2 条、第 7 条和第 12 条。
〔2〕邹海林:《我国企业再生程序的制度分析和适用》,《政法论坛》2007 年第 1 期。
〔3〕韩长印:《破产界限之于破产程序的法律意义》,《华东政法学院学报》2006 年第 6 期。
〔4〕邹海林主编:《中国商法的发展研究》,中国社会科学出版社 2008 年版,第 159 页。

债务人的偿债能力分析报告;前述报告应当陈述债务人的重整原因的具体形态,以便法院审查认定。

重整原因的审查认定,构成重整计划草案规定的平衡各表决组利益冲突的基础。"偿债能力分析报告是制作重整计划草案的重要依据,也是强制批准的重要依据,其分析结论是否客观公正、是否公允,将对每一位债权人的利益构成潜在的实质性影响。"[1]在实务上,"法院批准重整计划时坚持能动审查。法院在对重整计划批准之前坚持严格审查,主要集中在三个方面:第一,鉴于重整方案的表决主要涉及表决组内部利益的冲突,审查主要针对投反对票的债权人的异议理由,着重对异议债权人利益的合法保护进行形式上的审查;第二,审查重整计划草案中债务人经营方案的内容是否违反法律、行政法规的强制性规定,重整计划草案是否涉及国家行政许可事项;第三,审查重整方案中对出资人原有股权的调整。"[2]但如果重整原因的形态不明,就各表决组的权益分配,再如何严格审查,都可能是空中楼阁。

经法院审查认定的重整原因,将直接影响法院审查重整计划是否"公平对待"各表决组及其成员的基本价值取向。

第一,债务人有"债务超过且不能清偿到期债务"的重整原因的。在此情形下,重整计划草案中有关调整债务人的出资人权益的内容就有了合理的基础,"资不抵债"是对出资人权益进行削减的"前提"。[3]此时,债务人的经评估的清算价值为负值,法院审查重整计划中各表决组的权益分配的重心应当向所有的债权人倾斜,债权人应受保护的利益"绝对"优先于债务人的出资人;在所有的债权人获得公平清偿前,债务人的出资人不能通过重整计划获得利益。

第二,债务人有"明显缺乏清偿能力且不能清偿到期债务"的重整原因的。在此情形下,债务人经评估的清算价值为正值,但债务人有被清算的危险,债务人的出资人能够由破产程序获得的利益将大打折扣,债权人的分配利益也会有折扣。

---

[1] 刘敏、池伟宏:《法院批准重整计划实务问题研究》,《法律适用》2011年第5期。
[2] 江苏省苏州市中级人民法院民二庭:《能动发挥破产重整程序作用实现对危困企业的司法拯救》,《人民司法·应用》2010年第19期。
[3] 刘敏、池伟宏:《法院批准重整计划实务问题研究》,《法律适用》2011年第5期。

在此情形下,不具有调整债务人的出资人权益的合理基础,对债权人的权益分配做实质调整的基础也不存在。法院审查重整计划中各表决组权益分配的重心应当是重整原因对各表决组及其成员的分配利益所产生的不利影响,不接受重整计划的表决组或表决组成员所受分配利益的损失是否与重整原因的不利影响相当。

第三,债务人有"丧失清偿能力的可能性"的重整原因的。在此情形下,重整计划对各表决组的权益分配进行相应调整的基础,是因为债务人有推迟或延后清偿债务的客观需求;同时,债务人也不存在清算价值问题,各表决组的权益分配没有直接发生损失的危险。法院即使拒绝批准重整计划,因债务人不具有《企业破产法》第 2 条第 1 款规定的应当被清算的原因,也没有理由依照《企业破产法》第 88 条的规定,直接裁定宣告债务人破产清算。[1] 法院审查重整计划中各表决组权益分配的重心,应当向不同意重整计划的表决组或表决组成员方面倾斜,注重对债权人因为重整计划而失去的利益(主要是期间利益)的保护,防止债务人利用强制批准逃避债务。

三、重整计划分组表决的灵活性

参加破产重整的利害关系人的权益分配顺序存在差异,例如有物上担保的债权人、优先权人、普通债权人、债务人的出资人,他们对于重整债务人的财产享有的权益有先后之别,且相互间存在利益冲突,难以在表决重整计划时,同等对待;否则,重整计划表决会出现"僵局"。所以,重整计划实行分组表决。重整计划的分组表决,是实现重整计划"公平对待"所有的利害关系人的程序工具,在体现不同的利害关系人的不同利益时,可以防止重整计划各表决组及其成员的"肆意",利用"多数决"的表决机制损害个别成员的利益。

依照学者的归纳,各国破产法对重整计划的分组表决原则基本一致,但表决组划分的标准不尽相同,大致可分为法定型、自治型、折中型 3 种;我国《企业破产法》

---

[1] 邹海林:《我国企业再生程序的制度分析和适用》,《政法论坛》2007 年第 1 期。在此情形下,法院拒绝批准重整计划的,应当裁定终结重整程序;或者依照《企业破产法》第 12 条第 2 款的规定,裁定驳回重整申请。

第 82 条明确规定表决组划分的标准,属于法定型。[1] 我国司法实务在重整计划的表决分组方面,严格遵循《企业破产法》第 82 条的规定,按照利害关系人对债务人财产的权利分配顺序,将重整计划的表决分组限定为:物上担保权人表决组、职工债权人表决组、税款请求权人表决组和普通债权人表决组。[2] 重整计划草案涉及出资人权益调整的,设出资人表决组。[3] 另外,为了表决的便利和"公平对待"普通债权人,法院在必要时可以在普通债权人表决组中设立小额债权人表决组。[4] 重整计划的分组表决是一个影响强制批准的法定因素,并应当遵循"最低限度接受规则"。"最低限度接受规则"限制强制批准,仅仅具有形式上的意义,如果分组表决是灵活的,即依照协商重整计划谋取不同利害关系人的共同利益的需要,灵活设置表决组,强制批准就不会受"最低限度接受规则"的严格约束了。这在美国破产法上尤为明显,表决组可以依照利益平衡的需要设立,灵活设立表决组,"最低限度接受规则"发生作用的空间就相当有限了。我国《企业破产法》以权益分配的顺序确定重整计划表决分组的标准,属于强行法,不得有所违反;但具体的表决组的设立,则应当以最大化地实现重整程序磋商重整计划的便利为出发点,即表决组的设立在形式上应当具有灵活性。

第一,在破产重整的实务上存在继续细分表决组的内生动力。在法律规定的同一表决组内部,表决组成员的利益仍然存在冲突,不同成员因为其表决的"权重"大小,有可能"绑架"其他成员或者被其他成员"绑架",有必要在同一表决组内继续细分不同的表决组。例如《企业破产法》第 82 条第 2 款所称"普通债权人表决组"中的"小额债权人表决组"。实际上,"物上担保权人表决组"和"出资人表决组"内继续细分表决组,更有必要。

第二,《企业破产法》没有对同一表决组的继续细分加以禁止。该法关于表决组的划分,所要解决的根本问题是什么性质的权利人应当被划在一个组里,并享有同等对待的成员权利,但并没有要求被划在一个表决组的成员必须共同协商重整

---

[1] 张艳丽:《重整计划比较分析》,《法学杂志》2009 年第 4 期。
[2] 参见《企业破产法》第 113 条和第 82 条第 1 款。
[3] 参见《企业破产法》第 85 条第 2 款。
[4] 参见《企业破产法》第 82 条第 2 款。

计划。破产重整是一个协商撮合的商业交易平台,以什么样的形式协商重整计划以便吸收更多的共同意思,应当交由当事人自治来解决。"人民法院应当采取适当形式引导债权人参与重整计划的制定和磋商过程,促进重整计划的制定完善及顺利通过。"[1]只要不违反《企业破产法》第82条规定的表决组分组标准,并遵循《企业破产法》第87条规定的公平对待同一表决组的原则,依照当事人协商重整计划的需要,法院可以引导管理人或利害关系人协商将同一表决组细分为两个以上的表决组,对重整计划进行表决。

第三,重整计划涉及债务人出资人权益调整的,出资人表决组更有细分的必要。《企业破产法》第85条仅规定设出资人表决组,但出资人表决组中的"股东",尤其是多数股东(大股东)和少数股东(中小股东)、普通股股东和特别股股东之间,因为出资权益的调整往往呈现十分激烈的利益冲突,有必要设相对独立的出资人表决组。出资人表决组仅对重整计划中调整出资人权益的内容进行表决,实行"资本多数决"的表决制度,适用《公司法》的有关规定,在出资人表决组中细分为两个以上的表决组,也没有法律障碍。

第四,重整计划表决分组的灵活性,相当程度上可以有效保护对重整计划持有异议的表决组少数成员的应得法定利益。不接受重整计划草案的表决组,在法院批准重整计划时,其应得法定利益受保护;但是,对于通过重整计划的表决组,那些对重整计划持有异议的表决组少数成员只能接受重整计划所约定的分配利益,其应得法定利益被剥夺。[2]表决分组的僵化,造成不同意重整计划的位于不同表决组的成员的利益失衡,通过灵活设立表决组可以得到纠正。在法定的重整计划表决分组的基础上,继续细分表决组,在协商重整计划时,完全可以将持有异议的少数成员列入不接受重整计划的表决组,实现对不接受重整计划的表决组成员的同等保护。

在司法实务中,法院不应当固守法定的表决分组形式,在法定的同一表决组内,依照需要可以引导当事人设立不同的表决组,对重整计划进行分组表决。

---

[1]《当前审理企业破产案件需要注意的几个问题》,《法律适用》2012年第1期。
[2]参见《企业破产法》第87条第2款第1—4项。

四、重整计划"公平对待"所有的表决组及其成员

重整程序中的利益冲突如何得以平衡,这是法院在强制批准重整计划时所必须考虑的核心条件:重整计划的权益分配是否公平对待了所有的表决组及其成员。重整计划公平对待所有的表决组及其成员,是强制批准的出发点;受重整计划约束的表决组及其成员不能因为强制批准而受到不公平的损害。

(一) 公平对待所有的债权人

申请法院强制批准的重整计划,应当公平对待所有的债权人。这里所要解决的核心问题,是要在债权人相互间找到利益平衡点。重整计划公平对待所有的债权人,有以下含义。第一,重整计划的债权分配,具有顺序性。重整计划债权分配的顺序性,不得违反《企业破产法》第 113 条规定的债权分配顺序。重整计划规定的债权分配,不论其比例如何,均要保证先行清偿顺序在前的债权人后,才能够清偿顺序在后的债权人。[1] 也就是说,顺序在后的债权人在重整计划中的分配利益,应当服从于顺序在前的债权人的分配利益,在顺序在前的债权人依照重整计划获得充分清偿前,顺序在后的债权人不能从重整计划中获得利益。

第二,重整计划的债权分配,在同一债权人表决组内,各成员的分配比例相同。不论债权人表决组是否同意接受重整计划,重整计划规定的债权分配比例,对于同一表决组内的各成员应当相同,除非该表决组内有成员愿意接受更低比例的重整计划权益分配。[2] 在普通债权人表决组内,如果设小额债权人表决组,重整计划规定的债权分配比例,对于细分的各表决组应当相同,除非表决组内有成员愿意接受更低比例的重整计划权益分配。

第三,重整计划的债权分配,以保证所有债权人的应得法定利益为必要。重整计划的债权分配,不得低于债权人的应得法定利益,但同意接受低于债权人的应得法定利益的重整计划的债权分配的债权人,不在此限。不同意重整计划的表决组的所有成员,不论其是否对重整计划持有异议,享有的应得法定利益不受损害。有

---

〔1〕参见《企业破产法》第 87 条第 2 款第 1—2 项。
〔2〕参见《企业破产法》第 87 条第 2 款第 5 项。

物的担保的债权人的应得法定利益,以其担保物的变价金全额清偿其债权本息为必要;优先债权(职工债权和税款请求权)人的应得法定利益,以其债权额的全额受清偿为必要;普通债权人的应得法定利益,则以其受偿不低于申请强制批准重整计划时经评估的债务人的清算价值[1]为必要。[2] 重整计划的债权分配,应当保证不同意重整计划的表决组的应得法定利益,同样有效于任何同意重整计划的表决组内对重整计划持有异议的债权人。[3]

(二) 公平对待所有的出资人

重整计划涉及出资人权益调整的,其内容应当公平对待所有的出资人。这是一个争议不可能在短时间内平息的问题,其复杂性远超重整计划公平对待所有的债权人的问题。重整计划涉及的债务人的出资人权益调整的内容,是否公平对待了所有的出资人,《企业破产法》没有给出相应的制度标准,仅仅要求"重整计划草案对出资人权益的调整公平、公正,或者出资人组已经通过重整计划草案"。[4] 依照上述规定,出资人组已经通过重整计划草案,法院强制批准时,是否不再考虑重整计划是否公平对待了所有的出资人? 出资人组未通过重整计划草案的,重整计划草案规定的出资人权益的"同比例调整",是否就是公平对待了所有的出资人? 在司法实务中的主流见解观点是,如果出资人组反对重整计划草案,该项重整计划草案应当保证持反对意见的出资人组获得公平对待,即对于出资人权益的调整应当保证所有出资人"按比例削减"。[5] 在这里,笔者只能说,重整计划按比例调整出资人权益,仅仅是重整计划公平对待出资人的最低要求,但它不是公平对待所有出资人的标准。事实上,按比例调整出资人权益,构成对出资人的公平对待,仅仅具有形式上的意义,若无其他事实存在,推定重整计划的按比例调整公平对待了所有

---

[1] 在评估债务人的清算价值时,有学者认为还应当引入时间价值因素,考虑债权延期偿付时资全的时间价值。参见贾纯:《企业破产重整中债权人利益保护研究》,《金融理论与实践》2011年第1期。

[2] 参见《企业破产法》第87条第2款第1—3项。

[3] 李志强:《关于我国破产重整计划批准制度的思考》,《北方法学》2008年第3期;辛欣:《我国破产重整中强制批准问题探究》,《法律适用》2011年第5期;刘敏、池伟宏:《法院批准重整计划实务问题研究》,《法律适用》2011年第5期。

[4] 参见《企业破产法》第87条第2款第4项。

[5] 刘敏、池伟宏:《法院批准重整计划实务问题研究》,《法律适用》2011年第5期。

的出资人。真正的问题是,按比例调整出资人权益,掩盖了许多出资人对债务人享有的权益的事实上的不公平。例如,控股股东的股权按照比例调整,与中小投资人的股权按比例调整,通常的意义就不相同。若债务人的经营困境是因为控股股东的经营造成的,按比例调整出资人权益,无异于将控股股东造成的债务人困境的不利后果,让没有责任的中小投资者承担,将他们的股权均按比例调整,难谓"公平"。

重整计划涉及出资人权益调整的,我国的司法实务应当探寻更接近公平对待出资人的方式。笔者在此提出三点想法。

第一,在程序上按照债务人企业的实际情况,设一个或者多个出资人表决组,以确保出资人在事关出资人权益调整的事项上充分表达各自的利益诉求,防止因为"资本多数决"机制而发生部分出资人"绑架"其他出资人的不公平现象。属于同一出资人表决组的出资人,其出资人权益调整的各项条件,应当相同。

第二,在评估出资人权益调整时,不能仅仅关注"按相同比例调整"的因素,应当引入评估出资人在债务人财产上相对比较真实的权益的更多的因素。债务人开始重整的,"控股股东"的出资人权益和中小股东的出资人权益,因为诸多中小股东所不能控制的原因,存在很大的差异;普通股股东和特别股股东对债务人财产享有的出资人权益,也不相同;"同股同权"只能在"资产负债表"上见到,而在现实中见不到。因此,在评估出资人的真实权益时,可以引入对出资人权益有影响的关联交易、可归责于出资人的损害、上市公司以股票形式承载的"壳资源"等因素,测算出"真实的出资人权益",再对其进行相同比例和条件的调整。这就是说,《企业破产法》所称"公平对待"所有的出资人,不是一个简单的按相同比例调整的问题,而是一个寻求"真实的出资人权益"按照相同的比例和条件予以调整的问题。[1]重整计划的出资人权益调整的比例尽管不同,但其调整的方法和条件能够平衡所有的出资人利益,法院也可以强制批准重整计划。

第三,重整计划的出资人权益调整,应当保证经调整后的出资人权益不低于其应得法定分配利益,但同意接受低于出资人的应得法定分配利益的出资人,不在此限。原则上,出资人的应得法定分配利益,以经评估的债务人的清算价值或者营业

---

[1] 这也是《企业破产法》第87条第2款第4项在对待出资人权益调整时,为何没有设定"出资额"或"出资比例"作为"公平对待"出资人标准的缘由。

价值、扣除全额清偿所有的债权的剩余部分为准。[1] 再者，依照《公司法》的规定，对重整计划持有异议的股东有权要求债务人公司回购其股份。[2] 出资人依法享有的异议股东回购请求权，可以视为出资人应得法定分配利益的一种形式，重整计划不得限制或者损害异议股东的回购请求权。

（三）公平对待债权人和出资人

在重整程序中，债权人和出资人是对立的，但他们也有共同的利益。债务人进入重整程序，债权人和出资人就成为利益共同体。但是，重整能否成功多属于未知的状态，债权人和出资人都想通过重整获得更多的利益，重整计划有关权益分配的安排，对债权人和出资人而言，往往是对立的。当利害关系人的利益对立时，如何公平对待这些利害关系人，就成为强制批准时不能回避的问题。重整计划只有公平对待债权人和出资人的分配利益，法院才能够强制批准。问题是，公平对待债权人和出资人的分配利益的标准如何，我国《企业破产法》第87条没有提供任何指引。

笔者认为，如果重整计划违反"绝对优先原则"，就是欠缺公平对待债权人和出资人。《企业破产法》没有明文规定"绝对优先原则"，并不表明在我国法律上也缺乏"绝对优先原则"。绝对优先原则不需要借助《企业破产法》的专门规定，它作为一项公理性且为我国其他法律法规明文规定的债务人财产的权益分配原则，[3] 应当适用于破产重整。我国《公司法》第187条第2款明文规定有"债权人的受偿利益"绝对优先于出资人对公司财产的分配利益，公司财产在"清偿公司债务后的剩余财产"，按照股东的出资比例或者持有股份的比例分配。《企业破产法》第87条虽然要求重整计划对出资人权益的调整公平公正，但有可能没有意识到出资人权益的调整在重整计划中属于对债务人财产的"分配"。在司法实务上，对此应当有充分的认识，出资人权益在重整计划中的调整，属于出资人表决组成员分配债务人财产的一种形式，首先应当保证债权人的绝对优先受偿。重整计划草案规定的出资

---

[1] 参见《企业破产法》第87条第2款第1—3项。
[2] 谢刚：《股权重整制度的立法建议》，《中国投资》2006年第5期。
[3] 参见《中外合资经营企业法实施条例》(1983年)第106条；《城镇集体所有制企业条例》(1991年)第18条、第19条；《公司法》(1993年)第195条和《合伙企业法》(1997年)第61条。

人权益调整,不以普通债权人的债权获得全额清偿为条件,违反"绝对优先原则",除非债权人同意接受重整计划的安排,法院不得强制批准该重整计划。

公平对待债权人和出资人的重整计划,应当首先保证涉及债务人财产权益分配的绝对优先原则获得贯彻。同时,法院在审查重整计划是否公平对待债权人和出资人时,还应当考虑债务人寻求破产重整的原因,重整原因对平衡债权人和出资人的利益所具有的影响,已如前文所述。

第十六章　破产重整中的商业银行债转股问题 *

2016 年 10 月 10 日,国务院发布了《关于积极稳妥降低企业杠杆率的意见》(下称《降杠杆意见》)及其附件《关于市场化银行债权转股权的指导意见》(下称《债转股意见》),强调要遵循法治化原则、按照市场化方式有序开展债转股,建立债转股对象企业市场化选择、价格市场化定价、资金市场化筹集、股权市场化退出等长效机制。国务院的规定既适用于常态下即正常经营企业的债转股,也适用于非常态下即债务困境企业的债转股,尤其是《企业破产法》中重整企业的债转股。常态企业的债转股在破产程序外进行,适用法治化、市场化的原则相对容易一些,非法干预会少一些。而债务困境企业在重整程序中的债转股要想适用法治化、市场化的原则,则因各方利害关系人面临企业破产时清偿利益的最后博弈环节,矛盾格外突出,加之还有如何正确理解与执行破产法的问题,于实务中就更为复杂且困难。

在债务困境企业的挽救中,债转股本是一种传统的市场化、常态化的法律手段。将债权人的债权转为对企业的股权,可以降低企业负债,缓解债务清偿的危机,取得有利经营条件,帮助企业摆脱破产境地以获更生,也有可能减少债权人损失。由于我国资本市场不够健全,企业融资渠道有限,通常其最大的债权人都是银行,所以债转股的实施重点自然就是银行的债转股。在国务院文件出台前,受《商业银行法》有关规定的限制,加之债权转为一般公司的股权后市场退出困难,导致银行的债转股适用并不普遍,只有上市公司因其股票可在证券市场自由转让,才得

---

* 本章内容曾发表于《中国人民大学学报》2017 年第 2 期。作者:王欣新,中国人民大学法学院教授、博士生导师。

到一定范围的采用。

本章暂不分析哪些企业适合采用债转股,债转股对企业法人治理机制的影响以及转股后股东权利的行使,债转股对银行不良资产处置的影响等问题,也不准备探讨债转股的核心目标到底是化解银行不良债权还是减轻企业经营困难,而致力于研究在企业重整程序中实施债转股涉及的各种法律问题。

一、债转股的法律属性

中国的债转股有市场化(也称商业化)债转股与政策性债转股两类。所谓政策性债转股主要是原四大资产管理公司的债转股,现已停止。现国务院文件中规定的债转股均是市场化债转股。从债转股的目的看,有牟利型债转股与止损型债转股,前者如可转换债券持有人为获取更大利益而进行的债转股,后者的典型则是破产重整企业的债转股。重整程序中的债转股,无论是从企业减轻债务负担、避免破产的角度来看,还是从银行对不良资产处置的角度分析,都属于止损型的债转股。债权人此时实际上是不得不在坏与更坏之间作无奈的判断与选择,所以更需要尊重当事人是否转股的意愿,要遵循公平、等价有偿、诚实信用的原则,以降低各方当事人损失的共赢效果为目标。

要正确地理解与实施债转股,首先要明确债转股的法律性质。企业重整中的债转股具有双重法律性质。从债务清偿的角度看,债转股的实质是以股偿债,所以必须遵循破产法及相关立法中有关债务清偿的行为准则。从将债权转换成公司股份的角度看,债转股的实质是以债权向公司出资的行为[1],所以必须遵循公司法、证券法等立法中有关股东出资的规定,以及《商业银行法》等有关的立法规定。上市公司的股票是可以上市流通的证券,随时可出售变现,所以其债转股与一般公司还有一定区别,它属于用流通证券清偿债务,而不单纯是债转股,或者说主要属性不在于债转股。此外,在破产清算程序中,有时会涉及到对破产企业持有其他企业

---

[1] 有的人反对将"债转股"视为以债权向公司投资的行为,但其主要是在旧公司法未允许以债权出资的情况下,为当时政策性债转股的合法性进行辩解而扭曲地寻找理由,所以这种观点在公司法修订后已无现实意义。参见王亦平:《"债转股"实施中的若干法律问题研究》,载《法学评论》2000年第4期。

的股权因无法变现而不得不以股权做实物分配,这种股权的被动持有虽然具有债转股的外部形态,但其内在机制与《债转股意见》所规定的债转股非属同类,它只是破产财产分配的一种形式。

由于重整中的债转股是集两种法律性质于一身,故同时适用公司法和破产法两方面的法律,公司法重点调整的是常态下债转股的投资行为,而破产法的重点则是调整非常态下债转股的清偿行为,难免在两者之间会出现调整落差,此时法律适用的重点应是调整企业重整的特别法——破产法,要依据其立法宗旨与法律原理把握正确的权益平衡。

(一) 公司法视角的债转股

公司法上的债转股亦称为债权出资。《公司法》对债权能否作为出资未作列举性规定,仅规定以非货币财产出资的条件是"能够以货币估价并可以依法转让"[1]。据此分析,债权是可以作为出资标的物的。首先,债权能够以货币估价,既包括对非货币标的物的债权予以货币化,也包括对债权实际价值的市场化估价。我国已经对债权的资产评估发布有规范文件。其次,债权原则上是可以转让的,这是出资能够交付公司应具备的条件。《合同法》第 79 条规定了债权转让的规则:"债权人可以将合同的权利全部或者部分转让给第三人,但有下列情形之一的除外:(一)根据合同性质不得转让;(二)按照当事人约定不得转让;(三)依照法律规定不得转让。"所以,以债权作为对债务人公司的出资在法律上与法理上均不存在障碍。[2]在债权人将债权出资交付公司后,即获得对应股权。而对债务人来说,则因接受出资使债权与债务合于相同主体一身,债因主体身份的混同而消灭。从另一个角度,也有人将双方的债务视为抵销消灭,即债权人在获得股权时,以对公司的债权抵销应当交付出资的债务。无论债是因混同消灭还是抵销消灭,仅是分析的角度或考察的阶段不同,对债转股而言并无实质区别。

---

[1] 有的人认为,"《公司法》明确规定了可以用于出资作为资本的物品和权利种类,债权不可以用于出资"。这种观点是错误的,是对公司法的误解。参见周万阜:《理性看待和实施债转股》,载《中国金融》2016 年第 8 期。

[2] 有的人认为,以债权出资仅限于公司设立之时的出资,债转股是将公司成立后发生的债权转为股份,不属于债权出资。这种否认公司成立后的债转股属于增资出资行为的观点显然是错误的。

根据国家工商行政管理总局 2011 年 11 月 23 日公布的《公司债权转股权登记管理办法》第 2 条规定,债权转股权,是指债权人以其依法享有的对在中国境内设立的有限责任公司或者股份有限公司的债权,转为公司股权,增加公司注册资本的行为。这是从公司法角度对(增资型)债转股的定义。2013 年《公司法》修订之后,国家工商行政管理总局公布了新的《公司注册资本登记管理规定》。其第 7 条规定:"债权人可以将其依法享有的对在中国境内设立的公司的债权,转为公司股权。转为公司股权的债权应当符合下列情形之一:(一)债权人已经履行债权所对应的合同义务,且不违反法律、行政法规、国务院决定或者公司章程的禁止性规定;(二)经人民法院生效裁判或者仲裁机构裁决确认;(三)公司破产重整或者和解期间,列入经人民法院批准的重整计划或者裁定认可的和解协议。用以转为公司股权的债权有两个以上债权人的,债权人对债权应当已经作出分割。债权转为公司股权的,公司应当增加注册资本。"

据此,可进行转股的债权,仅限于债权人对在中国境内设立的公司的债权,即对债务人本公司的债权,对第三人的债权不能转为股权。当事人自行约定债转股的债权范围,仅限于合同之债,不包括侵权之债,但经生效裁判包括法院批准的重整计划或者裁定认可的和解协议确认的债权转为公司股权,便可不再受此约束。本章在此仅探讨重整程序中银行的债转股,即前述《公司注册资本登记管理规定》第 7 条第 3 项规定的情况,对其他债转股情况不再论及。

债转股通常是指商事债权的债转股,向社会公开发行的公司债券转为股权原则上是不包括在内的。债券虽然也代表着债权,但在法律性质上属于有价证券,不是普通的商事债权。如果以债券转为股权,从股东出资的角度讲,通常应认定为以证券出资,而不是简单的债转股出资。至于可转换公司债的转股更是资本运作的一种方式,属于证券投资,与银行的债转股无关。

债转股使原债权人面临的企业流动性信用风险(《企业破产法》为强调此点的重要性,将体现现金流的"不能清偿到期债务"作为主要的破产原因),转变为股东所面对的企业尤其是重整企业的市场经营风险,会显著增加权利人的风险,所以必须自愿决定、慎重使用。此外,债转股作为一种常态化、规范化的市场手段,不能以短期化、运动式的方法强制过度推行,否则效果会适得其反。

债权与股权在资产属性上的差异,决定了其"投资者在风险偏好、专业能力等方面往往也有较大不同。一般而言,债权资产投资者的风险偏好低于股权投资者。例如,商业银行的资产配置以贷款、固定收益类证券投资等债权资产为主,是我国金融市场上最主要的债权资产投资人。《商业银行法》严格禁止商业银行直接投资于非银行类企业股权或直接持有一般企业股票,从根本上说,就是为了保证银行的风险偏好与其风险承受能力相适应,确保广大存款人的根本利益和整个金融体系的安全稳定"。所以,《债转股意见》要求,"银行将债权转为股权,应通过向实施机构转让债权、由实施机构将债权转为对象企业股权的方式实现。"为此,银行债转股的第一步,是将债权转让给其设立的实施机构——资产管理子公司,第二步是资产管理子公司将受让的银行债权转为对企业的股权,转股的持股人并非银行,之所以仍称为银行债转股,是因为债权的最初持有人是银行(为行文方便,下文仍称银行债转股)。

银行在决定是否债转股时,应充分考虑债权的担保问题。物权担保债权在担保物价值内享有优先受偿权,可以充分实现债权人的清偿利益,对此类债权债转股违背债权人的基本利益,也不符合通过债转股减少银行债权损失的目的,所以原则上不应进行。对企业作为保证人的债务也不应进行债转股。银行作为债权人在该项债务关系中除了追究保证人的责任外,还可以追究主债务人的清偿责任,而进行债转股将使债权多重实现的可能性被取消,损害债权人的清偿利益。对保证人来说,代为履行债务清偿义务后对主债务人享有代位求偿权,但如进行债转股,其以转股方式履行的保证责任就难以再向主债务人追索,主债务人则脱逃债务责任。

在债转股中涉及公司注册资本改变的,应办理增资登记以及相应的股东变更登记手续。公司在重整计划中约定以债转股方式进行的增资,不需要原公司股东会作出增资决议,而是由重整程序中的出资人组表决决定。对重整程序中的债转股,不存在有限责任公司其他股东在增资或股权转让中的优先权。

(二) 破产法视角的债转股

如前所述,从债务清偿的角度看,债转股实质上是以股偿债。公司以增发的股权清偿债权人,债权人以对公司的债权作为出资抵销缴纳,实现债转股的目的。

需注意的是,各国在破产法或公司法中通常规定,公司进入破产程序时,股东不得以其对公司的债权抵销欠缴(包括抽逃)公司的出资。如日本《商法》第200条规定:"股东关于股款的缴纳,不得以抵销对抗公司。"我国《最高人民法院关于适用〈中华人民共和国企业破产法〉若干问题的规定(二)》第46条规定:"债务人的股东主张以下列债务与债务人对其负有的债务抵销,债务人管理人提出异议的,人民法院应予支持:(一)债务人股东因欠缴债务人的出资或者抽逃出资对债务人所负的债务;(二)债务人股东滥用股东权利或者关联关系损害公司利益对债务人所负的债务。"早在旧破产法实施时期,最高人民法院就曾在《关于破产债权能否与未到位的注册资金抵销问题的复函》(1995-4-10)指出,股东享有的破产债权不能与该股东未出足注册资金的义务相抵销。那么现在的债转股与这一禁止抵销的规定有无冲突呢?由于两者在外观上有易于混淆之处,所以需要厘清债转股与破产法司法解释规定的关系。

首先,债转股作为出资行为之本质与司法解释规定中禁止的债务抵销行为在法律性质上是不同的。其一,债转股是银行作为新股东以债权形式向公司出资的行为,转股前其并不是股东,也不欠缴公司出资。而司法解释中禁止的则是原已经存在欠缴公司出资义务的老股东,以对公司的债权去抵销欠缴出资的不公平债务清偿行为。其二,新股东以债转股方式出资是经过公司及股东同意或法院批准的,变更公司章程后公示于众,转股后公司的债权人也能够知情。而老股东以其对公司的债权抵销欠缴的出资,则未经其他股东同意,不仅与章程约定的出资方式不符,而且影响公司的资本充实与资金使用,严重损害公司债权人的公平清偿利益,乃至成为规避法律、逃避债务的手段。

其次,两者适用的情况与目的不同。禁止股东以对公司的债权抵销欠缴的出资,主要适用于公司进入破产程序的情况,目的是保障公司资本充实以及对公司其他债权人的公平清偿,与出资形式无关。股东应缴付的出资,是公司资本充实的物质体现,也是对全体债权人公平清偿的财产保障,故无论在何种情况下都应全额缴纳。而股东对公司的债权在破产程序中只能按照破产分配比例得到部分清偿,甚至完全得不到清偿,其名义债额与实际价值之间存在巨大差额。如允许两者抵销,该股东则以名不副实的破产债权不足额地缴纳公司章程中规定其应全额缴纳的出资。这不仅违反了资本充实原则,而且违反了《公司法》第27条关于"对作为出资的非货币财产应当评估作价,核实财产"的规定,损害了公司债权人的清偿利益。此外,从债务清偿的角度讲,这是将本应用于清偿全体债权人的财产(应缴出资)对该项债权进行了个别的优先全额清偿,违背了破产法的公平清偿原则。债转股则不存在上述问题。债转股中转为股权的债权并非以其名义数额转换,而需重新评估、市场定价。所以,规范的债转股是不存在出资不实和债务不公平清偿问题的。

二、债转股的基本原则

对商业银行债权的债转股,必须遵循市场化、法治化的原则。根据《降杠杆意见》的规定,市场化原则就是:"充分发挥市场在资源配置中的决定性作用和更好发挥政府作用。债权人和债务人等市场主体依据自身需求开展或参与降杠杆,自主协商确定各类交易的价格与条件并自担风险、自享收益。政府通过制定引导政策,完善相关监管规则,维护公平竞争的市场秩序,做好必要的组织协调工作,保持社会稳定,为降杠杆营造良好环境。"市场化原则的关键是贯彻《民法通则》规定的"遵循自愿、公平、等价有偿、诚实信用的原则",使债转股建立在自愿、公平、共赢的基础之上,如《降杠杆意见》所规定的:"由银行、实施机构和企业依据国家政策导向自主协商确定转股对象、转股债权以及转股价格和条件,实施机构市场化筹集债转股所需资金,并多渠道、多方式实现股权市场化退出。"

法治化原则就是:"依法依规开展降杠杆工作,政府与各市场主体都要严格依法行事,尤其要注重保护债权人、投资者和企业职工合法权益。加强社会信用体系建设,防范道德风险,严厉打击逃废债行为,防止应由市场主体承担的责任不合理地转嫁给政府或其他相关主体。明确政府责任范围,政府不承担损失的兜底责任。"在重整程序中贯彻法治化原则的关键,就是要严格遵循破产法等法律的规定进行债转股。由于在破产法等法律法规中对债转股没有具体的规定,贯彻法治化还意味着要在法律没有明文规定的情况下,遵循立法宗旨和法律原则,正确的理解法律并有担当的解释和执行法律,积极实现立法目的,而不能仅因立法滞后、法律尚无具体规定就消极不作为,明知是有利于社会、有利于当事人、符合法律原则、没有任何害处的事情,也以无法律规定为由拒绝去做。

要保障债转股能够市场化、法治化进行,就必须控制住能够破坏市场化、法治化债转股的力量。从实务情况看,能够在重整程序中破坏市场化、法治化债转股的,唯有地方政府的行政权力与法院的司法权力。就地方法院而言,本应独立司法,但在目前的重整程序中,法院由于种种原因不得不受制于地方政府。所以,可能破坏市场化、法治化债转股的主要力量来自地方政府,这也正是国务院文件中一再强调地方政府不得具体干预债转股的原因。鉴于地方政府可能从地方困境企业的债转股中获得众多利益(如避免地方企业破产倒闭、减少还债、避免职工失业、维持地方经济与 GDP、维持社会稳定等),加之企业已处于不可能比破产更坏的境地,债转股对其没有任何风险,故而会对实施债转股具有巨大的利益冲动,并可能产生道德风险。所以,要做到市场化、法治化债转股就必须遵循国务院文件的规定,充分发挥市场在资源配置中的决定性作用和更好发挥政府的正面作用,制止并纠正某些地方政府的负面作用。这里的关键原则,就是一定要切实保护银行债权人是否进行债转股的自愿权利。

银行对是否进行债转股有完全的自决权利。《商业银行法》第 4 条第 1 款规定:"商业银行以安全性、流动性、效益性为经营原则,实行自主经营,自担风险,自负盈亏,自我约束。"债转股必然会影响到银行资产的流动性,而且还可能影响到资产的安全性以及效益性,与银行利益攸关。《商业银行法》第 5 条规定:"商业银行与客户的业务往来,应当遵循平等、自愿、公平和诚实信用的原则。"所以,市场化的债转股必须由银行根据其利益自愿决定,而不是由他人认为符合银行利益,或符合政府利益、企业利益、职工利益就强制决定,要杜绝为实现政府利益、地方利益的不正当行政干预。要坚持《债转股意见》中的规定:"各级人民政府及其部门不干预债转股市场主体具体事务,不得确定具体转股企业,不得强行要求银行债转股,不得指定转股债权,不得干预债转股定价和条件设定,不得妨碍转股股东行使股东权利,不得干预债转股企业日常经营。"只有真正市场化的债转股才可能取得实效,才可能持久、常态化的进行下去,政府的非法干预最终只能是害了银行也害了企业,并破坏市场经济的运行秩序。

三、重整程序中的债权转为股权

（一）债转股的权利性质

从债权清偿的角度讲，破产的基本性质是债权的集体清偿程序，但不排除其中也存在部分不受集体程序限制、依个别程序清偿的债权，如破产费用、共益债务等。在重整程序也同样存在两类权利，一类是其行使受集体清偿程序限制的权利，如普通破产债权、有物权担保的破产债权等，再一类是行使不受集体清偿程序限制的个体性权利。当确认一项权利的行使不应受破产集体清偿程序限制时，就表明该项权利的行使与调整不属于债权人会议决定事项，也不受债权人会议少数服从多数表决机制的约束；在未经权利人同意的情况下，不受重整计划以及法院批准包括强制批准重整计划裁定的限制，以及其他有关集体清偿规定的限制。

要正确地实施债转股，就必须明确哪些权利义务是受重整集体清偿程序限制与调整的，哪些是不应受其限制与调整的。但即使是不受重整程序限制与调整的权利义务，因其行使与实现均在重整程序中，也会受到不同程度的伴生影响。首先，从法律关系发生的时间看，原则上只有在重整程序启动前已经发生，或者因重整程序启动前的原因而在程序启动后发生的权利义务，如管理人解除双方均未履行完毕合同而产生的损害赔偿债权，才受重整程序规则的限制与调整。在重整程序启动后独立发生的权利义务属于破产费用、共益债务等，只能自愿发生或变更，并享有不受重整程序限制个别行使的权利；除破产法有特别规定者外，其调整适用于一般民事法律规定。从司法实践看，应纳入重整程序调整的包括普通破产债权、有物权担保的破产债权、股东对债务人的股权等，不应纳入重整程序调整的权利义务除破产费用、共益债务外，还包括对权利义务性质的变更与设定，如债转股（权利性质的转变）、对银行原有债权的续贷或所谓留贷（对债权施以强制延期的义务）、银行新贷款的提供（新借贷义务的设定）等。即使是可纳入重整程序调整的权利义务也不是可以任意调整的，也有其法律规定不得损害的底线，如物权担保债权对担保物的优先受偿权、无担保债权在企业清算价值内的清偿利益、股东在公司净资产价值范围内的股权利益等。在银行作为债权人时，其债权如何清偿应当遵循破产法的规定，经由债权人会议分组表决决定。但债转股是在重整程序启动后对当事人权利的变更设定，所以不属于重整程序可以限制或调整的权利范围。

其次,在符合上述前提之下,再看拟采取的措施对当事人原有的权利是增加还是减少、义务是减轻还是加重。原则上,对当事人不利的权利义务设定与变更,都应当经过每一个当事人的个别同意。因为这种权利义务的限制与约束会强加给当事人原来没有的义务与风险,未经其同意便予实施,违背了法治的基本原则。在企业已陷于清偿危机的情况下,债转股将债权转为权利顺位劣后的股权,可能加重当事人的风险,所以必须经过每一个转股债权人的单独同意。

(二)债转股的权利不受重整程序限制

债转股作为不受重整程序限制、应由债权人自愿在个体基础上行使的权利,在未经其同意的情况下,既不受债权人会议关于债转股决议的限制即不受少数服从多数表决原则的约束,也不受法院批准或强制批准包含有债转股内容的重整计划草案的裁定的限制。

在企业重整中,任何人不得以任何方式强制银行进行债转股。《商业银行法》第 7 条第 2 款规定:"商业银行依法向借款人收回到期贷款的本金和利息,受法律保护。"银行有权选择要求债务人清偿债务而不进行债转股,当然这并不意味着在重整程序中我们不能使用债转股作为企业挽救工具。适用债转股措施的前提,是要保证银行对是否进行债转股有自愿选择决定的权利。为此,在债转股方案中必须制订有不接受债转股时对应的债务清偿方案(除非因在事前协商中已取得拟债转股的每一个债权人的书面同意而不需要再设置此类方案),由债权人自愿选择是否转股。对债权人不接受债转股时的债务清偿方案必须公平合理,不允许用恶意压低债务清偿比例的方式逼迫债权人接受债转股,并应设置有公正、有效的异议解决程序。

由于债转股不属于重整程序中可以由债权人会议集体决定的事项,自然也不受其少数服从多数原则的限制与强迫,债转股必须由每个银行债权人个别自愿决定。有的人提出,实施债转股应当获得多数债权人的同意,地方政府不应以少数债权人同意为由强行要求实施债转股。表面上看,好像其在反对地方政府的不当干预,但实质上,却在主张经多数债权人的同意可以强制不同意者接受债转股。这种观点是错误的,混淆了债转股的法律性质,违背了债转股的自愿原则,侵害债权人的自决权利,由于其披上了所谓少数服从多数的漂亮外衣,必须格外加以警惕。

法院无权以批准包括强制批准重整计划草案的方式强迫债权人进行债转股。对附有债转股方案但未规定合理偿债选择权的重整计划草案,只要有一个转股债权人反对,无论债权人会议是否对此进行了表决、表决是否通过,法院均不得批准尤其是强制批准重整计划草案,剥夺债权人不进行债转股的权利。任何法院都无权将银行的债权在未经其个别同意的情况下强行转化成在权利实现顺位上劣后的股权。虽然在我国破产立法时未能考虑到债转股情况进而将债转股时债权人的个别同意列入《企业破产法》第87条作为法院强制批准重整计划草案的条件,但国务院有关债转股文件中规定的自愿原则是必须遵守的,实施债转股必须征得每一银行债权人的同意的法治原则是应当得到承认的。如果法院可以在银行不同意的情况下任意强制批准债转股的重整计划,或者在地方政府公开或隐蔽的强迫下强制批准重整计划,那么挽救任何"僵尸企业"都会成为轻而易举的事,只要强制将所有债权都转为股权就行了。为此,对法院的强制批准重整计划,当事人要有知情权和异议权,上级法院要有监督权。没有监督的权力必然会导致腐败,尤其是在地方政府的压力与诱惑之下。没有异议权与监督权,强制批准制度不仅可能激化社会矛盾,影响社会稳定,而且也无法保证其权威性与正确适用。

(三) 债转股的具体实施

重整程序中的债转股,除了将债权通过增资转为新股权的增量债转股外,还存在将原股东持有的部分或全部股权无偿划转,用于对债权人清偿的存量债转股方式,而且因其程序相对简单,有利于战略投资者不用大幅扩张公司股本便可取得控股权,在司法实践中还较为普遍。从公司法的角度讲,在存量债转股时,公司的注册资本数额不发生变更,只是原持股的股东发生变更,所以仅进行股东持股的变更登记,不进行增资登记,其实施原则与增量债转股大致相同,只是在操作上存在一些差异。

1. 债转股方案的可行性与合理性

债转股及债务清偿方案应具有可行性与合理性,即方案需符合法律规定、符合企业的实际情况、具备实施的各种客观条件、具有成功的合理可能性、符合各方利害关系人共赢的原则。

在重整实践中,曾出现个别不具有可行性与合理性的所谓债转股方案。如企业本不是上市公司,却约定在重整计划批准后 3 年内发行股票上市后再以债转股的方式清偿债权人,且无现金清偿方案可供选择。自身尚处于破产程序,却以股票发行上市这种具有巨大不确定性风险的事项作为债务清偿方案的基础,显然是对债权人利益的极不负责任。退一万步,即使想约定此类债转股方案也必须有可靠的替代清偿计划,到期不能实现必须立即以现金清偿,重整计划要说明清偿资金的可靠来源,设置足额担保,并签署债权人可不经诉讼直接对清偿资金或担保财产与担保人强制执行的法律文书。即便如此,如果重整计划没有充分证据可以证明企业上市的可靠性,债权人仍可拒绝,法院也不应批准这种画饼充饥的计划。还有的重整计划规定,普通债权人的重整清偿比例与模拟清算的破产清偿比例相同,理由是,如破产清算,财产出售价值会低于评估价值,破产进程可能变得极为漫长,会带来超过预期的费用,实际清偿率一定会低于模拟清算的破产清偿比例。这种理由也是难以成立的。破产财产出售的价值可能低于评估价值,但也可能高于评估价值,尤其是在债权人本就质疑评估价值过低的情况下。至于破产清算程序的延长与费用的增加,那都是有限的,甚至是不存在的,除非是管理人在恶意延误。破产清算时的清偿是即时清偿,财产变卖之后立刻就要清偿债权人,而重整计划的清偿一般都是延期清偿,考虑到债权延期清偿的利息损失即折现损失,名义上同等比例的重整清偿会远远低于破产清偿,而且还存在重整计划不能执行的风险。因此,以此作为不增加债权人的受偿比例、威胁其接受重整计划的理由,显然是不能成立的。这样的重整计划,债权人不仅得不到更多清偿,反而会比破产清算受偿率更低,其目的与结果显然不是实现各方利害关系人的共赢,而只是实现地方政府毫无顾忌的损害债权人利益、抛弃公平底线以挽救企业的地方利益与行政目标,以及收购者以低价获得重整企业的利益。

此外,有的重整计划未经银行债权人个别同意就设置银行债权的续贷或留债转贷方案,这也是违背市场化、法治化原则与社会公平底线的。银行债权人是否愿意继续贷款、增加新的债权,或将原债权转为贷款、放弃即时清偿权利,属于新权利义务的设定,并非对原有重整债权的清偿调整,所以不属于重整调整事项。这些事项与债转股一样,必须由每个银行个别自愿决定,不能适用债权人会议表决少数服从多数的原则,法院也无权在债权人不同意的情况下批准这种方案,更不能采取强制批准的方式。否则,只需法院强制批准,再没有价值的"僵尸企业"也可以通过将债权全部强制转为贷款而得到所谓的挽救,而债权人的法定权益则被全部剥夺。

2. 债转股的定价问题

债转股作为债权投资行为,应当遵循公司法有关股东出资的规定。《公司法》第27条第2款规定:"对作为出资的非货币财产应当评估作价,核实财产,不得高估或者低估作价。"以增量债转股为例,如债转股的定价过低,会损害债权人的清偿利益;如债转股的定价过高,可能造成股东出资不实,损害公司以及债转股后发生的债权人的利益,所以必须建立相应市场规则以解决债转股的定价问题。

首先,作为定价重要参考基础的资产评估、财务审计必须公正合理,要详细说明破产清算与重整的清偿率的模拟计算方法,以及债转股的初步定价确定方法。债权人对此享有知情权和异议权。管理人及评估、审计机构应当在债权人会议召开前预留充分时间向债权人公开全部资产评估、财务审计文件,以便其了解情况。债权人及其聘请的中介机构有权在债权人会议上对评估、审计机构的报告进行质询,如评估、审计机构对质疑未能提供充分证据作出合理解释,应当另行聘请中介机构进行复核或重新评估。在评估、审计机构的选择与报酬确定上,应当允许债权人参与,避免中介机构对管理人或投资者的偏袒,人为压低评估价值,损害债权人利益。

其次,解决定价基准问题。债转股的债权出资实否,不是体现在出资的缴付上,而是体现在出资的定价上,即名义债权额与实际价值的差异、债权转为股权的比例能否合理确定。重整企业债转股中的定价,远比正常经营企业的转股定价复杂。因为几乎所有企业都已严重的资不抵债,每股的净资产已为零乃至负数,作为常态下转股计价主要参考的净资产标准已无法适用。有的国家(如波兰)曾以个别债权在全部转股债权中所占比例作为其在公司股本中应占比例,以此定价。从理论上讲,这有其合理之处,但因我国重整中通常还需要有新的战略投资者以现金及经营资产而非债权的投资作为股权,以保障债务清偿和企业正常经营,所以在合并计算转股股价时仍存在困难。目前实践中债转股的市场化定价,往往只能是以评估、审计报告为参考，由各参与方考虑企业发展前景、未来盈利能力等通过竞争性协商与市场化博弈确定。

笔者认为，在债转股方案附有合理现金偿债选择权的情况下，在转股价格的协商中可以适用多数决机制。债权人会议可以将同意进行债转股的债权人单独列为一组就定价问题进行内部协商表决，其他组别无权对此事项表决。但是，该组别表决未通过转股价格时，法院不得强制批准转股价格，而且个别组员认为价格不合理时可以退出债转股。

四、债转股中的政府作用定位

根据《降杠杆意见》规定，"政府在降杠杆工作中的职责是制定规则，完善政策，适当引导，依法监督，维护公平竞争的市场秩序，保持社会稳定，做好职工合法权益保护等社会保障兜底工作，确保降杠杆在市场化、法治化轨道上平稳有序推进。政府在引导降杠杆过程中，要依法依规、遵循规律、规范行为，不干预降杠杆工作中各市场主体的相关决策和具体事务。""政府不强制企业、银行及其他机构参与债转股，不搞拉郎配。政府通过制定必要的引导政策，完善相关监管规则，依法加强监督，维护公平竞争的市场秩序，保持社会稳定，为市场化债转股营造良好环境。"

根据上述规定，政府在债转股中的作用有两个方面：第一，制定规则与政策，《降杠杆意见》和《债转股意见》的出台，就是政府对债转股的规则与政策支持。第二，解决由于市场配套制度不健全而产生的各种衍生社会问题，关键是保持社会稳定，做好社会保障兜底工作。如前所述，对市场化、法治化债转股的最大威胁来自地方政府。因为只有地方政府才具有在债转股中破坏市场化、法治化原则的权力，从中获得行政与财政等利益，并有积极实施的强烈动机。所以，需要严格约束地方政府对债转股的非市场化、法治化干预行为，要防止反因为果的逆操作，即不是在债转股中负责解决社会问题，而是为了解决所谓的社会问题（实际是解决政府困难）而强迫银行债转股，要更好的而不是更坏的"发挥政府作用"。

在企业重整中，地方政府不得指定债转股的对象企业，不得以直接、间接等任何方式强制债权人债转股。为此，《债转股意见》还特别规定了鼓励和禁止适用债转股的企业范围，这也只是为了约束地方政府行为。因为只要能够排除地方政府的干预,真正坚持债转股中的自愿原则,债转股的企业范围本无需规定,自然会市场化确定。

　　我们必须清醒的认识到,地方政府在企业破产中所要达到目标与破产法的立法目标是可能存在差异的,不约束其行政权力的滥用可能会破坏破产法的实施。《企业破产法》的立法目标是"规范企业破产程序,公平清理债权债务,保护债权人和债务人的合法权益,维护社会主义市场经济秩序"。而地方政府在企业重整中的主要目标是尽力挽救对地方经济有影响的企业,这种挽救由于掺杂有政府行政与社会管理、财政方面的利益,如维持地方 GDP 数值、保存地方产能(无论是否过剩)、维持职工就业、减轻财政负担、维护社会稳定等,而可能导致地方政府非理性化、非公平化的滥用重整制度,滥用债转股措施,违背破产法保护债权人和债务人合法权益的基本目标。对重整中的债转股,要格外警惕这种出于政府利益而损害债权人权益的选择偏好。

　　为此,需要堵住地方政府对企业重整中包括债转股方面的行政干预渠道。地方政府干预破产案件审理的主要渠道,其一是以地方政府官员为主担任清算组管理人,直接介入破产案件处理;其二是强迫法院对重整计划草案在违法、不公平的基础上强制批准,当然,此外还可能存在其他公开或隐蔽的干预方式。由于强迫法院强制批准重整计划是明显的违法且是幕后操作行为,不属于破产法本身的问题。故在此主要分析以地方政府为主的清算组管理人体制的弊端。由于清算组成员是具有行政权力的政府工作人员,有的级别与权力还在法院院长之上,导致清算组实际上并不对法院负责而是对政府负责,并且反过来要求法院也对政府负责,不仅债权人会议的监督无法发挥作用,就是审判人员也难以对其进行监督。即使清算组中聘请有中介机构,往往选择的也是听命于政府的本地中介机构,难以发挥独立作用。清算组成员往往缺乏专业知识,业务不熟,导致工作质量与效率低下,且有违法行为也难以追究责任。最关键的是,清算组担任管理人实质上是地方政府在操作重整,由于政府目标与市场目标、法律目标存在的落差,往往不能遵循市场化、法治化的原则,尤其是在其手中握有易于立竿见影的行政权力时,往往会有意无意地忽视市场的、法律的手段,而直接以行政手段干预,尤其是在有利益目标诱惑的情况下。所以,清算组管理人体制应当尽快废除,这与地方政府应当负责解决企业破产产生的各种社会问题并不矛盾,浙江省等地在废除清算组体制、"府院联动"解决社会问题方面的经验值得各地借鉴。

最后,挽救企业和债转股的做法一定要符合市场的经济合理原则,要有法律与社会公平的底线。不能为了地方利益,为了挽救一个企业或其职工的利益,而不惜损害众多债权人企业及其职工的法定权益;不能滥用重整程序中的多数决机制、法院的强制批准制度,任何涉及到债权人非重整程序调整的个体性权益的减损或义务的加重,都必须以受到不利影响的当事人自愿同意为前提。要防止由于地方政府的干预使债转股变成为"僵尸企业"供血续命的渠道,使企业危机的风险释放与问题解决被人为拖延,累积危机的爆发力与破坏力;要防范为地方利益而人为地将实业企业的债务风险向银行等金融企业转嫁,使实体企业的经营危机蔓延成为金融危机;要防止重整程序和债转股沦为地方政府实现其行政或财政利益的工具。我们必须牢记,破产重整是保护而不是损害债权人利益的法律制度。

第十七章　破产程序中的"股转债"问题*
——合同法、公司法及破产法的"一揽子竞争"*

一、问题的形成

甲公司在成立并经营一段时间后,引入机构投资者乙,并与乙签署了"股转债"协议,约定当公司经营不善时,乙可退股,将其原有股权转为对公司的债权。此即典型的"股转债"案例。在今天,"债转股"已为人们所熟知,但与其路径相逆的"股转债"我们还较为陌生,只是随着股权"对赌"现象的兴起,"股转债"条款越来越多地出现在对赌协议中。本章不拟对对赌协议之效力进行一般性评价,[1]只拟就针对特定股东所定的在破产程序中进行"股转债"之情形展开讨论,分析该种条款在法理/法律上是否具有正当性。

在公司进入破产程序前,若进行"股转债",通常需满足两个要件:其一,实体层面,股东退出公司,需由公司处置其所退股权(要么减资销除,要么再转让);其二,程序层面,需按照公司章程的规定,由股东会或董事会决议通过。正常状态下的"股转债",本章不拟展开讨论。在正常状态下,只要不违反法律及公司章程有关股权回购之安排,"股转债"在很大程度上乃公司内部自治行为。可是,当这种"自治"行为遭遇了破产程序,又将有何种命运——此时是否还可进行"股转债"? 谁有决

---

* 本章内容曾发表于《当代法学》2015 年第 6 期。作者:蒋大兴,北京大学法学院教授,博士生导师;王首杰,北京大学法学院 2014 级经济法博士生。

[1] 关于对赌协议之效力问题,我们对于时下流行的论点及法院裁判,有一些不同见解,将另外行文讨论。部分观点也可参见蒋大兴:《公司法的方法:私募对赌协议效力》(北京大学法学硕士课程之ppt)。

定权？如何定价？股转债之后的债权受偿顺位如何确定？等等，一系列问题均将浮出水面。

"法律规范并非彼此无关地平行并存，其间有各种脉络关联。"[1]本章拟从以下三个法域对"股转债"之合法性问题展开体系性解释：首先，在合同法层面，"股转债"合同若具备合同有效要件，可否在破产阶段为"股转债"之"履行行为"，若可，则履行价格又该如何确定；其次，在公司法层面，可否在破产阶段产生库存股——也即，股东可否在破产阶段以"股转债"方式退出公司，程序上又会受到何种限制；其三，在破产法层面，"股转债"是否会与破产法的价值相冲突，是否会受到具体破产制度的限制。对以上三个问题的回答，将直接回应股转债之合法性。

二、合同法之前奏解释

因为"股转债"现象源于特定股东与公司或其他股东签订的股转债合同或条款，所以，在合同法解释中需要明确两个问题：首先，需要判断"股转债"合同或条款之效力，只有合同法上有效的"股转债"合同或者条款，才可能进行后续的公司法及破产法评价；其次，对于有效的"股转债"合同或者条款，可否将破产程序中的"股转债"视为一种合同履行行为？若以上两个问题的答案都是肯定的，则只剩如何确定"股转债"之转让对价的问题，下文将从这些视角——展开分析。

（一）"股转债"之合同效力

若将"股转债"协议/条款本身视为合同，则只要符合合同有效要件，"股转债"即属有效行为。而合同法上合同的有效要件主要有三：行为人具有相应的民事行为能力；意思表示真实；不违反法律或社会公共利益。[2]因此，我们需要以这些要件来衡量"股转债"合同之有效与否：其一，行为人是否具有相应的民事行为能力。若签约各方的自然人、法人具备相应的民事行为能力，则本要件成立；其二，意思表示真实。对自然人而言，意思真实判断相对简单，在此不拟赘述。考虑到"股转债"

---

[1][德]卡尔·拉伦茨：《法学方法论》，陈爱娥译，商务印书馆2003年版，第316页。
[2]参见崔建远：《同法》，北京大学出版社2013年版，第82—85页。

合同的相对人,有可能是公司的全体老股东,也有可能是公司,还有可能是二者均为合同签订方。尤其对合同相对人为公司之情形,需特别说明——因为,法人之意思形成和意思表示均区别于自然人。就意思形成而言,需符合公司章程的规定,形成有效的内部决议;就意思表示而言,需代理机关享有充分的代理权并对外表达了团体意志。若合乎以上条件,则本要件亦能成立;其三,不违反法律或社会公共利益。"股转债"主要涉及公司法关于资本维持和资本变动的一系列规则,诸如公司回购股权的限制、股东退出机制的限制,等等。"股转债"在程序上,需遵守公司法的这些安排。

若"股转债"全部符合以上合同有效要件,且不存在《合同法》第 52 条有关合同无效、第 54 条有关合同可撤销之情形,则依法成立的"股转债"合同/条款当属有效,其效力判断暂不受公司是否居于破产状态之影响。

(二) 成就履行行为之可能

我国《公司法》第 187 条第 3 款规定,清算期间,公司存续,但不得开展与清算无关的经营活动。有学者认为,清算中的公司并未消灭主体资格,不能因该公司解散而擅自单方解除未履行的合同,否则将构成违约。因此,清算中的公司仍当按约履行合同。[1] 在言及债务人财产范围时,因未履行合同之继续履行而取得的财产,应划入债务人财产范围。[2]《破产法》第 18 条规定,"人民法院受理破产申请后,管理人对破产申请受理前成立而债务人和对方当事人均未履行完毕的合同有权决定解除合同或者继续履行。"有学者从双务合同视角展开分析,将"均未履行完毕"限缩解释为仅指双务合同中双方都部分履行、或一方部分履行另一方未履行、或双方都未履行之情形。[3] 也有学者认为,尚未履行完毕的合同是破产债务人没有履行完合同义务,导致任何一方不继续履行将构成实质违约。[4] 可见,即使在破产程序

---

〔1〕参见刘敏:《公司解散清算制度》,北京大学出版社 2012 年版,第 110 页。
〔2〕参见李曙光:《破产法的转型》,法律出版社 2013 年版,第 119 页。
〔3〕参见王欣新、余艳萍:《论破产程序中待履行合同的处理方式及法律效果》,《法学志》2010 年第 6 期。
〔4〕See David Hahn, The Internal Logic of Assumption of Executory Contracts in Bankruptcy, http://ssrn. com/abstract = 1600424. 2014 - 12 - 20.

中,未履行之合同也仍有履行可能。

回到"股转债"合同之履行,若原股东退出公司之方式为将股权转让给其他股东,则不会产生其对公司之债权,股权转让对价应由受让股东支付,非本章所讨论的"股转债"情形。若原股东退出公司之方式为公司启动股权回购程序,在公司未进入破产状态前,公司回购股权后减资,并获得股东会特别决议通过,该种退出方式的合法性原则上亦无疑问。问题在于,一旦公司启动了破产程序,其已无法进行正常的内部决策,也无法进行正常减资,此时的"股转债"将何去何从? 如前所述,破产中的公司亦可选择继续履行合同,考虑到"股转债"条款的设定是"有因行为"——多为吸引金钱投资或者吸引某种特定资源,那么订立"股转债"协议的股东(投资者),一旦加入公司,在"股转债"完成之前,实际上已部分履行了其所订立的合同。但因"股转债"尚未最终完成,股东与公司均仍有合同义务未履行完毕(股东需放弃对公司的股权、公司需对股东负担债务),"股转债"合同只能视为已获"部分履行"之合同。另因"股转债"条款之启动,往往与公司经营不善或破产有关,故可理解为附条件之履行条款,股东与公司均处于"尚未履行"之状态,符合《破产法》第18条所谓"均未履行完毕"之情形,故公司有权选择是否继续履行该合同。

可见,从《合同法》评价,因经营不善或者破产而可选择"股转债"之合约,属附履行条件之契约,其中,至少有一部分"股转债"合同或条款符合《破产法》所规定的有权"继续履行"或"解除合同"(并支付违约对价)之情形,因此,将"股转债"之实施视为已成立的"股转债"契约之履行行为有法律基础。至于该履行行为是否有法律障碍,则需进一步考察公司法及破产法上的安排再行确定[1],但"股转债之执行"作为"合同履行行为"之性质当无疑义。此外,若"股转债"合同不是在破产程序启动前成立,而是在破产程序中再行订立,则非简单的"股转债"契约之"履行合法性"问题,还会涉及"股转债"契约之"订立合法性"问题。

(三) 转让对价之确定

若"股转债"合同有效,在具体履行该协议进行"股转债"时,仍需考察"转债价

---

〔1〕 参见王佐发:《上市公司重整中债权人与中小股东的法律保护》,中国政法大学出版社2014年版,第97页。

格"的确定机制及其合理性。在破产清算程序中,公司的一切财产均属于破产财产,都将用于各类债权之清偿,由于破产公司一般资产都小于负债,股东在公司内不太可能存在基于股东身份而取得的财产利益。破产程序中的债权人一般都不能得到全额清偿,因而公司也没有剩余财产可供股东分配。[1] 可见,从破产法角度衡量,此时的股权价值为零或为负。但此种按照财务报表对股权价值进行衡量的方法是历史的和静态的——我们需要考虑的是,股权价值不仅包括公司财务报表所能量化的部分,还包括不可量化的无形资产,比如商誉等。股权的价值不仅限于公司的现在值,更多包含一种未来的期待值。若破产中的公司可能被重组,或启动重整,尽管破产受理时对应净资产的股权价格可能为零或为负,但对于期待值所对应的股权部分,肯定不会为零,甚至在中国上市公司中由于壳资源的可贵性,还可能飙升到一个相当高度。[2]

当然,就"股转债"的转让定价而言,可能有两种情形需要考虑:其一,"股转债"协议可能明确约定了"转债价格"或者其计算方法——对于"股转债"协议约定了"转债价格"或者其计算方法的,我们面临的问题是需要衡量其定价标准是否会在破产程序中受到破产法评价体系的冲击?其二,"股转债"协议未对"转债价格"做任何安排,只是提及了股东可以进行转债的权利,对于此种"不完备合同"的问题,我们又该如何推定其"合理价格"呢?恐怕首先需要由当事人进行协商,协商不成的,则按照股权交易的惯例进行处理——净资产定价。当然,还需要区分用于转债的"标的股权"之性质,是公开交易公司之股权,还是闭锁性公司之股权。对公开交易之股权,由于存在公开、透明的交易市场,买方和卖方只需花费很少时间就能达成一致,而交易闭锁性公司之股权,简单的谈判行为将成本高昂。[3] 闭锁性公司之股权转让价格形成机制带有很大偶然性,这也导致闭锁性公司股权转让价格差异很大。有的按照原始出资数额转让,有的按照所谓净资产价格转让,有的完全依靠私人谈判。[4] 有学者认为,对于非上市公司,可以采取以下基准:(1)公司上一财

---

〔1〕参见郑志斌、张婷:《公司重整制度中的股东权益问题》,北京大学出版社 2012 年版,第 34 页。
〔2〕如郑百文案,在债权人申请破产的同时,公司启动重整过程中股票价格数度涨停。
〔3〕See David Walker, Rethinking Rights of First Refusal, http://ssrn.com/abstract = 188190. 2014 - 9 - 25.
〔4〕参见蒋大兴:《股东优先购买权行使中被忽略的价格形成机制》,《法学》,2012 年第 6 期。

务年度末的净资产;(2)股东退股时的净资产;(3)公司在股东退股之前前 3 年财务会计报告中的净资产的平均值;(4)股东与公司自愿约定的第三价格。[1] 我们认为,无论用何种合同解释的方法填补此种不完备的合同条款,都需要考虑股权之未来值,即便以破产受理时公司的净资产价值对股权进行估价,也应充分考虑破产重组和重整的可能性,将股权的未来值纳入考量之中,同时,兼及经常被忽略的无形资产价值,尤其是,还需考虑基于私法自治而产生的"主观定价"问题。[2] 当然,此种主观定价的妥当性最终仍需接受破产法上的终极检验——是否公平、是否损害债权人利益。

(四) 合同法上之撤销权

《合同法》第 74 条规定:因债务人放弃其到期债权或者无偿转让财产,对债权人造成损害的,债权人可以请求人民法院撤销债务人的行为。债务人以明显不合理的低价转让财产,对债权人造成损害,并且受让人知道该情形的,债权人也可以请求人民法院撤销债务人的行为。若公司以高于股权实际价值的价格进行"股转债",让公司承担虚高的负债,相当于公司在未能获得收益的情形下增加了自己的债务负担,可解释为无偿增加债务负担。此时,因"股转债"一方当事人(债务人)为公司,于是出现了公司之债权人可否行使撤销权的问题——即,公司的其他债权人是否有权行使《合同法》上的撤销权,撤销某股东与公司之间发生的此种"股转债"交易行为? 此种撤销权乃合同法上的撤销权。对公司破产过程中,公司债权人能否再依据合同法行使债权人撤销权? 理论上有不同认识。有人认为,按照特别法优先于一般法之原则,此时合同法上的撤销权应当让位于破产撤销权。[3] 但多数人认为,民法上的撤销权在破产程序中仍具适用效力(不过通常依照民事程序行使),并不因破产程序之启动而被排除适用,但在其与破产撤销权竞合时应优先适

---

[1] 参见刘俊海:《论公司并购中的小股东权利保护》,《法律适用》2012 年第 5 期。
[2] 参见蒋大兴:《私法自治与国家强制——闭锁性股权收购中的定价困境》,《法制与社会发展》2005 年第 2 期。
[3] 参见姚建、邹忠平:《浅析破产程序中破产撤销权、债权人撤销权与无效合同制度的适用》,载王欣新、尹正友:《破产法论坛》(第八辑),法律出版社 2013 年版,第 129 页。

用破产撤销权。[1] 最高人民法院在《关于哈尔滨百货采购供应站申请破产一案的复函》(法函[1995]48号)中也指出,债务人的逃债行为虽然发生在法院受理破产案件前6个月以外,但仍可依据《民法通则》的规定予以撤销。从而,事实上认可了民法上的撤销权对破产撤销权的补充适用的作用。[2] 2004年6月,联合国国际贸易法委员会发布的《破产法立法指南》对于撤销权"可启动程序的当事人"建议如下:"破产法应规定,破产管理人负有启动撤销程序的主要责任。破产法还可允许任何债权人在破产管理人同意的情况下启动撤销程序,如果破产管理人不同意,债权人可寻求法院的许可而启动该程序。"[3] 可见,合同法上的撤销权不仅在正常状态下的"股转债"过程中有用武之地,在破产过程中,其仍可与破产撤销权交相呼应。

因此,我们赞同破产撤销权不排斥民法/合同法撤销权的观点。之所以赞成,不仅是从功能主义的角度——多元撤销权有助于破产公司财产的维护,而且是从规范主义的角度——在规范构成上,合同上的撤销权与破产撤销权有着实质的区别。首先,从撤销权的主体归属来看,合同上的撤销权归于公司其他债权人,而破产撤销权归于破产管理人,二者存在权利主体的差异;其次,从撤销权的权利范围来看,合同法上的撤销权之行使以债权人之债权为限,而破产法上撤销权之行使范围没有特别限制;再次,从撤销权的利益归属来看,合同法上的债权人行使撤销权后所取得的利益归属于债务人,但单个债权人可就该部分利益直接要求受偿。而行使破产法上的撤销权所追回的财产属于破产财产,全体破产债权人只能通过破产还债程序受偿。可见合同法上的撤销权有"自益行使"的性质,而破产法上的撤销权有"他益行使"的性质;最后,从撤销权的"射程"来看,合同法上的撤销权射程期间为1年,但从债权人知道或者应当知道撤销事由之日起算,而且,自债务人行为发生之日起5年内没有行使撤销权的,撤销权才消灭,[4] 可见,其最长射程可以达

---

[1] 参见姚建、邹忠平:《浅析破产程序中破产撤销权、债权人撤销权与无效合同制度的适用》,载王欣新、尹正友:《破产法论坛》(第八辑),法律出版社2013年版,第195页。

[2] 参见姚建、邹忠平:《浅析破产程序中破产撤销权、债权人撤销权与无效合同制度的适用》,载王欣新、尹正友:《破产法论坛》(第八辑),法律出版社2013年版,第129页。

[3] See UNCITRAL Legislative Guide on Insolvency Law, United Nations Publication, p. 138. 转引自乔博娟:《论破产撤销权之行使》,载王欣新、尹正友:《破产法论坛》(第八辑),法律出版社2013年版第140页。

[4] 《合同法》第75条规定:"撤销权自债权人知道或者应当知道撤销事由之日起一年内行使。自债务人的为发生之日起五年内没有行使撤销权的,该撤销权消灭。"

到 5 年。而破产撤销权限于法院受理破产申请前 6 个月[1]或者 1 年[2]，即使行使追回权，也仅能扩张到 2 年时效期间[3]或者破产程序终结之日起 2 年内[4]。因此，进入破产程序后，合同法上的撤销权不仅可以扩充权利人之范围，还可在破产撤销权的短期射程之外，扩张撤销权之射程，从而给破产公司的债务人以更周全的保护。当然，在破产程序中行使撤销权仍应受到破产法其他规范的限制——破产程序中合同债权人行使撤销权也应具有"他益行使"的性质，透过撤销权而追回的财产不能由合同债权人直接受偿，而应归入破产财产，由按照破产程序分配，此系体系解释和目的解释、法益衡量之结果。

综上，"股转债"合同的效力判断原则上适用合同法，只要不违反公司法的相关规定、不违背公司章程，符合合同生效要件，无合同无效及可撤销之情形，即为有效合同。在破产程序中，以破产为履行条件的该类合同符合"均未履行完毕"之情形，应可视为待履行之合同，由此，在破产程序中的"股转债"实施行为属于合同履行行为。在该合同履行过程中，"转债价格"若有约定，只要不与破产法相冲突，即可遵照该约定执行；若无约定，则可推定只能按照"合理价格"转债。至于该"合理价格"之取得，不仅应参考财务报表、根据公司净资产判断，还应充分考虑无形资产未完全进入财务报表之事实，兼及考虑破产公司重组、重整之可能，加计股权之未来价值。当然，如果转让定价高于股权之实际价值，则有可能引发合同法上的撤销权。即便在破产程序中，合同法上的撤销权仍有其适用空间，其与破产撤销权交相呼应，扩张了破产撤销权之权利人范围，也增大了破产撤销权之"射程"范围。

---

[1] 例如，《破产法》第 32 条规定："人民法院受理破产申请前六个月内，债务人有本法第二条第一款规定的情形，仍对个别债权人进行清偿的，管理人有权请求人民法院予以撤销。但是，个别清偿使债务人财产受益的除外。"

[2] 例如，《破产法》第 31 条规定："人民法院受理破产申请前一年内，涉及债务人财产的下列行为，管理人有权请求人民法院予以撤销：（一）无偿转让财产的；（二）以明显不合理的价格进行交易的；（三）对没有财产担保的债务提供财产担保的；（四）对未到期的债务提前清偿的；（五）放弃债权的。"

[3] 例如，《破产法》第 34 条规定："因本法第 31 条、第 32 条或者第 33 条规定的行为而取得的债务人的财产，管理人有权追回。"

[4] 例如，《破产法》第 123 条规定："自破产程序依照本法第 43 条第 4 款或者第 120 条的规定终结之日起二年内，有下列情形之一的，债权人可以请求人民法院按照破产财产分配方案进行追加分配：（一）发现有依照本法第 31 条、第 32 条、第 33 条、第 36 条规定应当追回的财产的；（二）发现破产人有应当供分配的其他财产的。有前款规定情形，但财产数量不足以支付分配费用的，不再进行追加分配，由人民法院将其上交国库。"

三、公司法之中间解释

"股转债"合同及其履行的合法性,不仅涉及《合同法》上的法效评价,还涉及《公司法》上的法效评价。在《公司法》上,因"股转债"行为涉及公司资本的变化及股东退出问题,必须符合公司法上有关资本变更(减资)及股东退出的实体与程序要求。不合《公司法》要求的"股转债",会影响到相应合同的效力或其有效履行。下文基于我国《公司法》的上述限制,对"股转债"可能涉及的《公司法》上的问题进行讨论。

(一) 股转债之实质与通道结构

在《公司法》上,"股转债"协议之实质是公司收买其股东所持股权,股转债协议的履行结果是——将股东对公司的股权转变为对公司的债权。因此,"股转债"需要符合《公司法》上有关公司收买自身股份的规定。对此,需要考虑股转债后,相应股权的回流方式。

在股转债契约中,按照股权的终极流向,股东所持股权可能有以下几种归属(股转债之通道):其一,转回公司,由公司"暂存",再迅速移转给他人[1];其二,转回公司,作为"库存股",留作他用;其三,转回公司,在法定期限内进行减资。上述转债渠道的法律评价并不完全一致,因此,在《公司法》上,股转债契约是否具有合法性,与股转债契约所设定的上述诸种"转债渠道"的合法性有关。

此外,若"股转债"在合同法上得到认可,还可能在《公司法》上衍生出另外的问题——"无股东之公司"是否具有合法性? 例如,若经过若干次股权转让,某一公司的现存股东可能都是机构投资者,都与公司签订过类似"股转债"协议,一旦公司进入破产程序,若这些股东纷纷行使"股转债"之权利、集体退出公司,则可能导致公司出现"无股东"之状态。在《公司法》上,无股东之公司是否可以合法存在? 必将产生争议。

从股转债中股权回流的三种通道而言,第一种通道可供讨论的问题较少——此时,公司基本上相当于股权之终极受让人的代理持股人,值得关注的是第二种和

---

[1] 参见(2010)江法民初字第711号(一审)、(2010)渝一中法民终字第3206号(二审)。

第三种通道的合法性，即"库存股"、"转债减资"及与其相关的股东退出的问题。下文将会从库存股、股东退出机制以及股东退出的限制等角度评价"股转债"在《公司法》上的合法性。

(二) 股转债之通道合法性："股份库存"

股转债可能涉及"库存股"。各国对"库存股"的合法性有不同态度，总体上趋向于缓和。美国允许公司在公开发行股票时，预留部分股票作为"库存股"，用于将来的股权激励计划。[1] 在无授权股份的法定资本制下，公司股份在公司成立时均发行认缴完毕，公司不可能在设立之初预留"库存股"，[2] 但公司在其成立后回购自己股份时，有"库存股"可能，只是这种"股份库存"多因回购原因不同而有期间或数量限制。在中国，公司回购自己股份通常有四种渠道：其一，减资回购；其二，合并回购；其三，推行股份奖励回购；其四，基于异议股东行使回购请求权而回购。[3] 在这四种情形，是否均允许股份库存，学界有不同见解。一般认为，减资回购，法律要求在 10 日内注销有关股份，合并回购和基于异议股东行权而回购，法律也要求应在6 个月内转让或者注销，似乎在立法意旨上均不允许库存——但在法定日期内（10日及 6 个月中），回购之股份未被处理则事实上仍有"客观库存"之可能。对于第三种用作股权奖励之回购股份，则存在"法定库存"之可能——因此，公司回购、尚未授予激励前的该部分股票具有比较明显的"库存股"性质。在实务中，也确有法律文件将该种公司回购却尚未用作激励的股票明确界定为"库存股"。[4] 而且，对于该种库存股，法律将其库存时间限定为一年，[5] 将其额度限定为不超过公司已发行股份总额的 5%—10%。[6]

可见，在我国，没有争议的是——在公司正常状态下，是可能存在基于股权激

---

[1] 美国《1984 年示范公司法》已经取消了"库存股"这个概念，但有些州对此有所保留。根据保留的法典，具有"库存股"性质的股票现在统称为"已授权但尚未发行的股票"。

[2] 参见张国平：《法律全球化视角下我国的注册资本制度》，《法学评论》2006 年第 4 期。

[3] 四种回购情形可以参见《公司法》第 74 条及第 142 条。

[4] 例如，财政部财企【2006】67 号文规定：公司回购的股份在转让前，作为库存股管理，回购股份的全部支出转作库存股成本。

[5] 参见《公司法》第 142 条。

[6] 《公司法》的限制为 5%，证券上《管理办法》的限制是 10%，可见法律允许的空间之最大限度也不会超过 10%。

励、为期一年且受比例限制的"库存股"。但,在破产状态,公司因"股转债"所购之股权能否直接归为"库存股",尚存疑问:首先,从制度因目的来看,库存股的设计主要在于股权激励,而破产中非重整公司不存在此类目的需求;其次,"库存股"的可存期间被限制为一年,破产中非重整公司很难在一年内将此库存股用于股权激励目的。可见,在破产状态中,即便公司仍有库存股额度,是否可以运用库存股权利,主要取决于公司是否有股权激励之必要及在一年内进行股权激励之可能——简言之,若公司重整或重组,则有适用库存股通道之可能,若公司清算后归于消灭,则不存在适用库存股通道的空间,无论此时公司是否存在库存股额度。总之,由于破产阶段的股份回购及库存,面临公司是否重整、回购比例以及库存期限等诸多限制,只有很小一部分"股转债"有运用"库存股"通道之可能——"库存转债"不可能成为"股转债"的主要渠道,故欲以"股转债"方式流回公司的股权,最有可能运用的通道也许就是后文即将讨论的回购减资。

(三)"股转债"之结果合法性:"股东退出"

因股权具有财产性和人身性双重属性,上文从财产角度——财产形态的转换(股份库存)论证"股转债"的合法性,本部分则从人身角度对"股转债"进行评价。从人身角度而言,"股转债"可能导致股东全部或部分退出公司,丧失或者部分改变其股东身份及其权利。

在法理上,根据股东退出的自愿程度,可将股东退出公司的"制度情形"分为两类:其一,股东主动退出的制度形式,主要包括股权转让、行使股份收买请求权、申请公司司法解散等。随着特别股类型的多样化,若公司发行附回购请求权的特别股,当条件成就时,特别股股东有权要求公司回购其股份,从而退出公司。[1] 此亦属股东主动退出之情形;其二,股东被迫退出公司的制度形式,主要包括股份被强制注销、挤出式合并、被强制排除、岗位股的强制转让以及股权的强制执行等。[2] 从履行结果来说,"股转债"也是一种股东退出公司的方式——转债结果会导致行使转债请求权之股东部分或者全部退出公司。在《公司法》上,此种退出行为之合

---

[1] 参见王东光:《股东退出法律制度研究》,北京大学出版社2010年版,第12页。
[2] 同上书,第11—14页。

法性,取决于是否符合法律关于股东退出的各种实体及程序限制。

虽然结社自由是宪法权利,对于营利性之组织,其成员——股东也有结社自由,因此,股东退出是一种权利的表现。只是,为维持商事组织的特定成立目的——能够继续按照股东意志从事商事营业——公司股东之退出受到诸多明示或隐含的限制——诸如,退出之程序控制、退出之其他限制(限制之比例、时间及主体),等等。

1. 满足明示限制:程序控制

在法律上,股东有自由决定是否成立及是否续存于公司的权利,因此,对股东退出的明示限制,主要集中于退出权行使的程序限制方面。这种程序限制因股东退出方式不同而有差异。例如,在有新股东加入之"转让退出"方面,法律主要设计了优先购买程序,确保新老股东能相容共处;在减资退出方面,主要设计了公司内部决议和外部公示程序。"股转债"因其具体渠道不同,会涉及不同的程序控制机制。因"股转债"而流转回公司的股权有三种路径——回转暂存、回转库存以及回转减资。在法律程序上,根据公司经营状态是否正常,可以做适当区分。

首先,在公司处于正常经营状态下,有关的程序控制主要如下:第一,在回转暂存中,公司暂时持股更类似于一种股权变动的经手人(代理人),程序上需遵循股权变动的一般程序——无论是股权回转到公司,还是公司暂存后再转出,均需遵守该程序;第二,符合比例限制和期限限制的股份库存,除需遵守股份转让的一般程序限制外,还需考虑章程对股份回收有无特别限制/约定,若章程有约定的从其约定,无约定的,可先由董事会决策。在涉及优先购买问题时,还须征求其他股东意见;第三,回转减资则是法定的股东会决议事项,并须公告,债权人提出异议的,还需提供担保。在公司正常状态下,减资程序十分严格。例如,在英国,减少资本的,必须要有章程授权,以特殊决议通过,并且要经过法院同意。[1] 在我国,减资也是法定的股东会决议事项,[2]且作出减资决议之后,需进行减资公告,若债权人提出异议,公司还需提供担保或提前清偿债务。[3]

其次,在公司处于破产状态时,有关控制程序会因公司治理的冻结而发生变

---

〔1〕参见英国《1985 年公司法》第 135 条。
〔2〕参见《公司法》第 37 条。
〔3〕参见《公司法》第 177 条。

化——由于破产管理人、债权人会议的介入，破产阶段的公司内部决议程序大多被冻结，这自然会影响到有关股东退出程序的运行：第一，暂存转出路径缺乏现实可操作性——即便此时有愿意接受转让之人，因暂存之股权属公司财产，能否转出的决策权在破产管理人手中，且其转让定价还需接受公平性要件的实质审查，受到合同撤销权和破产撤销权的双重限制，可谓难上加难；第二，库存股路径的程序适用范围有限，在非重整公司中缺乏实施必要性，在重整公司中，交由破产管理人行使此项权利并无不当；第三，减资路径的适用程序发生部分变异，在破产程序中进行减资退出，首先面临是否可行的问题——因为此时减资，一则意味着减少了公司股东的责任范围；二则，由于难以根据公司内部决议发布减资公告，[1]减资可行性出现障碍。唯在重整情形，仍有可能将虚高的资本部分予以减除，从而发生减资，但此时之减资决议可能需要债权人会议、破产管理人同意，亦应征得法院许可，[2]以避免不当减资对公司债权人产生新的损害。然而，即便对于将要进行重整的公司，主要需要解决的也是如何限制债权人在一定期间的偿债请求权问题，更多是通过增资增强债权人信心而非继续减资的问题——后者在价值理念上与重整不符。可见，在破产阶段，即便对将要重整的公司，法院可能批准的减资也可能会因为在多数情形下不合逻辑，使得这种特殊程序很难走通。

2. 满足隐含限制：实体控制

所谓隐含限制，主要是实体限制，是指对公司股东退出的实体条件，虽然在法律上没有很明确的限制安排，但可以根据公司之社团本质、公司资本的法定要求等推导出来的限制规则。这些限制规则主要体现在以下方面：

其一，限制股东退出之比例，避免无股东之公司存在。在转让退出之情形，股东退出之比例无法定限制，但若公司章程设定限制，则应予以遵守。在库存退出之情形，法律对存股份的比例已有明确限制，若全体股东均将其股份库存，则公司股

---

[1] See Winfried F. Schmitz, Joren de Wachter, Pekka Jaatinen, Rescue of Companies: The Role of Shareholders, Creditors and the Administrator, Association Internationale des Jeunes Avocats, 1998, p. 11.

[2] See Lynn M. Lopucki and Willianm C. Whitford, Corporate Governance in Large Publicly Held Corporations, 141 U. Pa. L. Rev. 669,716(1992—1993). 转引自参见王佐发：《上市公司重整中债权人与中小股东的法律保护》，中国政法大学出版社 2014 年版，第 97 页。

东会之召开将成为问题（公司持有自己股份不能行使表决权，此时自然无股东能在股东会上决议），相应可能会产生公司瘫痪的连锁反应。同样，减资退出之情形，法律虽无明确限制，但将全部资本都销除（没有任何股东）而公司仍然存在的现象，显然不合常理。可见，股转债的比例限制，非常难以量化，但一些国家对减资退出是有明确限制的。例如，在英国，若公司净资产低于已召集资本的一半，则董事负有义务召集会议，采取措施。[1] 可见，在英国，减资不能超过已召集资本的一半。鉴于资本维持原则，股转债的比例也至少限制在原实缴资本的 50% 应当是可以转的最低限度了。也就是说，在非破产状态下，不能通过减资而消灭全部股东，在破产当时股东企图透过"股转债"而全部离场更加不可能。

因此，必须限制"股转债"之具体比例，以避免通过"股转债"产生"无股东"之公司。若不限制转债比例，当全体股东均将其持有的股份转债时，则公司会出现无股东（例如，全部股转债进而减资退出之情形）或者无人能行使表决权之情形（例如，股份全部由公司库存之情形[2]）。可能有人会质疑——为何不允许存在无股东之公司呢？我们认为，理由如下：其一，公司乃社团法人，[3]系由人的集合构成（该种集合包括股东与股东以及股东与员工的集合，一人公司就是股东与员工的集合），无股东背离了社团法人之本质；其二，无股东构成公司解散之事由，无股东状态与基金、信托、契约具有同质性，这种组织性的弱化，意味着公司的"契约化解体"。例如，若公司股东全部死亡又无继承人，此时，公司是否可以继续存在？换言之，若公司管理人愿意继续治理公司，此时"股东全体死亡"是否构成公司解散的法定事由？答案是肯定的。而且，无股东之公司与财产之信托仍存在区别，在财产信托情形，信托财产之委托人（相当于公司投资人）仍然存在，只是公司中的"股东性主体"由信托中的"契约性主体"所取代。

其二，实施限制的时间。若对转债股份能设定比例限制，则限制之时间是否还应有所限制——换言之，转债股份的比例是在签订转让协议之初予以限制，还是也

---

〔1〕参见英国《1985 年公司法》第 142 条。

〔2〕实质上，当所有股份全部收归公司所有时，也会形成特殊的无股东状况。只是，此种无股东状况可能只是一种暂时现象，公司可透过股权的再转让或股权激励，重新设计或者形成新的股东结构，从而终结无（公司外）股东之局面。

〔3〕参见蒋大兴：《公司法的观念与解释 I》，法律出版社 2009 年版，第 141—142 页。

可以在进入破产程时予以限制？理论上来说，若将转债协议视为契约，则此种限制应在最初契约中得以体现。当然，如果最初契约没有体现，股东也可事后与公司签订补充契约限制转债比例。可见，实施限制的时间似无太多要求——况且，所谓比例限制是"约定的比例限制"还是"履行的比例限制"？仍可能会产生争议，需要在契约中予以明确。但无论如何设定限制时间，均需签订转债协议的股东知悉公司与其他股东是否已签订过类似协议，及所达成的可转债（股权）比例，以方便其决定自己可签署的转债比例。由此，似应赋予新赠股东对公司全部可转债股份比例以知情权，也即对董事会课以强制披露的义务，以减少不必要的纠纷。

其三，实施限制的主体。在限制可行的情况下，接踵而至的问题是——谁/或者说公司内部哪个机构可以限制股转债之比例及时间？对此，须考虑转债协议之本质，同时考量转债限制行为发生的具体时间。从本质而言，转债协议是契约，按照契约主体的订约权，契约双方均可在契约订立之处就成为转债比例及时间的限制主体。但，若就公司一方而言，具体进行转债限制的主体则相对较为复杂——首先，若是契约订立前的"事前限制"，则因董事会对公司日常经营行为的决策权，转债限制配置给董事会即可实现限制之目的。当然，若系以"减资退股"方式进行转债，则还需经公司股东会决议。其次，若系在破产程序中进行嗣后决断——具体实施转债限制，则宜将此权力配置给破产管理人及债权人会议行使较为可行。

可见，对股转债的各种隐含限制，主要是实体限制。其中，比例限制系核心——"转债减资"不能低于一定限度（例如英国的50%），尤其是可转债之股权额只能小于等于可减资本额，否则可能形成"无股东"或"无法行使表决权"之局面。所以，在公司经营正常时，只要不违反资本原则、按照法定程序，以"股转债"方式退出公司是可行的，问题仍是破产时股东是否还能以"股转债"形式退出公司？答案基本是否定的，因为在破产阶段，公司内部决议程序基本冻结，股东进退公司的自治空间几乎不存在，除非特殊情形下经债权人会议同意并经法院批准。而且，即便股东在破产过程中退出公司，但其成为原公司的债权人仍有问题，因为股东和债权人之间存在诸多利益冲突，比如资本不足、权利稀释、投资不足和红利支付等。[1]

---

[1] See Smith Clifford W. Jr. and Ross L. Watts, The Investment Opportunity Set and Corporate Financing, Dividend, and Compensation Polices, Journal of Financial Economics, Vol. 32,1992.

若公司发生了另外的债务，可能影响到初级债权人的权利，这又被称为共担问题。[1] 这些问题的存在，都是股东向债权人身份转化的障碍。

因此，对"股转债"之公司法解释，可从诸多方面展开。首先股转债之本质乃公司收购自己股份，必须符合相关法律规定。由于股权回归公司有三种可能路径——暂存转出、库存和减资。股转债之合法性取决于转债通道的合法性。由于破产时企业内部治理程序基本被冻结，暂存转出的决策权可由破产管理人行使，但其价格公平性会受到合同撤销权和破产撤销权的双重限制；库存股路径在重整的公司当中交由破产管理人决策并无不当；减资则是最严格的程序，根据"举轻以明重"的原则，应比正常状态下的减资更为严格，恐怕需由破产管理人、债权人会议甚至法院批准并公告。此外，"转债库存"唯在公司重整且符合比例限制和时间限制时才具合法性。股东退出尤其是减资退出，需符合法定的明示程序以及隐含的实体限制，公司股东不能藉由"股转债"协议在破产中全部离场。

四、破产法之终局解释

债权人保护在公司制度中占据相当重要的地位，历史上，僵化的债权人保护被看作给予股东有限责任的先决条件。[2] 尤其是当公司濒临破产时，法律提供债权人保护的收益是很大的。[3] 破产法的目标是最大化资不抵债公司的价值，以最大化债权人能够获得的价值，并在事前减少公司资不抵债的可能。[4] 同时"债权平等原则"[5]也是破产法的核心原则之一，强调同等债权受到同等比例的清偿，也强调了区分不同种类债权的重要性。

即便进入破产重整阶段，破产管理人的权利依然会受到债权人保护体系的限制。波斯纳指出，"破产重整可能在有些案件中由于可能使经理、小债权人和股东

〔1〕 See Kanda Hideki, Debtholders and Equityholders, Foundation Press, 2002, pp. 133 - 134.
〔2〕 See Re Exchange Banking Company, Flitcroft's Case[1882]21 Chancery Division 518. 转引自[美]莱纳·克拉克曼等：《公司法的剖析：比较与功能的视角》，刘俊海、徐海燕等译，北京大学出版社 2007 年版，第 86 页。
〔3〕 同上书，第 85 页。
〔4〕 See John Armour and Douglas J. Cumming, Bankruptcy Law and Entrepreneurship, http://ssrn.com/abstract = 762144. 2014 - 9 - 23.
〔5〕 See Goode, Principles of Corporate Insolvency Law, Sweet &Maxwell, 2005, p. 175.

将成本加于其他债权人而使清算不适当地延期"，[1] 而且，当公司面临支付不能时，[2] 股东会不可避免地存在抽逃有价值的资产或冒险投资的动机。[3] 为限制这种行为，各国公司法都引导公司在此情形之下及时申请破产，比如德国和瑞典在董事义务部分就规定了董事具有及时申请破产的义务，而英国的破产法则规定了董事不及时申请破产的责任，还有美国，通常会保留现任董事加入破产管理人队伍，则激励了董事及时申请破产。[4] 现代民法理论突破了侵权行为法和合同法的界限，侵权行为法开始向合同法渗透，世界上越来越多的国家开始承认或确立第三人侵害债权制度。[5] 借此理论，可以解决清算活动中对债权人利益的保护问题。

可见，对于引导申请破产、防止股东权利滥用而对债权人造成损害，各国破产法在制度层面都给予了相关设计。破产法的价值贯穿于制度当中。下文从"股转债"与"债转股"的比较、"股转债"与衡平居次和"股转债"与破产撤销权的角度分别展开"股转债"在破产法上的制度评价。

（一）"股转债"与"债转股"的比较

如上文所述，破产法的基本价值在于保护债权人公平受偿，最大化公司资产以最大化清偿债权人，"债转股"，尤其在破产重整过程中所大量存在的这一现象，减少了破产人的债权总量，反过来还增大了破产人的支付能力，这一"此消彼长"的过程，赋予了破产人更大的"生还"可能性。《美国破产法》第十一章的基本目标是："(1)债务人公司的复兴。(2)使债务人的资产最大化。(3)避免债务人的清算。(4)鼓励利害关系人就债务人的财务困境达成一致的解决方案。"因此，在破产程序中，

---

〔1〕[美]理查德·波斯纳：《法律的经济分析》，蒋兆康译，中国大百科全书出版社1997年版，第529页。

〔2〕支付不能有许多不同的含义，但是有两个主流标准：债务人的债务超过其资产即为支付不能（资产负债表的标准）；债务人在较长的一段时间无力偿还到期债务（现金流标准）。另外可参考 Winfried F. Schmitz, Joren de Wachter, Pekka Jaatinen, Rescue of Companies: The Role of Shareholders, Creditors and the Administrator, Association Internationale des Jeunes Avocats, 1998, pp. 1 - 8。

〔3〕See Brain R. Cheffins, Company Law: Theory, Structure And Operation, 1977, p. 75.

〔4〕See Reinier Kraakman and Paul Davis, The Anatomy of Corporate Law: A Comparative and Functional Approach, Oxford University Press 2004, p. 78.

〔5〕参见《最高人民法院关于公司法司法解释(一)(二)理解与适用》，人民法院出版社2008年版，第312页。

债转股这一方向的财产转移,符合破产法保护债权人的基本价值。[1]

而转移方向相逆的"股转债",可能会增加破产人的债务总量,反过来减小了破产人的支付能力,这一"此长彼消"的过程,降低了破产人"生还"的可能性。因此,这一方向的财产转移,不符合破产法的基本价值,当破产人的原股东在破产债权中占据一席之地,只要其债权额度不为零,就会实际减少其他债权人的可受偿额度,进而侵害其他债权人的利益。

(二)"股转债"与衡平居次

美国大法官 Brandeis 说过:"大股东掌握着控制公司经营的实力,而当大股东行使其控制的权力时,不论其所用的方法如何,诚信义务即应产生。"[2]衡平居次原则的确立就是在破产程序中,为了防止大股东权力滥用进而侵害债权人利益,所以,强调股东及关联人的债权,在破产过程中应劣后清偿。1977 年的 Benjamin v. Diamond 案(又称 Mobile Steel Co. 案)第一次明确了"衡平居次原则"的具体适用条件。根据第五巡回上诉法院对 Mobile Steel Co. 案的判决,"在行使衡平居次的权力之前必须满足三个条件:第一,原告必须已经从事了某种不公平的行为;第二,该不公平的行为已经损害了破产人的债权人或者为原告带来不公平的好处;第三,对其债权的衡平居次绝对不能违反破产法典的规定。"[3]

在股转债过程中,即便在理想状态之下,原股东身份转化成功,此时可以展开两个逻辑层面的思考:第一,在股权转化为债权之前,根据破产法的规定,股东对公司的股权无疑是极其"劣后"的,因为股东只有在剩余分配环节才有可能从破产公司获取支付。第二,转化成功之后,股东身份已经去除,即便其转让定价不是零,其所对公司的债权,仍可类推衡平居次原则,因为其完全满足衡平居次的三个条件:其一,原股东已经从事了某种不公平的行为,其在破产程序启动之后,意图增加债权总量,对原债权人来说,是不公平行为之成就;其二,该不公平的行为已经损害了

---

[1] 在制度层面,"债转股"仍然存在诸多问题,权力滥用之下也会损害债权人利益,本章只比较其价值目标,不对"债转股"展开具体讨论。
[2] 转引自施天涛:《关联企业法律问题研究》,法律出版社 1998 年版,第 198 页。
[3] Benjamin v. Diamond(In re Mobile Steel Co.), 563 F. 2d 692,700 (5th Cir. 1977).

破产人的债权人或者为原股东带来不公平的好处;其三,对其债权的衡平居次没有违反破产法的规定。在德国,债权人的身份会影响到衡平居次原则的适用,如果是内部债权人,则更容易适用。[1] 故此,即便股权转化为债权,原股东成功离场,其所对破产公司享有的债权,仍为受到清偿顺位的限制,如同关系人对破产人持有的债权和利息、罚金等劣后债权,[2]其应列于普通债权之后一顺位。[3]

(三)"股转债"与破产撤销权

《破产法》将破产前 6 个月之内公司无偿转让财产、以不合理价格进行交易、对没有财产担保的债务提供财产担保、对未到期的债务提前清偿及放弃债权等私权处分行为,作为可撤销的行为加以规定。为了达到债权人的公平受偿,《破产法》限制个别清偿,并对延迟给付课以责任。[4] 在德国,对于直接或间接对债权人不利的行为,也纳入破产撤销权的范围。[5] 撤销权作为体现破产法公平原则的一项关键制度,在保障破产立法宗旨实现、维护诚实信用原则、纠正债务人损害债权人利益的行为、维护经济秩序等方面具有不可替代的重要作用。[6]

在"股转债"过程中,如果转让定价不为零,则有可能会引发类推适用破产撤销权的法律后果。原因在于,股转债与撤销权制度存在根本特征上的相似性:首先,破产撤销权的根本特征为:(1)在公司可能破产的危险之下;(2)基于这种危险而不合理减少公司财产,增加债权总量。反过来看,破产程序中的"股转债"的根本特征是:(1)公司已进入破产危险中,此时危险程度增加且从可能性变为现实性;(2)定价不为零的股转债也在某种程度上不公平地增加了债权总量。由此可见,转让定价不为零的股转债,除了受到清偿顺位的限制,还可能会受到破产撤销权的打击。

可见,在《破产法》上,"股转债"首先不符合"破产法"的基本价值和目标,尤其

---

〔1〕 See Michael J. Holleran etc., Bankruptcy Code Manual, Thomaon & West, pp. 470—471. 转引自前注8,王佐发文,第 84 页。
〔2〕 See Marco Celentani, Miguel Garcia-Posada, Fernando Gomez. The Spanish Business Bankruptcy Puzzle, http://den-ning. law. ox. ac. uk/news/events_files/GOMEZ SPAN-ISH_ BANKRUPTCY_ PUZZLE_.
〔3〕 参见许德风:《论破产债权的顺序》,《当代法学》2013 年第 2 期。
〔4〕 参见刘敏:《公司解散清算制度》,北京大学出版社 2012 年版,第 110 页。
〔5〕 参见[德]波克:《德国破产法导论》,王艳柯译,北京大学出版社 2014 年版,第 114—122 页。
〔6〕 参见王欣新:《破产撤销权研究》,《中国法学》2007 年第 5 期。

是在与此相逆路径之"债转股"的比较中,"股转债"这一路径对于破产法价值的突破尤为明显。在具体制度层面,转让定价不为零的"股转债",在转债之后,可类推"衡平居次"规则,将其列为劣后债权,清偿顺位居于普通债权之后。同时,破产撤销权也可类推适用于此,转债行为还可能受到破产撤销权制度的打击。因此,在《破产法》层面,从价值到制度,对于"股转债"的评价都是否定的,并且可类推适用诸多制度对"股转债"进行限制。

五、结论

本章对破产程序中的"股转债"的正当性评价遵循了"从普通法到特别法"的路径,即遵守"从合同法到公司法再到破产法"的演进逻辑,"股转债"首先是一种"契约行为",其次是一种公司法上的"回购契约",再次也是破产程序中受到特别规制的"财产转换"行为。从合同法到破产法,随着法律规制中"特别法"意味的逐渐强化,对"股转债"的否定评价和限制程度也随之增加。详言之,在合同法上,"股转债"可能被视为附条件之合同履行行为,多倾向于有效认定。只是股权这一特殊标的物的定价难以完全适用合同法逻辑——应从股权本身的特殊性出发,充分考虑其"未来值"。在公司法上,"股转债"之合法性与转债通道相关。例如,涉及库存转债的合法性,这在国内现行法下多难以操作。再如,涉及股东减资退出的程序和机制,因破产过程中公司原有的内部决策程序处于冻结状态,诸多重大事项需债权人会议同意并需法院批准,且破产中的公司已无法发布减资公告,无法进入减资程序。即便其克服了合同法和公司法的诸多障碍,一旦遭遇破产法,答案即为否定性的,其既不符合破产法最大化债务人资产,使债权人最大化受偿的价值理念,也受到衡平居次、破产撤销权等具体破产制度的限制。可见,"股转债"在破产前和破产后的评价是两套不同的逻辑,在破产前,多交由合同法和公司法进行评价,公司内部决策程序即可以在法定范围之内进行自治决策;而在破产后,多交由破产法进行评价,出于对债权人的保护,破产法设有诸多强制性的制度。

正常状态下的"股转债",赋予了当事人以较大的自治空间,只涉及合同法和公司法上的评价,故只需协调这两部法律的冲突即可。而破产中"股转债"问题的评价涉及多向规制,从合同法到公司法,再到破产法,犹如一环小于一环的"圈",只有钻过三个"圈"的"股转债",才有可能在现实当中真正实现从破产中"撤退",并将身份由股东转换为债权人。依本章分析,在目前之法背景下,达到这一点相当困难。

尤应注意的是,今天美国等商事法发达的国家,日益强调国内法体系的融洽一致,以实现法律规整的整体竞争效果。诸如,学者强调当今社会是公司法、证券法、破产法一揽子立法的竞争模式。[1] 为此,我们需要更多地思考破产法与其他两部法律的协同。破产法的作用并不仅限于保护债权人受偿,还是国家立法竞争的重要环节。我们应当意识到,在经济全球化的今天,中国作为世界经济的重要组成部分,立法竞争无时不在,而我们的法体系内部到处可见的现象是——不同部门法之内在精神及规范结构乃至法律效果都是断裂的和分裂的,中国商事法的"一揽子竞争力"严重不足。

---

[1] See Stefano Lombardo and Piero Pasotti, Disintegrating the Regulation of the Business Corporation as a Nexus of Contracts: Regulatory Competition vs. Unification of Law. http://ssrn. com/abstract = 1112091. 2014 - 9 - 20. 2014 - 12 - 20.

第十八章　关联企业破产的实质合并与债权人利益保护[*]

一、问题的提出：实质合并为何重要？

实质合并（Substantive Consolidation）是美国破产法官根据其衡平权限创造的一种适用于关联企业（企业集团）破产情形的公平救济措施（原则），其核心要义在于否认各关联公司的独立人格，消灭所有关联企业间的求偿要求，各成员的财产合并为一个整体以供全部关联企业的债权人公平清偿。《联合国贸易法委员会破产法立法指南》（以下简称《破产法立法指南》）第 224 条指出：实质合并是将企业集团两个或两个以上成员的资产和负债作为单一破产财产的组成部分对待，实质性合并令应当具备下列效力：一是被合并集团成员的资产和负债作为单一破产财产的组成部分处理；二是消灭列入合并令的集团成员间债权和债务；三是对列入合并令的集团成员的债权如同对单一的破产财产的债权处理。[1]

实质合并规则的产生是对传统公司法理论的一种挑战。长期以来，有限责任制度是公司法的基石，在商品经济漫长的发展过程中逐步确立起来的有限责任制度，不仅适应了社会化大生产条件下的商品经济对企业组织形式的客观要求，有效地实现了资本的联合与集中，降低了企业组织成本，更为公司制度的完善以及社会经济的发展起着重要的促进作用，也是公司之所以成为现代市场经济社会赖以存

---

* 本章内容原载《中外法学》2017 年第 3 期。作者：徐阳光，中国人民大学法学院副教授，博士生导师。作者感谢中国人民大学法学院硕士研究生游思颖、魏凯等人的帮助。
[1] UNCITRAL, Legislative Guide on Insolvency Law, Part three: Treatment of Enterprise Groups in Insolvency, United Nations, New York, 2012, pp. 72 - 73.

第十八章　关联企业破产的实质合并与债权人利益保护　413

在的基础和迅猛发展的原动力的秘诀之所在。然而,实质合并规则打破了有限责任的教义,直接否认了关联企业各自的独立人格,是一种整体性的挑战。

不仅如此,实质合并规则还对公司法的人格否认制度(刺破法人面纱)提出了挑战。有限责任理论并非不可撼动,但有限度,法人人格否认制度就是一种有限责任制度的有限调适,允许在滥用人格的情况下刺破面纱、追索股东责任。但这种制度常见于个案中,并不构成公司人格的整体性、终极性的消灭,背后的理论在于,有限责任制度(原理)是现代公司法之根基,然而,实质合并的效力正是对关联企业独立人格的整体性、终极性否认,该原则自产生以来就饱受批判。

然而,实质合并原则在关联企业破产中存在着客观的需求。随着社会经济的不断发展,当代大型企业多选择通过集团化运作的方式来降低内部交易成本、优化资源配置、提高经济效率,关联企业因而也已成为经济生活中广泛存在的现象,在经济发展中起到不可或缺的作用。关联企业最显著的特点在于,其法律层面上的独立地位与经济层面上的密切联系存在冲突,这种冲突导致的问题在企业日常经营管理中体现的并不明显,但当企业出现破产情形时,这种冲突的影响就会被放大,甚至导致破产法的公平价值、程序价值以及重整制度价值受到严重破坏。[1] 因此,对关联企业破产应采用特别手段加以规制已成为共识,实质合并规则就是在人格否认制度、衡平居次(深石原则)和从属求偿原则之上发展起来的一项全新的制度。《破产法立法指南》第 219 条、第 220 条也指出,破产法应当尊重企业集团中各成员的独立法律身份,但法院可以在下列两种情况下针对企业集团中两个或多个成员下令进行实质合并:一是法院确信企业集团成员的资产和债务相互混合,以致没有过度的费用或迟延就无法分清资产所有权和债务责任;二是法院确信企业集团成员从事欺诈图谋或毫无正当商业目的的活动,为取缔这种图谋或活动必须进行实质性合并。[2]

在美国,实质合并规则仍只存在于判例法中,并未进入成文法体系。同样,中国的破产法也未确立该原则,但实践中出现了大量的关联企业实质合并破产案例,

---

〔1〕参见王欣新、周薇:《论中国关联企业合并破产重整制度之确立》,《北京航空航天大学学报(社会科学版)》2012 年第 3 期,第 52 页。

〔2〕UNCITRAL, Supra note 1, pp. 71 - 72.

既包括破产清算的案例,也包括破产重整的案例。而且,中国现实中的关联企业治理结构欠规范,投资人(股东)利用关联企业逃废债务的现象较为严重,传统的破产规则难以有效应对。因此,本章旨在对实质合并规则的美国发展和中国实践进行分析,进而提出构建中国实质合并破产制度的具体建议,以为关联企业(企业集团)破产问题的解决提供一种有效的路径。

二、实质合并的美国经验:先例与争议

实质合并是美国破产法院基于判例法创设的一项衡平法规则。[1] 因此,研究实质合并问题,首先应当关注美国破产法史上的标志性案件。

(一) 实质合并规则的起源:Sampsell 案(1941 年)[2]

实质合并最早起源于美国 1941 年的 Sampsell v. Imperial Paper & Color Corp. 案(简称 Sampsell 案)。1938 年 6 月,自然人唐尼(Downey)与妻儿成立了壁纸和涂料公司(Wallpaper & Paint Company,简称 Wallpaper 公司),并将财产转移到该公司,成为该公司的独立资产。同年 11 月,唐尼破产。帝国纸业公司(Imperial Paper & Color Corporation,简称 Imperial 公司)知道 Wallpaper 公司是唐尼为逃避个人破产的债务而设立的,并为该公司提供贷款。后唐尼的破产管理人要求 Wallpaper 公司将转移的财产返还给唐尼个人,以偿还其个人的破产债务。地区法院的法官查明,唐尼转移财产设立 Wallpaper 公司的目的在于逃避债务,存在欺诈行为,Wallpaper 公司由唐尼控制,仅剩虚假外壳。因此,一审法院判令 Wallpaper 公司破产清算,撤销唐尼不当转移财产的行为,将 Wallpaper 公司和唐尼合并破产。

---

[1] 有美国学者认为,实质合并规则具有成文法的依据,因为《美国破产法》第 105 条赋予法官的"衡平权力",为实现法律的公平正义,法官有自由裁量权,并经由判例衍生成为规则。但实际上,对于该规则是否能作为实质合并的法律基础在美国也是有着很大的争议与讨论。在 In re Kmart Corp. 案中,Easterbrook 法官就否认了第 105 条作为实质合并法律基础的做法,认为"第 105 条的作用是为了让法院更好地实施某项法律制度,而非推翻或者凌驾于其上。"See In re Kmart Corp. , 359 F. 3d, 866,871(7th Cir. 2004)。美国著名破产法学者道格拉斯评论指出:"不仅破产法没有规定实质合并规则,连或许可以成为实质合并规则的法律基础的破产法第 105 条也一次次被诸多法院所否决"。See Douglas G. Baird, Substantive Consolidation Today, Boston College Law Review, Vol. 47: 5 (2005), p. 19。

[2] Sampsell v. Imperial Paper & Color Corp. , 313 U. S. 215 (1941).

在一审过程中，Imperial 公司（Wallpaper 公司的无担保债权人）认为其对于 Wallpaper 公司的财产具有优先受偿的权利，但地区法院一审否认了 Imperial 公司的优先受偿权利，Imperial 公司不服，提出上诉。二审中，巡回法院支持了其优先受偿的请求。在终审中，联邦最高法院推翻了巡回法院的二审判决，支持了地区法院的观点，认为唐尼将财产转移的行为属于破产欺诈，Imperial 公司对于 Wallpaper 公司的债权没有担保，同时，Imperial 公司对于唐尼的欺诈转移财产知情，因此不享有优先受偿的权利。

笔者认为，从实质合并规则的起源和司法实践来看，Sampsell 案具有以下两个方面的开创性意义：

首先，该案开创了实质合并破产的适用，并确认了地区法院拥有判决实质合并的权力。在此之前，美国司法史上并无实质合并的先例，当然，有一个相关的案例总是被提及，那就是 1940 年的 Fish v. East 案。Fish v. East 案之所以受关注，一是因为法院在该案中归纳出了认定企业具有关联关系的判断标准，对于之后的案件在何种情况下可以使用实质合并具有重要的意义；二是因为法院认为，该案中的一家子公司仅仅是其母公司的工具，不可视为独立的法律个体，并且依据破产取回程序，判令子公司将财产交给母公司的破产管理人。[1] 当然，Fish v. East 案中，由于子公司沦为母公司的部门工具，没有独立债权人，因而此行为并没有造成母、子公司债权人利益冲突。"合并（consolidation）"一词并没有在本案中提到，并且由于确认子公司的债权人享有优先受偿权，真正意义上的"实质合并"并没有产生，如之后的实质合并判决所言，"真正的合并（true consolidation）"只有在涉及母子公司公平受偿的取舍才具有价值。[2] 因此，Sampsell 案应是美国司法史上的第一个真正合并破产的案例，虽然合并的法律依据是普通法上的欺诈交易规制规则，但已达到了 Wallpaper 公司和唐尼合并破产清算的目的。更为重要的是，该案虽然经过了巡回法院和联邦最高法院的上诉审和终审程序，有争议的只是债权的优先受偿问题，地区法院一审确定的实质合并效力并未改变，事实上确立了地区法院的实质合并裁判权。

---

[1] Fish v. East，114 F. 2d 177(10th Cir. 1940).
[2] In re Owens Corning，419F. 3d.（Bankr. Ct. Del. 2005）.

其次，该案对实质合并后的债权清偿顺位问题进行了有益的司法探索。在 Sampsell 案中，法院事实上确认：在实质合并破产程序中，各债权人按照破产法享有相应的受偿顺位，并明确了非善意的关联方的无担保债权人在合并破产中不享有优先受偿权，一般债权人如需优先受偿，承担举证责任。实质合并破产案件中，合并之后的债权（包括担保债权、优先债权和普通债权）清偿顺位处理是极为重要也极为复杂的问题。自此之后，司法实践和破产法理论界与实务界十分重视实质合并破产后的权益相竞和冲突处理问题，至今已形成了较为完整的处理方案。如《破产法立法指南》第 226 条建议："破产法应具体规定，实质性合并应当尽可能承认在实质性合并令下达之前根据破产法确立的适用于企业集团单个成员的优先次序"，同时也对所有权人、股权持有人、有担保债权人、优先债权人等各方利益相竞冲突的问题做了分析，具有很好的参考价值。[1]

（二）实质合并规则的确立：Chemical 案（1966 年）[2]

虽然前述 Sampsell 案具有开创意义，但直至 1966 年，美国破产程序中的实质合并仍然依据的是普通法的规则（如欺诈交易的规制规则），而不是特定的破产法规则。1966 年的 Chemical Bank New York Trust Co. v. Kneel 案（简称 Chemical 案）最大的历史贡献在于，它将实质合并规则发展成了破产法的一项基本制度。[3]

在 Chemical 案中，Manuel Kulukundis 是一家船业巨头，掌控着八家公司，这几家公司一同破产并经重整后未果，终由纽约南区破产法院接管破产清算。政府作为该案的主要债权人，认为这几家关联公司资产大量混同，在经济层面构成了同一实体，遂提出几家关联公司合并破产的动议。Chemical 公司是其中一家关联公司（Seatrade 公司）的担保债权人，对此项动议持反对意见，因为 Seatrade 公司的债权清偿率高于其他公司，如果进行合并破产，将损害 Seatrade 公司债权人的利益。

纽约南区法院在调查各关联公司资金转移、借贷记录后，发现存在滥用公司独立人格的情况，因此支持政府的合并提议。Chemical 公司不服，上诉至第二巡回法

---

[1] UNCITRAL, Supra note 1, p. 73.
[2] Chemical Bank New York Trust Co. v. Kneel, 369 F. 2d 845(2d Cir. 1966).
[3] Douglas G. Baird, Supra note 4, p. 16.

院。二审法院认为需要严格限制实质合并的适用,因为这不可避免的会损害信赖债务人法人格独立的个体。但在部分情况下,即使相关企业的关联关系可以区分,但是要耗费大量时间与金钱,达到本末倒置的程度,则可以适用实质合并进行破产。

本案的突破之处在于较以往的案例扩大了实质合并的适用情况,法院在此案中提出一项新的标准:混乱的资产转移、交易记录等区分的难易程度。"当严格区分各个公司的界限难度达到令人绝望的程度,且为此花费的时间成本巨大到足以损害债权人利益时,将关联企业各成员视为一个整体可以最大程度地接近正义。"[1]Chemical 案确立的实质合并适用规则主导了 20 世纪 70 年代美国破产法院的司法实践。

(三) 实质合并的七要素标准:Vecco 案(1980)[2]

1980 年的 Vecco 建筑公司破产案被认为是开创宽松自由的实质合并破产条件的案件之一。在此之前,虽然实质合并案例时有发生,但由于欠缺详细的适用标准,因此适用范围不广,案件数量不多,只有更加开放和宽松的适用条件才能使得实质合并真正成为一项规则。基于此,法院在 Vecco 案中归纳了七条实质合并的适用标准:第一,确定企业的独立财产和负债的难易程度;第二,企业间的债务报表是否有合并;第三,以合并为单一实体方式运营的盈利能力;第四,资产和营业的混同情况;第五,不同公司所有者结构和利益的同一性;第六,具有公司内部间的债务担保;第七,是否具有不符合章程规定的资产转移。

在上述七要素中,最为重要的是"确定企业的独立财产和负债的难易程度",该要素作为实质合并适用时的判断标准,已经超越了刺破法人面纱制度中的人格混同,也不属于欺诈性财产转让的范畴,而是基于破产法效率理念和保护债权人的要求所发展起来的独立认定标准。正如法院在判决中所言:"尽管许多实质合并判决的考量可以得出公司人格否认的结论,但这并非必然的结果。当一个集团内部的相互经济关系达到令人绝望的模糊程度,并且试图将这些经济关系区分开来所花

---

[1] Supra note 9,p. 845,847.
[2] In re Vecco Construction Industries, Inc, 4 Bankr. (Bankr. E. D. Va. 1980).

费的必需时间和成本十分巨大以至于将损害到用以清偿所有债权人的净资产之时,则不需要考虑任何刺破公司面纱的问题"。

自 Vecco 案开始,实质合并的适用标准趋向于宽松,七要素被之后的数十个实质合并案例所引用,但也因此引发了热烈的讨论和强烈的反对,因为实质合并的适用标准越是宽松,就越是和现代公司法学者坚守的公司制度的基石——法人人格独立——背道而驰。

(四) 实质合并的三要素标准:Auto-Train 案(1987 年)[1]

1987 年的 Auto-Train 案将关注点放在举证责任方面。原告 Auto-Train 公司向法院申请破产后,又申请将自己的子公司(Railway 公司)与本公司进行实质合并破产。Auto-Train 公司的诉求得到了一审法院的认可,但在上诉中被驳回。哥伦比亚上诉法院在判决中给出了实质合并适用的三要素:一是实质合并的申请主体需举证证明待合并的各个实体间存在"实质身份关系";二是申请人还必须证明实质合并可以避免某些损害或者带来某些好处;三是如果部分债权人反对实质合并则必须举证证明"他们在交易时,所依据的是单个公司的信用,且他们会因为实质合并而受到不公正的待遇"。本案中,Railway 公司债权人证明其是基于对 Railway 公司独立人格的信赖进行的交易,如果将 Railway 公司与 Auto-Train 公司合并破产,会损害 Railway 公司债权人的利益。此外,将 Railway 公司的债务与 Auto-Train 公司的债务区分的成本不高,因此,上诉法院驳回了实质合并破产的申请。

Auto-Train 案最大的意义在于,法院将债权人当初与债务人交易时是否依据单个公司的信用作为实质合并适用的要件之一,实际上限制了实质合并规则的适用范围,对后续判例产生了深远的影响。

(五) 实质合并适用标准的趋严:Augie/Restivo 案(1988 年)[2]

1988 年的 Augie/Restivo 一案较为复杂。Augie 公司和 Restivo 公司为两家烘焙公司。Restivo 公司购买 Augie 公司一半股份但不涉及资产转移。此时,Union

---

[1] In re Auto-Train Corp, 810 F. 2d (D. C. Cir. 1987).
[2] In re Augie/Restivo Baking Co. ,860 F2d. (2d Cir. 1988).

公司是 Augie 公司的债权人,对 Augie 公司有一笔 240 万元的担保债权,Augie 公司当前的资产价值是 253 万美元。完成上述股份购买行为之后,双方公司经营趋同化,Restivo 公司改名为 Augie/Restivo 公司,并接管两家公司的经营。此时,MHTC 公司是 Restivo 公司的债权人,享有一笔 279 万美元的债权,包含 Augie 公司的土地抵押。一年半后,Augie/Restivo 公司宣布破产。纽约东部地区破产法院按重整计划将 Augie/Restivo 公司和 Augie 公司进行实质合并。Union 公司反对合并,因为此时 Union 公司对 Augie 公司享有 300 万的无担保债权,如果合并破产,将严重损害其公司利益,因此,Union 公司上诉至第二巡回法院。

本案的突破之处在于给实质合并创设了新的适用标准,其地位在实质合并发展史上非常重要。第二巡回法院在总结以往的适用实质合并的破产案件后,得出了两条标准:一是债权人与债务人交易时是将各关联实体视为同一实体,还是基于对方的独立法人地位进行的交易(债权人在交易时对债务人的预判十分重要,如果债权人并没有认识到债务人与其他实体间的关联关系,实质合并破产将严重损害此类债权人的利益);二是各关联方的债务是否严重混同,以至于合并破产能够使得所有债权人获益。法院认为,本案中,Union 公司是基于 Augie 公司的独立人格而进行的借贷,MHTC 公司亦是如此。如果将 Augie/Restivo 公司与 Augie 公司合并破产,必然损害 Union 公司和 MHTC 公司的利益,不能适用标准一进行实质合并。并且,在该案中,Augie/Restivo 公司与 Augie 公司虽有债权债务、财产、人员等混同情形,但还可以进行区分,并未达到人格高度混同的程度。因此,法院认为这些情形不能作为实质合并的理由,据此,第二巡回法院驳回了实质合并破产的请求。

(六) 实质合并适用的新标准:Owens Corning 案(2005 年)[1]

在 Owens Corning 案中,Credit Suisse First Boston 公司作为银行集团的代理,于 1997 年贷款 20 亿美元给母公司(Owens Corning)及其部分子公司,Owens Corning 的其他子公司对此项债权进行担保,双方签订合同并约定 Owens Corning

---

[1] Supra note 7.

公司需与子公司保持独立性。2000 年，Owens Corning 及其旗下的 17 个全资子公司向特拉华州法院申请破产，债务人和部分无担保债权人提出了 Owcns Corning 公司及其子公司（包括三家尚未破产的子公司）整体实质合并破产的动议。特拉华州法院支持了实质合并的动议，其认为可以实质合并的理由如下：一是该案中的母公司（Owens Corning）及其全资子公司之间具有实质身份关系；二是所有的子公司被同一委员会控制；三是子公司的董事和高管没有商业计划和商业谈判；四是子公司的设立是为了方便母公司经营，尤其是为了避税等原因；五是所有子公司的资金和基金都由母公司控制；六是将各个实体公司的资产分开会十分的困难；七是许多单个成员间在债务上都有交叉担保关系。以上种种原因导致子公司难以与母公司分离破产。

银行不服上述判决，上诉至第三巡回法院。第三巡回法院认为，在判断是否适用实质合并时，法院往往要考虑很多因素，以往案件中确立的标准与程度并不完全统一，每个案件的法官有自己的衡量标准。很多以前的案件确立的人格混同的判断标准是不合理的，有很多不重要的判断因素，法官只是将这些因素简单的累加就认为达到标准并使用此规则，而无视或忽略了此项原则使用的目的，实质合并应该限制使用。

基于上述认识，第三巡回法院认为，在衡量是否适用实质合并规则时，需要特别注意：第一，法院以尊重公司人格独立为基础限制责任的突破，仅在紧迫条件下诉求于衡平权力进行实质合并；第二，适用实质合并来救济债权人受到的损害，该损害必须是因为债务人或者其控制公司的关联交易行为所带来的，由于债权人的错误行为导致的损害由破产法的其他条款进行救济（比如欺诈转移、衡平居次原则）；第三，"合并破产可以带来更多利益"不能成为适用实质合并的充分条件；第四，实质合并会损害部分债权人的利益，其应当在严苛的条件下谨慎适用，当且仅当破产法规定的其他救济措施不能很好的保障债权人公平受偿时，实质合并才可以作为债权人救济的最后手段适用；第五，实质合并只能用于防御性救济，易言之，在关联公司严重混同的情况下，不能以此作为损害部分债权人权利的攻击性手段。

法院在充分考虑上述情形之后，认为实质合并破产必须满足以下两种情形之一：（1）在破产申请之前，这些债务人企业如此无视企业独立人格以至于他们的债权人必须要打破企业间的界限,将他们视为一个实体;(2)破产程序启动后发现,债务人企业的财产和责任混同十分严重以至于将它们分开会花费巨大成本并损害所有债权人的利益。此外,在判断是否符合实质合并标准时,实质合并的申请者必须证明:第一,债权人在与债务人企业成员交易时相信对方各成员企业是一个不可分割的整体;第二,债权人事实上合理地相信了这种不可分割的状态。[1] 实质合并的反对者可以通过证明他们的权利因实质合并而会受到不良影响。据此,法院认为,本案中,银行并没有将 Owens Corning 及其子公司视为同一实体,而且,实质合并并没有使得各债权人获得更多利益。2005 年 8 月 15 日,美国联邦法院第三巡回法庭推翻了特拉华州地方法院关于将 Owens Corning 及其关联公司实质合并破产的判决。

Owens Corning 案是第三巡回法庭自 1978 年破产法实施以来首次对实质合并表态,现已成为美国破产法中的标志性案件,原因在于,法院在该案中梳理和评述了之前相关案例中适用的实质合并标准,并在此基础上得出了本案的具体适用标准。该案确立的适用标准被认为是破产从业者在运用作为最后救济手段的实质合并规则时必须牢记的标准,在美国学界也得到了高度评价,甚至有学者认为,在 Owens Corning 案之前,实质合并的适用标准是"从一个混沌不清的过去走向一个更加混沌的现在",没有人能够清晰地回答这个问题。[2]

三、实质合并的中国实践:文本与个案

(一) 立法文本与法理分析

通过上述案例的评述,不难看出,美国的实质合并规则虽然经历了适用标准的多次变化和调适,但究其理论根源,本质上仍是脱胎于公司法中的"刺破面纱"理论。我国《公司法》第 20 条第 3 款规定"公司股东滥用公司法人独立地位和股东有限责任,逃避债务,严重损害公司债权人利益的,应当对公司债务承担连带责任。"

---

[1] 值得注意的是,美国法院将实质合并规则中的债权人依赖(Creditor Reliance)标准限定适用在基于合同产生的债权人,而侵权之债和法定之债是排除在外的,因为这些债权人之所以成为债权人不依赖任何其他因素。

[2] Sabin Willett, The Doctrine of Robin Hood -A Note on "Substantive Consolidation", DePaul Business & Commercial Law Journal, 2005(3), p. 101.

有学者认为"这是在成文法中最明确地规定公司法人格否认（揭开公司面纱）的立法例"[1]，亦有学者指出："寥寥几十字，就将英美判例法上发展了几十年的一项判例制度以成文法的方式引入，不能不说是一个创举。但是，自从公司法实施以来，该规定究竟应如何适用，依然没有一个能被人们普遍认可的标准"。[2]

公司法的人格否认制度能否扩展适用到破产程序之中并成为实质合并的理论基础呢？不同领域的学者观点不一。商法学者朱慈蕴教授认为，公司法的人格独立和股东的有限责任始终是公司法律制度的基石，具有不可动摇的地位，而通过揭开公司面纱的适用，也仅仅是修复公司法人独立人格和股东有限责任之墙上的破损之洞，并不是要将这座坚固的大厦摧毁，因此，绝不允许滥用这一规则。进一步而言，公司的法人格被否认，是从实体法的角度将该公司和股东视为同一体，而且仅在本次案件中适用。司法实践中应当防止在执行阶段直接将公司判决的既判力及执行力扩张至股东。[3] 据此理论，人格否认制度无法适用到具有概括执行属性甚至意味着独立人格消灭的破产程序之中。民法学者李永军教授也持类似观点，认为："一般法人人格否认，不是一般地消灭或者否定法人的存在，而是在个案中，视公司的独立人格及股东的有限责任于不顾，将分割法人与其股东责任的法律面纱揭开，将法人的责任直接归于股东，是对股东有限责任的绝对贯彻所带来的不公平的矫正"，"因此，人格否认理论只能在正常情况下适用而不能在《破产法》上对所有关联交易企业一起适用"。李永军教授也同样提到了有限责任之墙的比喻："公司人格被否认，意味着在某种情形下由公司形式所竖起来的有限责任之墙上被钻了一个孔，但对于被钻孔以外的所有其他目的而言，这堵墙依然矗立着"。[4]

在破产法领域，理论与实务界对实质合并原则持较为宽容的立场。破产法学者王欣新教授认为，实质合并是基于公平原则，为公平清偿同时破产的各关联企业债权人而产生的法律原则，在关联企业经济一体化的趋势下，实质合并可以提高企业破产与重整案件的司法效率，使资源有效整合，给企业重整或营业整体出售带来

---

〔1〕王保树、崔勤之：《中国公司法原理》，社会科学文献出版社 2006 年版，第 48 页。
〔2〕朱慈蕴：《公司法人格否认：从法条跃入实践》，《清华法学》2007 年第 2 期，第 111 页。
〔3〕朱慈蕴：《公司法人格否认：从法条跃入实践》，《清华法学》2007 年第 2 期，第 112 页。
〔4〕李永军、李大何：《重整程序开始的条件及司法审查——对"合并重整"的质疑》，《北京航空航天大学学报（社会科学版）》2013 年第 6 期，第 51—52 页。

价值提升与操作便利，不仅可以降低成本，实现破产案件的经济效率，也可以更有力地保障企业挽救获得成功，确立"实质合并"原则在处理关联企业破产时能够实现公平与效率的双赢。我国《公司法》确立了"揭开公司面纱"原则，不再存在制度移植问题，需要解决的是如何将《公司法》中高度抽象、概括的条文具体化，以保障其在破产案件中的可操作性，避免出现司法上的不统一。[1] 类似的观点也见诸实务专家的研究文献之中。[2]

不同观点的争论可以让我们更清醒地认识实质合并规则的正当性与合法性。笔者认为，实质合并规则不能与公司法中的人格否认（刺破面纱）理论划等号。实质合并是在关联企业日益发展壮大的现实中诞生的破产法规则，其正当性应可从大量案件处理的效果中得到佐证，但从理论基础上分析，传统的公司法中的刺破法人面纱或称人格否认理论难以作为实质合并的理论根基。从美国的判例法发展过程可知，实质合并其实是独立于刺破面纱理论之外的全新的破产法理论，在是否应当允许实质合并的判断标准上，也不局限于人格混同这一客观事实，还可以基于管理人利益标准、成本效益标准进行抉择。而且，人格否认理论缘于对股东连带责任的追索，即便在承认反向人格否认的理论下，也限于母子公司之间的追索，而实质合并规则不限于此，且更多地出现在关联企业（未必是母子公司）之间的合并处理中。因此，实质合并与人格否认（刺破面纱）存在相似之处，但区别也是十分明显。事实上，美国的判例规则演进过程也很好地诠释了两者的联系与区别，毋宁认为，实质合并更像披着人格否认外衣之独立性规则。

需要注意的是，实质合并规则是解决关联企业破产难题的对策之一，但并非唯一。《破产法立法指南》指出，公司集团破产的特别救济措施包括：(1)集团内部撤销权；(2)排序居次，是指在企业集团的情况下，与债务人拥有关联关系的债权人或者债务人的股东拥有的债权可能会被置于其他债权人的后位清偿的情况；(3)债务责任的延伸，即在破产的情况下，如何刺破公司面纱，将债务人的债务责任延伸到其他集团成员之上的情形，但并不采取实质合并破产；(4)摊付令，即法院可以下达

---

[1] 参见王欣新、蔡文斌：《论关联企业破产之规制》，《政治与法律》2008年第9期，第33页；王欣新：《关联企业的实质合并破产程序》，《人民司法·应用》2016年第28期，第5—6页。
[2] 参见郁琳：《关联企业破产整体重整的规制》，《人民司法·应用》2016年第28期，第12—13页。

命令,要求集团非破产成员提供一定的资金,以偿付进入破产程序的集团其他成员的全部或部分债务;(5)实质合并。[1] 然而,在这五种救济措施中,实质合并问题最为复杂也最受关注,因此,我国的破产立法和司法中应对此给予充分的关注。

(二) 司法文本与立场转变

1. 最高法院的司法文本分析

在《企业破产法(试行)》(1986 年)实施的时代,最高人民法院的司法解释是排斥关联企业实质合并破产的,例如,《关于审理企业破产案件若干问题的规定》(2002 年)第 76 条规定:"债务人设立的分支机构和没有法人资格的全资机构的财产,应当一并纳入破产程序进行清理",换言之,有法人资格的企业主体是不能一并纳入破产程序进行清理的。第 79 条进一步规定:"债务人开办的全资企业,以及由其参股、控股的企业不能清偿到期债务,需要进行破产还债的,应当另行提出破产申请。"由此可见,当时的司法解释贯彻的是独立法人单独破产的原则。

但是,在司法个案批复中,也出现过人格否认进而合并处理的情形。例如,哈尔滨百货采购供应站(简称百货供应站)在负债累累的情况下,抽出其绝大部分注册资金开办哈尔滨康安批发市场,之后申请破产。对于这种严重侵害债权人利益的行为,最高人民法院在《关于哈尔滨百货采购供应站申请破产一案的复函》中认为,虽然该行为未发生在法院受理破产案件前六个月内,但其目的是为了逃避债务,故原则上应根据《民法通则》第 58 条第 1 款的规定追回,作为破产财产统一分配,但在具体处理方式上:"可采取整体转让康安批发市场或以债权人的债权作为股份,依照我国公司法的规定,组成规范化的公司,以避免康安批发市场与百货供应站同时倒闭。如上述两种具体处理方式均不可行,则可将康安批发市场的现有全部财产及其债务纳入百货供应站破产清偿范围之内"。又如,最高人民法院在《关于山东南极洲集团股份有限公司破产案件审理涉及企业分立问题如何处理的答复》中指出:"企业分立后,新分出的企业被宣告破产,并不必然导致原企业的破产。如原企业对其依法应当承担的新分企业的债务无力清偿,原企业可以根据其

---

[1] UNCITRAL, Supra note1, pp. 55 - 60.

自身的债权人的申请进入破产程序。如企业分立被人民法院依法认定为属于以逃债为目的的,原企业可以与新分企业一并破产,以最大限度保护债权人的利益。"

在《企业破产法》(2006年)实施的时代,最高人民法院未曾在司法解释中对关联企业合并破产问题做出规定,但有关人士认为:"有的法院……通过审慎适用关联企业实质合并破产制度,将各个破产企业的资产和债务合并,按照统一的债权额比例清偿所有债权人,实现了对关联企业所有债权人的实质上的公平对待,取得了良好的社会效果",建议各级人民法院"积极探索关联企业合并破产问题,在充分尊重法人独立责任和股东有限责任的基础上,对于关联企业成员法人人格存在高度混同、区分各自财产将耗费高额成本、明显利用关联关系损害债权人利益等情形,可以合并处理相关企业的资产"。[1]

2012年10月,最高人民法院民二庭召开企业破产法相关司法解释讨论会,就《关于适用实体合并规则审理关联企业破产清算案件的若干规定》(征求意见稿)等文件草案在司法解释小组内部进行讨论,其中,关联企业合并破产司法解释是在我国关联企业不断发展,关联企业破产案件逐渐增多的情况下,为确保人民法院正确审理关联企业破产案件,以解决破产程序中如何处理关联企业间的债权债务,公平保护关联企业债权人的整体利益等问题而制定。该文件草稿拟规定:"关联企业不当利用企业控股股东、实际控制人、董事、监事、高级管理人员及其直接或者间接控制的企业之间的关系,以及可能导致企业利益转移的其他关系,造成关联企业成员之间法人人格高度混同,损害债权人利益的,人民法院可以适用关联企业实体合并破产规则审理案件。"[2]虽然该文件至今未能审议通过,但透过这些资讯,可知最高司法机关在实质合并问题上已发生态度上的转变,只是仍需理论界更为深入的研究和司法实践中更为有益的探索来推动。

2. 地方法院的司法文本分析

各地法院对关联企业实质合并破产认识不一。有的地方法院持明确否定的态度,如青海省高级人民法院《关于规范审理企业破产案件的实施意见》(2003年8月

---

[1]《当前审理企业破产案件需要注意的几个问题》,《法律适用》2012年第1期,第4—5页。

[2]参见"民二庭召开企业破产法相关司法解释讨论会",载"最高人民法院网站",网址:http://www.court.gov.cn/shenpan-xiangqing-4606.html,2016年12月4日最后访问。

21 日）第 5 条规定，申请企业破产时，严禁以任何理由将具有独立法人资格的关联企业或下属企业及其财产列入破产范围连带破产，破产案件必须是"一企一案"，不允许搞"多企一案"。但也有地方法院明确承认合并破产可以作为独立法人单独破产原则之例外，如《北京市高级人民法院企业破产案件审理规程》（2013 年 7 月 22 日）第 7 条规定："关联企业不当利用关联关系，导致关联企业成员之间法人人格高度混同，损害债权人公平受偿利益的，关联企业成员、关联企业成员的债权人、关联企业成员的清算义务人、已经进入破产程序的关联企业成员的管理人，可以向人民法院提出对关联企业进行合并破产的申请。"再如广东省高级人民法院《关于全省部分法院破产审判业务座谈会纪要》（粤高法〔2012〕255 号）指出："各级法院应当积极探索关联企业合并破产问题，在充分尊重法人人格独立和股东有限责任的基础上，对于关联企业成员存在法人人格、财产高度混同、利用关联关系损害债权人利益等情形的，可依据管理人或债权人的申请采取关联企业合并破产方式。"

　　浙江是破产案件数量最多的省份，其对实质合并持谨慎适用的态度。浙江省高级人民法院《关于审理涉财务风险企业债务纠纷案件若干问题指导意见（2009年）》第 14 条规定："涉财务风险企业明显利用关联关系损害其他债权人利益的，可以尝试通过审慎适用关联企业实质合并破产制度，具体可通过审查各关联企业是否存在混同的财务报表、关联企业间资产和流动资产的合并程度、关联企业间的利益统一性和所有权关系等因素，评估合并破产重整是否有利于增加企业重整成功的可能性，确定是否采用合并破产重整措施。采取关联企业实质合并破产重整的，重整计划草案可结合关联债权衡平居次的法理，平衡关联企业破产时各方利益的冲突。"该意见强调谨慎适用实质合并，并建议引入衡平居次的规则。浙江省高级人民法院民事审判第二庭撰写的《2014 年浙江法院企业破产审判报告》再次表达了对实质合并破产的态度："当前，《企业破产法》对于合并破产问题没有规定，相关司法解释还在制定过程中，但审判实践对于这一问题规范的需求却极为迫切。合并破产的形式和实质要件如何把握、程序如何推进、法院的审查标准、对于合并破产异议债权人的保护等问题，亟需得到解答。与合并破产相关的另一个重要问题是债务人企业资产与实际控制人个人资产合并处置的问题，目前这方面明确的法律规定也是阙如的。"[1]

从上述司法文件中可知,司法政策对实质合并的适用态度从坚决不允许到谨慎适用,发生了较大的转变,已经体现了司法态度的转变和司法实践的努力。但从最高法院到地方各级法院,均未就实质合并问题制定过详细的规则,因此,实质合并在中国仍属于摸索和积累经验的阶段。笔者认为,这种谨慎或曰保守的态度是有必要的,对比美国的破产法院,最初首创实质合并也只是限于不正当的财产转移损害债权人利益的情形,之后才慢慢发展出关联企业间财产混同以致区分耗费代价过高等情形也可以适用实质合并的标准。

(二) 司法个案与经验总结

自我国《企业破产法》(2006 年)实施以来,关联企业合并破产的做法已不罕见,目前已有数十件裁定合并重整或合并清算的关联企业破产案例,其中绝大多数案件为合并重整。通过对现有的关联企业实体合并案例进行分析可以得知,"关联企业人格混同"依旧是我国法院裁定实质合并的核心理由。为了较好地呈现实质合并在我国的适用标准,笔者在此重点分析 6 个代表性的实质合并案例。

第一,在闽发证券合并清算案中,法院依法裁定闽发证券与四家关联公司合并清算的理由就在于"人格混同"。该案中,法院认为,四家关联公司虽然为形式上的独立法人,但根据事实分析,四家关联公司实际上是闽发证券开展违规经营活动的工具,不具备独立的法人人格,不具备分别进行破产清算的法律基础。具体理由包括:"四家关联公司由闽发证券出资设立,与闽发证券在管理上和资产上严重混同,无独立的公司法人人格,是闽发证券逃避监管,违法违规开展账外经营的工具,应当与闽发证券一并破产,合并清算。"[2]有专家指出,在"人格混同"认定的问题上,财产混同虽是判定合并破产的主要标准,但在"财产混同"之外,"名义混同"和"责

---

[1] 浙江省高级人民法院民事审判第二庭:"2014 年浙江法院企业破产审判报告",载王欣新、郑志斌主编:《破产法论坛》(第十一辑),法律出版社,2016 年版,第 57 页。

[2] 参见"闽发证券有限责任公司与北京辰达科技投资有限公司、上海元盛投资管理有限公司、上海全盛投资发展有限公司、深圳市天纪和源实业发展有限公司合并破产清算案",《中华人民共和国最高人民法院公报》2013 年第 11 期,第 30 页。

任混同"也应被视为"人格混同"的情形之一。[1] 不难看出,在该案中,法院裁定实质合并的主要理由就是人格严重混同,而判断人格混同的关键在于法人意志独立及法人财产独立两方面。

第二,在纵横集团合并重整案件中,法院在审理中发现六家公司实际由同一公司控制,各关联公司人格高度混同,主要表现为:财务混同;高管人员内部机构和经营场所混同;经营决策受制于集团公司,各关联公司无自主决策权和管理自由;资产混同,难以区分单个公司的财产和负债;浙江纵横集团有限公司的关联公司资本显著不足;集团公司关联公司之间存在贷款担保关系。基于纵横集团"1+5"公司法人人格高度混同,为公平清理债权债务,保护债权人的合法利益,经管理人的申请,法院裁定实施合并重整。[2] 本案中,虽然法院作出实质合并裁定的理由仍然是基于公司人格的混同,但也考虑到了公司间互相担保关系的严重以及上述因素对公平清理债权债务的影响,具有较好的示范意义。

第三,在中江系企业合并重整案中,法院认为,当关联公司的财产无法区分,丧失独立人格时,就丧失了独立承担责任的基础。该案中,浙江中江控股有限公司等30家"中江系"企业均为俞中江实际控制的关联公司,其在公司运营、人事、财务尤其是资金等表征公司法人人格的要素方面具有高度混同情形,导致关联公司的各自财产无法明确区分、界限模糊,构成人格混同。30家关联企业均进入破产程序后,全体债权人之利益极有可能遭遇极大的损害,在关联公司各自财产无法明确区分情形下,仍因关联公司各自的独立登记形式而分别进行破产程序显然违反破产法"公平清理债权债务"的立法宗旨。即使少部分债权人在个别企业破产程序中的债务清偿方面具有一定有利可能,但该种利益的获得因与"中江系"企业不当利益分配之结果难以分辨,难谓正当。据此,法院认为,案涉浙江中江控股有限公司等30家"中江系"企业因具有人格高度混同情形而导致关联公司各自财产无法明确区分,在破产程序中应当视为一个法律主体,一并合并重整。[3] 本案是关联企业实质

---

[1] 参见刘敏、梁闯海:《企业破产清算案件中的审判实务问题——以闽发证券有限公司破产清算案为视角》,《法律适用》2013年第7期,第78页。

[2] 参见陶蛟龙、史和新:《关联公司合并破产重整若干法律问题研究——以纵横集团"1+5"公司合并重整案为视角》,《政治与法律》2012年第2期,第27页。

[3] 参见浙江省杭州市中级人民法院(2012)浙杭商破字1—3号民事裁定书。

合并重整的代表性案例,法院主要是基于公司存在财产方面的"严重人格混同"而做出的裁定,同时也考虑到了采取单独清偿会对债权人的利益构成损害。

第四,在华伦集团合并清算案中,管理人基于关联企业内部存在资产和业务混同、人员和机构混同、财务混同的情形,提出了合并破产重整的请求。法院经审查认为,五家关联企业在实际经营中,因资产和业务混同、人员和机构混同、财务混同,致使公司法人人格不独立。管理人在对华伦集团进行审计和资产评估中,华伦集团与其他五家企业之间的往来款余额高达 5.98 亿元,致使华伦集团的财务账目不能客观真实地反映其债权债务关系,资产清理工作无法正常开展。按照公司自治原则,华伦集团及合并的公司对于合并事项均达成合意,签署了合并协议并提出了合并方案,债权人委员会讨论通过后形成合并决议,同时华伦集团管理人在第二次债权人会议通报了上述公司合并的方案,债权人在规定时间内均未提出异议。基于此,法院认为,为客观、公正地反映关联公司之间因资金往来而形成的债权债务,统一处置六家公司的资产和负债,促进华伦集团破产重整案件清产核资工作能顺利进行,推进破产重整进程,以最大限度地公平、公正地保护债权人的合法权益,华伦集团管理人提出的申请符合华伦集团破产重整的要求,且该要求不违反法律及行政法规定的强制性规定,并且可以依法保护债权人的合法权益,故对该申请予以确认。[1] 该案中,法院的出发点是基于公司人格严重混同,并综合考虑了资产清理的难度,在裁定之前听取了债权人的意见。

第五,在中汉卓信合并重整案中,管理人基于以下原因提出合并重整:十三家被申请人系中汉集团实际控制,无独立法人意志;十三家被申请人与中汉集团之间在经营场所、组织机构、财务、资产等方面高度混同、难以区分,法人人格高度混同,符合合并条件;合并重整有利于债权人利益维护。法院经审查认为,中汉集团与医药公司等十三家公司在实际经营中,因资产和业务混同、人员和机构混同、财务混同,致使公司法人人格不独立,存在人格高度混同的情形,如对上述企业单独进行破产处置,不能客观真实地反映其资产负债情况,会直接影响资产清理工作的正常开展。为促使中汉集团重整案件的顺利进行,统一处置中汉集团及上述十三家关

---

[1] 参见浙江省富阳市人民法院(2009)杭富商破字第2—3号民事裁定书。

联企业的资产和负债,公平对待债权人,中汉集团管理人提出的申请符合中汉集团破产重整的要求,且该要求不违反法律及行政法规的强制性规定,并且可以依法保护债权人的合法权益,故对该申请予以确认许可。[1] 在此案中,除以人格混同作为基本出发点外,法院还考虑到了债权利益的保护以及司法效率等因素。

第六,在怡华系企业合并重整案中,法院关注的焦点也是关联企业之间是否存在严重混同,并将公司人格的混同作为实质合并规则的适用前提:"在破产程序中运用实质合并规则的前提必须是关联企业人格混同非常严重,不仅关联企业之间资产、债务分离花费的时间、人力无法估算,而且由于合同、财务资料等揭示企业生产经营过程的记载匮乏,事实上已无法通过法务及审计、评估工作还原资产和负债的真实情况","认定两个或两个以上公司人格混同必须同时具备两个要件:公司财产不独立,公司意志不独立"。[2]

基于上述案例分析,在我国现阶段的司法实践中,对于关联企业适用实质合并的司法裁定标准单一,主要是围绕判断是否存在"公司法人格混同"展开,但也有个别法院同时考虑到了"债权人期待利益"、"司法效率与经济效率"等标准。实际上,实质合并破产规则最大的制度价值就在于通过对企业集团之间关联关系的特殊处理,使得关系复杂而成本高昂的资产、债务分离程序得以被避免,司法效率和经济效率得以提高,债权人的信赖利益、清偿利益得到最大限度的保障。因此,实质合并的制度价值决定了"企业人格高度混同"只应是适用实质合并破产的形式标准,实质标准应在于判断进行实质合并破产是否有利于挽救企业或保障债权人的公平清偿利益和信赖利益,以及是否有利于司法效率与经济效率的提高。

四、实质合并的制度构建:实体与程序

(一)实质合并的实体标准

对于关联企业实质合并破产,首先要解决在何种情况下可以进行实质合并的问题,此即实质合并破产的实体判断标准问题。从美国的判例演进来看,在早期,

---

[1] 参见浙江省富阳市人民法院(2013)杭富商破字1—1号民事裁定书。
[2] 孔维璐:《实质合并规则的理解和运用》,《人民司法·应用》2016年第28期,第18页。

法院并非根据破产法上的特定和具体的标准做出实质合并的裁判,而更多体现为对其他法律规则的借鉴,裁判标准的体系性不强。在中期,随着经济的不断发展,关联企业合并破产的案例也逐步增多,法院在司法案例中提出了一系列关于实质合并的判断标准,这些标准不仅是基于公司人格混同而展开,还涉及到了债权人信赖利益保护、资产分离难度、关联公司间行为的违法性等标准。这些标准的出现,呈现了关联企业合并破产适用标准逐步放宽的趋势,但这也引发了关联企业合并破产的适用是否违背公司法上法人人格独立原则的争论。在近期,随着关联企业合并破产案例的增多,争议也接踵而至,核心争点在于实质合并原则的宽泛适用是否构成对公司法上的人格独立原则的背弃。鉴于此,较新的司法判例(如 Owens Corning 案)对这一原则进行了反思,实质合并破产的实体判断标准趋严。这种早期先借鉴其他制度解决问题、中期逐步放宽标准、探索新的适用条件,后期再对整体适用思路加以反思的发展模式,是美国实质合并规则发展的特点。

中国的公司法、破产法及其司法解释并未明确实质合并规则,加之理论界和实务界对实质合并态度不一,即便在支持实质合并的观点中,也分化为谨慎和开放等多元学说,而在微观裁判标准选择上,司法个案中所适用的裁判理由虽也开始关注成本效益层面的分析,但最重要的标准仍然是"公司人格严重混同"。因此,设计实质合并破产的实体规则,既要关注宏观层面的思路选择,也要面对微观层面的标准判断。

1. 实质合并适用的宏观思路

持谨慎(保守)态度的学者认为,应坚持"谨慎适用原则""例外适用规则""权利用尽规则"。例如,有学者指出,实质合并原则的适用是对公司法人独立人格的否定,而公司的独立性是公司法的核心原则,除特殊情形外应得到尊重,"法院在涉及关联企业的破产问题时,应当引导申请人优先适用其他规制不当关联关系的救济手段,只有在独立清算或重整将使部分企业处于无法清理状态且显失公平时,实质合并才能作为必要的处理手段加以使用"。[1] 亦有学者认为,实质合并规则"应坚持个案适用的谨慎原则、严格限定适用条件、明确适用程序,并应采取措施防止该

---

〔1〕王欣新、周薇:《关联企业的合并破产重整启动研究》,《政法论坛》2011 年第 6 期,第 75 页。

制度的滥用"。[1] 更有学者反对关联企业的实质合并破产模式。[2] 持开放态度的学者则认为,实质合并规则有利于解决关联企业破产的复杂问题,法律和司法解释应赋予法院更大的自由裁量权,使法院可以充分考虑个案的特殊性,并做出更具有针对性的裁定。

笔者对实质合并破产持相对开放的态度,建议赋予法院在此问题上足够的自由裁量权,使其能够灵活应对实际案例中的各种情况。实质合并的真正目的在于针对性的解决关联企业破产带来的种种难题,从而保障债权债务的公平清理,保护债权人的合法权益,提高司法效率与经济效率。因此,当只有采用实质合并才能达到上述目的,或者采用实质合并与其他方式均可达到上述目的但实质合并的效果更好时,应允许适用实质合并规则。当然,赋予法院实质合并司法裁量权的同时也要建立约束机制,具体而言,应建立法院、债权人会议、破产管理人等各方主体在实质合并问题上的沟通、协调、制约机制。例如,在破产程序中,管理人应发挥其在核查债务、分离资产等方面的积极作用,并借助审计机构的审计报告,为法院做出正确、合理的裁定提供积极意见;法院在做出实质合并的判决前,也应充分听取各方当事人的意见,尽可能实现各方利益的平衡,但最终决定权归属于法院,属于司法裁判权的范畴。为此,笔者建议通过立法或者司法解释尽快确立关于实质合并破产的系统规则,为司法实践提供裁判指引。

2. 实质合并适用的微观标准

从微观层面考察,尽管我国司法实践中对是否适用实质合并规则的评判标准仍集中于"公司人格混同"之上,但理论界对于实质合并判断标准却有多元化的声音。有学者曾提出"另一个自我标准"、"利益平衡标准"以及"资产分离难度标准"三位一体的评判体系,并提出"不仅要考虑行为要件,还要补充结果要件,即关联企业滥用关联关系的行为必须给债权人造成了公平清偿利益的损害",且应"保持适

---

[1] 张少丽:《关联企业实质合并破产制度研究》,《重庆第二师范学院学报》2014年第4期,第22页。
[2] 有学者认为,如果法院欲否认公司法人人格,必须先提起独立的民事诉讼,而不是在《破产法》中通过裁定的方式就能否认三家公司的独立主体资格。法院在某个企业开始重整程序时,不能发现该企业与其他企业有关联交易就强迫其他企业也一起搞合并重整,而是应按照连带债务人的规则处理。参见李永军、李大何:《重整程序开始的条件及司法审查——对"合并重整"的质疑》,《北京航空航天大学学报(社会科学版)》2013年第6期,第52页。

用标准的开放性"。[1]另有学者指出,仅设定"法人人格高度混同"这一条件是不够完整的,没有涵盖适用实质合并的所有情形,应当将"非法或不当的利益转移或分配"或"人格高度混同"存在与否作为实体评判的核心要素。其中"不当利益转移或分配"是从结果来评估对债权人偿债是否公平,进而评判是否适用实质合并,"人格高度混同且无法分离"则是从行为自身来印证各关联企业成员的法人人格非独立性,从而直接适用实质合并。[2]除上述标准外,"债权人的期待"也常被提及,美国 Augie/Restivo 案中首次出现过这种判断标准。我国有学者认为:"账户与资产的混合是应适用实质合并原则的重要标准,但债权人的合理期待则非关键的行为要件。"[3]

对于关联企业应否实质合并,应是综合性的判断结果,如公司是否高度混同、资产和负债的分离是否需耗费大量的成本与时间、债权人是否有同整个集团进行交易的合理期待、合并破产是否有利于保护全体债权人的利益等都是需要考虑的因素。法院在做出具体判断时,应在充分考虑各方面因素的前提下,分析采取实质合并是否有利于全体债权人的公平清偿、是否有利于企业的挽救或是否有利于实现破产法的公平价值、程序价值,并在此基础上做出裁定。为此,笔者对实质合并的微观标准提出如下建议:

首先,法院应重点关注关联企业之间的混同情形。借鉴美国的判例经验,笔者认为,以下因素应予重点考察:(1)关联企业之间是否存在合并财务报表的情形;(2)各关联企业之间在利益和所有权方面的一致性;(3)关联企业之间的相互担保情形;(4)分离和识别每个企业的资产和责任的难度;(5)资产在关联企业之间的非正常转移情况;(6)资产的混合程度;(7)董事和高级职员的交叉任职情况或者母公司不时派驻人员到子公司董事会的情况;(8)普通雇员的交叉情形;(9)聘用的长期服务的律师和代理人的交叉情形;(10)子公司与母公司之间的交易业务情况;(11)各成员企业是否无视子公司作为独立公司的法律要求;(12)母公司对子公司施加的合同义务(协议控制)情形;(13)各关联企业成员在日常开支、管理费用、财

---

[1] 王欣新、周薇:《关联企业的合并破产重整启动研究》,《政法论坛》2011年第6期,第75页。
[2] 参见朱黎:《论实质合并破产规则的统一适用——兼对最高人民法院司法解释征求意见稿的思考》,《政治与法律》2014年第3期,第158—160页。
[3] 王欣新、蔡文斌:《论关联企业破产之规制》,《政治与法律》2008年第9期,第34页。

务费用和其他相关费用方面的共担情形;(14)各关联企业成员之间的应收和应付账款的独立情况;(15)关联企业之间是否存在综合的现金管理系统;(16)母公司是否给子公司的员工支付薪水;(17)母公司是否有过将子公司作为其下设部门或分支机构的情形;(18)母公司及其附属公司、子公司是否使用共同的办公地址;(19)子公司股票的出售程序是否独立于母公司;(20)子公司是否资产(资金)严重不足;(21)母公司是否拥有子公司的全部或者绝大部分股本;(22)母公司是否负担子公司的经费;(23)母公司是否与子公司另行约定认购子公司的全部股本进而导致其并入母公司;(24)子公司除了与母公司的交易外再无其他实质性业务或者除了母公司输送的利益外再无其他资产;(25)子公司的董事或高级职员并非为了子公司的利益独立行动而是听从于母公司的指令;(26)子公司作为法律独立实体的要求并未得到遵从。[1] 以上因素并非是每个实质合并的裁判都需满足的条件,但可作为法院司法裁判时的重要指引。

其次,法院在决定是否实质合并时,除需关注企业内部是否存在高度混同的情形之外,还应当关注对关联企业进行实质合并是否有利于实现破产程序的价值,是否有利于充分保障债权人的合法权益,是否有利于提高破产程序的经济效率与司法效率(程序便利)等辅助性标准。需要注意的是,虽然这些标准也在美国的破产案例中得到了不同程度的运用,但鉴于实质合并属于衡平法上的救济手段,美国法院必须进行利益的平衡,尤其注意避免因实质合并造成过度的利益伤害,因此,即便在少数案件中确有适用程序便利等辅助标准的情形,也是建立在确保债权人利益得到公平对待的基础之上。也正因为如此,确立了较为严格的微观判断标准的 Owens Corning 案成为了美国最近的标志性案例。此种判断标准上的谨慎选择,值得我们借鉴。

(二) 实质合并的程序规则

1. 实质合并程序的启动模式

根据企业关联程度以及案件进展方式的不同,关联企业实质合并程序的启动

---

[1] See Fish v. East, 114 F. 2d 177,191 (10th Cir. 1940); In re Vecco Construction Industries, Inc, 4 Bankr. 407,410 (Bankr. E. D. Va. 1980); In re Food Fair, 10 Bankr. 123,127 (Bankr. S. D. N. Y. 1981);etc.

模式也会有所区别。归纳而言,实质合并程序的启动模式包括以下几类:第一,关联企业先各自单独进入破产程序,再进行合并。这种情形是指各关联企业分别或同时进入破产程序后,基于其相互之间的关联关系,经由特定程序实现关联企业之间的合并破产。第二,部分企业先进入破产程序,其他关联企业由法院裁定并入破产程序。这种类型在实践中较为少见,此种模式下,其他关联企业自身可能并不具备破产原因,但正是由于关联企业内部人格高度混同,为公平清理债权债务,保护债权人和债务人的合法权益,由法院裁定将其他企业一并纳入破产程序,进行合并破产。第三,关联企业先行合并,再一并进入破产程序。这种模式是指法院在受理案件之前,先对关联企业是否符合实质合并的条件进行审查,若符合合并条件,则由法院裁定将所有关联企业实质合并破产。

在上述三种模式中,最有效率的是第三种模式,即法院对所有关联企业先行审查,若其符合实质合并的要件,则将其作为一个整体进行合并破产,并由管理人统一进行资产核实、债权登记等。这种模式对法院的初步审查要求较高,适用于公司混同情形严重、易于判断是否需要合并破产的关联企业。这种模式遇到的难题是:"在破产程序外进行的关联企业实质合并,要遵循公司法的规则,法院需要先做出对各关联企业揭开公司面纱实质合并的判决,才能将实质合并的效力延续至破产程序。但在公司法上做出企业实质合并裁判的法律依据是什么、应遵循何种程序、如何保障各方当事人的诉讼权利、能否适用上诉程序等,还有待进一步深入研究解决"。[1] 因此,实践中,最常见且最稳妥的模式仍然是各关联企业分别进入破产程序后再进行合并。在这种模式之下,管理人对企业进行清产核资、债权登记,能够更准确的判定企业集团是否需要合并破产。此种模式适用于实质合并司法判断难度较大的关联企业破产案件。此外,在上述第二种模式中,法院裁定将尚未进入破产程序的关联企业纳入破产程序进行合并破产,有法院依职权启动破产程序的嫌疑。但是,这种模式的存在也有其合理之处,因为对于未进入破产程序的关联企业而言,企业本身及其债权人、出资人可能都不愿意企业进入破产程序并与其他关联企业合并破产,在沟通无效的前提下,仍可考虑保留法院依职权裁定将其他关联企

---

[1] 王欣新:《关联企业的实质合并破产程序》,《人民司法·应用》2016 年第 28 期,第 7 页。

业并入破产程序的权力,美国的判例中也有过类似的情形,只是囿于我国目前破产程序的启动采取申请主义的立法原则,这种模式容易遭受质疑,但未来立法修改中可以考虑做出修改。

2. 实质合并的裁定程序

当"适格主体"[1]提出实质合并的申请时,法院对该项申请的批准应经过何种程序? 是否需要以债权人会议的同意为前提条件? 笔者认为,法院在做出是否实质合并的裁定前,除需认真判断是否存在适用实质合并的条件之外,还应当尽可能地争取各方主体的意见,以更好地平衡各方利益,但做出实质合并的决定并非必须以全部关联企业债权人会议的同意为前提,原因在于:

首先,公司法上的人格混同认定和否认人格的决定归属于司法裁判权的范畴,同理,判断是否存在实质合并的适用情形以及是否同意实质合并,均应属于司法裁判的事项。如果以债权人会议表决通过为前提,无疑等于间接将司法决定权转交由债权人会议来决定,不符合破产法关于司法权与债权人会议职权划分的原理。

其次,关联企业之间常常存在着资产混同、互相担保以及利益的非市场化输送等问题,各关联企业的债权人必然存在"苦乐不均"的状态,如果要求所有关联企业的债权人都同意实质合并,则程序难以推进,反而会不合理地妨碍案件的进程。例如,在"中江系"合并重整案中,对于30家关联企业在运营、人事、财务等方面的高度混同情形,管理人以征询函、座谈会等形式向全体申报债权人予以披露并就是否合并重整问题征求相关意见,最终仍有部分债权人因为合并后其清偿比例降低而反对合并重整,但法院仍然裁定批准合并重整。[2] 这种做法虽然看似损害了小部分债权人的利益,但却在最大程度上保全了大多数债权人的利益,符合司法裁判权行使的原理。

3. 异议债权人的保护

关联企业实质合并破产必然会因为各成员企业债权清偿率的改变而无法获得

---

[1] 一般认为,实质合并破产程序的申请权人包括债权人、债务人即各关联企业,在关联企业已启动破产程序的情况下,管理人可以作为申请人;清算义务人实际享有并行使申请权的情况甚少,而出资人不宜享有申请权。王欣新:《关联企业的实质合并破产程序》,《人民司法·应用》2016年第28期,第7—8页。
[2] 参见浙江省杭州市中级人民法院(2012)浙杭商破字1—3号民事裁定书。

全部债权人的同意,由于其对债权人影响重大,为了防止权力滥用,在法院依职权做出合并破产的裁定时,异议债权人的利益应当受到保护。[1] 实质合并破产的制度价值本就在于保护债权人的清偿利益,防止其利益受到企业不规范经营行为的不当损害,因此,为寻求债权人之间的利益平衡,实质合并破产制度应对异议债权人给予必要的救济渠道和合理的损失补偿,具体而言,可从以下两方面做制度设计:

一方面,赋予债权人以异议权。我国《企业破产法》第 12 条规定,法院裁定不受理破产申请的,或者受理破产申请后至破产宣告前因发现债务人不具备破产原因而裁定驳回申请的,申请人可以自裁定送达之日起十日内向上一级人民法院提起上诉。参照这一标准,当异议债权人对于实质合并的裁定有异议时,应在十天之内向上一级法院起诉请求救济。从美国的司法实践来看,实质合并的裁判结果都是可以上诉的,而且经常出现上级法院推翻下级法院判决的结果,体现了程序法的救济理念。

另一方面,赋予异议债权人利益补偿权。破产程序的进行实际上就是将特定利益在特定群体之间平均分配的哲学,当异议债权人的利益相对其他债权人不当受损时,则应当考虑对其进行合理补偿,但这种补偿并非要将其利益补足,否则就违背了破产法公平清偿的立法精神。笔者建议,管理人在破产程序中做好信息公开工作,公示每一债权人在实质合并之下与单独清偿之下的债权清偿率,并在此基础上由管理人与债权人以及债权人彼此之间展开协商,法院进行必要的司法引导,对于在实质合并后利益受损突出的债权人进行适度补偿,以争取其对实质合并破产程序的支持,真正实现各方利益的协调。

4. 实质合并的司法管辖

我国《企业破产法》第 3 条规定:"破产案件由债务人住所地人民法院管辖。"但在关联企业破产案件中,通常涉及多家企业,且这些企业未必均在同一辖区注册,由此引发了实质合并破产中的司法管辖权问题。笔者建议在确定关联企业破产的管辖法院时遵循以下规则:

第一,以控制企业所在地审理为原则,以便利法院审理为补充。这一原则适用

---

[1] 参见田信、李尊:《关联企业实质合并探析》,载王欣新、尹正友主编:《破产法论坛(第八辑)》,法律出版社 2013 年版,第 368 页。

于以下两种启动模式：一是关联企业各自进入破产程序再申请实质合并；二是关联企业先行合并再整体进入破产程序。对于大多数企业集团而言，其集团的资产、账务、管理人员、债权债务的中心都集中于控制企业，选取控制企业所在地法院有利于破产程序的开展。然而，现实中也存在资产等不集中于控制企业，而是分散于各地的情形。此时，需要采取变通做法，以保证破产程序的顺利开展。因此，建议在立法时考虑例外情形，以灵活应对不同情况下的破产审判。

第二，坚持"先入为主"原则。[1]当关联企业中的一家企业先进入破产程序，其他企业之后进入破产程序或被裁定并入破产程序时，为避免司法资源的浪费，一般应由已受理该破产案件的法院负责管辖，除特殊情形外（如确实不利于合并破产程序的进行），不应再向其他法院转移。

第三，当不同法院之间发生管辖权争议时，应依照我国《民事诉讼法》第37条第2款的规定解决，即由争议双方协商解决，无法通过协商解决的，应报请共同的上级法院指定管辖。

五、结语

在企业集团化运作趋势日益强化的时代背景下，关联企业实质合并有着非常强烈的现实需求，但因涉及到公司法与破产法的交叉问题，对传统公司法理论产生了较大的冲击，理论上的争论需要我们认真对待。从司法实践来看，域内外的实质合并案例具有共同的发展轨迹，都是在判例中逐步发展实质合并的适用标准，都未进入到成文法的规则体系，但本章的研究试图表明，在中国确立关联企业实质合并破产制度并做出系统性的规则设计是十分必要的，联合国国际贸易法委员会的《破产法立法指南》也力图在为各国破产立法提供实质合并的示范文本。虽然本章尽可能地对实质合并的司法案例和制度构建问题做出较为全面的分析，但囿于能力和篇幅，仍留有实质合并程序启动后的担保权、优先权、撤销权等问题的处理以及否决实质合并动议后的关联关系处理等问题未做分析，希望本章的探索能够引发大家的关注和进一步的探讨，为关联企业实质合并制度的构建贡献智慧。

---

〔1〕参见王欣新、周薇：《关联企业的合并破产重整启动研究》，《政法论坛》2011年第6期，第79页。

第十九章（上） 内贸信用保险的风险防范问题 *

国内贸易短期信用保险（以下简称内贸信用保险）因其显著的金融属性，近年在国内的贸易尤其是大宗商品交易中发挥了非常积极的保障作用。在市场经济条件下，信用在交易中的重要性是毋庸置疑的，在经济发达的美国、加拿大等国，99％的商业交易是以信用为媒介达成的。[1] 但因为当前我国经济发展新常态阶段特征，内贸信用险成为近两年出险率较高的险种之一。我们瀛泰律师事务所的保险法律团队这两年先后参与了多起内贸信用险纠纷案件的处理，积累了丰富的经验。现就该类保险的特点及其纠纷的处理总结出的一些经验，与业界共享和探讨。

一、内贸信用保险承保要件分析

不同于一般财产保险，内贸信用险在保险责任、保险标的、承保条件、风险分担、理赔条件等方面有着自己的特点。

1. 保险责任

内贸信用险的保险责任范围主要涵盖两个方面，一是买方无清偿能力，包括债务人破产，或者强制执行法律判决仍不能全额清偿其应付款等情形；二是债务人延期付款，即债务人自最初付款到期日起6个月内，未能根据贸易合同约定将应付款支付给债权人（被保险人）。

---

* 本章系作者专门为本书撰写的稿子。作者：周波，上海瀛泰律师事务所主任律师。
[1] Clyde William Phelps Commercial Insurance as a Management [M]，Studies in Commercial Financing，Baltim ore Educational Divesion. Baltim ore：Commercial Credit Company，1961.

与传统财产保险主要承保意外事故和自然灾害不同的是,信用保险承保的主要是债务人的信用。传统的财产保险中风险的发生主要遵循"大数法则",即风险单位数量愈多,实际损失的结果会愈接近从无限单位数量得出的逾期损失可能的结果。但是在信用保险中风险单位数量多少与实际损失结果是否符合预期损失结果并不存在必然关系。[1] 其对保险公司的核保人员提出了更高的要求,在信用额度下发之前,需对债务人的资信状况进行全面的尽职调查,包括其公司组织架构、产品的行业前景(这是很重要的一个因素,最近几年信用险大多发生在行业前景不景气的领域,如钢铁行业)、公司以往的履约能力、公司目前的债权债务情况等。

2. 保险标的

信用保险就是为被保险人(债权人)所面临的债务人不能履行给付或拒绝赔偿债务的风险提供保障的保险。[2] 内贸信用险的保险标的是被保险人对其债务人的债权,即国内贸易中买方拖欠应付账款的情况下,保险人承担向被保险人支付贸易合同约定的款项。

保险标的是区分信用险与保证保险的重要因素之一,在我们以往所处理的案例中,有的法院会将信用险错误认定为保证保险,最终导致保险公司无法向债务人进行代位追偿。与信用保险不同的是,保证保险的保险标的是被保险人对其债权人应付的债务,被保险人为债务人,而非债权人。信用保险的社会经济机能主要体现在以事后救济为目的,而保证保险的社会经济机能则以提供事前信用为目的。即信用保险是对于因债务不履行之损害的填补,对债权人具有事后救济的机能;而保证保险,因其具有保证之机能,仅由保险公司取代历来之保证人,将保证予以保险化,故其主要目的在于事前之信用提供。[3]

3. 承保条件

内贸信用险的融资金融属性,决定了承保时保险人需对被保险人交易对象即贸易买家的资信状况进行审核与额度批复。保险人承担保险责任的前提是额度批准,保险人仅对额度限度内被保险人的买家所拖欠的应付账款承担保险责任。

---

〔1〕王吉玲、杨锦钰《信用保险法律属性研究》
〔2〕黄华明:《风险与保险》中国法制出版社 2001 版。
〔3〕[日]洼田宏:《信用保险》有斐阁,昭和五十一年,第 309 页。

实务中,通常是由被保险人就其不同的买家向保险公司申请信用额度,保险公司在对买家的资信状况进行调查后,会根据调查结果向不同的买家开具不同金额的信用额度。该信用额度类似于保险金额,只要在保险期间内,买家拖欠的应付款累计不超过该信用额度,则被保险人可以在该信用额度内持续向买家进行发货。对于被保险人在超过信用额度范围内向买家所发送的货物,将会面临保险公司拒赔的风险。

对于上述信用额度,保险公司可以随时以任何理由书面通知被保险人取消其信用额度及承保责任,可以就某一贸易合同或某一买方,而且也可以随时以任何理由书面通知被保险人降低某一买方的信用额度。此降低信用额度的通知适用于所有在通知规定日期的当天或之后发送的货物或(针对服务)提交的发票。

4. 风险分担

与一般财产险或责任险以免赔额或免赔率的方式来实现风险共担的模式不同,内贸信用险始终要求与被保险人即国内贸易中的卖家共同承担债权违约的风险:保险人往往承担信用保险批准额度的85%—90%,被保险人自行承担剩余风险。这样做一方面可以规避道德风险,另一方面在保险事故发生时,会促使被保险人会协同保险公司向债务人追偿,以维护双方共同权益。

因被保险人通常为该行业的参与人,而且属于行业内规模较大和资金实力比较雄厚的公司,相比较保险公司,其对行业的现状以及前景均有更加专业的判断。该风险共担的模式还可以督促被保险人谨慎的选择买家,判断交易的风险,在行业出现危机之前及时停止交易,努力将损失降至最低。

5. 理赔条件

贸易合同中买家开始拖欠应付账款,并不会立即产生保险赔付责任:内贸信用险会特别设计3至6个月的索赔等待期。实践中,有相当部分的债权在等待期内通过保险人和被保险人的共同催促或主张权利而得以回收,从而避免了复杂的定损和理赔流程的发生,也减少了各方的成本。

为了最大程度地减少索赔的发生,在保险合同中,保险公司通常都会允许被保险人给予买家一定的付款延长期限,即在贸易合同规定的付款到期日后再给买方延长一定时间的赊销期,或者以书面形式同意延长付款到期日。除非保险公司书面同意,如果买方未能在被保险人首次给予或同意的这段延长期内付清全部欠款,被保险人则不能再次给予或同意延长买方的付款期限。

二、内贸信用险的风控要点分析

内贸信用险风险大,主要是由于以下几个方面的原因导致的:首先,我国信用销售风险分担机制不够完善。我国信用调查评估、商账追收等服务相对滞后,保险公司赔付后自身的追偿成本高,导致承保风险大。其次,信用信息渠道不畅。目前,国内企业信息分散、封闭,散布在交易伙伴及政府管理部门间的信用信息不能有效公开共享,而第三方征信机构提供的买家资信报告数据通常是上一年度的。在当今经济态势较不稳定、企业状况变化迅速的环境下,保险公司难以准确评价买方近期的变化情况。最后,信用保险本身属于动态风险,它与社会经济、政治的变化都有密切的联系,信用风险的变化具有不规则性。因此,国内信用风险相对较高,对保险公司风险识别技术要求更高,不一定每个保险公司都能很好地管理控制信用风险。

从保险公司的角度来说,国内信用保险是一个相对较新的险种,承保该险种的保险公司不多,而且由于其存在时间短,在处理此类案件的经验以及相关的风险防范上比较匮乏;

从保险条款本身的角度讲,信用险承保的损失为"由于买方无清偿能力或买方延期付款导致买方拖欠应付款造成的被保险人的损失",简而言之,其承保的是人与人之间的信用,而对买方信用的评估更多的可能是依靠其过往的贸易记录,过往的信用情况,虽然对未来有一定的参考作用,但考虑到国内贸易方式以及买方资产负债等复杂状况,该参考作用究竟有多大尚存很大风险;

从被保险人,即贸易合同的卖方的角度来讲,其投保该信用保险以后,因有了保险的保障,在警惕性上会相比之前有很大的放松,在有逾期账款产生的情况下,其能做的或许就只是发邮件、打电话或登门催收,而不会从控制贸易过程上来进行风险的防范。而且,因有信用期间的规定,被保险人也很难在发现买方资产不良,有逾期可能性的第一时间就停止供货,很多时候是欠款金额即将要达到信用额度了,被保险人才会警醒,然后来向保险公司报案,而此时无论是对被保险人还是对保险人来说,都很难再扭转乾坤,以至于处于一种很被动不利的地位。

内贸信用险的上述特殊性,导致了在保险事故发生后,避免内贸信用险出险率及妥善纠纷处置等风控措施也逐渐呈现出显著的规律性。

1. 风险识别防范

风险识别是风险防范的第一道关口,也是最重要的一道关口。在进行风险识别时,要综合考虑宏观经济环境和行业风险、区域风险,以及企业的资产情况、过往履约情况、对外担保情况等。宏观经济环境的恶化以及行业风险、区域风险的加大会直接导致企业经营状况的恶化,从而导致了拖欠应收账款行为的产生。而对行业风险、区域风险最了解的人,往往不是保险公司的核保人或再保险人,而是最基层的机构人员。因此,建议对信用险的承保,保险公司能与各分支机构建立一个互通的机制,机构如发现存在较大风险,要及时上报,核保人发现风险要及时的通过机构或其他渠道尽职调查,以便能够在获得尽可能多的准确信息的基础上做出判断。

2. 慎重调整信用额度

同银行提前抽贷的效应相似,保险人对于被保险人的买家信用额度的调整,尤其是降低额度,往往成为影响买家还款能力的一个重要因素。因此,信用额度的调整应该慎重并且应严格按照保险合同履行必要通知义务。草率的调整和不恰当的通知,是导致众多买家短期内无法继续履行贸易合同付款责任的一个重要原因。

企业在正常的生产经营过程中,通常都是存在众多的应付款和应收款,两者的平衡为企业提供了稳定的现金流。内贸信用险的适时产生解决了中小企业贷款难的问题,并为上述平衡状态提供了支持。一旦保险公司减少信用额度,将既有可能打破这种平衡状态,导致企业的应付款压力加大,应收款金额降低,从而造成企业拖欠应付款,严重的甚至破产。

3. 严格审查基础交易真实性

内贸基础交易的真实性,成为众多同类案件中保险人着力调查的重要环节,成为保险人最终是否应该承担保险责任的前提。实践中,我们发现多起案例,原本正常履行的国内贸易交易,在卖家购买内贸信用险后,买家违约概率明显加大。其中确实存在被保险人与其关联公司虚构交易,转移风险、骗取保险赔款的情况。保险公司应加大基础交易履行方式、货物发送或运输单据等真实性审查，对相关交易发票和款项流转记录的财务数据进行核实。专项的财务审计和刑事线索的搜集，已经成为保险人常用的勘察定损手段。

在已经出险的信用险案件中，很多都涉及基础贸易不真实的问题。我们根据之前所处理的信用险案件，将贸易不真实的情况概括总结为如下几种情况：

（1）缺少货物交付的运输单证，涉案贸易为资金空转型。贸易的参与方位于两个不同的城市，正常的运输时间为 2—3 天，但货物验收单显示为当天发货，当天收货；被保险人提供的运输单证中的承运人否认从事过涉案运输；货物验收单是由无权出具的人出具的。

（2）交易的各方主体为相互关联的企业。贸易的参与方相互之间为总分公司关系、母子公司关系或者持股股东相互重合，在投保内贸信用保险之前，其就存在长期的业务合作关系。之前的业务合作还款均正常，投保内贸信用险之后，开始拖欠应付账款，而且拖欠的应付账款几乎全部达到了信用额度。

（3）与被保险人从事交易的相关主体不存在。在我们对相关案件的走访调查中，我们发现被保险人所称的与其从事交易的贸易主体，在案件出险后，均已不复存在；部分企业的年度检验报告显示，在其从事相关的业务之前，其每年的利润根本无法承担其应支付给被保险人的货款，被保险人在对买方的资质审核上存在重大过失。

（4）被保险人的利润率与贷款利率相同或相近。在内贸信用险中，被保险人通常都是作为中间商，从买方所指定的供应商处购买指定货物，双方签订采购合同，然后被保险人再作为卖方与买方签订销售合同，采购合同与销售合同之间的差价即为被保险人的利润。根据该差价金额以及被保险人所支付的货款，我们所计算得出的利润率与银行贷款的利率几乎一致，导致涉案贸易存在名为买卖，实为借贷的嫌疑。

（5）出险货物未出现在申报名单中。根据内贸信用保险条款的规定，被保险人必须向保险人申报本保险所承保的贸易合同项下所有发送的货物或为服务开立的发票的销售价格（扣除增值税或其他类似的税）。如果情况特殊，即使是零申报也必须提交申报单。但在一起案件中，我们发现被保险人未申报的一起案件也出现在了索赔清单中,对此我们根据上述规定,建议保险公司对未申报的货物金额从索赔金额中进行了扣减。

4. 妥善协调再保险人关系

实践中,直保公司通常会将大部分的份额通过再保的形式分出给再保险公司,通常为 80％左右,因其承保的份额较低,导致其在最终的保险赔款支付上享有较低的决策权。与之相反,直保公司通常会面对比较大的来自被保险人的压力。因与被保险人签订合同的,对被保险人支付保险赔款的、要求被保险人提供理赔材料的均为直保公司。再保险公司作为保险合同外的第三方,被保险人无权直接向其进行索赔。正是由于上述矛盾的存在,导致妥善协调与在保险人的关系显得尤为重要。

在我们处理过的一起案件中,被保险人因保险公司迟迟不肯支付保险赔款,采取了多种途径向直保公司进行施压,包括在直保公司内部进行投诉,向监管部门投诉,向相关的媒体举报,甚至雇佣写手在网络上进行攻击等。所幸直保公司与再保险人之间的合作一直比较流畅,对案件的相关情况双方经常会进行会商。因此,最终再保公司、直保公司一起与被保险人进行协商解决了保险赔付事宜,减少了直保公司的压力,同时也得到了再保公司摊付的赔款。

内贸信用保险往往都有再保人的参与,保险人和再保险人在理赔思路、配合程度上的默契,往往会影响内贸信用险的理赔进度和追偿效果。该险种在国内的开设时间不长,国内保险公司在理赔处理方面经验不足。加上与国外再保人思维方法上的差异、保险条款翻译后的语义偏差,均可能导致保险人与再保人对同一法律关系或法律概念的误解,进而引发双方产生分歧,导致案件处理的不顺利。因此,及时的沟通以及定期的会商是妥善协调直保公司与再保险人关系的重要方式。

三、信用保险未来发展的新趋势

随着近年来 P2P 等互联网金融的兴起与融资租赁等创新性业务的快速发展,信用保险也迎来了发展的新机遇。信用险的种类也不在局限于传统的出口信用保险或内贸信用险,通过投保信用险来分散投资人或出租人的风险,已成为众多新型金融产品的优先选择。然而,保险人在此类基础交易关系上的真实性和合规性审查,将成为是否承保并最终承担保险责任的主要因素。法律上的信用是指民事主体所具有的偿付债务的能力而在社会上获得的相应的依赖和评价。[1] 我们相信,借助于更完善的信用体系的建立和专业法律人士的意见,信用保险市场的发展和完善将是个可期待的目标,其分散风险、补偿损失的保险本质功能也将真正得到发挥。

---

[1] 吴汉东.论信用权[J].法学.2001.(11)。

第十九章(下) 内贸信用保险中的免责条款问题[*]

一、引言

随着内贸信用险的快速发展,其免责条款也更为细化和具体。比如对比 2009年的中银国内贸易信用保险条款与 2013 年的中银国内贸易信用保险(D 款)可以发现,新版将原先散落在各个部分的免责条款进一步集中到除外责任部分,同时增加了以个人身份进行的私人交易等不承保事项,并对于先前已有的免责事项进一步阐明,如在未能遵守与债务人订立的合同条件的主体上增加了被保险人的供应商、对于关联交易采用列举式定义等。

而在这一细化的过程中,争议也愈发凸显。在北大法宝搜索以国内 + 信用保险为关键词、以与公司、证券、保险、票据等有关的民事争议为案由的判决书,除去与内贸险无关的判决和基本相同的判决,共有 21 份,其中以免责条款为争议焦点的占 42.86%,且法官对于其中某些条款的定性意见完全相左,而其余案件较之于免责条款类案件则争议较少、判决书篇幅也较短。由此可见,投保人、保险人、法官对于保险公司不断细化和增加的免责条款的性质与解释都有着不同理解。究其原因,主要还是立法层面的欠缺导致司法实践难以统一。

由于目前并无针对信用保险及免责条款的特别规定,法官判决免责条款类内贸险案件时仍援引《保险法》及其司法解释的一般规定。其正常的法律适用逻辑是:先以《保险法》司法解释二第 9 条判断具体条款是否免除保险人责任的条款;再

---

* 本章内容系在作者毕业论文基础上修改而成。作者:宋杉杉,上海交通大学法学院硕士研究生。

448 公司经营风险的商法回应

根据《保险法》第 17 条及司法解释二第 11 条判断保险人是否履行明确说明义务、结合《保险法》第 19 条从形式和实质上两方面确定该条款的效力；当条款解释存在争议时，则根据《保险法》第 30 条按照通常理解、疑义利益解释原则的顺序解释；同时《保险法》第 16 条规定的不履行如实告知义务、第 21 条未履行及时通知义务、第 27 条故意制造保险事故等法定免责事由同样适用于内贸险。然而，其中有些规定概念不清，如对《保险法》第 19 条中"依法应承担的义务"就存在争议，再加上内贸险作为信用保险的特殊性，其适用和解释便出现了偏差。本节专门对这些免责条款进行研究。

二、国内贸易信用保险主要争议免责条款分析

(一) 交付方式的免责

1. 内贸险中交付的定义

交付作为动产公示手段，意味着物权的变动，即卖方已经履行了其合同义务，进而拥有了明确的应收账款。目前在保险合同中共有两种定义方式：

(1) 将承保范围仅限于实体货物的现实交付

此类定义较之物权法更为狭窄，引发的争议也最多。如中国信保的保险合同条款约定：交付指被保险人根据贸易合同的约定将自己占有的货物或所有权凭证移转于买方或买方指定的第三方占有，且已取得买方或买方指定的第三方的收货凭证。同时在批注中还约定，被保险人将货物交给买方必须是实体货物交付，且被保险人向保险人索赔时必须提供其与上游供应商交易的相关贸易和物流凭证，以及与下游买方间的贸易和物流凭证；若被保险人的交付仅为所有权凭证交给买方，而无实体货物交付，保险人不承担保险责任。[1] 即排除观念交付及拟制交付，只承认实体货物的现实交付，且有凭证等证明文件的要求。虽然也有根据贸易合同的约定等字样，但其仅修饰货物、交付期限等而非交付方式。

(2) 按照贸易合同约定

此类定义常见表述为买方或代理人根据销售合同规定的地点和条件可以接收

---

〔1〕参见上海市第二中级人民法院(2016)沪 02 民终 5222 号民事判决书。

货物时,即视为已完成交付。[1] 强调按照合同约定,对于交付方式保险合同并无额外限制。

还有一些定义则介于二者之间,虽未明确交付方式,其实际控制、占有权等词需在个案中结合具体情形进行解释,本章无法一概而论。此外,即使保险合同未对交付进行定义,在被保险人索赔时,保险公司仍会以交付方式、交付凭证存在问题为由认定买卖合同不真实而拒绝理赔。如在宁波市海曙区人民法院(2016)浙 0203 民初 103 号民事判决书中,保险人就认为被保险人缺少物流凭证、仓单等交付凭证,不能证明原告与买方之间存在真实的买卖关系。正是因为保险合同与法律、保险合同间交付定义的不同,以及交付在内贸险索赔时的重要地位,使其成为了内贸险中的主要争议免责条款。

2. 交付条款的性质

因交付条款常以释义条款形式出现,甚至作为批注,因此其性质在以下两方面存在争议:

(1) 是否为免责条款

以太平财险国内短期贸易信用保险 B 款条款为例,该合同条款首先在第二章"保险责任"中明确规定,"被保险人于保险期间内交付货物或提供服务,且于本保险合同保险单所载明的最长发票期限内向买方开具相关发票,而买方于付款日不付款所导致的债款的损失,保险人依照本保险合同的规定承担赔偿责任",而后于第十一章"释义"中明确了交付的定义。因此有裁判指出交付条款仅是对保险人承保责任范围的界定,并非免责条款。[2]

对此笔者并不认同。保险条款是否构成免责条款不取决于其在合同中所处的位置,关键在于该条款是否免除或减轻了保险人应当承担的责任。而释义条款作为解释保险合同中所含有的专业词汇或者其他需要解释以助于投保人理解的内容的条款,其解释上的宽泛或狭窄都会对保险责任范围产生影响。此处的交付虽是对保险责任条款中出现的名词的释义,但应视其是否缩小保险责任条款约定的保

---

[1] 太平财产保险有限公司国内短期贸易信用保险 B 款条款,载 http://www.cntaiping.com/upload/cms/caixian/201505/tcbxcp715.pdf,最后访问日期:2017 年 4 月 10 日。
[2] 参见上海市第二中级人民法院(2016)沪 02 民终 1173 号民事判决书。

险责任范围决定其是否免责条款,因此需区分保险责任条款与释义条款进行分析。

首先保险责任条款约定被保险人需先交付货物。根据《保险法》第 30 条,应先按照通常理解解释格式条款。而通常理解下的交付,作为让与动产物权的公示方法,根据《物权法》第二章第二节的规定包括现实交付、权利人已经占有该动产的简易交付、出让人继续占有该动产的占有改定和让与返还请求权的指示交付四种交付方式。因此保险责任条款约定的责任范围包含所有交付方式下的交易合同。

再看交付的释义条款。倘若是上文所述第一种定义方式,即仅限于实体货物现实交付的定义,则其免除了简易交付、占有改定、指示交付及拟制交付下交易合同的应收账款损失的赔偿责任,故而属于免责条款。如果将交付定义为根据贸易合同的约定,则其定义与保险责任条款中的交付定义并无出入,没有缩小保险责任范围,故而不属于免责条款。

(2) 是否为格式条款

而当交付条款出现在批注中时,法院对于批注是否构成格式条款存在两种相反意见:

在上海市第二中级人民法院(2016)沪 02 民终 5222 号民事判决书中,法院认为根据《保险法》第 20 条,在通常情况下双方协商的结果可采用批注予以确定,且批注与保单分属独立部分,涵盖在包含赔偿比例等双方合意内容的保险单明细表内,形式上具有有效分割,因此并非格式条款。

而在上海市第二中级人民法院(2016)沪 02 民终 1173 号民事判决书中,法院认为保险公司的多份保险单明细表均引用了文字表述完全一致的批注,因此属于其预先拟定且反复使用的格式条款,并非双方协商的结果。

对此笔者认同第二种观点。如上所述,保险条款的性质如何不由其所处位置决定。虽然协商的结果可采用批注予以确定,但协商既不是批注的充分条件也不是必要条件。虽然保险单明细表包含年度投保金额、赔偿比例等需要双方协商的事项,但不能以偏概全,认为凡在该表格内的内容皆为协商的结果。所以,对于批注的性质应回归到格式条款的本质进行判断。

《合同法》第 39 条规定,格式条款是当事人为了重复使用而预先拟定,并在订立合同时未与对方协商的条款。因此构成格式条款需满足两个要件:为了重复使用而预先拟定;对方不参与协商,只能概括地接受或拒绝。对于前者,如法院所述,同一公司的交付批注文字表述完全相同,可见其具有定型化的特点,并不会因为投保人的不同而发生哪怕一个字的差别,因此该批注是为了在内贸险这一险种中重复使用而预先拟定的。而对于双方是否协商,则要分情况讨论。倘若保险公司提供已经包含批注的表格、投保人只能签字,则投保人处于附从地位;若保险公司只是提出该条款,投保人虽然可以修改,但选择同意,则该批注是双方当事人合意的结果。

而从保险实务操作的角度看,双方并未就该批注进行协商的可能性更大。因为保险业务追求效率,而协商将耗费较多的时间成本,因此只有在极少情况下才会采取协商的形式,比如有巨额单笔交易机会时,保险公司可能会与投保人协商,定制个性化的保险单。[1] 而内贸险作为风险极大的险种,保险公司的获利机会并不大,出于逐利本能并不会选择协商的方式。而且交付的定义限于实体货物的现实交付时,则仅有利于保险人管控风险却限制了投保人订立交易合同的自由,因此若是可以协商,投保人必然会据理力争,然而在上述判决中并未提及其签订过程,只有签字的结果。综上,批注中的交付条款并非双方当事人协商的结果。

因批注中的交付条款系保险公司为重复使用而预先拟定,且订立时极有可能未与投保人协商,因此属于格式条款。

综上,交付条款,无论其在保险合同中所处位置为何,一般属格式条款,且若仅限于实体货物的现实交付则为免责条款,适用《保险法》关于格式条款及免责条款的相关规定。

3. 交付免责条款的合法性分析

如前所述,只有仅限于现实交付的条款才属免责条款,因此以下交付条款特指实体货物的现实交付型定义。《保险法》第19条规定,采用保险人提供的格式条款订立的保险合同中的下列条款无效:(1)免除保险人依法应承担的义务或者加重投保人、被保险人责任的;(2)排除投保人、被保险人或者受益人依法享有的权利的。因此,作为格式条款的交付免责条款有无效力,关键在于其是否免除了保险人依法

---

[1] 韩长印、韩永强编著:《〈保险法〉新论》,中国政法大学出版社2010年版,第32页。

应承担的义务。因此类交付免责条款免除了保险人对于观念交付及拟制交付的买卖合同中应收账款的损失,因此需分析保险人是否依法应承担实体货物现实交付以外的交付方式的买卖合同损失的赔偿责任。

首先,交付方式作为免责理由,可见其足以影响保险人决定是否同意承保,因此可联系到《保险法》第 16 条第 6 款。该条规定,保险人在合同订立时已经知道投保人未如实告知的情况的,保险人不得解除合同;发生保险事故的,保险人应当承担赔偿或者给付保险金的责任,即明确了弃权规则。又根据举轻以明重的法则,保险人订立合同时已知的、未询问或投保人已经如实告知的、足以影响保险人决定是否同意承保的情况不得作为解除合同的理由。因此,首先应分析保险人在承保前是否知晓投保的交易合同的交付方式,如果知晓却又承保,则现实交付以外交付方式的买卖合同损失的赔偿责任是其依法应承担的部分,进而该交付免责条款无效。如上所述,内贸险可分为特定合同信用保险和多笔合同信用保险。对于前者,保险公司会在保险合同中约定本保险合同签发后,非经保险人和被保险人的一致同意,被保险人不得修改或变更已经向保险人投保的销售合同条款及任何条件。[1] 既然保险公司可知被保险人是否修改,则其必然知晓签发保险合同前的销售合同条款。虽然交付方式并非买卖合同的必备条款,但企业作为商业主体,必然会对交付方式进行事先约定,避免争议的发生,进而保险公司知晓交付方式。而对于多笔合同信用保险,则要分情况讨论。如果其承保的是同一类型的交易或是该企业已经形成定式的交易,则承保内贸险的保险公司必然会对此类交易的交易习惯比较了解。比如目前大宗商品电子交易采取仓单交付的拟制交付方式,且有国家标准《大宗商品电子交易规范》进行规制。[2] 但在其他情况下,保险公司只是在承保时了解了投保人大致的业务情况(销售总额、主要产品、收账款余额、买房清单)等,确定信用限额期限再签发保单,然后再由投保人签订贸易合同,因此其并不知晓投保人未来的贸易合同约定的交付方式,只是事先在保险合同中要求其采取现实交付方式。

其次,即使不适用弃权原则,交付免责条款的效力仍可依第 19 条的规定进行甄

<hr/>

〔1〕关于中国人民财产保险股份有限公司国内特定合同信用保险条款和费率的批复,载 http://www. circ. gov. cn/web/site0/tab5239/info3956966. htm,最后访问日期:2017 年 4 月 10 日。
〔2〕石瑛霞:《现货仓单交易之法律分析》,天津大学,2009 年硕士学位论文。

别。如在上述大宗商品买卖的情况下,大量的提单、仓单交付的拟制交付方式已经成为其交易习惯,仅限于实体货物的现实交付则会对商业主体的正常交易造成影响。在不投保内贸险时买方只需要承担应收账款损失的可能性,而若投保,则必须先由卖方通过仓单提货、再交付给买方,增加的交易成本反而使交易能否达成都成为问题。这就使得大宗交易情况下的交付条款与在意外险中约定被保险人在跑步时受伤则不赔偿一样荒唐。但对于其他尚未形成关于交付的交易习惯的买卖,保险公司将交付限定于实体货物的现实交付并不会对投保人的商业往来产生同等程度的拘束,进而也就没有排除投保人依法应享有的权利。

综上,在保险人已经知晓投保人交付方式时,基于弃权原则,交付免责条款免除了其应当承担的赔偿责任;在已经形成交易习惯的商品买卖如大宗商品买卖的情况下,交付免责条款免除了投保人依法享有的权利并且有悖于内贸险的目的应属无效格式条款;但在其他的交易情形下,交付免责条款并未严重影响投保人的商业往来,其效力应予肯定。

4. 交付免责条款的合理性分析

因条款的合理性分析应放置于其已经合法的前提之下进行讨论,即此部分讨论的是对除大宗商品买卖之外的交易承保的保险合同中交付免责条款的合理性。探究交付免责条款的合理性,首先需明晰保险公司设置此类条款的目的。在内贸险中,保险公司承保的是真实合法的买卖关系,而根据合同法,交付是出卖人在买卖合同中应承担的义务,交付意味着标的物所有权的转移、风险承担主体及孳息归属主体的变更,[1]因此交付成为区分买卖合同和借款合同、证明买卖关系真实存在的手段。在现实交付的情况下,卖方转移的是对于物的直接占有,可以直观地使他人了解标的物的支配主体的变更。而观念交付转移的则是对于物的间接占有,其生效与否仅取决于合同。对于拟制交付,目前仍有其属于现实交付或观念交付的争议,但同样地,因仓储公司的存在,不存在直观的、使第三人了解标的物所有权已经变更的手段。因此,实体货物的现实交付公示效力最强,最能够使买卖关系以外的保险人认可真实合法买卖关系的存在。而其他交付方式则更易成为"名为买卖,

---

[1]《合同法》第 133、142、163 条。

实为借贷"的手段。即使买卖合同关系确实存在，只是通过占有改定的交付方式成为让与担保的手段，因应收账款同时具备了融资的功能，其发生损失的可能性已与保险公司最初厘定风险时不同，有损保险公司的利益。因此，保险公司是以交付免责条款为手段，达到仅承保真实合法、风险合理厘定的买卖关系的目的。

而这种手段与目的的关系不禁让笔者联想到了同样考察手段和目的之关联性的比例原则。该原则包括适当性原则、必要性原则和均衡性原则。适当性原则是指所选择的手段足以实现其目的。必要性原则则是在能够实现目的的前提下选择使相对人所受的损失保持在最小范围和最低程度的手段。均衡性原则则是为实现目的的手段尽管已经最小化但是相对人所受的损失仍不能超过目的所追求的利益。[1] 或有观点指出，民法中的财产权针对的是其他私主体，并得依私人合意进行权利限制，没有适用比例原则的余地。[2] 但其实私主体因其财力或身份地位的不同并不完全平等，比如雇员和雇主等，因此并不具有完全的自由意志支配其权利。倘若放任其意思自治，同样可能造成优势地位者对于劣势者的单方强制，只不过没有公权力的参与罢了。

因此有理由相信，比例原则可以避免私权利的滥用，这与民法基本原则——诚实信用原则、公平原则等不谋而合。其次，比例原则其实早已在民法各项制度中有所体现，比如正当防卫、紧急避险、重大误解、相邻关系、显失公平等。[3] 具体到《保险法》中，保险合同的附和合同的性质正体现了保险人和投保人之间地位的不平等。而且在民商事司法实践中已有比例原则的运用。比如福建省福州市中级人民法院(2014)榕民终字第 2518 号民事判决书中，保险人将未按规定检验被保险机动车列为交强险的免责事由，其本意是防止存在安全隐患的保险车辆上路增加事故发生概率和自身承保风险，亦契合鼓励机动车驾驶者遵守交通法规的社会价值导向。但机动车未按规定检验并不必然增加风险发生的概率，在交通事故发生后经公安机关检测认定车辆发生事故前不存在安全隐患的情况下，仍以未检测作为免责事由，已明显超出保险人控制经营风险的合理需要。因此，应当从平衡保险人与

---

〔1〕参见叶必丰：《行政法与行政诉讼法》，高等教育出版社 2012 年版，第 46 页。
〔2〕于飞：《基本权利与民事权利的区分及宪法对民法的影响》，载《法学研究》2008 年第 5 期。
〔3〕郑晓剑：《比例原则在民法上的适用及展开》，载《中国法学》2016 年第 2 期。

被保险人利益的原则出发,以机动车未按规定检验是否明显增加了风险发生的概率为衡量标准,对该免责条款的适用加以合理的限缩。而这正是顺着目的和手段的关系出发,对适当性、均衡性都进行了论证。因此,比例原则可以适用于《保险法》领域。

用比例原则来衡量交付免责条款,可以得出如下结论:

首先,其目的是为了证明真实合法的买卖关系存在,防止当事人利用内贸险信息不对称的特性就虚假贸易行为投保。而实体货物的现实交付因其公示效力较强,确实能够避免当事人利用其他交付方式掩盖动产所有权未曾变更的事实,因此符合适当性的要求。或有观点指出,即使现实交付也并不能起到动产物权公示的作用,因为占有的本权基础都不一定是基于物权,甚至还存在多种可能性。[1] 因此限于实体货物的现实交付也无法达到目的。但是保险公司的风险管控手段,比如人身险中的等待期,很多时候并不能完全避免投保人的道德风险或其他违法违约行为,只是尽可能地规避风险、降低发生概率,并不能以其无法疏而不漏而认为不适当。

其次,为达成该目的,保险公司可以采取多种手段。比如要求投保人投保时告知其将缔结的买卖合同的大致情况、是否涉及让与担保等,若事后发现是借款合同,则可以适用《保险法》第16条解除合同。但是,这种手段的难点在于事后难以发现,毕竟保险公司是交易关系之外的第三人,存在证明责任承担的问题。目前只有"票流"而无"物流"的虚假买卖关系较多,即使法院也无法准确判断该合同的真实性,其证明难度可见一斑。因此对于保险公司而言,看似有许多手段避免骗保,但这些手段的实现难度过高,使事先约定交付形式成为了唯一可行而有效的方式。既然该方法存在唯一性,也就无参照方法判断其对相对人造成的损失程度并非最低,进而满足必要性。

最后,关于均衡性,如上所述该条款系保险公司风险管控的手段,避免道德风险的发生使保险公司为不存在的保险事故买单。而其对相对人造成的损失则是限制了相对人仅能以实体货物的现实交付作为交付手段,即增加了其交付的不便利

---

〔1〕聂卫锋:《交付公示:一个幻象》,载《现代法学》2014年第4期。

和物流费用。但该损失并未超出交付免责条款所追求的利益。因为文章一开始便提及内贸险较之其他险种成本高昂,保险公司对该业务的开展本就缺乏热情,再加之无法管控的骗保风险之大将导致该业务陷入困境,甚至被取消。如此局面又会使国内贸易的开展缺乏保障,对投保人和保险公司双方都将造成不利。因此较之现金流的断裂、贸易无法安全开展,物流费用的支出并非更大损失。况且物流费用作为被保险人履约成本的一部分,在合同相对方违约时可由保险公司赔偿。或有观点提出,物流费用的增加会减少缔结贸易合同的机会。但应当注意,此处的贸易并非已形成一定交易习惯的大宗商品交易,交付方式的未定型就说明它不会成为合同是否缔结的关键因素,存在协商的空间。因此交付免责条款导致的物流费用的提高等损失并未超过该条款所追求的、避免道德风险阻碍内贸险继续开展的利益,满足均衡性的要求。

综上,交付免责条款能够较大程度避免保险公司为不真实的买卖合同赔偿,与其他事后维权措施相比是目前唯一有效的手段,并且对投保方造成的约束并未超过其本身追求的目的,因此符合比例原则,具有合理性。至于本章尚未讨论的对交付方式有一定限制的免责条款同样可依本文合法性及合理性分析的思路判断其效力。

(二)关联关系的免责

1. 内贸险中关联关系的定义

内贸险中关联关系的范围包含被保险人与其债务人之间及被保险人上下游企业之间的关系。而其定义按照其文本形式可分为以下两种:

(1)概括定义法

如中国出口信用保险公司内贸险条款照搬了《公司法》第216条的定义,将关联关系定义为公司控股股东、实际控制人、董事、监事、高级管理人员与其直接或间接控制的企业之间的关系,以及可能导致公司利益转移的其他关系。但是,国家控股的企业之间不因为同受国家控股而具有关联关系。[1] 更有甚者只是提出了关联关

---

[1] 参见上海市第二中级人民法院(2016)沪02民终5222号民事判决书。

系,但未进行进一步定义。

(2) 概括 + 列举定义法

此类定义在概括的基础上,开放式列举构成关联关系的一些情形,降低判断的难度。如中国人民财产保险公司国内特定合同信用保险条款[1]照搬了《企业会计准则第 36 号——关联方披露》第 3 条的概括定义及第四条的列举情形,不仅对定义中出现的控制、重大影响等概念进行了再定义,同时将母子公司、合营企业、家庭成员等共十种情形一一列举。

此外,从内容上来说各个保险公司的定义也有所侧重,如太平洋财险国内特定商务合同信用保险条款重在所有者权益的比例、[2]阳光财险的内贸险条款则重在实质控制,[3]正因各保险人定义方式和定义内容的不同,以及关联关系这一模糊概念本身的界定难度,使得关联关系免责条款争议较大。

2. 关联关系免责条款的正当性

与交付免责条款不同,实践中关联关系免责条款因其正当性而使其效力并未引发争议。关键就在于关联交易这一交易类型具有其特性。其一,关联交易双方地位不平等。虽然关联交易的双方比如母子公司都是具有独立人格的民事主体,但因一方对另一方基于权益或合同等原因而产生控制或重大影响,使得该方具有了在交易中的优势地位,进而能够很大程度地决定交易如何进行,而劣势方意思自治的程度则很有限,无法通过平等谈判达到意思表示一致。其二,关联交易具有违背公平原则的风险。具有优势地位的一方出于逐利的目的,很有可能利用其优势地位使交易结果向己方倾斜,如卖方定下不符合市场规律的高价等。虽然关联交易并不一定意味着结果的不公平,但学者们认为其"往往"或"可能"背离公平原则。由于优势地位影响整个交易过程,使人们有理由怀疑此项交易的公平性。[4]其三,关联交易具有隐蔽性。首先关联关系具有隐蔽性,可能通过隐名持股、人际关系等

---

〔1〕关于中国人民财产保险股份有限公司国内特定合同信用保险条款和费率的批复,载 http://www.circ. gov. cn/web/site0/tab5239/info3956966. htm,最后访问日期: 2017 年 4 月 10 日。
〔2〕关于中国太平洋财产保险股份有限公司国内特定商务合同信用保险条款和费率的批复,载 http://www. circ. gov. cn/web/site0/tab5239/info3966510. htm,最后访问日期 2017 年 4 月 10 日。
〔3〕阳光保险——国内短期贸易信用保险挑款,载 https://wenku. baidu. com/view/869c0642763231126edb1199. html? from = search,最后访问日期 2017 年 4 月 10 日。
〔4〕柳经纬、黄伟、鄢青:《上市公司关联交易的法律问题研究》,厦门大学出版社 2001 年版,第 14 页。

使企业显得毫不相关。其次,关联交易的主体与交易外的第三人之间信息不对称,对于交易主体是否以合法形式掩盖非法目的等难以了解。

而这些特点使关联交易与内贸险难以兼容。理由在于:

首先,关联交易中应收账款的损失不符合可保危险的条件。可保危险是指损失的发生及其程度不确定的风险,要求具有纯粹性、不确定性、意外性、未来性和同质性。[1] 而关联交易的损失不满足意外性。意外性是指危险非因故意行为所致且非必然发生,既危险的发生具有不可预知性。[2] 但关联交易中因一方可对另一方进行控制或重大影响,因此另一方是否履约对于具有优势地位的一方而言是可以控制进而预知的。

其次,倘若关注双方缔约的时点而非事故发生时,关联关系会使得交易合同的真实性和合法性存疑。如上所述,关联交易具有非公允性的风险,且十分隐蔽,因此保险公司很难采取有效手段控制。或有观点指出,这一理由和上文否定交付免责条款的理由相悖。然而,虽然观念交付也会导致买卖关系的真实性存疑,但其盖然性远小于关联交易,从目前立法对于关联交易的规定中即可看出。

再次,关联企业可能构成利益共同体。《保险法》第62条限制代位求偿权行使对象的原因就在于被保险人的家庭成员或者其组成人员与被保险人存在利益的一致性,这就使得对于被保险人而言,保险人先赔偿后行使代位权的行为将使其损失无法得到补偿。虽然有些家庭成员并不如夫妻一样共有财产,但因其共同生活或抚养义务同样构成利益共同体。同理,虽然关联企业有各自独立的财产,但因享有股权或经济从属性而具有一致的利害关系。虽然《保险法》并未规定,但同样会导致保险合同补偿损失的功能失灵。

综上,因关联交易的特性使其无法成为内贸险承保的交易类型,进而关联关系免责条款具有正当性。

3. 关联关系的不同解释

如上所述,有些保险公司在内贸险合同中只会提出关联关系这一个名词,并未对其作任何解释。此时为解决这一格式条款的争议,根据《保险法》第30条,应当按

[1] 韩长印、韩永强编著:《〈保险法〉新论》,中国政法大学出版社2010年版,第7页。
[2] 韩长印、韩永强编著:《〈保险法〉新论》,中国政法大学出版社2010年版,第7页。

照通常理解予以解释。通常理解,即是依照合同法中理性第三人标准具体化的、普通的被保险人对争议条款的理解。[1] 而关联关系这一概念对企业而言并不陌生,多个法律法规都对此进行了规定,又因需通常理解,因此并不针对某一行业、具有普遍适用性的规定才属讨论之列,具体规定如下表所示:

效力级别	法规名称	关联关系定义
法律	《公司法》	第二百一十六条(四)款关联关系,是指公司控股股东、实际控制人、董事、监事、高级管理人员与其直接或者间接控制的企业之间的关系,以及可能导致公司利益转移的其他关系。但是,国家控股的企业之间不仅因为同受国家控股而具有关联关系。
行政法规	《企业所得税法实施条例》[2]	第一百零九条　企业所得税法第四十一条所称关联方,是指与企业有下列关联关系之一的企业、其他组织或者个人:(一)在资金、经营、购销等方面存在直接或者间接的控制关系;(二)直接或者间接地同为第三者控制;(三)在利益上具有相关联的其他关系。
规范性文件	《国家税务总局关于完善关联申报和同期资料管理有关事项的公告》	二、企业与其他企业、组织或者个人具有下列关系之一的,构成本公告所称关联关系: (一) 一方直接或者间接持有另一方的股份总和达到25%以上;双方直接或者间接同为第三方所持有的股份达到25%以上。 如果一方通过中间方对另一方间接持有股份,只要其对中间方持股比例达到25%以上,则其对另一方的持股比例按照中间方对另一方的持股比例计算。 两个以上具有夫妻、直系血亲、兄弟姐妹以及其他抚养、赡养关系的自然人共同持股同一企业,在判定关联关系时持股比例合并计算。 (二) 双方存在持股关系或者同为第三方持股,虽持股比例未达到本条第(一)项规定,但双方之间借贷资金总额占任一方实收资本比例达到50%以上,或者一方全部借贷资金总额的10%以上由另一方担保(与独立金融机构之间的借贷或者担保除外)。 借贷资金总额占实收资本比例 = 年度加权平均借贷资金/年度加权平均实收资本,其中:

---

〔1〕樊启荣、王冠华:《保险格式条款"通常理解"之解释——以我国〈〈保险法〉〉第30条规定为中心》,《西部法学评论》2010年第6期。
〔2〕《税收征收管理法实施细则》的规定与该条例相同。

效力级别	法规名称	关联关系定义
		年度加权平均借贷资金＝i笔借入或者贷出资金账面金额×i笔借入或者贷出资金年度实际占用天数/365 年度加权平均实收资本＝i笔实收资本账面金额×i笔实收资本年度实际占用天数/365 （三）双方存在持股关系或者同为第三方持股，虽持股比例未达到本条第（一）项规定，但一方的生产经营活动必须由另一方提供专利权、非专利技术、商标权、著作权等特许权才能正常进行。 （四）双方存在持股关系或者同为第三方持股，虽持股比例未达到本条第（一）项规定，但一方的购买、销售、接受劳务、提供劳务等经营活动由另一方控制。 上述控制是指一方有权决定另一方的财务和经营政策，并能据以从另一方的经营活动中获取利益。 （五）一方半数以上董事或者半数以上高级管理人员（包括上市公司董事会秘书、经理、副经理、财务负责人和公司章程规定的其他人员）由另一方任命或者委派，或者同时担任另一方的董事或者高级管理人员；或者双方各自半数以上董事或者半数以上高级管理人员同为第三方任命或者委派。 （六）具有夫妻、直系血亲、兄弟姐妹以及其他抚养、赡养关系的两个自然人分别与双方具有本条第（一）至（五）项关系之一。 （七）双方在实质上具有其他共同利益。 除本条第（二）项规定外，上述关联关系年度内发生变化的，关联关系按照实际存续期间认定。 三、仅因国家持股或者由国有资产管理部门委派董事、高级管理人员而存在本公告第二条第（一）至（五）项关系的，不构成本公告所称关联关系。
	《企业会计准则第36号——关联方披露》	第三条　一方控制、共同控制另一方或对另一方施加重大影响，以及两方或两方以上同受一方控制、共同控制或重大影响的，构成关联方。 控制，是指有权决定一个企业的财务和经营政策，并能据以从该企业的经营活动中获取利益。 共同控制，是指按照合同约定对某项经济活动所共有的控制，仅在与该项经济活动相关的重要财务和经营决策需要分享控制权的投资方一致同意时存在。 重大影响，是指对一个企业的财务和经营政策有参与决策的权力，但并不能够控制或者与其他方一起共同控制这些政策的制定。 第四条　下列各方构成企业的关联方：

效力级别	法规名称	关联关系定义
		（一）该企业的母公司。 （二）该企业的子公司。 （三）与该企业受同一母公司控制的其他企业。 （四）对该企业实施共同控制的投资方。 （五）对该企业施加重大影响的投资方。 （六）该企业的合营企业。 （七）该企业的联营企业。 （八）该企业的主要投资者个人及与其关系密切的家庭成员。主要投资者个人，是指能够控制、共同控制一个企业或者对一个企业施加重大影响的个人投资者。 （九）该企业或其母公司的关键管理人员及与其关系密切的家庭成员。关键管理人员，是指有权力并负责计划、指挥和控制企业活动的人员。与主要投资者个人或关键管理人员关系密切的家庭成员，是指在处理与企业的交易时可能影响该个人或受该个人影响的家庭成员。 （十）该企业主要投资者个人、关键管理人员或与其关系密切的家庭成员控制、共同控制或施加重大影响的其他企业。 第五条　仅与企业存在下列关系的各方，不构成企业的关联方： （一）与该企业发生日常往来的资金提供者、公用事业部门、政府部门和机构。 （二）与该企业发生大量交易而存在经济依存关系的单个客户、供应商、特许商、经销商或代理商。 （三）与该企业共同控制合营企业的合营者。 第六条　仅仅同受国家控制而不存在其他关联方关系的企业，不构成关联方。

　　这些规定因其立法目的不同，对关联关系的范围界定也有所区别。公司法涉及公司内部人员意志与法人意志的冲突，因此其强调的是内部人员对于企业的控制，以防止公司利益的转移。而税法关注的是企业间的非常规交易，而能滋生此类交易的关系不限于控制关系，企业间的利益关联也属此列，因此其范围要大于公司法的规定。而会计准则注重会计信息的真实和准确，以此使他人了解公司的经济运行情况，虽然也有助于政府了解，但并未直接与税收挂钩，因此较之严格的税法而言稍显宽松，其列举的几款也不如税法具体。但以上规定也存在共性，即以能够

改变利益分配情况的控制或重大影响的存在作为判断关联关系的标准,无论是在交易主体之间存在控制或重大影响或是交易主体同被第三方控制,且并不局限于股权或表决权的比例。而这也就构成了对于内贸险中关联关系的通常理解。值得注意的是,控制或影响应指对于企业整体、长期的影响,而非仅针对本次保险合同承保的交易合同。

但是何为对企业的控制、何为重大影响? 持股多少比例才可视为具有这种关系? 笔者认为目前为止尚无法脱离个案进行解释。因为对于控制的定义其实保险合同主体已经达到了共识,如会计准则所规定的,是指有权决定一个企业的财务和经营政策,倘若拘泥于具体数字则是回归了形式标准的定义,不具有普适性。比如在一家股权分散的上市公司可能 5% 的股权就足以控制,而对于股权集中、只有几个股东的公司 5% 不过占据了一个零头。因此,就如同意外伤害保险中会对何为意外伤害设定衡量标准而非完全形式化的定义,是否存在关联关系仍需在个案中予以判断。当然为了尽量减少争议,保险公司应采取概括加列举的方法定义关联关系。如同其他险种一样,确实会存在保险公司滥用关联关系免责条款的可能性,但投保人可以通过司法途径进行权利救济。

4. 关联关系的举证责任

如上所述,关联关系的界定应采取实质标准以涵盖较隐蔽的关联关系,而这也使得保险人的举证责任更加困难。内贸险合同与规制关联交易的法律不同,前者排除了所有关联关系主体的交易,而法律所规制的仅是非公允的关联交易。因此对于法律而言,关注的是合同是否有违公平原则,尚可以程序标准、结果是否公正等予以判断,而保险人要证明的是存在控制与否,而该控制甚至可能还未被利用。此外,保险公司作为关联企业之外的第三方,与交易主体在证据距离上存在差距。企业日常经营的状况、股东大会的决议情况、高级管理人员的人事任免信息均在投保人的控制范围之内,作为证据持有方自然更易举证。基于上述理由,实务中律师基于“谁主张,谁举证”的规则的不利,会建议保险公司事先尽可能列明关联关系的情形以减少争议。[1]

---

[1] 李澜、黄书乾:《如何界定国内贸易信用保险中的关联关系》,载《福建法讯》2015 年第 4 期。

对此举证不能的困境，笔者认为其实另有解决之道。目前民事诉讼虽然要求谁主张、谁举证，但也有能适度减轻当事人举证责任的方式。如上所述，与关联关系相关的证据均在企业的控制范围之内，保险公司难以获得，此时可以适用证明妨碍以推定关联关系的成立。《关于民事诉讼证据的若干规定》（以下简称证据规定）第75条规定，有证据证明一方当事人持有证据无正当理由拒不提供，如果对方当事人主张该证据的内容不利于证据持有人，可以推定该主张成立。

其次，《证据规定》第9条规定，对于根据法律规定或者已知事实和日常生活经验法则能推定出的另一事实，当事人无需举证证明。而在内贸险中因并无推定关联关系存在的法律规定，但在当事人的证据不足以完全证明事实的情况下，法官仍可以根据经验法则推定其成立。当然法官的自由心证不可恣意行使，须有一定依据，且最终需通过判决方式公开得出结论的过程。而在内贸险中，可根据关联关系的根源确定依据经验法则推定的依据或判断标准：

（1）权益份额

此处的权益指出资份额、股权等，这些资本份额将使其所有者拥有表决权，进而决定或促成公司的各项经营安排。[1] 我国税法将标准定为持股25％以上，而《上市公司信息披露管理办法》则以持股5％以上为标准，由此可见具体的权益份额标准应视个案公司股份/资本的分散程度而定。

（2）合同关系

企业之间虽无资本的联系，或资本联系并不紧密，但可通过合同的约定实现控制或重大影响。比如在公司章程中约定实际控制人、缔结合营合同等。但此处的合同不包括企业经营范围内的交易合同。虽然与同一主体间大量的交易合同会导致经济上的依存，对方也许在合同中占据了谈判的优势地位，但并不会对公司的实体、人事任免等产生重大影响。当然，如果企业的生产经营因知识产权、原料购买、产品销售等完全依赖另一企业，比如在另一企业具备市场支配地位的情况下，二者之间的合同应属此列。

---

[1] 优先股等不具有表决权的股权不属此列。

（3）人事连锁

此处涉及的人员主要有董事和高级管理人员。虽其决策权不如股东，但作为执行者，其可以决定公司具体的经营计划和投资方案，尤其对于股权分散的上市公司而言，弱化的股东权利使执行者更为重要。实务中也常出现"一套人马两块牌子"的关联方式，A 公司的法定代表人代表 B 公司签订合同，A 公司的董事代表 B 公司参加诉讼等。[1] 但此处的人员范围不宜过广。如在一案中，保险公司以 A 公司的监事系 B 公司的董事为由拒赔。但监事只是董事高级人员的监督者，其职权也仅限于提出建议和提案、组织会议召开等，并无真正参与公司决策的权利，[2] 因此不应单以监事的任职推定关联关系的存在。

（4）家庭成员

此情形指两企业的关联自然人间存在亲属关系，是对于关联企业外延范围的划定。而这一亲属关系足以使其达成进行关联交易的合意，因此需关系密切。对此，笔者认为可以家庭成员间的财务关联作为判断标准。因为人情意义上的关系远近难以证明，但财务关联则更为直接，适合作为推定的依据。主要有财产共有关系如夫妻和抚养赡养关系如父母与子女。

当然，关联关系可能通过以上各个来源的共同作用而产生，因此法官在推定过程中需综合考量。此外，因关联关系不止包含交易主体间的控制，还包括第三方主体同时控制交易双方，因此需向上追溯，再根据上述标准判断。

值得注意的是，《证据规定》第 7 条——在法律没有具体规定，依本规定及其他司法解释无法确定举证责任承担时，人民法院可以根据公平原则和诚实信用原则，综合当事人举证能力等因素确定举证责任的承担，一般情况下不可适用在此。因为举证责任应由法律规定，只有在明显不公平的情况下，法官才可重新分配。而此处虽然保险人存在举证的困境，但可通过证明妨碍和推定的途径缓解。且保险具有附和合同的特殊性，法律不能苛求被保险人等索赔方履行绝对完整的举证责任，只要完成其力所能及的初步的举证责任，举证责任就应转移至保险人。[3] 而证明

---

〔1〕参见最高人民法院(2015)民二终字第 324 号民事判决书。
〔2〕参见上海市第二中级人民法院(2016)沪 02 民终 5222 号民事判决书。
〔3〕何丽新：《保险索赔中举证责任特殊性的思考》，载《河北法学》2000 年第 3 期。

不存在关联关系并非投保人力所能及。因为从逻辑上来说,凭空证明一样东西不存在要比证明存在难很多,因此无法苛求投保人承担倒置后的举证责任。

综上,虽根据谁主张谁举证的规则应由保险人证明关联关系的存在,但其举证困境可通过证明妨碍及经验法则推定进行适度缓解。

(三) 担保权优先行使的免责

1. 信用保险与担保的异同

欲分析该免责条款,首先需明晰信用保险与担保的关系。债的担保,是促使债务人履行其债务,保障债权人的债权切实得以实现的法律措施,具有从属性、补充性和保障债权切实实现等特性。[1] 根据《担保法》主要包括保证、抵押、留置、质押和定金等方式。

从定义上看,担保与信用保险确有功能上的相同之处。在没有担保或信用保险的情况下,债权人的债权能否实现完全取决于债务人的责任财产是否足以清偿债权,一旦其破产或财产不足时,债权的实现就会落空。但担保和信用保险能够在这些情况下保障债权的实现。前者可以将担保人的全部财产或特定财产一并算入,扩大了责任财产的范围或是对债务人所有某一特定物享有优先于其他债权人的受偿权。而信用保险功能类似一般保证,在债权人不履行付款义务时,由保险人履行之后再向债权人追偿,同样具有担保作用。

但功能的相同不能掩盖二者在法律性质上的如下区别:

(1) 二者与交易合同的关系不同

《担保法》第 5 条规定,担保合同是主合同的从合同,主合同无效,担保合同无效。即担保合同依赖于主债权债务关系的存在而存在。而信用保险并不存在附属性,故而与原债权合同并不存在主从合同关系。例如该交易合同被依法认定无效时,保险人只是不承担赔偿责任。[2] 又如债权让与后保证人需继续承担保证责任,但因保险人在厘定风险时债权人的风险管控能力、坏账比例也属影响风险大小的

---

[1] 崔建远:《"担保"辨——基于担保泛化弊端严重的思考》,载《政治与法律》2015 年第 12 期。

[2] 阳光渝融信用保证保险股份有限公司商业合同信用保险条款,载 https://xinbao. sinosig. com/html/product/compProductItem. html,最后访问日期 2017 年 4 月 10 日。

因素,因此根据《保险法》第49条,保险人可增加保险费或解除合同,即没有转让的附属性。即使在保险法律关系中,其他民事合同的权利义务是保险人确定承保条件的基础,但也不能改变两个合同在实体与程序上的法律独立性,其他民事合同与保险合同之间不存在主从关系。[1]

(2)担保合同和信用保险合同分属不同的合同类别

担保合同通常是单务、无偿合同,债权人虽获取了担保权利,但并不存在对待给付。而保险合同则是双务、有偿合同,需投保人缴纳保费后保险公司承担在保险事故发生后的赔偿责任。即使因未发生保险事故而无需赔偿,保险公司也承担了保险期间的风险。此外,保险合同一般为附和合同,而担保合同的意思自治程度较高。

(3)保险人与担保人的义务和责任范围不同

保险人不仅需承担信用损失,还需提供债务人信用信息、协助被保险人进行信用管理,[2]即不仅是在损失已经发生后的填补,更是避免损失的发生,更具有主动性。而在责任范围方面,保险人对于不属于信用利益的违约金、逾期支付的利息、债权人为实现债权而支付的诉讼费等并不赔偿,且基于风险分担原则并不会赔偿100%的应收账款损失,而担保人则对以上利益提供保障。

(4)保险的行业特殊性造成担保与信用保险间的差异

首先,法律对于担保人并无过多的要求,而保险公司的设立有注册资本、管理人员、营业场所等各方面的要求,在其经营过程中也有相应的监管措施。其次,担保虽然也减小了债权落空的风险,但是保险公司是基于危险的同质性进行广泛地分散。

综上,虽然信用保险也具有担保的作用,但因法律属性的不同不能与担保混为一谈,进而应该适用《保险法》而非《担保法》。

2. 担保权优先行使免责条款的效力分析

目前关于担保权优先行使的免责条款存在两种争议观点。其一,认为免责条款无效。在福建省福州市(2015)榕民终字第2053号民事判决书中,中信保内贸险

---

[1]参见最高人民法院(2000)经终字第295号民事裁定书。
[2]赵明昕:《中国信用保险法律制度的反思与重构——以债权人的信用利益保障为中心》,法律出版社2010年版,第171页。

合同约定："对有付款担保的贸易合同,除非保险人书面认可,在担保人按担保协议付款以前,或在被保险人申请仲裁或向法院提起诉讼,并获得已生效的仲裁裁决或法院可执行判决并申请执行之前,保险人不予定损核赔",对此法院认为保险公司的约定客观上限制或免除了保险公司依法对保险事故应承担的保险赔偿责任,限制了被保险人向保险公司主张保险赔偿的选择权,系属于保险公司限制或免除保险人依法应承担的义务并加重被保险人责任,排除被保险人依法享有的权利,导致双方利益严重失衡,亦违反对被保险人在贸易活动中的损失及时获得保险保障之信用保险之宗旨,因此根据《保险法》第19条认定无效。

其二,认为债权人应当首先要求担保人承担保险责任。理由包括:(1)担保合同与基础法律关系的联系比保险合同更为密切;(2)首先使用担保合同更有利保护债权人,倘若保险人首先承担责任,则在其清偿后,主债务消灭,担保关系也因其从属性同时消灭,既免除了担保人的担保义务,也剥夺了债权人获得全面保障的可能;(3)因赔偿等待期条款的存在,担保人的责任在前,保险人的责任在后;(4)保险人先承担清偿责任后获得追偿权是否包括对担保人的追偿权存疑,民事法律关系变得更加复杂,增加了当事人的诉讼风险与费用负担。[1]

对此,笔者认同第一种观点。首先,虽然《保险法》第57条规定保险事故发生时被保险人有防止或减少损失的义务,但不得苛责其承担过高的如善良管理人一般的注意义务,否则将无法实现保险分散风险的功能。对于内贸险中的债权人,其确有采取一个审慎的商人所会采用的措施来避免或减少损失的义务,如通过对买方对被保险人所承担的非承保债务采取措施、采取各种方式包括通过法律途径追讨货款的方式督促债务人履约等。倘若系债务人以自有之物担保则其行使担保权利,则并未提高减损义务的要求。但如果是一般保证,因其先诉抗辩权的存在,被保险人必须先起诉债务人,在确定即使强制执行也无法清偿债务时才能向担保人索赔。倘若保证人拒绝赔偿,则需再起诉保证人,等再次下达判决后才可向保险公司索赔。众所周知,诉讼具有耗时耗财的特点,再加上诉讼费不属于信用利益无法获赔,无疑使得减损义务的标准过高。

---

〔1〕赵明昕:《中国信用保险法律制度的反思与重构——以债权人的信用利益保障为中心》,法律出版社2010年版,第73页。

其次,担保和信用保险虽性质不同,但都旨在填补债务人信用风险所带来的损失。该情形类似于因第三者侵权导致财产受损。被保险人既是侵权的受害者,又是保险事故的索赔权利人,当初投保就是为了避免在无保险情况下向第三者索赔的过高成本与最后的落空,因此由保险人先赔偿,由保险人通过代位求偿权分担损失。因此基于保险的初衷,投保人具有选择先向保险公司索赔的权利。同理,内贸险中债务人履约信用的损失就是受损的财产,举重以明轻,导致财产受损者都可不被选择,那风险承担者亦然。此外,被保险人当时通过"双保险"就是为了更好地保障债权的实现,倘若要求其必须先向担保人求偿,且该担保非足额担保,那么在获取该部分价款后其损失的数额将减少。又因内贸险中保险人承担的金额为损失×(1-免赔率),那么被保险人可能无法获得足额的货款。倘若先向保险公司索赔,保险公司将在赔偿金额范围内取得代位求偿权,进而依担保合同转让的从属性,保险人也将获得该部分债权对应的担保权,但因债权人仍有剩余债权未获清偿,代位人之担保权将劣后于原债权人之担保权,[1]进而被保险人仍有全额弥补损失的可能。因此其排除的是被保险人实现全部债权的权利。

再次,在同为信用保险的贷款信用保险中,保险人明确要求价款人提供担保,并在风险厘定过程中视担保人、担保物的不同调整费率,然后再要求被保险人必须先向借款人及担保人催收。[2]即该保险合同将主债权债务关系及担保合同作为整体承保,对借款人及担保人进行总体信用评价。而在内贸险中,部分保险人没有在风险厘定时将担保纳入考量范围,却在保险事故发生后要求被保险人先行行使担保权利,[3]免除被保险人所缴保费中涵盖的、保险人对有担保合同的赔偿责任,属免除了保险人依法应承担的责任。

而支持债权人先行使担保权利的理由均不合理。其一,法律关系的紧密与优先顺位之间并不具有必然关系,只要有法律关系,被保险人就具有法律权利。其二,保险公司的清偿并非足额清偿,进而主债权并未完全消灭。其三,并非一定担

---

〔1〕史尚宽:《债权总论》,北京:中国政法大学出版社2000年版,第704页。
〔2〕关于鑫安汽车保险股份有限公司个人汽车贷款信用保险条款和费率的批复,载 http://www.circ.gov.cn/web/site0/tab5239/info3973078.htm,最后访问日期:2017年4月10日。
〔3〕关于中国人民财产保险股份有限公司国内特定合同信用保险条款和费率的批复,载 http://www.circ.gov.cn/web/site0/tab5239/info3956966.htm,最后访问日期:2017年4月10日。

保责任生效在先。比如除破产等特殊情形,一般保证的保证责任是在经审判或者仲裁、并就债务人财产依法强制执行仍不能履行债务后才生效,而这一时间点并不一定早于等待期届满之日。其四,保险人本就该承担一定的诉讼风险(如在代位求偿权的情况下),法律关系的复杂也不意味着无法实现,更何况保险人确应获得相应的担保权。

因此,担保先行免责条款免除了保险人在保险费中涵盖的赔偿责任、加重了被保险人减损的义务并排除了被保险人选择向保险公司索赔及实现全部债权的权利,应属无效免责条款。倘若要约定被保险人先行使担保权,保险公司可以将担保纳入风险厘定,并视担保的情况提高买方的信用额度。

三、免责条款存在的问题及应对思路

(一) 内贸险与内贸实务脱节及应对思路

内贸险旨在通过转移单一债务人的信用风险、促进国内贸易的发展,避免因企业资金链的断裂而形成连锁效应。但众多与国内贸易交易习惯不符的免责条款却使其初衷无法实现。比如为证明贸易的真实有效而要求被保险人在交付后 30 天内开具发票,然而在贸易活动中,存在买方先付款卖方再开具发票的情形。又如拒赔被保险人知道或应当知道买方负面信息以及风险已经发生,或交付货物或提供服务前被保险人依据贸易合同或相关法律的规定有权拒绝履行或中止履行交付货物或提供服务义务,仍继续向买方交付货物或提供服务所遭受的损失,[1]看似是对于法定减损义务的细化,却没有考虑到贸易的特点。在双方存在持续性合同关系时,买方的暂时拖欠并不当然使卖方有权停止履行。而且,在以往的交易中,继续履行并未导致损失的扩大,债务人之后仍给付了货款。保险合同既然要求被保险人采取对与买方的非承保债务采取措施,为何不允许被保险人作为一个审慎的商人在"胡萝卜"和"大棒"间做出选择呢?此外,前文所述大宗商品交易下的交付免责条款也属内贸险与国内贸易现状脱节的一大例证。那么为使内贸险更好地为国内贸易保驾护航,笔者认为可以采取以下两种规制方式:

---

[1] 参见福建省福州市(2015)榕民终字第 2053 号民事判决书。

1. 行政措施

为规制内贸险条款,需真正发挥保监会对于保险合同条款及费率的审批和备案的作用。司法作为事后救济方式可以定纷止争,但是行政行为却可以防患于未然,效率更高也更具有普适性。《保险法》135 条规定,关系社会公众利益的保险险种、依法实行强制保险的险种和新开发的人寿保险险种等的保险条款和保险费率,应当报国务院保险监督管理机构批准。国务院保险监督管理机构审批时,应当遵循保护社会公众利益和防止不正当竞争的原则。其他保险险种的保险条款和保险费率,应当报保险监督管理机构备案。具体到信用保险,保险期间超过 1 年期的须经审批,[1]其余则需备案。

首先,关于审批主体。《财产保险公司保险条款和保险费率管理办法》(以下简称《管理办法》)第 12 条规定,对于应当申报审批的保险条款和保险费率,在中国保监会批准前,保险公司不得经营使用,即审批是基于保险人申请、最终解禁的行政许可,而其许可的条件根据《管理办法》可知包括该产品不失公平、不侵害投保人、被保险人和受益人的合法权益。但获得许可的人财国内特定合同信用保险条款和费率就存在担保先行免责与费率厘定时未将担保纳入考虑范围的矛盾,使双方的权利义务不再平等,按照《管理办法》应不予授予行政许可。由此可见审批的作用并未得到完全的实现。

因未对保监会进行调查,笔者无法得出所有原因,只能根据他国做法提出建议。以色列专门成立对格式条款的审核局,由地方法院法官和其他四个人组成,对格式条款预先审查。在其他四个人中,至少有一人代表消费者。该局由地方法院院长担任主席,开会时至少两人出席,除主席外,消费者代表也应出席。[2]法国也采取了类似的做法,政府专门设立了一个特别委员会,该委员会由 3 名法官、3 名自治机构的代表、3 名训练有素的律师、3 名消费者代表、3 名商人代表组成,该委员会专门负责对"职业经营者"与"非职业经营者和消费者"之间的条款进行审查,政

---

〔1〕参见保监发〔2010〕43 号,关于实施《财产保险公司保险条款和保险费率管理办法》有关问题的通知。
〔2〕苏号朋:《格式合同条款研究》,中国人民大学出版社 2004 年版,第 351 页;转引自陈正华:《关于保险合同中格式条款问题的案例分析》,兰州大学,2010 年硕士学位论文。

府根据该委员会的建议发布命令,禁止使用特定类型的合同条款。[1]而我国是由保监会下的财产保险监管部负责审核,其公务员确有保险相关知识,但是却无法与保险合同主体、审理案件的法官相比。保险合同双方主体的加入更有利于在二者之间进行利益衡量,而法官在判案过程中也不断累积了对于保险条款是否公平的认知与判断标准,如此审核主体的人员组成更有利于立足实际发现问题,使审核制度真正发挥作用。

其次,关于备案制度。备案制度与审核不同,属行政事实行为,干预程度较弱,只是便于行政机关监督的手段。但是该制度的落实同样存在问题。根据《管理办法》第27、28条,保险公司需要修改已经备案的保险条款或者保险费率的,应当重新备案,不得违反规定改变条款或费率。但保险公司却通过批注等形式规避重新备案的义务。在上海市第二中级人民法院(2016)沪02民终5222号民事判决书中,中信保在《保险表明细单》批注中列举《国内贸易信用保险条款》未涵盖的免责事由,并将这一与其他内贸险合同中表述完全相同的免责事由视为双方协商一致的结果,即不属于格式条款的特别约定。而此类约定无需备案,进而可推断出其虽对免责事由作出扩充,但却未履行备案义务。虽然备案并不直接改变保险人的权利义务,但如此将使得保监会无法了解该险种的真实情况,进而无法采取及时、有效的监管措施。因此为使备案制度发挥作用,保监会应当通过官网公开备案的合同条款,进而投保人可以将其签订的保险合同与备案的版本进行比对,同时疏通投诉通道,避免保监会永远掌握滞后的信息。同时虽保监会属行政机关,但也应与司法机关进行信息的交流,了解内贸险实务操作中出现的问题,进而可在适当的事后根据《管理办法》实施行政处罚。

综上,行政措施较之司法救济更为及时和主动,能够在一开始就发现内贸险条款的问题,进而避免其与国内贸易脱节,因此必须完善审批与备案制度,以发挥行政手段的作用。

2. 引入异常条款不得订入合同规则

异常条款不得订入合同是指如果某一条款过分异常,以至于无法期待它方相

沐兰琼:《保险合同免责条款研究》,安徽大学,2007年硕士学位论文。

对人预期该条款出现在一般契约条款所适用的交易种类时,该条款视为未订入合同。[1] 目前《德国民法典》、台湾地区《消费者保护法实施细则》以及《国际商事合同通则》(以下简称 PICC)都有此规则的规定。而该条款是否异常条款,则需考量其内容、所用语言及表达方式。[2] 需借鉴该规则的理由如下:

首先,国内贸易主体基于国内贸易的现状,作为一个一般理性人,无法预想到促进国内贸易的内贸险会约定与国内贸易相矛盾的免责事由,而且这一免责事由在内贸险中并不常见。以大宗商品交易下的交付免责条款为例,国际信用保险及保证保险协会(INTERNATIONAL CREDIT INSURANCE & SURETY ASSOCIATION)[3] 在其出版的 CATALOGUE OF CREDIT INSURANCE TERMINOLOGY 中将交付(delivery)定义为以销售合同约定的地点、方式使买方或代表买方的人可以获得货物。此外,中信保在其官网上对于内贸险的介绍中写道,承保企业按照销售合同约定交付货物且买方接受货物后,因买方破产无力偿付债务或买方拖欠货款所发生的应收账款损失的风险,[4] 却又在合同条款中将其限制于实体货物的现实交付。由此可见,该免责条款从内容上而言确属异常。如果以《保险法》的规定判断条款的内容,则只能依据第 19 条,但何为保险人依法应承担的责任、何为加重责任、何为依法应享有的权利? 其概念的模糊性可能导致司法裁判的不确定性。然而内容异常的判断标准相对而言更具有操作性,主要考虑在内贸险领域该条款是否不寻常以及双方就该条款的缔约情况,后者主要指提出该条款的一方不得主张异常。[5]

其次,语言或表达方式的标准与《保险法》规定的明确说明义务类似,但是比我国规定更符合逻辑。如果免责条款未明确说明,对于投保人而言可能并未予以注意,那么此时双方并没有达成合意。而意思表示一致是合同成立的前提,又合同成立是合同生效的前提,因此未明确说明时合同并未成立,虽然也导致了不产生效

〔1〕刘宗荣:《定型化契约论文专辑》,台北三民书局 1988 年版,第 32 页;转引自何新华:《免责条款若干问题研究》,吉林大学,2004 年硕士学位论文。

〔2〕UNIDROIT PRINCIPLES OF INTERNATIONAL COMMERCIAL CONTRACTS 2010,Published by the International Institute for the Unification of Private Law, Rome, p. 68.

〔3〕第一个贸易信用保险组织,目前其成员占据了世界上私有信用保险业务的 95% 以上。

〔4〕国内贸易信用保险简介,载 http://www. sinosure. com. cn/sinosure/ywjs/gnmyxybx/gnmyxybxjj/index. html,最后访问日期:2017 年 4 月 10 日。

〔5〕UNIDROIT PRINCIPLES OF INTERNATIONAL COMMERCIAL CONTRACTS 2010,Published by the International Institute for the Unification of Private Law, Rome, p. 68.

力,但是不订入合同更为严谨。此外,最高院认为应先适用《保险法》第 17 条,后适用第 19 条,因为前者是对格式条款订入的规制,后者是对其效力的规制,这一观点与订入说相符,但是法律表达却会引发歧义。第 17 条的表述是不产生效力,而第 19 条是判断有效或无效,但民事行为的生效是指已经成立的民事行为因符合法定有效要件而取得法律认可的行为,[1]进而对产生效力的判断涵盖了对于其是否有效的判断,无法明确其先后顺序,司法实践中也存在适用法律的逻辑顺序的错乱。[2] 因此虽然不订入合同与不产生效力最终导致的结果相同,但是前者更严谨,可以避免使用顺序的错误。

因此,异常条款不订入合同规则确有借鉴意义,尤其适用于内贸险新免责条款出现之时。但是因其基点在于太过于异常而双方未达成合意,对于一些与国内贸易冲突但已成为行业常态的免责条款并不适用,因此仍需在司法实践中通过效力认定或判断以实现公平。

(二) 司法实践对免责条款效力的认定避重就轻及对《保险法》第 19 条的相应完善

如上所述,司法救济对于无效免责条款的纠偏十分重要。但是目前司法实践对于免责条款的认定却避重就轻,忽视了对《保险法》第 19 条的适用。[3]

首先,虽然第 17 条与第 19 条间存在先后顺序,但司法实践对明确说明义务的过度关注及实质判断标准却使得大量保险条款被判无效,[4]向被保险人一方的过度倾斜导致了保险人的利益受损。虽因内贸险免责条款案例有限,尚未出现此类判决,但也值得关注。因为内贸险与其他保险不同,被保险人与保险人之间可能并不存在力量悬殊的不平等关系。人身险可能是毫无保险知识的自然人与庞大的保险公司之间的博弈,但是内贸险合同是由企业与保险公司缔约。而且许多内贸险

〔1〕魏振瀛主编:《民法》,北京大学出版社、高等教育出版社 2013 年第五版,第 155 页。
〔2〕王静:《我国〈保险法〉第 19 条司法适用研究——基于保险格式条款裁判的实证分析》,载《政治与法律》2014 年第 11 期。
〔3〕因与内贸险免责条款有关的判决除完全雷同的仅有 8 份,因此笔者只能结合总体保险司法实践的情况或以小窥大。
〔4〕参见罗璨:《保险说明义务程序化蜕变后的保险消费者保护》,载《保险研究》2013 年第 4 期。

还对企业的资产水平有要求,因此其财力不一定弱于保险公司。此外,对于企业而言,频繁的商业往来使其对合同更加敏感,不太容易出现无法阅读完冗长的保险合同的情况,而且有些企业还聘用了保险经纪人,因此对于保险知识的掌握程度也较之其他险种投保人不同。而明确说明义务的目的在于保护弱小的个体,因此在双方地位相对平等的情况下,不应过度苛求保险人明确说明。当然,企业的状况也存在区别(比如需信用保险支持的小微企业),加之保险合同仍是附和合同,因此明确说明义务的履行标准不应一味放低。

其次,司法实践将利用不恰当的解释避免效力认定。如在上海市第二中级人民法院(2016)沪02民终5221号民事判决书中,保险人将交付定义为被保险人根据贸易合同的约定将自己占有的货物或所有权凭证移转于买方或买方指定的第三方占有。根据《物权法》第二章第二节动产交付的表述可知,此处的占有通常理解为直接占有。而且保险合同定义中还增加了自己二字予以突出,因此保险人言下之意就是排除观念交付,而法院却强行解释为占有改定的方式也符合该定义。如前文所述,这一交付定义只有在非大宗商品交易情况下才会存在效力问题,而解释方法需建立在有效的基础上才能运用,因此法院其实是已经默认其无效,直接借《保险法》第30条避免适用第19条。

再次,即使法院适用了《保险法》第19条,其证明过程也有些敷衍。如前述担保案例,法院虽最后结论无误,但其证明过程更多的是对第19条内容的复述,并增加了利益严重失衡等万金油的表述。虽然指出了担保有利于保险公司、被保险人无法及时赔偿等理由,但逻辑关系并不清晰。对于选择权为何是依法应享有的权利等对于第19条的适用十分关键的论证也不够完整,而这些将导致保险人难以信服,无法真正定纷止争。

而法院之所以对免责条款的效力认定存在不足,其原因在于第19条中诸多概念较为模糊,有待进一步明确。对此,笔者认为第19条的关键词其实只有两个,依法和加重。对依法而言,其关注的自然是合法性,因此法的范围就成为了关键。首先从位阶上来看,《合同法》司法解释一第4条规定,人民法院确认合同无效,应当以全国人大及其常委会制定的法律和国务院制定的行政法规为依据,不得以地方性法规、行政规章为依据。其次,从法的强制力看,法规规范可分为强制性规范和任意性规范,对此争议主要集中在含有"另有约定除外"的任意性规范是否也属第 19 条中的法。对此,德国《保险法》有相对强制规定理论,即,如某任意性规范法意为保护被保险人所设,原则上不允许当事人协议变更,但若有利于被保险人,则不在此限。此类规定,不能以一般私法上原则判断,而是以法条规定内容是否对被保险人为有利为据。换言之,此种规定为最低之契约内容标准,防止保险人以附合契约之方式剥夺被保险人权益。[1] 但笔者认为不应将以保护被保险人为目的的任意性规范纳入第 19 条的法的范围中。因为对于法意或者立法精神的判断不一定能得出同一结论,本是为明晰合法性判断的标准,反而导致了更加混乱的境地。其次,《保险法》中对于投保人的保护程度是考虑了所有险种投保人的平均水平,但是个险中双方地位是否平等可能与立法的考量不同。比如内贸险中作为投保人的大型企业与保险人,如果赋予任意性规范一定强制力则将损害保险人的利益。因此,不宜将任意性规范纳入第 19 条的考量范围。综上,所谓依法指的是强制性的法律或行政法规。

而加重,从词意理解有一个增加的过程,并且存在一个度的衡量。而且此处法律表述并未加入法定义务等表述,可见其不只是一个合法性的判断,更多的是对于投保人和被保险人所承担的义务是否过重的合理性的评价。而是否过重,自然是与合同的相对方——保险人的责任相比较,通过利益衡量,判断合同是否公平。考虑到公平太过抽象,笔者建议可以用比例原则细化其判断。通过适当性、必要性和均衡性的判断使公平原则具有一定的构成要件,进而避免司法裁量太过恣意。

如此,通过对于第 19 条概念的明晰,能够改变司法实践中对于第 19 条"避之唯恐不及"的态度。

(三) 保险人风险管控手段有限及相应立法司法改善措施

虽然内贸险的免责条款使其与内贸脱节,但保险人制定该格式条款也有其苦衷。如上所述,因内贸险的诸多特性,道德风险、逆向选择的发生概率更高,且保险公司可能无法及时发现、及时发现也难以举证证明。因此制定了以偏概全、矫正过

---

[1] 参见江朝国:《〈保险法〉论文集》(三),瑞兴图书股份有限公司 2002 年版,第 130—131 页;转引自刘学生:《保险条款的效力评价——新〈保险法〉第十九条的理解与适用》,载《保险研究》2009 年第 6 期。

度的免责条款。那么在否定这些免责条款效力的同时,立法和司法也应保障保险人的权利,以使内贸险更好地运行。

首先,可以通过立法增加保险人的风险管控手段。目前,我国对于信用保险的立法不过寥寥四字,并无任何特别规定。为弥补这一空缺,可以借鉴他国做法。比如韩国的《贸易保险法》第 7 条规定了避免逆向选择的措施——如果 K-SURE 认为有必要避免投保人或被保险人对于贸易保险保单承保损失的逆向选择行为,其可以选择限制保险期间以及限制相关保险责任发生的时间;如果 K-SURE 认为有有效分散风险或使保险费标准化的必要,其可以签发对于相同产品、制造商、关联主体、金融机构或进口国家同意承保的总括型保单。又如《澳门商法典》第 1023 条规定,被保险人与投保人有义务将关于作为保险标的之交易之资料通知保险人,并许可保险人查阅与该交易有关之记账簿册及会计资料。这一规定是考虑到内贸险双方信息的不对称对于如实告知义务的细化,更有利于保险公司识别保险欺诈。此外,有观点指出应规定信用保险合同中加重投保人和被保险人责任的条款,如果该条款的生效有助于积极有效地减少实际损失或者实质性地提升保险人对保险标的风险状况的掌握和防范或者促进信用保险合同目的的实现,则条款有效。[1] 对此,笔者认为太过绝对,因为其只考虑了责任条款的目的,而没有与手段之间进行衡量,容易导致不公平条款的出现。因此我国应在立法中适度增加信用保险人的风险管控手段,但不宜过度矫正。

其次,司法实践中应避免苛责保险公司的大趋势,并且合理分配举证责任。比如,虽然本章在关联关系部分指出一般不适用举证责任倒置,但是在特殊情况下也可由法院根据案情合理分配举证责任。对于内贸险中的道德风险,可以类比人身险种的自杀情形,并借鉴日本的相关做法。在一个案件中,公司濒临破产的甲作为投保人和被保险人分别与四家保险公司订立了六份意外伤害保险合同,保险期间均为 1 年,死亡保险金总额 4.5 亿日元,投保一个月之后,甲在建设工地上工作时从屋顶的脚手架上坠地身亡。该案经最高裁判所提审,提出:如果对保险事故产生怀疑,怀疑事故的发生是基于被保险人故意行为时,事故的偶然性的举证责任,不应

---

〔1〕张振华:《信用风险及信用保险法律制度研究》,中国法制出版社 2016 年版,第 243 页。

当由保险人承担。[1] 此案对于内贸险的借鉴意义在于,虽被保险人只需承担初步举证责任,但当其多项举动足以使保险人产生合理怀疑时,应由其而非保险人承担道德风险未发生的举证责任。

再次,内贸险受制于国内贸易的现状,有些风险单靠《保险法》并不能解决,还需完善民商法中相关规定的缺失并解决司法实践中产生的争议。比如上文所述关联关系,公司法作为最适合对关联关系作出一般规定的法律却仅以概括的方式定义,使得关联关系在内贸险之外的案件中也存在争议。而物权法中未明确的拟制交付究竟是现实交付的特例还是观念交付的一种也尚无定论。对于名为买卖实为借贷的案件的认定,司法实践也存在意见分歧,比如是否使用交易习惯予以判断等。而这些不确定性增大了内贸险的风险,因此亟待相关法律的明确。

综上,追本溯源可知问题的根源在于保险人无法有效控制风险,因此应通过立法增加其风险控制手段、司法合理分配举证责任以及对于民商法相关规定的完善才能够避免不公平免责条款的出现。

四、结语

内贸信用险中的交付条款作为格式条款,在其对交付方式进行限缩时确属免责条款。实务中的现实交付免责条款在保险人已知交付方式仍承保及大宗商品交易的情况下因不合法而无效,但在其余情形中其效力应予肯定。而以关联关系为由的免责条款具有其正当性,在解释时应采取实质控制标准,并通过证据妨碍及推定等适当减轻保险人的举证责任。此外,在明确了信用保险与担保的异同后,可以看到担保先行条款因违反《保险法》第 19 条而属无效免责条款。对于以上具有代表性的免责条款及相关司法判例,本章将其体现的问题归纳为内贸险不符内贸现状、司法实践对免责条款效力认定避重就轻及保险人风险管控手段有限,并针对性地提出了真正发挥行政备案审查制度的作用、引入异常条款不得订入合同制度、进一步明确《保险法》第 19 条的规定、通过立法及司法手段使保险人可有效维权的几大解决方案。

---

[1] 沙银华:《日本保险经典判例评释》,法律出版社 2011 年版,第 157—158 页。

第二十章　中间型定额保险的契约危险问题
——中间型保险重复投保引出的话题 *

一、问题的引出

　　屠某以本人为被保险人于 2008 年 6 月 14 日向某甲保险公司投保两全保险,附加的综合住院医疗保险中含有每日住院现金利益给付 200 元/天的条款。在投保单中,屠某告知保险公司其职业为上海某商贸公司总经理,平均月收入为人民币 1 万元,在保险公司询问的"其他商业保险"是否包含"每日住院现金给付"一栏中未填写任何内容。2009 年 11 月 3 日,屠某因病住院治疗 27 天,出院后申请理赔,保险公司以屠某在投保时未如实履行告知义务为由拒绝理赔,并决定解除附加综合住院医疗保险合同,屠某不服诉至法院。

　　法院审理中另外查明:2003 年至 2008 年期间,屠某还在某乙、丙、丁保险公司分别购买有多份附加住院定额补贴的人身保险,本案申请理赔时,这些住院定额补贴保险均在保险有效期限之内,其中"住院补贴计划 A + 保险"中的每日住院保险金为 500 元/天。法院还查明,屠某于 2008 年 9 月至本案案发时,住院五次共 146 天,按照上述合同约定共可获得住院补贴保险金人民币 82,450 元;法院同时查明,屠某2004 年通过了保险代理人从业资格考试,投保时所称的某商贸公司地址不存在,申请本案理赔时其真实职业为某俱乐部市场部经理,账面工资为人民币 2,000 元/月。

---

　　* 本章内容曾发表于《中外法学》2015 年第 1 期。作者:韩长印,上海交通大学凯原法学院教授、博士生导师。本文章国家社科基金重点项目"我国机动车三责险改革问题研究"的阶段性成果,项目编号:14AFX019。

一审法院认为,本案争议的保险合同属于住院补贴型险种,根据损失填补原则,住院补贴险的设计目的在于弥补被保险人住院期间不能正常工作而导致的收入方面的损失,保险公司赔付的每日住院保险金不得超过其正常工资收入(即每月2,000元),否则就有可能引发逆向选择,诱发道德风险;本案中屠某未告知其在其他保险公司购买住院补贴的事实以及隐瞒真实收入的事实足以影响保险人决定是否承保,因此保险公司解除合同的决定符合法律规定。

屠某不服一审判决,以如下理由提出上诉:(1)人身保险不适用损失填补原则;(2)法院并未对何谓告知义务中的"重要事实"作出认定;(3)判决书对有关未告知事项"足以影响保险人决定是否同意承保或者提高保险费率"的判定,既缺乏证据证明,也没有说出理由。二审法院最终驳回上诉,维持原判。[1]

本案提出了如下值得思考的问题:(1)实务中普遍存在的住院定额补贴险,作为人身保险的一个特殊险种,是否适用损失填补原则?(2)此类保险的投保方需要告知的"重要事实"究竟包括哪些风险因素?是否包括"其他商业保险"中"每日住院现金给付"的累计金额?如否,过高的定额给付保险金额是否有可能诱发道德危险?如是,立法是否对中间型定额保险中投保人应当告知的"重要事实"做出了明确无误的规定?(3)如何辨别和防范中间型定额保险的契约危险?[2]

---

[1] 参见上海市第一中级人民法院(2010)沪一中民六(商)终字第 199 号民事判决书,中国保险行业协会组织编写:《保险诉讼典型案例年度报告》(第三辑),法律出版社 2011 年版,第 71—75 页。无独有偶,在"何丽红诉中国人寿佛山市顺德分公司、佛山市分公司"一案中,黄国基、何丽红夫妇先后向 5 家保险公司投保 1 份"人身意外伤害综合保险"31 万、1 份"祥和定期保险"20 万元、3 份"安康如意卡保险"28.8 万元;5 份"如意卡保险"15 万元;1 份"愉快人身意外伤害保险"100 万元;3 份"多保通吉祥卡"30 万元。涉诉两份保单的投保人、被保险人均为黄某,受益人均为何某。在涉诉两份保险合同案件中,黄某在保单中填写的工作单位和职业均为"某建筑水电安装队负责人",职业代码"070121",平均年收入为"5 万元"。对于投保单第三项告知事项中的第 11 款内容,即:"A. 目前是否有已参加或正在申请中的其他人身保险? 如有,请告知承保公司、保险险种名称、保险金额、保险生效时间;"黄某对第一份保单中未填写任何内容,在第二份保单中填写"否"。此外,黄某于 2013 年 9 月 16 日进入某乙保险公司工作,兼任个人寿险业务代理人,次年 1 月 2 日离职。其妻何某同期进入某乙保险公司工作,次年 2 月 2 日离职。法院认定投保人未填写任何内容的保单上,保险公司构成弃权和禁止反言,在填写"否"的保单上,投保人构成违反告知义务。参见最高人民法院公报 2008 年第 8 期。

[2] 本章之所以没有选择定额给付保险或者人寿保险的契约危险,是因为人寿保险中的定额给付性质几乎是不为人们所怀疑的。而健康保险和意外伤害保险中因为本属人身保险而加入了财产保险的运作模式,极易产生争执。

二、我国中间型保险的立法现状及理论认知

(一) 我国中间型保险的立法现状

立法层面上，我国现行《保险法》以保险标的为分类标准，将保险合同分为人身保险和财产保险两大合同类别；[1]同时根据保险业务与保险监管的需要，在把保险业务分为人身保险与财产保险，并在贯彻"分业经营"规则的基础上，允许财产保险公司经营"短期健康保险和意外伤害保险业务"。[2]

如果仅仅按照保险标的的划分标准以及保险公司的"分业经营"规则加以判断，健康保险和意外伤害保险无疑均归属于人身保险业务而由寿险公司经营，因为立法已经明确规定了"保险人不得兼营人身保险业务和财产保险业务"。但《保险法》第95条第2款的"但书"条款却又同时将"短期健康保险和意外伤害保险业务"确定为经营财产保险业务的公司可以经营的保险险种。至此，一方面，保险法在立法层面确立了人身保险与财产保险两套完全不同的法律适用规则，也即人身保险贯彻定额给付规则，[3]排除对损失填补原则以及作为损失填补原则下位规则的重复保险、超额保险以及保险代位等规则的适用，[4]而财产保险则适用损失填补原则以及重复保险、超额保险和保险代位等财产保险的特殊规则；另一方面，保险法又允许财产保险公司经营"短期健康保险和意外伤害保险业务"，允许这一部分人身保险合同同时适用财产保险的调整规则。这种法律规范的结构安排，实际上已经把"短期健康保险和意外伤害保险业务"作为一种"骑墙性"险种加以定性了。

但不得不指出的是，我国保险法关于前述两种中间型保险的规定仅仅是从划定保险公司业务范围的角度加以"提及"而已，并没有对其法律适用规则作出明确

---

[1] 我国《保险法》第二章第二节为人身保险合同，第三节为财产保险合同。

[2] 我国《保险法》第95条规定："保险公司的业务范围：(一)人身保险业务，包括人寿保险、健康保险、意外伤害保险等保险业务；(二)财产保险业务，包括财产损失保险、责任保险、信用保险、保证保险等保险业务；(三)国务院保险监督管理机构批准的与保险有关的其他业务。""保险人不得兼营人身保险业务和财产保险业务。但是，经营财产保险业务的保险公司经国务院保险监督管理机构批准，可以经营短期健康保险业务和意外伤害保险业务。""保险公司应当在国务院保险监督管理机构依法批准的业务范围内从事保险经营活动。"

[3] 精确的表述应当是，人寿保险才完全贯彻定额给付原则，健康保险和意外伤害保险中的死亡、伤残也贯彻定额给付原则，死亡、伤残之外的危险才可能产生中间型保险问题。

[4] 比如，《保险法》在第二章"人身保险合同"一节的第46条规定："被保险人因第三者的行为而发生死亡、伤残或者疾病等保险事故的，保险人向被保险人或者受益人给付保险金后，不享有向第三者追偿的权利，但被保险人或者受益人仍有权向第三者请求赔偿。"

具体的规定,更没有从中间型保险的运营基础、赔付基础、赔付方式,尤其是风险管理模式的差异性角度出发,建立一套明确完备的法律规范体系。

实际上,在 2009 年《保险法》修改之前,2006 年 9 月 1 日生效施行的中国保监会《健康保险管理办法》已经把健康保险进一步区分为疾病保险、医疗保险等险种,并对其中医疗保险的赔付方式作出了"定额给付"与"费用补偿"(实支实付)两种属性的进一步区分。该办法第 2 条规定:"本办法所称健康保险,是指保险公司通过疾病保险、医疗保险、失能收入损失保险和护理保险等方式对因健康原因导致的损失给付保险金的保险。"医疗保险"是指以保险合同约定的医疗行为的发生为给付保险金条件,为被保险人接受诊疗期间的医疗费用支出提供保障的保险。"[1]第 4 条第 1、3 款规定:"医疗保险按照保险金的给付性质分为费用补偿型医疗保险和定额给付型医疗保险。""定额给付型医疗保险是指,按照约定的数额给付保险金的医疗保险。"

由此可见,中国保监会《健康保险管理办法》已经明确地对健康保险这一人身保险中的医疗保险,根据其赔付的方式的不同,允许其选择采用"损失填补"或者"定额给付"两种不同的保险保障模式,从而肯认了健康保险中医疗保险的"中间型"属性。[2]

(二) 对中间型保险的理论认知

就我国保险法仅仅依照保险标的的差异而未依照保险赔付方式的不同,作为区分保险合同当事人权利义务和保险人保险责任承担规则标准的立法模式,理论上普遍认为,财产保险合同和人身保险合同的分类,补偿性保险合同和给付性保险

---

[1] 显然,这里对医疗保险同时从损失填补和定额给付两种保障属性上做出了界定。

[2] 尽管这里的保险范围在保险标的风险的范围划分上,可以说产生了矛盾。比如该办法一方面规定健康保险是针对"因健康原因导致的损失给付保险金"的保险险种;另一方面还规定健康保险中的失能收入损失保险是指因"疾病或者意外伤害导致工作能力丧失为给付保险金条件"的保险险种,也即在健康险中加入了"意外伤害导致的工作能力丧失"的因素而"给付"保险金。并且,该《办法》也未在医疗保险、护理保险中对疾病或意外伤害导致的保险事故原因作出区分。如此一来,健康保险与意外伤害保险之区分,在这些险种上就可能产生较多的重合。换言之,健康保险与意外伤害保险在保险金给付条件方面,呈现出较多的兼容性。然而,2006 年 9 月 13 日中国保监会关于《健康保险管理办法》实施中有关问题的通知第 2 项又指出,保险责任仅包含意外事故造成的医疗费用补偿的保险产品,暂不适用《健康保险管理办法》和本通知。

合同的分类,应当构成我国保险法的两种基础分类。[1] 我国《保险法》仅仅依照"财产保险、人身保险"之二元划分标准作为保险合同的分类标准及体系架构,由于未顾及人身保险的二元性差异,忽略了在人身保险中同时存有如财产保险一样属于填补经济损失的险种。[2] 健康保险和意外伤害保险既为人身保险,其保险标的即为"人的身体",这一判断在逻辑上无可争议,但却未能全面准确揭示健康保险和意外伤害保险之保险标的的真实面目。实务上的健康保险和意外伤害保险,按其保险金给付模式可分为定额给付型保险和费用补偿型保险,[3] 故而这些骑墙性保险中存在着大量损害填补的内容,无法完全纳入人身保险之中。

所谓定额给付型保险,正如有学者指出的,是指保险合同中其给付基础非以填补被保险人实际损害为目的,而任由其所约定的保险金额作为给付范围之限制。[4] 定额给付保险订立后,保险人所应履行的保险金给付义务与范围乃于契约订立时即以约定,其金额的约定并无客观可得估计的价值作为限制。故于保险事故发生时,一方面因契约订立的目的并非全然填补经济上可得估计的损害,另一方面也没有可以估计的客观价值加以判断,只能就所约定的金额由保险人加以给付。[5]

由此可见,我国保险法理论界关于中间型保险的法律属性问题基本上达成了如下共识:健康保险和意外伤害保险虽属人身保险,但保险理赔机制上具有中间型保险的属性。详言之,死亡、伤残给付部分的保险金采取定额给付的支付方式,医疗费用等部分的保险金既可选择实销实报、损失填补的支付方式,又可基于简易理赔程序,选择定额给付的支付方式。也正是因为上述险种不同于人寿保险须遵循

---

[1] 史卫进:《论第三领域保险的几个理论问题》,王保树主编:《中国商法年刊》(2008年卷),北京大学出版社2009年版,第83—85页。

[2] 樊启荣:《"人身保险无保险代位权规范适用"质疑》,《法学》2008年第1期。文章指出,健康保险和年金保险因无第三者负责之情形亦无代位权适用之余地;意外伤害保险在应由第三者对保险事故负侵权之责的情形下,对其医疗费用应容许适用保险代位权。

[3] 温世扬:《"中间性保险"及其私法规制》,《北方法学》2013年第3期。

[4] 但其所约定者并非定值保险中所约定之保险标的的价值。即便人身保险中有损害填补性质的医疗费用保险,其于合同订立时所约定者也仅仅是保险金额及保险人于保险事故发生时所负的给付上限,非为合同订立时保险标的的价值,亦非财产保险中的定值保险。定值保险是财产保险中,为避免事故发生时,保险标的的价值难以勘估或者保险标的的价值本身难以客观标准加以估计,因而与合同订立时即约定其保险标的的价值,以此作为保险金履行保险给付义务的限制。参见汪信君:《复保险规范范围之再论》,《月旦民商法杂志》2004年第5期。

[5] 汪信君、廖世昌:《保险法理论与实务》,元照出版有限公司2010年版,第174页。

定额给付的保险原则,所以称之为中间型保险。

然而,本章关注的重点不限于前述健康保险和意外伤害保险这两类中间型保险中的医疗费用能否适用损失填补原则问题。因为,如果说该问题尚未清晰地在立法和司法层面得以澄清的话,至少在学理层面,该两类保险的中间型保险地位基本上已经获得了理论的支持,健康保险和意外伤害保险中的医疗费用完全可以摆脱其人身保险的本来属性而适用损失填补原则。本章研拟的重点在于,因为健康原因和意外伤害原因产生的医疗保险中的住院补贴(甚至医疗费用补贴等)保障事项,如果采取定额给付的方式加以约定和承保,会否诱发额外的道德危险? 这些道德危险的构成要素如何? 保险法立法是否将这些危险因素列入投保人如实告知的范围之内? 保险实务层面如何对此作出防范和应对? 显然,对这些问题,都有进一步加以揭示的必要。

三、保险危险的类别划分及契约危险的一般法理

(一) 保险危险的类别划分

要想有效地管理危险,必须先对危险的类别做出区分,并根据不同的危险性状分别采取不同的危险管理方式,对于危险的类别划分多采用制度和技术相结合的方式,而对于不同危险类别的风险管理,多采用法律与制度相结合的方式进行管理。

一般认为,按照危险预测的数理基础划分,保险法上涉及的危险,可以分为客观危险和主观危险两个类别。前者系指保险标的客观存在的所有危险,后者系指因被保险人的心理状态所造成的危险。而能够以大数法则将其损失发生率及损害额加以精算,反映于保险费当中的,理论上应当仅限于客观危险,这也是应当并且仅仅可以向保险公司转移的危险;至于主观危险,保险人虽得由被保险人或者保险标的的情况间接了解,但因无一普遍接受的方法可证明其为可信与有效,且完全因人而异,故无法对其进行精算而反映至保险费中,[1]故而不属于应当向保险公司转移的危险。保险人管理危险的重点工作之一,便是通过危险管理措施试图对主观

---

〔1〕叶启洲:《保险法专题研究(一)》,元照出版有限公司 2007 版,第 44 页。

危险加以排除的过程,尽管实际上通常很难达到危险管理的这个终极目标。

需要强调的是,所谓主观危险,又称契约危险、道德危险,[1]是指被保险人投保之后,因为投保人或者被保险人防范保险事故发生的诱因及注意程度将因此可能降低从而产生的风险,取决于被保险人在保险契约成立后的行为。[2]换句话说,是指投保人、被保险人或受益人为图取保险金而故意或过失地作为或不作为所造成或者扩大的危险。[3]之所以称之为契约危险,主要是因为如果投保人没有投保而与保险人订立保险契约,通常不会产生此类危险。

具体说来,道德危险虽然确实为人们的一种意志或心理,但若没有保单上利益的引诱或者刺激,则不会见诸行为,只不过是一个"良心"问题。因此,伦理经济学对道德危险所作的结论是:"良心"问题之诱因则为保单上利益所刺激。道德危险既是投保人的"良心"问题,又是保险单本身的问题。[4]与客观危险存在于人的意识之外,因而可以运用数理手段完成对客观危险发生、发展和演变概率的测算不同,主观危险缺乏客观的数理计算基础,很难对这种危险进行科学和准确的概率分析与研究,只能依据经验和主观判断处理和控制危险,并且可能由于研究人员认识的差异导致相同的危险预测出现较大的计算偏差。[5]因而,保险法上的危险管理,

---

[1] 本章之所以更多使用契约危险一词而不是道德危险,原因在于契约危险更能突出道德危险在中间型定额保险中的危险比重,也即突出由于契约约定的保险金数额欠缺具体的保险价值作为评估基础而约定过高的保险金额使然。就两种危险与契约危险的关系,其实属于相似的内涵,如果非要加以区分,能否认为,契约危险是诱因,道德危险是危险行为的外在表现形式,主观危险则是支配危险发生的内在表现形式。比如,故意制造保险事故属于道德危险,但超额保险是契约危险因素,构成故意制造保险事故的诱因。从危险发生的概率上讲,由于这些危险因素无法通过精算或者技术加以测算,因而属于主观危险。也有学者把主观危险具体区分为道德危险与心理危险,所谓道德危险是一种与人的道德修养有关的无形因素,即由于特定的团体或个人违反基本的诚信义务或者不正当动机可能导致的破坏社会或者个人利益的内在原因。例如,生产假冒伪劣产品、违约拖欠货款、偷税漏税、贪污受贿、欺骗敲诈等行为导致的社会公共利益和个人利益的损失都属于道德危险的范畴。所以,道德危险是一种完全与人类的不正当社会行为有关的危险。所谓心理危险,是一种与当事人的心理状态和情绪有关的无形因素。即由于特定的团体或个人主观上的疏忽和过失可能导致的损失概率增加或损失程度扩大的内在原因。例如,错误的舆论导向、主观臆断作出的决策和计划、粗心大意的行为、违反管理或操作程序等行为导致的社会公共利益和个人利益的损失都属于心理危险的范畴。参见郝演苏:《保险学教程》,清华大学出版社2004版,第11页。

[2] 转引自张冠群:《重论复保险相关规定与医疗费用保险之适用》,《月旦法学杂志》第192期,第191页。

[3] 施文森:《保险法总论》,台北三民书局1985年版,第10页。

[4] 樊启荣:《保险损害补偿原则研究》,《中国法学》2005年第1期。

[5] 郝演苏:《保险学教程》,清华大学出版社2004年版,第5页。

除了对客观危险的防灾减损之外,某种意义上讲,危险管理的重点就是对契约危险的排除、防范和化解问题,询问告知义务的履行无疑是其中最重要的一环。

(二) 契约危险的一般法理

从法学意义上看,"契约危险"这一概念,是对被保险人的主观状态与保险事故间之因果关系所作的"价值判断"。

根据被保险人的主观过错状态,契约危险可类型化为二:积极的契约危险与消极的契约危险。前者系指投保人、被保险人或者受益人为图取保险金而故意促使危险发生的种种行为或企图,是被保险人"热切希望发生的危险";后者又称为"心理危险",系指投保人或被保险人因保险契约的存在,怠于保护或疏于施救被保险标的而造成或扩大的危险,与积极的道德危险相比较,被保险人因持有保险之故而怠于应有之注意。[1] 前者表现为"因保险契约可获得一定利益者,为求保险给付故意导致保险事故发生之情形";后者表现为"被保险人疏忽、过于冒险所导致有投保者之风险较未投保者高之情形"。[2] 由于积极危险的主观恶性程度较高,保险人危险管理的重点也就常常放在对积极危险的防范方面。我国《保险法》第27条第2款规定,投保人、被保险人故意制造保险事故的,保险人有权解除合同,不承担赔偿或者给付保险金的责任;除本法第四十三条有关人寿保险合同投保人已交足二年以上人寿保险合同的保险费而退还保单的现金价值之外,也不退还保险费。

从契约危险的发生原因看,契约危险往往是投保人或者被保险人故意制造保险事故、虚构保险事故、虚报的保险损害赔偿额或者给付数额,以及其他本不属于保险人理赔范围,但由于保险人无法有效证明属于除外不保或者免责范围的事项,使得被保险人成功获得理赔的危险事项。[3] 故而,积极危险一直是契约危险管理

---

[1] 樊启荣:《保险损害补偿原则研究》,《中国法学》2005年第1期。
[2] 江朝国:《保险法逐条释义》(第一卷总则),元照出版有限公司2012年第1版,第520页。
[3] 以人寿保险为例,故意违反告知义务而带病投保,甚至通过冒名体检成功逃避保险人核保环节的风险管理措施,或者故意违反告知义务而在危险发生之后故意拖延报案,使得保险人的合同解除权超过《保险法》第16条规定的除斥期间的保险事故,都可能成为保险人不得不承担的契约危险。参见韩长印、张力毅:《故意违反告知义务与保险人合同撤销权——目的性限缩的解释视角》,《月旦民商法杂志》第44期。而这些危险因素明显不同于人寿保险中如下常见的客观危险因素:艾滋病感染、毒瘾、高血压、心脏病、厌食症、精神病等等诸多疾病。

的重点所在。

就契约危险的内在诱因而言,损失填补型保险与定额给付型保险的内在诱因存在着较大的差异,前者由于通常存在保险标的的客观价值作为保险利益的判断标准,因而,契约危险的内在诱因主要表现在超额保险以及(狭义)重复保险问题上,[1]不足额保险与全额保险中并没有太大的契约危险问题。[2] 而定额给付保险,由于并无保险价值的存在,无法直接将保险金额与保险价值进行比对判断,从而确定被保险人可能获取的不当利得的限度,其契约危险的诱因并不在于超额保险或者重复保险,而在于单一保险金额或者累计保险金额与投保人或者被保险人的收入状况或者保费负担能力之比上,其中,累计保险金额涉及到定额给付保险的重复投保问题,[3]所以,定额给付保险危险管理的难度通常也会高于损失填补型保险。

具体说来,定额给付保险金额过高时(尤其是当投保人本身收入不高),无疑会生发契约危险问题。其金额过高既可能见于单份保单的金额过高,也可能见于复合保险的金额过高,[4]比较而言,定额给付型保险的契约危险无疑较高。由此可见,重复投保的事实虽与保险事故危险(即保险危险事实)的客观发生率无涉,但会影响保险人是否承保的意思表示,[5]也属于契约危险事实的范畴,构成契约危险的重要因素。原因在于,重复投保抬高保险金额的结果,有可能背离被保险人的保费负担能力以及对风险转移需求的限度,为保险人负担投保人的不正常保险契约请求(超出契约原来负担的范围)埋下隐患,并有可能对投保方的道德危险行为形成

---

〔1〕我国保险法关于重复保险采用的是狭义重复保险的内涵,也即重复保险累积的保险金额大于保险标的的价值,并且按照立法规定仅适用于财产保险。

〔2〕至于作为消极保险的责任保险以及费用支出型保险,保险责任的承担系以被保险人对第三人承担的民事(赔偿)责任为前提,或者所需支付的费用限额有其限度,加上保险人按照法律规定或者契约约定所享有的保险和解参与权,其契约危险发生的概率通常很小。

〔3〕我国《保险法》第 56 条第 4 款在"财产保险合同"一节中规定:"重复保险是指投保人对同一保险标的、同一保险利益、同一保险事故分别与两个以上保险人订立保险合同,且保险金额总和超过保险价值的保险。"显然,这是采用了不同于复合保险的狭义重复保险的概念,并且从逻辑上讲,也不适用于人身保险。但重复购买定额给付保险的结果,可能使得累计保险金额远远超出投保人或者被保险人的保费负担能力,构成诱发契约危险的主要原因。

〔4〕本章所谓复合保险系指就同一保险标的、同一保险危险、在同一保险期间内重复投保,但累计保险金额并未超过保险标的的价值,或者无法将保险金额之和与保险价值进行对比时的复保险情形,可以算作广义复保险的范畴。

〔5〕汪信君:《复保险规范范围之再论》,《月旦民商法杂志》2004 年第 5 期。

激励。

正是因为保险单本身能够改变对被保险人行为的激励方向,改变保险公司所依据的风险概率,比如超过房产价值的火灾保险单可能诱导纵火或至少是疏忽。[1]也即保单中的契约危险因素能够直接改变保险危险发生的概率。所以,在保险契约的订立阶段必须给保险人以管理风险尤其是排除契约危险的机会,并且对于不同的风险性状,应当允许保险人采取不同的风险管理措施,包括通过询问告知的方法来尽可能地获知主客观危险因素以及有针对性地采取风险管理措施以排除主管危险因素。比如,对于客观危险,应当以加强保险标的的危险管理为主;而对于主观危险范畴的契约危险,则当以防范订立过高的保险金额,对重复投保多项保险的风险程度作出评估以决定是否承保为主的风险管理措施为主。

四、中间型定额保险的契约危险管理

综上所述,关于寿险中的定额给付保险,保险实务界并没有什么争议。而关于中间型保险的双重性质,尽管学理上已经达成了共识,保险立法也在针对保险业分业经营的业务界分方面实现了突破,[2]但因保险立法尚未完成损害填补保险与定额给付保险的明确划分,[3]很大程度上影响了司法实务中对中间型保险两重法律属性以及两种业务操作模式的正确认识。其明显的误区之一就在于,机械地恪守所谓人身保险不适用损害填补原则及重复投保规则的理念,在所谓"生命、健康和身体无价"的思维导向下,并未将保险金额的多少以及累计保险金额之和的高低当作一个突出的契约危险纳入定额保险的危险管理规范体系。

(一)明晰定额保险的契约危险因素

不同险种所面临的危险因素是不同的,无论是实质危险(物理危险)因素还是契约危险因素,不同险种的契约危险的性状、类型、特征相应地也都存在较大的差

---

[1] Arrow, Essays in the theory of Risk-bearing, North Publishing Company, 1970. p. 42. 转引自樊启荣:《保险损害补偿原则研究》,《中国法学》2005 年第 1 期。

[2] 详见前引我国《保险法》第 95 条第 1、2 款规定。

[3] 前述中国保监会《健康保险管理办法》并不属于法律或者法规性质,其效力层次限于部门行政规章。

异。从实现风险识别的角度看,中间型定额保险的危险管理必须首先对该类险种的契约危险因素作出识别。

其一,包括住院补贴险在内的中间型定额保险存在实施道德危险行为的可能性。

本来,就健康保险而言,投保人断无故意降低对自己健康注意程度之理,因为健康保险的被保险人对作为保险标的自身健康较难控制,比如不可能给自身人为制造某种疾病。但住院补贴之住院本身无疑易生契约危险。首先,是否需要住院通常缺少精确客观的判断标准;其次,医院往往将程度不同的利润最大化作为其经营目标,[1]对患者住院通常秉持鼓励态度,这从对患者负责的角度讲,是医生善意行为的表现,但有可能会显著增加保险公司支付保险金的几率;再次,在作为病患者的被保险人购买有住院补贴险的情况下,无疑会对医患双方积极住院的态度产生积极有效的激励。此外,不排除某些医护条件优越的医院,住院本身就是一种变相的保健疗养或者休养。其结果,就有可能使得某些住院医疗行为超出实际必要的限度和范围。[2]

此外,由于保险实务中的住院补贴险同样适用于由于意外伤害原因产生的住院行为,因而,遇有被保险人购买意外伤害保险住院补贴的场合,如果被保险人对自己的身体缺乏爱惜与珍重,甚或属于风险喜好型被保险人,同样也会滋生契约危险问题,其故意制造意外事故诈取定额给付保险金的可能性,较之于健康原因所致定额给付保险的可能性要大得多。所谓生命、健康、身体无价,说到底是指不同的人对自身的生命、健康、身体有不同的评价,否则,意外伤害保险中当无故意制造保险事故换取死亡、伤残保险金一说。

---

[1] 有学者早就指出,"目前中国医疗保险制度所采用的是由政府的社会保险机构筹集资金,并由公立医疗机构提供服务的模式……服务收费已经成为公立医疗机构收入的基本来源。就这一点而言,它们已经商业化,但是在医疗服务市场上却缺少充分的竞争。企业和职工是基本医疗保险费用的最终承担者,可是由于基本医疗保险被看成是'福利事业',它们更多地被看成是福利的受益者,而它们作为购买者和消费者的权利还没有得到充分的体现。"加之,"保险产生的道德风险与医院的诱导需求相结合成为商业保险的陷阱,严重阻碍了我国商业医疗保险的发展。"参见左学金、胡苏云:《镇医疗保险制度改革:政府与市场的作用》,《中国社会科学》2001 年第 5 期。

[2] 何况法理上对何谓住院本身就不易做出准确的界定。参见张冠群:《"日间住院"之理赔争议——评台湾"高等法院"花莲分院 2013 年度保险上易字第一号判决》,《月旦法学杂志》第 227 期,第 257—277 页。

中间型定额给付保险中投保方实施道德危险行为的根本诱因,在于人身保险的重复投保所致过高保险金额的契约危险,而这无疑应当构成包括住院补贴险在内的定额给付保险的又一重要危险因素。需要强调的是,如果说损害保险关于重复投保的相关规则在现行立法下没有突出意义的话,那么定额给付保险关于重复投保告知义务的意义则至为明显。因为,损害保险即便形成复保险的事实,也不影响保险人对保险损失的比例赔付以及损失填补原则的贯彻;而定额保险重复投保事实的存在,由于其不考虑对被保险人保险危险的损失评估,加上保险金的给付完全取决于当事人关于保险金额高低的约定,其诱发道德危险的可能性更大。正如有学者指出的,人身保险尤其伤害保险,因无复保险规定的适用,且保费低廉,投保人重复投保的成本不高,保险金额不低,较可能创造高道德风险,[1]并且,此危险会随着被保险人所投保同类型保险契约的个数及保险金总额的增加而增加。[2] 实际上,人身保险的射幸性程度大于财产保险,若投保金额过巨,则易生道德危险。因此保险人于承保人身保险之前,常须先行了解投保人对该保险是否已向其他保险公司投保,以及其他投保金额多少,以作为危险之估计。若投保人故意隐匿或者过失遗漏而不为告知者,足以变更或减少保险人对危险的估计,保险人得解除合同。[3]

其二,现行保险法并未将重复投保因素明确纳入危险的管理范畴。

我国《保险法》第 16 条第 1 款规定:"订立保险合同,保险人就保险标的或者被保险人的有关情况提出询问的,投保人应当如实告知。"由此可见,保险法关于保险合同当事人询问和告知的事项限于"保险标的或者被保险人的有关情况",也就是说,要么是"保险标的",要么是"被保险人的有关情况"。并且,这里所谓"被保险人的有关情况",在本章看来,显然没有把诸如被保险人的收入状况、购买定额保险的份数及累计保险金额等"契约危险"的因素事项,列入保险人询问的事项范围之中,因为这里的立法逻辑是:询问的事项限于保险标的的客观危险(而未包括契约危险

---

[1] 张冠群:《台湾保险法关于恶意复保险法律效果之检讨与修正建议》,《月旦民商法杂志》第 31 期,第 113 页。
[2] 汪信君、廖世昌:《保险法理论与实务》,元照出版有限公司 2010 年版,第 165 页。
[3] 梁宇贤:《论复保险》,《中兴法学》1991 年总第 32 期。

因素）。而保险法第 12 条第 3 款关于人身保险的保险标的是这样规定的："人身保险是以人的寿命和身体为保险标的的保险。"[1]

上述法条中使用"或者"这一连接词的语义学解释，应当是两者择一，并且前两个选项之间的内容应当具有同一属性或者相似性，因而告知义务的范围在"或者"之前是"保险标的"的话，"或者"之后肯定不可能不就保险标的进行询问。也即"或者"之后的询问内容重点仍然是保险标的，以及保险标的的客观风险。之所以使用了"被保险人的有关情况"，或许是为了在保险法总则部分，就保险人询问的事项区别于财产保险的"保险标的"而回避使用，故将被保险人作为"保险标的"的替代用语罢了。[2]

有理由认为，本条关于保险人询问的内容仅限于客观危险，而不包括主观危险，也就是说并未明确允许保险人对主观危险提出询问，严格按照本条规定甚至可以理解为投保人有权利不回答关于主观危险的询问。问题是，按照前述契约危险的一般法理，应当允许保险人在识别和确定客观危险的范围时，对主观危险一并进行评估并加以排除。典型如德国 1939 年保险契约法修正，就增订第 16 条第 1 款第 2 句，将契约危险事实构成告知义务对象，径以立法方式加以确认。[3]

关于重复投保是否属于应当告知的重要事项，台湾地区保险法第 64 条并未限定，仅仅正面限定在保险人的书面询问，反面限定在足以影响危险估计的重要性方面。大陆立法虽然对告知事项的重要性有规定，即足以影响保险人决定是否同意承保或者提高保险费率的，保险人有权解除合同。但仍限定为"前款规定的如实告知义务"，并未扩展至书面询问加重要事项这两方面的告知范围。

退一步说，如果可以将《保险法》第 16 条所谓"被保险人的有关情况"扩大解释为包含被保险人的年龄、职业乃至收入的话，那么，无论如何都不可能包含"定额给付保险的累计保险金额"，也就无法将累计保险金额与被保险人的收入加以对比来

---

[1] 准确地说，人身保险的保险标的还应当包括健康，也即寿命、健康和身体分别对应人寿保险、健康保险和意外伤害保险。

[2] 2014 年 10 月 22 日最高人民法院发布的关于适用《中华人民共和国保险法》若干问题的解释（三）公开征求意见稿第五条中（投保人和被保险人为不同主体时，保险人就被保险人的有关情况向被保险人提出询问的，被保险人应当如实告知），就使用了"被保险人的有关情况"一语，可以看出，没有包括主观危险的内容。

[3] ［日］中西正明：《伤害保险契约之法理》，盛钰译，有斐阁 1994 年版，第 153 页。

进行风险评估了。

其三,现行法关于重复保险也只有通知义务的规定,并无告知义务的规定。

由于我国《保险法》在立法结构上把关于重复保险的第 56 条规定放在"财产保险合同"一节,法律适用上就难以将重复保险的相关规则适用于人身保险的定额保险之中,遑论重复保险是否构成中间型人身保险的告知义务及通知义务的重要事项了。退一步说,即便重复保险规则解释上适用于人身保险,关于重复保险也只有通知义务的规定,没有明确将重复保险的有关情况列入告知义务的范畴。

根据保险法原理,要保人或被保险人于保险契约订立后,知悉有复保险契约时,应立即向保险人提出书面说明,请求其同意批注于保单之上。保险人于知悉复保险合同时,不问是否收受同意批注其事实之请求书,均得解除自己之保险合同,且经解除后,对于复保险合同事实发生后的事故所致之损害,不负保险金给付义务。条款规定有此项解除之情形时,保险人应按日数比例返还未满期之保险费。复保险契约之通知义务与他公司契约之告知义务,具有共通之思考基础,只不过二者系目的相异之独立制度,违反义务之要件及效果亦互不相同。他公司契约之告知义务,旨在提供保险人判断是否签订保险契约之资料,与保险人于契约订立时之危险选择问题有关;反之,复保险契约之通知义务,则涉及危险变更之问题,亦即限制重复就同一被保险人订立伤害契约,其目的在于使该契约道德危险之程度,具有与契约订立时同一之水准。[1] 问题在于,我国保险法确立的复保险的法律适用规则,仅仅停留在了财产保险合同的保险事故成就时,保险公司对复保险保险标的损失的比例分摊规则,既没有体现事先对契约危险的管理内容,也没有协调复保险合同规范产生竞合时的法律适用方法。

(二) 建立相应的信息共享平台

既然重复投保以及畸高保险金额的投保方式是道德危险行为的根本诱因,"如何解决定额给付保险重复投保的问题,一方面必须避免道德危险的发生,另一方面也必须谨慎处理以防止损害被保险人应有权益,实为此类问题的困难所在"[2]。应

---

〔1〕[日]中西正明:《伤害保险契约之法理》,盛钰译,有斐阁 1994 年版,第 21 页。
〔2〕汪信君、廖世昌:《保险法理论与实务》,元照出版有限公司 2010 年版,第 165 页。

当承认，即便严格遵从现行法确立的询问告知规则对中间型定额保险的契约危险进行管理，仍难免存在如下局限性：其一，无法杜绝告知不实现象；其二，危险管理的效果往往产生于事故发生之后，容易激发当事人之间的理赔纠纷；其三，单个的询问告知是无效率的制度安排。

我国台湾地区也有学者主张将主观危险即契约危险事实列入告知义务的对象范围之内，但在保险事故已经发生后需受台湾地区保险法第64条第2款但书的限制，即当告知事项与危险发生之间具有因果关系时保险人方可不承担保险责任，而实际上重复投保的事实通常与事故发生没有因果关系，从而保险人无法行使合同解除权。

基于此，另有学者主张诸如定额保险的重复投保等契约危险因素不应列入告知义务的范畴，而通过其他方式加以解决，其一，主观危险通过保险法第29条的适用能够加以解决，保险人对故意导致保险事故发生的危险毋庸给付保险金；其二，寿险及伤害险在行政管理上具有各保险公司之间的通报机制，通报标准为单家保险公司寿险或伤害险累计危险保额三百万元以上，保险公司可由此通报机制得知是否有重复投保之情形，进而采取拒保或限制保额之防治手段，以防免主观危险之产生。[1]

本章认为，仅仅通过故意导致保险事故发生而免于承担保险责任的方式来对主观危险加以管理，只能发挥事后防范被保险人通过保险契约危险获利的效果，而不能事先对契约危险加以有效防范或者杜绝其在萌芽状态。根本的解决之道在于及早建立作为行政管理措施的保险通报机制，以实现各保险公司在定额给付保险危险管理方面对被保险人信息的共享机制。在建立信息共享机制之后，由保险人根据被保险人的收入、累计保险金额等信息，决定是否对被保险人定额给付的特定保险金额加以承保，一旦加以承担，则须按保险合同的约定给付保险金；如果经保险人判定被保险人因为累计保险金额多高而有实施道德危险的可能性，则可以拒绝承保或者调低被保险人的保险金额。但为保护被保险人隐私考虑，在共享信息方面应当限于姓名、身份证号码、累计保险金额之和等三项信息范围之内。

而在此信息共享机制建立之前，允许保险人对主观危险因素提出询问并科以

---

[1] 江朝国：《保险法逐条释义》(第二卷保险契约)，元照出版有限公司2013年第1版，第578—579页。

投保方的告知义务,可能是化解契约危险的有效途径,这方面,一则可以通过有权机关对投保方告知义务的范围作出扩张解释,以将重复投保以及所形成的累计保险金额作为事先告知以及事后通知的重要事项;另一方面,"允许当事人于契约中约定投保人于重复投保时的通知义务。若被保险人为复保险而未对已定约的保险人为通知时,未受通知的保险人即不负保险责任,也即将其置于保险人管理风险之合同自治范畴"。[1]

五、结语

保险制度系人类基于互助精神而发明的良善制度,任何人不得恶意地滥用此一制度,而将自己的主观危险转嫁于保险人或其他被保险人。[2] 定额给付规则以及定额保险中关于累计保险金额与被保险人收入状况之比的危险管理问题同时存在于人寿保险和中间型保险,但寿险中对定额给付规则的严格适用在我国司法实践中不存在什么疑问,只有中间型保险在适用定额给付和损失填补规则时,常会令法官左右摇摆而无法定夺。因而,累计保险金额与被保险人收入状况对比的危险管理问题在中间型保险中就显得异常突出。在我国现行法律框架下,通过对投保人苛以"他保险及累计保险金额"的告知义务,以及建立相应的信息共享平台,或可成为有效抑制契约危险的重要手段。

文首所引案例中,法院似乎没有对投保人故意违反告知义务的保险理赔后果作出判定,法官或许已经意识到,直接适用故意违反告知义务的法律后果(按《保险法》第16条规定,既不给付保险金又不退还保费)较之于按照被保险人每月2,000元的工资标准的赔偿,对被保险人会更为苛刻,与定额给付的赔偿规则会相距更远。但不从违反告知义务的角度审理此案的结果,一方面,陷入了定额给付保险适用损失填补原则的自相矛盾困境;另一方面完全回避了中间型定额给付中保险危险因素的管理范围问题,无法涉及该问题的核心。当然,对于契约危险的管理是否仅作为保险人的一项权利,还是保险人本身就有此义务(只是因为保险人调查能力

---

[1] 张冠群:《重论复保险相关规定与医疗费用保险之适用》,《月旦法学杂志》第192期,第198—199页。

[2] 叶启洲:《保险法专题研究(一)》,元照出版有限公司2007年版,第45页。

有限,故必须赋予投保人告知义务予以配合),因为保险人不负责任地对定额支付保险一概予以承保,其实在很大程度上纵容了投保人道德风险的蔓延。而危险一旦发生,保险人虽有一系列拒绝给付保险金的抗辩,但对于已经发生的生命与健康方面的惨剧则往往无法挽回。本章意旨也在倡导建立一套能够成熟运行的统一的保险信息共享平台,以维护保险业的健康发展。

第二十一章　董事责任保险合同除外条款范围的合理界定[*]

　　我国《上市公司治理准则》(证监发[2002]1号)第39条规定:"中国境内的上市公司经股东大会批准,可以为董事购买责任保险。"之后,中国平安保险股份有限公司与美国丘博保险集团就合作推出了国内第一个"公司董事及高级职员责任保险"。[1] 目前,除了平安保险公司之外,国内销售董事责任保险的公司还有美亚、美国联邦、华泰、中国人保等规模较大的保险公司。以平安保险公司销售的董事及高级职员责任保险合同为例,在责任免除部分,除规定被保险人诉被保险人除外条款,故意致害行为除外条款,人身、精神损害及有形财产损害除外条款,环境污染责任除外条款,保证或对外担保责任除外条款之外,甚至还规定了信托责任除外条款、政治献金责任除外条款、惩罚性赔偿责任除外条款等。虽然经营董事责任保险业务的保险公司都在努力改进自己的销售策略并努力开发设计符合我国国情的董事责任保险合同,但是由于大部分保险公司接触董事责任保险的时间尚短,对董事责任保险合同的基本理论和制度理念缺乏深入的了解和掌握,因此,在保险合同具体条款的设计上不可避免地借鉴了国外董事责任保险合同的相关规定。但由于不

---

　　* 本章内容曾发表于《法学》2010年第6期。作者:孙宏涛,华东政法大学经济法学院教授。

[1] 董事及高级职员责任保险(以下简称董事责任保险)有广义和狭义之分,狭义的董事责任保险,又称为董事个人责任保险,是指以公司董事和高级职员在执行职务过程中因单独或共同实施的不当行为给公司和第三人(包括股东和债权人等)造成损害而应承担的赔偿责任为保险标的订立的保险合同。在该保险中,被保险人是公司的董事和高级职员;广义的董事责任保险除了包含上述内容外,还包含公司补偿保险,即以公司根据章程以及与董事和高级职员订立的补偿合同向其承担的补偿责任为保险标的订立的保险合同。在公司补偿保险中,被保险人是董事和高级职员所在的公司。在本章中,笔者论述的董事责任保险合同仅指董事个人责任保险合同,并不包括公司补偿保险合同。

同国家之间的法律体系和具体制度的差异，使得许多条款根本无法适应我国的现实需要，"公司董事及高级职员责任保险合同除外条款"就是其中的一个很典型的代表。所谓除外条款是指公司在购买董事责任保险之后，并非董事和高级职员实施的任何行为所引发的赔偿责任均由保险人承担，对于某些赔偿责任，保险人可以依照除外条款的规定拒绝承担保险责任。由此可见，除外条款的规定直接关系到保险合同双方当事人之间的利益，因此，双方当事人对除外条款的内容自然是格外关注。如果除外条款的内容过于宽泛，则保险人承担赔偿责任的几率将大大降低，董事责任保险内含的分散董事和高级职员经营责任风险的功能也就无法实现；如果除外条款的范围过于狭小，则保险人承担赔偿责任的几率将大大增加，保险人的经营风险将会进一步增大，由此可能引发保险费率的上调，而且，范围过于狭小的除外条款还可能会引发被保险人的道德风险，出现被保险人之间恶意串通骗取保险金的现象，这也有违董事责任保险制度的初衷。基于此，为了实现董事责任保险合同双方当事人之间的利益平衡，应当科学、合理地界定除外条款的范围，以下的几种除外条款值得我们研究。

一、被保险人诉被保险人除外条款

当董事责任保险合同的被保险人向保险合同中列明的其他被保险人提起损害赔偿诉讼时，保险人通常会根据"被保险人诉被保险人除外条款"拒绝承担赔偿责任。该除外条款的产生源于美国法院做出的两个著名的判例，即 Bank of Am. v. Powers 案[1]和 National Union Fire Insurance Co. v. Seafirst Corp 案。[2] 在前一案中，美国银行对为自己工作的董事提起诉讼，理由是他们在抵押贷款投资中的失误给公司带来了 9500 万美元的经济损失。在诉讼中，美国银行将为其提供董事责任保险的保险人列为共同被告，认为按照董事责任保险合同的规定，保险人应当代替被起诉的董事承担赔偿责任。最终美国银行以 820 万美元的数额与保险人达成和解协议。此后，同样的问题又出现在后一案中，在该案中，华盛顿西部地方法院

---

[1] Peter Waldman, Bank America Settles Suits Tied to Losses, Posts Gain on Sale of Bank-Firm Stake, Wall Street J. , Jan. 5, 1988, at12.
[2] See National Fire Ins. Co. v. Seafirst Corp. , 891 F. 2d 762, 765 – 769 (9th Cir. 1989).

支持了 Seafirst 公司向其前任董事提起的诉讼。法院认为,按照董事责任保险合同的约定,保险人应当对董事和高级职员因被提起诉讼所遭受的任何损失承担赔偿责任,而且在保险合同中没有任何条款将公司对前任董事或高级职员的诉讼作为保险人的除外责任,所以联邦火灾保险公司应当对 Seafirst 公司提起的索赔诉讼承担保险责任。在这两起案件发生后,大多数董事责任保险人都在保险合同中添加了"被保险人诉被保险人除外条款",按照该除外条款的规定,在针对董事和高级职员提起的诉讼中,如果原告是公司、公司的附属机构、代表公司利益的机构或者其他的董事和高级职员,则由此带来的损失,保险人不承担赔偿责任。保险人规定"被保险人诉被保险人除外条款"的目的在于,防止被保险人之间恶意串通并以提起索赔诉讼为名骗取保险金从而损害保险人的利益。

应当看到的是,"被保险人诉被保险人除外条款"的适用并不是漫无边际的,事实上,其适用范围存在着一定的限制。在通常情况下,"被保险人诉被保险人除外条款"在雇佣责任诉讼中的适用受到很大的限制。例如,当董事或高级职员以不当解雇为由向其他董事提起索赔诉讼时,通常不受"被保险人诉被保险人除外条款"的规制。此外,当公司股东代表公司向实施不当行为的董事和高级职员提起派生诉讼时,通常也不受"被保险人诉被保险人除外条款"的规制。

另外,在适用"被保险人诉被保险人除外条款"的过程中还存在一个很大争议的问题,即当公司濒临破产时,破产管理人对那些实施不当行为的董事和高级职员提起的索赔诉讼,保险人是否应当承担赔偿责任。例如,公司购买了董事责任保险,在遭遇财务危机后,公司向法院申请破产重整,法院任命了管理人对该公司进行重整。管理人在对公司重整的过程中,发现公司前任董事在投资过程中实施了不当行为,因此向其提起诉讼,并要求董事责任保险人按照保险合同的约定承担保险责任。保险人认为,公司和董事都是保险合同的被保险人,按照"被保险人诉被保险人除外条款",保险公司无须承担赔付保险金的责任。与此相反,破产管理人认为,其所代表的不仅仅是公司,还包括公司的股东、债权人以及其他利益相关主体,因此不能适用"被保险人诉被保险人除外条款"。[1]

---

〔1〕Melanie K. Palmore, "Insured v. Insured", Exclusions in Director and Officer Liability Insurance Policies: Is Coverage AvailableWhen Chapter 11 Trustees and Debtors-in-Possession Sue Former Directors and Officers? Bankruptcy Developments Journal, 1992, Vol. 9, pp. 103 – 105.

在银行破产的情况下,上述争议更为普遍。事实上,在上世纪 80 年代中期,随着存贷危机的爆发,美国的银行纷纷破产,由于破产银行的不断增多,作为破产银行管理人的美国联邦存款保险公司(FDIC)代表银行向董事和高级职员提起索赔诉讼的数量也在不断增多。保险人认为,FDIC 作为破产接管人,在接管破产银行之后就处在与破产银行相同的地位,即保单中的被保险人,在这种情况中,其代表破产银行向董事和高级职员提起的诉讼属于"被保险人诉被保险人除外条款"调整的范围,因而拒绝承担赔偿责任。FDIC 则认为,其在诉讼中不仅代表了破产银行的利益,同时还代表着破产银行的债权人和股东的利益,所以其并非保险合同的被保险人,不能适用"被保险人诉被保险人除外条款"。在司法实践中,少部分法院认为,在 FDIC 接管破产银行之后,实际上处于破产银行即保险合同中被保险人的地位,按照"被保险人诉被保险人除外条款"的规定,FDIC 对董事提起的诉讼应当属于保险人的除外责任。[1] 但是,大部分法院都认为,"被保险人诉被保险人除外条款"存在着歧义,因为该条款并没有明确规定像 FDIC 之类的接管人是否应当被看作是保险合同中的被保险人。而且许多法院认为,FDIC 并不仅仅是破产银行的接管人,同时还代表了股东和债权人的利益,所以不应当被看作是保险合同中的被保险人。因此,尽管保险人在与 FDIC 的诉讼中继续利用"被保险人诉被保险人除外条款"提起抗辩,但在大多数案件中,FDIC 都占据了主动地位,并获得了法院的支持。[2] 考虑到"被保险人诉被保险人除外条款"适用上的局限性,为了规避自身的风险,许多销售董事责任保险的公司会在"被保险人诉被保险人除外条款"的基础上制定"监管机构诉讼除外条款",并将其作为对抗 FDIC 诉讼的工具。在司法实践中,FDIC 等监管机构与保险公司针对监管机构诉讼除外条款的法律效力产生了很大的争议,下文中,笔者还将对该问题进行详细论述。

---

〔1〕 See Gary v. American Casualty Co. ,753 F. Supp. 1547,1550 (W. D. Okla. 1990);Mt. Hawley Ins. Co. v. FSLIC, 695 F. Supp. 469,483 (C. D. Cal. 1987).

〔2〕 See Jonathan R. Macey,Geoffrey P. Miller, Bank Failures, Risk Monitoring, and the Market for Bank Control, Colum. L. Rev. ,1988, Vol. 88, p. 1153, pp. 1182 - 1184.

二、监管机构诉讼除外条款

上世纪 80 年代中期,美国的存贷危机爆发后,银行和其他金融机构纷纷破产。为了稳定金融秩序,FDIC 等监管机构对破产银行实施接管。在接管破产银行之后,FDIC 要支出巨额的管理费用。根据 1987 年的调查显示,FDIC 在接管一家破产银行后的管理费用支出可能占到破产银行总资产的 35%,按这一比例计算,平均每家破产银行的管理费用可能高达 1.8 亿美元。由此可见,FDIC 在接管破产银行后所要支付的管理费用是非常巨大的,为了减少联邦存款保险基金的财政负担,联邦政府开始考虑起诉那些对银行破产负有责任的董事和高级职员,从而获得保险赔偿金。为银行提供董事责任保险的保险公司也发现,一旦破产银行被监管机构接管,监管机构通常会向保险人提出索赔请求。事实上,自从存贷危机爆发以来,FDIC 等监管机构向保险人提起索赔诉讼的数额和频率都不断增大。[1] 为了减少向被保险人赔偿保险金的机率,保险人在董事责任保险合同中添加了"监管机构诉讼除外条款",按照该除外条款的规定,FDIC、美国重组信托公司(RTC)以及其他的联邦和州的监管机构对董事和高级职员提起的诉讼都属于保险人的除外责任。[2]

监管机构认为,保险合同中的除外条款阻碍了它们依照《金融机构改革、复兴与执行法案》(以下简称 FIRREA 法案)为解决存贷危机所能行使的权力,因此向法院主张该除外条款无效。由此引发了 FDIC 等监管机构与保险公司之间的大规模诉讼。在诉讼中,双方当事人争议的焦点主要集中在以下两个方面。

一是"监管机构诉讼除外条款"是否存在歧义?

按照"监管机构诉讼除外条款"的规定,所有可归因于或建立在监管机构诉讼基础之上的诉讼都属于保险人的除外责任。有学者认为,上述除外条款明确排除的诉讼仅仅是二级诉讼。所谓二级诉讼是指在监管机构提起诉讼之后,其他相关主体以监管机构的诉讼为基础而向董事和高级职员提起的诉讼。对于监管机构提起的直接诉讼是否属于保险人的除外责任,监管机构诉讼除外条款并没有规定,也

---

[1] See M. Mazen Anbari, Banking on a Bailout: Directors' and Officers' Liability Insurance Policy Exclusions in the Context of the Sav-ings and Loan Crisis, University of Pennsylvania law Review, 1992, Vol. 141, pp. 572 - 574.

[2] See Timothy J. Henderson, Financial Institution Officers and Directors in the Nineties: D. and O. Policies and Other Issues, Con-sumer Finance Law Quarterly Report, 1994, Vol. 48, pp. 269 - 270.

就是说,该除外条款存在歧义。按照不利解释原则,如果除外条款存在歧义,应当做出对保险人不利的解释。换句话说,"监管机构诉讼除外条款"的适用范围只包括其他相关主体提起的二级诉讼,FDIC等监管机构向董事和高级职员提起的直接诉讼应当属于保险人的承保范围。

对于上述观点,法院的反应可以分为两种情况:一种是持赞同意见,例如在爱荷华州法院做出的判决中,法院认为,该除外条款仅适用于其他相关主体提起的二级诉讼,并不适用于FDIC提起的直接诉讼。此后,俄亥俄州法院的鲁滨法官(Carl B. Rubin)在审理American Casualty Co. v. FSLIC案的过程中也认为,监管机构诉讼除外条款中所称的"诉讼",仅指其他相关主体对董事所提起的二级诉讼,这一点是非常明确的。但是,大多数法院认为该除外条款并不存在歧义,并将其运用于案件的审理中。例如,在Gary v. American Casualty Co. 案中,法院认为,虽然除外条款中"可归因于或建立在监管机构诉讼基础之上"这一措辞十分蹩脚,但这并非将保险人的除外责任局限于二级诉讼,还应当包括监管机构提起的直接诉讼。[1]

二是"监管机构诉讼除外条款"是否违反公共政策?

FDIC等监管机构认为,"监管机构诉讼除外条款"阻碍了它们依照FIRREA法案为解决存贷危机所能行使的权力,违反了公共政策,因而是无效的。对于FDIC的意见,法院持有两种不同的见解。

一种观点认为,"监管机构诉讼除外条款"是无效条款,原因在于该条款限制了FDIC等监管机构向保险公司提出索赔的权利,从而严重妨碍了FDIC和RTC正常履行其职责和义务。1992年,在FDIC v. American Casualty Co. 案中,科罗拉多州最高法院认定"监管机构诉讼除外条款"妨碍了FDIC行使法定的损害赔偿请求权,违反了该州的公共政策因而是无效的。[2] 在Branning v. CNA Insurance Co. 案中,保险合同中也包含了"监管机构诉讼除外条款",阻碍了FDIC向保险公司提出索赔。华盛顿地方法院认为,FDIC向保险公司行使的索赔权是联邦政府所授予的权力,保险公司没有任何权力通过制订除外条款阻碍上述权力的行使,即使保险合同

---

[1] See Gary v. American Casualty Co. 753 F. Supp. 1547 (W. D. Okla. 1990).
[2] See FDIC v. American Casualty Co. ,843 P. 2d 1285 (Colo. 1992).

中包含了"监管机构诉讼除外条款",该除外条款也因为是违反公共政策是无效的。[1]

与此相对,大多数法院持相反意见。例如,在 Continental Casualty Co. v. Allen 案中,FDIC 请求得克萨斯州地方法院宣告董事责任保险合同中"监管机构诉讼除外条款"无效。法院认为,与美国联邦储蓄贷款保险公司(FSLIC)对存贷款业务的监管不同,董事责任保险合同是由投保人与保险公司在自愿协商的基础上订立的,此外,最常见的违反公共政策的行为是在合同中规定可能诱发犯罪行为的条款或者某些与成文法的规定相违背的条款,但"监管机构诉讼除外条款"并不符合上述条件。实际上,认定"监管机构诉讼除外条款"违反公共政策的前提是成文法或监管机构明令禁止在董事责任保险合同中设立该除外条款,或者禁止银行和其他金融机构购买包含该类除外条款的保险合同,但事实并非如此,所以认为"监管机构诉讼除外条款"违反公共政策的观点很难自圆其说。[2]

综上可见,在司法实践中,大多数法院都认可了"监管机构诉讼除外条款"的法律效力,因而倾向于做出有利于保险人的判决。

三、故意致害行为除外条款

如果被保险人基于损害公司和利益相关主体的故意实施了违法行为、欺诈行为以及不诚实行为,则保险人不会承担保险责任,这种限制源于对保险目的和公共政策的考虑。一方面,保险的根本目的在于分散危险和消弥损失,而且仅限于由被保险人实施的正当、合法行为可能导致的风险和损失。如果对于被保险人基于损害他人的故意实施的违法行为、欺诈行为以及不诚实行为,保险人仍然承担赔偿责任的话,则违反了保险的根本目的和基本原则;另一方面,如果将被保险人故意实施的违法行为、欺诈行为以及不诚实行为所引发的赔偿责任纳入保险人的赔偿范围,会引发道德风险,等于变相鼓励被保险人实施不法行为,因而是违反公共政策

---

[1] See Linda C. Elarn, Financial Institution Deposit Insurance-Directors′ and Officers′ Liability Insurance Policies-Public Policy Re-garding Regulatory Exclusions, Tennessee Law Review, 1992, Vol. 59, pp. 313 - 314.

[2] See Northwestern Mut. Life Ins. Co. v. McCue, 223 U. S. 234 (1911); Connolly v. Sewer Pipe Co., 184 U. S. 540 (1902).

的。因此,各国保险公司销售的董事责任保险合同一般都规定,对于董事和高级职员实施的违法行为、欺诈行为以及不诚实行为,保险人可以拒绝承担保险责任。但是,董事和高级职员实施的行为究竟是否属于违法行为、欺诈行为以及不诚实行为,应当由权威机关做出判断。在保险实务中,投保人通常和保险人约定,以法院做出的生效裁判文书作为认定被保险人实施的行为究竟是否属于违法行为、欺诈行为以及不诚实行为的最终依据。如果法院的裁判文书并未明确认定被保险人实施的行为属于违法行为、欺诈行为以及不诚实行为,则应当按照有利于被保险人的方式进行解释,保险人仍然应当承担保险责任。

事实上,董事和高级职员故意实施的违法行为、欺诈行为以及不诚实行为的典型例证就是违反对公司承担的忠实义务。总体看来,董事对公司承担的忠实义务包括主客观两个方面:主观方面是指董事应当始终以最大限度地实现和保护公司利益作为衡量自己执行董事职务的标准,全心全意地为公司利益服务;客观方面是指董事所实施的行为必须符合公司的整体利益,在个人私利与公司利益发生冲突时,必须以公司利益为先,不得利用其在公司中的优势地位为自己或第三人谋求在常规交易中不能获得或者很难获得的利益。[1] 通常情况下,董事和高级职员因实施违反忠实义务的行为而承担的赔偿责任主要包括以下几种情形。

1. 违规自我交易的损害赔偿责任。董事的忠实义务并不意味着完全禁止董事与公司进行自我交易,而是要求这种交易对公司而言必须公正。例如,董事、经理给公司贷款是常见的自我交易,这种自我交易对公司是有利的,因而是法律所允许的。但是,如果董事违反自我交易规制义务,并因此对公司造成损害时,就应对公司承担损害赔偿责任。

2. 篡夺公司机会的损害赔偿责任。在现代商业社会中,公司机会是公司实现其设立和存在目的的重要资源,对公司而言起着举足轻重的作用。因此,如果董事利用其在公司的职位将原本属于公司的机会据为己有,就可能给公司造成巨大的损失,此时,董事应当向公司承担损害赔偿责任。

3. 违反竞业禁止义务的损害赔偿责任。公司的董事和高级职员是公司业务的

---

[1] 参见刘俊海:《股份有限公司股东权的保护》,法律出版社1997年版,第233页。

受托人,他们应当勤勉、尽职地为公司服务,并不得实施任何与其任职公司的营业有竞争性质的行为,这就是董事的竞业禁止义务。因此,在董事违反竞业禁止义务并对公司造成损害时,应当向公司承担损害赔偿责任。

4. 违反其他类型忠实义务的损害赔偿责任。除了上述义务之外,董事还应当承担禁止泄露公司秘密的义务,不得侵占或擅自处理公司财产的义务以及不得利用职权收受贿赂或其他非法收入的义务。如果董事违反了上述义务,就要向公司承担赔偿责任。

在董事和高级职员违反了上述忠实义务并对公司承担赔偿责任时,保险人可以拒绝承担保险责任。此外,董事和高级职员实施的违反忠实义务的行为可能会违反一国的刑法规定,并因此被提起刑事指控。法院在判决董事和高级职员承担刑事责任的同时,通常会要求其交纳一定数额的罚款或罚金。从性质上看,罚款或罚金并非为了保护第三人的利益,而是为了惩戒责任人而采取的一种制裁措施,所以保险人一般拒绝就罚款或罚金承担保险责任。由此产生的另一个问题是,在刑事案件中,董事和高级职员为进行抗辩所支付的诉讼费用和律师费用是否属于保险人的责任范围? 事实上,在国外的保险实务中,一般允许保险人和投保人约定刑事案件中诉讼费用和律师费用的负担问题。一般情况下,双方当事人会约定,即使被保险人败诉,保险人也要向其支付诉讼费用和律师费用。例如,在 Polychron v. Crum & Forster Ins Co. 案中,[1]法院认为,刑事案件中有关的辩护费用可以视为保险合同中的损失,法律将罚款、罚金等排除在保险人的责任范围之外,并不意味着辩护律师的辩护费用也被排除在外,在被保险人被宣告无罪时,尤其如此。

在某些情况下,如果仅仅因为某个董事或高级职员故意实施的违法行为、欺诈行为以及不诚实行为就剥夺全体被保险人享有的保险权益,对于那些没有从事任何违法行为的董事和高级职员而言极为不公,这也使得董事责任保险分散公司管理人员经营责任风险的功能丧失殆尽。例如,某董事为了获得高额利润故意篡夺公司机会,并导致公司遭受重大损失。在这种情况下,如果仅仅因为该董事的故意

---

〔1〕 See Polychron v. Crum & Forster Ins Co. , 916 F. 2d 461(8th Cir. 1990).

行为就剥夺其他董事享有的保险权益,对那些无辜的董事而言是极为不公的。[1]因此,投保人在购买董事责任保险合同的时候,应当与保险人进行协商,在其所购买的董事责任保险合同中添加分割性条款。按照分割性条款的规定,某个被保险人实施的违法行为、欺诈行为以及不诚实行为不会影响其他被保险人依法享有的保险权益,对其他董事和高级职员而言,董事责任保险合同仍然有效。[2]所以,在订立董事责任保险合同的过程中,投保人应当特别注意在投保单和相关的保险单中是否包含了分割性条款,以维护被保险人的合法权益。

四、其他类型的保险合同除外条款

依照法律或惯例应由其他类型的保险合同承保的事项一般包括以下几种情况。

1. 人身、精神损害及有形财产损害。在董事责任保险合同中,保险人的责任范围主要限于被保险人在执行职务过程中因实施不当行为对公司和利益相关主体造成的财产损失。此处所指的财产损失并不包括受害人遭受的有形财产损失。例如,因董事的不当指挥行为造成公司的高级仪器的损害,此时,董事要向公司承担赔偿责任,但是该赔偿责任是由于损害公司的有形财产而产生的,所以不属于董事责任保险合同的承保范围,保险人可以拒绝承担保险责任。此外,如果由于董事和高级职员的不当行为造成他人的人身损害,并进而导致他人遭受精神损害,此时,受害人所遭受的人身和精神损害也不属于保险人的责任范围。例如,董事在代表公司赶往某地签约的途中,因交通肇事造成他人严重残疾,并导致受害人遭受了严重的精神损害。此时,董事所承担的赔偿责任也属于保险人的除外责任。另外,董事和高级职员在日常工作中,如果因为一些意外事故的发生导致其自身遭受了人身和财产损害,例如,董事在视察工地建设的过程中被倒塌的建筑物砸伤,此时,董事遭受的人身伤害也属于保险人的除外责任。可见,董事和高级职员遭受的上述

---

[1] See Ian Youngman, Directors' and Officers' Liability Insurance (second edition), Woodhead Publishing Ltd., 1999, pp. 31 - 32.

[2] See Chris Parsons, Directors' and Officers' Liability Insurance: A Target or a Shield, Company Lawyer, 2000, Vol. 3, pp. 81 - 82.

损失不属于董事责任保险人的责任范围,无法借助董事责任保险合同分散上述责任风险。所以,董事和高级职员必须购买普通财产保险合同、意外伤害保险合同以及其他责任保险合同来分散上述风险。

2. 信托责任。信托责任是指公司管理人员以受托人、管理人的身份在管理或经营退休金、年金、分红、职工福利基金或其他职工福利项目时违反职责或合同义务所承担的赔偿责任。美国传统的董事责任保险合同通常将信托责任作为保险人的除外责任,并签发单独的信托责任保险单来承保该种风险。目前,无论在我国大陆地区还是我国台湾地区,尚无保险公司销售专门的信托责任保险合同,但是在国外,特别是在美国,已经有不少保险公司开始销售信托责任保险合同。按照信托责任保险合同的规定,当被保险人实施了不当行为时,保险人应当承担保险责任。依照美国丘博保险公司销售的《信托责任保险合同》的规定,所谓不当行为包括:(1)实际或被指控违反美国《员工退休收入保障法》规定的信托义务。(2)在管理退休金或福利给付计划过程中实施的过失行为、错误或遗漏。(3)因担任退休金或福利给付计划的受托人而被提起的索赔诉讼。当被保险人被提起索赔请求之后,保险人应当承担的保险责任包括以下两部分:一是金钱上的损害赔偿金,包括法院判决的赔偿金与和解金,以及依照相关法令具有可保性的惩罚性损害赔偿金;二是为了对抗第三人的索赔请求所支付的抗辩费用。

3. 专业责任。董事责任保险合同通常将某些专业人士的责任作为保险人的除外责任,例如,在某些公司中,董事可能会兼任公司的法律顾问,在这种情况下,如果董事以公司法律顾问的身份向公司提供法律建议,并因其提供不当法律建议造成公司损失时,应当向公司承担赔偿责任,该种赔偿责任属于律师职业责任保险合同的承保范围。与之相似,如果公司的董事同时是为公司提供财会服务的注册会计师,当其承办审计业务时,由于疏忽或过失造成公司损失的,应当向公司承担赔偿责任,该赔偿责任也不属于董事责任保险合同的承保范围,而应当属于注册会计师责任保险合同的承保范围。

4. 环境污染责任。当行为人污染环境造成第三人人身或财产损害的时候,应当向受害人承担损害赔偿责任或者按照相关法律法规的规定承担治理污染的责任。按照美国和加拿大环境保护立法的规定,当公司在日常运作中造成环境污染时,除了公司本身要承担赔偿责任外,负有责任的董事和高级职员也要承担相应的赔偿责任。通常情况下,董事责任保险人将上述赔偿责任排除在保险合同的承保范围之外。在保险实务中,环境污染责任除外条款通常包括以下两部分内容:(1)任何第三方主体因环境污染损害向董事和高级职员提起的索赔诉讼。(2)二级诉讼,例如,由于环境污染导致公司承担赔偿责任之后,股东向负有责任的董事和高级职员提起的派生诉讼。[1] 目前,有许多保险公司专门销售承保环境污染责任的环境责任保险,有的国家甚至通过立法的形式推行环境责任强制保险。例如,德国1990年12月10日通过《环境责任法》及实施后,开始推行环境责任强制保险,要求其国内的所有工商企业都要投保环境责任保险。由此可见,虽然董事责任保险人将环境污染责任作为保险合同的除外条款,但董事和高级职员仍然可以通过购买环境责任保险来分散自己的责任风险。

除了上述除外条款之外,保险公司还可根据自己承保的客户的具体情况制定一些特别的除外条款。例如,美国环球产物保险公司和富邦产物保险公司在我国台湾地区销售的董事及高级职员责任保险合同中规定了以下特别除外条款:(1)被保险的董事和高级职员因直接或间接不当得利导致的赔偿请求。(2)为获取利益,而对政治团体、政府或军方官员、客户、债权人或债务人或其代表、利益关系人支付款项、佣金、赠与、贿赂而被提起索赔请求的。(3)因董事和高级职员保证或对外担保而被提起的索赔请求,但是依职权或授权者,不在此限。(4)任何由持有被保险公司10%以上之有表决权股份的股东所提出的赔偿请求。(5)任何由设立于美国、加拿大的从属公司的股东所提出的赔偿请求。

综合上述分析,笔者认为,当务之急是国内的保险公司应当在参考国外保险公司开发的保险条款的同时,根据我国的法律体系和现实情况,开发设计出符合我国国情的董事责任保险除外条款,这样才能更好地满足我国董事责任保险市场的发展需求。

传统上,前开机制似已足使买卖双方分配交易风险。但由于并购活动日益蓬

---

[1] See William E. O'Neil, Esq., Marine Pollution liability of Directors andO Officers: Insurance coverages, Revista Juridica de la Univer-sided Interamericana de Puerto Rico, 1998, Vol.32, pp. 499-500.

勃,交易模式亦日趋复杂,导致传统风险分配机制渐无法完全满足实务上需求。例如,一方面,对卖方企业而言,许多策略投资人(如私募基金)虽持有目标一定比例之股份,惟其并未实际参与公司营运,若绑定此类投资人与目标公司或发起人为声明及担保事项连带保证,对策略性投资人而言系毋宁是暴露于诸多未知之风险;若采取托管(Escrow)之安排或分期付款等契约安排,则交割的时间将拉长,对于亟欲脱手目标公司之投资人而言,亦非乐见。另一方面,对于买方而言,跨境并购之兴盛及产业的快速变迁皆使单一并购交易案之风险提升。

因此,交易双方借助的第三方服务与解决方案随之不断成长多样,为了转嫁并购交易之相关风险,以达成促进并购交易之目的,过去的二至四年间各类新型态之交易保险开始增加。[1] 保证与赔偿保险的出现亦渐补充甚至有时可取代传统的风险分摊机制。[2]

---

〔1〕 Siren S. Ellensen, Principal Associate, Advokatfirmaet Haavind AS, *M&A Representations and Warranties Insurance (W&I Insurance)-A Growing Risk Management Trend in the Deal Market*, available at: https://haavind. no/content/uploads/2016/04/ma-representations-and-warranties-insurance-wi-insurance1. pdf (last visited: June 29,2017).

〔2〕 Rod Brown, *The Rise of Warranty and Indemnities Policies in M&A Deals*, LATHAM & WATKINS, LLP (Sept. 17, 2014), available at: https://www. lw. com/admin/Upload/Documents/TheRiseofWarrantyandIndemnityPoliciesinMADeals. pdf (last visited: June 29,2017).

第二十二章 公司并购交易中之保证与赔偿保险[*]

一、公司并购交易涉及之法律风险

为整合资源、提高竞争优势、扩张市场、取得新技术，以期实现公司及股东利益之最大化，公司并购已成为企业提高竞争优势有效选项及手段之一；而事前对并购交易整体风险之评估，对于并购之成败，往往占据着重要的作用。近年来，公司并购活动日益蓬勃，交易模式亦日趋复杂，如何对查核目标公司价值与风险作出有效的评估，并针对相关交易风险进行合理有效的分配，则取决于妥适有效的查核程序以及交易条款完善的谈判及规划，特别是合约条款中对于声明保证事项、付款及担保机制、赔偿条款、责任分配等约定，对于相关交易风险的分配，有着举足轻重的作用。

二、公司并购交易保证与赔偿保险之发展

一般在并购交易案中，为分配及控制交易风险，于并购契约中会置入声明及保证事项（Representations and Warranties），配合相对应的揭露表（Disclosure Schedule），要求卖方就目标公司之相关面向为声明及保证并揭露例外情形，例如公司之合法设立及有效存续、目标公司股份发行及状态、财会、营运、资产、劳资、税赋、环保、知识产权及合规等情形，如有违反，则课予卖方相应之损害赔

---

[*] 本章系作者专门为本书撰写的稿子。作者：叶日青，台湾协合国际法律事务所合伙人；吕馥伊，台湾协合国际法律事务所律师。

偿责任。透过此种机制,买卖双方得以确认目标公司之状态,合理评估目标公司价值,并得进一步磋商风险分配机制,使其得以合理反映于并购对价之中。

为确定目标公司状态并订明声明保证及揭露事项的范围,通常系透过对目标公司之尽职调查(Due Diligence)来进行;然而纵使完成了尽职调查,买卖双方针对声明保证事项,仍会经历进一步协商及折中的过程。就买方的角度言,在可能的合理范围内扩大卖方相关担保责任,始符合买方利益;而卖方的角度却完全相反。透过协商,双方可能对声明保证的内容作扩张或限缩或交换,可能对配套的付款机制作调整,也可能对损害赔偿的范围作相对应的搭配,或附加其他的担保机制,以充分厘清并分配交易风险。

在前开过程中,如何确认声明人范围,如何确认声明内容范围、如何使用揭露表(Disclosure Schedule),如何加入诸如将已知与声明保证事项不符之处列出,或加入、应用及限制如知情与否(Knowing)或重大性(materiality)等条件(Qualifiers),如何使用分期付款(Installment)、保管机制(Escrow)或保证机制(Guarantee),是否加入价格调整(Price Adjustment)、赎回条款(Redemption)或其他担保机制,以及如何确定损害赔偿范围(故意、过失或重大过失;连带、分割或一部连带一部分割;追索时效,损害内容),成为买卖双方谈判的关键,也会是双方风险分配的核心。

传统上,前开机制似已足使买卖双方分配交易风险。但由于并购活动日益蓬勃,交易模式亦日趋复杂,导致传统风险分配机制渐无法完全满足实务上需求。例如,一方面,对卖方企业而言,许多策略投资人(如私募基金)虽持有目标一定比例之股份,惟其并未实际参与公司营运,若绑定此类投资人与目标公司或发起人为声明及担保事项连带保证,对策略性投资人而言系毋宁是暴露于诸多未知之风险;若采取托管(Escrow)之安排或分期付款等契约安排,则交割的时间将拉长,对于亟欲脱手目标公司之投资人而言,亦非乐见。另一方面,对于买方而言,跨境并购之兴盛及产业的快速变迁皆使单一并购交易案之风险提升。

因此,交易双方借助的第三方服务与解决方案随之不断成长多样,为了转嫁并购交易之相关风险,以达成促进并购交易之目的,过去的二至四年间各类新型态之交易保险开始增加。[1] 保证与赔偿保险的出现亦渐补充甚在有时可取代传统的风险分摊机制。[2]

为新兴工具的并购交易风险保险国际著名保险经纪公司达信（MARSH）所发表之报告[3]即显示，2015 年全球各个地区对交易风险保险的需求持续增长，且私募股权公司（private equity fund）和企业买家的交易风险保险使用率亦逐步接近。常见之交易风险保险除本章所介绍之并购交易保证与赔偿保险（Warranty and Indemnity insurance，或常称 W&I Insurance）[4]外，还有税收补偿保险（Tax Indemnity Insurance）、环境保险解决方案、责任/诉讼解决方案等。

根据数据[5]，并购交易保证与赔偿及其他并购交易保险需求显著升温，业界调查研究报告亦显示，2014 年上半年起，亚太地区许多投入跨境交易的企业皆选择投保并购交易保证赔偿保险来应对买卖契约中保证与赔偿责任违约的风险。[6] 市场需求也使市面上提供这类型保险的保险公司亦越来越多。[7] 依据统计 15 年前保额约为总交易价金之 5%，现在市面上大多数保单为 1%—2%[8]，得见因市场转热，保险公司间的竞争也愈发激烈。

---

[1] Siren S. Ellensen, Principal Associate, Advokatfirmaet Haavind AS, *M&A Representations and Warranties Insurance (W&I Insurance)-A Growing Risk Management Trend in the Deal Market*, available at: https://haavind. no/content/uploads/2016/04/ma-representations-and-warranties-insurance-wi-insurance1. pdf (last visited: June 29,2017).

[2] Rod Brown, *The Rise of Warranty and Indemnities Policies in M&A Deals*, LATHAM & WATKINS, LLP（Sept. 17, 2014）, available at: https://www. lw. com/admin/Upload/Documents/TheRiseofWarrantyandIndemnityPoliciesinMADeals. pdf (last visited: June 29,2017).

[3] Marsh LLC, *Marsh Insights: Midyear Transactional Risk Report* 2015（2015）, available at: http://www. insuranceasianews. com/attachments/Annual% 20Transactional% 20Risk% 20Report%20-%202015%20Year%20In%20Review-04-2016. pdf (last visited: June 29,2017).

[4] Marsh LLC Reports, *Transactional Risk Insurance-Using Transactional Risk Solutions to Close the Deal*（2016）.

[5] Available at: http://asia. marsh. com/taiwan/PressReleases/ID/43414. aspx (last visited: June 29, 2017).

[6] Marsh LLC, March Insights-TRANSACTIONAL RISK SOLUTIONS: GLOBAL UPDATE, available at: https://www. marsh. com/content/dam/marsh/Documents/PDF/UK-en/Transactional%20Risk%20Solutions%20Global%20Update. pdf (last visited: June 29,2017).

[7] *Id.*

[8] Max Hyatt, *Warranty and Indemnity Insurance: Proliferation of Moral Hazard or Legitimate Risk Mitigation Tool?*, 51 U. S. F. L. Rev. 127.

三、公司并购交易保证与赔偿保险之种类及运用

并购交易保证与赔偿保险乃由保险公司承保并购交易之买卖协议中的声明保证以及赔偿条款所包含的赔偿责任之保险工具,投保人可以是买方或卖方。在一般并购交易案中,买方多要求卖方公司即目标公司须提出打击范围广之声明及保证事项,卖方如有违反保证和赔偿责任之情事,得由买方提出请求损害赔偿;另一方面,卖方则会希望尽可能限缩声明保证事项的范围。如买卖双方对于声明及保证事项之预期有落差,即可透过并购保证与赔偿保险填补之。

并购交易保证与赔偿保险以被保险人区分,可分为卖方保单及买方保单,其主要区别在于保险事故发生时(在一般情形下,即为并购交易中的卖方违反其声明保证事项致保险事故发生时),何人得向保险人请求赔偿。

在卖方保单中,被保险人为并购交易的卖方,故并购交易的卖方因违反并购交易合约中声明保证事项而被并购交易的买方求偿时,并购交易的卖方始得向保险公司请求理赔,承前述可知,由于卖方保单中并购交易的卖方于并购契约底下之责任仍存在,故在卖方保单下,买方按通常方式依据并购契约向卖方请求损害赔偿,卖方依据保单向保险公司索赔,但仍然应对买方直接负责。[1]

反之,在买方保险中,因被保险人为并购交易的买方,故在并购交易的卖方因违反并购交易合约中声明保证事项使并购交易的受到损害时,保险事故即已发生,并购交易的买方即得直接向保险公司请求理赔,故在买方保单下,并购交易的卖方违约时,并购交易的买方直接向保险公司请求理赔,并购交易的卖方不用再对并购交易的买方负责。

由于可以较为彻底的切断风险,再加上因为并购保证与赔偿保险一般系保障未知的风险,而卖方比买方可能更了解自身公司存在之风险。实务应用上也以买方保单居多。但无论是买方保单或是方保单,均会根据买方和卖方的特定目的针对保险范围确定(并购契约中全部声明和保证条款或仅限于特定之声明和保证条款及相关连结之赔偿责任、当事方以及第三方索赔及其相关的抗辩费用等)、保险

---

[1] Sandra Link, *W&I insurance for Chinese investors in Germany*, King & Wood Mallesons' Frankfurt office, available at: http://www. chinalawinsight. com/2017/04/articles/global-network/wi-insurance-for-chinese-investors-in-germany/ (last visited: June 29, 2017).

期间、保险限制等其他条款制定之。[1] 保单的价格通常取决于双方约定之豁免赔偿范围、产业别、买卖地主国国籍及提供讯息的数量与质量（包括尽职调查报告之密度等）。

并购交易保证与赔偿保险在实务应用上，可能发挥的作用如下：

（1）延长并购合约中损害赔偿条款的追索期间（Survival Period）。就并购交易的买方而言，如果能把相关声明保证事项违反时之求偿追索期（Survival Period）拉得愈长，买方即可藉由约定较长的保证期限，使其有更充分的时间发现卖方企业可能存在的问题，并得赔偿。但对并购交易的卖方而言，过长的追索期会使并购交易的卖方承担较大的风险。故在并购交易保证与赔偿保险中，可以针对并购交易的卖方所不愿接受的追索期间，转嫁由并购交易保证与赔偿保险的方式予以覆盖，而增加方协商成功的机会。

例如，今卖方公司为一金融集团，拟处分其旗下私募股权基金业务，买方为拟承接该业务之私募股权基金。双方于谈判过程中，已针对买方声明保证事项，及相关事项违反时之赔偿上限，达成共识，但针对相关保证事项之担保期间（Survival Period）部分，一直无法达成共识；买方要求 36 个月的 Survival Period，而卖方仅愿意提供 18 个月的 Survival Period；此时买卖双方可同意投保并购交易保证与赔偿保险来调整与 Survival Period 相关之风险，即安排前 18 个月由卖方负责，而后面的 18 个月则转由保单来分摊风险，此即为针对保单担保期间范围因应个案需求而确定。

（2）以额外之补偿（相对于已被托管（Escrow）的额度）减少买方可能的损失而增加买方收购意愿。并购交易的谈判中，双方对未来或有负债、风险或对价调整项的计算会影响到托管（Escrow）额度的订定。就并购交易的买方而言，为获得充分保障，自然会希望拉高托管（Escrow）额度，但对卖方而言，以最快速度完成交易、收到现金对价并全身而退则是卖方的铁律，任何托管（Escrow）机制的设定或过高的额度保留都与此卖方最高原则背道而驰，故对于托管（Escrow）额度及年限的设定，多为并购谈判中买卖双方会激烈攻防的焦点之一。许多的谈判可能因双方对托管

---

[1] Morton E. Grosz and Daniel A. Rabinowitz，将交易中的陈述打包：并购交易中的陈述与保证保险，available at: https://www. chadbourne. com/sites/default/files/publications/cpnewswire_wrappingyourreps_grosz-rabinowitz_chinese. pdf(last visited: June 29,2017)。

第二十二章　公司并购交易中之保证与赔偿保险　513

(Escrow)额度及年限认知差距太大致交易破局。

并购交易保证与赔偿保险出现后,可针对双方谈判中相关额度及年限的差距部分,转嫁由保单来形成保障,提升交易成功的几率。

(3) 如买方在并购契约中的索赔上限已被责任限额条款限制时,高于责任限额之其余损失可以保单要求保险公司理赔,就违约赔偿的金额和赔付的确定性,获得补充保障。并购交易的谈判中,卖方一般会要求加入责任限制约款以限制其赔偿上限,由于双方对未来或有负债、风险或对价调整项的计算的差异,双方对责任限制额如何订定也常会产生重大歧见,而成为交易破局潜在引爆点。并购交易保证与赔偿保险出现后,买方可在卖方愿承担的索赔上限以外,以保单方式取得额外的保障,就高于责任限额之其余损失,可以保单要求保险公司理赔,就违约赔偿的金额和赔付的确定性,获得补充。

(4) 如买方要求之声明保证超过卖方所能承受之范围时,在某些情形下亦得转由并购交易保证与赔偿保单承担相关风险。例如,某 A 公司之小股东及消极股东拟出售 A 公司之持股,谈判过程中,由于产业特性的问题,买方对于产业法规的合规性及税务方面,要求卖方出具非常高目标声明及保证,且要求若有违反时,应赔偿相当于购买价格的赔偿。小股东及消极股东认为不合理,致谈判陷入僵局。此时卖方即得向保险公司承购买方保单,保护卖方免于因本应不属于其应负责之声明保证事项之违反,而受有损害(包括管理团队之诈欺行为)。

(5) 并购交易保证与赔偿保单有时也可满足并购交易卖方全面退出的需求。并购交易卖方透过并购交易保证与赔偿保险的降低将来由于买方请求损害赔偿时而需承担或有责任的风险,特别是卖方希望能全面退出所出售的企业时。[1] 以并购交易保证与赔偿保险取代托管(Escrow)机制,可享受出售价金的实时分配性,不透过托管账户或保留一定比例价金而通过保单的设计能使卖方一次性取得处分之对价。[2]

因有并购交易保证与赔偿保险的前述作用而提供的补充保障,亦可使买方对

---

[1] Marsh LLC Insights, *M&A and the Role of Warranty and Indemnity Insurance in Asia*, 2015.

[2] Marsh LLC, *Case Study: Achieving a Clean Exit Through the Use of Mergers and Acquisitions Insurance* (2014).

卖方的要求相对减少,而在竞价交易中取得优势。透过保险亦可维护与卖方的关系,特别是当交易完成之后,卖方可能会变成买方之关键员工或双方拟持续成为商业合作伙伴。例如某公司拟将某业务部门出售,条件中留用部分关键员工(Key Persons),主要为该部门重要高管及员工,这些留用的高管及员工亦为本交易案出售之小股东之一部分。并购契约中约定就部分的声明保证,非主要股东亦需负责。相关条款引起留用部分关键员工之不满,影响留任意愿及向心力。此时为继续维持良好关系,买方为这些关键员工购买并购交易保证与赔偿保险之买方保险,降低关键员工责任风险,可增加其留任意愿及向心力,使并购案之综效得以发挥。

应注意者,和其他保险相同,实务上并购交易保证与赔偿保险保单也有常见的不承保及除外事项。常见的不承保事项包括保险公司经估后认为性质上发生违反几率特别高的声明保证事项,具有前瞻性性质的陈述或财务预测,或责任范围可能太大而无法确定的或有负债(例如环境、核能、员工相关责任),针对此类风险,当事人得透过加保其他并购交易保险(如前所述之税收补偿保险、环境保险解决方案、责任/诉讼解决方案等以分摊相关风险。而并购交易保证与赔偿保险中常见的除外事项,则有卖方已揭露或视为已揭露之任何损失、已于并购契约中揭露清单(Disclosure Schedule)充分揭露的事项、涉及诈欺的情形,已纳入价格调格或赔偿机制可视为已充分揭露并考虑的风险,以及期中违反的情形(期中违反,是指在违反发生并发现在签并购合约及保险合约后但在交割前,在此情形下,保险公司通会把此时的违反除外不保),于并购契约签约时可于公开信息知悉之事项、惩罚性赔偿金或尽职调查报告中已提及之事项等。[1]

四、小结

整体而言,并购交易保证与赔偿保险在交易中的能使被保险人在谈判并购契约之条款时更加灵活,包括声明和保证之范围、在赔偿条款中适用的扣减和最高额限制、主张赔偿所适用之期限及是否采用托管账户以保证其赔偿责任的履行等。

---

〔1〕 Nick Humphrey, *Key issues in insuring an M&A deal*, (Feb. 28, 2011), available at: http:// www. mondaq. com/australia/x/124428/Insurance/Key + issues + in + insuring + an + MA + deal (last visited: June 29, 2017).

因此,并购交易保证与赔偿保险能够帮助缩小买卖方谈判的差距,促进企业并购谈判之效率及密度。[1] 随着并购及投资市场的需求上升,并购交易保证与赔偿保险之运用及重要性已渐凸显,拟进行并购交易之双方公司,除寻求专业之财务及法律顾问之协助外,于并购契约中相关权利义务,及可采取的替代性风险分摊措施皆应充分了解,进而降低风险,提高并购可能产生之实质功效。

---

〔1〕Baden Furphy, Damien Hazard & Ben Landau, *Market trends in W&I Insurance*, Lexology (May 23,2013), available at: http://www. lexology. com/library/detail. aspx? g = 36cf2f8f-f443-45bc-8a4d-2e1652d6eda4 (last visited: June 29,2017).

第二十三章　应对恐怖主义的保险机制[*]

恐怖主义,目前已成为世界上许多国家共同面临的威胁。美国在 2001 年的"9·11"事件发生后经历了长达 10 多年的反恐斗争,时至今日,恐怖主义的阴影仍然挥之不去。[1] 中国亦面临着恐怖主义的威胁,近年来已发生多起恐怖暴力犯罪事件。[2] 恐怖袭击通常会造成严重的人身伤亡或财产损失,如果说对于恐怖袭击的发生防不胜防,那么如何有效地对受害人进行救济,便是我们必须要解决的问题。本章所关注的是:对于恐怖袭击所造成的损害,可否通过保险的机制来进行补偿。

一、中国保险业对待恐怖袭击风险的现状与问题

从保险合同条款来看,就人寿保险和年金保险而言,中国的许多保险公司都未将恐怖袭击所造成的人身损害或死亡列入责任免除的范围,这意味着,被保险人因遭受恐怖袭击而死亡的风险,属于保险公司的承保范围。[3] 就人身意外伤害保险而言,各保险公司的保险条款存在差异。例如,中国人寿保险股份有限公司的个人人身意外伤害保险条款并未将恐怖袭击风险从承保范围内排除,但是其发售的"建

---

　　* 本文曾发表于《比较法研究》2015 年第 1 期。作者:周学峰,北京航空航天大学法学院副教授。

〔1〕例如,2013 年 4 月,美国波士顿又发生了一起涉嫌恐怖活动的爆炸事件。参见潘寅茹:《波士顿爆炸案震惊全美,美国反恐战略或受影响》,《第一财经日报》2013 年 4 月 17 日。

〔2〕例如,2013 年在中国新疆巴楚县发生的恐怖暴力犯罪事件。参见何军、于涛:《警方披露巴楚暴力恐怖案详情》,《新华每日电讯》2013 年 4 月 30 日。又如,2014 年 3 月 1 日发生在昆明火车站的恐怖暴力犯罪事件。

〔3〕参见中国人寿保险股份有限公司的"国寿祥福定期寿险"合同条款、生命人寿保险股份有限公司的"生命富贵花年金保险"(2011 年 9 月版)、"生命红上红 A 款两全保险"的合同条款。

筑施工人员团体意外伤害保险"的保险条款却明确地将恐怖袭击风险排除在承保范围之外;中国平安保险公司发售的个人意外伤害保险和团体意外伤害保险的保险条款均将恐怖袭击所造成的伤亡列入责任免除的范围。就财产保险合同而言,包括家庭财产保险和企业财产保险,许多保险公司都将"恐怖袭击"或"恐怖活动"所造成的损失列入责任免除的范围,只有极少数的保险公司明确宣称其愿意提供恐怖袭击财产保险。[1]

基于上述观察,我们需要思考以下问题:保险公司为何要将恐怖袭击的风险排除在其承保范围之外;恐怖袭击的风险与其他风险相比有无特殊之处,其本身是否具有可保性。由于恐怖袭击的风险并不是中国保险业所单独面临的风险,而是世界上许多国家所共同面临的问题,并且有一些国家已经建立起专门针对恐怖袭击风险的保险机制。因此,本章将对此进行相关比较法研究,以期对理解和解决我国保险业所面临的问题有所裨益。[2]

二、主要西方国家的恐怖风险保险制度

(一) 美国

在 2001 年"9·11"恐怖袭击事件发生之前,美国也曾遭受过恐怖袭击,如 1993 年世界贸易中心爆炸案、1995 年俄克拉荷马城爆炸案,以及 1996 年亚特兰大奥林匹克公园爆炸案,由于这些恐怖活动所造成的损失非常有限,美国保险业对于恐怖袭击风险基本上是不予重视或特别考虑的,虽然财产保单通常会将战争所造成的

---

〔1〕例如,中国平安保险公司和中国人寿财产保险公司的"家庭财产保险"合同条款,中国人寿财产保险公司的"企业财产一切险"、"营业中断险"合同条款,中国人保财险公司的"企业财产一切险"、"建筑安装工程一切险"合同条款,均将"恐怖袭击"或"恐怖活动"造成的损失列为责任免除事项。值得注意的是,中国人保财险公司的"国内公众责任险"合同条款并未将恐怖袭击风险明确排除,但其提供的"涉外公众责任险"却予以明确排除。在中国营业的保险公司中,公开宣称其能够为恐怖袭击风险提供财产保险的非常少见。一家外资保险公司,即美亚财产保险有限公司,在其网站显著位置发布了有关承保"恐怖袭击财产保险"的信息(网址:http://www. aiginsurance. com. cn/terrorism_2092_378680. html. 访问时间:2013 年 5 月 3 日)。另外,据报道,人保财险中山市分公司作为主承保商承保上海金茂大厦,恐怖袭击责任险作为附加险被纳入保险范围中。参见丁保权、关楚虹:《中国第一高楼上海金茂大厦投保"恐怖主义险"》,《南方都市报》2004 年 5 月 12 日。

〔2〕需要指出的是,在 2001 年美国"9·11"事件发生之前,中国的保险合同条款中罕有明确将恐怖袭击或恐怖活动的风险排除在外的。例如,中国人民银行在 1996 年发布的《《财产保险基本险》和《财产保险综合险》条款、费率及条款解释"中没有一字提及恐怖袭击或恐怖活动风险。实际上,正是发生在国外的恐怖袭击事件引起了中国保险业的警觉,促使其将恐怖袭击的风险排除在承保范围之外。

损失排除在承保范围之外,但大多数公司的保单都未明确提及恐怖袭击风险。从保险合同解释的角度来看,这意味着被保险人遭受恐怖袭击所造成的损失应属于保险范围之内。

2001年的"9·11"事件彻底改变了美国保险业对恐怖袭击风险的看法。在"9·11"事件中,纽约世界贸易中心的两幢摩天大楼遭到被恐怖分子劫持的民航客机的撞击而倒塌,从而造成巨额损失,这在此前几乎是无法想象的。[1]据保险业估计,"9·11"事件造成的财产损失在300亿到600亿美元之间,超过美国历史上经历的任何一次灾难性事件。1992年安德鲁飓风被认为是史上最严重的自然灾害,所造成的损失也不过200亿美元。[2]"9·11"事件发生后,虽然保险公司按保险合同约定进行了赔付,但是,随后便纷纷宣布退出恐怖风险保险市场。[3]此次撤离首先从再保险公司开始,许多再保险公司在2002年签订再保险合同时,明确将恐怖风险排除在再保险的承保范围之外。在失去再保险保障的情况下,许多原保险公司亦随之修改保险合同条款,将恐怖袭击造成重大损失的风险排除在保险范围之外。[4]

[1] 在投保时,纽约世界贸易中心的产权人曾对世界贸易中心可能遭受的损失作过估计。"1993年恐怖分子以炸弹攻击世界贸易中心,造成可预测的最大财产损失。1号塔关闭6周,2号塔关闭4周……虽然爆炸如此强烈,对建筑结构造成的破坏却微不足道。损害只限于地下停车场水泥地面需要换新,水泥震裂爆露出加固用钢筋需要修理,和非承重墙壁需要重修。"预测报告的确考虑过飞机撞楼的可能,"这种设想有其可能,但是极难发生"。双塔的结构设计师公开宣称,如发生飞机冲撞双塔,飞机燃油会一直洒到小区地面,造成建筑物表面燃烧损坏,需要纽约市消防队来灭火。建筑物表面换新费用估计是整个建筑物损失费用的35%,即大约4亿2千万美元,这样的损失导致一年租金损失约1亿5千万美元,两项合计不到6亿美元"。事实证明,上述估计是过于乐观的,"9·11"事件实际造成的损失远远超过最初的估计。参见周启博:《"9·11"保险理赔案陪审见闻》,网址:http://www. iic. org. cn/D_infoZL/infoZL_read. php? id=3581&pagex=1,访问时间:2013年5月7日。

[2] Andrew S. Neuwelt, The Impact of September 11 on Terrorism Insurance: Comparing Senate Bill 2600, House of Representatives Bill 3210, and the United Kingdom's Pool Re. , 9 ILSA J. Int'l&Comp. L. 473,474(2003).

[3] 在"9·11"事件发生之后,尽管当时的美国总统布什宣称:"这是针对我们国家的一次有预谋的和致命的攻击,它不仅仅是恐怖行为,而是战争行为。"并且美国随后发动了针对基地组织的战争,但是,从保险合同解释的角度来看,恐怖行为并不属于保险合同所定义的"战争"的范围,因此,保险公司不得基于保险单中所规定的"战争"免责条款来拒绝对恐怖袭击所造成的损失进行赔付。另外,"9·11"事件之后,保险公司面临着巨大的政治压力和社会压力,亦使其未敢提出恐怖袭击属于保险单中所规定的"战争"免责的范围,以免触发众怒。See Neuwelt, supra note 7, at 478。

[4] 美国大多数保险公司的财产保单都参照了"保险服务局"(insurance service office,即ISO)起草的标准保单条款。在"9·11"事件发生后,ISO专门制定了有关排除恐怖主义风险的标准条款,对于恐怖袭击所造成的在72小时内超过2500万美元的损失,被明确排除在保险赔付范围之外。See Irene S. Kaptzis, Looking beyond the Sunset: International Perspectives on the Terrorism Risk Insurance Act of 2002 and the Issue of Its Renewal, 29 Brooklyn J. Int'l L. 827 (2004)。

由于再保险业务具有国际性,相当大份额的业务是由国外再保险公司承保的,并且再保险合同一向遵循契约自由的原则,所受监管非常宽松,因此尽管美国民众和各州的保险监管机关对此不满,但也无能为力。尽管原保险合同的条款与费率受美国各州保险监管机构的监管,但是绝大多数州的保险监管机构都对保险公司排除恐怖风险的做法予以了批准。[1] 这是因为再保险的存在对于原保险业务意义重大。例如,在"9·11"事件的保险赔付中,大约2/3的赔付实际上是由再保险公司承担的,因此,一旦保险公司无法就其承保的恐怖风险进行再保险,那么,其面临的风险就会过大,从而有可能危及其偿付能力,而确保保险公司的偿付能力一向是保险监管的核心目标之一,因为这事关其他广大的被保险人的利益。对于那些少数的依然承保恐怖风险的保险公司而言,也都大幅调高了保险费,其数额之高足以令大多数被保险人都难以承受,特别是一些大城市的地标性建筑的保费激增,例如,有的大厦的保费在"9·11"之后增长了十倍。[2]

保险在美国经济生活中占据着举足轻重的地位,人们一旦无法获取保险,不仅会影响到商业社会的正常运行,而且会影响到普通人的就业与经济的恢复。正如时任总统布什在向美国国会解释时所称:进行工程建设可以解决许多人的就业问题和促进经济发展,但其通常需要融资,如果无法获取涵盖恐怖风险的保险,就没有哪家银行或投资机构愿意向其提供资金,这将阻碍经济的恢复与发展,更无力承受第二次恐怖袭击。[3] 在市场无法自发地提供针对恐怖风险的保险,而民众又迫切需要的情况下,为了应对"9·11"事件给美国社会所造成的恐慌,保障美国经济的持续发展,美国国会于2002年11月颁布了《2002年恐怖主义风险保险法案》,从而建立起联邦政府扶持下的恐怖主义风险保险(以下简称"恐怖风险保险")制度。立法者原本并未想将该制度确立为永久性制度,因此,在2002年法案中规定其有效期截止为2005年12月31日,到期后该项保险计划自动终止。但是,在2005年国

---

〔1〕仅有纽约州、加利福尼亚州、佐治亚州、佛罗里达州等少数州对保单的修改未予批准。See Irene S. Kaptzis, Looking Beyond the Sunset: International Perspectives on the Terrorism Risk Insurance Act of 2002 and the Issue of its Renewal, 29 Brooklyn J. Int'1 L. 827(2004)。

〔2〕Neuwelt, supra note 7,at 492.

〔3〕Bill Sammon, Bush Says Senate Should Federalize Terror Insurance, Wash. Times, Apr. 9,2002, at I.

会又通过法令将其有效期延长了两年,2007 年时又颁布了《2007 年恐怖主义风险保险计划再授权法案》,从而将恐怖风险保险计划延展至 2014 年 12 月 31 日。2015 年 1 月,新一届美国国会成立之后便迅速通过了《2015 年恐怖主义风险保险计划再授权法案》,将恐怖风险保险计划再次延展至 2020 年 12 月 31 日,并对相关条款进行了修改。

美国的恐怖风险保险制度主要包括以下内容:

第一,强制承保,自愿投保。所有从事商业财产与意外险的保险人都必须参与该项保险计划,都必须向投保人提供恐怖风险保险,保险人签发的保险单中有关排除恐怖主义风险的条款无效,但是,投保人可自由决定是否投保。基于法案规定,从事联邦农业保险、国家洪水保险、私人抵押保险、健康保险、人寿保险(包括团体人寿保险)的公司,以及再保险公司,不在该保险计划的适用范围内。参加该保险计划的保险人无需向联邦政府缴纳保费,但是,在一定条件下,联邦政府可请求保险人返回一部分费用。

第二,政府资助,风险共担。在联邦政府机构中,具体由财政部来负责恐怖风险保险事宜。依据 2002 年法案,如果一起被认定为恐怖主义的行为造成的损失超过了 500 万美元,将启动恐怖风险保险赔付。2005 年法案修订时,损失门槛金额从 500 万美元提升至 5000 万美元;2007 年法案修订时,又被提升至 1 亿美元。依据新修订的 2015 年法案,损失门槛金额将自 2016 年起,每年度提高 0.2 亿美元,至 2020 年时提升至 2 亿美元。

在进行保险赔付时,各承保的保险人须首先向被保险人赔付一定的金额,即"扣除额"。对于超出扣除额部分的损失,联邦政府承担 90%,保险人承担 10%;依 2007 年修订法案,联邦政府承担 85%,保险人承担 15%。依据 2015 年的修订法案,自 2016 年 1 月 1 日起,政府承担的部分每年降低 1%,直到降至 80%。恐怖风险保险赔付的最高限额,即封顶额在 2002 年的法案中规定为 1000 亿美元。

依 2002 年法案规定,需要由保险人承担的扣除额部分是连年递增的,2002 年为前一年度直接收取保费收入的 1%,2003 年为保费收入的 7%,2004 年升为保费收入的 10%,2005 年为保费收入的 15%,2005 年法案将其提升至保费收入的 17.5%,2007 年法案又将其增至保费收入的 20%。

第三,严格界定适用对象。基于恐怖风险保险的目的,将一项行为认定为恐怖主义行为,需经美国财政部、国防部和司法部共同决定。2002 年法案将"恐怖主义行为"界定为: 代表外国人或外国利益的一些个人所从事的暴力行为或危及人的生命、财产或基础设施的行为,其意在对美国民众产生强制,或通过强制对美国政府的政策或行为产生影响,并且已经在美国境内或美国的船舶、航空器或使馆内造成了损害。[1] 2007 年的修订法案删除了对"外国人或外国利益"的要求,这意味着,无论是本国的还是外国的恐怖主义行为,均属恐怖风险保险计划的涵盖范围。

第四,保险范围是受到限制的。恐怖风险保险并不是承保一切恐怖主义风险,而是存在许多例外,例如,核损害或放射性物质污染、生物或化学武器攻击等通常都被排除在财产保单的保障范围之外,亦不属于恐怖风险的保险范围。

第五,项目的临时性。联邦政府最初在制定该项保险计划时,是将其作为一项临时性措施来对待的,目的在于稳定保险市场、帮助保险人度过难关,并非要设立一项永久性的恐怖风险保险计划,因此,该保险计划是存在有效期的,尽管其一再被延长。另外,从法案对损失门槛值、扣除额以及政府承担赔付的比例等事项的规定可以看出,联邦政府的赔付责任份额在连年降低,而商业保险公司的责任则越来越重,由此可见,联邦政府有意最终退出该保险计划或淡化政府的责任,而逐步由商业保险公司发挥主导作用。

由于在恐怖风险保险制度推出后,保险费并没有出现像立法者最初设想的那样大幅下降的情形,加上恐怖风险的阴影始终未从美国社会消失,恐怖风险保险计划被一再延展,因此,在今后的一段时间内,联邦政府将难以从恐怖风险保险计划中脱身。

(二) 英国

英国在北爱尔兰地区和大不列颠地区都建立了恐怖风险保险制度,但两地制度差异很大,其分别代表了两种不同的保险模式。

---

[1] Terrorism Risk Insurance Act of 2002, Sec. 102(1).

1. 北爱兰地区

由于历史、政治和宗教因素的影响,长期以来,英国的北爱尔兰地区动乱、暴力事件不断,当地的保险公司通常都将恐怖风险排除在承保范围之外。为了维护当地社会的稳定,英国政府在 20 世纪 70 年代先后制定了《1971 年刑事财产损害(补偿)法案》和《1977 年刑事损失(补偿)命令》,从而建立起独具特色的"政府保险"制度,即由政府直接对恐怖袭击受害人所遭受的财产损失进行补偿。[1] 在"政府保险"模式下,财产所有人无需事先缴纳保费,在遭受损失后,首先从警察局获得一份证明,以证实其所遭受的损失是因恐怖袭击所造成的,然后便可向政府提出索赔。在这种模式下,补偿资金是由英国政府承担的,这意味着,北爱尔兰地区的恐怖袭击风险由全英国的纳税人共同承担。[2]

2. 大不列颠地区

在英国除了北爱尔兰以外的其他地区,保险业对待恐怖风险的态度与美国非常相似,最初并不重视,直至 1992 年爱尔兰共和军在英国伦敦的金融中心地区制造了一起爆炸事件,造成的损失高达 3 亿多英磅,英国的保险业与民众都陷入了恐慌,先是再保险公司,然后是直接承保的原保险公司纷纷将恐怖风险从保单的承保范围中排除,以至于人们无法从市场上购买到涵盖恐怖风险的商业保险。[3] 英国政府在巨大的政治压力下,通过与英国保险业协会协商,最终建立起颇具英国特色的"再保险集合"(Pool Re)计划。在该计划中,由英国政府担当最终的再保险人,从而给私人保险市场以支持。

"再保险集合"在性质上属于互助(mutual)保险公司,由英国本地的保险公司、劳埃德保险辛迪加、海外的保险公司和自保公司自愿加入而组成。[4] 凡加入"再保险集合"的保险公司将依照其规则提供恐怖风险保险,而不得在市场上另行提供其他同类保险。"再保险集合"可向英国政府投保再保险。保险公司在向公众提供保

---

[1] Criminal Injuries to Property(Compensation) Act, N. Jr. Stat., ch. 38(1971); Criminal Damage (Compensation) Order, N. Ir Stat., No. 1247(1977).

[2] William B. Bice, British Government Reinsurance and Acts of Terrorism: The Problems of Pool Re, 15 U. Pa. J. Int'l Bus. L. 441,463(1994).

[3] Id. at 446.

[4] Alan J. Fleming, Terrorism Coverage in the United Kingdom,网址:http://www. drj. com/special/wtc/w3 065. htm,访问时间:2013 年 5 月 10 日。

险时,通常是将恐怖风险作为附加险来提供,并单独收取保险费,投保人不得仅就其特定的财产单独投保恐怖风险保险。对于恐怖风险造成的财产损失,原保险人在留存额度内负责,对于超出留存额的损失,可向"再保险集合"提出主张。"再保险集合"可用其累积的利润来支付赔付款,如果不足,可向参加该保险计划的成员保险公司征收不超过保费10%的资金;如果仍然不足,可提取以往的投资收益来支付赔付款。如果"再保险集合"仍无力赔付,则由英国政府承担最终的无限额的赔付责任,但是,"再保险集合"在其保费收人达到一定数额后,须向政府偿还由政府承担的赔付金额。

根据英国《1993年再保险(恐怖主义)法案》的规定,所谓恐怖主义行为:"是指作为一定组织的代表或与该组织有关联的人的行为,其通过使用武力或暴力,实施旨在推翻或影响英国政府或其他法律上的或事实上的政府机构的行为"。[1]"再保险集合"所承保的恐怖风险,主要针对的是商业财产保险,包括营业中断的风险,不包括人寿保险、人身损害保险或私人财产保险,但是其适用于私人住宅保险。[2]

恐怖风险的保险费率主要受两项因素的影响:一是地理位置,二是被保险资产的价值。最初,英国被划分为两类地区,一类地区主要是伦敦、曼彻斯特之类的大城市区域,除此以外的其他地区被确定为二类地区。后来,"再保险集合"采用了新的分类方法,划分了四类地区:其中A类地区是指伦敦市中心;B类地区包括伦敦市中心以外的地区和其他城市;D类地区是指康沃尔和苏格兰的大部分地区;除上述地区以外的不列颠岛上的其他地区均属于C类。[3]

2011年发生在美国的"9·11"事件亦对英国的恐怖风险保险制度产生了重要影响。例如,对于原保险人留存额度,最初规定是10万英磅,在"9·11"事件发生后,英国修改了原来的规定,重新规定了"每起事件"的留存额度和"年度"总留存额度,并且规定留存额度的数额将每年递增。恐怖风险的保险范围亦得到了进一步的扩展,生化污染、飞行器撞击、水岸堤坝被毁等灾难损失亦被包括在内。[4]

---

[1] Reinsurance (Acts of Terrorism) Act 1993, § 2(2).

[2] Kaptzis, supra note 10, at 855.

[3] Alan J. Fleming, Terrorism Coverage in the United Kingdom, 网址: http://www.drj.com/special/wtc/w3_065.htm,访问时间: 2013年5月10日。

[4] Kaptzis, supra note 10, at 858.

（三）以色列

在各国恐怖主义损害补偿机制中，以色列的制度非常具有典型性和研究价值。以色列的恐怖主义损害补偿制度脱胎于战争损害补偿制度。由于受历史和宗教等因素的影响，以色列自 1948 年独立建国之初，便与周边的阿拉伯国家保持着紧张状态，曾经发生过多次战争，并且经常遭受恐怖袭击，致使许多无辜的平民受害。于是，以色列政府将先前制定的用以补偿战争受害人的政府补偿机制扩大适用于恐怖袭击受害人，其立法的基本指导思想在于：无论是战争损失还是恐怖袭击造成的损失，都不应由某一个特定的受害人承担，而应由全民分担，通过政府补偿机制来实现。以色列政府的补偿机制区分人身损害与财产损失，分述如下。

1. 对人身损害的政府补偿

为了救济因战争而伤害的士兵、平民及其家庭，以色列先后制定了多部法律，如 1956 年的《边境受害人（权益）法》、1970 年的《敌对行为受害人（抚恤金）法》（VHAPL）。[1] 法案所称的“敌对行为”（hostile act），既包括战争行为，亦包括恐怖行为。一起事件若要被认定为适用政府补偿的“敌对行为”，须经国防部批准，但是，对于国防部的决定不服的，当事人可以向法院起诉，申请司法审查。由于在实践中，普通刑事犯罪行为与敌对行为的界限并不十分清晰，为了减轻受害人的举证责任，法律采取了推定的方式，即“依照受害情形，有合理根据相信其所受损害是由敌对行为导致的，可以推定其损害属于敌对行为所致，有相反证据的除外”。[2] 实践中，法院在认定某一损害是否属于敌对行为所致时，通常采取比较宽松的态度。

受保障的人群，既包括以色列人，也包括在以色列境内遭受恐怖袭击的外国人；既包括因与以色列政府或组织有联系而成为恐怖袭击对象的外国人，也包括普通外国游客。在境外工作的以色列政府的雇员如果遭受到了反以色列的恐怖袭击，亦属于有权获得保障的人群。

恐怖袭击受害人有权获得的补偿包括医疗费用、治疗期间的生活补助、残疾补偿金、康复费用以及其他补助津贴。补偿金的发放是由以色列的社会保障机构“国

---

[1] Border Victims (Benefits) Law, 1956, 11 L. S. I. 19, (1956 - 1957); Victims of Hostile Action (Pensions) Law, 24 L. S. I. 131, (1969 - 1970).

[2] VHAPL, 24 L. S. I. 131, (1969 - 1970).

家保险局"负责的。

如果受害人既可以依据《敌对行为受害人(抚恤金)法》请求国家保险局支付补偿金,亦可依据其他法律,如依侵权法主张人身损害赔偿,那么,受害人必须在两种请求权中选择其一行使,而不能获得双重补偿。如果当事人选择了政府补偿,就不得再提起民事索赔诉讼。[1]

2. 对财产损失的政府补偿

对因战争而遭受财产损失的受害人给予补偿的制度,早在以色列独立建国之前就已存在。以色列在建国之前受英国统治期间,依英国法律建立起了对战争财产损失的强制保险制度。以色列建国前夕,当地一些犹太人商会自愿组建了一个保险联合体,对因战争而遭受的平民财产损失进行保险。[2] 以色列建国以后,于1951年颁布了《战争损失补偿税法》,通过向经营者和财产所有者征税的方法,设立了一个补偿基金,用于补偿那些因战争而实际遭受损失的财产所有者,这实际上是一种通过税法来实施的在全体纳税人之间分担战争损失的强制保险机制。[3] 1961年,以色列制定了《财产税与补偿基金法》,正式将财产税与补偿基金合并立法。尽管财产税和补偿基金在法案初通过时有密切关联,但是后来两者的关联越来越弱,事实上,通过财产税所征收的资金中只有一小部分归入了补偿基金,并且作为财产税征收对象的财产与受补偿基金保障的财产是不一致的,后来财产税亦因其他原因而被废止,但补偿基金仍保留了下来,并且由于历史原因,依然由税务部门负责管理。

与人身损害补偿非常类似,依照以色列的法律,财产补偿基金适用于因战争或其他敌对行为导致的损失,基于此,恐怖袭击被认为属于"其他敌对行为",从而可适用该基金。财产补偿基金的补偿范围,主要是因战争或恐怖袭击而遭受的直接损失。对于营业中断、收入损失之类的间接损失,在2001年之前通常得不到补偿。2001年,以色列政府对原有法律进行了修订,规定在满足特定条件的情况下,可以对因战争或恐怖袭击等敌对行为造成的间接财产损失进行补偿,但是,加害行为必须是经国防部

---

[1] Hillel Sommer, Proving Compensation for Harm Caused by Terrorism: Lessons Learned in the Israeli Experience, 36 Ind. L. Rev. 335,351(2003).

[2] Id. at 353.

[3] War Damages Compensation Tax Law, 1951,5 L. S. I. 33,(1950 - 1951).

认定的敌对行为,并且,损失发生在财政部宣布的受敌对行为损害的地区内。[1]

与人身损害补偿制度不同之处在于,在认定敌对行为时不适用推定规则,而是要求提出补偿请求的当事人证明该事件属敌对行为。当事人不仅要证明有破坏行为或损失的发生,还要证明其具有敌对的动机,需要证明其是对以色列政府的报复行为,或有意恐吓以色列平民的行为,或旨在影响以色列未来行动的行为,要证明其财产损失与其以色列的身份属性具有关联性。[2]

(四) 其他西方国家的恐怖风险保险制度

1. 澳大利亚

2003 年,澳大利亚通过了《恐怖主义保险法案》,组建了"澳大利亚再保险集合公司"(AustralianReinsurance Pool Corporation,简称 ARPC),为保险公司承保恐怖风险保险提供再保险支持,其保险范围包括由政府确认的恐怖主义行为所造成的商业财产损失和相关的营业中断损失,包括生物或化学攻击所造成的损失,但将核损害排除在外。法案通过后,保险单中有关恐怖主义风险免责的条款归于无效,承保恐怖风险的保险公司可向澳大利亚再保险集合公司投保再保险。澳大利亚的恐怖主义保险项目与英国的制度非常类似,存在多重保障机制。当发生恐怖袭击事件并造成财产损失时,首先由原保险人在责任留存份额内承担赔付责任,若有超出,则由澳大利亚再保险集合公司承担,并有 2.75 亿澳大利亚元的转分保项目(retrocession program)基金提供支持,若仍不足以赔付,则由政府设立的最高额达 10 亿澳大利亚元的联邦担保基金承担赔付责任。[3]

2. 奥地利

奥地利在 2002 年 10 月开始建立"恐怖风险保险集合计划"(Osterreichischer Versicherungspool zur Deckung von Terrorrisiken),为保险公司承保恐怖风险提供再保险。该保险计划于 2003 年 1 月开始实施。奥地利的"恐怖风险保险集合"是由

---

[1] Sommer, supra note 24, at 357.

[2] Id. at 356.

[3] 关于澳大利亚恐怖主义保险的更多信息,可查阅澳大利亚再保险集合公司的官方网站(http://arpc. gov. au.)。

奥地利的保险业协会发起组建的,性质属于承担共同保险和再保险业务的私营机构,其最高保险赔付限额为 2 亿欧元,不存在政府担保。虽然加入该保险集合并无强制性规定,但是,奥地利保险业协会下 99％的保险公司均自愿加入。

3. 比利时

比利时于 2007 年通过《恐怖主义保险法》,该法于 2008 年 1 月生效。根据该法,比利时的保险公司、再保险公司、政府和保险业的其他组织共同组建"恐怖主义再保险与保险集合",在性质上属于非营利性机构。该项保险计划的最高赔付限额为 10 亿欧元。

4. 丹麦

丹麦于 2008 年颁布《恐怖主义保险法案》,该法案于 2010 年生效。根据该法案,丹麦创设了"非人寿险恐怖主义保险集合"(TIPNLI),它是一个由政府支持的保险与再保险集合机构,负责安排承保建筑物、火车、汽车、船舶因遭受原子能、生化攻击所导致的损失风险,其中政府承担的最高赔付责任限额为 150 亿丹麦克朗。

5. 法国

法国自 1986 年开始,便强制将恐怖风险纳入到财产保单的保险范围内,但是建立专门针对恐怖风险保险的机制则始于 2001 年。"恐怖风险保险与再保险管理机构"(GAREAT)在 2001 年成立,于 2002 年开始运作。GAREAT 既非保险机构,亦非再保险机构,而是一个由私营保险公司、国际再保险公司和 CCR 共同组建的保险合作机构,负责对恐怖风险承保和再保险进行管理和安排,其性质属于非营利性机构。[1] 其中,CCR 为法国政府出资并提供担保的再保险公司,以为巨灾保险提供再保险而著称。恐怖风险被分为两类:保险金额在 2 千万欧元以上的恐怖风险,为大规模风险;低于 2 千万欧元的恐怖风险,为中小型风险。恐怖风险的保险机制为层级机制,承保恐怖风险的保险公司可向 CCR 投再保险,当恐怖袭击造成的损失超出一定限额时,则由法国政府承担最终的无限责任。

6. 德国

美国"9·11"事件对德国保险业亦产生了影响,许多保险公司在 2002 年续签保

---

[1] 关于 CCR 的详细情况,可参见该公司的网站,网址:http://www. ccr. fr/index. do? fid = 15578513828290234119。

险合同时纷纷将恐怖风险排除在外,对此,德国联邦政府与保险业展开谈判,最终双方同意建立合作机制,于 2002 年成立 Extremus 保险公司(Extremus Versicherungs-AG),它是由德国的 16 家保险公司和再保险公司发起设立的,专门从事恐怖风险的保险业务,并由联邦政府提供担保。Exteemus 可以直接承保恐怖风险,其他商业保险公司可将其承保的恐怖风险分保给 Extremus,Extremus 再将其承保的风险业务分保给其股东、德国的其他保险公司和再保险公司、国际再保险公司。在发生恐怖袭击损失时,先由 Extremus 和德国的保险公司、再保险公司进行赔付,再由国际再保险公司进行赔付,这些私营的保险机构的赔付限额为 20 亿欧元,若损失超出这一限额,则由德国联邦政府在 80 亿欧元的限额内承担赔付责任。需要指出的是,德国的恐怖风险的保险范围仅限于发生在德国境内的恐怖袭击,并且将生物、化学和核攻击造成的损失都排除在赔付范围外,并且,保险公司加入恐怖风险保险计划是自愿的,而非强制的。

7. 荷兰

荷兰保险业协会于 2003 年发起设立"荷兰恐怖主义损失再保险公司"(Nederlandse Herverzeker-ingsmaatschappij voor Terrorismeschaden N. V.,简称"NHT"),专门从事对保险公司承保的恐怖风险保险进行再保险的业务。虽然是自愿加入,但实际上绝大多数在荷兰营业的保险公司都已加入该保险计划。荷兰恐怖风险保险的最大特点在于,其针对的具体险种不限于财产保险,人身保险亦被包括进来,包括人寿保险、健康保险和殡葬保险,但要求人寿保险和殡葬保险的保单持有人须在荷兰境内有住所。NHT 是一家再保险公司,因此,其与被保险人并无直接关系,而是负责与保险公司就恐怖风险保险索赔事项进行处理,并对保险公司的理赔进行协调和监督。就财产保险而言,在进行理赔时,保险公司的责任限额最高为 7500 万欧元,即对每位被保险人在每处被保险地点的财产损失的最高赔偿额为 7500 万欧元,而不论被保险人持有保单的数量,当损失超过这一限额时,则由 NHT 负责。[1]

---

[1] 参见荷兰 NHT 公司的官方网站对 NHT 以及荷兰恐怖风险保险的介绍,网址:http://www.terrorismeverzekerd. nl/Website. aspx? xnl = 1&artikel = 100060&parentartikel = 100060&parent-nieuws = 100060&mgl = EAAF86EA450547F4B1F663151C62A1B2. 访问时间:2013 年 6 月 3 日。

8. 西班牙

恐怖袭击风险,在西班牙是由 CCS(Consorcio de Compensación de Seguros)负责承保的。CCS 的前身是设立于 1941 年的补偿管理机构,原本负责管理对西班牙内战所导致的损失进行补偿,于 1954 年被确立为永久性的组织,后来发展成为国际上著名的巨灾保险机构,负责对大型自然灾害或人为灾害所导致的人身损害、财产损失和营业中断损失风险进行承保和赔付。

CCS 是一个由私人负责运营管理、由政府提供支持和担保的保险机构。将恐怖风险纳入到 CCS 的承保范围内,在西班牙是有现实意义的。西班牙的恐怖活动,原来主要是由国内的一些分裂分子从事的,曾在国内持续了几十年。2004 年,伊斯兰极端组织在马德里制造了一起火车爆炸案,造成 190 多人死亡,1500 多人受伤,从而再次拉近了西班牙人与恐怖袭击风险的距离。依照西班牙的法律,保险公司在其签发的财产保单和人身保单的承保范围中都必须含有恐怖风险。针对恐怖风险的保险费由各保险公司收取,然后转交给 CCS,在发生恐怖袭击事件后,由 CCS 负责组织理赔。因此,在承保恐怖风险时,CCS 并不是作为再保险机构出现的,而是直接担当了保险人的职责。西班牙政府为 CCS 提供担保,在 CCS 无力承担赔偿责任时,由政府承担无限额的赔付责任,但是,到目前为止,西班牙政府尚未实际进行过赔付。[1]

三、恐怖风险保险问题探析与解决路径的选择

(一) 对恐怖风险保险问题的再认识

从前面的论述中可以看出,大多数国家的恐怖风险保险都是在 2001 年的"9·11"恐怖袭击事件之后建立起来的,并且都存在某种形式的政府介入。[2] 其实,早在"9·11"事件发生之前,恐怖袭击事件早已发生过多起,只不过其所造成的损失规模较小,基本上未引起商业保险公司的重视,这也说明了对于小规模的恐怖

---

〔1〕 Tara Zager, Terrorism Coverage and the United States Insurance Industry: An International Inquiry in Search of a Long-term Solution, 53 Drake L. Rev. 545 (2005).

〔2〕 少数国家是在"9·11"事件之前建立起来的,其情况都比较特殊。例如,以色列和英国北爱尔兰地区由于长期遭受恐怖袭击,所以,其恐怖风险保险制度建立得比较早,并且,都采取了政府保险的模式,恐怖风险保险已成为其社会保障制度的一部分。英国的恐怖风险保险制度是在 1992 年的一起严重的恐怖袭击事件之后建立起来的,当时情形与美国在"9·11"事件之后非常类似。

袭击风险,商业保险市场是完全可以应付的。事实上,即使在"9·11"事件发生之后,美国的保险业也并未将恐怖袭击造成的损失完全排除在承保范围之外,而是进行了限定,对于遭受恐怖袭击所发生的金额较小的财产损失,仍可获得保险方面的保障。由此可见,恐怖袭击风险保险之所以会成为一个问题,其主要是针对大规模恐怖袭击风险保险而言的。

"9·11"事件之后,国际再保险公司纷纷宣布退出恐怖风险保险市场,由于再保险业具有全球性、国际性,因此,不仅是美国,世界上其他国家的恐怖风险保险市场亦深受影响。在缺乏再保险保障的情况下,许多国家的商业保险公司也随之宣布拒绝承保恐怖风险。如何看待这一现象,在学术界观点不一。尽管在多数人看来,这意味着商业保险市场在处理恐怖风险时的无能,是市场失败的表现。但是,亦有一种观点认为,这样一种"保险危机",只是暂时性的,而非长久性的,此类事件在历史上也曾出现过,例如,美国在20世纪80年代曾出现过"责任保险危机",许多公司曾一度无法买到责任保险或无力承担费用激增的保费,但是后来保险市场逐渐恢复平稳,责任保险依然被留在商业保险市场上,并未变成政府保险或受政府资助的保险。[1] 在这种观点看来,"9·11"之后之所以会出现恐怖风险保险的短缺,是因为"9·11"事件所造成的损失金额特别巨大,许多保险公司因支出了巨额赔付而消耗了公司的大量资产,其财务结构以及保险法关于保险公司清偿能力的要求使其无力继续承保恐怖风险保险。另外,"9·11"事件之后,保险公司更新了对恐怖保险的风险评估模型,依照新的评估模型,保险公司在承保恐怖风险时需要提取更大比例的责任准备金,从而使得保险公司的财务结构进一步恶化,但是这种短缺应该是临时性的,是可以由市场自我纠正的,因此无需政府干预。[2] 然而,事实证明,后一种观点是过于乐观的。例如,美国在"9·11事件"发生后制定了《恐怖主义风险保险法案》,希望通过政府的短期干预来解决商业保险市场上的恐怖风险保险短缺和保费高昂的问题。美国政府原本是希望在商业保险市场恢复正常后便退出,然而时至今日,政府仍难以从恐怖风险保险机制中退出,因为在法案通过后,恐

---

[1] Anne Gron & Alan O. Sykes, Terrorism and Insurance Markets. A Role for the Government as Insurer? 36 Ind. L. Rev. 447 (2003).
[2] Id.

怖袭击风险的保费曾出现过小幅下跌,但不久又进入上升通路,一些大城市的地标性建筑仍难以获得恐怖风险保险,其保费依然高昂。一项研究表明,如果政府从恐怖风险保险计划中退出,那么 70% 至 80% 的商业保险公司将会重新退出这一市场。[1]

如果我们承认仅仅依赖商业保险市场自身的力量,的确难以解决恐怖风险保险的问题,那么我们需要探究为何会如此,恐怖风险与其他风险具有哪些区别,其是否具有可保性。对于这一问题的回答将会影响到我们接下来需要探讨的问题,即是否需要政府干预,以及政府应采取何种介入方式。

从保险学的角度来看,保险人承保的是风险,但并不是所有的风险均具有可保性。可保风险需要满足以下条件:

首先,可保风险需具有可评估性。保险是以风险存在为前提的。风险,即意味着不确定性,对于单个风险单位而言,损失的发生以及损失金额的多少是不确定的。但是,对于风险集合而言,从整体上看,需要具有相对的可确定性,即对于损失发生的概率与损失的金额是可以预先评估的,因为如果对此无法评估,那么保险人便无法确定保险费率,也无法确定应为其承保的风险提取多少责任准备金。

其次,必须存在大量的、同质的且相互独立的风险单位。保险,意味着风险从被保险人处转移至保险人处,然而保险并不是万能的。保险人之所以愿意承保,在于它能够较好地实现风险的分散,但是,只有其能够集中足够多的同质且相互独立的风险,才能使"好"的风险与"坏"的风险处于均衡状态,才可运用大数法规则,真正实现风险的分散。对于可保风险而言,其损失的发生往往是随机的,并且在每一时间,通常只有小部分风险发生损失,因此保险人可以实现风险的分散。

第三,对于保险人而言,承保此类风险须具有商业上的可行性。保险公司,作为营利性商业机构,逐利是其本性。只有当一项业务具有可获利性时,它才会从事。现实中,对于某些保险业务,有时保险人虽然可以对被保险人的风险水平进行准确地评估,但是由此计算出的保费数额有可能非常高,以至于无法吸引到足够多

---

[1] Jeffrey Manns, Insuring Against Terror? 112 Yale L. J. 2509 (2003); Insurance Information Institute, Terrorism Risk and Insurance,网址:http://www.iii.org/media/hottopics/insurance/terrorism,访问时间:2013 年 6 月 3 日。

的投保人，从而使得保险人无利可图，在这种条件下，承保虽然在技术上可行，但在商业上实际是不可行的。

如果我们参照以上标准来考察大规模恐怖袭击风险，可以发现，最起码在目前阶段，并不具有纯粹商业上的可保性：

首先，迄今为止，对于大多数国家和地区而言，遭受大规模恐怖袭击的次数依然很少，保险人在对恐怖袭击风险进行评估时，缺乏足够的相关数据资料，无法运用大数法规则对未来的预期损失进行准确的估计，既无法预测遭受恐怖袭击的频率，亦无法预期损失的数额，甚至最坏的情形是什么都无法确定。事实上，预测恐怖袭击造成的损失比预测地震等自然灾害更为困难，因为对于后者，保险公司毕竟还有一些资料可以依赖。另外，与自然灾害不同，恐怖袭击的发生不是随机的，而是精心策划的，是蓄意行为，因此更加难以预测。如果保险人无法预测损失发生的频率及损失数额，那就无从确定保险费率和责任准备金，对保险公司资本金的要求和偿付能力的要求是否需要进行调整，亦无从解决。[1]

其次，恐怖袭击所造成的损失往往非常集中，从而使得保险人难以进行风险的分散。恐怖分子为了达到目的，往往喜欢选取经济发达的或具有政治影响力的大城市或具有标志性的建筑、人群进行袭击，因此愿意投保的人，往往是风险程度非常高的、最有可能提出索赔的人，因而在自愿投保的情况下，容易诱发逆向选择，亦使得保险人承保的风险难以分散。

第三，大规模恐怖袭击所造成的损失往往非常巨大，保险公司在承保时往往非常谨慎。现实中，恐怖风险保险突出的问题是，一些大城市的摩天大楼或具有标志性的建筑，难以获得保险，即使美国在颁布《恐怖主义风险保险法案》后，该问题亦未完全消失，因为这些建筑遭受恐怖袭击的风险往往都比较高，保险公司不愿承保，或保险费非常高，这也从侧面反映了对于保险人而言恐怖风险保险缺乏可获利性。

（二）关于政府介入恐怖风险保险的争论与选择

在确定纯粹的商业保险市场自身无力解决大规模恐怖袭击风险后，接下来要

---

〔1〕Michelle E. Boardman, Known Unknowns: The Illusion of Terrorism Insurance, 93 Geo. L. J. 783 (2005).

回答的问题是，我们应该怎么办？从理论上讲，断定商业市场的失败，并不必然意味着政府干预是必要的或合理的，因为政府干预亦不是万能的，而且，政府干预亦存在成本问题。因此在理论界，对于政府是否应该介入恐怖风险保险，存在许多争议。

支持政府介入恐怖风险保险市场的观点认为，除了保险市场失败的理由外，政府介入的另一个理由在于，政府来承担或介入恐怖风险保险，是一种有效率的机制安排。因为恐怖袭击的发生往往与政府的内政和外交政策密切相关，政府对于恐怖袭击风险的产生至少应负部分责任；另外，政府花费了大量的人力物力收集与恐怖袭击有关的信息，但这些信息可能因国家安全的原因不宜向私人保险公司披露，但政府可将其用于政府保险计划中，从而可以更准确地估计恐怖袭击风险，因此在预防或减少恐怖袭击方面，较之私人保险机构，政府处于更有利的位置。[1]

反对政府介入恐怖风险保险的学者则认为，尽管政府拥有强大的情报收集能力，但是以往的经验表明，政府在风险定价和经营保险业务方面远不如商业保险公司做得好。[2] 还有学者进一步指出，以政府保险来替代私营商业保险，会产生许多问题，会干扰正常的市场信号传递机制，例如政府在确定保险费率时，如果迫于政治压力而将保费设置得比较低，那就有可能产生鼓励人们采取冒险行为的后果，从而有可能造成更大的损失，并加重全体纳税人的负担。有时人们在保险市场上买不到某种保险，并不必然是一个需要纠正的问题，而有可能是一种风险警示，例如，有些建筑物买不到保险，可能是因为它毗邻核电厂或超出了工程设计的高度。[3]

在笔者看来，政府介入恐怖风险保险的成本，是与其介入方式密切相关的，因而不可一概而论。事实上，如果政府事先不介入恐怖风险保险，那么当大规模恐怖袭击发生后，单凭私人保险业的承保范围和偿付能力，将很难完全消化掉大规模损失，在这种情况下，对于任何一个国家的政府而言，出于政治责任的考虑，都会采取某种事后救济措施。因此，对于政府而言，对恐怖袭击损失补偿不予考虑是不现实

---

〔1〕Jeffrey Manns, Insuring Against Terror? 112 Yale L. J. 2509 (2003).

〔2〕Gron & Sykes, supra note 34, at 447.

〔3〕Robert H. Jerry, II, Insurance, Terrorism, and 9/11: Reflections on Three Threshold Questions, 9 Conn. Ins. L. J. 95(2002).

的,其必然要采取某种介入方式。从宏观视角来看,政府面临两种方式选择:一种方式是,事先不做计划、不确立常规性制度,而是事后采取临时性的、针对个案的救济措施;[1]另一种方式是,事先确立一项明确的、可预期的补偿制度,并预先做好准备与安排。[2] 前一种方式具有一定的投机性,并且灵活机动,看似可以节约资源和管理成本,但是其缺点亦是显而易见的,即民众事先对于自己能否得到救济以及得到多少补偿是不明确的、缺乏预期的,在这种情况下,一旦发生恐怖袭击,民众很容易陷入到恐惧与不安之中,这恰恰符合恐怖主义分子的预期。另外,在缺乏规则指引的情况下,对于依何种标准进行补偿很容易产生争议,从而影响实施补偿的效率。在后一种方式下,虽然政府需要为常规性补偿机制的运行支付管理成本,但是民众对于损失补偿可以产生信赖和明确的预期,即使真的遭遇了恐怖袭击事件,亦不会因此而陷入恐慌之中,而且对补偿的分配可依事先确定的标准和程序有条不紊地进行。基于利弊权衡,笔者赞同确立一项事先的恐怖袭击损失补偿机制。

对于一国政府而言,通过借助已有的保险制度来实现对恐怖袭击损失的补偿,是最为节约成本的。政府介入恐怖风险保险亦存在多种方式可供选择,如提供保费补贴、提供担保、提供借款、担当再保险人以及政府保险等多种模式。一国政府具体采取何种模式,不仅取决于国内各种利益集团之间的政治协商与博弈,亦与对恐怖风险保险的认识有关。

如果我们认为,恐怖风险从保险精算的技术角度具有可保性,只是因为风险水平过高而不得不将保费设定在很高的水平,从而使其丧失商业上的可行性,那么最直接的解决办法就是,由政府提供保费补贴,从而将保费水平降下来,这样既可以吸引投保人投保,亦可使保险人获得一定的利润。[3] 然而,目前多数观点仍认为,恐怖风险保险最大的问题在于损失的集中以及损失数额的巨大,这有可能使保险公司陷入清偿不能的境地,正如在"9·11"事件之后一些再保险公司所声称的那样,"不可能用有限的资本来承保无限的风险"。由政府来担当再保险人的角色或

---

[1] 例如,在"9·11"事件发生后,美国联邦政府拨款设立了"9·11受害人补偿基金",对因纽约世贸大楼遭受恐怖分子袭击而受到人身损害或死亡的受害人进行补偿。由联邦政府直接对受害人进行大规模的补偿,这在美国历史上是少有的,尽管先前美国也曾遭受过恐怖袭击。

[2] 例如,制定恐怖风险保险制度。

[3] 例如,我国对农业保险采取的就是国家财政补贴的模式。参见《农业保险条例》(2013年3月)。

担当最终责任人、担保人、借款人，都可以起到分散保险人承保风险的作用，并且可以为保险公司提供流动性支持。[1] 特别是在再保险公司纷纷撤离的情况下，政府来担当再保险人可以起到稳定保险市场的作用。而政府保险，则是一种更为极端的国家介入方式，它是由政府机构直接承担对受害人的补偿责任，从而替代了商业保险市场。世界上，只有以色列和英国的北爱尔兰等少数地区采取这一政策，这些国家和地区的共同特点在于：遭受恐怖袭击频繁，国土面积和人口有限，而社会保障机制非常发达。实际上，无论采取哪一种政府介入方式，都会存在国家财政对恐怖风险保险的补贴，只是补贴程度不同而已。现实中，真正具有较高的遭受恐怖袭击风险的财产，往往集中于那些大都市的具有标志性的建筑，而广大乡村地区遭受恐怖袭击的风险则比较低。因此，由国家财政支持的恐怖风险保险制度会涉及到财富转移的问题，其需要解决的一个基础问题是：恐怖袭击的风险应当由谁来承担，是全体纳税人，还是高风险财产的所有者？

四、对中国恐怖风险保险的再思考

中国境内虽然发生过多起恐怖暴力事件，但中国目前尚无专门的恐怖损失补偿法案或恐怖风险保险制度。如前所述，中国已有一些保险公司在其人身保单与财产保单中将恐怖袭击所造成的损失列为免责事项，对此值得关注。从国外的经验来看，商业保险公司通常只是在财产保险的承保范围中将恐怖袭击风险排除在外，一般不会涉及人身保险，而且即使是在财产保险中，对于小规模的恐怖袭击损失风险亦包括在承保范围内，因此，真正被商业保险公司排除在外的、需要专门机制来解决的，实际上仅限于大规模恐怖袭击所造成的风险。因此国内有些保险公司在其保单条款中不加区别地将恐怖风险一概排除在外的做法，实际上是一种反应过度的做法。

在中国目前这种环境下，一旦发生大规模的恐怖袭击事件，其结果很可能是政

---

[1] 具体的政府介入方式往往存在多种形式，例如，政府在担当再保险作用时，可以直接由政府机构扮演再保险人的角色，更多的时候由政府发起设立再保险机构，由该机构从事再保险业务，政府可为该机构提供担保，或建立政府、再保险机构、商业保险公司等多层责任分担机制。在政府提供支持的情况下，例如，政府担当再保险人，有的国家实行免费政策，有的国家则要向私营保险公司征收再保险的保费。

府针对个案采取临时性的政府救济或补偿措施。如前所述，采取这样一种方式，具有许多弊端，因此笔者建议，我们应借鉴国外经验，未雨绸缪，建立起可预期的、常规性的恐怖袭击损失补偿机制，即恐怖风险保险机制。

中国政府可以借鉴英美国家的做法，建立起商业保险公司、再保险公司和国家财政多层次分担的保险机制。针对恐怖风险保险中保险人的风险难以分散的难题，可以由保险业协会或者政府发起设立恐怖风险再保险公司，为商业保险公司提供再保险。签发保单、收取保费和确定保险费率可由商业保险公司负责，其承保后可向恐怖风险再保险公司进行再保险。恐怖风险再保险公司可以按市场化运作向国内和国外的商业再保险公司进行分保。当发生恐怖袭击并造成损失时，可由承担原保险业务的商业保险公司承担第一层的赔付；当损失超出一定金额时，可由恐怖风险再保险公司承担第二层的赔付；如果损失特别巨大，超出再保险限额时，可由政府对超出部分承担赔付责任。这样一种制度设计的优点在于：一方面，再保险机制和政府承担最终赔付责任的安排，可以解决商业保险公司所面临的偿付能力的难题；另一方面，可以将政府对保险市场的干预程度保持在比较低的限度内，例如，对于原保险的费率，仍由商业保险公司依市场化机制来确定，从而可以依据保险费率的变化来向被保险人传递风险评估的信号。

最后，需要说明的是，政府介入恐怖风险保险的路径选择并非永久性的或一成不变的。因为恐怖风险保险之所以会成为一个难题，主要原因在于有关恐怖袭击的数据资料过少，以至于难以对恐怖风险进行准确的评估和计算。因此，随着相关数据和保险经验的积累，不排除在条件成熟时，可逐步减轻政府的介入程度，淡化其政策性保险的色彩。

第二十四章(上)　我国保险资金运用法律规则的审视与优化*

保险经营可以分为业务经营与财务经营两大部分,业务经营可以为保险公司带来核保利润,但是保险业近年来核保利润逐渐下滑甚至出现核保损失的情况,[1]这有赖于投资收益加以挹注。现代保险业中承保业务和资金运用被誉为保险发展的"两个轮子"。[2]保险资金运用妥当与否关系着保险人未来的清偿能力,对被保险人权益影响甚大。保险资金运用业已成为现代保险企业得以生存和发展的重要支柱,借用 Paul M. Theil 的表述,"投资是保险业的核心业务,没有投资就没有保险业"。[3]

一、我国保险资金运用法律规则的演变与现状

保险资金运用是保险公司对自有资金和外来资金(主要为责任准备金)的闲置部分,进行认许资产的重组以谋求盈利或从事某项事业的一种融资行为。[4]从会计学的角度分析,资金运用与投资并非完全相同的概念。资金运用是对公司资金占用和使用情况的统称,它既包括公司所拥有的各种财产,也包括公司的各种债

---

　　* 本章内容曾发表于《当代法学》2013 年第 3 期。作者:祝杰,吉林大学法学院副教授。
〔1〕我国保险业的承保利润从 1989 年的 10％降至 1995 年的 2％—3％,在 1997 年和 1998 年基本上趋向于零或负数。国外发达国家的承保业务也基本上处于亏损状态。
〔2〕孟昭亿:《保险资金运用国际比较》,中国金融出版社 2005 年版,第 1 页。
〔3〕孟昭亿:《保险资金运用国际比较》,中国金融出版社 2005 年版,第 6 页。
〔4〕[美]马克·S.道弗曼:《风险管理与保险原理》,齐瑞宗译,清华大学出版社 2009 年版,第 145 页。

权。而保险投资主要是为了增加公司债权或金融资产。由此,投资是一种资金运用,但资金运用并不全是投资。[1]从法学的视角观察,无论是资金运用亦或是投资,关注的是保险经营行为如何在制度的框架内,达到效果最优而风险最低。

保险资金运用研究的前提是对可运用的保险资金进行明确的法律界定。我国现行法律法规并没有对保险资金的含义做出明确的界定。从部门规章和规范性文件看,主要是从正反两个方面限定了可运用保险资金的范围。只有《保险管理暂行规定》(银发[1996]255号,已失效)曾将保险资金概括为"保险资金是指保险公司的资本金、保证金、营运资金、各项准备金、公积金、公益金、未分配盈余、保险保障基金及国家规定的其他资金"[2]。《保险公司管理规定》(保监会令(2004)3号)对保险保障基金[3]和保证金[4]做出了除外规定。可见,可运用的保险资金并不是全部的保险资金。可运用的保险资金从构成上看,主要是保险公司的自有资本金和保险责任准备金,具体表现为实收资本金、公积金、未分配利润和各种保险责任准备金。

宏观来看,我国保险资金运用的法律规则经历从无到有,并逐步完善和细化的阶段,保险资金运用规则的内容呈现出法律规则对资金运用限制逐步放松、资金运用领域逐步拓宽的趋势。

(一) 1980 年至 1995 年的法律规范及演变

这期间保险资金运用的特点是从无到有,并处于无序和无规则状态。

保险资金运用的发展是随着保险业的发展而发展的。在我国保险业发展的初期,保险公司的资金只能作为存款存入银行,当时并没有严格意义上的资金运用。直到 1984 年,中国人民保险公司在《改革保险管理体制,加快发展我国的保险事业》的文件中提出:"有效地运用保险资金,是衡量保险企业经济效益的一个重要方

---

[1] [美]马克・S. 道弗曼:《风险管理与保险原理》,齐瑞宗译,清华大学出版社 2009 年版,第 168 页。
[2]《保险管理暂行规定》第 24 条。
[3]《保险公司管理规定》第 78 条规定:"保险公司应当依法提取保险保障基金。保险保障基金依据中国保监会有关规定集中管理,统筹使用。"
[4]《保险公司管理规定》第 77 条规定:"保险公司应当依法提取保证金。除清算时依法用于清偿债务外,保险公司不得擅自动用或处置保证金。"

面",这才开始了我国保险资金的运用。

此后,保险资金运用出现了无序、失控和混乱的局面,具体表现为盲目投资房地产以及各类实业项目,大量涉足有价证券、信托甚至股票市场。[1] 国务院、中国人民银行先后出台了《保险企业管理条例》[2](1985年3月3日)、《关于中国人民保险公司存款利率的规定》(1986年)、《关于保险公司保险金存款问题的通知》(1990年1月)、《关于保险业务和机构进一步清理整顿和加强管理的通知》(1991年4月)、《关于保险企业资金收支计划与资金运用计划管理有关问题的通知》(1991年5月)、《关于进一步加强宏观金融调控的通知》(1993年2月)等,规范保险资金构成和保险资金运用的范围。[3]

(二) 1995年至2002年的法律规范及演变

这期间,保险资金运用的法律规范逐渐完善,资金运用监管的法律体系逐渐形成,保险资金运用进入有法可依的时代。1995年《保险法》首次以法律的形式规定了保险资金运用的原则以及保险资金运用的形式,[4]为今后我国保险资金运用规范提出了框架。围绕《保险法》,保险监管机构[5]先后发布了一系列文件和通知,如《保险管理暂行规定》(1996年7月25日,2002年改为《保险公司管理规定》)、《保险公司财务制度》(1999年1月1日)、《保险公司购买中央企业债券管理办法》(1999)

---

〔1〕詹昊:《保险市场规制的经济法分析》,中国法制出版社2007年版,第192页。
〔2〕该条例明确,国家保险管理机关可以规定保险企业各项准备金的运用方法,保险企业应当遵守国家保险管理机关的有关规定。这是首次明确对保险资金运用的监管。
〔3〕根据这些文件,资金运用的范围为:(1)银行存款。根据中国人民银行规定,保险企业资金只能存入中国工商银行、中国农业银行、中国银行和中国建设银行四家国有银行。(2)有价证券。包括股票和债券,对股票的投资由保险公司在其可运用资金规模内自行决定,对债券的投资也完全由保险公司自行决定。(3)流动资金贷款。中国人民保险公司、中国太平洋保险公司、中国平安保险公司和新疆兵团保险公司的流动资金贷款计划由中国人民银行总行核定并经其总公司下达所辖公司。(4)资金拆出。保险公司只能将其闲置的资金拆出给其他金融机构,不得以拆出的名义给非金融机构和个人融资和贷款。另外,除应付大额赔付资金周转需要外,保险公司一般不得拆入资金,更不允许拆入资金进行营利活动。
〔4〕1995年《保险法》第104条对保险公司资金运用规定如下:"保险公司的资金运用必须稳健,遵循安全性原则,并保证资产的保值增值,保险公司的资金运用,限于在银行存款、买卖政府债券、金融债券和国务院规定的其他资金运用形式。保险公司的资金不得用于设立证券经营机构和向企业投资。保险公司的资金和具体项目的资金占其资金总额的具体比例,由金融监督管理部门规定。"
〔5〕1998年以前为中国人民银行,1998年之后为中国保监会。

等,这些文件主要是从保险公司治理和限定保险资金运用的比例[1]等方面加强对保险资金运用风险的控制。

(三) 2002 年至今的法律规范

这一阶段的主要特征是保险资金的运用渠道逐步拓宽,配套法规与文件逐步细化。

2002 年《保险法》在保险资金运用方面的修改主要是,取消了禁止保险资金向企业"投资"这一禁止性规定,[2]实质上允许保险资金通过购买股份的形式进行资金运用,只是不能以控股的方式参与公司的经营。

在保险公司投资企业债券方面,保监会先后出台了《保险公司投资企业债券管理暂行办法》(保监发[2003]74 号)、《保险公司投资银行次级债券、银行次级定期债务和企业债券比例的通知》(2004 年 6 月 25 日)、《关于保险公司投资银行次级定期债务有关事项的通知》(保监发[2004]23 号)、《保险机构投资者债券投资管理暂行办法》(2005 年 8 月 17 日)等,对保险资金投资的债券认定、债券的投资比例等方面进行了详细的规定,主要特征表现为对符合一定评级级别的债券逐步放宽比例限制。[3]

2004 年 10 月 24 日,中国保监会和证监会共同发布了《保险机构投资者股票投资管理暂行办法》,规定了投资股市的程序、组织形式、投资额度等,实现了"保险资金入市"的法律认可,这无疑是我国保险资金运用的新突破,同时,这也对保险资金运用的监管带来了新的挑战。

---

[1] 比如,《保险公司购买中央企业债券管理办法》规定:"保险公司通过一、二级市场购买的各种债券余额不得超过本公司总资产的 10%,对同一期债券持有量不得超过该期债券发行额的 10%或保险公司总资产的 20%。"

[2] 2002 年《保险法》第 105 条规定:"保险公司的资金运用必须稳健,遵循安全性原则,并保证资产的保值增值。保险公司的资金运用,限于银行存款、买卖政府债券、金融债券和国务院规定的其他资金运用形式。保险公司的资金不得用于设立证券经营机构,不得用于设立保险业以外的企业。保险公司运用的资金和具体项目的资金占其资金总额的具体比例,由保险监督管理机构规定。"

[3] 如《保险公司投资银行次级债券、银行次级定期债务和企业债券比例的通知》规定,"保险公司投资一家银行发行的次级定期债务累计占该保险公司上月末总资产的比例由 1%调整为 2%";"保险公司对同一期单品种企业债券持有量不得超过该期单品种企业债券发行额占该保险公司上月末总资产的比例由 2%调整为 3%"。

在保险资金运用的限制逐步放宽的同时，保监会加强了对资金运用的监管。在资金运用的模式上，2004年4月25日，保监会出台了《保险资产管理公司管理暂行规定》，将资金运用引向了专业化运用的道路。该《规定》明确了保险资产管理公司与保险公司之间的权利义务关系以及受托管理保险资金应该遵循的一些基本原则，大大提高了保险资金运用的收益，并且通过公司化的运作，实现资金运用风险与保险公司之间的隔离，有效防范了资金运用的风险。

2004年4月28日，保监会出台了《保险资金运用风险控制指引(试行)》，该文件是第一部对资金运用全面监管的规范性文件，它对保险资金运用的风险控制体系提出了具体要求。2010年2月1日中国保监会通过了《保险资金运用管理暂行办法》，对保险资金的运用渠道、保险资金的运作模式、保险资金运用的流程及其风险控制和监督管理都做出了详尽的规定。《保险资金运用管理暂行办法》是保监会根据《保险法》的授权针对保险资金的运用颁布实施的一部重要规章，为保险资金运用的监管提出了整体的框架性安排。

针对保险市场和金融市场发展的新情况，并借鉴国际保险资金运用的先进经验，2009年《保险法》在保险资金运用领域进行了大幅度的修改，明显拓宽了保险资金的运用渠道，将2002年《保险法》规定的"买卖政府债券、金融债券"改为"买卖债券、股票、证券投资基金份额等有价证券"，同时2009年《保险法》增加了保险资金可以"投资不动产"。[1] 2009年《保险法》在法律上奠定了我国保险资金运用的基本格局。

二、保险资金运用法律规则的比较与借鉴

(一) 美国保险资金运用的法律规则

美国实行联邦政治体制，它的保险监管框架也是在此基础上形成的。目前，美国的保险监管框架由美国联邦政府的监管、州政府的监管和美国保险监督官协会

---

[1]《保险法》第106条规定："保险公司的资金运用必须稳健，遵循安全性原则。保险公司的资金运用限于下列形式：(一)银行存款；(二)买卖债券、股票、证券投资基金份额等有价证券；(三)投资不动产；(四)国务院规定的其他资金运用形式。保险公司资金运用的具体管理办法，由国务院保险监督管理机构依照前两款的规定制定。"

(NAIC)组成。[1] 在美国的保险监管框架中,州政府的监管是主体。由于美国各州在保险资金运用上采用不同的规则与标准,[2] 根据掌握的资料的详实情况,本章以纽约州为代表介绍美国保险资金运用的法律规则。

1. 保险资金运用的渠道

纽约州保险法对保险资金区分自有资产与负债资产来限定保险资金的投资范围。

(1) 保险业者自有资产的投资(NYINS 1405)

保险业者自有资产的投资,适用与最低资本或保单持有人盈余投资、责任准备金投资不同的限制,国内保险业者得将自有资产投资于下述规定的类别:1. 政府债券;2. 美国机构发行之债券及特别股;3. 不动产或其利益所担保之责任;4. 不动产或其利益;5. 个人财产或其利益;6. 股权(equity interests);7. 外国投资;8. 其他投资。

(2) 责任准备金(NYINS 1403,NYINS 1404)

在纽约州,国内保险业者得将其准备金投资于下述规定之类别:1. 政府债券;2. 美国机构之债券;3. 美国机构之特别股或担保股;4. 不动产担保之贷款;5. 不动产或其利益;6. 外国投资;7. 开发银行之债券;8. 股权(equity interests);9. 子公司进行之投资;10. 投资公司。

2. 保险资金运用的比例限制

美国纽约州保险法也是根据资金来源的不同,对其投资比例作出了明确的

---

[1] 中国保险监督管理委员会:《国际保险监管研究》,中国金融出版社2003年版,第21页。
[2] 由于各州保险的监管具有地域性,使保险监管信息难以共享,容易产生法律规范之间的冲突。为协调各州保险监管机构的监管行为,美国成立了美国保险监督官协会(NAIC),通过提供范本、条例、保险合同等,供各州保险立法或修正所参考,使各州的保险监管法律的基本内容趋于一致。美国保险监督官协会采用两套示范法规监管保险公司的资金运用行为。一部是1996年制定的《保险公司的投资示范法(规定限制版)》。该法详细地规定了对债务证券、投资组合、股本投资、不动产等10种不同投资形式的质量要求和数量限额。该法案确立了投资监管的"鸽笼式"方式——它既规定了细分投资类别的投资质量,也允许有限的多种投资形式,保持了一定的灵活性。另一部是1997年制定的《保险公司的投资示范法(规定标准版)》。该法规定如果投资金额的价值等于或者超过保险公司的负债与最低资本金和盈余的总额,则必须投资于某些指定的允许的投资。但是,超过最低额的投资金额则须依据"谨慎"标准和禁止投资项目表进行投资。该法案确立了保险公司资金运用的"谨慎标准"的原则。人寿保险公司的资金运用基本上以"谨慎标准"为依据,财产和责任保险公司的资金运用主要采用"鸽笼式"方法。

限制。

（1）责任准备金投资（NYINS 1404）

保险业者得投资于具有清偿能力的美国机构的普通股或合伙权益，但对任何机构的股权投资或贷款，不得超过保险业者呈报主管机关最新资料中所载明的认许资产的百分之一。股权投资、外国投资及投资于投资公司的费用合计不得超过保险业者呈报主管机关最新资料中所载明的认许资产的百分之十。[1]

（2）保险业者自有资产的投资（NYINS 1405）

保险公司投资于美国机构的普通股、合伙权益、信托凭证或其他股权，单一机构的投资总额不得超过保险业认许资产的百分之二，所有投资总额不得超过保险业认许资产的百分之二十。

（3）个别投资对象之投资比例限制（NYINS 1409）

除纽约州保险法第二十八章另有规定外，保险业者对任何机构的有价证券的投资或贷款，不得超过保险业者呈报主管机关最新资料中所载明的认许资产的百分之十。

(二) 英国保险资金运用的法律规则

英国的保险业监管体系常被说成是"公开自由化"。管辖保险的法规是1982年的《保险公司法》。《2000年金融服务与市场法》[2]确定金融集中监管体制，由金融服务局（FSA）集中对银行、证券、保险进行监管。1986年的《保险服务条例》授权并经证券和投资委员会认可劳合社（Lloyd's）、投资管理监管组织（IMRO）、人寿

---

〔1〕依照美国各州保险法之规定，有认许资产（admitted assets）与非认许资产（non-admitted assets）的区分，所谓认许资产系指为管理当局所承认的资产，构成保险业资产的主要部分，而非认许资产则指本身不能正确估价，以及在清算时丧失价值的资产，在会计报表中，应由资产总数内减除。

〔2〕2000年6月，英国女王签署了一部议院对其提案修改达2000余次、创下修改最多纪录的法，也是英国最重要的一部关于金融服务的法律——《2000年金融服务和市场法》（Financial Services and Markets Act 2000，简称为"FSMA"），于2001年4月1日正式生效。这部法取代了此前制定的一系列用于监管金融业的法律、法规，包括《1979年信用协会法》（The Credit U-nions Act 1979）、《1982年保险公司法》（The Insurance Companies Act 1982）、《1986年金融服务法》（The Financila Services Act1986）、《1986年建筑协会法》（The Building Sociteies Act 1986）、《1987年银行法》（The Banking Act 1987）、《1992年友好协会法》（The Friendly Societies Act 1992）等等。这部法也成为英国金融业的一部"基本法"，明确了新成立的金融监管机构和被监管者的权利和义务，统一了监管标准。

保险和单位信托监管组织(LAUTRO)为保险自律管理组织,这些保险行业协会可以制定比法律规范更严格的行业规则,[1]从而确立了以高度自律为主的保险监管。

1. 英国保险资金运用的范围

英国的保险监管部门对保险资金的运用基本上没做任何限制,保险资金投资范围是非常广泛的,债券(包括政府债券、金融债券和企业债券)、股票、共同基金、房地产、海外投资、风险创业投资等都是保险资金可运用的领域。自欧盟框架指导原则于1994年实行后,保险资金的运用有了更大的自由空间,金融衍生品,如期货、期权等都不受法律限制。目前,英国保险公司几乎介入了金融市场所有的投资品种,既包括金融资产又包括实物资产,既包括金融市场工具又包括货币市场工具,既包括证券类资产又包括非证券类资产,既包括公开发行的证券也包括私募证券,从而形成了一个多样化的投资组合。

2. 英国保险资金运用的比例限制

《2000年金融服务与市场法》统一了监管标准,奠定了以市场自律为主的监管框架,在保险资金运用领域,对资金运用未作任何比例的限制。但是,英国通过其他的方案实现了资金运用比例限制的目的。首先,1982年英国《保险公司法》第三十八条将自有资金与负债资金相区分,明确自有资金不受任何规则的限制,只有当公司的偿付能力不足时,自有资金的运用与负债资金相同对待;[2]其次,通过偿付能力的认可标准(也就是资产与负债匹配)对保险资金的运用进行限制,如果保险资金运用过于集中,将会影响公司"认可资产"的评估,从而影响公司偿付能力的判断;[3]最后,保险资金运用的全过程由委任精算师制度予以监控。精算师必须履行的职责是对保险公司的财务状况做出持续的监督,并记录任何一项有可能影响保险公司财务状况的事件,其中包括投资政策。[4]

---

〔1〕[美]蒂米奇·威塔斯:《金融规管》,上海财经大学出版社2000年版,第77页。
〔2〕《英国保险法》,戴立宁译,财团法人保险事业发展研究中心2005年版,第36页。
〔3〕孟昭亿:《保险资金运用国际比较》,中国金融出版社2005年版,第156页。
〔4〕孟昭亿:《保险资金运用国际比较》,中国金融出版社2005年版,第156页。

（三）中国台湾地区保险资金运用的法律规则

台湾地区的保险资金运用的监管部门是"财政部保险司"，隶属台湾地区的财政主管部门。目前，台湾地区保险资金运用监管的法律法规包括：2007年新台湾地区"保险法"、1993年财政部制定并于1994年修订的"保险业办理国外投资范围及内容"和1994年财政部制定并于1995年修订的"保险业资金专案运用及公共投资审核要点"。作为台湾地区保险资金运用的法律监管的主体框架的台湾地区"保险法"共经历了13次修改。[1] 纵观其修改历程，修改的特点主要是注重保险资金运用的安全性、资金运用呈逐渐开放之势、保险资金运用的项目仍然受到限制、逐步开始重视国外投资。

1. 台湾地区保险资金运用的形式

台湾地区2007年新"保险法"第146条对保险资金运用的形式做出了具体的规定。保险资金运用的形式主要包括：存款、购买有价证券、购买不动产、放款、办理经主管机关核准之项目运用及公共投资、国外投资、投资保险相关事业、经主管机关核准从事衍生性商品交易、其他经主管机关核准之项目运用等。台湾地区保险资金运用形式的特点是保险资金的很大部分以银行存款的形式表现，放款业务是保险资金运用的重点。总起来看，台湾地区"保险法"对保险资金运用的形式虽然比较宽泛，但是仍然没有打破项目限制。

2. 台湾地区保险资金运用的比例限制

台湾地区的保险法律规范和相关法规对保险资金运用的比例做出了明确的规定，而且这种比例限制相当严格与具体。仅"保险法"就用从146条之一至之八共八个分目对保险资金具体的运用形式进行了明确的比例限制与要求。如：保险业资金运用之存款，存放于每一金融机构之金额，不得超过该保险业资金百分之十、保险业对不动产之投资，以所投资之不动产"实时利用"[2]并有收益者为限、保险业之资金办理国外投资其总额不得超过该保险业资金百分之五等。虽然目前台湾地区保险资金运用的比例限制较为严格，放诸"保险法"的修改历程中考察，台湾地区保

---

〔1〕关于我国台湾"保险法"的修改及每次修改的具体变动可详见"中华民国"人寿保险商业同会编印的《保险法及相关规范》与江朝国著的《保险业之资金运用》。
〔2〕所谓实时利用，指自取得之日起二年内利用之。

险资金运用的比例限制依旧呈现逐步放宽的趋势。从立法上看，由于台湾地区对资金运用的形式明显宽于其他国家和地区，这种严格的比例限制并没有妨碍资金运用的灵活性。

(四) 各国(地区)保险资金运用法律规则的评鉴

1. 保险资金运用方式呈多样化态势

从美国、英国和中国台湾的保险法律及相关的配套文件来看，虽然他们的保险法对保险资金运用方式的规定不尽相同，但有一个共同的特点，那就是各国(地区)保险法所规定的资金运用方式都较为灵活多样。各国(地区)保险法都确立了保险资金运用的安全性、流动性和营利性的资金运用原则，并在此原则下，对保险资金运用的方式做出了详尽的规定。总体看来，以下保险资金运用的方式得到普遍认可：存款(包括银行存款、信托存款和邮政储蓄)；有价证券(包括政府债券、银行债券和公司债券)；股票；贷款(包括一般贷款和抵押贷款)；专项资金和社会公共投资；不动产；海外投资(包括购买外国银行发行的金融债券、国外公司的股票、公司债及直接投资等)。从保险资金运用的发展轨迹上看，保险资金的运用方式随着各国经济的发展和资本市场的不断完善而呈现出逐步多元化的趋势。

2. 各国(地区)对保险资金运用比例限制与监管体系的完善程度相关

保险资金的有效运用为保险公司带来巨大的利润并为本国经济发展提供强大动力的同时，保险资金的运用也伴随着巨大的风险。由于保险资金规模巨大，资金运用的风险可能会对一国的经济发展造成巨大灾难，各国保险法通过限定保险资金的运用比例来控制投资风险。这种比例限制主要是通过方式比例限制[1]和主体比例限制[2]来实现的。但是，通过比例限制的演变考察，这种限制的宽严与一国的监管体系完善程度有很大关系。在行业自律较为发达的英国，对资金运用的比例

---

[1] 方式比例限制主要是限制风险较大的资金运用方式占总资产的比例。如规定有价证券、抵押贷款、不动产各占资金运用总额的比例，尤其在有价证券的资金运用中，规定了公司债券、股票各占总资产的比例。

[2] 主体比例限制是对有关筹资主体及保险资金运用于每一筹资主体的比例加以限制。例如中国台湾地区的保险法就规定，存放于每一金融机构的金额，不得超过保险资金的10%；购买每一公司的股份不得超过保险资金的5%等。

基本上没有限制。

3. 区分业务性质和资金来源而异其规范

各国对保险资金运用的法律监管因资金来源不同而有所差别,对保险公司负债资金的监管严于对保险公司自有资金的监管。同时,不同业务类型的保险公司的资产负债结构不尽相同,采取的经营策略也会出现差异。

其一,人身保险业和财产保险业。在人寿保险方面,由于采取平准保费之制度,所以资金运用的收益,至少必须与预计之利息相等,否则将使现在所收取之保险费,不足以供将来给付之需。此外,人寿保险一时须支付大量保险金的机会较少,故其资金可用作长期投资,以获得较大的收益。反之,财产保险其资金必须保持适当的流动性,故于资金运用上应偏重于短期运用,以应付随时可能支付大量保险金的需要。

其二,自有资金和外来资金。保险业资金包括自有资金及各种责任准备金,其中责任准备金系由投保人所缴交的保费而提列,属于外来资金。责任准备金与被保险人权益关系至深且巨,因此,监管机构必须采取严格的监管措施。至于自有资金则可适用较为宽松的限制,以免无端扼杀保险公司获利的机会。

三、我国保险资金运用法律规则的优化

(一) 法律规则的合理性论证

保险资金运用是保险业务的重要支柱,又由于保险资金的运用伴随着巨大的运用风险,所以各国都对保险资金通过法律规则的形式对运用方式和运用比例进行限制。从保险监管的角度讲,法律对保险资金运用进行限制主要是因为:其一,保护投保人、被保险人和收益人的利益。[1] 从保险资金的构成上来看,保险资金主要是各种责任准备金,而这些资金严格来讲,都是攸关保险公司对投保人、被保险人和受益人的未来的负债。保险资金一旦运用不当将会影响保险合同当事人与利害关系人的利益。其二,稳定经济发展。从宏观的角度讲,保险资金的规模相当庞大,保险资金若遭遇巨大的风险,势必将动摇保险业的根基,国内的经济发展也必

---

[1] 江朝国:《保险业之资金运用》,财团法人保险事业发展中心 2003 年版,第 57 页。

会遭受冲击。其三,避免保险公司经济力量的滥用。公司的经济力量已经渗透至政府权力和社会生活。保险公司因为其业务的特殊性,[1]规模比较庞大,保险资金如果引导不好,进行投资或炒作,势必严重干扰国民经济生活的正常秩序。《保险法》及相关的配套规范,也是从资金运用的形式和资金运用的比例来规范保险资金的运用行为。

(二) 保险资金运用形式的优化

从保险资金运用的国际经验来看,国外对保险资金运用方式的限制比较宽松,资金运用呈多元化的特点。这与一国的保险监管体系的完善程度不无相关,二者呈典型的正比关系。从保险监管的方式看,保险资金运用监管属于典型的市场行为监管。在监管体系比较完善的国家,资金运用的形式限制就比较少,以行业自律为基础的英国的监管规则就比较充分地说明了这一点。相比而言,我国保险资金运用的渠道比较狭窄。随着我国保险业的发展,保险监管体系的不断完善,我国保险资金运用的渠道不断得到拓宽,我国保险资金运用法律规则的演变比较直观地说明了这一点。我国目前保险资金运用的范围主要包括:“银行存款;买卖债券、股票、证券投资基金份额等有价证券;投资不动产”。[2]我国保险资金运用的范围不是一成不变的,随着保险业务的不断深入,保险资金的运用范围将会逐步扩大,走向多元化的道路。我国保险资金运用的海外投资就比较充分地说明了社会实践将永远走在法律规则之前,仅仅依靠单纯的法律规则本身无法解决极具活力的资本操作,而且,这些规则在很多时候会扼杀资本成长的机会。所以,为保险资金运用乃至整个保险业制定一个规则的框架是很有必要的,这也就需要我们建构一个完善的保险监管体系。[3]通过这一体系既可以实现具体的保险监管规则对资金运用的控制,又可以在体系的框架下为新的市场领域提供足够的宽容度,并能使资金运

---

[1] 保险公司业务的特殊性,主要是针对保险公司的承保业务而言的。保险业务具有跨地区营业的特征,所以,保险公司的规模与一般公司相比,都比较庞大。规模经营是保险公司经营的基本特征。

[2] 2010年《保险资金运用管理暂行办法》第6条规定:“保险资金运用限于下列形式:(一)银行存款;(二)买卖债券、股票、证券投资基金份额等有价证券;(三)投资不动产;(四)国务院规定的其他资金运用形式。保险资金从事境外投资的,应当符合中国保监会有关监管规定。”

[3] 参见祝杰:《从制度演进视域研究保险监管制度的转型与构建》,《求索》2012年第12期,第220页。

用在新领域存在的风险得到很好的控制。

(三) 保险资金运用比例限制的优化

对保险资金运用的数额限定一个比例是各国保险法普遍采用的做法。对保险资金进行比例限制的目的在于"实现投资风险的分散",[1]用经济学的语言来表达,就是"不要把鸡蛋放在同一个篮子里"。《保险法》及相关法律规范也是从主体比例限制和方式比例限制两个方面来加强对保险资金运用的监管。[2]从资金运用的安全性和风险分散性的角度衡量,对保险资金运用的比例限制是实现风险控制的一个有效途径。这种限制有值得商榷之处:第一,从资金运用的渠道与比例限制的关系来看,法律规定保险资金多元化的投资渠道本身就是对风险分散的考量,在此基础上,再进行比例限制,无异于画蛇添足,增加立法负担。而且,限制不合理将会束缚保险资金的运用,影响其收益性。第二,从未来市场自由化和金融商品多元化的角度来看,保险资金运用风险分散的根本途径是实现资产配置的合理性。自由化的市场保证了资金运用的流动性,多元化的商品选择保证了资金运用的安全性,通过多种选择的资产配置最终就能实现资金运用的盈利性。对保险资金的比例限制,束缚了资产配置的合理性。第三,从资金运用管理者的角度讲,首先,市场经济的"人"是"理性人",会从市场角度进行风险的认知与选择。其次,资金运用的比例限制根本在实践中难以实现。基于以上考量,笔者建议逐步取消对资金运用的比例限制,使市场行为归于市场选择。

---

〔1〕江朝国:《保险业之资金运用》,财团法人保险事业发展中心2003年版,第178页。

〔2〕我国《保险资金运用管理暂行办法》第16条规定:"保险集团(控股)公司、保险公司从事保险资金运用应当符合下列比例要求:(一)投资于银行活期存款、政府债券、中央银行票据、政策性银行债券和货币市场基金等资产的账面余额,合计不低于本公司上季末总资产的5%;(二)投资于无担保企业(公司)债券和非金融企业债务融资工具的账面余额,合计不高于本公司上季末总资产的20%;(三)投资于股票和股票型基金的账面余额,合计不高于本公司上季末总资产的20%;(四)投资于未上市企业股权的账面余额,不高于本公司上季末总资产的5%;投资于未上市企业股权相关金融产品的账面余额,不高于本公司上季末总资产的4%,两项合计不高于本公司上季末总资产的5%;(五)投资于不动产的账面余额,不高于本公司上季末总资产的10%;投资于不动产相关金融产品的账面余额,不高于本公司上季末总资产的3%,两项合计不高于本公司上季末总资产的10%;(六)投资于基础设施等债权投资计划的账面余额不高于本公司上季末总资产的10%;(七)保险集团(控股)公司、保险公司对其他企业实现控股的股权投资,累计投资成本不得超过其净资产。前款(一)至(六)项所称总资产应当扣除债券回购融入资金余额、投资连结保险和非寿险非预定收益投资型保险产品资产;保险集团(控股)公司总资产应当为集团母公司总资产。"

第二十四章(下)　偿二代背景下的保险
资金投资运用监管问题[*]

中国保监会最新公开披露的数据显示,保险公司总资产为159894.36亿元,保险资金运用余额为141520.17亿元,较去年同期增长近20%。其中,保险资金的具体运用方向为:银行存款21202.01亿元,占比14.98%;债券47292.56亿元,占比33.42%;股票和证券投资基金17970.96亿元,占比12.70%;其他投资55054.64亿元,占比38.90%。[1] 可见,作为典型的资本密集型行业,保险业的资金运用规模在逐渐扩大,保险业在金融业务领域的话语权也在明显提升。[2] 在偿二代时期,研究保险资金如何投资运用,将对保险行业的发展、保险机构的壮大产生重大影响,甚至对我国实体经济的影响也会举足轻重。本章将对偿二代的制度体系、偿二代时期的保险资金运用及监管进行研究。

一、偿二代的产生背景与国际比较

(一)偿二代的产生背景

偿二代,即"中国第二代偿付能力监管制度体系",体系中文名称为"中国风险

---

* 本节内容系作者专门为本书创作的稿子。作者:杨飞翔,中伦(上海)律师事务所合伙人。

〔1〕参见:http://www.circ.gov.cn/web/site0/tab5257/info4072206.htm,保监会官方网站。

〔2〕与此同时,银行业金融机构总资产为2319512亿元,参见银监会官网,http://www.cbrc.gov.cn/chinese/home/docView/F26BA09D47944A8C83A6525F6EC95327.html;信托资产为202186.07亿元,参见信托业协会官网,http://www.xtxh.net/xtxh/statistics/42818.htm;129家证券公司总资产为5.79万亿元,资产管理业务受托资金总额17.82万亿元,参见证券业协会官网,http://www.sac.net.cn/hysj/zqgsjysj/201701/t20170125_130277.html。

导向的偿付能力体系"，英文名称为 China Risk Oriented Solvency System（简称 C-ROSS）。2012 年 3 月 29 日，中国保险监督管理委员会（"保监会"）发布《中国第二代偿付能力监管制度体系建设规划》，表示决定启动中国第二代偿付能力监管制度体系建设工作。2013 年 5 月 3 日，保监会发布《中国第二代偿付能力监管制度体系整体框架》。2015 年 2 月 17 日，保监会发布了中国风险导向的偿付能力体系的 17 项监管规则。2016 年 1 月 25 日，保监会出台《关于正式实施中国风险导向的偿付能力体系有关事项的通知》，该《通知》表示："经国务院同意，保监会决定正式实施偿二代"。至此，保险的偿二代时代正式到来。

（二）偿二代与偿一代的区别

回顾中国保险业发展历程，自 2004 年保监会对保险投资股市的闸门放开（有人称中国进入"保险资产管理 1.0 时代"），到 2012 年保险资金运用端显著放开（有人称中国进入"保险资金运用 2.0 时代"），再到 2016 年偿二代的正式到来（有人称中国进入"保险资金运用 3.0 时代"），中国保险业的行业发展与上层监管

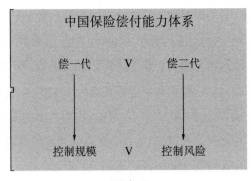

（图表 1）

顺应了"国际金融保险监管深化改革"的大背景，均得到快速发展。在此期间，所谓的以控制保险规模为原则的"偿一代"（中国第一代偿付能力监管制度体系）也已过渡到以控制保险风险为原则的"偿二代"。换言之，"偿一代"背景下，监管层主要是通过限制保险公司的准备金、资本金等数字来控制保险规模。如今，17 项监管规则的落实对保险业的监管已转向控制风险。（见图表 1）

风险是保险的核心范畴，同时构成保险监管的核心目标，通过保险监管实现风险控制是保险监管的价值所在。[1]

---

〔1〕参见祝杰：《我国保险监管体系法律研究——以保险资金运用为视角》，吉林大学 2011 年博士学位论文。

（三）偿二代的国际比较

在全球视野内，与中国特色保险业制度相并存的保险制度主要是美国风险资本制度（简称"美国RBC"）与欧盟偿付能力Ⅱ（简称"欧Ⅱ"），三者的主要区别（见图表2[1]）：

三种保险制度对比表			
	偿二代	美国RBC	欧Ⅱ
监管理念	科学全面地计量保险公司面临的风险，使资本要求与风险更相关	通过反映资产负债的经济价值，确定保险公司应该持有的资本	通过准确反映资产负债的风险额潜在损失，识别需要监管干预的公司
价值评估标准	中国会计准则（接近IFRS）	美国一般公认会计准则	国际财务报告准则（IFRS）下的公允价值
风险测量模型	损失分布与压力测试	多风险因素	损失分布与压力测试
是否接近资产负债端	是	否	是
模型	标准模型	标准模型	标准模型 内部模型
风险类别	信用风险　市场风险 保险风险　机构风险	附属机构投资资产风险　资产风险　保险风险　利率风险　业务风险	保险风险　市场风险 信用风险　操作风险

（图表2）

我们的偿二代既不简单模仿美国，也不照搬欧盟，而是建设一套符合我国保险业实际的制度体系。[2] 但是，基于风险的保险资金运用监管是国际保险监管的发展方向，无论是美国的基于内附因素的资本金（RBC）标准还是欧盟的SolvencyⅡ都是通过建立偿付能力资本要求等相关机制，加强偿付能力和保险资金运用的联动监管，进而实现对保险资产的风险管理。从内在逻辑关系讲，保险资金运用与偿付

---

〔1〕参见魏瑄：《偿二代推动中国保险资产管理进入3.0时代》，载《中国保险》2015年第11期。
〔2〕参见朱南军：《偿二代的监管架构、建设理念与影响》，载《中国保险》2015年第11期。

能力之间具有对立统一的关系,两者相互影响、相互制约。[1]

　　保监会副主席陈文辉认为,通过对国际主流国家保险资金运用监管体制的对比分析,我们还需在已有基础上进一步探讨监管的深度和强度,继续健全作为保障的法律制度,细化保险资金运用规则,将区别监管落到操作层面。[2]

二、偿二代的制度体系

　　根据保监会发布的《中国第二代偿付能力监管制度体系整体框架》[3],可知偿二代的目标在于"科学全面地计量风险,使资本要求与风险更相关;守住风险底线,确定合理的资本要求,提高保险业竞争力,促进保险公司提高风险管理水平;探索适合新兴市场经济体的偿付能力监管模式"。偿二代的整体框架由制度特征、监管要素和监管基础三大部分构成(如图表3)。其中,监管要素是偿付能力监管的三支柱(如图表4)[4]。监管要素在17项监管规则中具体体现如下:关于定量资本要

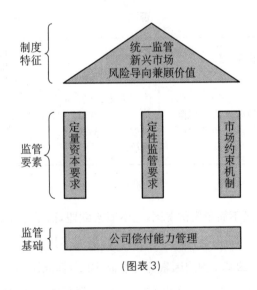

(图表3)

---

〔1〕参见胡良:《偿付能力与保险资金运用监管》,载《保险研究》2014年11期。
〔2〕参见陈文辉等:《新常态下的中国保险资金运用研究》,中国金融出版社2016年版。
〔3〕参见 http://www.circ.gov.cn/web/site0/tab5225/info244154.htm,保监会官网,访问日期2017年6月17日。
〔4〕参见陈文辉:《中国偿二代的制度框架和实施路径》,载《中国金融》2015年第5期。

求(监管规则 1 号—9 号),关于定性监管要求(监管规则 10 号—12 号),关于市场约
束机制(监管规则 13 号—17 号)。

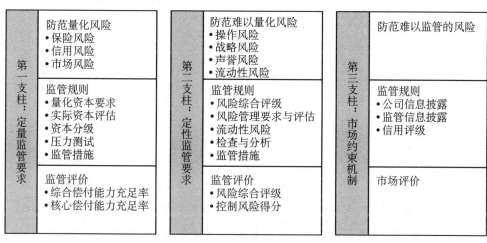

(图表4)

与此同时,通过以偿付能力监管
为核心,偿二代将保险公司产品策略、
融资策略、资金运用策略和风险管理
能力融为一体,促使保险公司通过加
强对偿付能力资本的量化、补充、运用
和管理,由条线管理向体系化管理转
型,对保险公司的日常经营管理中各
业务的统筹管理、协同合作提出了更
高要求(如图表5)。[1]

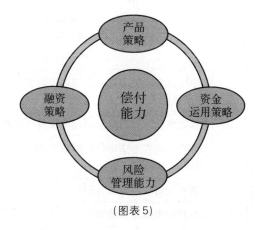

(图表5)

三、偿二代下的保险资金运用监管

保险资金区别于其他类型资金的特性在于,其具有负债性、规模大、期限长、稳
定性强等特点。首先,负债性要求资金的运用须以资产负债相匹配为前提,即资金

---

[1] 参见余龙华、陶羽琪:《偿二代对保险公司经营管理的影响》,载《中国保险》2016 年第 4 期。

运用的期限匹配、流动性匹配、总量匹配等。其次,规模大与期限长是由保险产品的特性决定的,前期诸多投保人缴纳保险费。最后,前两个特性导致资金的稳定性较强。当然,不同类型的保险资金也各有不同,比如,一般而言,寿险相比财险,期限更长、稳定性更强。

因此,针对保险资金的特性,偿二代时期,保监会的主要监管理念在于"放开前端,守住后端",将监管中心放在事中事后监管上。

(一) 保险资金运用的相关监管法规

保监会副主席陈文辉表示,在新时期,保险资金运用监管将坚定不移地推进依法监管,逐步修订《保险资金运用管理暂行办法》《保险资产管理公司管理暂行规定》等规章,研究起草《保险资产管理产品办法》《保险资金运用信息披露准则》等政策文件,不断健全完善保险资金运用制度体系,真正把创新成果转为法律制度。[1]经笔者初步整理,目前我国与保险资金投资运用相关的监管法规主要包括:

中国保险资金投资运用相关法律规范		
序号	规范名称	文号
1	《中国保监会关于进一步加强保险资金股票投资监管有关事项的通知》	保监发〔2017〕9 号
2	《保险资金间接投资基础设施项目管理办法》	保监发〔2016〕2 号
3	《保险公司资金运用信息披露准则第 3 号举牌上市公司股票》	保监发〔2015〕121 号
4	《资产支持计划业务管理暂行办法》	保监发〔2015〕85 号
5	《互联网保险业务监管暂行办法》	保监发〔2015〕69 号
6	《关于设立保险私募基金有关事项的通知》	保监发〔2015〕89 号
7	《关于保险资产管理产品参与融资融券债权收益权业务有关问题的通知》	保监资金〔2015〕65 号
8	《关于提高保险资金投资蓝筹股票监管比例有关事项的通知》	保监发〔2015〕64 号

---

〔1〕参见陈文辉:《险资运用的改革创新与依法监管》,载《中国金融》2015 年第 11 期。

序号	规范名称	文号
9	《关于调整保险资金境外投资有关政策的通知》	保监发〔2015〕33 号
10	《关于保险资金投资创业投资基金有关事项的通知》	保监发〔2014〕101 号
11	《关于保险资金投资集合资金信托计划有关事项的通知》	保监发〔2014〕38 号
12	《关于规范保险资金银行存款业务的通知》	保监发〔2014〕18 号
13	《关于加强和改进保险资金运用比例监管的通知》	保监发〔2014〕13 号
14	《关于保险资金投资创业板上市公司股票等有关问题的通知》	保监发〔2014〕1 号
15	《保险资金参与股指期货交易规定》	保监发〔2012〕95 号
16	《保险资金参与金融衍生产品交易暂行办法》	保监发〔2012〕94 号
17	《保险资金境外投资管理暂行办法实施细则》	保监发〔2012〕93 号
18	《基础设施债权投资计划管理暂行规定》	保监发〔2012〕92 号
19	《关于保险资金投资有关金融产品的通知》	保监发〔2012〕91 号
20	《保险资金委托投资管理暂行办法》	保监发〔2012〕60 号
21	《关于保险资金投资股权和不动产有关问题的通知》	保监发〔2012〕59 号
22	《保险资金投资债券暂行办法》	保监发〔2012〕58 号
23	《关于禁止保险资金参与民间借贷的通知》	保监发〔2011〕62 号
24	《保险资金投资不动产暂行办法》	保监发〔2010〕80 号
25	《保险资金投资股权暂行办法》	保监发〔2010〕79 号
26	《保险资金境外投资管理暂行办法》	保监会、央行、外汇局令〔2007〕2 号
27	《保险资产管理公司管理暂行规定》	保监发〔2004〕第 2 号
28	《保险机构投资者股票投资管理暂行办法》	保监发〔2004〕12 号

(图表6)

（二）保险资金投资范围变化的历史沿革

自 1984 年以来，保险资金的投向在不断拓宽，具体请见下表(图表7)[1]：

----

〔1〕参见陈文辉等：《新常态下的中国保险资金运用研究》，中国金融出版社 2016 年版。

时间（年）	投资范围
1984—1988	贷款、金融债券
1988—1990	贷款、金融债券、银行间同业拆借
1991—1995	贷款、金融债券、各类证券投资
1995—1999	银行存款、国债、金融债券
1999—2004	银行存款、国债、金融债券、基金
2004—2006	银行存款、国债、金融债券、基金、股票
2006—2010	银行存款、国债、金融债券、基金、股票、国家基础设施建设项目（间接）、不动产
2010—2012	银行存款、国债、金融债、基金、股票、国家基础设施建设项目（间接）、不动产、PE
2012 年以后	国债、金融债券、基金、股票、国家基础建设项目（间接或直接）、不动产、股指期货、金融衍生品、海外投资、银行理财产品、银行业信贷资产支持证券、信托公司集合信托计划、券商专项资产管理计划、保险资产管理基础设施投资计划、不动产投资计划和项目资产支持计划、保险私募基金等

（图表 7）

据《2015 年保险资产管理发展报告》统计，保险资产管理机构受托业务的投资标的较为广泛，基本实现了从传统到另类、从公募到私募、从虚拟到实体、从境内到境外的全覆盖。具体而言，包括存款、债券、基金、股票，基础设施、不动产、股权、衍生金融工具，保险资产管理产品、私募股权基金、信托产品、信贷资产支持证券、券商资产支持证券、商业银行理财产品等各类金融产品，能为保险机构、银行、企业年金等客户提供企业年金投资管理、金融同业业务、财富管理服务、资产管理产品、养老金产品、境外理财产品、QDII（合格境内机构投资者）专户、私募基金产品等各项产品和服务。[1] 该报告披露的数据显示，保险资金投向已细化到几十个品种。

---

[1] 参见：http://www.iamac.org.cn/xhgz/201603/t20160330_3018.html，中国保险资产管理业协会，访问日期 2017 年 6 月 17 日。

（三）当下保险资金运用具体规定

1. 保险资金运用限于下列形式：

☑ 银行存款；

☑ 买卖债券、股票、证券投资基金份额等有价证券；

☑ 投资不动产；

☑ 国务院规定的其他资金运用形式（主要包括股权投资、基础设施、创业投资基金、集合资金信托计划等）；

☑ 保险资金从事境外投资的，应当符合中国保监会有关监管规定。

2. 保险资金运用禁止情形：

☒ 存款于非银行金融机构；

☒ 买入被交易所实行"特别处理"、"警示存在终止上市风险的特别处理"的股票；

☒ 投资不具有稳定现金流回报预期或者资产增值价值、高污染等不符合国家产业政策项目的企业股权和不动产；

☒ 直接从事房地产开发建设；

☒ 将保险资金运用形成的投资资产用于向他人提供担保或者发放贷款，个人保单质押贷款除外；

☒ 中国保监会禁止的其他投资行为。

3. 保险资金投资运用监管比例

保险资金投资运用，实行大类资产监管、集中度风险监管、风险监测监管，具体如下：

（1）保险公司大类资产监管比例

※ 投资权益类资产的账面余额，合计不高于本公司上季末总资产的30%，且重大股权投资的账面余额，不高于本公司上季末净资产。账面余额不包括保险公司以自有资金投资的保险类企业股权。

※ 投资不动产类资产的账面余额，合计不高于本公司上季末总资产的30%。账面余额不包括保险公司购置的自用性不动产。保险公司购置自用性不动产的账

面余额,不高于本公司上季末净资产的50%。

　　※ 投资其他金融资产的账面余额,合计不高于本公司上季末总资产的25%。

　　※ 境外投资余额,合计不高于本公司上季末总资产的15%。

　　(2) 集中度风险监管比例

　　※ 投资单一固定收益类资产、权益类资产、不动产类资产、其他金融资产的账面余额,均不高于本公司上季末总资产的5%。

　　※ 投资单一法人主体的余额,合计不高于本公司上季末总资产的20%。

　　(3) 风险监测监管比例

　　※ 流动性监测　5%　7%。

　　※ 融资杠杆监测　20%。

　　※ 类别资产监测　10%　20%　20%　15%　10%　5%。

四、保险资金运用实务

　　据统计,截至2016年2月28日,有130多家公司在保监会排队申领牌照。[1]而且,通过公开渠道查询,有几十家上市公司以发起或合资形式设立保险公司(见图表8)。不难看出,保险行业的汹涌发展已经势不可挡。

2015年以发起设立或参设形式投资保险的上市公司清单		
序号	日期	投资事项
1	2015/12/6	银江股份拟出资4亿发起设立大爱人寿
2	2015/11/11	普邦园林拟出资7450万发起设立健康保险公司
3	2015/10/26	乐普医疗拟2000万元投资设立保险经纪业务
4	2015/10/30	高伟达拟1.5亿发起设立保险公司
5	2015/7/10	金杯电工拟联合发起设立人寿保险公司

---

〔1〕参见:http://insurance. hexun. com/2016 - 03 - 15/182752533. html,和讯网,访问日期2016年8月20日。

序号	日期	投资事项
6	2015/5/22	泰禾集团拟 1.5 亿元联合发起设立海峡人寿
7	2015/9/2	中信国安联手腾讯设立互联网保险公司和泰人寿
8	2015/5/12	中原高速筹建中原农业保险公司获批开业
9	2015/7/10	飞天诚信拟携同创九鼎等联合设立人寿保险公司
10	2015/12/21	世纪华通拟出资 3 亿元参设大陆人寿
11	2015/12/21	天神娱乐拟出资 3 亿元参设大陆人寿
12	2015/12/7	奥马电器拟投资 1 亿参设巨安保险
13	2015/11/17	华声股份拟投资 1.8 亿参设百安保险
14	2015/11/12	天成控股拟 4 亿元参设大爱人寿
15	2015/08/13	新华联参设亚太再保险公司
16	2015/08/13	泛海控股参与设立亚太再保险公司
17	2015/1/14	包钢股份 2.5 亿参与设立农业保险公司
18	2015/11/11	蓝盾股份拟投 7450 万参设健康保险公司
19	2015/10/20	誉衡药业拟 1.5 亿参设互联网财险公司
20	2015/6/18	迪马股份拟出资 2 亿元参设三峡人寿
21	2015/6/11	汤臣倍健拟出借 5000 万参设相互人寿保险
22	2015/6/10	腾邦国际参与设立相互人寿保险
23	2015/6/10	博晖创新拟 4500 万参设相互人寿保险
24	2015/6/9	桂林三金出资 3 亿元参设山水保险
25	2015/2/13	七匹狼参与发起前海再保险公司
26	2015/2/13	爱仕达参与发起前海再保险公司
27	2015/6/25	银之杰参设易安保险获准筹建
28	2015/4/14	上汽集团进军汽车保险行业【合资设立】

(图表 8)

据《2015 年保险资产管理行业报告》统计(图表 9),自 2007 年至 2015 年底,保险公司海外重大投资事件在近两年较为频繁。保险资金不仅活跃在境内资本市场,在境外的表现也十分抢眼。投资境外的优质资产,将有效分散系统性风险,降低保险公司的集中性竞争,也将促进国内保险行业的国际化发展。不过,尽管对保险资金海外投资的限制有所放宽,发展前景也十分广阔,但还存在不少障碍,相应的投资能力、人才储备还有所欠缺。

时间	保险公司	投资项目
2007 年	中国平安	惠理集团(港股上市)
2008 年	中国平安	美国富通集团股份
2008 年	中国人寿	VISA 公司(美股上市)
2013 年 7 月	中国平安	购买伦敦劳合社大楼
2014 年 6 月	中国人寿	收购 Upper Bank Street 大楼 70％股权
2014 年 10 月	安邦保险	购买纽约华尔道夫酒店大楼
2014 年 10 月	安邦保险	收购比利时 FIDEA 保险公司 100％股权
2014 年 11 月	阳光保险	收购澳大利亚悉尼喜来登公园酒店
2014 年 12 月	安邦保险	全资收购比利时德尔塔劳埃德银行
2015 年 1 月	中国平安	收购伦敦地标建筑 Tower Place
2015 年 2 月	安邦保险	收购荷兰 VIVAT 保险公司 100％股权
2015 年 2 月	安邦保险	收购韩国东洋人寿 57％股权
2015 年 11 月	安邦保险	收购美国信保人寿保险公司

(图表 9,来源于《2015 年保险资产管理行业报告》)

随着保监会"放开前端,守住后端"的监管思路拓宽,保险资金间接投资基础设施的监管也大步放开,以保险资金投向基础设施为例,已从先前的"审批制"变为如今的"注册制",其主要交易主体要求降低,结构图如下:

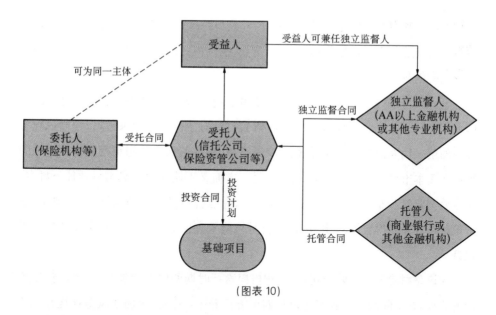

（图表10）

投资方向与方式也发生转变，如下图：

■（二）以保险资金间接投资基础设施项目为例

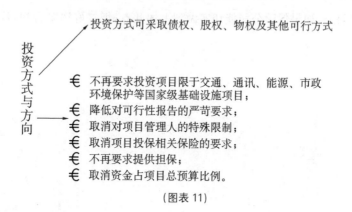

（图表11）

五、合规创造价值

关于保险资金如何运用，有人认为主要是对国际经验的移植与本土化，"在保险资金投资运用和管理方面，西方发达国家有着非常成熟的做法，特别是将保险业保障功能和保险资金投资功能结合起来的做法，如将西方发达国家保险资金运用成功的经验和做法中国化,可使我国保险业获得跨越式发展"。[1] 也有人认为,"保险资金投资运用主要是强化创新、突出重点,投资模式的创新、产品的创新、资金募集形式的创新"。[2]

笔者认为,不管是移植后本土化还是追求创新,始终应在遵守保险稳健性的原则大胆尝试。监管的相对面是行业主体的自律,对于保险公司来说,以控制风险为导向的偿二代大背景,对其既是机遇又是挑战,一方面保险公司可摆脱以往过重的镣铐在资本市场这个大舞台上"跳舞",另一方面又不能太肆意纵情以致掉下舞台,毕竟放宽监管并非放弃监管。在该体系下,保险公司可在产品设计、费率厘定、投资策略等方面获得更多自主权,提升自身风险管理能力的积极性和主动性将大幅提升。[3]

无论是财险还是寿险公司,均应积极探索新时期的内部治理制度、风险控制机制的建设,并实际践行。我们建议从四个方面着手:首先,应加强风险合规意识培养(包括风险价值理念的理念、监管政策的熟识);其次,应进一步完善内部治理结构、风险控制机制(部门分工协作、责任落实到个人);再次,加大风险管理工具开发(研发实时监测工具、风险分析测算工具);最后,切实强化操作、审慎实践(践行制度、独立监督)。如果保险公司能切实做到上述几点,把控好风险合规,价值创造将指日可待。

〔1〕参见张立勇:《发达国家保险资金运用主要做法中国化的思考》,《保险研究》2012年第8期。
〔2〕参见孟龙:《新常态下保险资金运用》,载《上海保险》2016.07。
〔3〕参见朱南军:《偿二代的监管架构、建设理念与影响》,《中国保险》2015.11。

图书在版编目(CIP)数据

公司经营风险的商法回应/韩长印,许多奇主编.—上海:
上海三联书店,2017.12
ISBN 978-7-5426-6183-8

Ⅰ.①公… Ⅱ.①韩…②许… Ⅲ.①商法-研究-中国
Ⅳ.①D923.994

中国版本图书馆 CIP 数据核字(2017)第 331146 号

公司经营风险的商法回应

主　　编／韩长印　许多奇

责任编辑／杜　鹃
特约编辑／周治华
装帧设计／一本好书
监　　制／姚　军
责任校对／张大伟

出版发行／上海三联书店
　　　　　(201199)中国上海市都市路 4855 号 2 座 10 楼
邮购电话／021-22895557
印　　刷／上海盛通时代印刷有限公司

版　　次／2017 年 12 月第 1 版
印　　次／2017 年 12 月第 1 次印刷
开　　本／710×1000　1/16
字　　数／660 千字
印　　张／37
书　　号／ISBN 978-7-5426-6183-8/D·375
定　　价／109.00 元

敬启读者,如发现本书有印装质量问题,请与印刷厂联系 021-37910000